Sabine Börchers

Der Palmengarten

Wo Frankfurts grünes Herz schlägt

SABINE BÖRCHERS

Der Palmengarten

Wo Frankfurts grünes Herz schlägt

SOCIETÄTS VERLAG

Impressum

Diese Publikation erscheint anlässlich des 150-jährigen Bestehens des Palmengartens Frankfurt am Main.

Palmengarten der Stadt Frankfurt am Main
Siesmayerstraße 61
60323 Frankfurt am Main

www.palmengarten.de

Sabine Börchers
Der Palmengarten –
Wo Frankfurts grünes Herz schlägt

Herausgeber
Stadt Frankfurt am Main
– Der Magistrat –
Palmengarten
vertreten durch Dr. Katja Heubach

STADT FRANKFURT AM MAIN

PalmenGarten
Pflanzen. Leben. Kultur.

Redaktion
Sabine Börchers
Patricia Germandi, Kirsten Grote-Bär, Dr. Hilke Steinecke
(alle Palmengarten)

Koordination
Kirsten Grote-Bär

Gestaltung/Layout
Petra Buchmann
Lesch+Frei, Frankfurt am Main

Bildbearbeitung
metagate, Berlin

2. Auflage

Umschlagabbildung: Palmengarten, Foto: Tom Wolf
Druck und Verarbeitung: Print Consult GmbH, München
Printed in EU 2021
ISBN 978-3-95542-399-5

Besuchen Sie uns im Internet unter:
www.societaets-verlag.de

Klimaneutral
Druckprodukt
ClimatePartner.com/12515-2110-1008

PEFC
PEFC/04-31-1459
PEFC zertifiziert
Dieses Produkt stammt aus nachhaltig bewirtschafteten Wäldern und kontrollierten Quellen.
www.pefc.de

„Der Palmengarten zu Frankfurt a. M. zählt zu den hervorragendsten kulturellen Schöpfungen unserer Tage. Er ist eine Perle (…) unter allen europäischen Gärten.“

Freiherr von Ompteda, Rheinische Gärten, 1886

„Herr Direktor, auch ein öffentlicher Garten kann einem ans Herz wachsen (…).“

Marie Luise Kaschnitz in einem imaginären Brief an den Palmengartendirektor Fritz Encke, 1966

Grußworte

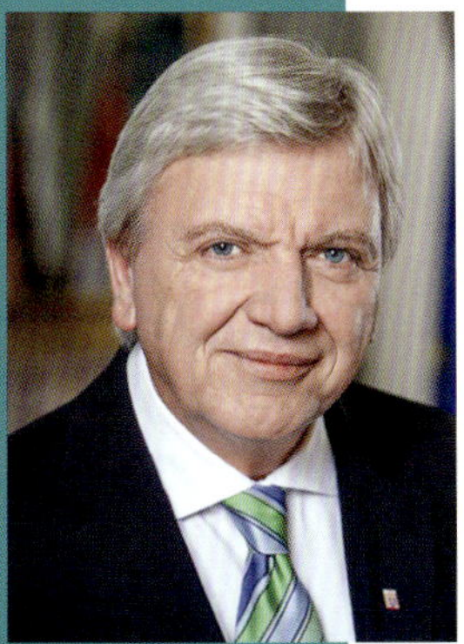

Volker Bouffier

Hessischer Ministerpräsident

Gärten und Parks prägen das Erscheinungsbild und die Lebensqualität eines Ortes als grüne Oase. Sie bewahren ein Stück Natur, bieten Erholung und Bewegung und verbessern das Stadtklima. Es sind Orte, an denen die Sehnsucht nach dem Paradies sichtbar wird.

Der Palmengarten, einer der schönsten innerstädtischen Gärten Deutschlands, wurde wie so viele herausragende Einrichtungen Frankfurts von Bürgerinnen und Bürgern für die Stadtgesellschaft geschaffen. Mit seiner Verbindung von Gewächshauspalästen und großzügigem Landschaftsgarten ist er seit seiner Gründung ein Publikumsmagnet. Herzlich gratuliere ich dem Palmengarten zu seinem 150-jährigen Bestehen.

Er zieht Gartenliebhaber und Erhohlungssuchende an, die diesen Ort der Ruhe und Muße genießen. Ausstellungen erhalten hier ihren Rahmen, und Konzerte lassen ihn zu einer der romantischsten Bühnen Frankfurts werden. Hier kann man sich über die faszinierende Welt exotischer Pflanzen und über die Bedeutung im lokalen, aber auch im globalen Ökosystem informieren. Davon profitieren nicht nur Erwachsene, sondern auch für junge Menschen gibt es maßgeschneiderte Angebote.

Mit einer glücklichen Idee hatte der Gärtner und Gartenkünstler Heinrich Siesmayer die Grundlagen für die Anlage gelegt. Die Voraussetzung bildete kurz zuvor die Auflösung der Pflanzensammlung Herzog Adolphs von Nassau im Schlosspark von Wiesbaden-Biebrich. Für den Palmengarten wurden internationale Anregungen aus London, Brüssel und Paris, das mit dem Parc des Buttes-Chaumont Pate stand, aufgegriffen. Bis heute wurde die Anlage nach vielen Veränderungen, auch Zerstörungen, immer wieder erweitert und umgestaltet, um aktuelle Entwicklungen aufzunehmen.

Den Leserinnen und Lesern des Buches zum 150-jährigen Jubiläum des Palmengartens wünsche ich eine anregende Lektüre.

Volker Bouffier

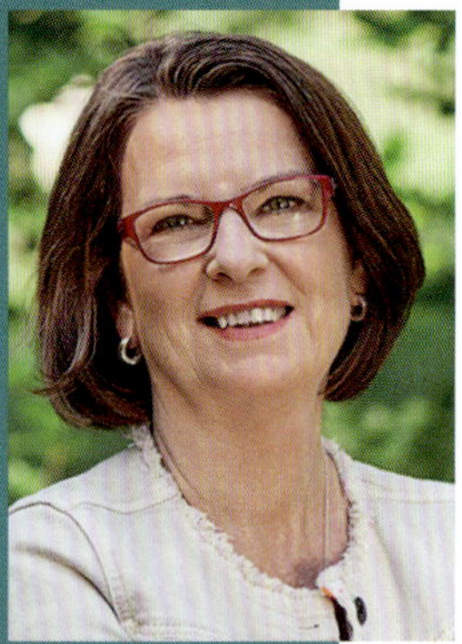

Priska Hinz

Hessische Ministerin für Umwelt, Klimaschutz, Landwirtschaft und Verbraucherschutz

Sehr geehrte Besucherinnen und Besucher des Palmengartens,
sehr geehrte Damen und Herren,

der Palmengarten ist seit 150 Jahren Anziehungspunkt für die Bürgerinnen und Bürger der Metropole, des Umlands und für Touristinnen und Touristen aus aller Welt. Er ist ein Ort der Erholung, der Begegnung und kultureller Erlebnisse. Ein Ort, an dem Besucherinnen und Besucher inmitten von Hochhäusern und Einkaufsstraßen Natur entdecken und ökologische Zusammenhänge wahrnehmen können. Und ein Ort vielfältiger ökologischer Nischen für Tiere und Pflanzen, der zur Grünvernetzung im urbanen Raum beiträgt und das städtische Mikroklima verbessert.

Die Bedeutung des Palmengartens und des Botanischen Gartens geht dabei weit über die Stadt hinaus. Während der Palmengarten mit seinen bunten Pflanzenschätzen aus aller Welt Besucherinnen und Besucher zu einer Reise auch in unbekannte geografische Regionen einlädt, ist der Botanische Garten hessenweit ein wichtiger Partner bei der Umsetzung von Artenschutzzielen. Denn er hilft beim Schutz für vom Aussterben bedrohte Pflanzen, indem der Botanische Garten sie vermehrt und für die Wiederansiedelungen vorbereitet. Zahlreiche Arten, wie die Sumpf-Fetthenne oder die Heidewicke, gehören zu den hessischen Arten, die hier besonders im Fokus stehen. Eine Samenbank für wertvolle Arten sichert ihre Nachzucht auf lange Zeit. Aktuell entwickeln die Botanikerinnen und Botaniker Vorschläge für eine Dachbegrünung mit heimischen Arten, so sollen Dächer der biologischen Vielfalt als Lebensraum für Insekten entstehen. Damit leistet der Botanische Garten einen wichtigen Beitrag zur Umsetzung der Hessischen Biodiversitätsstrategie.

Durch Ausstellungen, Vorträge und andere Umweltbildungsmaßnahmen gelingt es beiden Gärten zudem, ihre vielen Besucherinnen und Besucher für die Natur zu begeistern und zu sensibilisieren. Viele Frankfurterinnen und Frankfurter identifizieren sich mit ihrem „Bürgergarten“ und unterstützen die Stiftung Palmengarten und Botanischer Garten. Dank ihres Engagements, dem des Vereins Freunde des Palmengartens – Palmengarten-Gesellschaft und des Freundeskreises Botanischer Garten Frankfurt am Main e.V. ist der Palmengarten eine feste Größe in der Metropole und in Hessen.

Ich gratuliere herzlich zum 150-jährigen Bestehen und wünsche uns allen weiterhin viele wohltuende Stunden, inspirierende Erlebnisse und Impulse für den Naturschutz in Frankfurts einzigartiger Oase.

Ihre

Priska Hinz

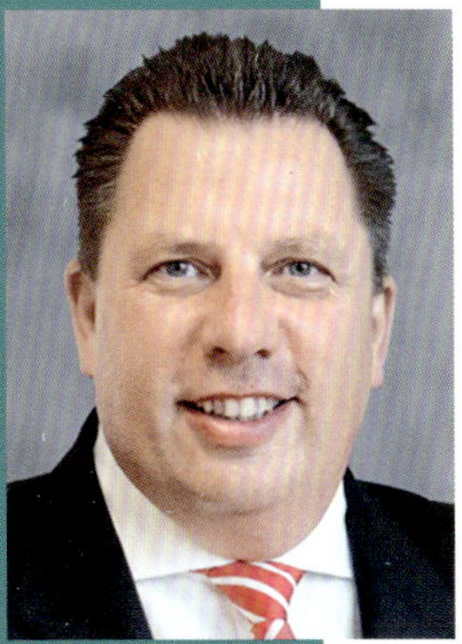

Stephan Siegler

Stadtverordnetenvorsteher der Stadt Frankfurt am Main

Sehr geehrte Damen und Herren,
liebe Leserinnen und Leser,

dass wir mit dem Palmengarten einen der weltweit bedeutendsten Gärten dieser Art in unserer Stadt haben, ist der Initiative von hochengagierten Frankfurter Bürgern zu verdanken: Als Herzog Adolph von Nassau nach der Annektierung des Herzogtums Nassau durch die Preußen 1866 seine Sammlung exotischer Pflanzen in der Orangerie des Biebricher Schlosses aufgeben musste, ergriff der Handelsgärtner und Gartenarchitekt Heinrich Siesmayer die Gelegenheit, seinen Traum von einem Bürgergarten als gesellschaftlichem Treffpunkt zu realisieren. 1868 gründete er, unterstützt von 13 Mitstreitern, das „Komitee zum Erwerb der Biebricher Wintergärten". Über eine Aktiengesellschaft konnte man das nötige Kapital aufbringen, und die wertvolle Pflanzensammlung des Herzogs kam nach Frankfurt, wo sie den Grundstock für den 1871 offiziell eröffneten Garten bildete.

So begann die wechselvolle Geschichte des prächtigen Palmengartens, der in diesem Jahr auf sein 150-jähriges Bestehen zurückblicken kann. 150 Jahre – das ist ein stolzes Jubiläum, zu dem ich der Direktorin, Frau Dr. Heubach, und ihrem gesamten Team sowie allen, die diese Institution fördern und unterstützen, auf das Herzlichste gratuliere.

Der Palmengarten war und ist bis heute ein echter Sehnsuchtsort für die Menschen, ein Ort für die Sinne, ein Ort zum Träumen und Wohlfühlen, mit dem die meisten von uns schöne Erinnerungen verbinden: an Sonntagsspaziergänge mit den Eltern, ein erstes Rendezvous oder Entdeckungstouren mit den eigenen Kindern. Wo sonst können wir uns innerhalb weniger Minuten durch unterschiedlichste Klimaregionen bewegen? Wo sonst können wir tausende lebender Pflanzen aus allen Kontinenten bewundern und damit ein wenig unser Fernweh stillen?

Lassen Sie uns das Jubiläumsjahr nutzen, um den Palmengarten noch besser kennenzulernen – einen Ort, wo sich Erholung, Kultur und Wissensvermittlung auf vorbildliche Weise miteinander verbinden. Machen Sie sich ein Bild von der engagierten Arbeit, die hier geleistet wird und die in Zeiten von Klimawandel und Artensterben wichtiger ist denn je.

Bei allen Beteiligten, die mit viel Kreativität und Leidenschaft das abwechslungsreiche Jubiläumsprogramm gestaltet haben, bedanke ich mich von Herzen. Für die geplanten Veranstaltungen wünsche ich dem Palmengarten den verdienten Erfolg und den Besucherinnen und Besuchern viel Spaß und unbeschwerte Stunden!

Ihr

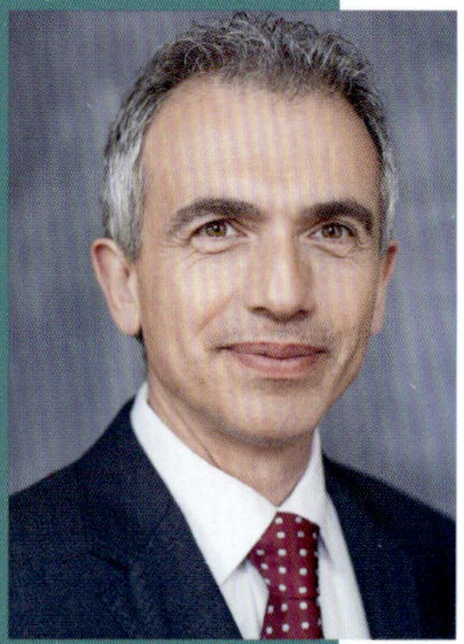

Peter Feldmann

Oberbürgermeister der Stadt Frankfurt am Main

Ihren Palmengarten verdanken die Frankfurterinnen und Frankfurter den seinerzeit unter ihnen nicht sehr beliebten Preußen. Als 1866 das Herzogtum Nassau von Preußen annektiert wurde, musste der klamme Adolph von Nassau ein paar seiner Besitztümer veräußern – darunter auch seine Biebricher Wintergärten mitsamt der Sammlung exotischer Pflanzen. Der Herzog beauftragte den international bekannten Gartengestalter Heinrich Siesmayer mit der Suche nach einem Käufer. Siesmayer wiederum wollte die Exoten nach Frankfurt holen, um mit ihnen einen botanischen Garten aufzubauen. Mit seiner Idee lief Siesmayer beim wohlhabenden Frankfurter Bürgertum offene Türen ein. Bankiers, Verleger, Rechtsanwälte und allerhand Vermögende unterstützten Siesmayers Initiative, kauften „Palmengarten-Actien" und sorgten so dafür, dass Siesmayer 1869 mit dem Palmenhaus ein zu seiner Zeit bahnbrechendes Gebäude eröffnen konnte. Und zwei Jahre später die es umgebende Parklandschaft: den Palmengarten.

Der Palmengarten gründet damit auf einer zutiefst frankfurterischen Eigenart: Bürgerengagement. Denn ohne den Einsatz und die finanzielle Unterstützung der verschiedenen Honoratioren, hätte Siesmayer seine kühnen Pläne nicht verwirklichen können. Frankfurt hätte keinen Palmengarten! Und was würden wir missen, könnten wir nicht in dieser herrlichen Anlage umherspazieren, unsere Kinder auf den Spielplätzen toben lassen oder auf Forscherreisen schicken, bei Führungen und Vorträgen selbst Wissen sammeln, sommers Jazzkonzerten, Oper, Blues und Singer-Songwritern lauschen, in der Weihnachtszeit die glitzernden und funkelnden Winterlichter erleben.

In den Anfangsjahren des Palmengartens traf sich vor allem das gehobene Bürgertum im Gesellschaftshaus zum Tanzen und Feiern. Man spazierte unter Palmen und konnte sich dabei sehr privilegiert fühlen, waren Reisen in ferne Länder doch damals noch alles andere als üblich. Junge Männer gingen im Palmengarten auf Brautschau, bei einer romantischen Bootsfahrt auf dem Weiher bahnte sich manche Liebesgeschichte an. Heute ist der Palmengarten offen für alle. Hier treffen Bewohnerinnen und Bewohner des Westends auf Studierende aus Bockenheim, hier treffen Familien aus Niederursel auf Neu-Frankfurterinnen und Neu-Frankfurter aus dem Europaviertel und auf Künstlerinnen und Künstler aus dem Ostend – und alle miteinander wiederum auf ein vielfältiges, internationales Publikum. Damit beschreibt der Palmengarten zwei weitere ur-frankfurterische Eigenschaften: die einer weltoffenen und internationalen Stadt.

Der Palmengarten ist ein Stück Frankfurt und zugleich ein Sehnsuchtsort. Als Oberbürgermeister der Stadt Frankfurt am Main wünsche ich dem Garten, den Frankfurterinnen und Frankfurtern und all seinen Gästen von nah und fern, dass dies die kommenden 150 Jahre so bleiben mag.

Ihr

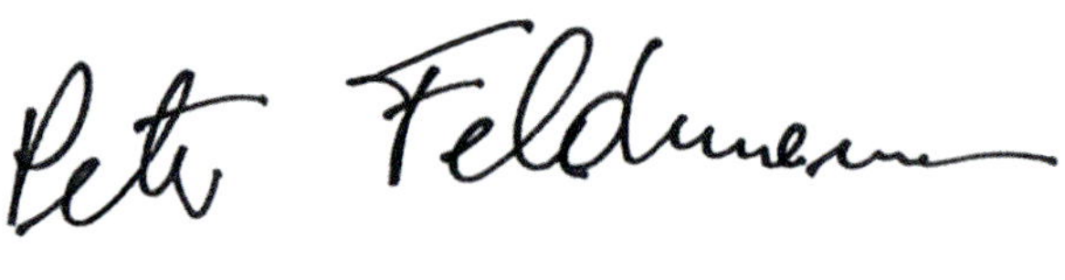

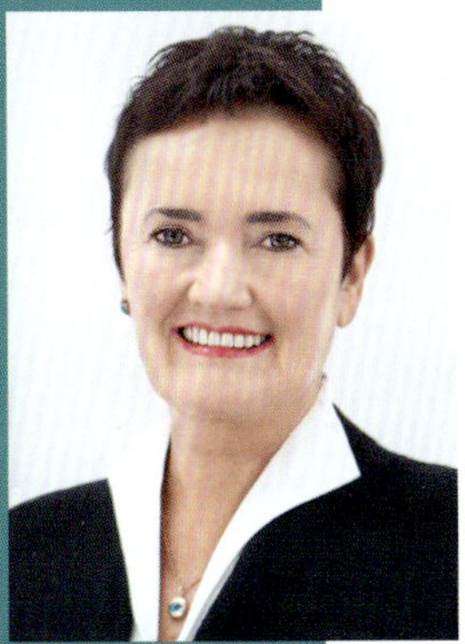

Rosemarie Heilig

Dezernentin für Umwelt und Frauen der Stadt Frankfurt am Main

Liebe Frankfurterinnen und Frankfurter,

was wäre Frankfurt ohne den Palmengarten? Ohne diesen herrlichen Park mit altem Baumbestand, prächtig blühenden Beeten, exotischen Gewächsen, mit Baumhainen und Tropenhäusern, Wiesen und Weihern? Man möchte es sich gar nicht vorstellen!

Jede Frankfurterin, jeder Frankfurter verbindet etwas mit diesem wunderschönen Ort. Sei es ein Besuch mit der Kita oder der Schulklasse in jungen Jahren, eine studentische Projektarbeit vielleicht, eine unvergessliche Begegnung beim Rosen- und Lichterfest, eine rauschende Ballnacht oder ein schöner Nachmittag mit der ganzen Familie. Ich selbst habe direkt in der Nachbarschaft Biologie studiert und im Botanischen Garten für meine Diplomarbeit zum Waldsterben 1.0 recherchiert. Heute, angesichts von Klimawandel und Artensterben, können wir die Bedeutung des Palmengartens gar nicht hoch genug schätzen. Hier finden wir einen Gegenpol zur wachsenden Stadt: Platz. Grün. Luft.

Addiert man die Fläche des Palmengartens und die des Botanischen Gartens am oberen Ende der Siesmayerstraße – seit 2012 gehören beide Gärten zusammen – kommt man auf 30 Hektar quicklebendige Natur. Dort wachsen, leben und vermehren sich verschiedenste Arten aus dem Reich der Pflanzen und ebenso aus dem der Tiere. Einige von ihnen sind selten geworden und besonders schützenwert, manche stehen gar auf der Roten Liste gefährdeter Arten.

In unmittelbarer Nähe zu dicht besiedelten Wohnvierteln und in den Himmel ragenden Bankentürmen wächst mitten in Frankfurt, was man in ländlichen Gegenden oftmals vergeblich sucht: Vielfalt. So kann man an Sommertagen bei einem Spaziergang im Palmengarten eine Vielzahl von Insekten, Schmetterlingen und Vögeln beobachten. Mit seinem Angebot an Futter- und Brutplätzen ist er Luxuswohnanlage für alles, was sechs Beine hat oder zwei Flügel. Die Ökologie von Blüten und Bestäubern wird daher auch neues Leitthema des Palmengartens. Sie werden staunen, was Insekten alles leisten – für die Natur und uns Menschen.

Und der Palmengarten ist noch viel mehr: Mit seinen großen alten Bäumen, mit seinen Grün- und Wasserflächen mildert er Hitze ab, filtert Staub und Schadstoffe aus der Luft und sorgt obendrein für CO_2-Ausgleich. Dank der dichten Vegetation ist das Mikroklima im Palmengarten im Sommer generell einige Grad Celsius kühler als in den angrenzenden Stadtvierteln – ein Segen für uns alle!

Als Heinrich Siesmayer den Palmengarten vor 150 Jahren schuf, konnte er nicht ahnen, wie sich Frankfurt verändern, mit welchen Herausforderungen sich die Welt auseinandersetzen würde. Umso dankbarer sind wir dem Gartengründer heute für dieses einzigartige Stück Grün im Herzen unserer Stadt.

Ich wünsche dem Palmengarten noch viele zukunftsweisende Ideen. Und Ihnen, liebe Leserinnen und Leser dieses Jubiläumsbandes, spannende Einsichten in Geschichte und Aktuelles von Frankfurts schönstem Ort.

Ihre Rosemarie Heilig

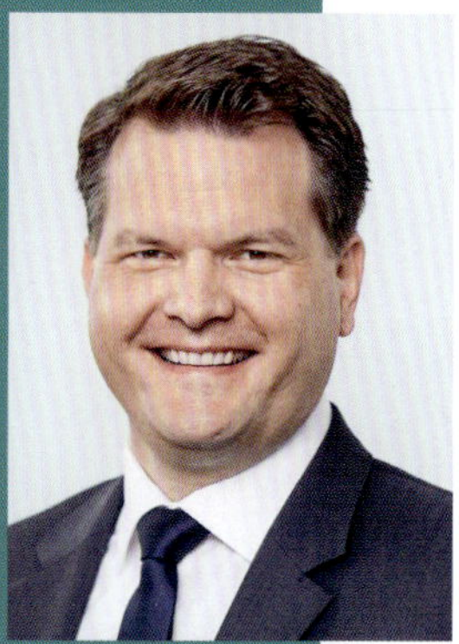

Lars Schmidt

Vorstandsvorsitzender
Freunde des Palmengartens e. V.

150 Jahre Palmengarten im Herzen der Stadt Frankfurt am Main! Zu diesem bemerkenswerten Jubiläum einer der schönsten Orte unserer Stadt gratulieren wir ganz herzlich. Dass es einen solchen Garten in unserer Stadt seit so langer Zeit gibt, ist mit Blick auf seine Entstehung und seine bewegte Geschichte nicht selbstverständlich. Die Stadt Frankfurt am Main ist seit jeher geprägt von engagierten und weitsichtigen Bürgern. Einige dieser Bürger hatten sich im Jahr 1869 zur Palmengarten-Gesellschaft – damals noch in Form einer Aktiengesellschaft – zusammengeschlossen. Sie haben bewirkt, dass die Idee von Heinrich Siesmayer zur Schaffung eines Palmengartens inmitten der Stadt umgesetzt werden konnte.

Bis zum Ende der 1920er Jahre war die Palmengarten-Gesellschaft die Trägerin des Gartens. Aufgrund der Folgen der Weltwirtschaftskrise wurde der Palmengarten Ende des Jahres 1930 an die Stadt Frankfurt am Main übertragen und die Palmengarten-Gesellschaft aufgelöst. Doch die engagierten Frankfurter Bürger wollten den Garten weiter unterstützen und gründeten als Nachfolgerin der Palmengarten-Gesellschaft 1931 die Vereinigung der Freunde des Palmengartens, die den Garten bis heute fördert und unterstützt. Damit feiert auch der Verein Freunde des Palmengartens in diesem Jahr 90-jähriges Jubiläum. In stets guter Zusammenarbeit mit der Leitung des Palmengartens konnten in diesen Jahrzehnten viele Projekte und Aktivitäten ins Leben gerufen werden, die den Garten weiterentwickelt haben. Zu nennen sind beispielhaft die Durchführung und Finanzierung von Führungen und Vorträgen, die Ausweitung von Ausstellungen und das Bildungsprogramm „Jugend entdeckt die Pflanzenwelt", das inzwischen in der „Grüne Schule" aufgegangen ist. Auch die neueste Attraktion des Palmengartens, das Blüten- und Schmetterlingshaus, hat die Palmengarten-Gesellschaft unterstützt. Die vielen Ideen der Direktoren und Mitarbeiter des Palmengartens und das Engagement der Bürger haben dazu geführt, dass der Palmengarten heute mehr ist als ein Garten. Er steht für Naturschutz, Nachhaltigkeit, Bildung, Unterhaltung und bürgerliches Engagement. Für viele ist er ein Ort der Freude, des Staunens, des Lernens, der Ruhe und häufig auch der Feste und der Musik.

Der Palmengarten ist damit fester Bestandteil und Wahrzeichen der Stadt Frankfurt am Main. Wir wünschen dem Palmengarten auch für die kommenden 150 Jahre eine großartige Entwicklung und den handelnden Personen eine gute Hand bei allen zukünftigen Herausforderungen. Allen Bürgerinnen und Bürgern rufen wir zu: Gestalten Sie die Zukunft des Palmengartens mit!

Sie sind uns herzlich willkommen!

Ihr

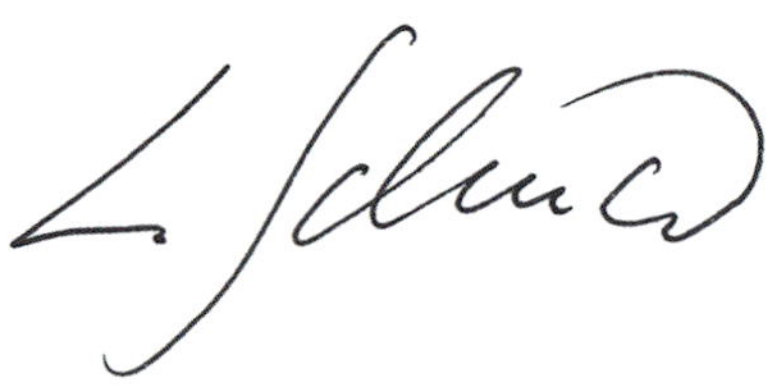

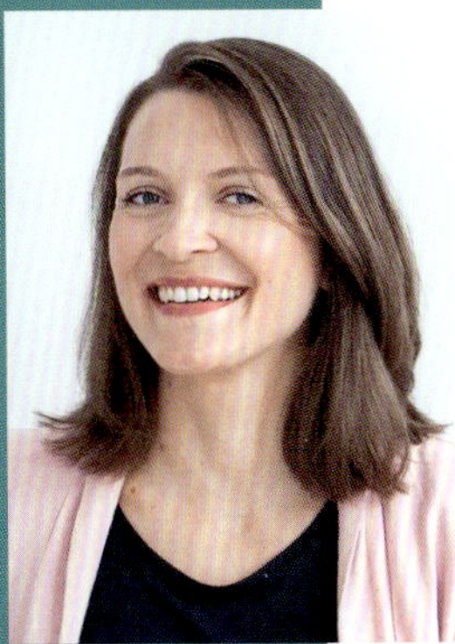

Dr. Katja Heubach

Direktorin des Palmengartens

Liebe Leserinnen und Leser!

Dieses Jahr feiern wir den 150. Geburtstag des Palmengartens und damit das Vermächtnis des Gartengestalters und Visionärs Heinrich Siesmayer. Mit seiner Initiative, die Sammlung exotischer Pflanzen des abdankenden Herzogs von Nassau nach Frankfurt zu holen, bescherte er der Stadt Frankfurt am Main 1869 eine Attraktion, die fortan weltweit von sich reden machte. Seither schlägt im Palmenhaus das Herz des Palmengartens.

Als Abbild einer idealen Landschaft, wie man sie sich Ende des 19. Jahrhunderts vorstellte, begonnen, erlebte der Palmengarten einen steten Wandel. So zog er an als Ort, an dem die neuesten Sportarten betrieben und gar Meisterschaften ausgetragen wurden, lockte mit einer weltumspannenden Pflanzensammlung und entwickelte sich so zu einem bedeutenden Garten inmitten der Großstadt mit einem über die Grenzen Frankfurts hinaus bekannten Kultur- und Veranstaltungsprogramm.

Und der Wandel geht natürlich weiter. 2021 haben wir erstmalig ein Leitthema für den Garten ausgerufen, an dem wir unser Kultur- und Ausstellungsprogramm und auch unsere gärtnerische Gestaltung ausrichten. Und natürlich ist unser Leitthema hochaktuell: Ökologie und Interaktionen von Blüten und Bestäubern – und damit verknüpft die Frage, warum Insekten so wichtig für uns Menschen sind.

Kernstück des Leitthemas ist unser neues Blüten- und Schmetterlingshaus, das wir pünktlich zum Jubiläum eröffnen. Im Warmhaus erleben unsere Gäste hautnah, wie aus Schmetterlingspuppen schillernde Falter werden. In der begleitenden, interaktiven Dauerausstellung lernen sie, welche Rolle Insekten – Schmetterlinge, Bienen, Hummeln, Käfer und Co. – für unsere Umwelt, für unsere Landwirtschaft und damit auch unsere Ernährung spielen. Welche Bedeutung Bienen für uns haben, wird ganz schnell klar beim traditionellen Lieblingsgetränk der Frankfurterinnen und Frankfurter, dem Ebbelwei. Denn: Ohne Bienen hätten wir rasch nichts mehr im Bembel, denn die Äpfel, aus denen dieses kulturstiftende Getränk gemacht wird, werden von Bienen bestäubt. Kurz gesagt: „No Bees, No Bembel!"

Die Leistung von Bienen, Hummeln, Faltern und ihr Zusammenspiel mit den Pflanzen begegnet unseren Gästen auch an vielen anderen Stellen des Palmengartens und auch im Botanischen Garten. Lassen Sie sich verzaubern von der Welt der Insekten.

Und natürlich haben wir in diesem besonderen Jahr noch viel mehr für Sie geplant – seien Sie gespannt! Unser Jubiläumsprogramm haben wir mit viel Herzblut für Sie gestrickt.

Ich wünsche Ihnen viel Freude beim Erkunden unseres schönen Gartens und unserer vielfältigen pädagogischen und kulturellen Angebote – und natürlich bei der Lektüre dieses geschichtsschweren und gleichzeitig zukunftsträchtigen Jubiläumsbandes.

Ihre

Inhaltsverzeichnis

Vorwort

Mitten im Westend liegt das grüne Paradies der Stadt. Auf rund 22 Hektar kultiviert der Palmengarten im Freien und unter Glas eine der artenreichsten Pflanzensammlungen der Welt. Nicht nur Flughafen, Zentralbank oder Museen wie das Städel mehren Frankfurts Ruf im Ausland, auch der Palmengarten verfügt international über ein hohes Renommee, zählt er doch zu den bedeutendsten botanischen Gärten weltweit. Und das ist nur eine, die eher wissenschaftliche Seite der Institution.

Gärten sind schließlich immer emotional, sie berühren die Menschen und ihre Sinne. Schon die Römer legten nicht nur Nutzflächen, sondern reine Lustgärten an. Das Mittelalter erhob das von Menschenhand gestaltete Grün gar zum Paradiesgärtlein. Heute ist Gärtnern ein Lifestyle-Thema, wie die vielen erfolgreichen Magazine zum Thema beweisen. Der Palmengarten ist dabei nicht nur Rückzugsort, Vorbild und Anschauungsobjekt. Er ist in den Herzen vieler Generationen von Frankfurterinnen und Frankfurtern verwurzelt, ob sie Jugenderinnerungen an die Bootsfahrten auf dem Weiher oder an Tanzschulbälle haben, ob sie als Kind die Blütenpracht bewunderten oder auf dem Gelände Tennis spielten. Nicht zu vergessen, die zahlreichen Palmengärtnerinnen und -gärtner unter ihnen, die mit sehr viel Herzblut und Engagement ihren Teil zur Schönheit der Anlage beitrugen.

Immer schon war er ein Bürgergarten. Vor 150 Jahren von wohlhabenden Städtern auf Initiative des Gartengestalters Heinrich Siesmayer gegründet, ist die Bindung der Frankfurterinnen und Frankfurter zu „ihrem" Garten bis heute stark. „Der Palmengarten war zu keiner Zeit ein spießiger Park höfischer Provenienz und Langeweile", stellte der frühere Kulturdezernent Hilmar Hoffmann in den 1970er Jahren treffend fest. Er sei vielmehr immer ein für jedermann offener Bürgergarten der Frankfurter im Herzen des Westends gewesen, „und er wurde schließlich dessen Herz selbst." Entsprechend sehen sie ihn gerne als ihr erweitertes Wohnzimmer, auch wenn er längst nicht mehr in Bürger-, sondern in städtischer Hand ist. Viele Generationen scheuten auch vor finanziellen Gaben nicht zurück, wenn es um seine Erhaltung und Weiterentwicklung ging. So ist es bis heute.

Bei aller Tradition ist der Palmengarten aber immer mit der Zeit gegangen. Die kostbare Sammlung des Herzogs von Nassau, die den Grundstock des Gartens bildete, war anfangs eher schmückendes Beiwerk für einen Gesellschaftsort, an dem die Damen in langen Röcken und gut behütet unter Sonnenschirmen auf den Wegen flanierten, die Herren mit Stehkragen, steifen Manschetten und Zigarre im Mundwinkel beieinander saßen und politisierten. Ein Ort, an dem man gemeinsam der Musik des hauseigenen Orchesters lauschte. Ende des 19. Jahrhunderts erweiterten sich das Gelände und mit ihm die Vergnügungen in Form von sportlichen Angeboten, bis hin zu Wettkämpfen auf der Radfahrbahn und im Eisschnelllauf. Im beginnenden 20. Jahrhundert wurde aus dem reinen Schaugarten auch dank der Nähe zur neu gegründeten Universität ein Ort botanischer Ausstellungen und Forschung. Nach den Weltkriegen und der Besatzung durch die US-amerikanische Armee musste der Garten sich neu finden. Vom Ende der 1960er Jahre an verlieh die „innere Erweiterung" der Institution schließlich ein moderneres Gesicht, das heute mit der Ausrichtung auf eine nachhaltige Entwicklung sowie die Digitalisierung den Anforderungen der technisierten Welt Rechnung trägt.

Dennoch hat der Palmengarten seine Wurzeln nie verloren. Er ist immer zugleich Schaugarten, Kultur- und Unterhaltungsort sowie Bildungseinrichtung geblieben. Siesmayers grundlegender Gedanke, das Vergnügen mit den Pflanzen zu verbinden, ist ein Dauerbrenner. Das vorliegende Buch beleuchtet sowohl die weitverzweigte Historie des Gartens als auch das heutige Selbstverständnis der Institution. Es erzählt Geschichten aus der Geschichte, schaut hinter die Kulissen des aktuellen Gartens und trifft Menschen, die mit ihm verbunden sind. In einem Interview mit der Direktorin Dr. Katja Heubach wirft es zudem einen Blick in die Zukunft, in der sich die städtische Einrichtung in Zeiten des Klimawandels neuen Herausforderungen stellen muss.

Der Palmengarten steht für eine 150-jährige Erfolgsgeschichte. Seine Stärke ist es, nicht nur Pflanzen, sondern auch die Menschen darin aufblühen zu lassen. Er befriedigt dabei viele unterschiedliche Bedürfnisse. Fast jede Frankfurterin, fast jeder Frankfurter findet dort etwas für seine Interessen, vom Sonnenanbeter bis zur Bromelienexpertin, von den kleinen Fans des Wasserspielplatzes bis zu den Spaziergängern, die sich an den wechselnd bepflanzten Frühjahrs- und Sommerbeeten erfreuen, von Partygästen im Gesellschaftshaus bis zu den Zuhörerinnen von botanischen Vorträgen. Nicht zu vergessen Wissenschaftlerinnen und Botaniker, die dort arbeiten, bildende Künstlerinnen und Musiker, die ihre Werke dort präsentieren können. All das blüht und wächst seit eineinhalb Jahrhunderten. Frankfurts Oase zeigt trotz des drohenden Klimawandels und dank bester Pflege der Palmengärtnerinnen und -gärtner üppiges Grün, und sie verfügt über starke Wurzeln. Beste Voraussetzungen, um auch künftig gut zu gedeihen.

Ich danke dem Palmengarten Frankfurt, seiner Direktorin Dr. Katja Heubach sowie allen Mitarbeiterinnen und Mitarbeitern für die große Unterstützung dieses Projektes. Ohne sie und ihre Begeisterung für ihren Beruf wäre die Entstehung des vorliegenden Buches nicht möglich gewesen. Mein spezieller Dank geht an Kirsten Grote-Bär für die umfangreiche Betreuung des Vorhabens und an Dr. Hilke Steinecke für wertvolle Hinweise, viele Fotografien, das unermüdliche Beantworten jeder Frage und das aufmerksame Korrektorat. Danke auch an Peter Schermer für die zum Teil kaum bekannten Informationen zum Sport im Palmengarten, an Dr. Georg Zizka für jene zum Botanischen Garten, an Dr. Nina Gorgus vom Historischen Museum Frankfurt sowie an den Fotografen Tom Wolf und die zahlreichen Leihgeber von Fotografien und Abbildungen sowie speziell an das Team des Instituts für Stadtgeschichte für die stets große Unterstützung bei den Recherchen.

Sabine Börchers

März 2021

01

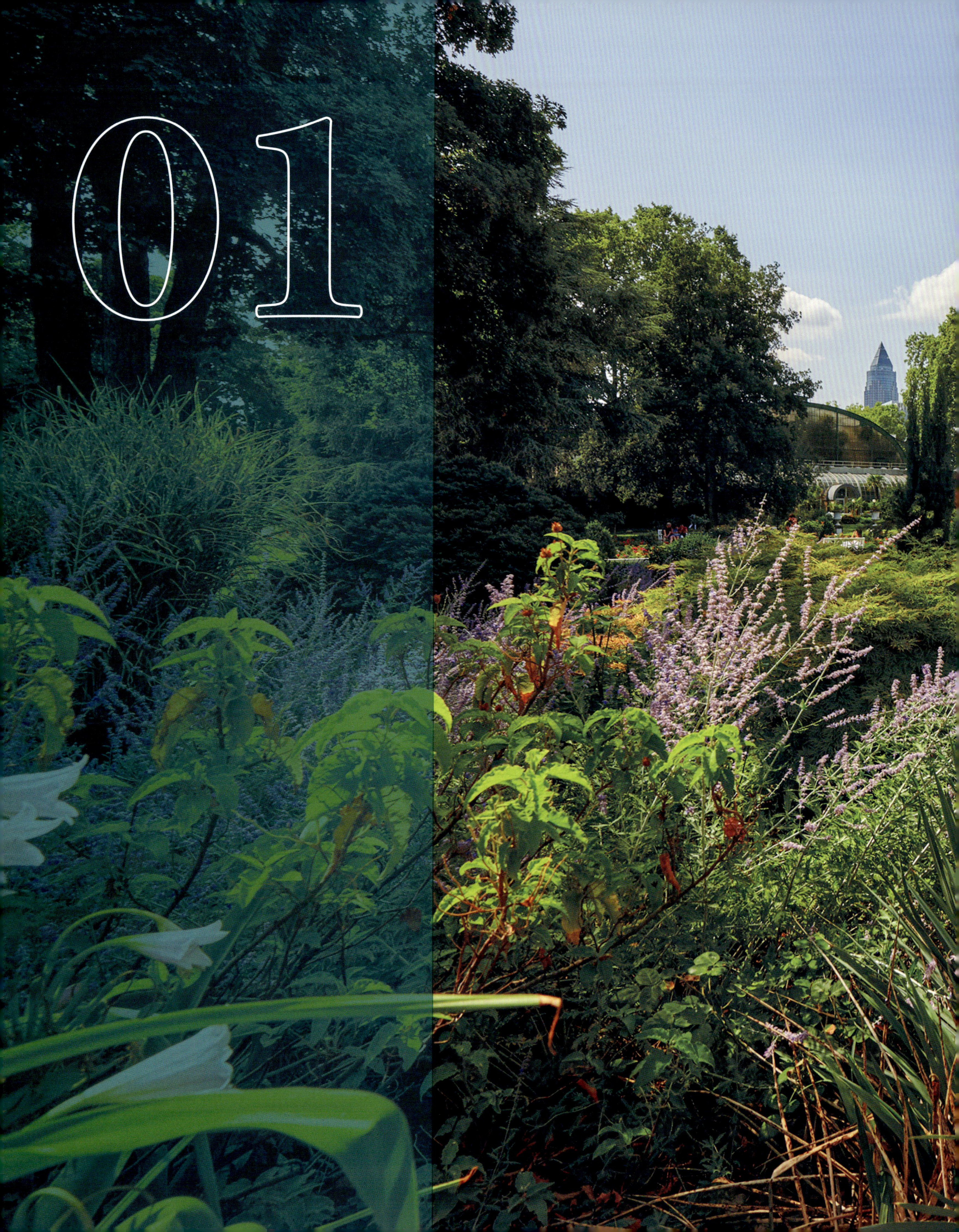

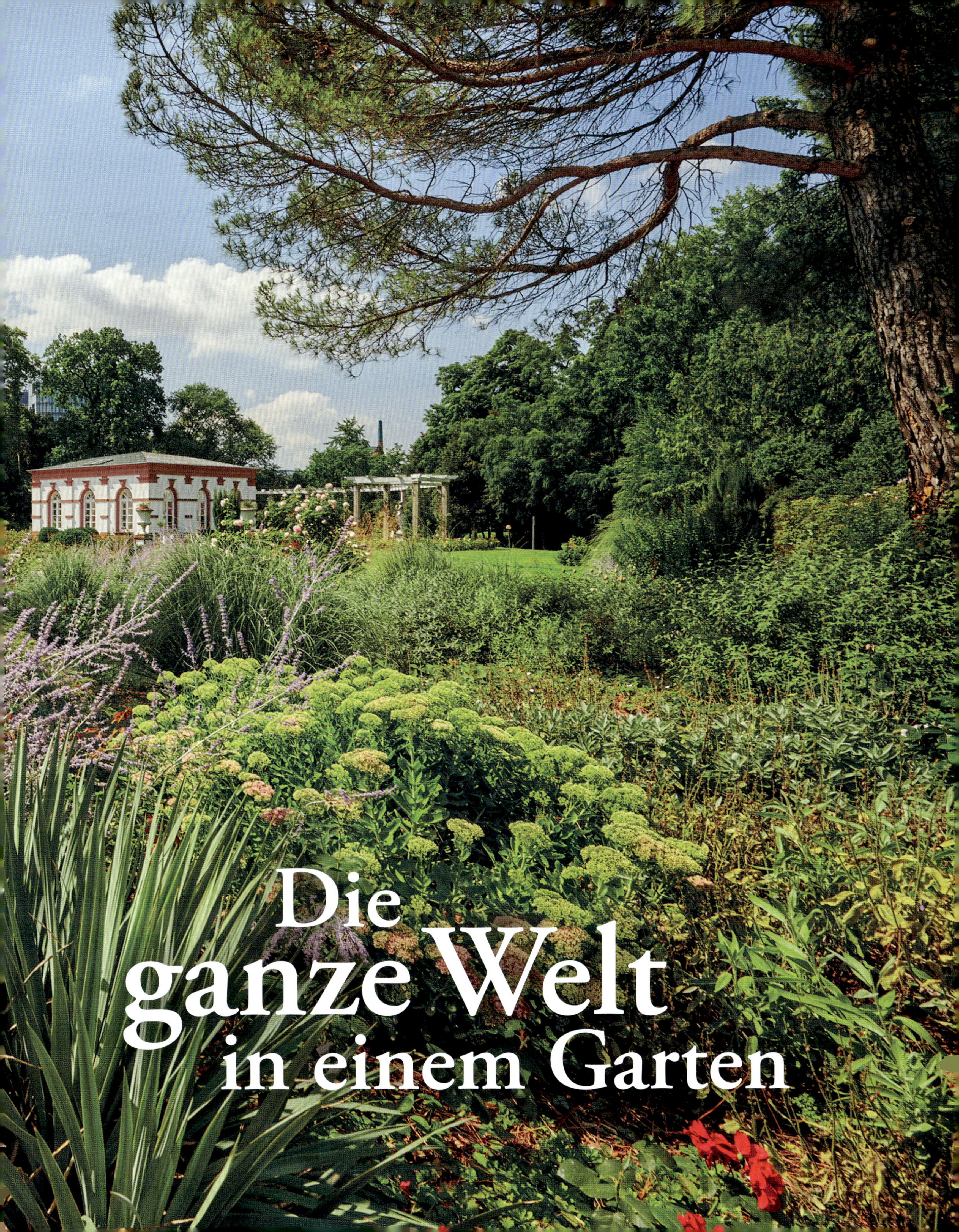
Die
ganze Welt
in einem Garten

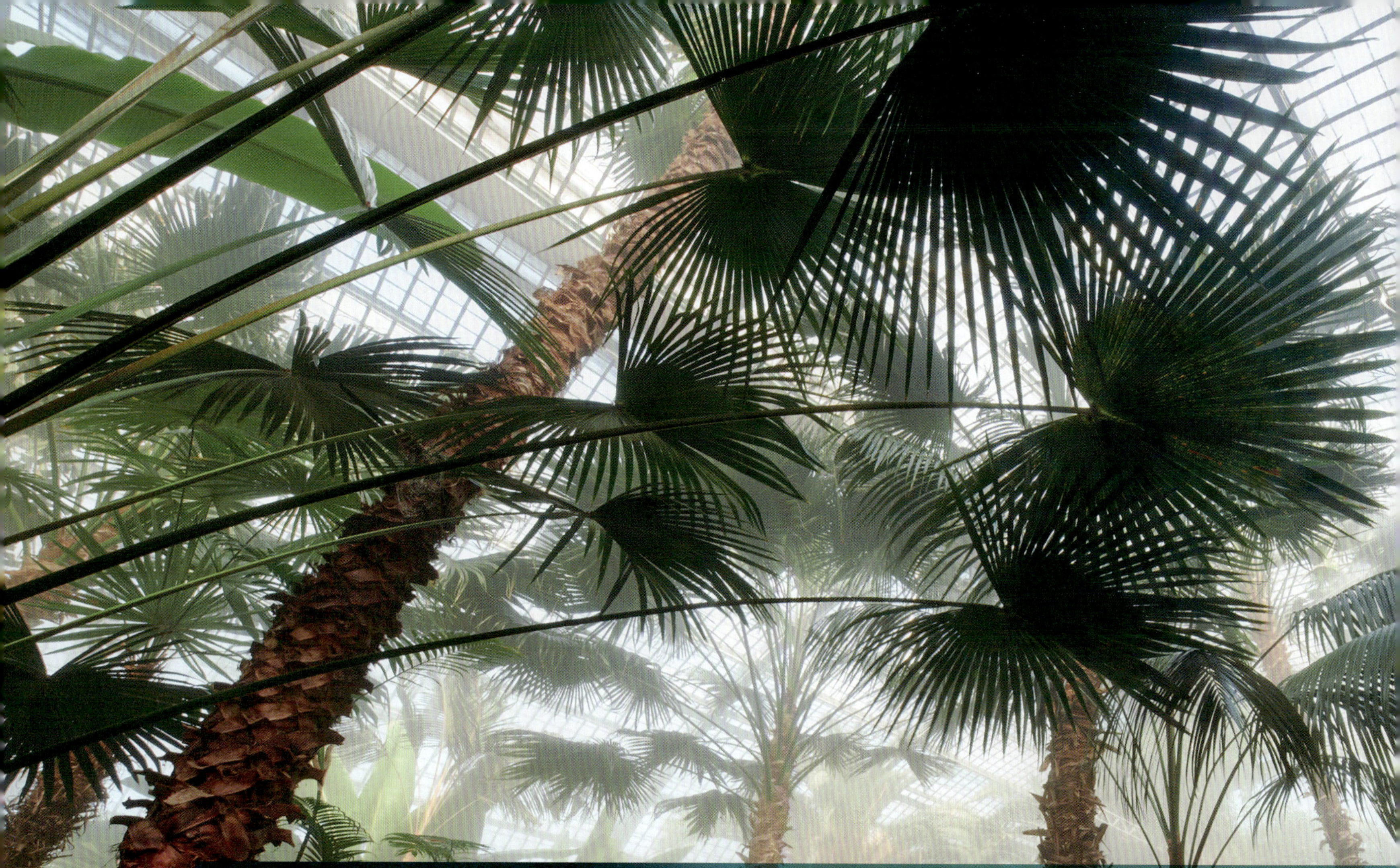

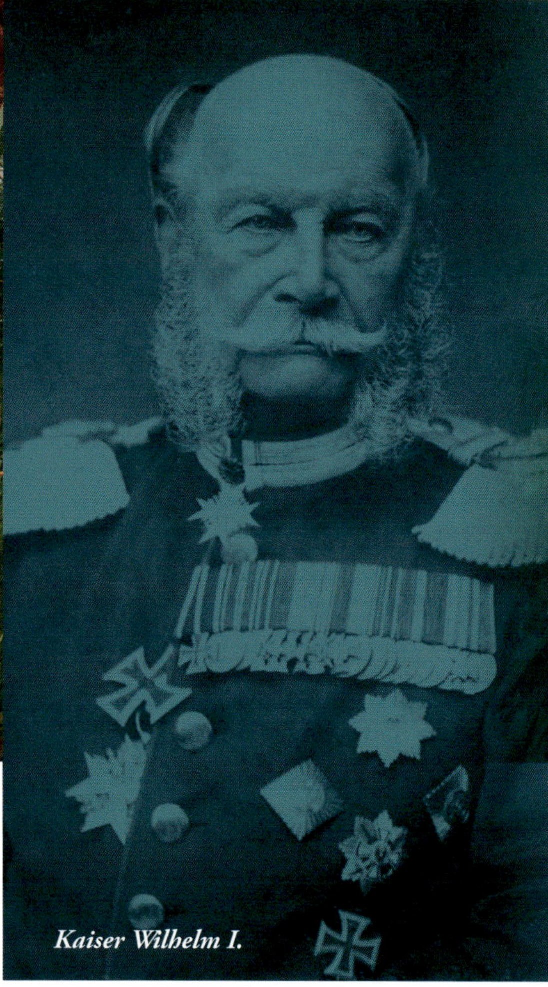

Kaiser Wilhelm I.

Ein Geschenk Kaiser Wilhelms

Wie international der Palmengarten bereits in seinen Anfängen war, zeigt ein Spaziergang, den sein Direktor August Siebert vermutlich im Jahr 1894, kurz nach dem 25. Geburtstag des Gartens, beschrieb: „Im Weitergehen werfen wir einen Blick auf das zweite halbkreisförmige Parterre, passieren interessante Schling- und Blattgewächse der warmen und gemässigten Zone in malerischer Gruppierung, die im Halbschatten alter Baumpflanzungen die Stämme derselben gleich Lianen des Urwaldes umschlungen halten, betrachten die Eschenblättrige Flügelnuss Pterocarya fraxinifolia aus Transkaukasien, welche einen ganz besonderen Schmuck dieses Rasenplatzes bildet, und die ein alter, treuer Anhänger des Palmengartens ihrer neunteiligen Stammbildung halber die „neun Brüder" getauft hat. Wir bewundern noch eine Baumfarngruppe: Balantium und Alsophila aus Neuholland, die seltene Dicksonia Karsteniana aus Mittelamerika, ein Geschenk Kaiser Wilhelms I., welche, untermischt mit unseren deutschen Waldfarnen sowie mit australischen und südamerikanischen Araucarien, eine den „Herbst" darstellende Marmorfigur umgiebt." [1]

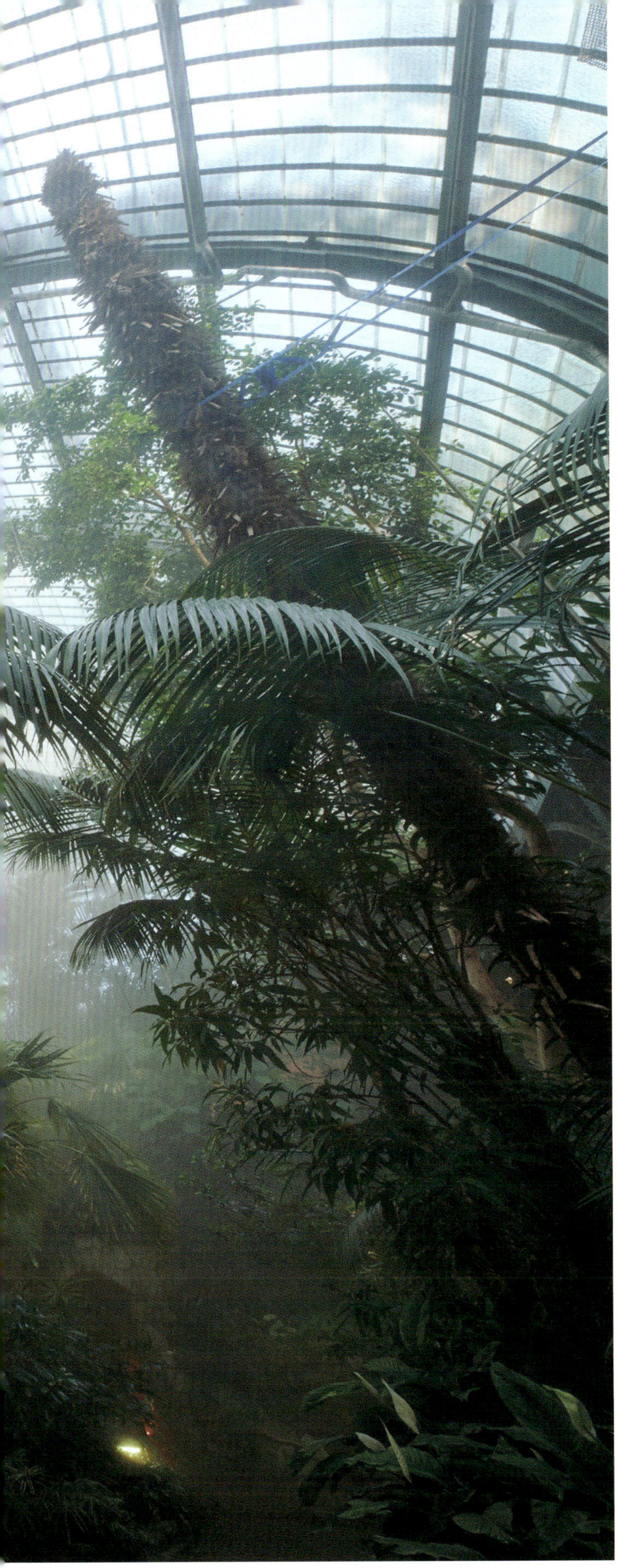

Paradies zu jeder Jahreszeit

Die Äste der alten Eiche leuchten violett. Das Haus Rosenbrunn strahlt in den schönsten Farben und dahinter erhebt sich vor dem Nachthimmel die Frankfurter Skyline. Wenn im Januar die „Winterlichter" im Palmengarten brennen, spazieren Tausende Besucher im Dunkeln durch den Garten und genießen die bunt beleuchtete Natur, die nach jeder Biegung neue Einblicke schafft und dabei den Bäumen, Sträuchern oder dem Weiher einen frischen Anstrich verpasst. Im Februar sind es die Krokusse, Hyazinthen und Osterglocken, die in den Galerien mit ihrem Duft und ihren Farben den ersten Anflug des Frühlings nach Frankfurt bringen. Eine Bootstour auf dem Weiher oder eine Rast unter den hohen Bäumen auf der Liegewiese bieten im Hochsommer Abkühlung, während das Rosen- und Lichterfest schon im Juni den Garten besuchertechnisch fast zum Bersten bringt.
Im Herbst können Pflanzenfreunde in der Steppenwiese noch lange Abschied vom blühenden Garten nehmen oder sich an den imposanten Dahlien vorm Haus Rosenbrunn erfreuen. Der Palmengarten ist zu jeder Jahreszeit ein Anziehungspunkt für die Frankfurterinnen, Frankfurter und ihre Gäste. Das war er schon immer. Gegründet von Frankfurter Bürgern, war das exotische Grün des Gartens von Anfang an eng verbunden mit den Menschen, die sich an ihm erfreuen, von ihm lernen und zugleich in ihm feiern wollten. Dafür schuf Heinrich Siesmayer ein Paradies mit Pflanzen aus allen Teilen der Welt.

Palmenhaus

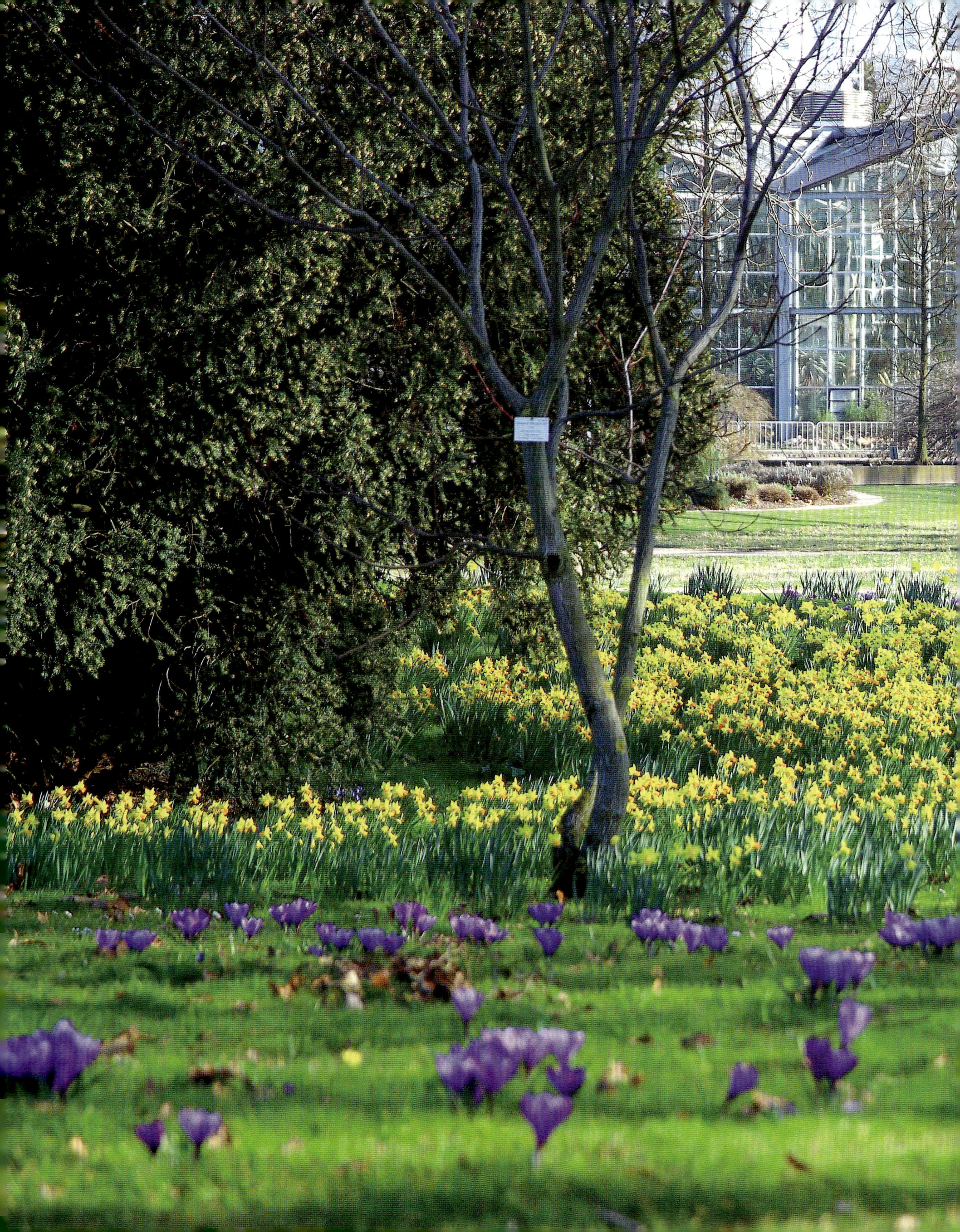

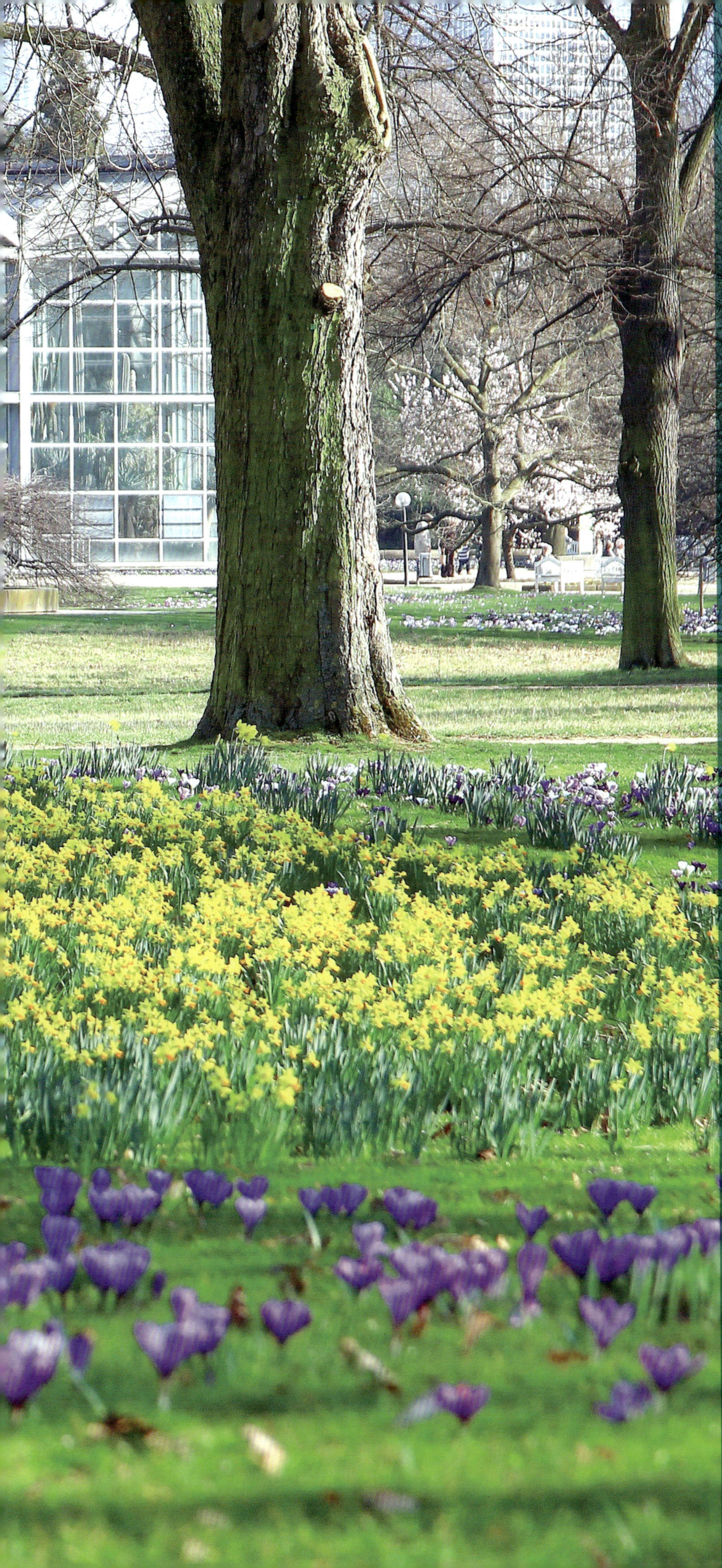

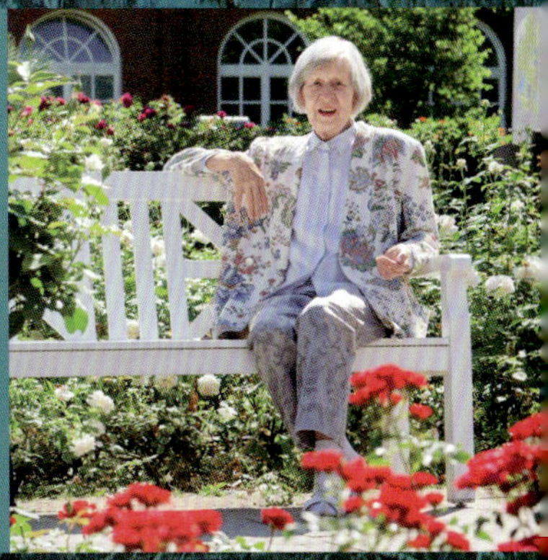

Mein Garten

Renate Hillingshäuser kommt seit 1956 in den Palmengarten. Damals, als Studentin der Mathematik, hatte sie freien Eintritt. „Ich habe Kinder ausgeführt, um Geld zu verdienen, mit denen bin ich gerne hierher gegangen.“ Seit den 1990er Jahren arbeitet sie zudem als Ehrenamtliche für die Institution, mittlerweile in der Bibliothek. Anfangs habe sie aber auch im Rosengarten mitgeholfen und für die Gärtner verblühte Rosen abgeschnitten, erinnert sie sich. Auch den Botanischen Garten unterstützt sie seit langem. Wenn sie heute durch den Palmengarten geht, macht sie immer Halt an einem Speierling-Baum in der Nähe der Liegewiese. „Den hat ein Bekannter von mir, der Enkel des früheren Palmengartendirektors Max Bromme, zu dessen Andenken gestiftet.“ Einmal pro Woche kommt Renate Hillingshäuser heute mindestens in die Anlage. „Seit ich meinen Garten zuhause aufgegeben habe, ist dies hier mein Garten.“

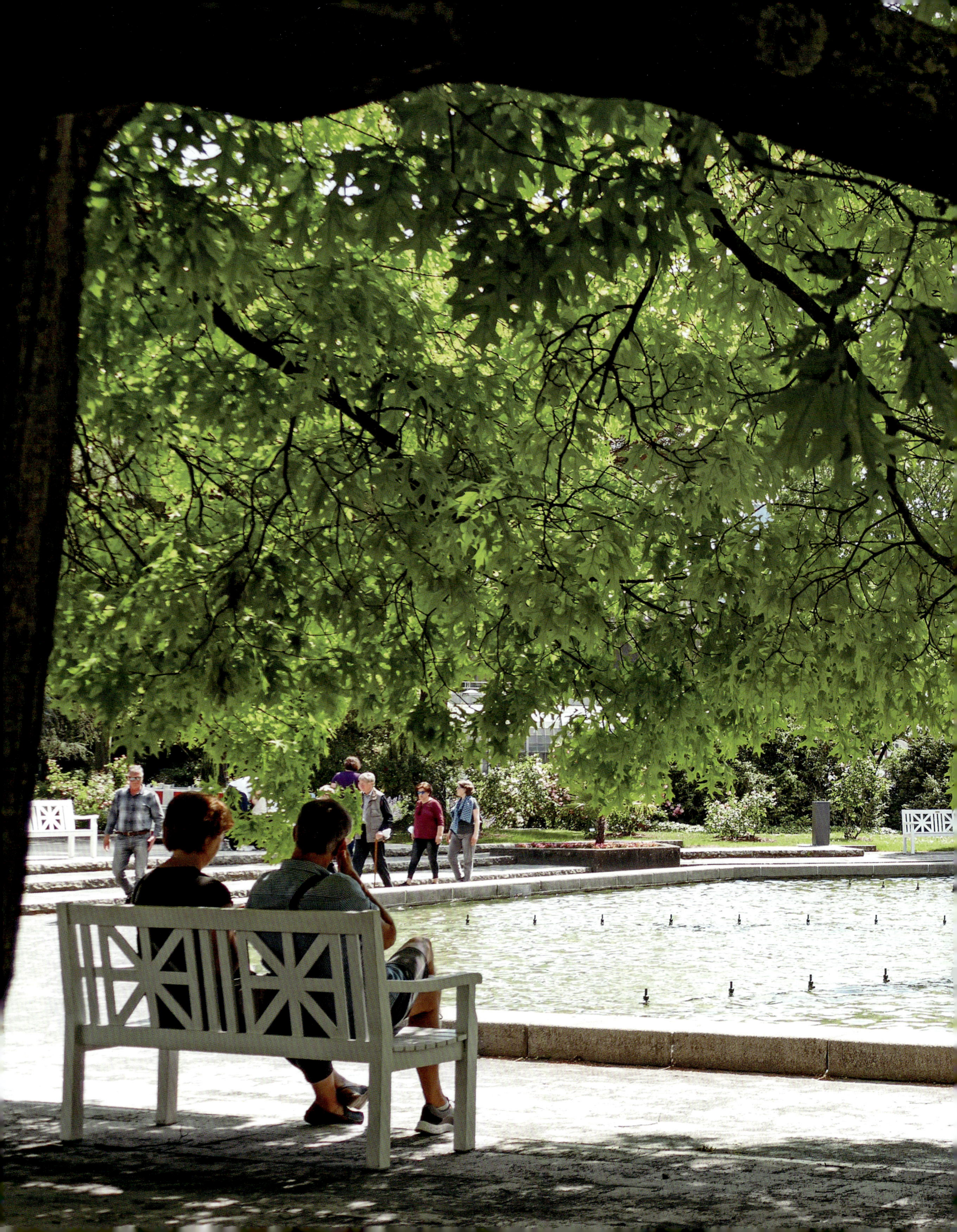

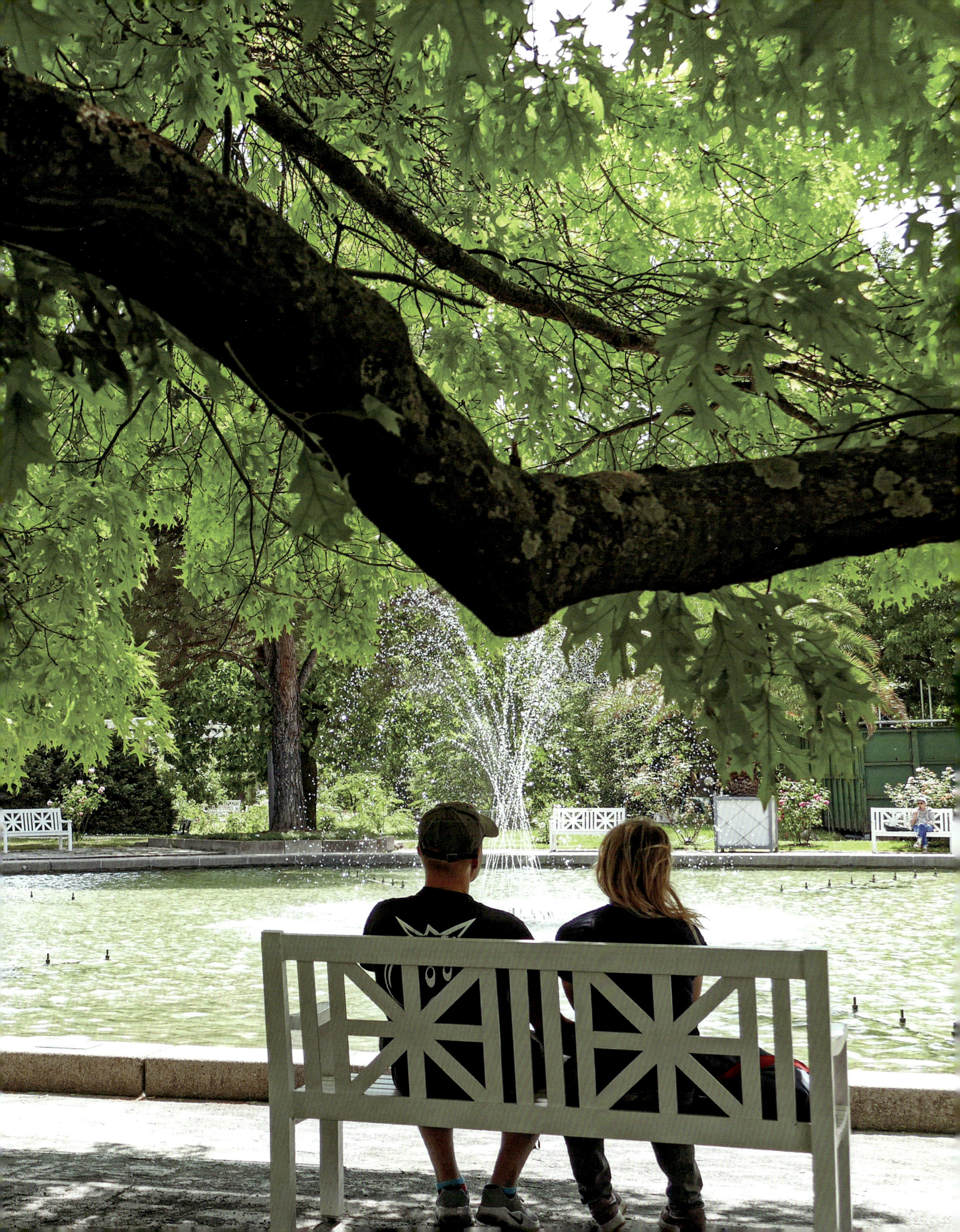

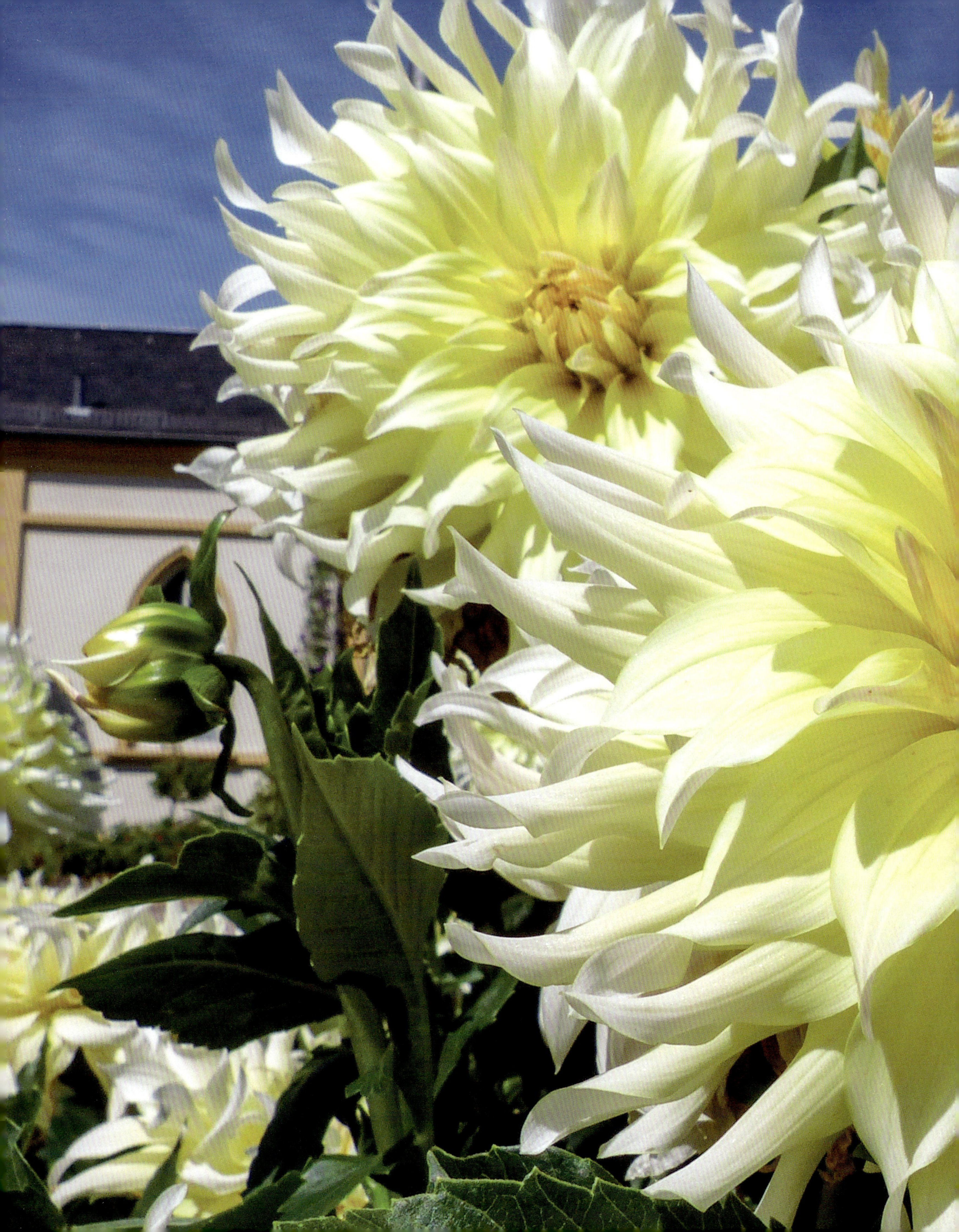

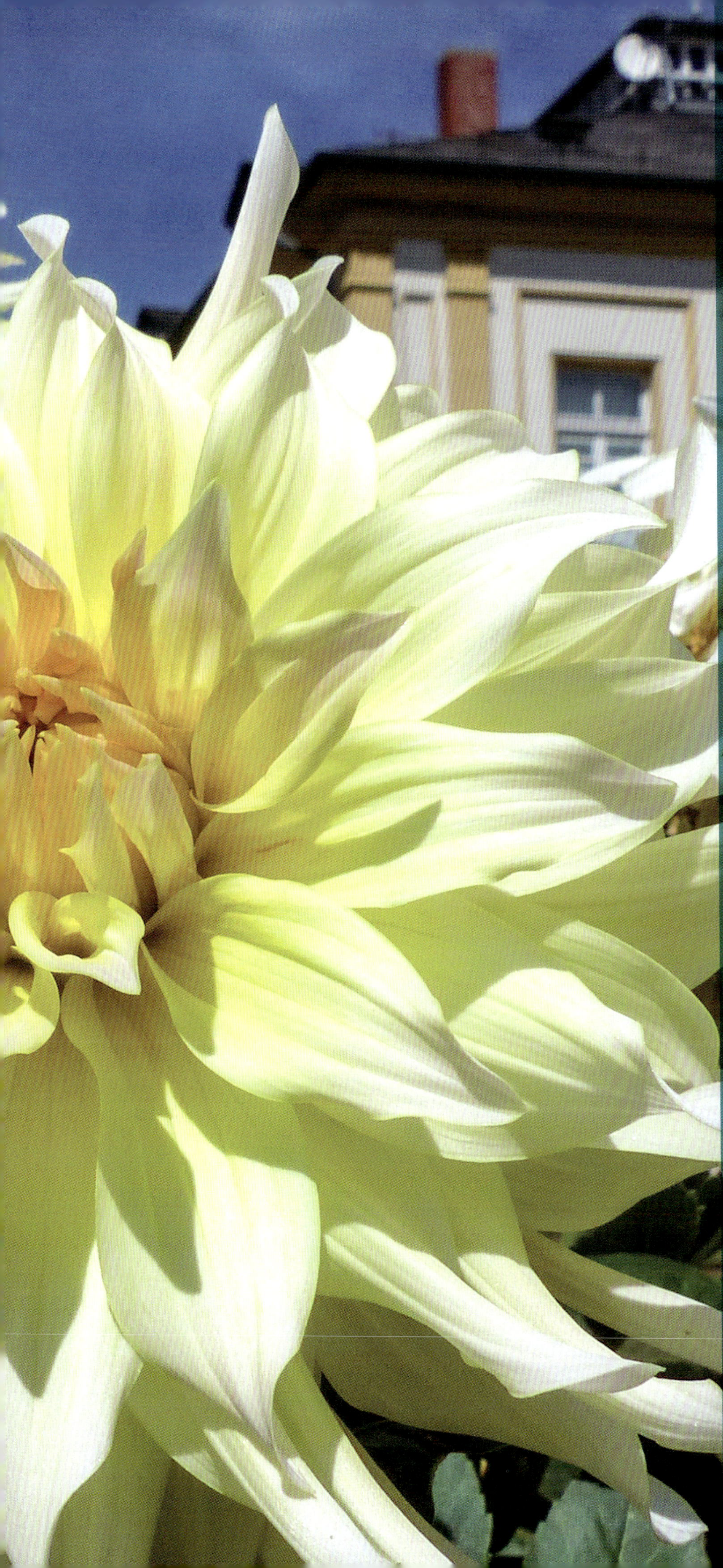

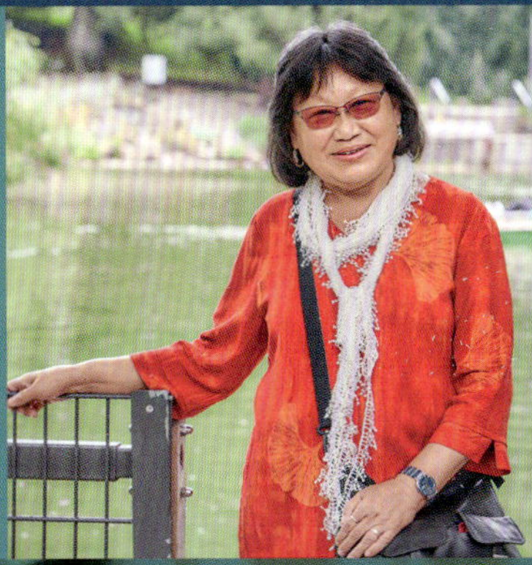

Wissen für Zuhause

Dass Bay Gee Chan-Oberle sich heute so gerne mit Pflanzen beschäftigt und begeistert ihre Terrasse mit ihnen gestaltet, habe sie auch ein bisschen dem Palmengarten zu verdanken. „Ich gehe regelmäßig zu den Führungen und Vorträgen und nutze das Wissen aus dem Palmengarten für zuhause“, stellt sie fest. Die Chinesin aus Shanghai, die in Hongkong aufwuchs, lebt seit 1980 in Frankfurt. Weil sie hier keinen Balkon oder Garten hatte, besuchte sie mit ihren Kindern regelmäßig den Palmengarten. „Für meinen Sohn waren die Bimmelbahn und der Spielplatz der perfekte Ort.“ Heute bringt sie regelmäßig Freunde und Bekannte mit. „Ich möchte alle für den Palmengarten begeistern, es ist ein Kleinod in der Stadt, das man kennen muss.“ Ihr Lieblingsplatz ist am Oktogonbrunnen und am Weiher, „wenn das Wasser so plätschert, ist es so schön, da vergesse ich alle meine Sorgen und Probleme.“ Seit ihrem Ruhestand arbeitet Bay Gee Chan-Oberle auch schon mal ehrenamtlich als Ausstellungsaufsicht im Garten und ist Mitglied in den Freundeskreisen des Palmen- und des Botanischen Gartens. „Ich liebe den Palmengarten einfach, und zwar zu jeder Jahreszeit.“

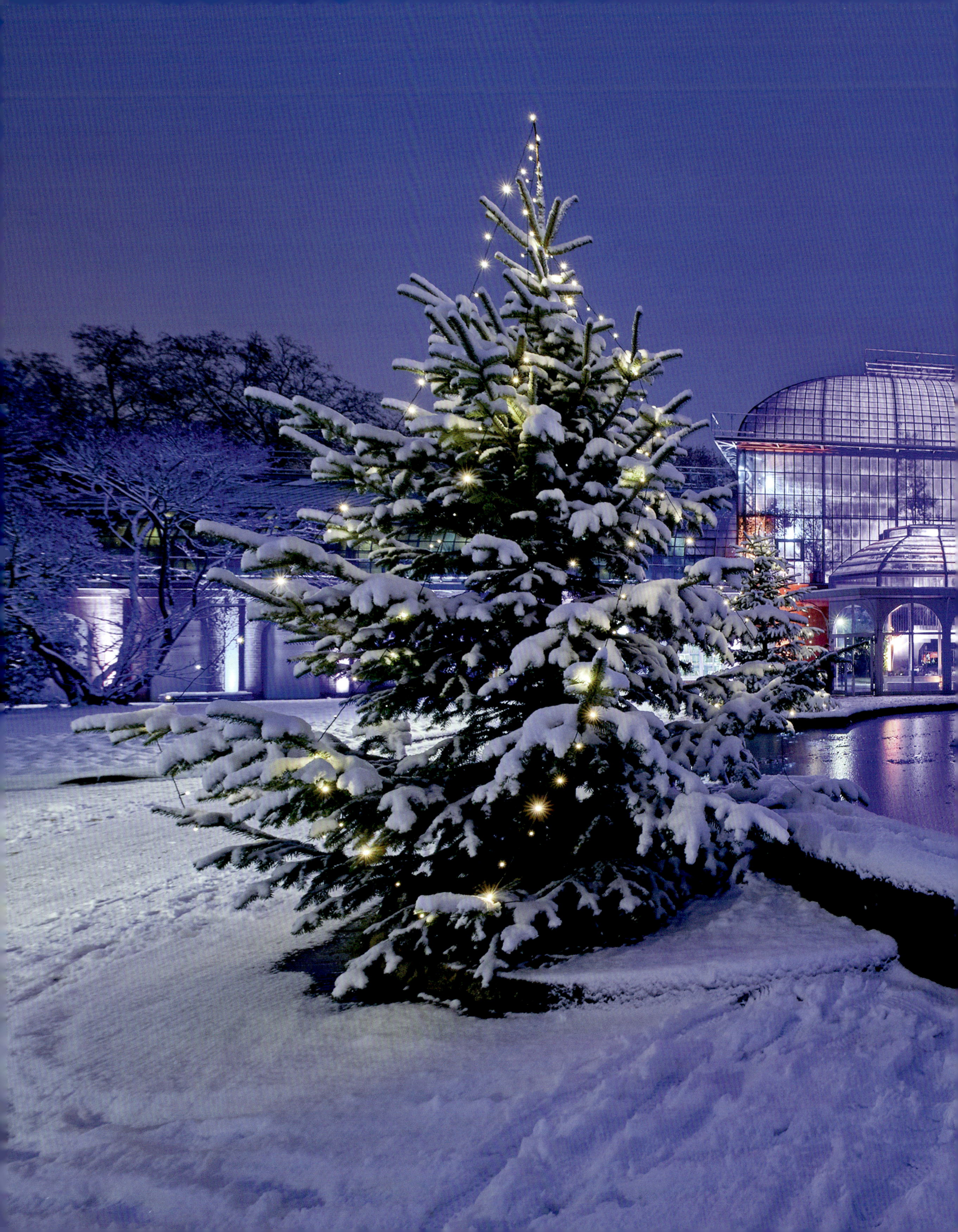

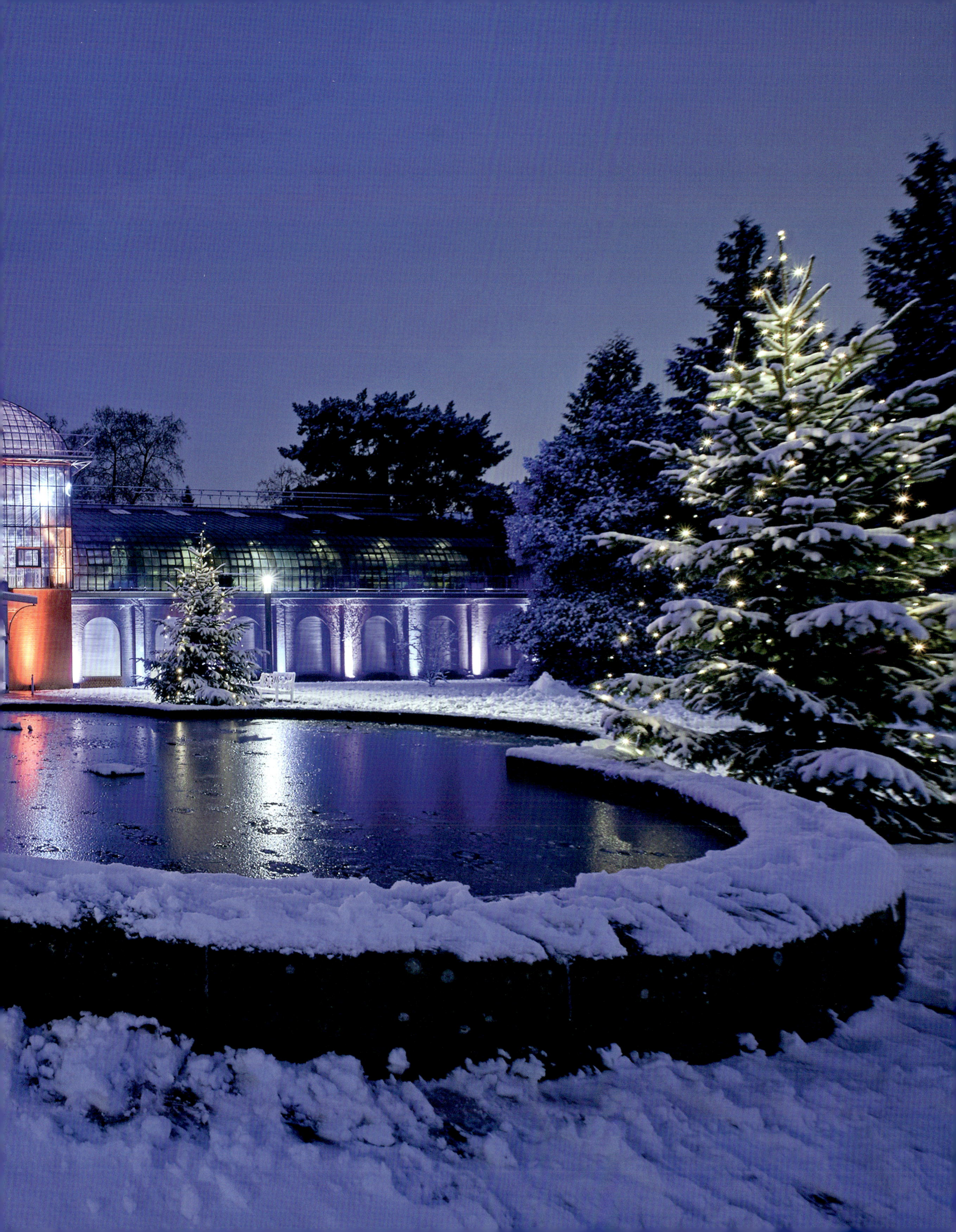

Reise um den Erdball

DAS TROPICARIUM BIETET SEINEN GÄSTEN EINE WELTREISE AUF KLEINSTEM RAUM. DOCH AUCH IM GARTEN SELBST FINDEN SICH PFLANZEN AUS ALLEN ERDTEILEN.

Von Asien nach Afrika ist es im Tropicarium nur ein kleiner Schritt. Eben noch schlug den Gästen der Jasminduft im Monsun- und Passatwaldhaus entgegen. Schon stehen sie in der Savanne vorm Affenbrotbaum, der wie andere Pflanzen um ihn herum aus Afrika stammt und mit seinen großen eiförmigen Früchten die Blicke auf sich zieht.

Reißt der Schaulustige sich von ihm los und dreht sich um, steht er vor der Macadamia-Nuss und dem Queensland-Flaschenbaum aus Down Under. Wer eine Weltreise unternehmen möchte, ohne viel Aufwand zu betreiben – im Palmengarten ist das leicht möglich, wie ein Rundgang mit der Botanikerin und Kustodin des Palmengartens, Dr. Hilke Steinecke, zeigt. Und meistens sind dabei die Superlative nicht weit. Etwa in der Halbwüste, in deren zentralem Beet eine große Opuntie steht, eine der ältesten Sukkulenten des Gartens. Ihre Art ist vor allem in Mexiko beheimatet. Gerade mal zwei Schritte weiter auf dem Rundweg steht die Besucherin vor einer afrikanischen Besonderheit, dem Elefantenfuß. Seine Größe und korkige Rinde lassen tatsächlich an einen solchen oder einen Schildkrötenpanzer denken. Die grazilen Triebe, die im Herbst daraus zartgelb erblühen, erinnern zugleich daran, dass aus dem gröbsten Klotz etwas Schönes erwachsen kann.

Sieben große sternförmige und sechs weitere kleinere Glashäuser bilden das Tropicarium, eines der Herzstücke des Palmengartens. Könnten die Gäste den Bau, der in den 1980er Jahren entstand, von oben betrachten, würden sie erkennen, dass die einzelnen Oktogonhäuser jeweils an die Form einer Kaktee angelehnt sind. Diese sind auch im Inneren anzutreffen. Die Vegetation der in den Häusern nachempfundenen trockenen und feuchten Tropen ist allerdings sehr unterschiedlich. Während in den Trockenen Tropen vor allem Kakteen und andere Sukkulenten vorherrschen, streift der Besucher in den Feuchten Tropen durch üppiges Grün bis zum Glasdach, in dem Orchideen, Bromelien und sogar Farne versuchen, in Augenhöhe auf anderen Pflanzen ein Plätzchen an der Sonne zu ergattern. Die botanische Welt in der Anlage ist so vielfältig, dass sich die Besucherin nach jeder neuen Wegbiegung, nach jeder Glastür in einer völlig anderen Umgebung mit unterschiedlichen Temperaturen und Feuchtigkeitsgraden wiederfindet: mal im Dornwald, mal in der Halbwüste, im Bergregen- und Nebelwald, in der Mangrove oder im Bromelienhaus.

Bei einer solchen Fülle und Größe kann es sich der Palmengarten erlauben, einer besonderen Wüstenpflanze aus der Namib gar ein eigenes Haus zu widmen: der Welwitschia mirabilis – einer wahrlich wundersamen Vertreterin der Pflanzenwelt, die 2.000 Jahre alt werden kann, aber dennoch während ihres langen Lebens nur zwei Laubblätter ausbildet. Das größte Exemplar dieser Wappenpflanze Namibias im Frankfurter Nebelwüsten-Haus steckt noch in den Kinderschuhen mit seinen gerade mal 60 Jahren. Dennoch strecken sich seine beiden Blätter schon mehr als einen Meter weit zu beiden Seiten. Rundherum wach-

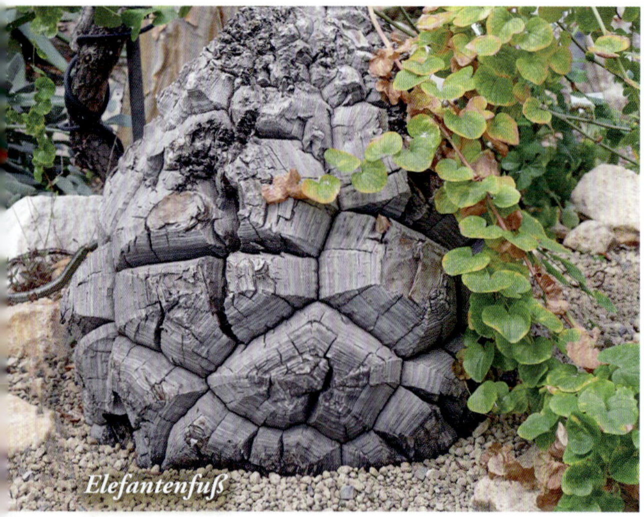

Elefantenfuß

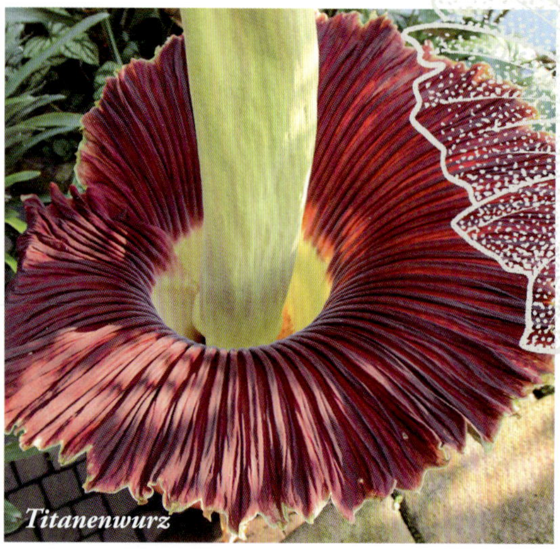

Titanenwurz

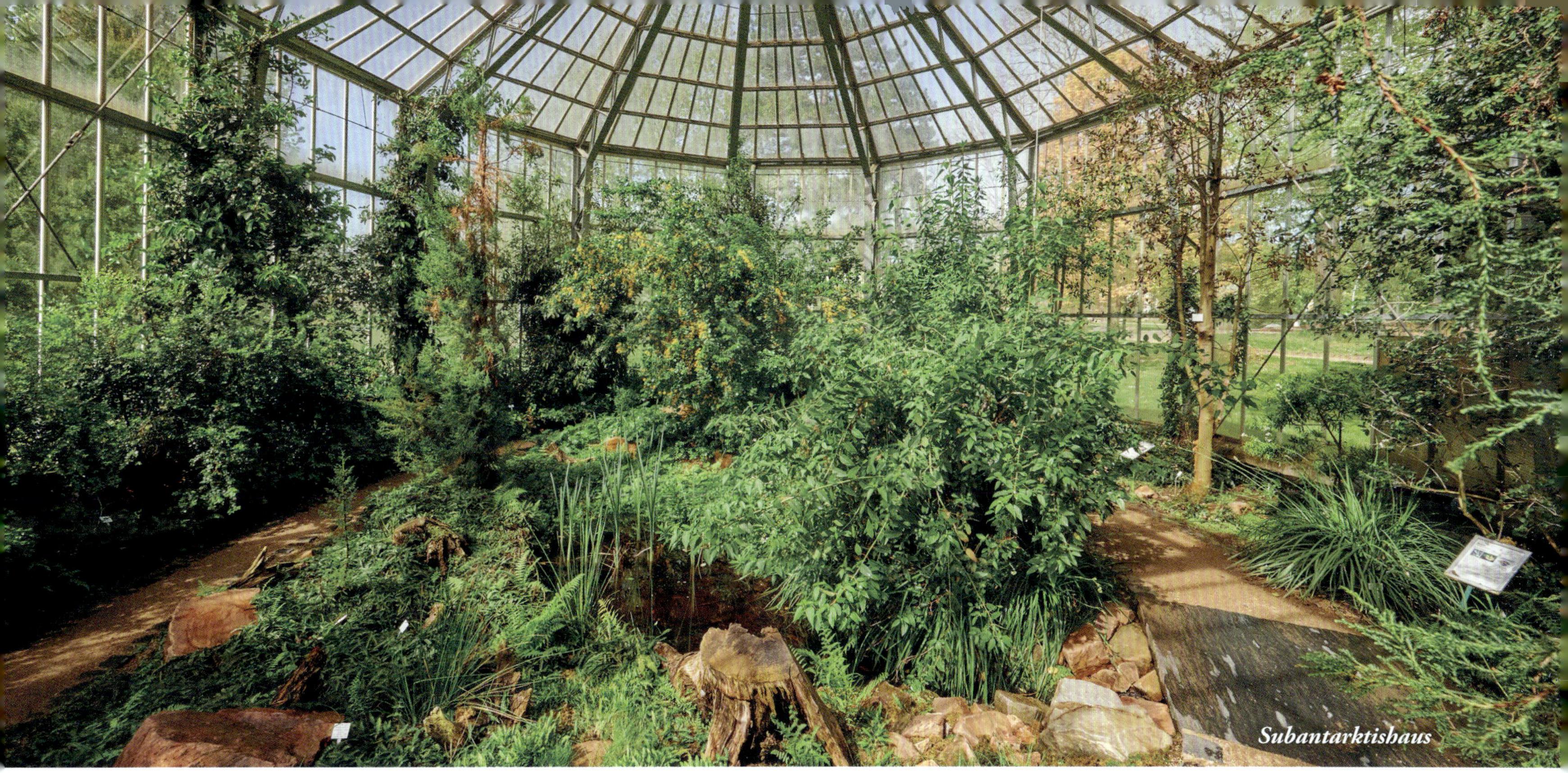
Subantarktishaus

sen dank der Palmengärtner jüngere Nachzuchten. Weil ihre Blätter so empfindlich sind, bleibt die Nebelwüste für Besucher nur durch die Scheiben sichtbar.

Ohne trennendes Glas können sie in den Feuchten Tropen eine weitere spektakuläre Erscheinung der Pflanzenwelt besichtigen: die größte Blume, die in Anlehnung an die griechischen Götter den ganz unbescheidenen Namen Titanenwurz trägt. Im Tiefland-Regenwald haben die Palmengärtner eine solche ausgepflanzt. Sie stammt ursprünglich aus Sumatra und entwickelt mit bis zu drei Metern Höhe den größten unverzweigten Blütenstand im Pflanzenreich. Obwohl blühende Exemplare eher selten in botanischen Gärten zu finden sind und auch dieses noch weit davon entfernt ist, besitzt der Palmengarten gleich mehrere blühfähige Knollen, so dass es so gut wie jedes Jahr im Tropicarium einen blühenden Titan im Topf zu sehen gibt, der nicht nur wegen seiner Größe den Gästen im Gedächtnis bleibt. Denn wer die Weltreise durch den Palmengarten mit allen Sinnen genießen möchte, wird beim Annähern der Nase an die Riesen-Blume bitter enttäuscht. Sie duftet nicht, sie imitiert vielmehr mit üblem Aasgeruch einen verwesenden Tierkadaver, um nachtaktive Käfer als Bestäuber anzulocken.

MIT EINEM SCHRITT ÜBER DEN ÄQUATOR

Neben dem mehr als 5.000 Quadratmeter großen Tropicarium nimmt sich das etwas weiter nördlich liegende Subantarktishaus eher klein und unscheinbar aus. Zu unrecht. Betritt die Besucherin das Frankfurter Gewächshaus, das 1994 eröffnet wurde, überquert sie mit nur einem Schritt den Äquator und setzt den Fuß auf die südliche Erdhalbkugel. Links geht es nach Patagonien, rechts nach Neuseeland. Links öffnet sich im Mittelbeet ein Moorauge, in dessen Nähe die Chilenische Glockenblume, die Nationalpflanze des Landes wächst, rechts steht eine Nikaupalme, die südlichste Palme der Welt, deren lange Fiederblätter die Maori zum Dachdecken und Flechten von Körben verwenden.

Außerhalb Tasmaniens dürfte es weltweit kaum ein zweites Schauhaus geben, das der Pflanzenwelt dieser Region gewidmet ist. Da die Vegetation der Subantarktis vielfach durch kühl-feuchtes Klima geprägt ist, ist es zudem das einzige Gewächshaus im Garten, das gekühlt werden muss. Dafür wurden eine spezielle Verglasung, eine Nebelanlage und eine besondere Belüftung angebracht. Noch dazu wurden beim Bau Teile eines 1904 errichteten Gewächshauses aus Bad Kissingen verwendet, die dem ganzen einen besonderen historischen Charme verleihen.

Noch älter als dieser Bau ist das zur Gründung des Gartens 1869 errichtete Palmenhaus, das den Besucher in eine grüne, subtropische Welt entführt. Der Glasbau beeindruckt nicht nur wegen seiner Höhe, er gehört auch weltweit zu den größten

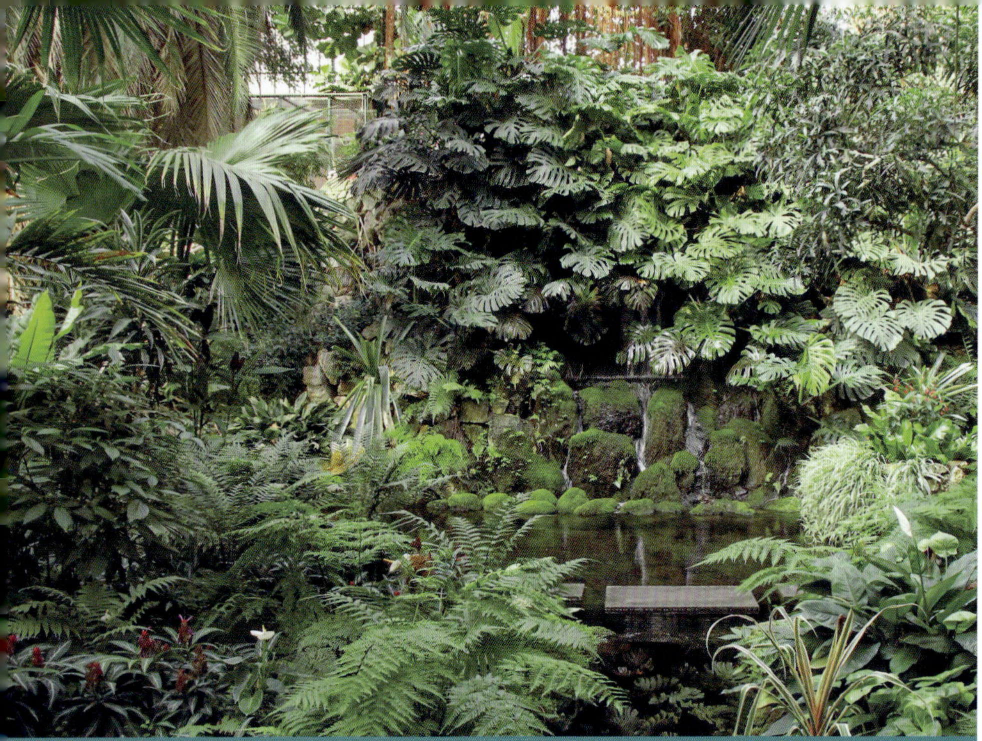

Das Wunder von Frankfurt

Im Jahre 1871 eröffnete der Palmengarten. Nur fünf Jahre später veröffentlichte der französische Journalist Victor Tissot ein Buch mit dem Titel „Die Preußen in Deutschland", in dem er seine Reiseerlebnisse beschrieb. Sie machen deutlich, wie schnell sich der Palmengarten international einen Namen gemacht hatte: „Den gestrigen Nachmittag und Abend habe ich im Palmengarten verbracht; dieser ist das Wunder von Frankfurt, noch sehenswerter als die Wilhelma in Stuttgart, als das Theater von Richard Wagner in Bayreuth und der Hinterkopf von Bismarck, geschmückt mit den drei Haarsträhnen. Man reist aus Rußland, England und Amerika nach Frankfurt, um den Palmengarten zu sehen, und selbst aus Berlin kommt man angereist. Man stelle sich einen riesigen Park vor, bei dem mit Hilfe von Geld mehr Wunder vollbracht wurden als durch die Heiligen Kilian und Florian."[2]

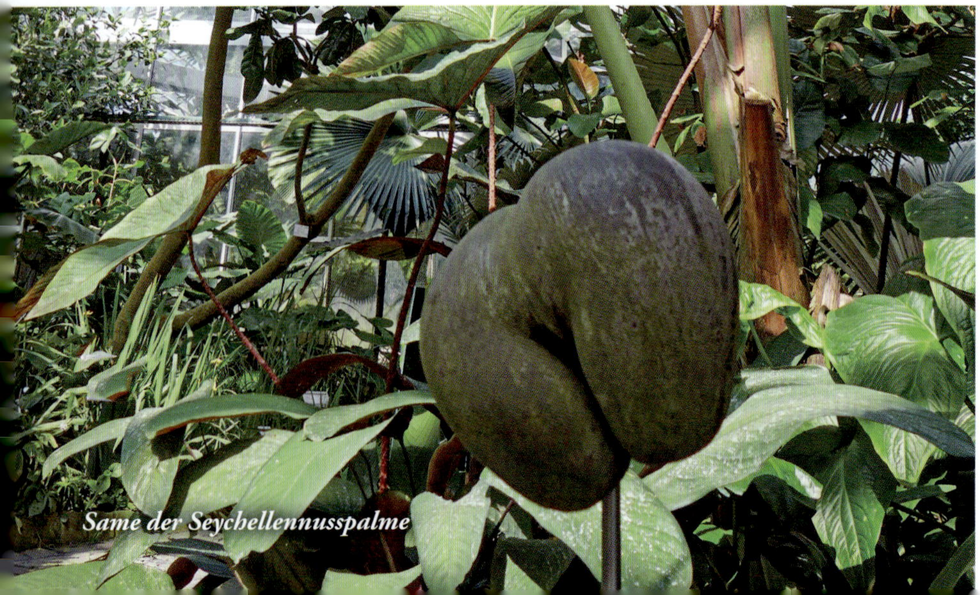

Same der Seychellennusspalme

erhaltenen Glas-Eisen-Konstruktionen dieser Art. In dem mächtigen Bau mit Bachlauf, Teich und Wasserfall treffen Pflanzen aller Kontinente aufeinander, etwa die dekorative Fischschwanzpalme aus Südostasien oder die Kanarische Dattelpalme, die besonders groß werden kann.

Insgesamt umfasst die Sammlung der Palmen, die dem Garten einst seinen Namen gaben, rund 180 verschiedene Arten. Die trockenheitsliebende Blaue Hesperidenpalme aus Mittelamerika, die ihre blauen Fächerblätter in der Halbwüste des Tropicariums ausstreckt, zählt ebenso dazu wie die sehr selten in Gewächshäusern kultivierte Seychellennusspalme, die – schon wieder ein Superlativ – den größten Samen im Pflanzenreich ausbildet. Ihre Früchte wiegen rund 20 Kilogramm und sind die größten Baumfrüchte der Welt.

Auch die Siegellackpalme, die in Malaysia heimisch ist, steht im Tropicarium. Sie ist zwar nicht ganz so einzigartig, aber unverkennbar, weil sie sich mit leuchtend rot gefärbten Stämmen schmückt und deshalb auch den Namen Lippenstiftpalme trägt. Vorm Eingang Siesmayerstraße, dem Tropicarium und vor den Galerien wachsen zudem einige Vertreterinnen der Chinesischen Hanfpalme sogar im Freiland – anfangs noch mit einem winterlichen Mäntelchen vor Frost geschützt, mittlerweile dank des milden Frankfurter Winters, der im Garten sogar einige der größten Pinien nördlich der Alpen gedeihen lässt, gut ans hiesige Klima gewöhnt.

ANDENTANNE UND SONNENSCHIRMBAUM

Diese tropischen Gewächse sind nicht die einzigen Besonderheiten im Freiland des Palmengartens, der mit seinen alten Bäumen und der kunstvoll angelegten Zufälligkeit den Charme einer englischen Parkanlage verströmt. Und der sein einzigartiges Flair auch dann noch entfaltet, wenn besonders viele Besucher im Garten unterwegs sind – zu den Winterlichtern und zum Rosen- und Lichterfest im Juni, wenn zehntausende Kerzen und Teelichter auf den Wiesen für abendliche Beleuchtung sorgen.

Doch auch wenn keiner dieser festlichen Höhepunkte ansteht, kann sich der Besucher beim Spaziergang auf Weltreise begeben und sollte unter manchem Blätterriesen ruhig einmal genauer auf die kleinen Schildchen schauen. Mal steht er dann vor einer Andentanne aus Südamerika, mal ganz hinten im Garten vor dem Amerikanischen Erdbeerbaum aus dem Norden. Mal entpuppt sich das Grün als Algerische Eiche aus dem Mittelmeergebiet, als südafrikanischer Otterbossie-Strauch oder, unverkennbar, wenn er im Frühjahr seine großen weißen Blütenblätter entfaltet, als Taschentuchbaum aus China.

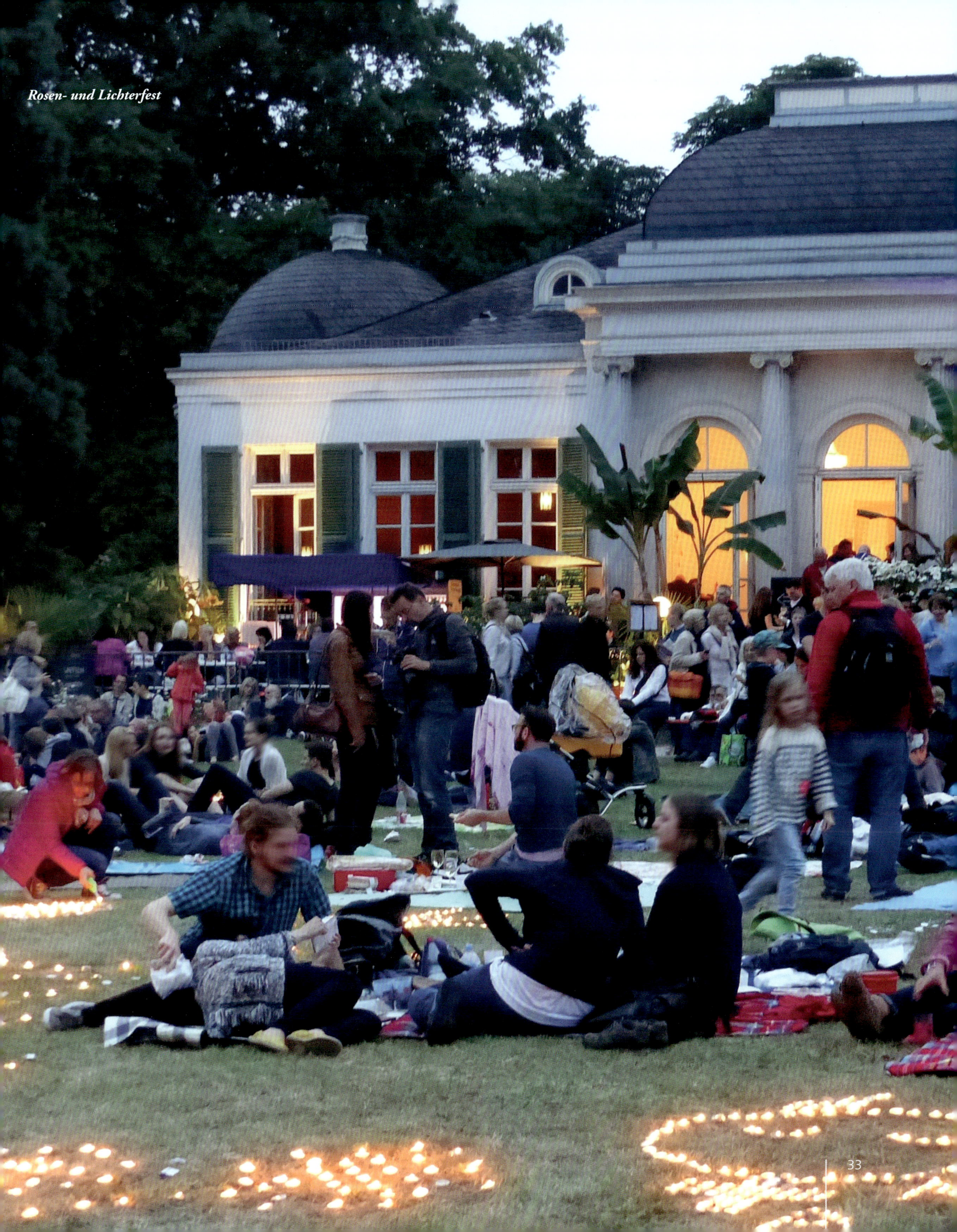

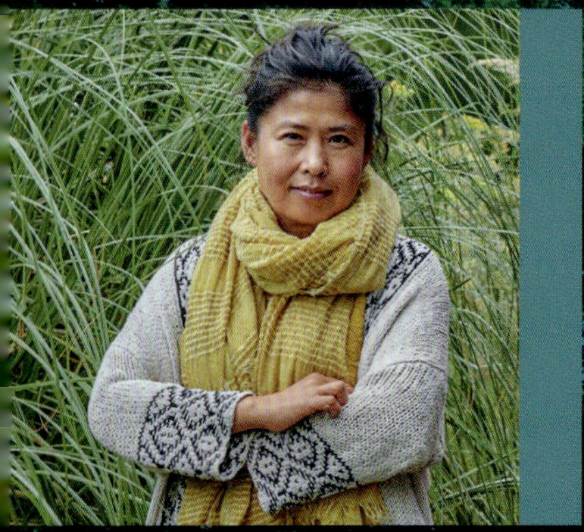

Frühling

Das Tropicarium besucht Chunqing Huang besonders gerne. „Dort fühlt man sich sofort wie auf einem anderen Kontinent", sagt die Künstlerin, die aus der chinesischen Stadt Heze, etwa 500 Kilometer südlich von Peking, stammt und gerne mit Freunden oder auch alleine in den Palmengarten kommt. Ihre Heimatstadt sei bekannt für ihre Pfingstrosen, die sogar ein eigenes Festival haben, erzählt sie. Deshalb sei auch die Zeit in Frankfurt, wenn die Pfingstrosen blühen, für sie etwas besonderes, weil sie sich dann mit ihrer Heimat verbunden fühle. Seit dem Jahr 2000 lebt Chunqing Huang in Frankfurt, studierte an der Städelschule und fand anschließend eine Galerie, die sie hier vertritt. Im Palmengarten malt sie zwar keine Pfingstrosen, dafür aber die Seerosen im Teich. „Ich habe vor einiger Zeit eine Serie mit Seerosen gemacht, dafür bin ich oft in den Garten gekommen, und habe sie betrachtet." Dass Chunqing Huang eine enge Beziehung zu Pflanzen und zur Natur hat, ist ihr womöglich schon in die Wiege gelegt worden, schließlich bedeutet „Chun", die erste Silbe ihres Vornamens, im Chinesischen „Frühling".

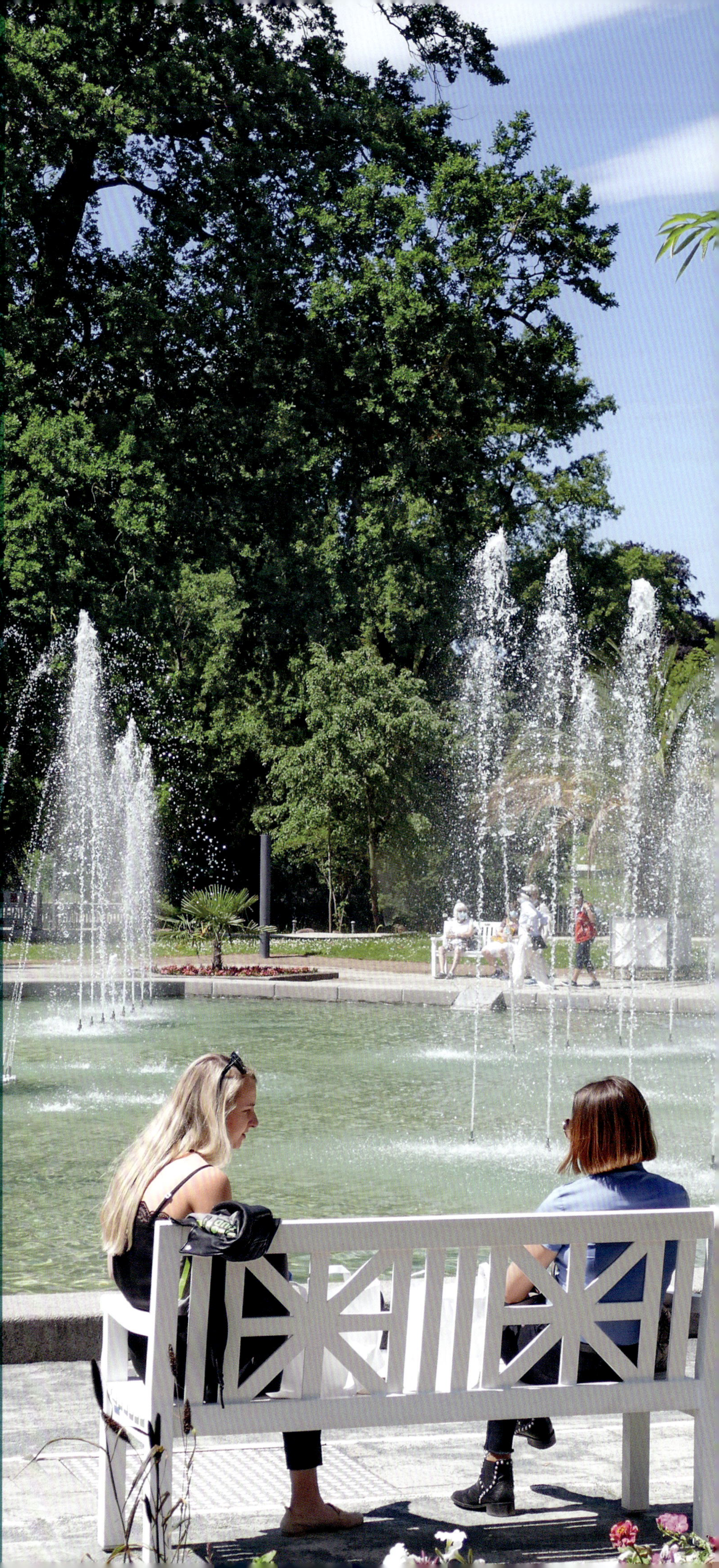

Und das ist bei weitem nicht der außergewöhnlichste Name der Gewächse aus Asien, zu denen auch die Samthaarige Stinkesche zählt. Eine der botanischen Raritäten des Gartens ist ein blühender Sonnenschirmbaum. Er verdankt seinen Namen seinen großen, fünflappigen Blättern, die sich bei Hitze und Trockenheit schirmartig zusammenfalten. Das Exemplar vor dem Direktionsgebäude wurde vor 20 Jahren ausgesät. Seit gerade mal vier Jahren trägt es zum Stolz der Palmengärtnerinnen und -gärtner kleine gelblichgrüne Blüten.

Eine weitere botanische Kostbarkeit hält sich eher bescheiden im Hintergrund. Die Wollemia nobilis steht an der westlichen Mauer des Eingangsschauhauses. Dabei galt sie 1994 als botanische Sensation, denn die Art des immergrünen Baumes wurde damals in einem schwer zugänglichen Canyon in Australien entdeckt. Zuvor war sie nur von vielen Millionen Jahre alten Fossilien bekannt gewesen und hatte daher lange Zeit als ausgestorben gegolten. Der Palmengarten war im Juni 2005 der erste botanische Garten in Deutschland, der ein Exemplar öffentlich zeigen konnte. Der immergrüne Einwanderer steht mittlerweile im Freiland und hat sich an das Frankfurter Klima gewöhnt. Nachdem ein starker Frost ihn einige Äste gekostet hatte, ist er sogar erneut ausgetrieben.

Wie die Wollemia, gilt auch der bereits von Goethe besungene Ginkgo bilboa als lebendes Fossil, weil sich seine Art mehr oder weniger unverändert über geologisch lange Zeiträume erhalten hat. Das mit rund einem Jahrhundert älteste Exemplar der Anlage steht im Steingarten. Der 26 Meter hohe chinesische Ginkgo färbt sein Laub im Herbst leuchtend gelb. Mit dem japanischen Ahorn direkt neben ihm, der rötlich leuchtet, bildet er zu dieser Zeit ein besonders sehenswertes asiatisches Paar.

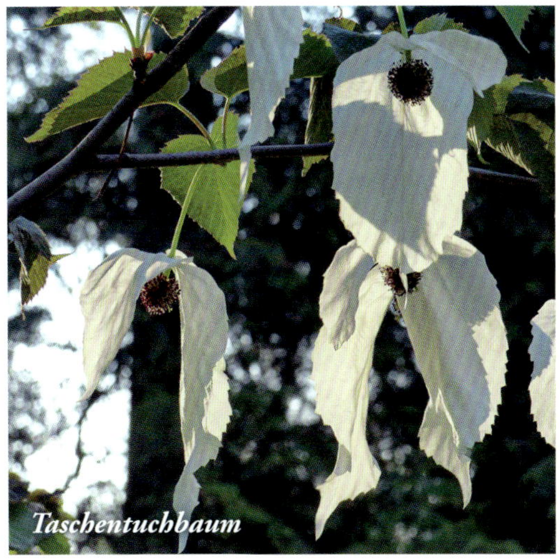

Taschentuchbaum

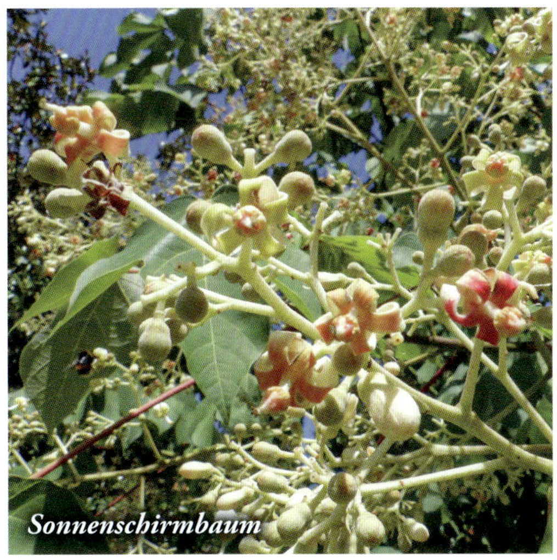

Sonnenschirmbaum

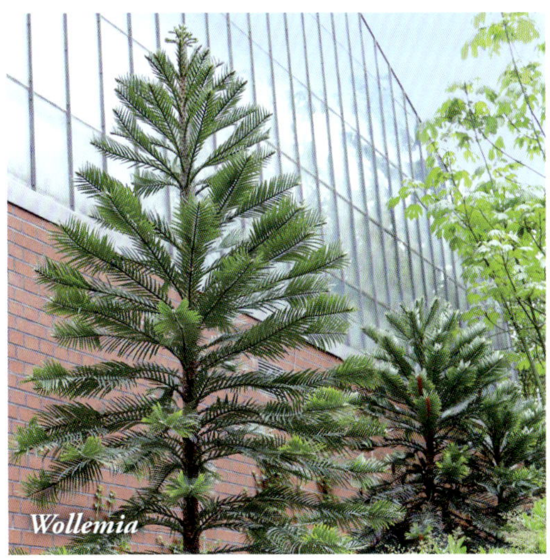

Wollemia

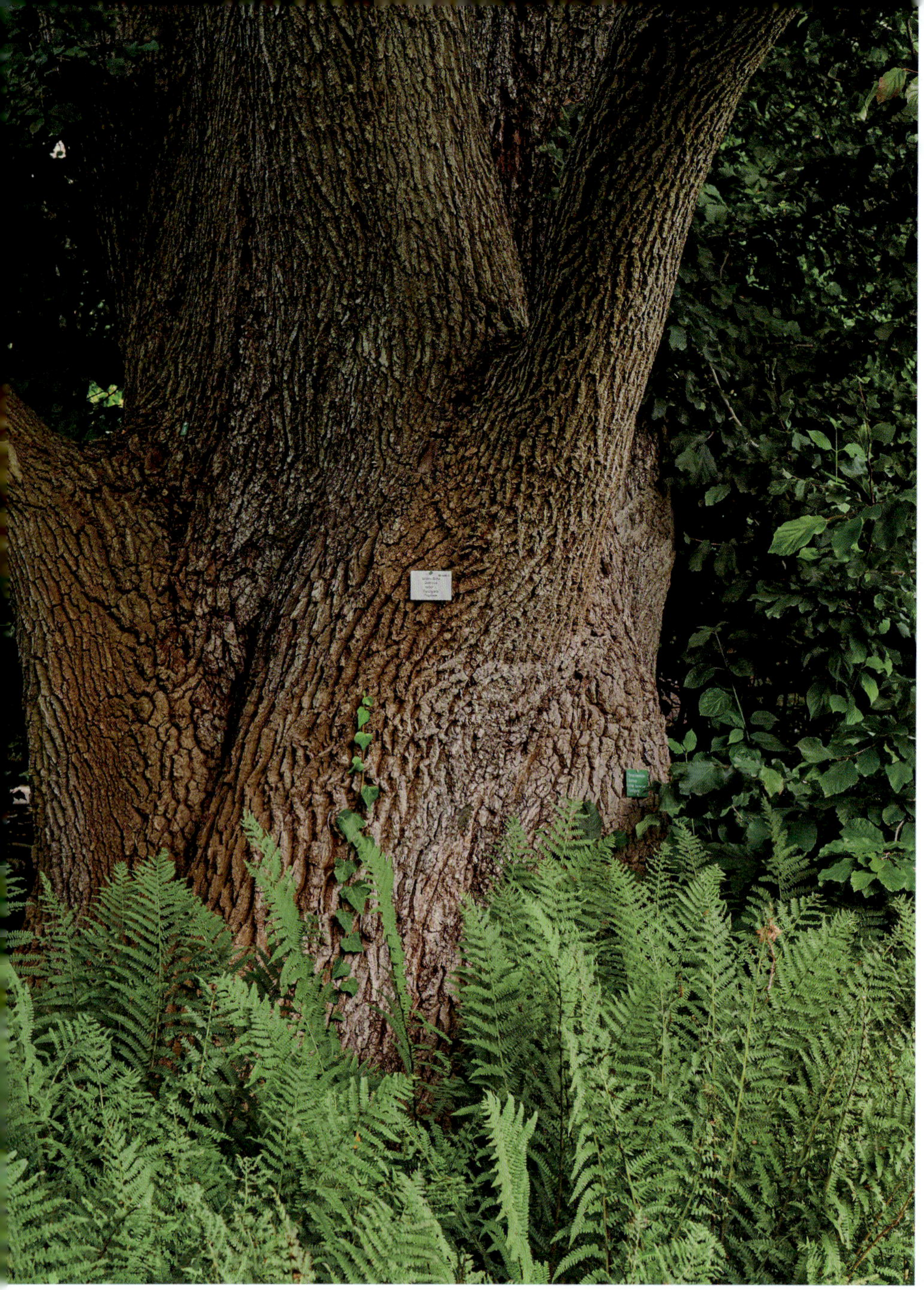

HISTORISCHE FLÜSTERALLEE

Neben Ahorn, Buche, Eiche und Wollemia gibt es im Garten auch Bäume, die eine besondere Geschichte erzählen. Oder besser erzählen würden, wenn sie denn reden könnten. Die 33 Meter hohe Säuleneiche neben dem heutigen Direktionsgebäude ist ein echter Veteran. Sie ist mit geschätzten 250 Jahren noch ein Jahrhundert älter als der Palmengarten selbst – im Vergleich dazu schaffte es der Riesenmammutbaum am Bootsweiher in gerade mal 60 bis 85 Jahren fast auf die gleiche Höhe. Die alte Eiche aber wüsste sicher so manches über die Arbeit des Gartenarchitekten Heinrich Siesmayer zu erzählen, der, als sie bereits 100 Jahre alt war, zu ihren Füßen die ersten Gewächshäuser bauen und den Kleinen Weiher anlegen ließ. Am Bootsweiher zeugt außerdem eine stattliche Hängebuche, unter deren Ästen sich heute ein LKW verbergen könnte, von der Arbeit des Palmengarten-Gründers. Er dürfte den Monumentalbaum mit einem Kronendurchmesser von etwa 21 Metern noch selbst gepflanzt haben.

Auch die Bäume der regelmäßig geschnittenen Lindenallee vor dem Gesellschaftshaus gehören, so nehmen die Gärtner an, noch zur Originalbepflanzung von vor 150 Jahren. Sie wirken eher klein, könnten aber dennoch den deutschen Kronprinzen Friedrich Wilhelm erlebt haben, der mit seiner Frau Viktoria in einer mehrspännigen Galakutsche einen Tag nach der offiziellen Eröffnung, am 17. März 1871, vor dem damals noch „Südpalast" genannten klassizistischen Gesellschaftshaus vorfuhr und von Siesmayer und dem damaligen Oberbürgermeister Heinrich Mumm von Schwarzenstein in Empfang genommen wurde.

Was die Linden sonst noch erlebten, darüber würden sie ganz sicher galant schweigen, wenn sie sprechen könnten: Früher trugen die sich aneinanderreihenden Lindenbäume im Volksmund den Namen „Flüsterallee" und waren so etwas wie ein natürliches Eheanbahnungs-Institut. Man erzählt sich, dass auf den Bänken unter den Bäumen in früheren Zeiten ledige Männer Platz nahmen und von dort aus die hübschen Töchter in Augenschein nahmen, die mit ihren Müttern in den Palmengarten flanierten.

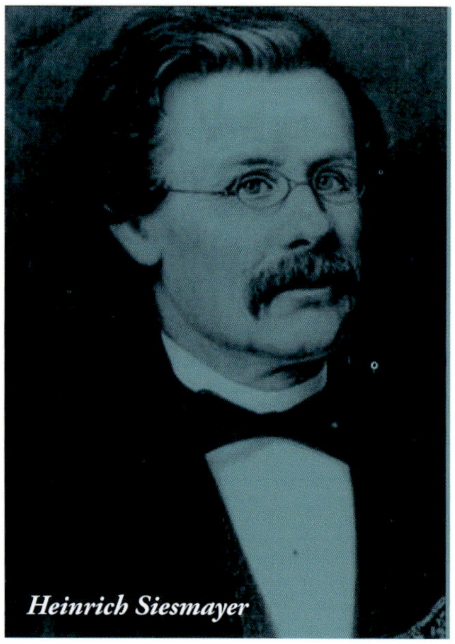

Heinrich Siesmayer

Wurde ihr Werben erhört, konnte das junge Paar nur wenige Schritte weiter an den Kleinen Weiher ins sogenannte Heiratsgärtchen schlendern, wo Kastanien die Verliebten vor den Blicken der anderen schützten. Bis in die 1960er Jahre hatten die Gärtner dort ein Rondell mit Sandsteinen angelegt und Bambus angepflanzt. Damals galt es als alte Frankfurter Tradition, dass Brautpaare nach ihrer Trauung in den Palmengarten kamen und sich dort den ersten Kuss in der Öffentlichkeit gaben. Heute bildet dort eine japanische Higan-Kirsche mit ihren herunterhängenden Ästen besonders im Frühling in voller rosafarbener Blüte eine natürliche Liebeslaube.

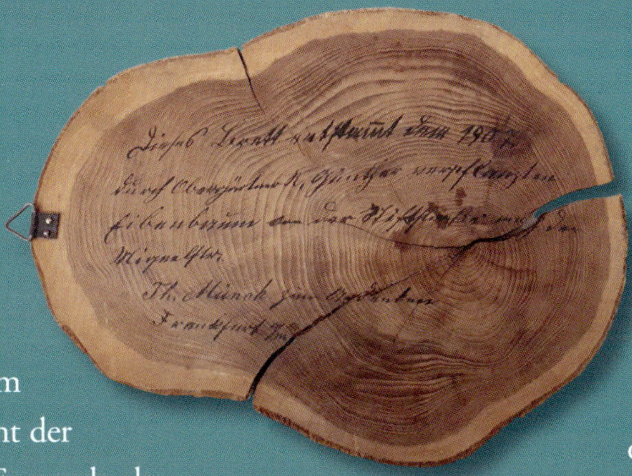

Die wandelnde Eibe

Der älteste Baum des Gartens ist mit etwa 400 Jahren eine Eibe. Der Methusalem unter den Bäumen zählt zu den ältesten Eiben in Deutschland. Im Palmengarten, am heutigen großen Spielplatz, steht der Taxus baccata allerdings erst seit gut 100 Jahren. Er wurde als ausgewachsener, rund 300 Jahre alter und etwa 12 Meter hoher Baum im Jahr 1907 verpflanzt. „Noch nie, seit die Welt steht (…) ist ein Baum dieses Alters und dieser Größe versetzt worden", hieß es dazu in der Kleinen Presse vom 24. Mai 1907.[3] Gepflanzt vermutlich vor dem Dreißigjährigen Krieg, wuchs die Eibe an der Begrenzungsmauer zum Gelände am Eschenheimer Turm auf, auf dem Johann Christian Senckenberg nach 1763 den ersten Botanischen Garten der Stadt anlegen ließ. Der Baum galt 1907 als einer der größten im deutschen Reich, das älteste Naturdenkmal der Stadt, und die Eibe insgesamt als gefährdete Art. Deshalb entschied man, zur Verlegung des Botanischen Gartens auf ein Gelände nördlich des Palmengartens auch die Eibe zu verpflanzen. Ein spektakuläres Vorhaben. Drei Jahre vor dem eigentlichen Umzug hob man bereits einen Graben um den Stamm aus, um die Ausbildung neuer Wurzeln an den Stümpfen der gekappten Hauptwurzeln zu ermöglichen. Ende April 1907 grub man die rund 900 Zentner schwere Eibe bis auf zwei Meter Tiefe und vier Meter im Durchmesser aus, stutzte ihre Krone und umgab den Ballen mit einem Holzkasten. Auf Rollen gelagert, wurde der Baum mit Eisenketten an zwei Dampfwalzen befestigt und ab den frühen Morgenstunden des 24. Mai 1907 die dreieinhalb Kilometer lange Strecke durch die Hochstraße, über den Opernplatz, die Leerbach-, Wolfgangs- und Miquelstraße entlang gezogen. Begleitet von einem enormen Medienspektakel.

Insgesamt dauerte der Transport 17 Arbeitstage. Es galt, Trambahnschienen zu überwinden, an einigen Stellen mussten die Oberleitungen abgebaut werden. Eingangs der Hochstraße blieb die Eibe zwischen zwei Häusern stecken, Fensterscheiben barsten. Die Zeitungen schrieben von einer „Sensation, die wochenlang das stärkste Interesse fand, sogar im Ausland." Schaulustige standen in Scharen an den Straßen, sie schmückten ihren „Eiwebaam" mit bunten Bändern, bis er am 26. Juni endlich wieder in der Erde stand. Die Zeitungen druckten eine Flut von Gedichten, wie dieses von Paul Grödel: „O Eiwebaam, o Eiwebaam, Wie kimmste hergedorzelt, Des dachts de net im kihnste Draam, Dass de noch weerdst entworzelt. Im Alter noch e Plätzi kriehst, E Plätzi im Museum, Dass des Leww dier versüsst, Kannst feiern s'Jubileum." oder kleine Humoresken wie: „In Frankfurt am Maine, Kann man jetzt was seh'n: Die Bäume geh'n spazieren, Und die Menschheit bleibt steh'n."[4]

Viele Menschen spendeten für den Umzug. Sie erhielten zur Erinnerung kleine Holzscheiben, die aus einem Ast der Eibe geschnitten wurden. Die Stadt steuerte 2.000 Reichsmark bei. Der Transport soll mit 20.000 bis 36.000 Reichsmark genauso viel gekostet haben wie die Neuanlage des Botanischen Gartens insgesamt. Dieser ist 1960 in den Palmengarten integriert worden, der heute mit einer großen Tafel auf seinen berühmten Methusalem aufmerksam macht.[5]

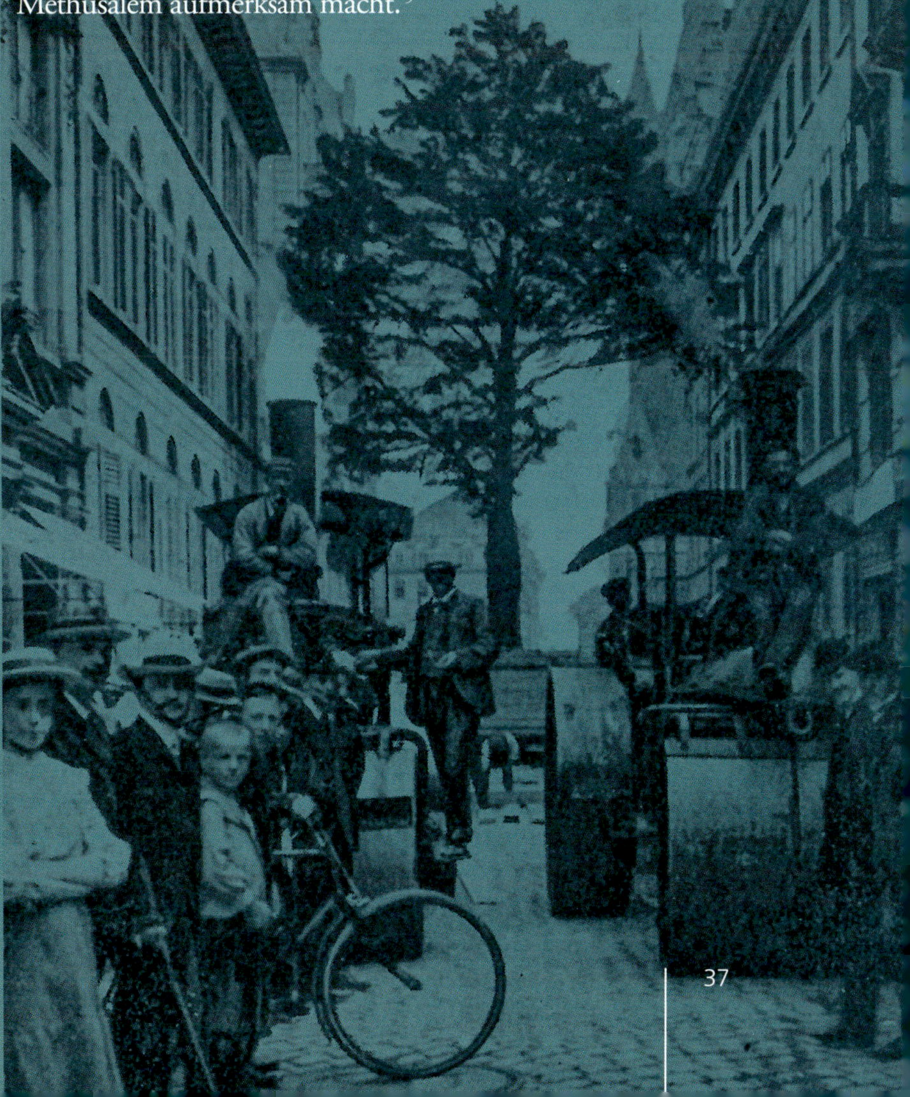

Der Ehestiftende

Als erfolgreiche Partnerbörse galt der Garten schon Ende des 19. Jahrhunderts: „Gehörte es bei den bedachtsamen Wiener Müttern um die Zeit der Jahrhundertwende zum guten Ton, ihre heiratsfähigen Töchter in gewisse Sommerfrischorte des Salzkammergutes zu führen, so hatten es die Frankfurter Mütter mit ihren Töchtern im heiratsfähigen Alter leichter. Sie brauchten nicht weit zu reisen, denn der Frankfurter Palmengarten stand damals in dem bevorzugten Rufe, ein auserlesener Jagdgrund des kleinen Gottes mit Pfeil und Bogen zu sein. Hier gab man liebenden Paaren Frankfurter Bürgertöchter und Söhnen Gelegenheit zu ersten und wiederholten Begegnungen. Diese Tatsache trug dem Palmengarten den schönen und sinnvollen Beinamen des „Ehestiftenden" ein. Die Stätte, die für jene ersten Begegnungen ob ihrer besonders geeigneten Lage bevorzugt wurde, war der Platz unter dem Naturdom der sechs mächtigen Kastanien hinter dem Musikpavillon. (…) Andere Zeiten sind gekommen, aber Frankfurt und unser schöner Palmengarten leben noch. Und in dem „Heiratsgärtchen", das aus dem Geist der Jugend jener Zeit abseits der schönen Gartenanlagen und der rauschenden Feste hinter dem heutigen Musikpavillon als ein idyllisch gelegenes Rondell entstanden war, trifft sich auch heute wieder die Jugend. Und auch der kleine ewig junge Gott mit Pfeil und Bogen ist wieder da und freut sich über die vielen netten Mädels und Backfische", heißt es in einer Gartenchronik von 1950.[6]

Und selbst bei den Mitarbeitern des Gartens ist Amor offenbar besonders fleißig. Es gebe eine hohe Zahl an Paaren, die sich bei der Arbeit im Palmengarten kennengelernt haben, bestätigen die Gärtnerinnen und Gärtner. „Ein Dutzend Paare haben sich hier bestimmt gefunden", schätzen Ursula und Ralf Bromm. Die beiden Gärtner – er war damals in der Ausstellungsgalerie tätig, sie im Tropicarium – zählen selbst dazu. Heute sind sie seit 25 Jahren verheiratet. In Anlehnung an moderne Partnerbörsen haben sie mit ihren Kollegen einen modernen Begriff für dieses Phänomen geprägt: „Wir nennen das „Paarschippen"".

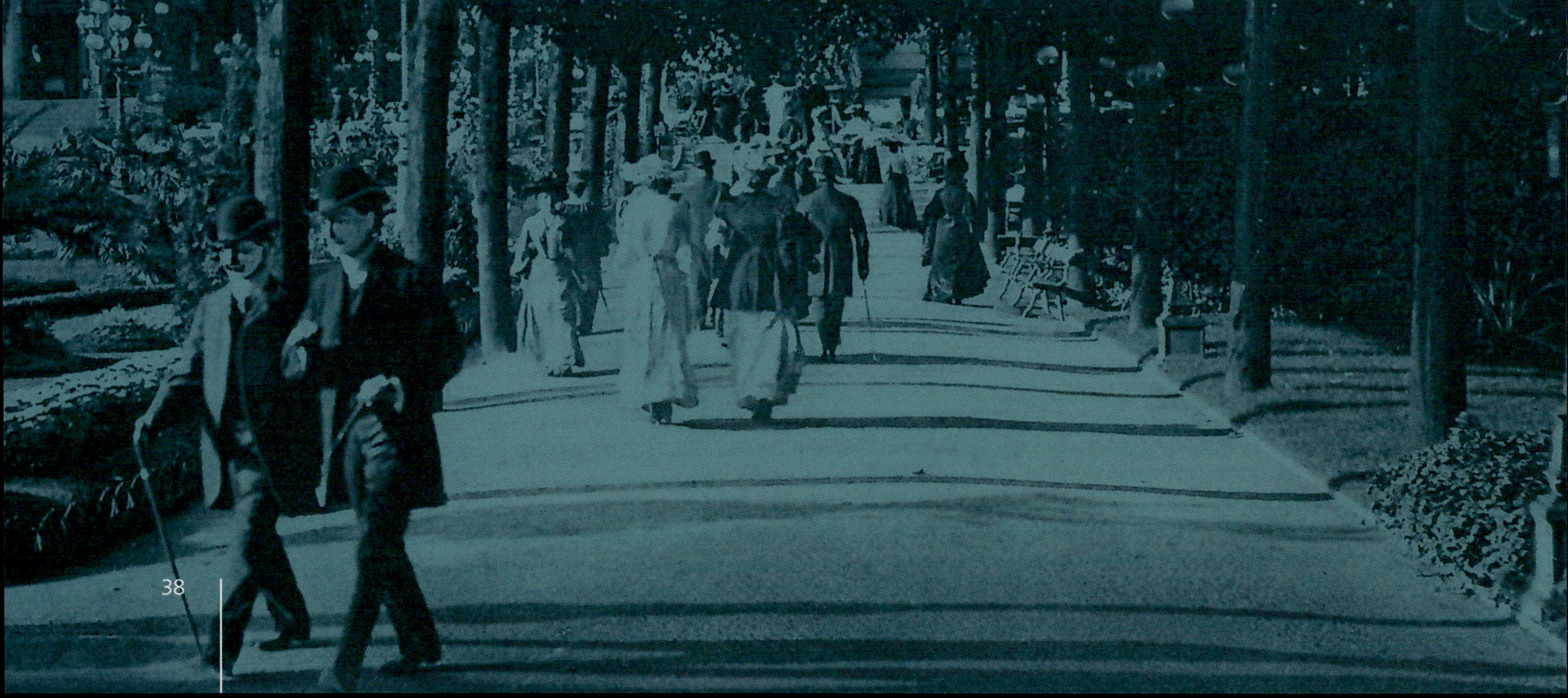

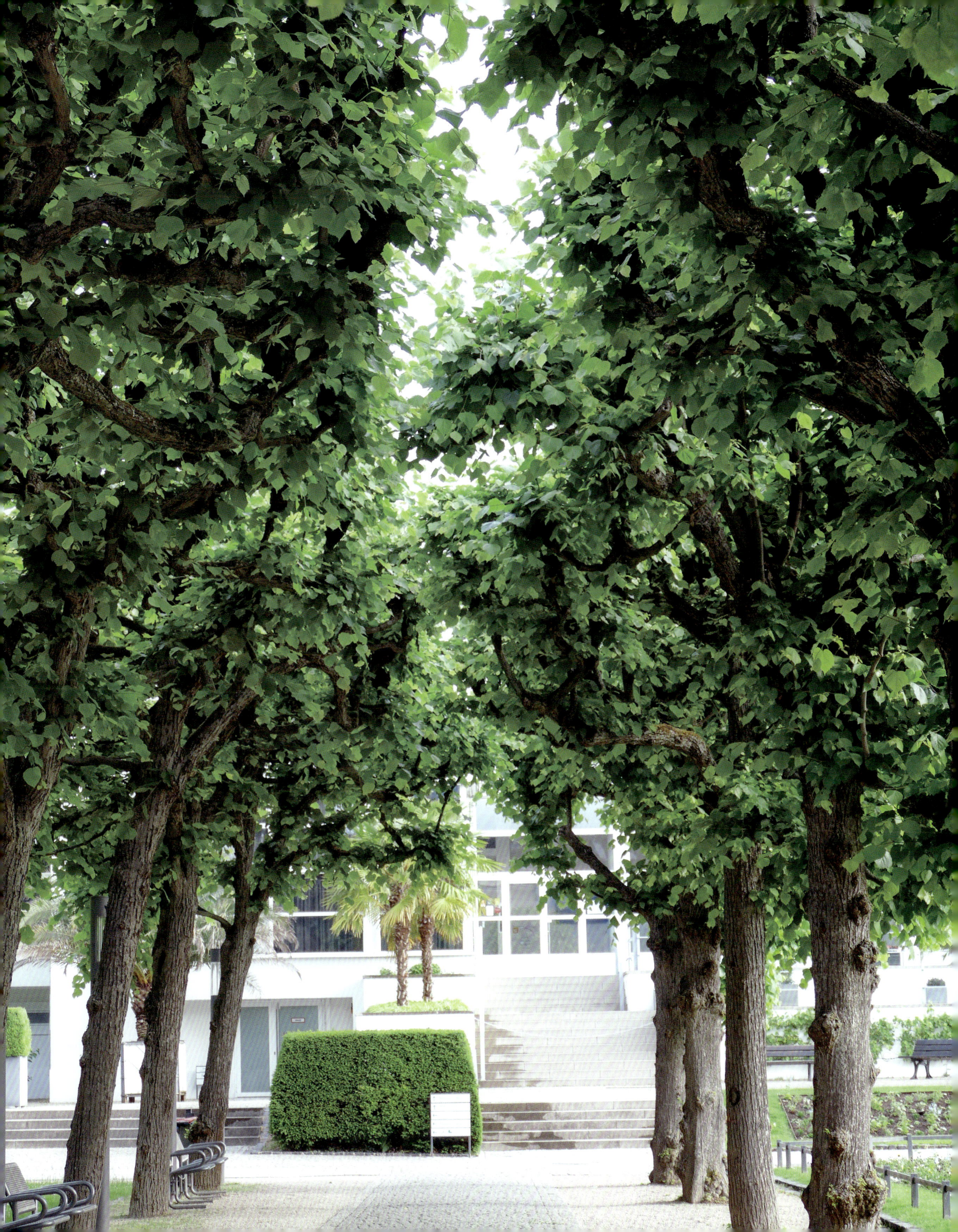

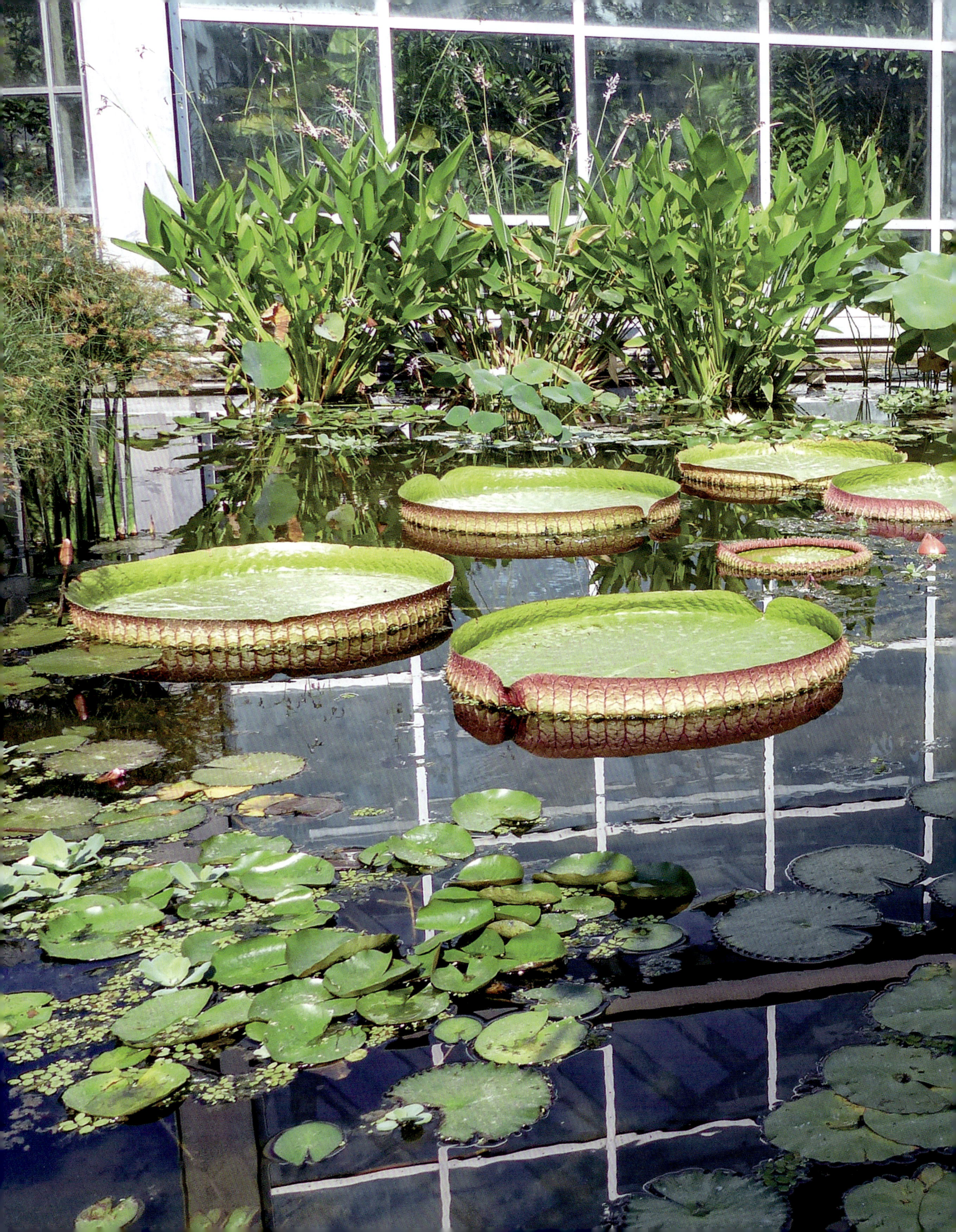

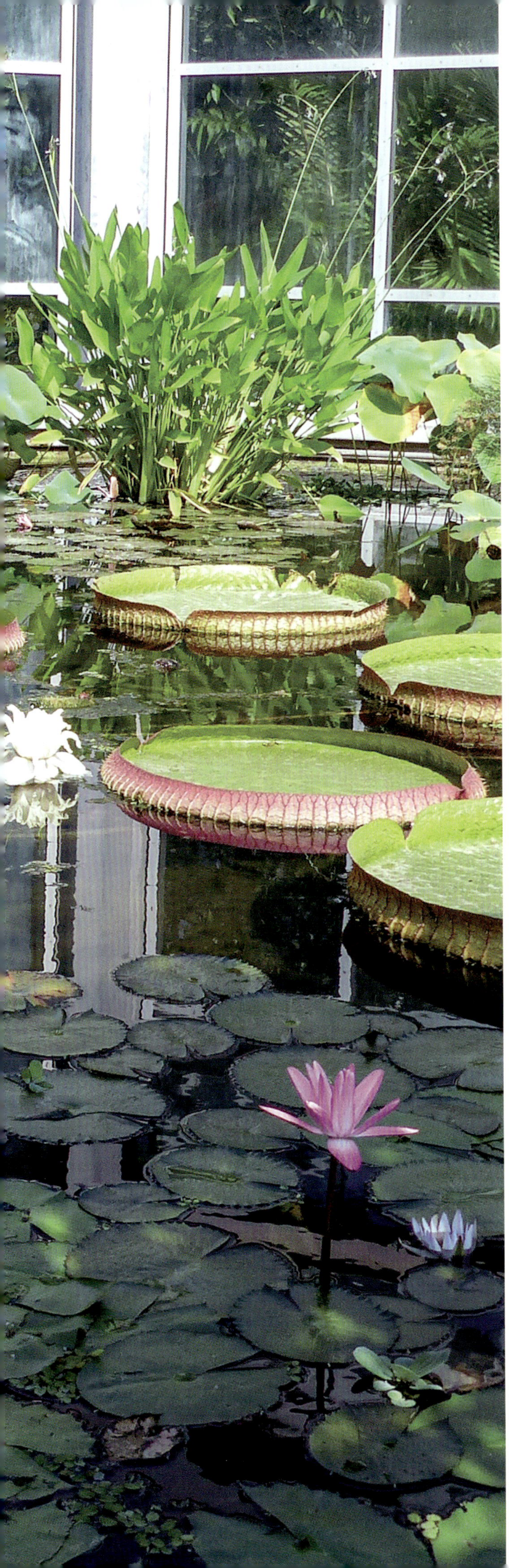

KÖNIGIN DER SEEROSEN

Ganz nach Asien reist die Besucherin jenseits des Kleinen Weihers, auf der Seite zur Siesmayerstraße, wo die Königslilien blühen und der Szechuanpfeffer gedeiht, der nicht mit dem Schwarzen Pfeffer, sondern mit den Zitruspflanzen verwandt ist. Fast auf der anderen Seite des Gartens, vor der Villa Leonhardi, sind weitere botanische Schönheiten des ostasiatischen Kontinents zu finden. Dort stehen acht große Magnolien beieinander und sorgen im Frühjahr für eine einmalige Blütenpracht. Südlich davon ist eine stattliche Sammlung an Freiland-Kamelien zu sehen, die, noch bevor der Frühling die ersten Sonnenstrahlen bringt, ihre prachtvollen Blüten zeigen. Nur wenige Schritte weiter nördlich steht der Besucher in einem Hain aus Riesenbambus, der, weil er bis zu 70 Zentimeter am Tag wächst, mittlerweile zu einem mystischen Wald geworden ist, in den es sich einzutauchen lohnt. Zurück zum Tropicarium trifft der Spaziergänger auf einen weiteren bekannten Vertreter asiatischer Botanik, die Lotosblume. Ihre flüssigkeitsabweisenden Blätter hat sie in ihrer Heimat zum Sinnbild für Reinheit und Treue werden lassen, aber auch die Industrie weltweit zu vielen selbstreinigenden Produkten inspiriert.

Dabei ist sie im Becken vor den Glashäusern gar nicht die spektakulärste Pflanze. Denn gleich neben dem Lotos im Wasser sind im Sommer große tellerförmige Blätter zu sehen, die auch schon mal einen Durchmesser von zwei Metern haben können. Englische Botaniker benannten diese aus dem Amazonasgebiet stammende Königin der Seerosen standesgemäß nach ihrer Regentin „Victoria". Diese wirkt aber nicht nur königlich, sie ist dank zahlreicher Rippen auf der Blattunterseite auch äußerst tragfähig. Die Palmengärtnerinnen präsentieren die Victoria cruziana jedes Jahr im Sommer gerne der Öffentlichkeit, sogar kleine Kinder und der Dackel einer bekannten Frankfurter Journalistin sollen schon auf einem solchen Blatt Platz gefunden haben und von ihm getragen worden sein. So spektakulär ihre Blätter sind, die Blüte der Victoria steht ihnen in nichts nach.

In einer Größe von rund 10 Zentimetern im Durchmesser entfalten sich die filigranen Blüten an einem Abend in elfenbeinweiß. Am nächsten Abend blühen sie noch einmal in blassem Rosaton auf, bevor sie sich endgültig schließen.

Seerosenteich

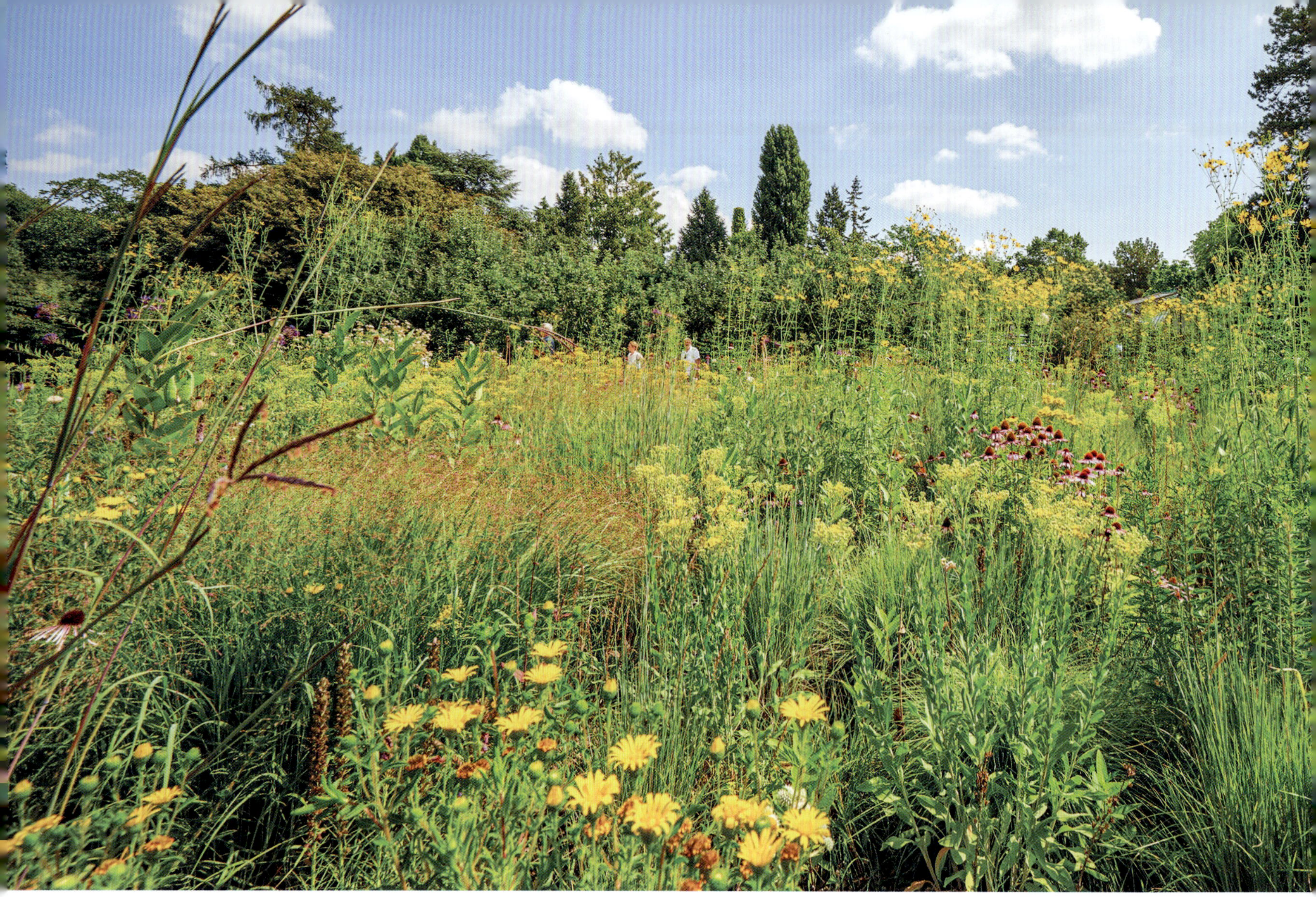

Steppenwiese

Auf den Flug vom Amazonas zurück nach Europa kann der Besucher getrost verzichten. Er muss sich nur umdrehen und steht am Eingang des Tropicariums vor einem Mittelmeerhang mit Feigen, einem Granatapfel, der im Herbst tatsächlich die rötlichen Früchte trägt, einer Korkeiche und den genügsamen Zistrosen, die selbst auf trockenen, steinigen Böden hübsch weiß oder violett blühen. Nur wenige Schritte weiter liegt der Sommer-Sukkulentengarten, für den die Palmengärtner in jedem Frühjahr unzählige Kakteen und andere Sukkulenten in ihren Töpfen aus den Gewächshäusern ins Beet transportieren.

SPAZIEREN DURCH DIE STEPPE

Der Spaziergang durch den Mittelmeerraum kann auf der Steppenwiese hinter dem Tropicarium fortgesetzt werden. Immer der Nase nach geht es dort im Sommer an Thymian, Rosmarin, Lavendel und Salbei vorbei, die an warmen Tagen duften, als stehe man direkt in einer italienischen Küche. Dort, wo früher Tennis gespielt wurde, bis der Club sein Areal 1989 abgab, haben die Gärtnerinnen die Steppenwiese angelegt, die heute Heimat vieler Pflanzen- und Insektenarten ist. Erst kürzlich haben sie

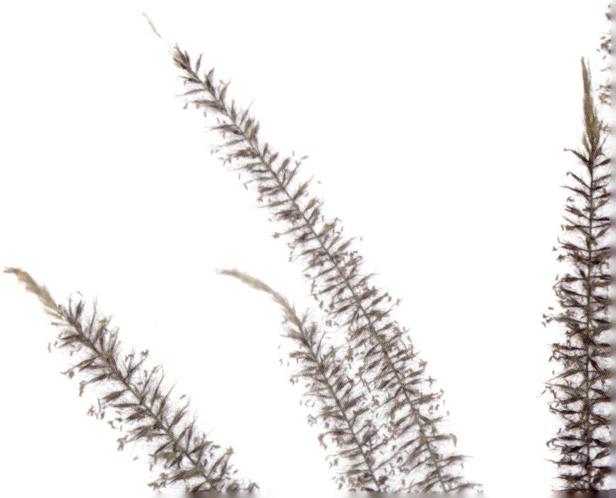

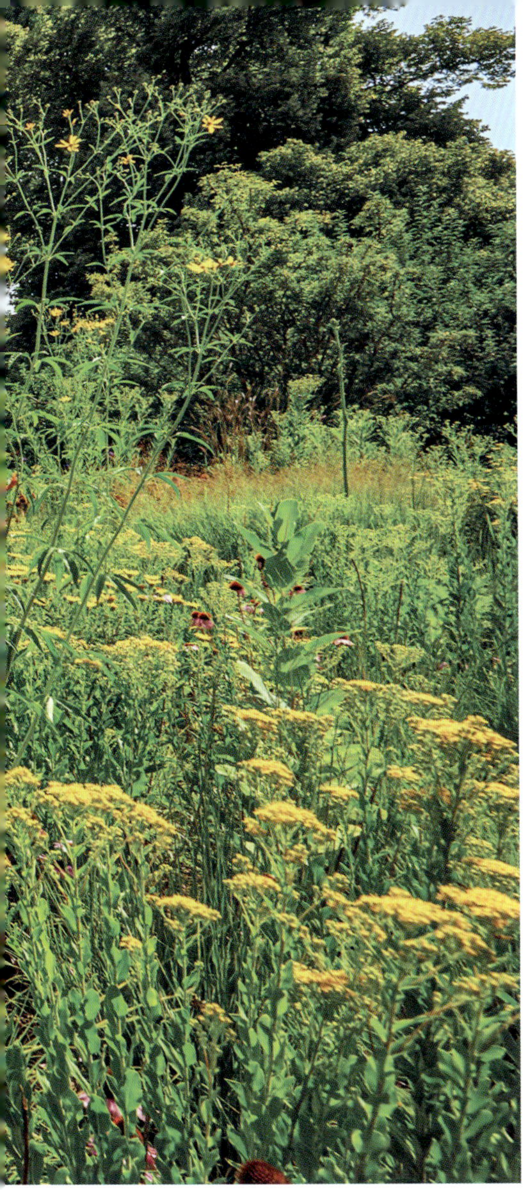

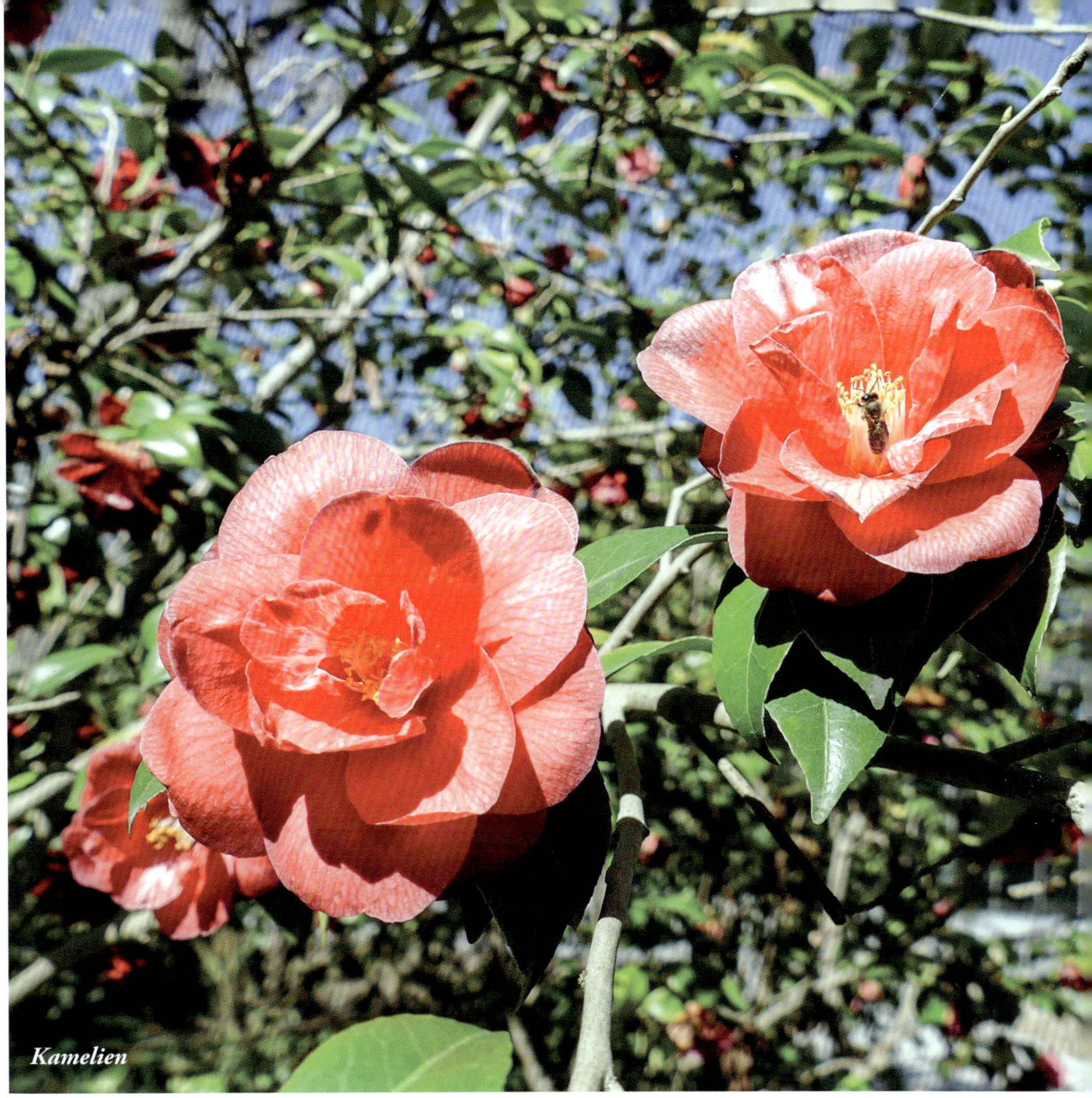

Kamelien

zusätzlich Lavasteine ausgebracht, die auch in der kühleren Jahreszeit die Wärme speichern, so dass neben der mitteleuropäischen und asiatischen Flora eine nordamerikanische Prärie entstanden ist, in der neben den typischen Gräsern auch kleine Agaven, Opuntien und sogar Yuccas gedeihen. Weil die Mittelmeer-Flora bereits im April die erste Pracht entfaltet, Sonnenblumen, Goldruten und Echinacea aus der Prärie aber bis in den Herbst hinein blühen, zählt die Steppenwiese zu den besonders beliebten Orten, an denen sich die Besucherinnen viele Anregungen für langlebigen Glanz im eigenen Garten holen. Auch Hobbyfotografen verwandeln die filigranen Fruchtstände der Gräser gerne in unzählige Pflanzenstillleben.

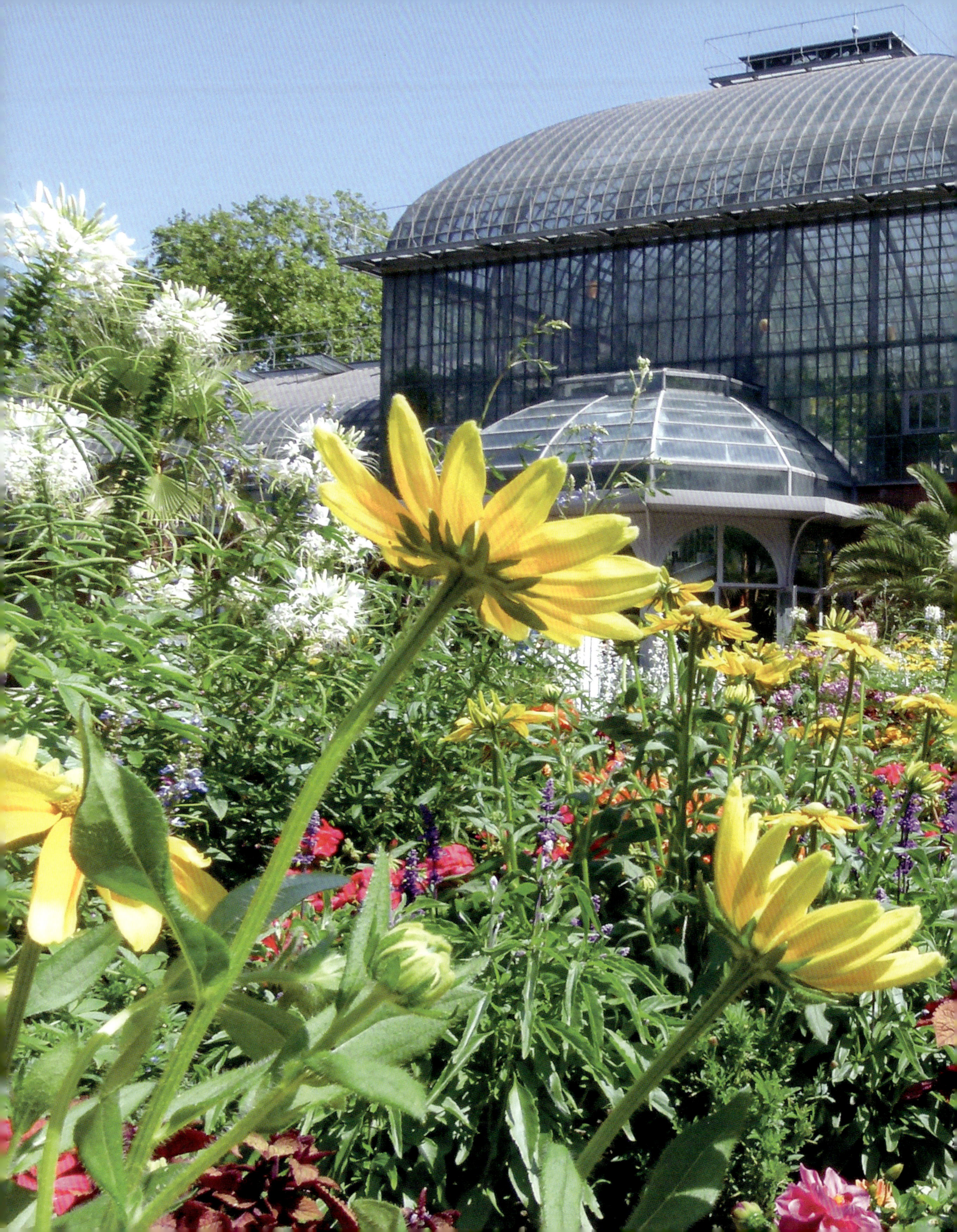

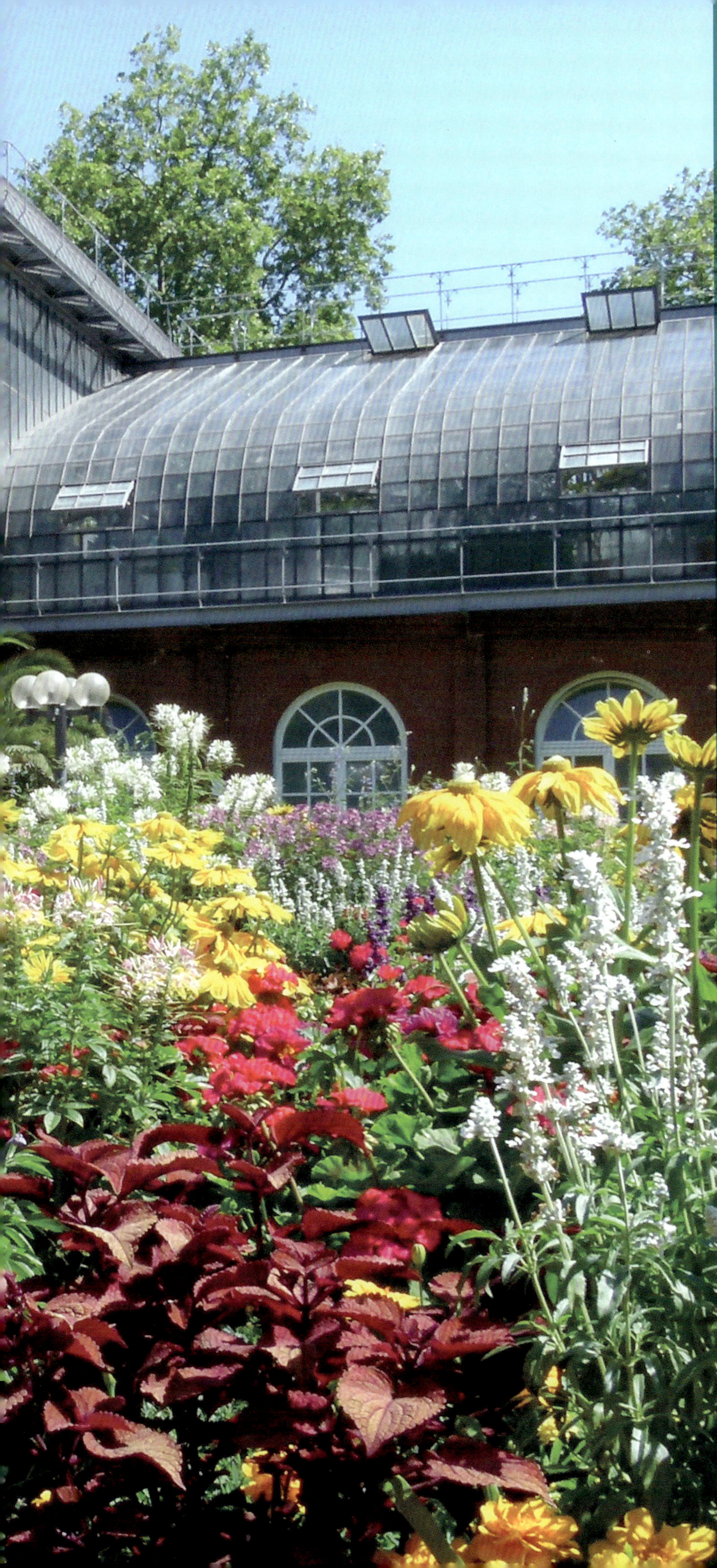

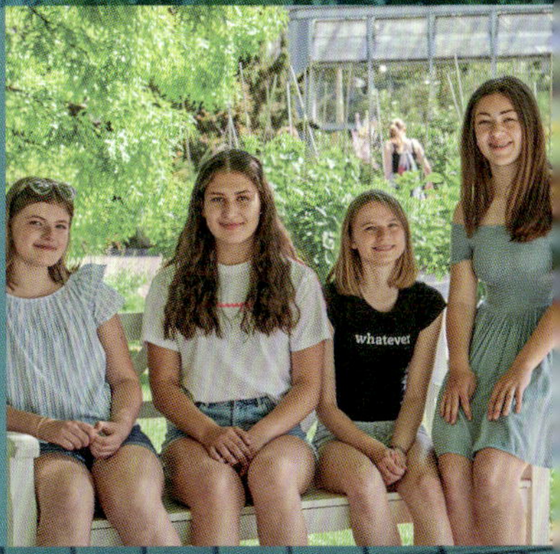

100 Likes

Für einen kurzen Ausflug nach dem Unterricht besuchen vier Schülerinnen aus Schwanheim und Goldstein den Palmengarten. „Wir waren lange nicht hier, aber es ist so ein schöner und ruhiger Ort“, stellen Jana, Kristina, Julie und Olivia fest. Den 14-jährigen Mädchen gefällt der Garten besonders, weil sie darin entspannen können. „Und es ist ein Park, in den nicht jeder reinkommt.“ Die Blütenpracht und das Grün teilen sie dennoch gerne – wie alle Jugendlichen ihres Alters in Form von Fotos in den sozialen Medien. „Wir haben nicht so viele Follower auf Instagram, aber 100 bis 150 Likes gibt es für solche Fotos“, schätzt Kristina. Einen Lieblingsplatz haben die Mädels auch. „Ich war als Kind oft mit meiner Tante hier, dann haben wir am Weiher immer die Karpfen angeschaut und gefüttert. Und natürlich sind wir Boot gefahren“, erzählt Julie – und schon ist das Quartett Richtung Weiher entschwunden.

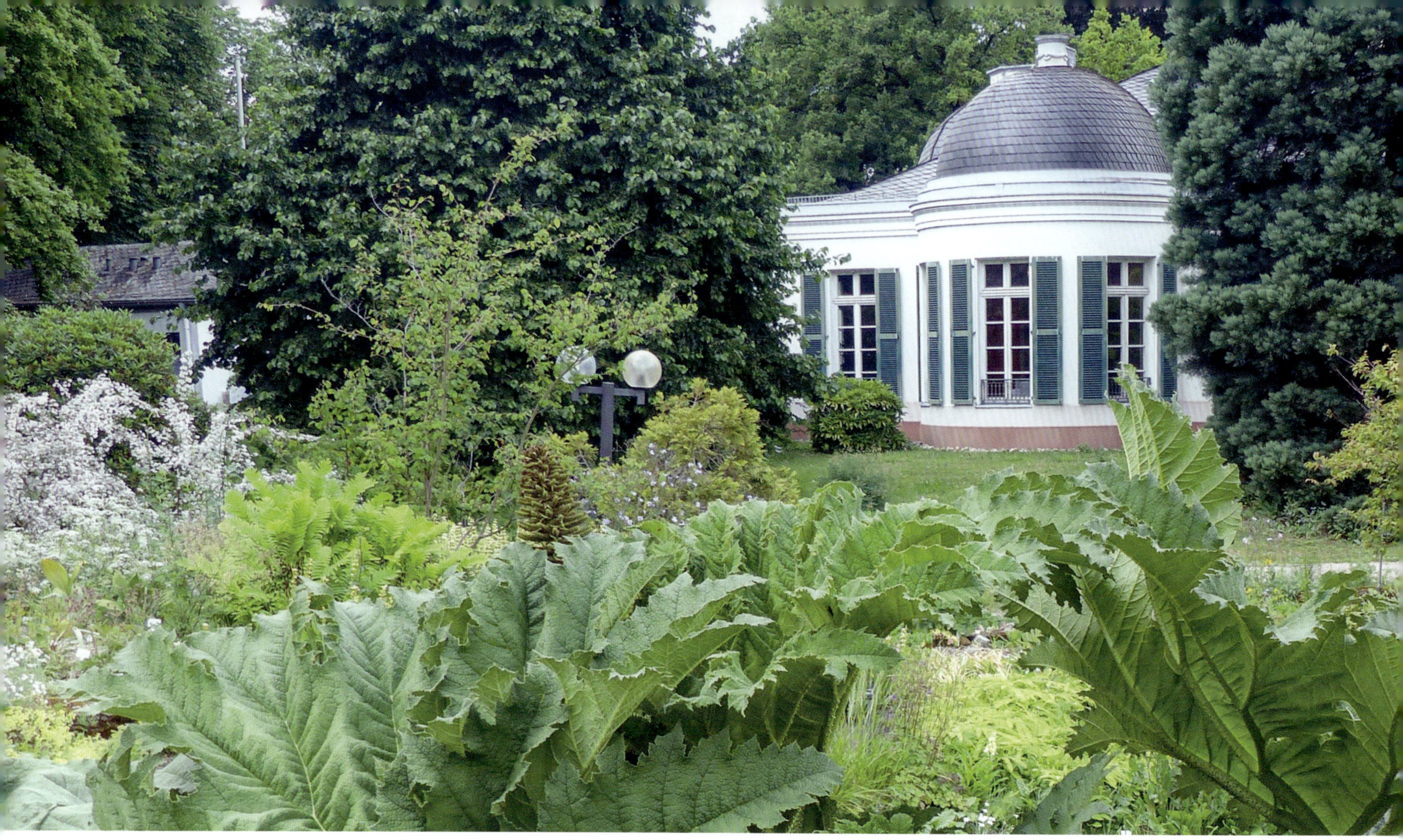

Villa Leonhardi

VIER QUADRATMETER BERGWELT

Am Ende des Gartens stehen, ein wenig im Schatten der vielen zuvor schon gesehenen Attraktionen, die Alpinhäuser mit ihrer Miniatur-Bergwelt. Die drei kleinen Spaltengärten vor dem linken Haus wirken auf den ersten Blick unscheinbar. Doch in den engen Felsritzen verschaffen sich kleine botanische Besonderheiten ihr Recht, so dass man an dieser Stelle auf gerade mal vier Quadratmetern ebenfalls um die Welt reisen kann – von einem in den kalifornischen Bergen wachsenden Bartfaden mit leuchtend pinkfarbenen Blüten über eine spezielle Schwertlilie vom Balkan bis zum südafrikanischen gelbblühenden Silberteppich, der ein Verwandter des Gänseblümchens ist. Pflanzen aus den österreichischen und französischen Alpen sind ebenso vertreten wie jene aus dem Kaukasus und der Türkei. Wie könnte der Besucher besser nachvollziehen, dass der Palmengarten Pflanzensamen mit Partnerinstitutionen aus aller Herren Länder tauscht. Jedes einzelne Pflänzchen ist dann von den Gärtnern liebevoll gezogen und gepäppelt worden, bis es in den Spaltengarten übersiedeln konnte.

Das Pendant zu diesem kleinen Gebirgsgärtchen ist der Steingarten, die höchste Erhebung über dem Wasserfall am Großen Weiher, die noch immer an die Alpen-Begeisterung der Gründer-Generation erinnert, auch wenn das Schweizerhäuschen längst abgerissen ist. Auf dem Hügel tummelt sich nicht nur der Enzian, dort stehen heute auch Fackellilien aus Südafrika neben tiefblauen Hummelschaukeln aus Südamerika und Edeldisteln aus dem Kaukasus. Besonders beeindruckend sind die im Durchschnitt fast zwei Meter messenden Blätter des Mammutblatts aus Südamerika. Aber auch das Beet mit fleischfressenden Pflanzen aus Korea, Neuseeland, Australien, Amerika und Europa zieht die Besucherinnen an. Im Freiland hatten wohl die wenigsten von ihnen erwartet, solche pflanzlichen Kannibalen – der botanische Name Carnivoren klingt weit weniger

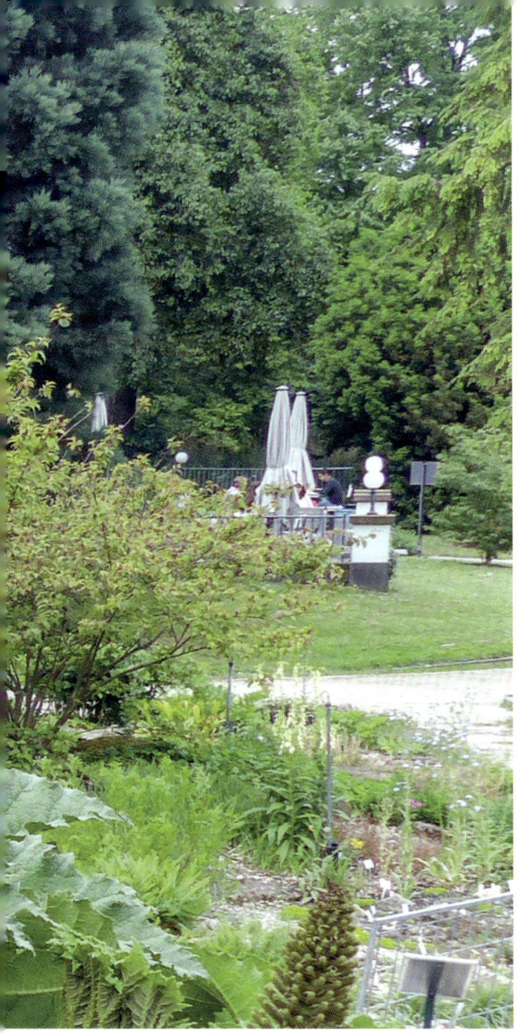

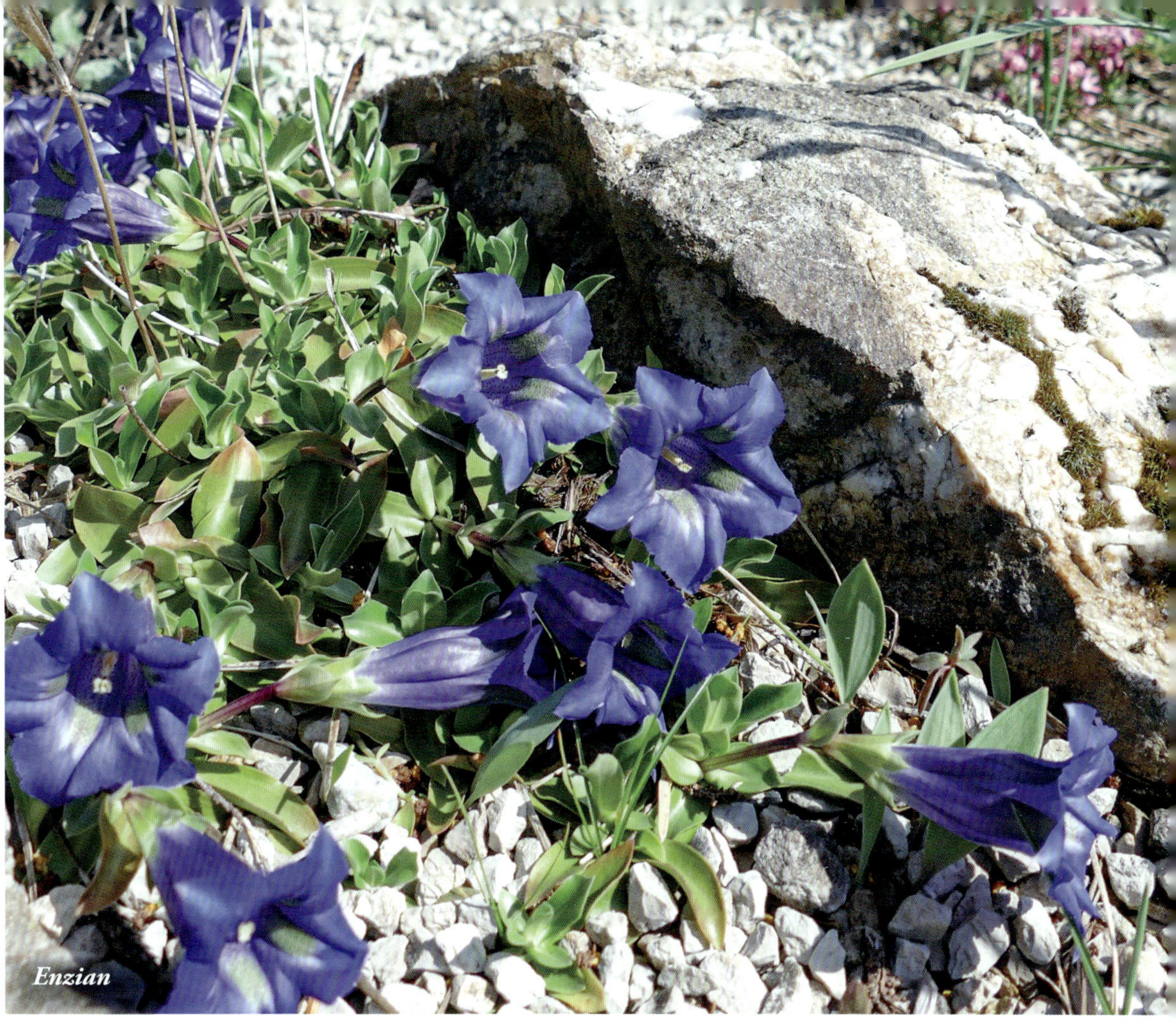

Enzian

bedrohlich – vorzufinden. Wer sich intensiver mit den raffinierten Methoden beschäftigen möchte, mit denen diese ihre tierische Kost fangen, wählt den Weg zurück zum historischen Eingangsschauhaus. Im dortigen Südflügel sind im Obergeschoss die Venusfliegenfalle aus Nordamerika, aber auch viele Arten von Sonnentau aus Südafrika und Australien oder der so harmlos klingende Wasserschlauch aus mitteleuropäischen Moortümpeln inklusive Erläuterungen zu finden. Gleich gegenüber ist eine Auswahl der stattlichen Bromeliensammlung des Gartens ausgestellt. Die vor allem in tropischen Wäldern Süd- und Mittelamerikas beheimateten Tillandsien kultiviert der Palmengarten bereits seit den Anfängen.

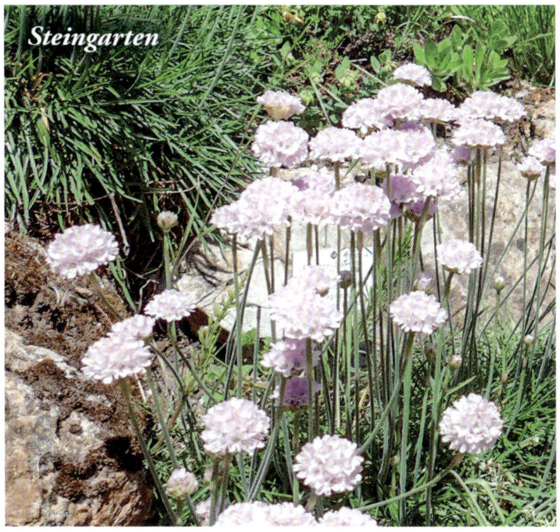

Steingarten

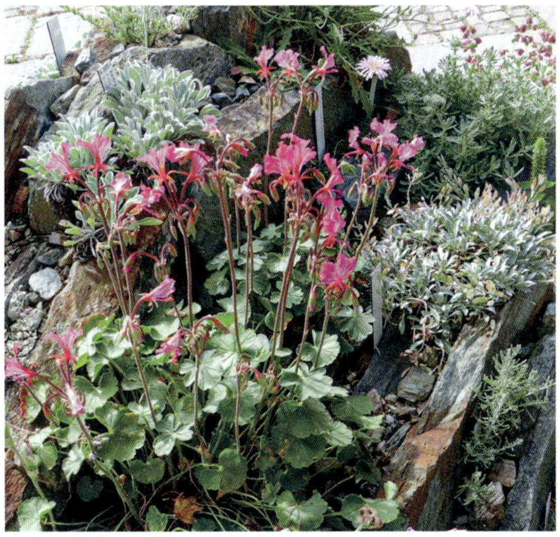

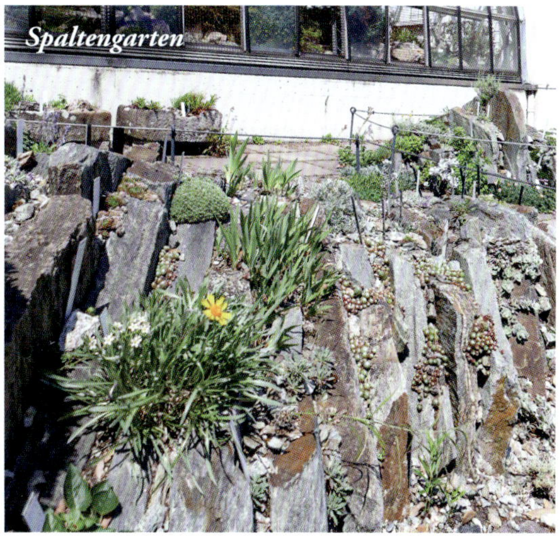

Spaltengarten

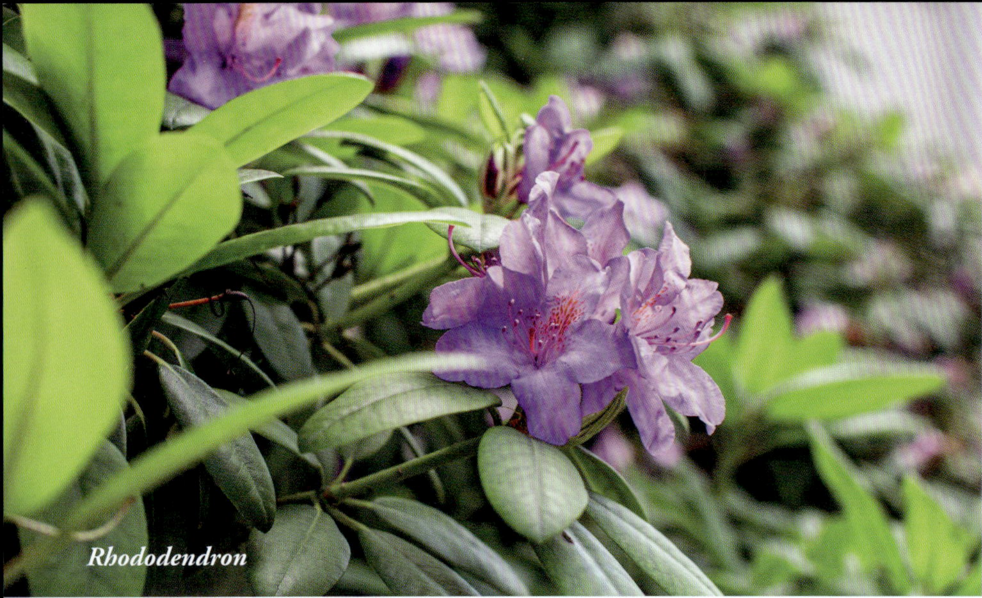

Rhododendron

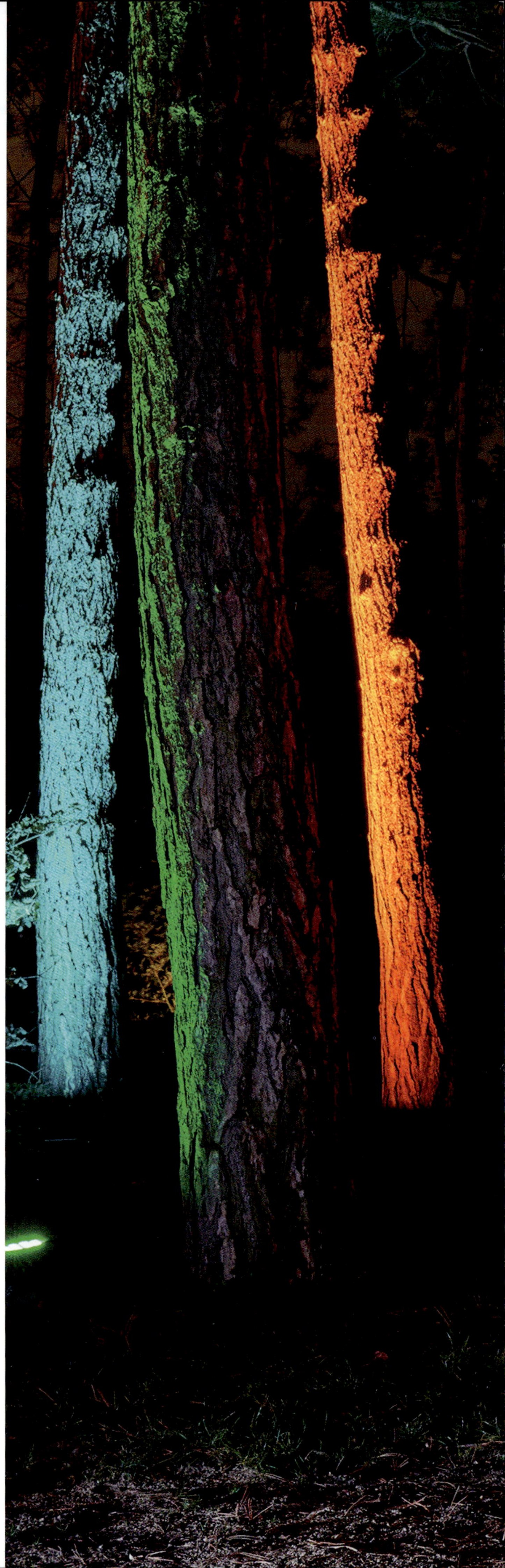

EIN ORT FÜR ALLE FRANKFURTER

In Frankfurt leben Menschen aus 179 der etwa 200 unterschiedlichen Nationen der Welt. Im Palmengarten findet wohl jeder von ihnen die Pflanzen, die er aus seiner Heimat kennt. Selbst einen Abstecher zu einer der abgelegensten Inseln der Welt, zur etwa 22 Flugstunden entfernten Osterinsel, können die Besucher unternehmen. Am Ende der Liegewiese steht eine Replik eines gut drei Meter hohen Moai, eines der monumentalen Köpfe, für die die Insel berühmt ist. Die eine Tonne schwere Skulptur, Überrest eines Ahnenkults, der die Gegenwart mit der Ewigkeit verbinden sollte, stammt aus einer Ausstellung des Senckenberg Naturmuseums von 1989 über die Schätze der Osterinsel und ist seit April 1997 im Palmengarten.

Englische Landschaftsparks, wie sie zur Zeit der Gründung des Gartens in Mode waren, sollten begehbare Landschaftsgemälde sein und dem Betrachter Vergnügen bereiten, etwa mit malerischen Ausblicken auf Pavillons oder Kunstwerke. Auch im Palmengarten stehen zahlreiche Skulpturen. Etwa die Löwen auf der großen Wiese, rechts und links des Hauses Leonhardsbrunn, die die Bankiersfamilie Bethmann dem Garten in den 1960er Jahren stiftete. Sie hatten zuvor im „Ariadneum", einem Pavillon des Landhauses der Familie an der Friedberger Landstraße, gestanden. Oder die um 1830 geschaffenen Marmor-Figuren im Rosengarten. Sie symbolisieren die Jahreszeiten und waren ebenso wie die Marmorvasen im Palmenhaus ein Geschenk der Bankiersfamilie Rothschild. Beide erinnern zugleich an die enge Bindung der Frankfurter Bürgerinnen und Bürger mit dem Palmengarten, die von Anfang an bestand und heute noch an vielen Stellen zu spüren ist.

Moai & Winterlichter

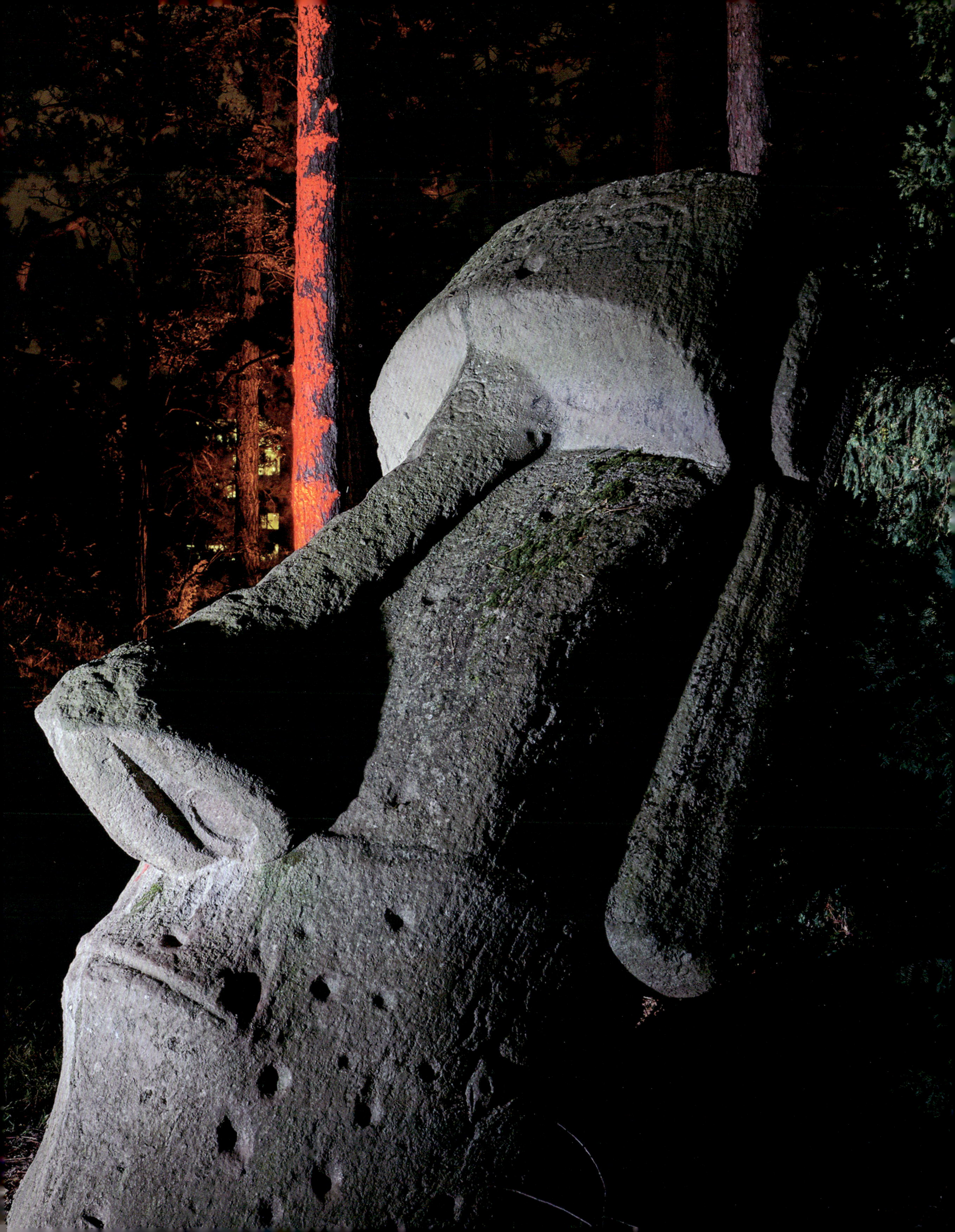

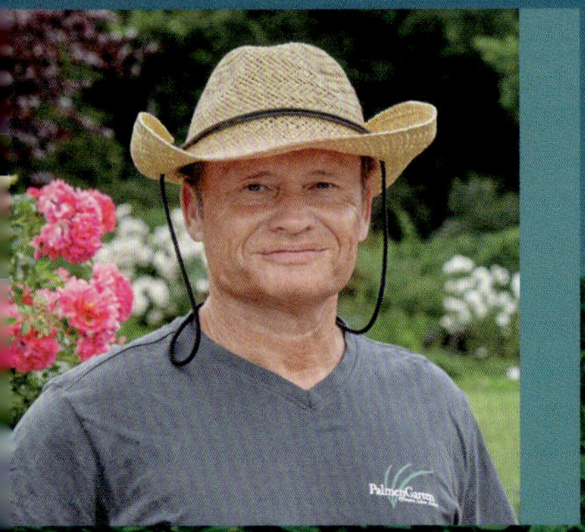

Viel Lob

Ralf Bromm hört meist von den Besuchern viel Lob, wenn er bei der Arbeit ist. Der Blumen- und Zierpflanzengärtner ist seit 2005 für den Rosengarten zuständig. „Das ist ja wie im Urlaub“, schwärmen die Besucher dann meist. Einige von ihnen nutzen auch gerne sein Expertenwissen. „Ich werde oft nach bestimmten Sorten gefragt, zum Beispiel nach neuen Züchtungen, die unempfindlicher für Pilzkrankheiten sind. Manche nennen mir die Farbe und Wuchshöhe und wollen konkrete Tipps, welche Rosen sie pflanzen sollen“, erzählt er. Andere versuchen sogar, dem Gärtner Tipps zu geben. „Wenn da so eine Hobbygärtnerin kommt, die das seit 30 Jahren anders macht als wir, und die Rosen blühen gut, dann kommt das schon mal vor.“ Seit 1980 arbeitet Bromm schon im Palmengarten, machte seine Ausbildung hier. Seitdem hat sich vieles verändert. „Hier, rund um den Rosengarten, steht nichts mehr so wie es damals war“, stellt er fest. Einer seiner Lieblingsplätze, gerade im Sommer, liegt gleich nebenan. „Vor der Galerie unter der hohen Platane im sogenannten Livingstone-Garten ist es immer schattig, das ist eine der kühlsten Stellen des Gartens. Man blickt von dort aus über den Tellerbrunnen auf die Verwaltungsvilla, das sieht richtig mediterran aus.“

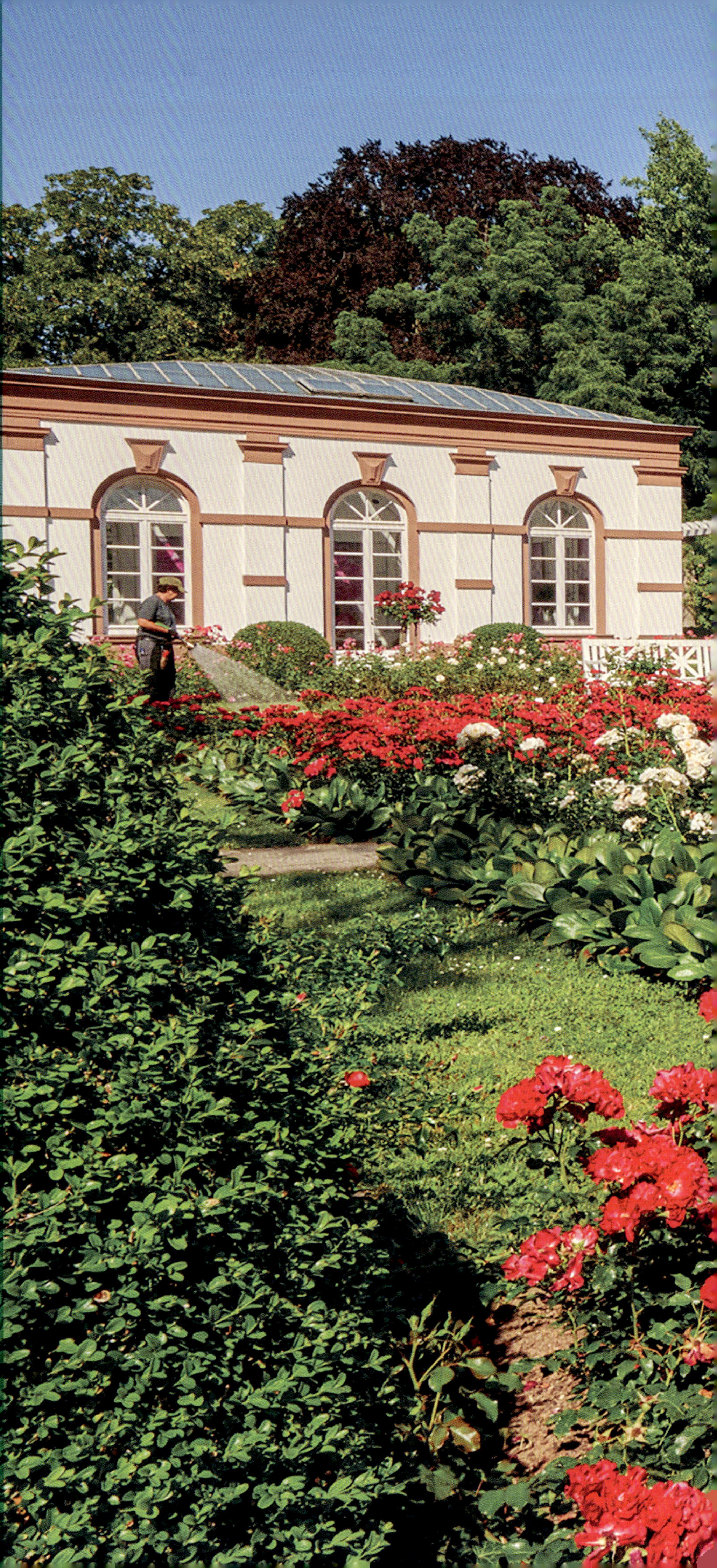

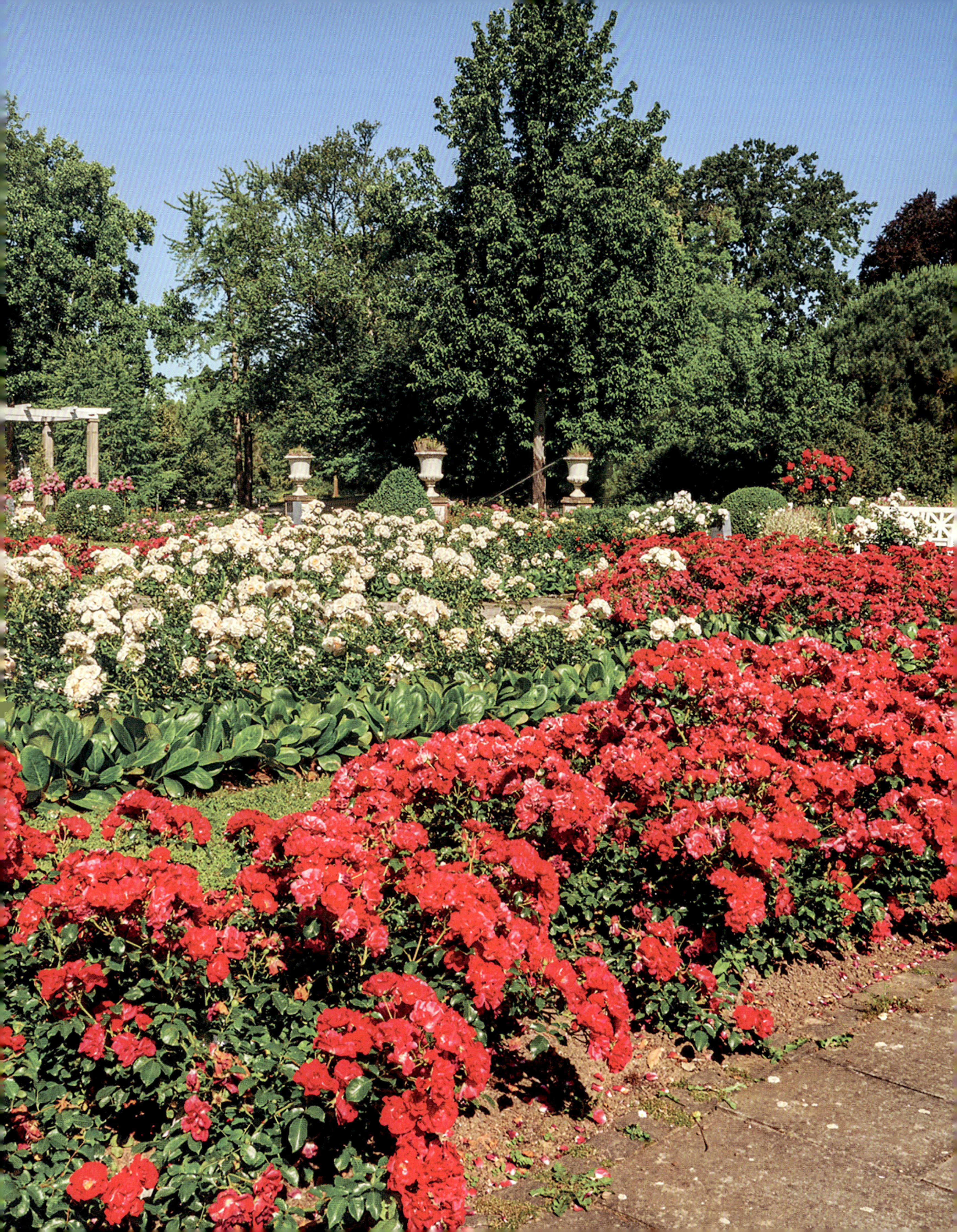

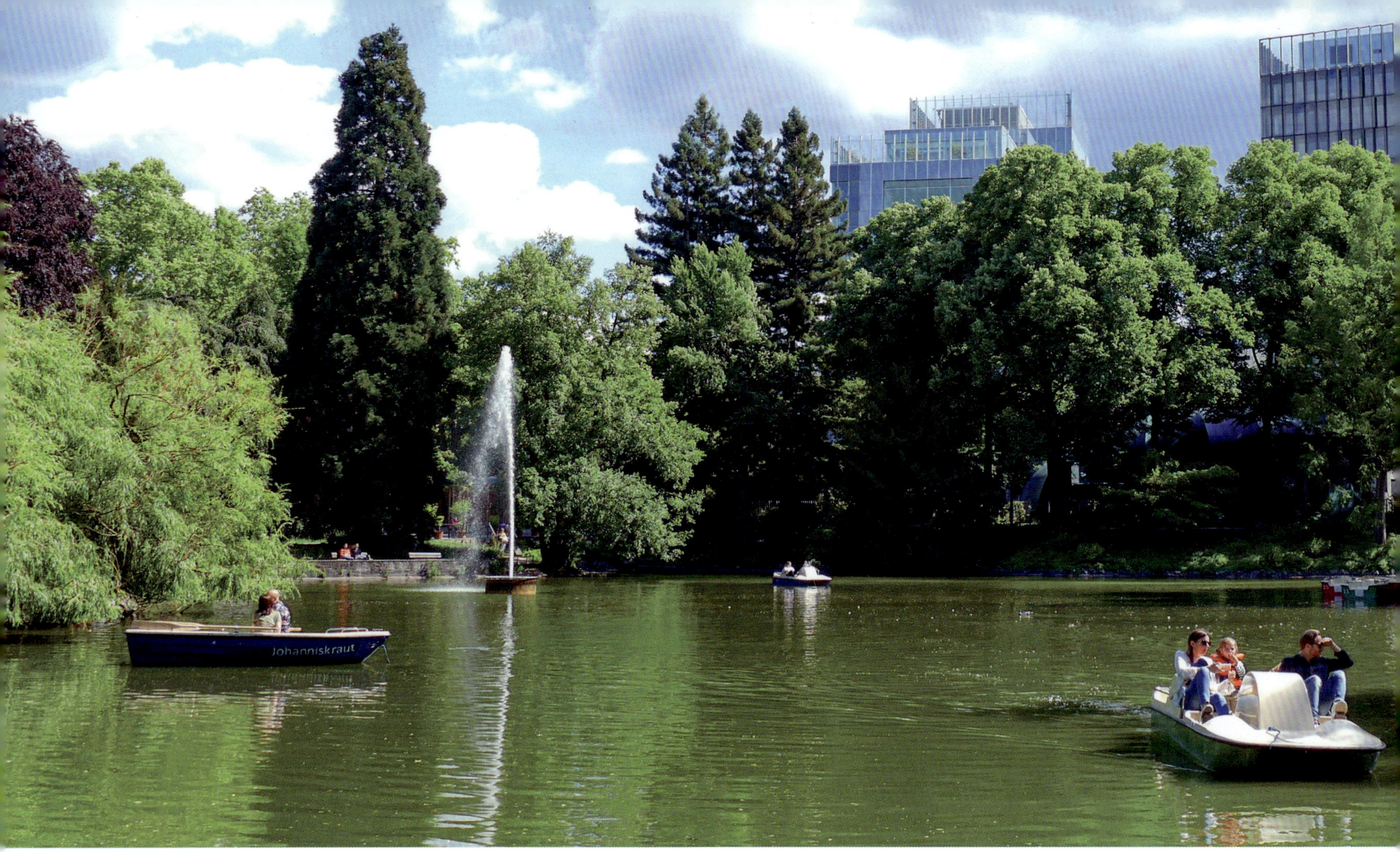

Großer Weiher

Was wäre der Palmengarten ohne die vielen Gäste, die sich an seiner ständig wandelnden Pracht erfreuen. Nur wenige Meter hinter dem Tropicarium begegnet man besonders im Sommer zahlreichen Eltern mit Kindern, die es auf den vor einigen Jahren erst neu gestalteten Wasserspielplatz zieht oder die mit dem Palmen-Express durch den Garten bis zum Papageno-Theater fahren wollen. Das Sprachgewirr, wenn sie ihren Nachwuchs rufen, zeugt von der Internationalität des Publikums. Neuste Attraktion nicht nur für die kleinen Besucher ist das Blüten- und Schmetterlingshaus, in dem die zarten tropischen Falter herumflattern, aber auch die Bedeutung der Bestäubung durch unterschiedlichste Insekten für das Ökosystem anschaulich wird.

Bei schönem Wetter sind überall im Garten Seniorinnen und Senioren anzutreffen, die es sich auf einer der vielen Bänke bequem machen, außerdem Leseratten, die auf den Metall-Liegen auf der Wiese ihren Platz gefunden haben oder Liebespaare, die sich im Ruderboot mit den schönen Namen Maiglöckchen oder Veilchen über den Großen Weiher treiben lassen. Konzertbesucher genießen die Musik im Grünen, das Haus Rosenbrunn im romantischen Rosengarten ist ein beliebter Ort für standesamtliche Trauungen. Selbst, wenn nicht dort geheiratet wurde – immer häufiger treffen die Palmengärtnerinnen auf zumeist internationale Brautpaare, die mit der gesamten fein ausstaffierten Hochzeitsgesellschaft in den Garten kommen, um in blumiger Kulisse Fotos zu machen.

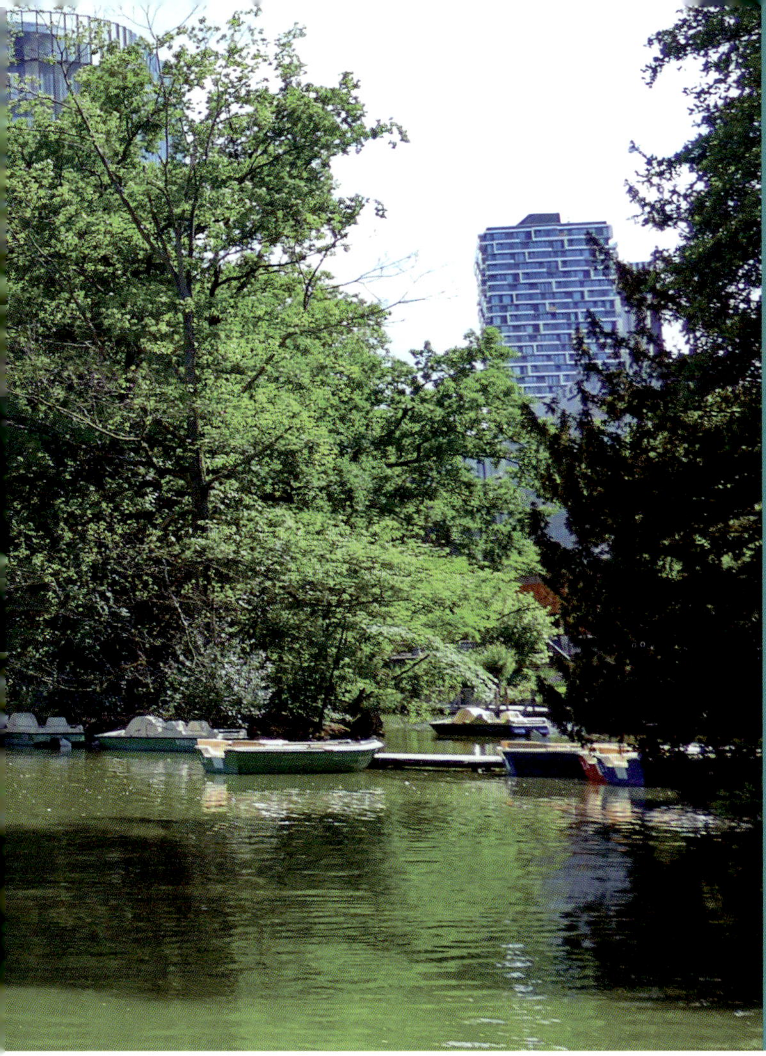

Liebliche Fernsicht

Wenn heute die Besucher am Großen Weiher auf das Wasser schauen, dann nehmen sie gar nicht so viel anderes wahr als ihre Vorfahren vor etwa 150 Jahren: „Durch zwei nischenartige Oeffnungen geniessen wir eine liebliche Fernsicht über den See und den Springbrunnen hinweg zu einer gegenüberliegenden wirkungsvollen Pflanzengruppe, aus buntblättrigem Eschen-Ahorn und Blut-Hasel bestehend. (…) Die ruhige Wasserfläche, belebt durch eine muntere Entenschar und die mit fröhlichen Menschen besetzten Boote, bildet im Rahmen der prächtig entwickelten Uferpflanzung ein so harmonisches Ganzes, dass man nicht nötig hat, an anderen Stellen des Gartens geräuschvollen Vergnügungen nachzueilen, sondern Zufriedenheit in dem einfachen Naturgenuss finden kann, der sich hier dem Erholung und Ruhe Suchenden bietet.“ [7]

Nicht zuletzt ist der Palmengarten bis heute ein Ort zum Feiern, sei es zum Rosen- und Lichterfest oder zu Bällen und Galas, wenn gut gelaunte Gäste im Frack und Abendkleid im Gesellschaftshaus tanzen und durch das farbig erleuchtete Palmenhaus flanieren. Und natürlich streifen überall Pflanzenfreunde umher, die im Freiland vom Sommerflor zum Steingarten spazieren und sich im Mai im Rhododendrongarten an den Blüten kaum sattsehen können. Solche Stammgäste verfolgen auch jeden Eingriff in den Garten, den sie lieben und gerne als den ihren betrachten, kritischen Auges. Auf den 22 Hektar mitten im Westend trifft sich, nicht nur bei schönem Wetter, ganz Frankfurt. Und das hat eine lange Tradition.

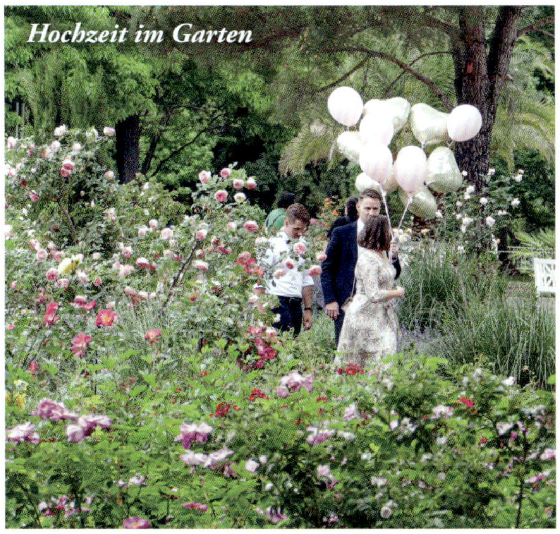

Hochzeit im Garten

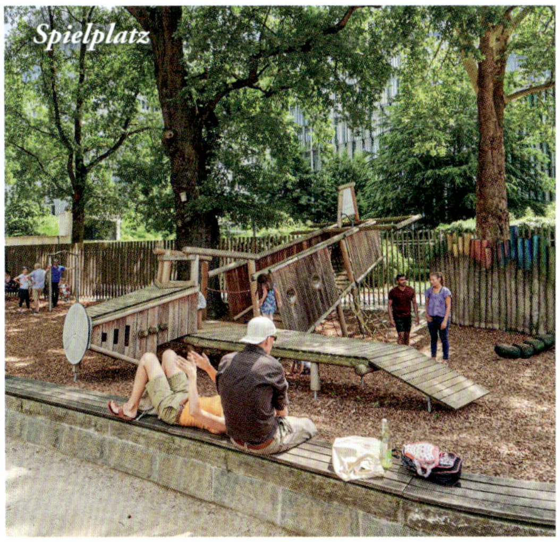

Spielplatz

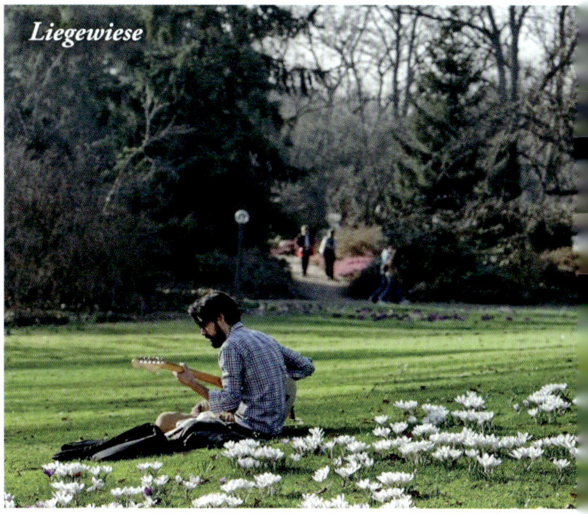

Liegewiese

„Der Zementorgien sind genug gefeiert"

Immer wieder ging der Palmengarten in die Literatur ein – mal als Hymne auf das Grün, mal als Gegenstand vermeintlich harscher Kritik: Schon 1966 schrieb die Schriftstellerin Marie Luise Kaschnitz, die, im Westend wohnend, fast täglich den „Park durchstreifte" in ihren Aufzeichnungen „Tage, Tage, Jahre" im Geiste einen Brief an den damaligen Palmengarten-Direktor Fritz Encke, in dem sie dem „lieben Herrn Direktor" scheinbar die Leviten liest: „man kann nicht fortwährend lieben, ich liebe Ihre Ausstellungen nicht mehr, sie sind mir zu gekonnt, Ihre Blumenrabatten nicht mehr, sie sind mir zu üppig. Was ich liebte, war der schmale dunkle Weg im Umgang des großen Palmenhauses, da schlugen einem die feuchten glänzenden Blätter der Kamelienbäume gegen die Wangen, da leuchteten die Blüten, ganz oben, ganz hinten, rosa und rot. Was ist daraus geworden, Herr Direktor, eine breite Promenade mit Zementbrunnen, Wandelgang einer Lebensversicherung oder eines Sozialbades, und überhaupt, der Zementorgien sind genug gefeiert. Der rechtwinkeligen Mäuerchen genug gebaut. (…) Herr Direktor, auch ein öffentlicher Garten kann einem ans Herz wachsen, zum Beispiel die uralte Eibe, die einmal hierher verpflanzt und so vorsichtig – zwei Kilometer in acht Stunden – durch die Stadt gefahren wurde, die chinesischen Sträucher, die Winterblüher, die Victoria Regia im Kleinen Haus. Auch im Gartenbau gibt es Moden, als der Garten um das große Palmenhaus, diese bürgerliche Exotik, angelegt wurde, trug man nierenförmige Teiche, runde Springbrunnen, Hochstammrosen, es wäre hübsch gewesen, wenn Sie das alles erhalten hätten, ein Gartenmuseum des 19. Jahrhunderts (…). Eine einzigartige Gelegenheit, die Sie verpasst haben, und vielleicht gar nicht verpassen wollten. Ihre Abonnenten, Ihre Sonntagsnachmittagsmusikhörer haben Sie dazu gezwungen, Sie sind ein Warenhausbesitzer, der immer das Neueste auslegen muss. Das alles schreibe ich in meinem Gedankenbrief, und dann gebe ich der Wahrheit die Ehre, gebe dem Garten die Ehre, seinen leuchtenden Grasflächen, seinen riesigen Pappeln, Platanen und Weidenbäumen, und überhaupt war der ganze Brief nur eine Laune, Frühlingslaune, Zierkirschenblütenblätter, losgerissen, hintreibend unterm Gewitterhimmel, schwül. Keineswegs denke ich daran, mein Abonnement aufzugeben, und ich wäre unglücklich, wenn Sie, Herr Direktor, es mir etwa dieses doch gar nicht abgeschickten Briefes wegen, kündigen würden (…)."[8]

Auch zeitgenössische Frankfurter Autorinnen und Autoren wie Martin Mosebach oder Elsemarie Maletzke verarbeiteten die Reize des Palmengartens in ihrer Prosa oder anderen Schriften. Die aus dem Vogelsberg stammende Maletzke unternahm nicht nur in dem Sammelband „Frankfurter Grün" einen literarischen Streifzug durch den Garten, mit so poetischen Beschreibungen wie: „Mir im Juli einen kleinen orangerot-lila-blauen Farbrausch an indischem Blumenrohr, Storchschnabel und Salbei zuziehen"[9], auch in ihrem aktuellsten Krimi „Magnolienmord" wird beschrieben, wie die Hauptfigur mit ihrem Vater den Garten immer wieder besuchte, „im Frühling, wenn in der Wiese Hunderte von winzigen blauen Zwergiris mit gelben Zungen die Sonne aufleckten, im Sommer, wenn die Rosen blühten und ein blauer Schleier von Disteln, Natternkopf und Skabiosen über die Steppe schwebte,

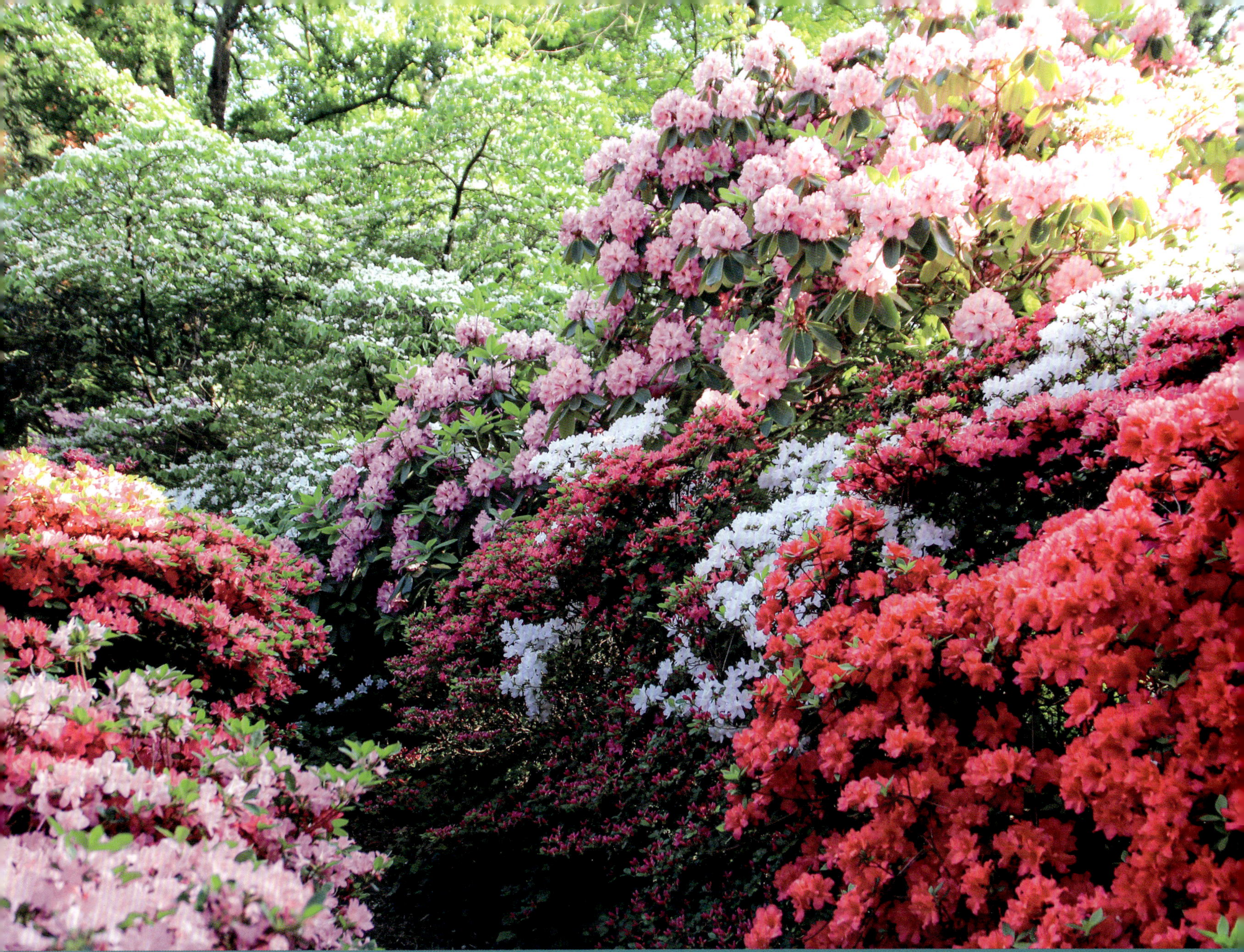

im Herbst zu den Dahlien und dem quittengelben Tulpenbaum, der neben einer Scharlacheiche loderte, und im Winter, wenn sie die Tür zu den Mangroven hinter sich zuschlappen ließen."[10] Die große Magnolie vor dem Verwaltungsgebäude diente der Autorin als Anschauungsobjekt für den Roman, wie sie der Kustodin des Gartens verriet.

Der französische Schriftsteller André Gide berichtete schon im August 1903 in seinem Tagebuch, dass er Stunden im Palmengarten zugebracht und die Namen schöner Kletterpflanzen notiert habe. Die Sozialdemokratin Rosa Luxemburg, die zugleich eine leidenschaftliche Hobbybotanikerin war, empfahl einer Freundin, dem Garten einen längeren Besuch abzustatten. „Ich war dort aus Anlass meines Prozesses, im Februar und sah mir das Gewächshaus an. Es ist traumhaft schön, im ersten Vorfrühlingsflor; und so schön eingerichtet, dass man dort sitzen und plaudern kann: namentlich die Primelabteilung!" schrieb sie am 18. September 1915 in einem Brief aus dem Gefängnis Barnimstraße in Berlin an Luise Kautsky im Städtischen Krankenhaus Frankfurt.[11]

02

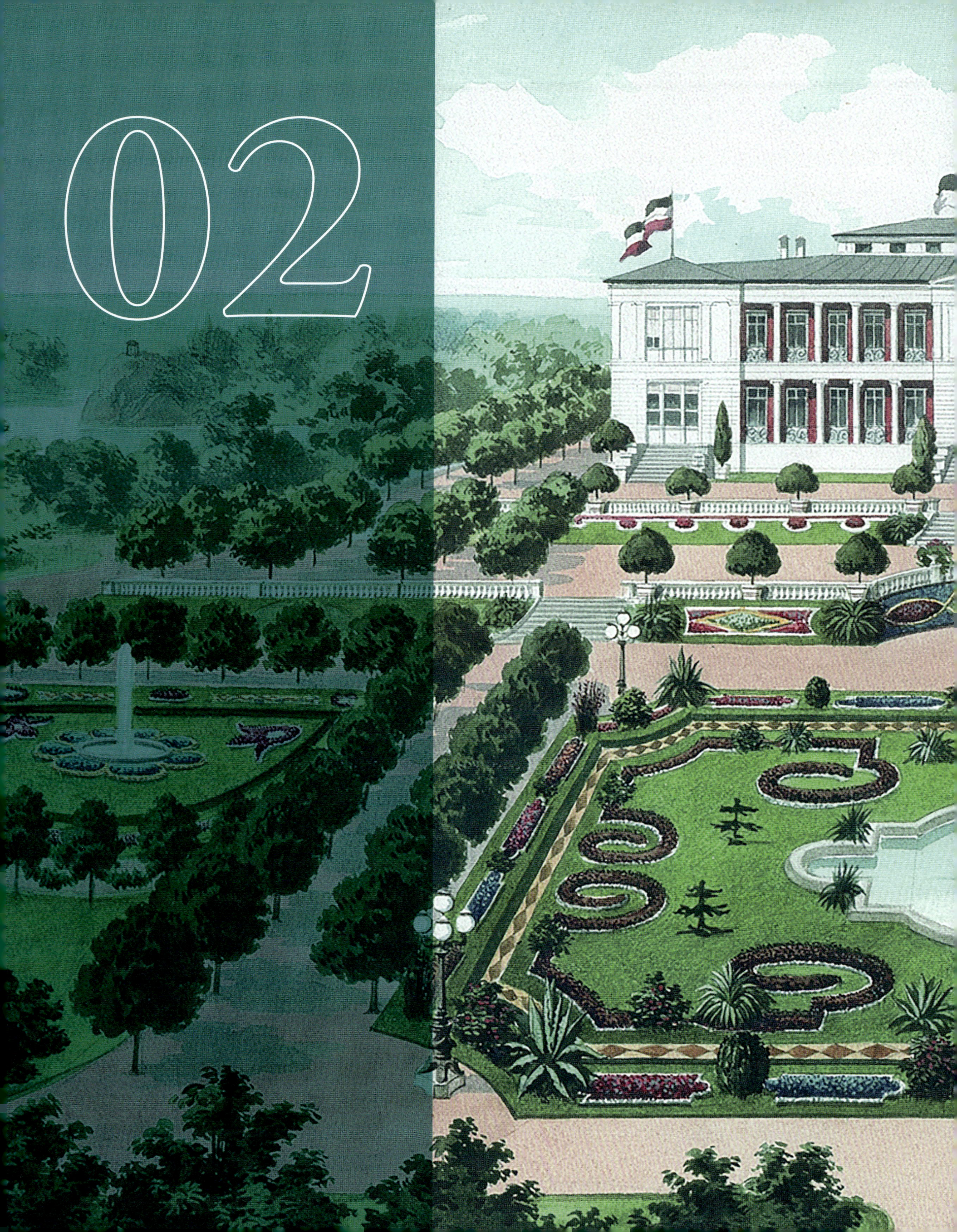

Von Bürgern
für die Bürger

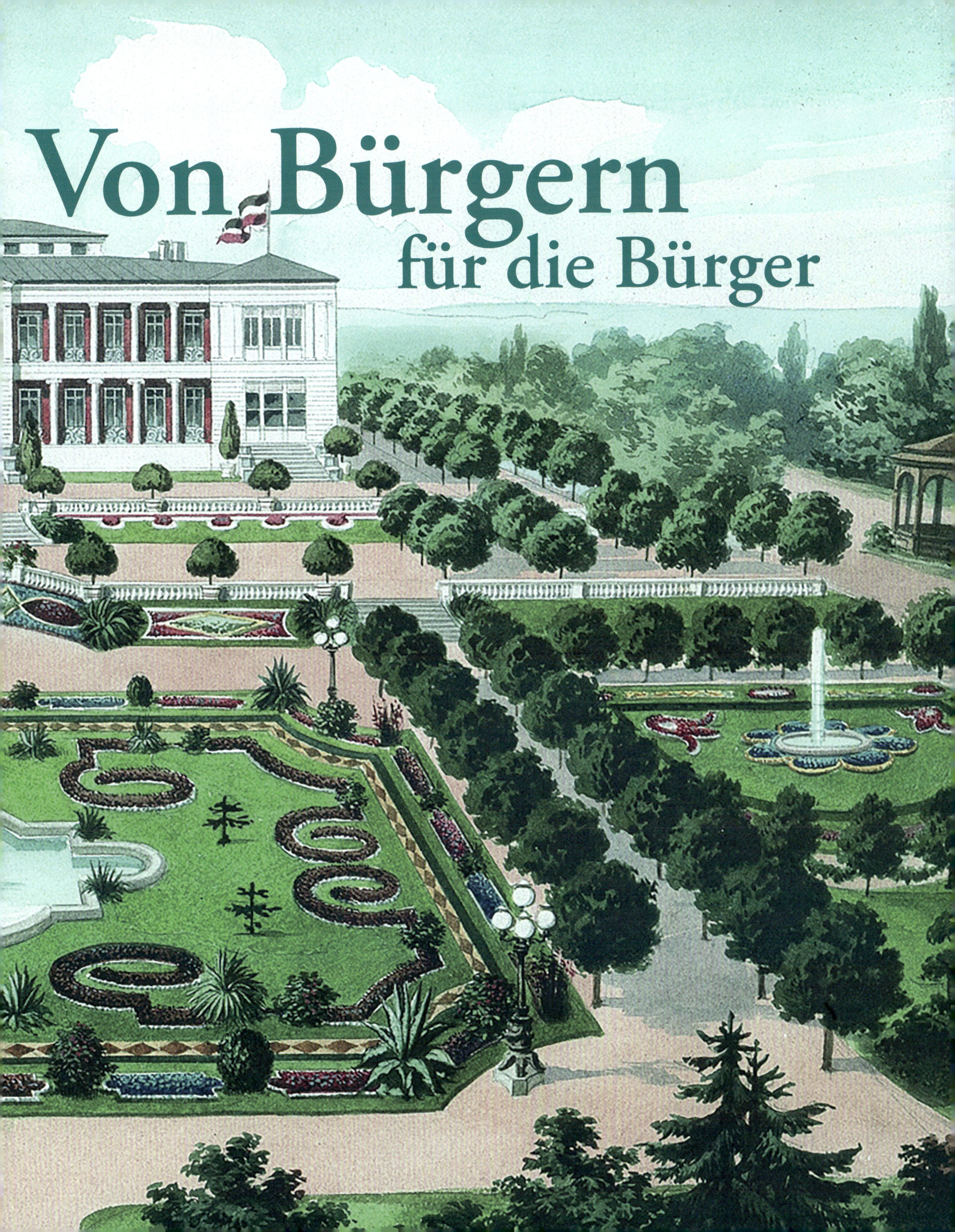

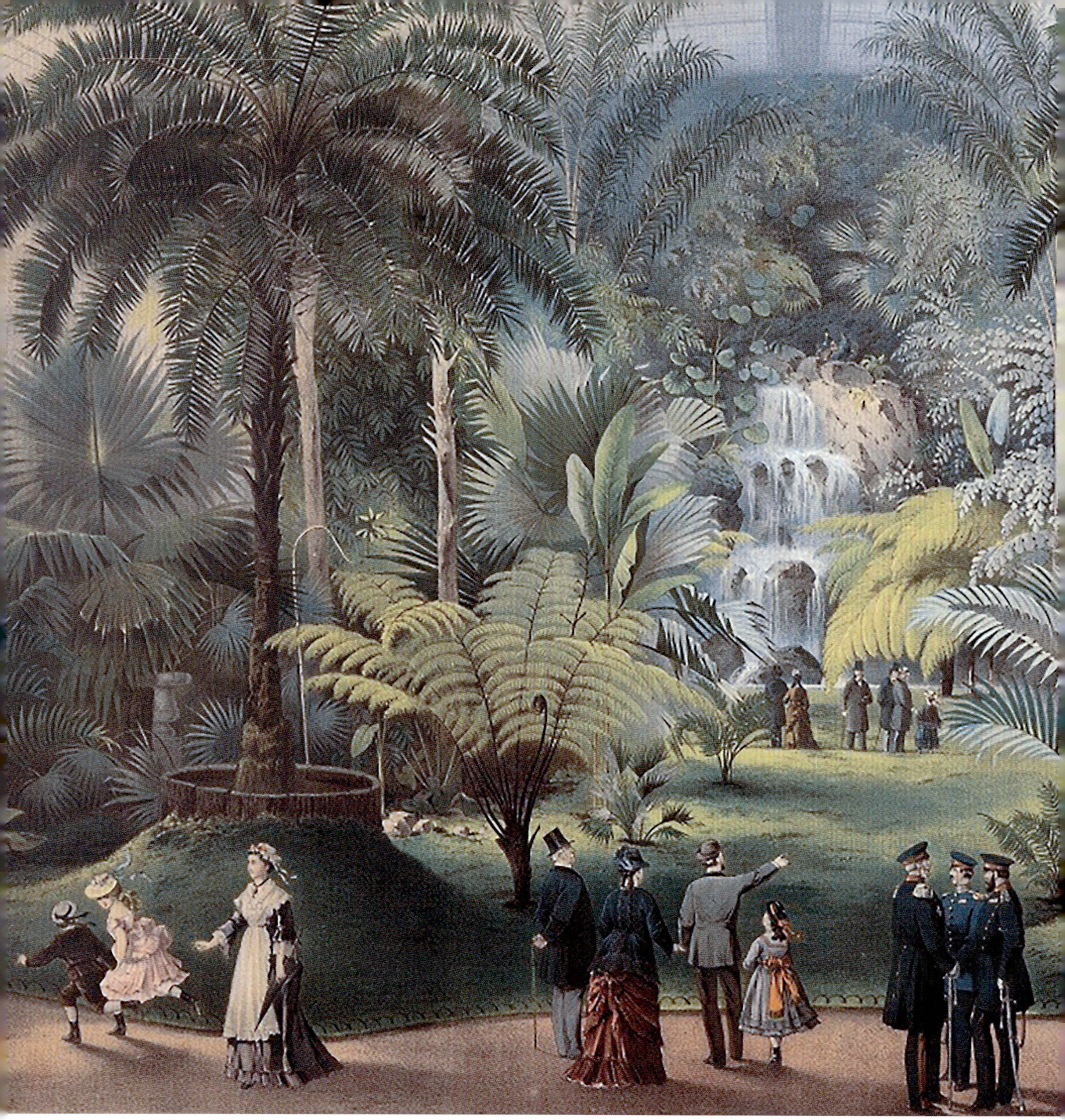

Palmenhaus, um 1871

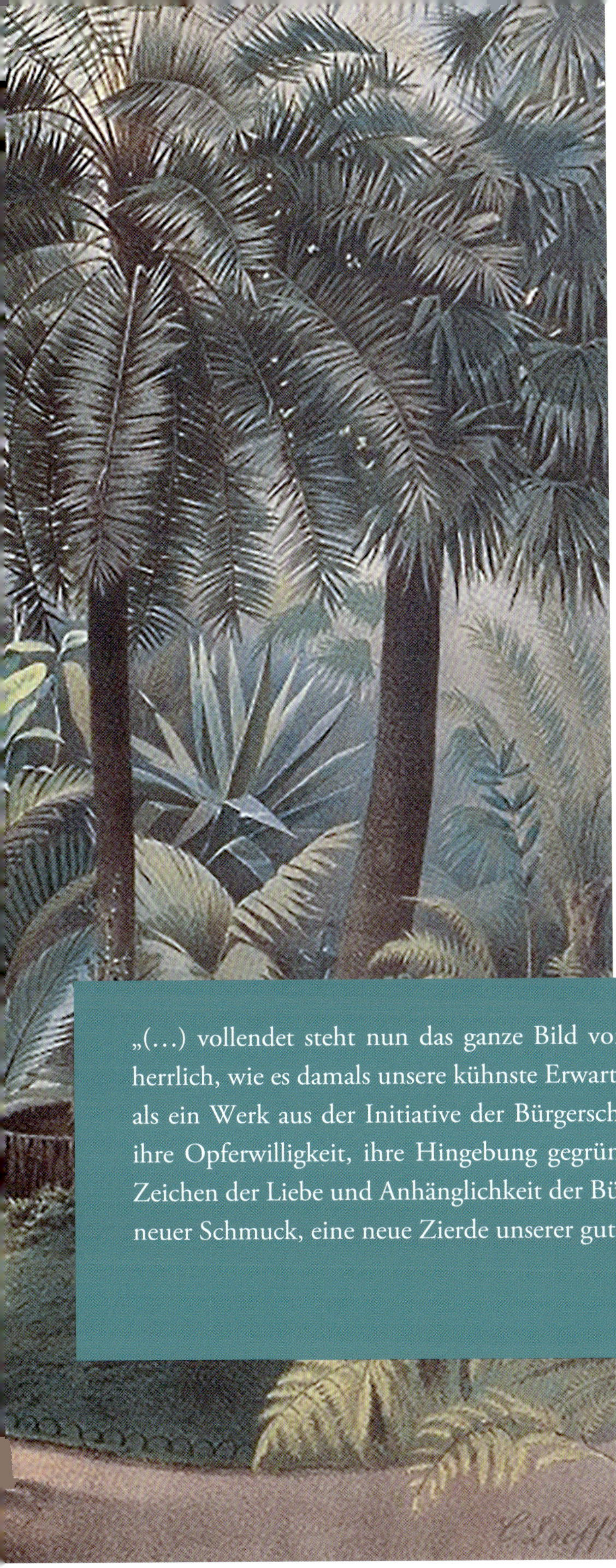

Der Kaiser kam später

Seit seiner Gründung im Jahr 1868 ist der Palmengarten ein Bürgergarten – im doppelten Sinne. Er ist ein Garten für die Frankfurter, aber auch von den Frankfurtern. Kein Prinz oder Fürst setzte sich mit seiner Errichtung ein Denkmal, keine Universität schuf ihn, wie im Falle der meisten botanischen Gärten. Vielmehr ist er eine Einrichtung, geplant und finanziert von Frankfurtern, eine Demonstration einer in der Stadt seit langem starken und selbstbewussten Bürgerschaft, die nach der Annektion Frankfurts durch Preußen im Jahr 1866 damit ein deutliches Zeichen ihrer Selbstbehauptung setzte. Jean Baptist Pfaff, erster Verwaltungschef der neuen Einrichtung, konnte daher im Beisein der Honoratioren der Stadt, also auch Vertretern der Preußischen Militärregierung, bei der Eröffnung des Palmengartens vor 150 Jahren, am 16. März 1871, entsprechend schwärmen:

> „(…) vollendet steht nun das ganze Bild vor uns, so großartig und so herrlich, wie es damals unsere kühnste Erwartung kaum zu ahnen wagte, als ein Werk aus der Initiative der Bürgerschaft hervorgegangen, durch ihre Opferwilligkeit, ihre Hingebung gegründet und vollendet, als ein Zeichen der Liebe und Anhänglichkeit der Bürger an ihre Vaterstadt, ein neuer Schmuck, eine neue Zierde unserer guten Stadt.“ [12]

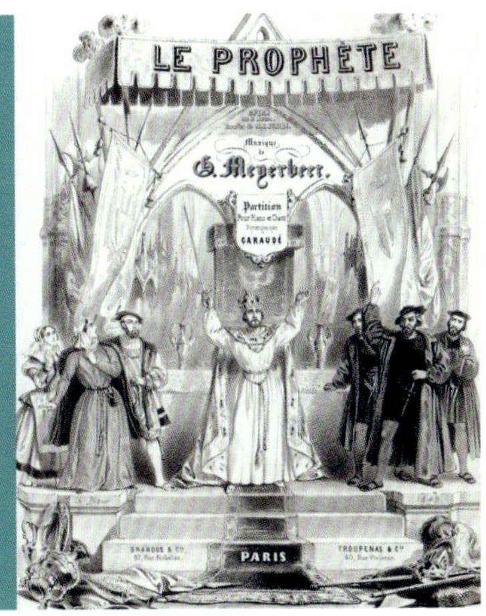

Partitur „Der Prophet“

Mit dem Wunsch, der Palmengarten möge für alle Zeiten „eine Stätte der Belehrung, der Erholung und der Freude, ein Denkmal treuen, warmen, regen Bürgersinns“[13] bleiben, öffneten sich die Türen zum Palmenhaus und die Anwesenden konnten im Grünen wandeln und zugleich den Klängen des vom Orchester intonierten Krönungsmarsches aus der Oper „Der Prophet“ von Giacomo Meyerbeer lauschen. Die Oper war damals eine der weltweit meistgespielten, die, kurz nach der Französischen Revolution uraufgeführt, bezeichnenderweise die Geschichte eines Schneiders und Kaufmanns erzählt, der sich in der Reformationsbewegung als Täufer zum Führer der Stadt Münster aufschwingt und sich dort zum König krönen lässt.

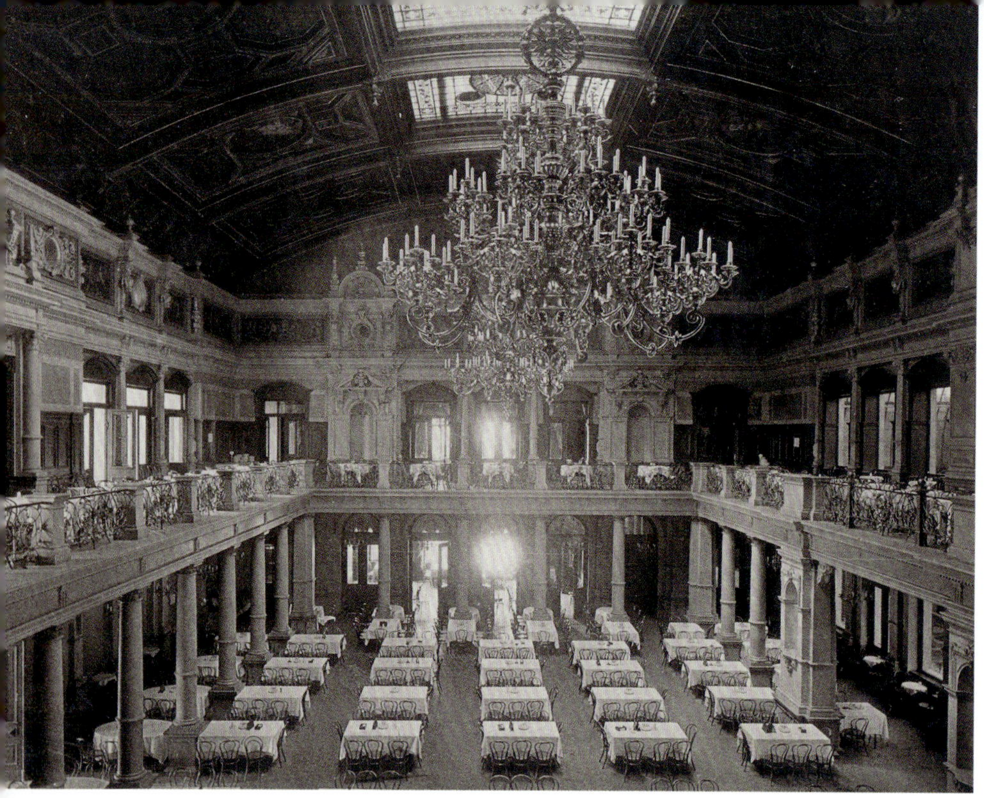

„Am 27. September 1883 war Kaiser Wilhelm I. zum Besuche des Palmengartens angemeldet. Die Verwaltung hatte demgemäß einen würdigen Schmuck vorgesehen. Nachdem die städtischen Behörden den Kaiser am Eingange begrüßt, begab sich dieser in den Vorsaal, wo die Generalität den obersten Kriegsherrn erwartete. Dieser Raum war in eine Waffenhalle verwandelt, geschmückt mit altehrwürdigen Fahnen und Waffen, Helmen und Schildern, die von dem historischen Museum und von Privaten geliefert waren. Hohe Blattpflanzen gaben einen wirkungsvollen Hintergrund. (...) Die in dem großen Saale arrangierte Kaisertafel trug reichen Silberschmuck, die besten und kostbarsten Stücke der von Rothschild'schen Silberkammer und von Bethmann'schen Silberschätze wetteiferten mit Kristallen und Blumen an Reichtum und Schönheit.“ [15]

Dem Verwaltungsratsvorsitzenden Pfaff fiel es um so leichter, sich mit dem regen Frankfurter Bürgersinn zu brüsten, da zur Eröffnung des Palmengartens der Deutsche Kaiser Wilhelm I. nicht anwesend war – und das, obwohl er an diesem Tag in der Stadt weilte und sicherlich eine Einladung erhalten hatte. Bei der Rückkehr von den siegreichen deutschen Truppen in Frankreich machte Seine Majestät just am 16. März des Jahres mit seinem Sohn Friedrich Wilhelm, Oberbefehlshaber der 3. Armee, Station in Frankfurt, ließ sich bei einem Triumphzug durch die Stadt feiern und übernachtete im Darmstädter Hof an der Zeil. An der Eröffnungsfeier einer Bürgerinstitution wie dem Palmengarten hatte er offenbar kein allzu großes Interesse. Dafür schickte er erst am nächsten Vormittag, dem 17. März 1871, um 9 Uhr Kronprinz Friedrich Wilhelm in den Garten. Dass dieser zu den Eröffnungsfeierlichkeiten einen Tag zuvor anwesend war, ist ein weit verbreiteter Irrglaube. [14] Der Kronprinz ließ sich an dem Vormittag das Palmenhaus zeigen und fuhr nach gut einer Stunde weiter zum Bahnhof, wo er gemeinsam mit dem Kaiser weiterreiste.

Neun Jahre später kam der Kaiser dann offensichtlich nicht mehr am Palmengarten vorbei, der sich längst zu einer über Frankfurt hinaus beliebten Einrichtung entwickelt hatte. Im Oktober 1880 sowie bei einem erneuten Besuch 1883 zeigte die Bürgerinstitution dem royalen Besucher selbstbewusst, dass sie bei der Ausstattung der Feierlichkeiten der höfischen Pracht in nichts nachstand. Der Festsaal im Gesellschaftshaus, perfekter Rahmen für das kaiserliche Festessen, wurde aufwendig ausgestattet. Für den Tafelschmuck bediente man sich nicht nur in den Museen der Stadt, auch die wohlhabenden Bürger, wie die Bankiersfamilien von Rothschild und von Bethmann, stellten ihre wertvollen Sammlerstücke zur Verfügung:

Nachdem man die Tafel aufgehoben hatte, führte Oberbürgermeister Johannes Miquel die Majestäten ins Palmenhaus, wo auf einem eigens errichteten Podest der Kaffee serviert wurde. „Das Palmenhaus war beleuchtet von mehreren, von Herrn Möhring gestellten elektrischen Lampen und nahm sich prächtig aus, so dass auch der Kaiser nicht umhin konnte, dasselbe näher in Augenschein zu nehmen“[16], was er bei seinem ersten Besuch offenbar nicht getan hatte. Dennoch musste er schon damals anerkennen: „Der Palmengarten ist eine Zierde ihrer Stadt und der Stolz ihrer Bürgerschaft.“[17]

VON BIEBRICH NACH FRANKFURT

Es war tatsächlich ein hoch angesehener Frankfurter Bankier und Mäzen, der in seiner Vaterstadt die Fäden bei der Entstehung dieser Zierde zog. Ludwig Freiherr von Erlanger vom Bankhaus Erlanger & Söhne, das später an die Dresdner Bank verkauft wurde, war der erste Ansprechpartner, an den sich der renommierte Gärtner und Gartengestalter Heinrich Siesmayer mit seinen Plänen zur Errichtung eines botanischen Gartens in Frankfurt wandte, als die bedeutende Pflanzensammlung des Herzogs Adolf von Nassau zum Verkauf stand. Siesmayer lebte damals bereits 20 Jahre lang in Bockenheim, vor den Toren Frankfurts und hatte von Erlangers privaten Garten arrangiert. Mit seinem eigenen Gartenbaubetrieb hatte er von der dortigen Schlossstraße aus Parks und Gärten wie den Goldsteinpark und den Schlosspark Sayn bei Koblenz gestaltet und sich mit der Anlage des Kurparks Bad Nauheim einen internationalen Ruf erworben, der ihm weitere Aufträge in Basel, Baden-Baden, Köln und Mainz verschaffte.

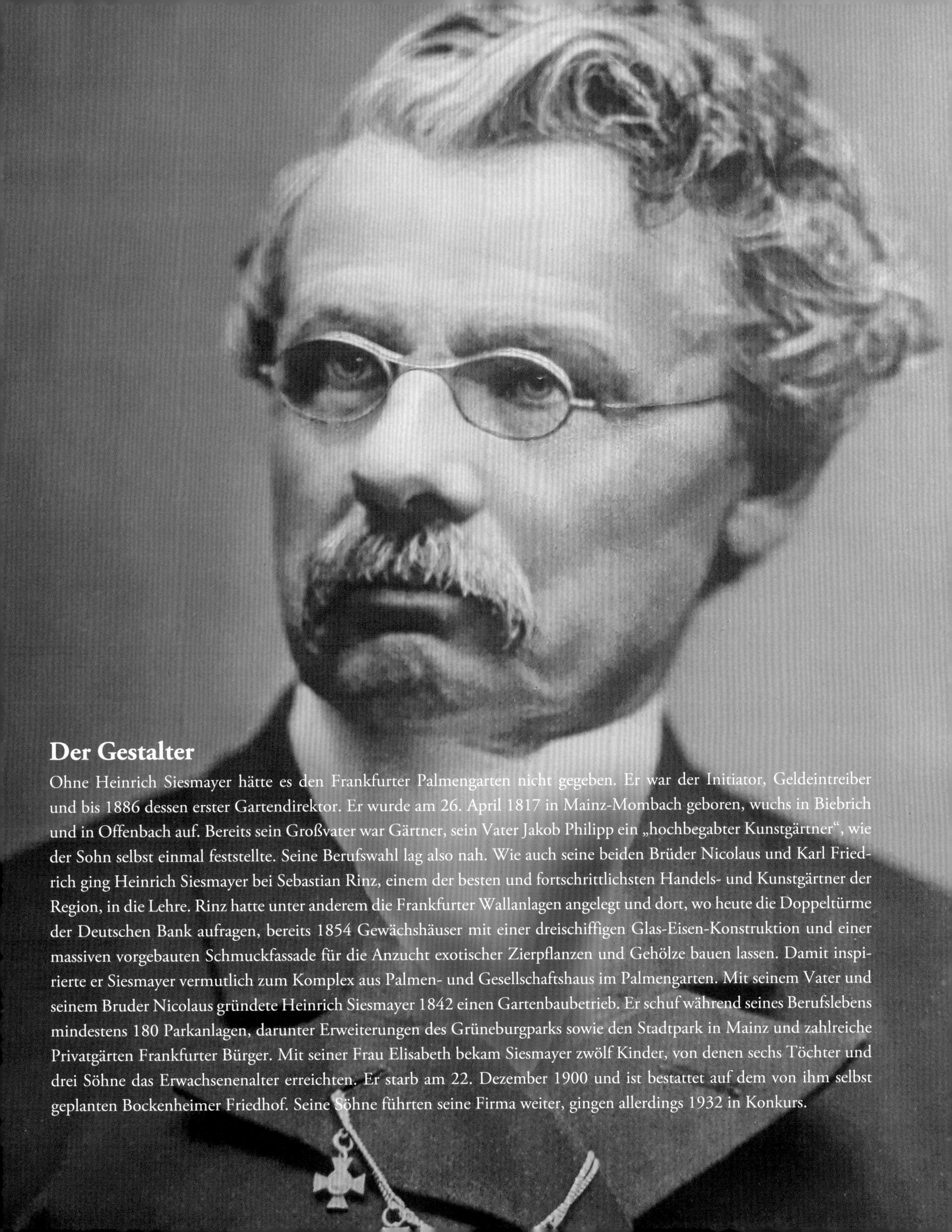

Der Gestalter

Ohne Heinrich Siesmayer hätte es den Frankfurter Palmengarten nicht gegeben. Er war der Initiator, Geldeintreiber und bis 1886 dessen erster Gartendirektor. Er wurde am 26. April 1817 in Mainz-Mombach geboren, wuchs in Biebrich und in Offenbach auf. Bereits sein Großvater war Gärtner, sein Vater Jakob Philipp ein „hochbegabter Kunstgärtner", wie der Sohn selbst einmal feststellte. Seine Berufswahl lag also nah. Wie auch seine beiden Brüder Nicolaus und Karl Friedrich ging Heinrich Siesmayer bei Sebastian Rinz, einem der besten und fortschrittlichsten Handels- und Kunstgärtner der Region, in die Lehre. Rinz hatte unter anderem die Frankfurter Wallanlagen angelegt und dort, wo heute die Doppeltürme der Deutschen Bank aufragen, bereits 1854 Gewächshäuser mit einer dreischiffigen Glas-Eisen-Konstruktion und einer massiven vorgebauten Schmuckfassade für die Anzucht exotischer Zierpflanzen und Gehölze bauen lassen. Damit inspirierte er Siesmayer vermutlich zum Komplex aus Palmen- und Gesellschaftshaus im Palmengarten. Mit seinem Vater und seinem Bruder Nicolaus gründete Heinrich Siesmayer 1842 einen Gartenbaubetrieb. Er schuf während seines Berufslebens mindestens 180 Parkanlagen, darunter Erweiterungen des Grüneburgparks sowie den Stadtpark in Mainz und zahlreiche Privatgärten Frankfurter Bürger. Mit seiner Frau Elisabeth bekam Siesmayer zwölf Kinder, von denen sechs Töchter und drei Söhne das Erwachsenenalter erreichten. Er starb am 22. Dezember 1900 und ist bestattet auf dem von ihm selbst geplanten Bockenheimer Friedhof. Seine Söhne führten seine Firma weiter, gingen allerdings 1932 in Konkurs.

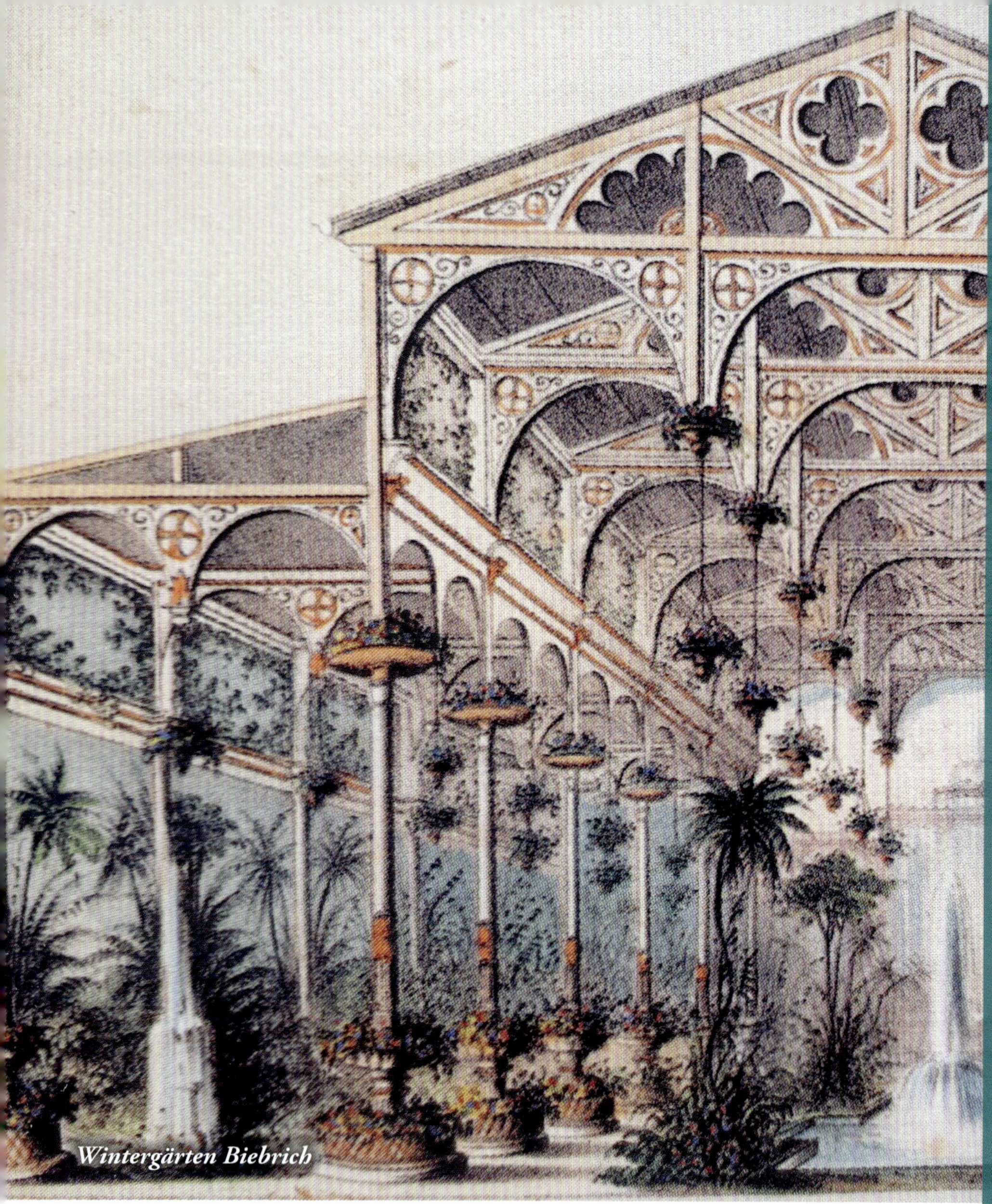

Wintergärten Biebrich

„Zur Zeit um Ostern waren die herzoglichen Wintergärten ein wirklicher Wallfahrtsort für alle, die Gelegenheit zu deren Besuche fanden. Die Bewohner der Nachbarstädte Mainz, Wiesbaden, Darmstadt, Frankfurt etc. strömten in den von Blumenduft und Farbenglanz erfüllten Glashäusern zusammen und ergötzten sich an der Pracht der zwischen dem dunklen saftigen Grün herausleuchtenden Camellienblüthen, beschauten die minder prächtigen, aber blüthenreichen Rhododendren, oder athmeten den würzigen Duft der Hyacinthen ein, die neben Amaryllis, Croken, Narcissen und andern Blumen die Beete mit ihrer reichen Abwechselung schmückten. Wer dann sich müde gesehen an dieser farbigen Blumenwelt, dem war, wenn man so sagen darf, ein weniger sinnberauschendes Vergnügen geboten, wenn er sich dem hochaufragenden Palmenhause zuwandte, das mit seiner grünlichen Glasbedeckung, den vielgestalteten und vielgearteten exotischen Gewächsen, einen ebenso harmonischen als fremdartigen Eindruck machte. Hier, wo die Sprößlinge ferner Länder und verschiedener Klimate friedlich unter einem beschützenden Dache wohnten und gediehen, wo Palmen und Latanien, Dracänen und Maranten, Philodendron und Chamärops und hohe wie niedrige Farren Zeugniß ablegten von der üppigen Vielgestaltigkeit der tropischen Flora, hier befand sich auch das trauliche Plätzchen, das der Herzogin von Nassau als Lieblingsstätte diente (…).“ [18]

Dank seiner langjährigen Erfahrung und weil er in Biebrich aufgewachsen war, war Siesmayer der historische Schlosspark vor den Toren Wiesbadens sicherlich ein Begriff, den der kunstsinnige, Pflanzen und Blumen liebende Herzog Adolf von Nassau noch einmal zur Blüte gebracht hatte. Er kannte auch den Wert der Pflanzensammlung, die dieser in rund zwanzig Jahren in Belgien, Frankreich, England und Holland hatte zusammentragen lassen und die er in prachtvollen Blumen- und Pflanzenausstellungen in seinen Wintergärten mit weitreichender Resonanz öffentlich präsentiert hatte. Doch Preußen verleibte sich 1866 das ohnehin hoch verschuldete Herzogtum Nassau ein, so dass Adolf von Nassau sein Schloss sowie die bedeutende Pflanzensammlung aufgeben musste und nach Frankfurt zog. Er ließ Siesmayer beauftragen, die berühmte Biebricher Gewächshausanlage – eine moderne Glas-Eisen-Konstruktion, bestehend aus fünf Häusern – und mit ihr 22.930 verschiedene zumeist exotische Pflanzen zu verkaufen.

Sofort setzte sich Siesmayer dafür ein, die Sammlung nach Frankfurt zu holen. Seine Idee fiel auf fruchtbaren Boden. Das Bürgertum der damals aufstrebenden Stadt hatte seine Vorliebe für englische Landschaftsparks und Gewächshäuser mit exotischen Pflanzen entdeckt. Blumen- und Pflanzenausstellungen, etwa des „Instituts zur Beförderung, Erhöhung und Vervollkommnung der Garten- und Feldbaukunst", für die eigens ein temporäres Gewächshaus auf dem Goetheplatz aufgestellt wurde, erfreuten sich großer Beliebtheit. Bereits 1848 war Siesmayer einer der Mitbegründer der Gartenbaugesellschaft Flora gewesen, die im modernen Glashaus seines früheren Ausbilders Sebastian Rinz in der Guiolettstraße Blumenausstellungen veranstaltete.

Siesmayer wandte sich also an den Bankier Freiherr von Erlanger, der den Kontakt zum „Verein zur Förderung des öffentlichen Verkehrslebens" herstellte, dem Vorläufer eines modernen Fremdenverkehrsvereins, gegründet, um mögliche negative Folgen der preußischen Annektion auf Handel und Tourismus abzuwenden. Man wurde sich schnell einig. In der Vorstandssitzung des Vereins vom 6. Mai 1868 stellten die Mitglieder ein vierzehnköpfiges „Komitee zur Erwerbung der Biebricher Wintergärten" zusammen. Darin versammelt waren engagierte Bürger, die über die entsprechenden Kontakte verfügten, wie etwa der damalige Vorsitzende des Vereins, der Kaufmann und Stadtrat Jean Baptist Pfaff, der Architekt und Bauunternehmer Fritz Kayser, der später das Gesellschaftshaus im Palmengarten sowie jenes im Zoo bauen sollte, der Rechtsanwalt und Stadtverordnete Dr. jur. Johann Siebert, die Bankiers Emil Königswarter und Freiherr von Erlanger, der Verleger der Frankfurter Zeitung und Stadtverordnete Leopold Sonnemann, der Bildhauer Johannes Dielmann, die Gebrüder Siesmayer sowie der Obergärtner und spätere Garteninspektor Ferdinand Heiß, der auch den Namen Palmengarten vorgeschlagen haben soll.

Sie schätzten die Kosten für die Realisierung eines festen Hauses mit Park auf eine Summe von rund 250.000 Gulden und beschlossen, das Geld mit tausend Bürgeraktien in der damals üblichen Stückelung von 250 Gulden aufzubringen. Dafür wurde am 9. Januar 1869 die Palmengarten-Gesellschaft gegründet. Solche privaten Gesellschaften waren zu dieser Zeit üblich und bei den Bürgern sehr beliebt, um Projekte, wie etwa den fast zeitgleich entstandenen Eisernen Steg über den Main zu finanzieren und zu realisieren. Die Aktionäre der Palmengarten-Gesellschaft sollten als Rendite neben einer Dividende auch freien Eintritt mit ihren Familien und den sie begleitenden Dienstboten in den Garten erhalten. Dass sich die Investition rentieren würde, davon waren die Mitglieder des Komitees überzeugt und machten eine einfache Rechnung auf: Die Blumenausstellungen in Biebrich hatten innerhalb von 14 Tagen 19.000 bis 21.000 Gulden an Eintrittsgeldern gebracht.

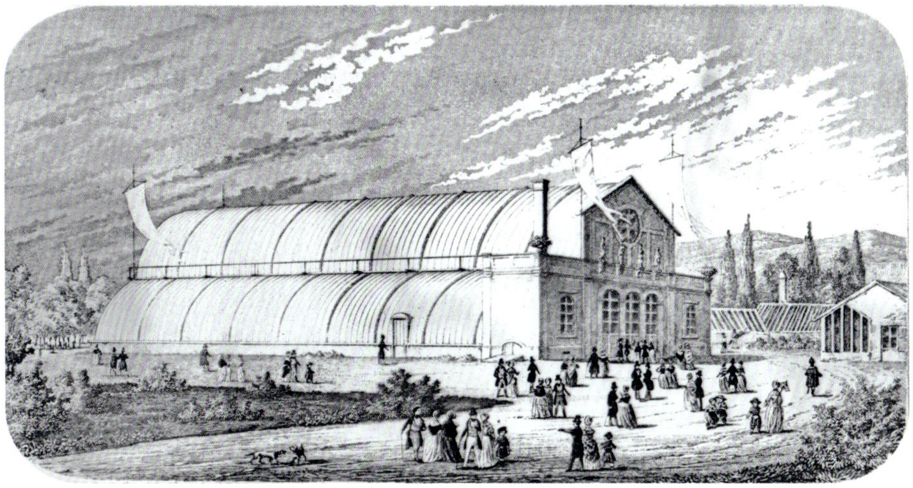

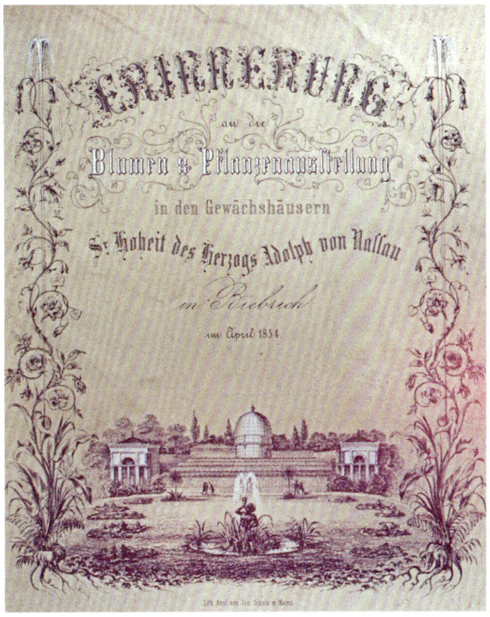

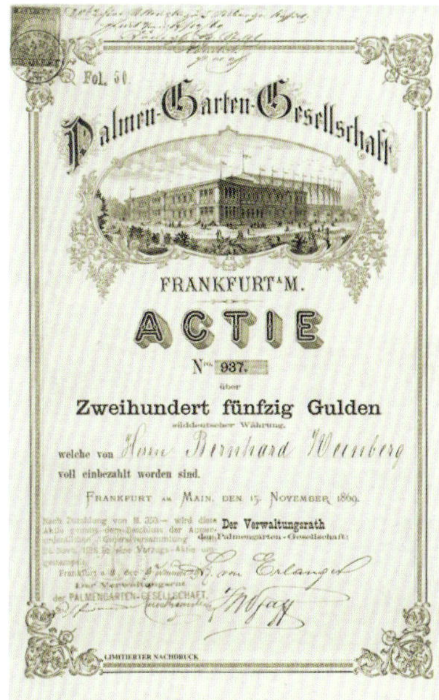

Glashaus Rinz (oben), Ausstellung Biebrich (li.) und Aktie

„Fänden diese Ausstellungen in Zukunft dahier in einem weit grossartigeren Bau, als der Biebricher war, statt, zu Frankfurt, welches bessere Verbindungen nach allen Seiten hin hat, inmitten einer dicht bevölkerten, wohlhabenden Umgegend liegt und den fremden Besuchern vielfache Genüsse und Annehmlichkeiten bietet, so ist mit Sicherheit ein weit grösserer Besuch und Ertrag zu erwarten. (…) Es würde sicherlich auch als weithin einziges Aufenthalts- und Vergnügungslokal eine von unserer Einwohnerschaft und von Fremden vielbesuchte Zierde unserer Vaterstadt werden." [19]

Die Frankfurter Bürger, aber auch Nachbarn wie die Prinzen Friedrich und Georg von Hessen, die seit Sommer 1866 im Schloss Rumpenheim wohnten, ließen sich begeistern. Siesmayer selbst akquirierte Politiker, Beamte, Geschäftsleute und Freunde aus Bockenheim. In den ersten Wochen wurden Papiere in einem Gesamtwert von mehr als 150.000 Gulden gezeichnet. Das Komitee verhandelte unterdessen mit der herzoglichen Gartenverwaltung Adolfs von Nassau, der für die Pflanzen und Gewächshäuser anfänglich 100.000 Gulden gefordert hatte. Allein die Gewächshäuser hatten ihn bei der Errichtung rund 75.000 Gulden gekostet. Doch der Preis war den Frankfurtern zu hoch. Man wurde sich schließlich einig darüber, insgesamt 60.000 Gulden für die Biebricher Sammlung zu bezahlen. Die damals preußische Stadt Wiesbaden hatte sich ebenfalls um sie bemüht. Doch dem mittlerweile in Frankfurt, und ab den 1870er Jahren sogar in der Bockenheimer Landstraße 55, also ganz nah am Palmengarten lebenden Herzog war es lieber, seine Pflanzen wieder in Reichweite zu wissen.

Zugleich wurde vereinbart, dass die Pflanzen bis zum 1. August 1869 in Biebrich bleiben sollten. So konnte dort im Frühling desselben Jahres bereits eine Ausstellung veranstaltet werden, deren Einnahmen der Frankfurter Gesellschaft zuflossen. „Die Frankfurter Palmengarten-Gesellschaft hat aber auch nichts unterlassen, damit die diesjährige Ausstellung in bezug auf die Reichhaltigkeit der Arten und die Schönheit und Fülle der Exemplare jenen der vergangenen Jahre würdig zur Seite gestellt werden kann“ [20], lobten die Biebricher.

Schließlich blieb noch die Grundstücksfrage zu klären. Die Idee bestand darin, ein Areal an der von Frankfurt nach Bockenheim führenden Bockenheimer Landstraße zu nutzen, das die Stadt durch langwierige Verhandlungen und Tausch übernommen hatte. Doch so einfach war es nicht. Etliche Kritiker versuchten mithilfe von Zeitungsartikeln und Denkschriften nachzuweisen, dass, was die Lage, Luft, Bewässerung und den Boden anging, mit der Bornheimer Heide und der Pfingstweide geeignetere Areale vorhanden seien – letztere hatte die freie Reichsstadt allerdings schon 1865 dem Zoo zugedacht, wo er sich bis heute befindet. Einzelne Aktienzeichner hätten sogar die Zahlung ihrer Aktien von der Annahme des von ihnen favorisierten Standortes abhängig gemacht, schildert August Siebert, wie verhärtet die Fronten damals waren. Man griff daher auf auswärtige Fachleute zurück, die die Alternativen prüften und sich am Ende für das Bockenheimer Gelände aussprachen. „An einer der schönsten von Frankfurt abführenden Straßen, der mit einer Kastanien- und Lindenallee bepflanzten Bockenheimer Landstraße, etwa zehn Minuten von der Stadt und den Westbahnhöfen gelegen, dehnt sich das über zwanzig Feldmorgen große Terrain der Palmengärten aus“ [21], sollten spätere Besucher schwärmen. Die Wahl dieses Geländes war insofern im Sinne der Planer, da die Bürger aus dem Westend die meisten Aktien gezeichnet hatten und der Fremdenverkehr hier den meisten Zustrom verzeichnete. Die Palmengarten-Gesellschaft stimmte im Januar 1869 mit großer Mehrheit für das fünfeinhalb Hektar große Areal im Westend, das die Stadt ihr auf 99 Jahre zu günstigen Konditionen verpachtete. Die Umsetzung konnte beginnen.

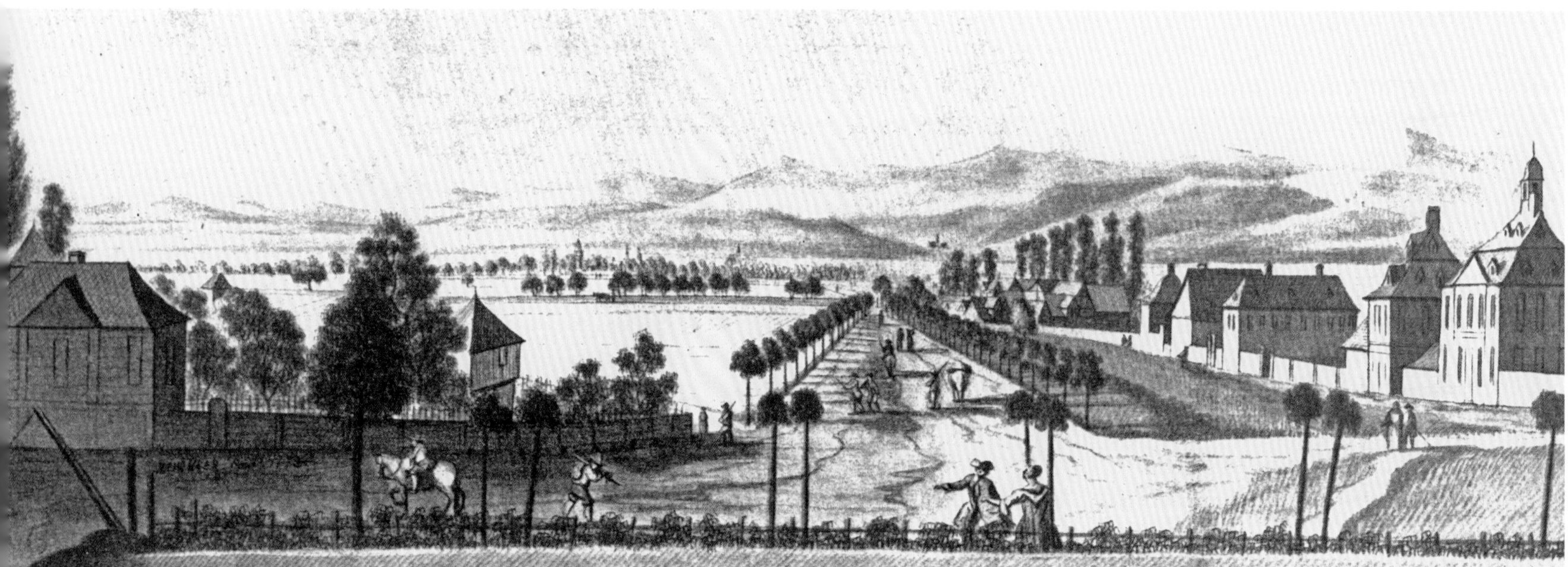

Die Bockenheimer Landstrasse nach Westen

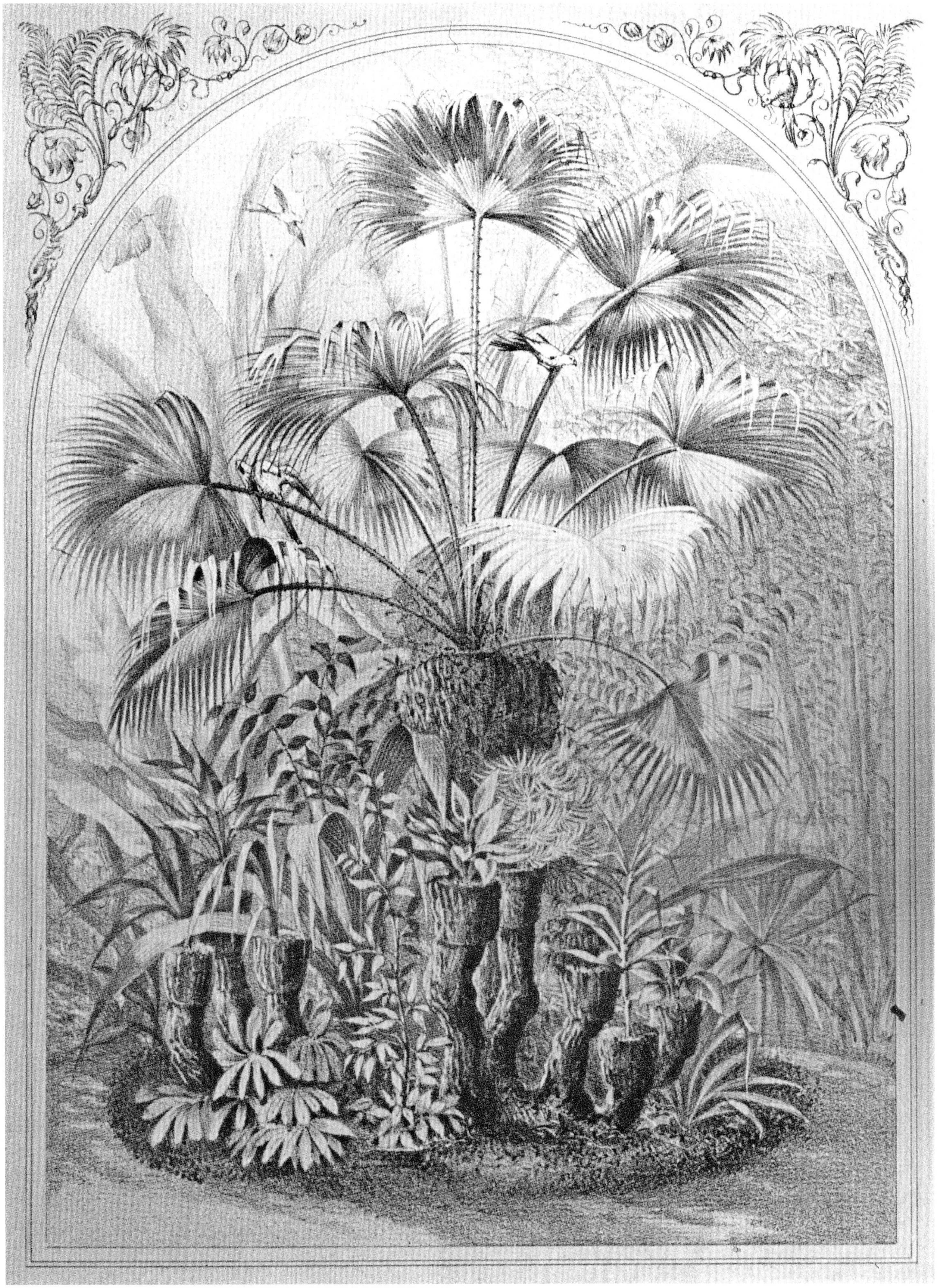

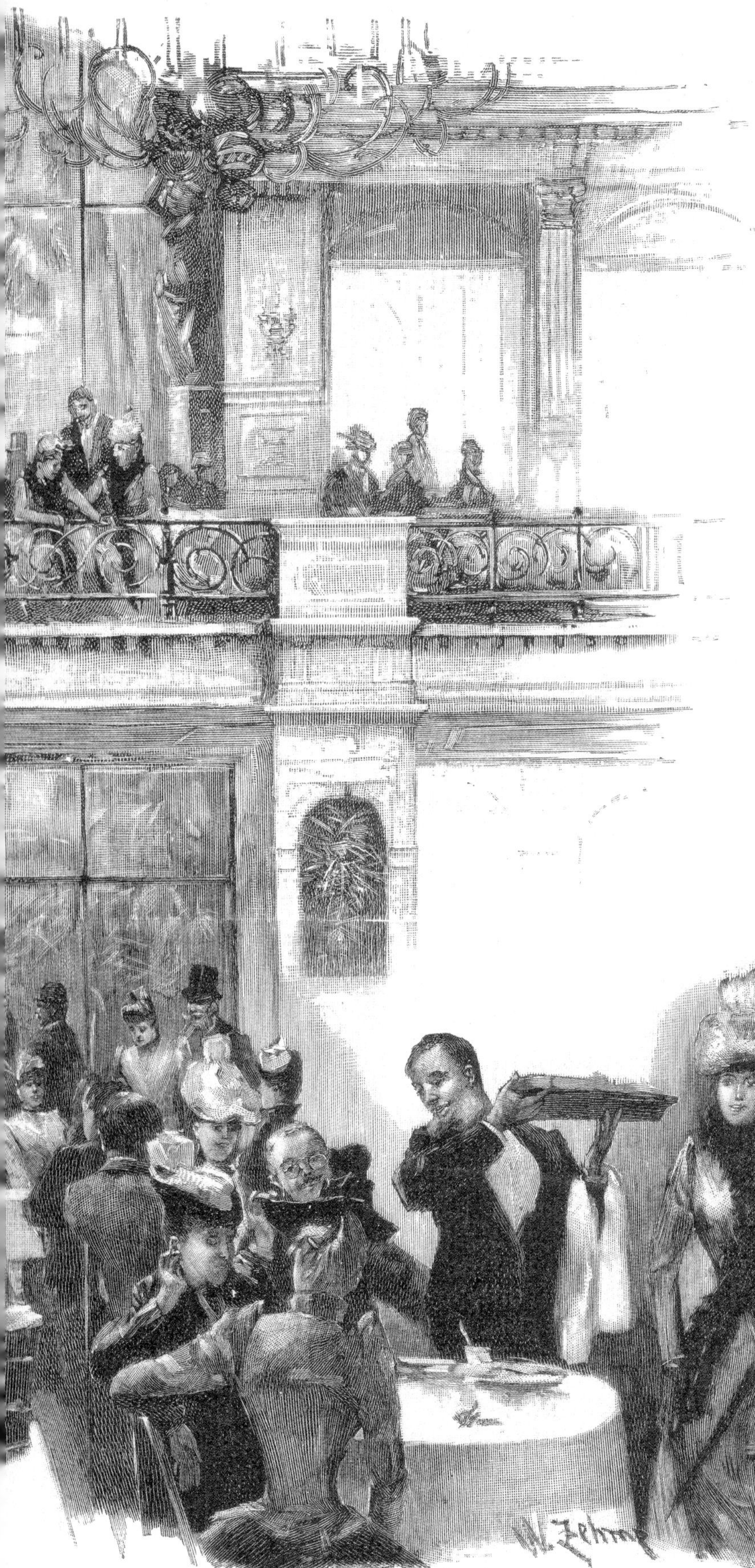

ERBAUUNG UND VERGNÜGEN

Heinrich Siesmayer legte bereits im Juli 1868 seine Pläne für den Garten vor – die er übrigens unentgeltlich erstellte, wie er auch die folgenden zwölf Jahre ebenso unentgeltlich die Oberleitung des Gartens übernahm, während er für die Vermittlung der Biebricher Sammlung an Frankfurt 6.000 Gulden Gratifikation erhalten hatte. Die Pläne wurden öffentlich ausgestellt und vom „grossen Publikum freudig aufgenommen“ [22], erinnert er sich. Er gestaltete das Areal als landschaftliche Parkanlage mit Attraktionen wie der für Frankfurt neuen Form des „Blumen-Parterre“ mit Rabatten, Teppich- und Blattpflanzenbeeten vor dem Gesellschaftshaus. Dazu sah er einen Musikpavillon für sommerliche Konzerte vor und einen Goldfischweiher. Das für die Gartenanlagen nötige Pflanzmaterial erwarb er bei anderen Gärtnereien, um jeden Anschein unredlicher Bereicherung zu vermeiden. Viele Bäume ließ er aber auch direkt aus dem Wald holen. Nach und nach kamen Pflanzen dann aus der eigenen Anzucht im Garten.

Nordöstlich vom Gesellschaftshaus sollten die fünf gusseisernen Gewächshäuser nach Plänen von Carl Friedrich Thelemann, dem Gartendirektor des Herzogs von Nassau, aufgebaut werden, die ebenfalls aus Biebrich übernommen worden waren. Ein jedes war mindestens 30 Meter lang und sollte die verschiedenen Pflanzensammlungen beherbergen oder zur Anzucht der für das Freiland benötigten Exemplare dienen. Sie fungierten nach der Eröffnung als weiterer Anziehungspunkt im Garten, denn sie waren für die Besucher jederzeit zugänglich. In einem der Glashäuser konnten diese später die für viele noch eher fremden Pflanzen wie Farne oder Palmsämlinge, Agaven, Kakteen, Pelargonien und Fuchsien, aber auch tropische Nutzpflanzen wie Kaffee, Zimt und Ingwer sehen. Eines diente zur Anzucht der Rosen. Ein weiteres lieferte die jährlich nötigen 300.000 Teppichpflanzen für das Beet vor dem Gesellschaftshaus. Eines der Gewächshäuser gehörte ausschließlich den Orchideen und ein weiteres den Kamelien. Wenn im Sommer einige der Pflanzen ins Freiland umzogen, dann wurden die Häuser für die Besucherinnen mit anderen Schaupflanzen wie Begonien oder Lilien neu arrangiert, damit sie stets attraktiv blieben. 1873 kamen zwei weitere Gewächshäuser hinzu, eines als Warmhaus, in dem unter anderem das „Anthurium veitchii“, eine Anthurie aus Kolumbien mit meterlangen Blättern, stand, und eines für Kaltpflanzen.

Von Anfang an beinhaltete das Projekt des Palmengartens die Idee, neben einem Ort der botanischen Erbauung auch einen Treffpunkt für das Vergnügen einzurichten – nicht zuletzt, um die Einrichtung rentabler zu machen. Es sollte ein Gebäude wer-

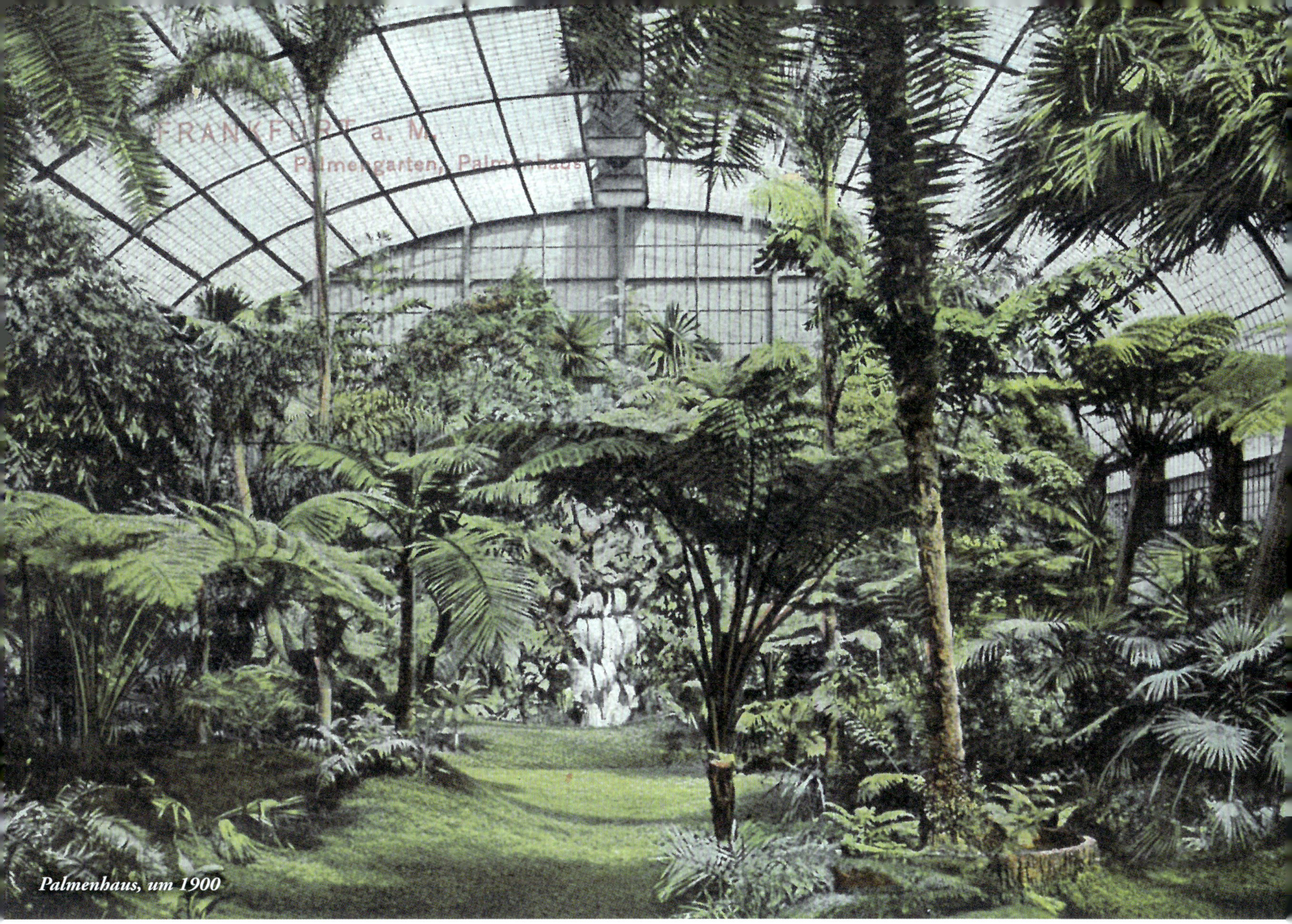

Palmenhaus, um 1900

den, in dem die Damen der Gesellschaft bei gepflegter Musik ihren Tee trinken und die Herren bei einer Zigarre politisieren konnten, in dem aber auch gemeinsam gefeiert werden sollte. Im Zentrum des Gartens wünschte sich Heinrich Siesmayer deshalb ein Palmenhaus, verbunden mit einem Gesellschaftshaus mit prunkvollem Festsaal und Restauration.

Um sich Anregungen für den Bau zu holen, besuchte der Architekt und Bauunternehmer Fritz Kayser mit einigen weiteren Mitgliedern des Komitees im Herbst 1868 die botanischen Gärten in Brüssel und Kew Gardens bei London, in dem bereits weithin berühmte Pflanzenhäuser in Glas-Eisen-Konstruktionen standen. Der von England ausgehende Gewächshausboom hatte auch hiesige Breiten erreicht und es entwickelten sich Gebäude, die Glashaus und Restaurationsarchitektur verbanden und die Form der damals modernen Kopfbahnhöfe aufnahmen. So sollte auch der Frankfurter Bau aussehen. Kayser legte seine Pläne im Frühjahr 1869 dem Komitee vor und durfte schon wenige Monate später damit beginnen, sie umzusetzen. Die Maßgabe, dafür nicht mehr als 250.000 Gulden auszugeben, konnte er nicht einhalten. Der Bau soll am Ende rund 400.000 Gulden gekostet haben.[23]

Die Maschinenbaufirma und Eisengießerei Wiesche, Hirschel & Scharffe fertigte das 18,5 Meter hohe Palmenhaus, das dank seines gebogenen Glasdachs ohne Träger im Inneren auskam – eine Bauart, für die die gerade mal zwei Jahre zuvor auf der Pariser Weltausstellung gezeigte „Galerie des Maschines" Pate stand. Die stützenfreie Bauweise wurde ermöglicht durch die Verwendung des damals neu entwickelten Schmiedeeisens, das im Gegensatz zum vorher üblichen Gußeisen nicht nur Druck-, sondern auch Zugkräfte bewältigen kann. Auf Verzierungen der Bauträger wurde bis auf die Rosetten an den Längsträgern vollständig verzichtet, die Anlage sollte in ihrer Gesamtheit wirken. Während das Palmenhaus noch 1869 fertiggestellt werden konnte, gingen die Bauarbeiten am Gesellschaftshaus weniger schnell voran. Als die Preußen den Franzosen 1870 den Krieg erklärten, befand sich das Gebäude noch im Rohbau. Die Arbeiten kamen zum Stillstand, das Haus musste provisorisch geschlossen und gesichert werden.

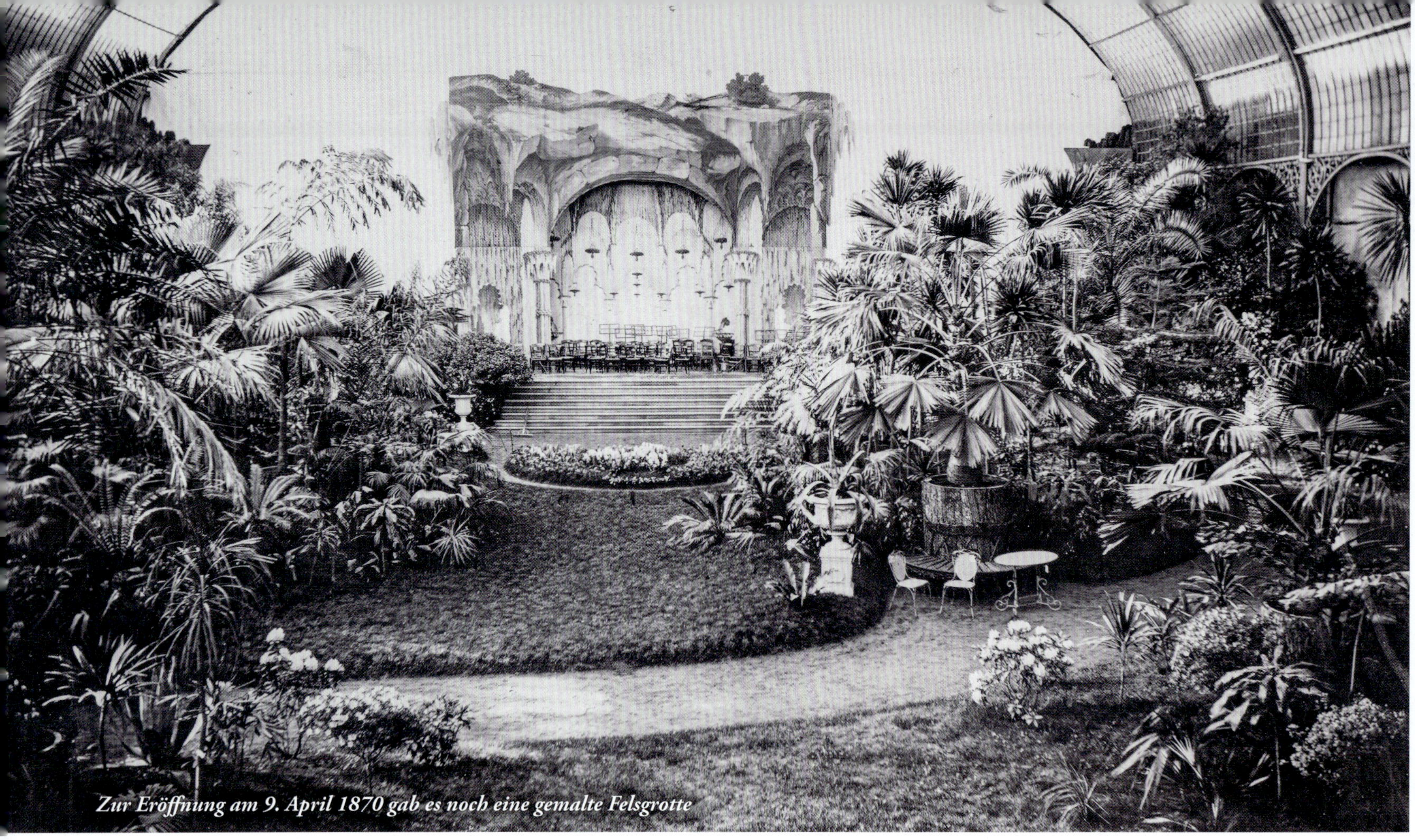

Zur Eröffnung am 9. April 1870 gab es noch eine gemalte Felsgrotte

Der von vielen mit Spannung erwartete Palmengarten sollte dennoch bereits für das Frankfurter Publikum zugänglich gemacht werden. Die Pflanzen aus Biebrich sowie die gusseisernen Schauhäuser waren zwischen Ende September und Anfang November 1869 teils auf dem Landwege, teils per Schiff nach Frankfurt gebracht worden. Im Palmenhaus und in den sich rund herum anschließenden, durch verschiebbare Glaswände abgetrennten Blütengalerien konnte am darauffolgenden 9. April eine erste mehrwöchige Ausstellung eröffnet werden. An den ersten beiden Tagen war sie nur für die Aktionäre der Gesellschaft geöffnet. Anschließend, bei einem Gulden – und als der erste Ansturm sich gelegt hatte bei 30 Kreuzern – Eintritt, für alle Frankfurter, für die sogar eigens ein Sonderbus von der Hauptwache zum Palmengarten fuhr. „Wenn man auf der Terrasse steht und hinabschaut in dieses „Meer von Duft und Blüthen", in diese wundervoll grünende und blühende Oase mit dem rauschenden Wasserfall und ihren Palmenhainen, reibt man sich unwillkürlich die Augen, um auch ganz gewiss zu sein, dass man nicht schläft und träumt"[24], schwärmte sogar die sonst eher sachliche Frankfurter Zeitung nach der Eröffnung. In den Galerien hatten die Kamelien, Azaleen und Rosenzüchtungen des Herzogs im Winter ein warmes Quartier gefunden.
„Wer kennt nicht von Biebrich diesen prächtigen Blumenflor, der allfrühjährlich Tausende von Besuchern aus der Nähe und Ferne in die herzoglichen Gärten lockte! Vom Ufer des Rheins sind sie, das Schicksal ihres Besitzers theilend, ausgewandert zu den Ufern des Bruderstroms, und wenn sie früher geschaffen waren, ein fürstliches Auge zu ergötzen, bieten sie heute ihre herrliche Farbenpracht mit derselben Freudigkeit dem Auge des bürgerlichen Besuchers."[25]

Der Ansturm dieser Bürger, zu denen sicher der eine oder andere Adelige oder preußische Beamte zählte, war so stark, dass die Gesellschaft einen Reingewinn von mehr als 10.000 Gulden verzeichnen konnte, und das, noch bevor der Palmengarten am 16. März 1871 mit dem gebotenen Prunk offiziell eröffnet wurde.

Eine Palme wird ausgepackt

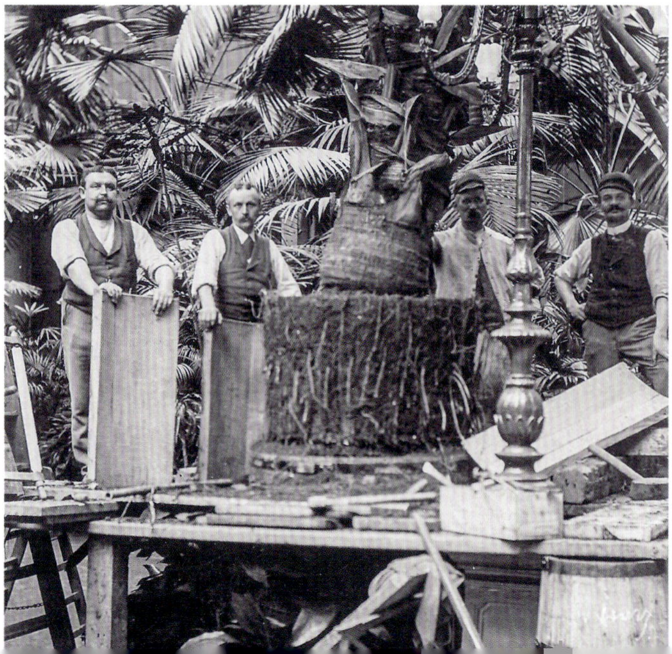

Der Palmen-Palast

„Den Kern des Palastes bilden die Rundteile in der Mitte, um die sich galerieartig die übrigen Blütenhäuser ziehen. Hier streckt uns die Fächerpalme ihre breitauslaufenden Blätter entgegen, die Dracaena australis scheint sie mit ihrem schlankanstrebenden Schaft überbieten zu wollen, während edle Nadelbäume mit schläfrig herabhängendem Gezweig träumerisch zur Seite stehen und hohe marmorne Vasen voll üppiger Blattpflanzen und Schlinggewächse die Ecken markieren. Und welch ein buntes Farbengemisch, welch ein köstlicher Blumenduft erfüllt die Blumengalerien, die längs der Umfassungsmauern sich hinziehen! Unwillkürlich hebt sich unsere Brust, und in durstigen Zügen saugen wir den würzigen Atem ein, der aus all den hundert Blumenkelchen uns entgegenhaucht. Hyacinthen und Rosen, Azaleen und Rhododendron, Kamelien und Tulpen vom keuschen Weiss bis zum glühendsten Rot in allen Schattierungen, Kelch an Kelch und Blüte an Blüte, zur Rechten und zur Linken, lachen uns im mildgedämpften Lichte der sich darüber wölbenden Glasdachung entgegen und erfüllen uns mit Entzücken. Trauben und Dolden, Cruciferen und Blütenbüschel in allen Gattungen wuchern aus dem zarten Grün des Laub- und Blätterwerkes von den Wänden hernieder.“ [26]

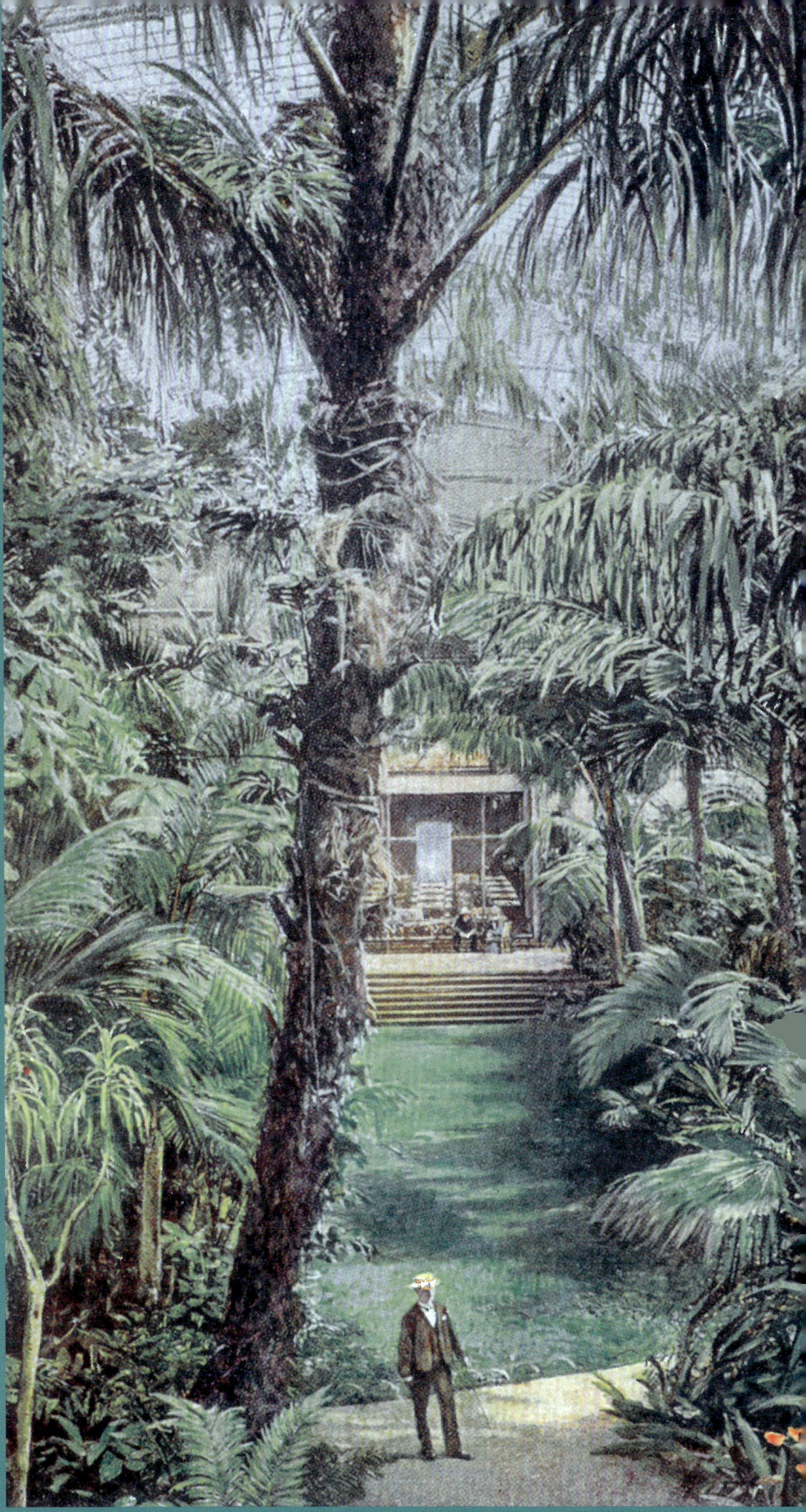

Reizendes Bild

Heinrich Siesmayer beschreibt, wie sein Projekt bei den Besuchern ankommt: „Es ist durch die Weiheranlage dem Publikum Gelegenheit geboten, sich hier mit Gondelfahren zu amüsieren, was auch von Herren und Damen freudig begrüßt wurde. Gleichzeitig sollte die Wasserpartie im Winter zu einer Eisbahn dienen, die ebenfalls vielen Beifall fand. Der Garten wird im Sommer durch die Bootsfahrt, im Winter durch den Eissport außerordentlich belebt und erhält durch beides ganz besonders landschaftlichen Reiz. An den Ufern, zum Teile aus dem Wasser hervorragend, wurden große Felsblöcke angebracht, und sind dies die ersten Felsen gewesen, die in solcher Größe in Frankfurt Verwendung fanden. Viele davon wiegen mehr als 400 Centner. (…) Die große Weiherfläche ist mit einer Kettenbrücke von 100 Fuß Länge überspannt, unter der die kleinen Boote fröhlich dahinfahren. Die Brücke selbst, die zwischen zwei riesigen, thorartig geformten Brückenköpfen liegt, bietet ein reizendes Bild. Man hat von hier westlich einen prächtigen Blick auf den See und eine Kaskade, die von nicht unbedeutender Höhe kommt. Auf der Kuppe, etwa 50 Fuß über der Wasserfläche, erhebt sich, mit dem Taunusgebirge als Hintergrund, das Schweizerhaus, nach dem Präsidenten die „Pfaffshöhe" genannt, von dem aus man einen Ueberblick über den ganzen Park genießt."[27]

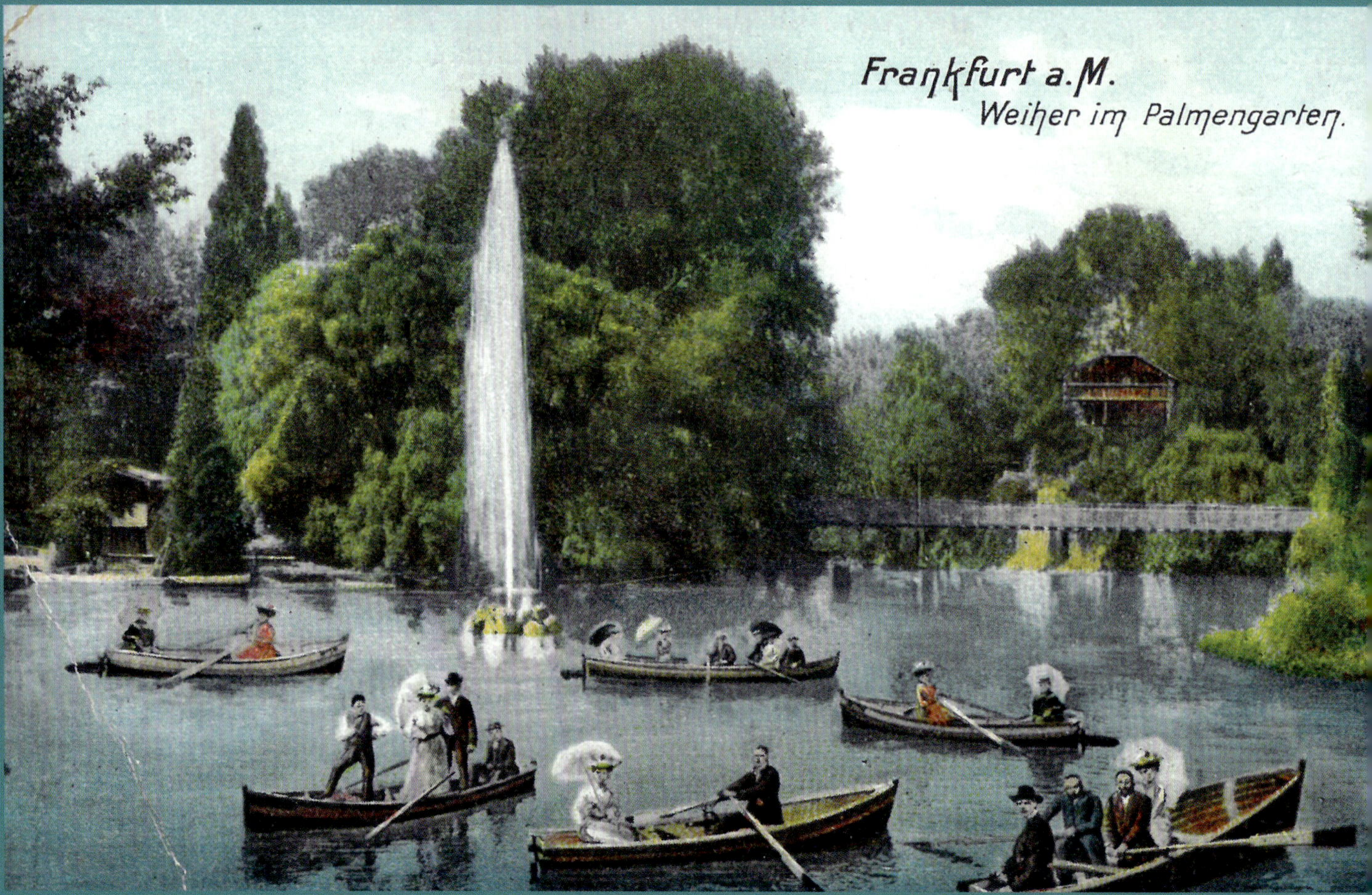

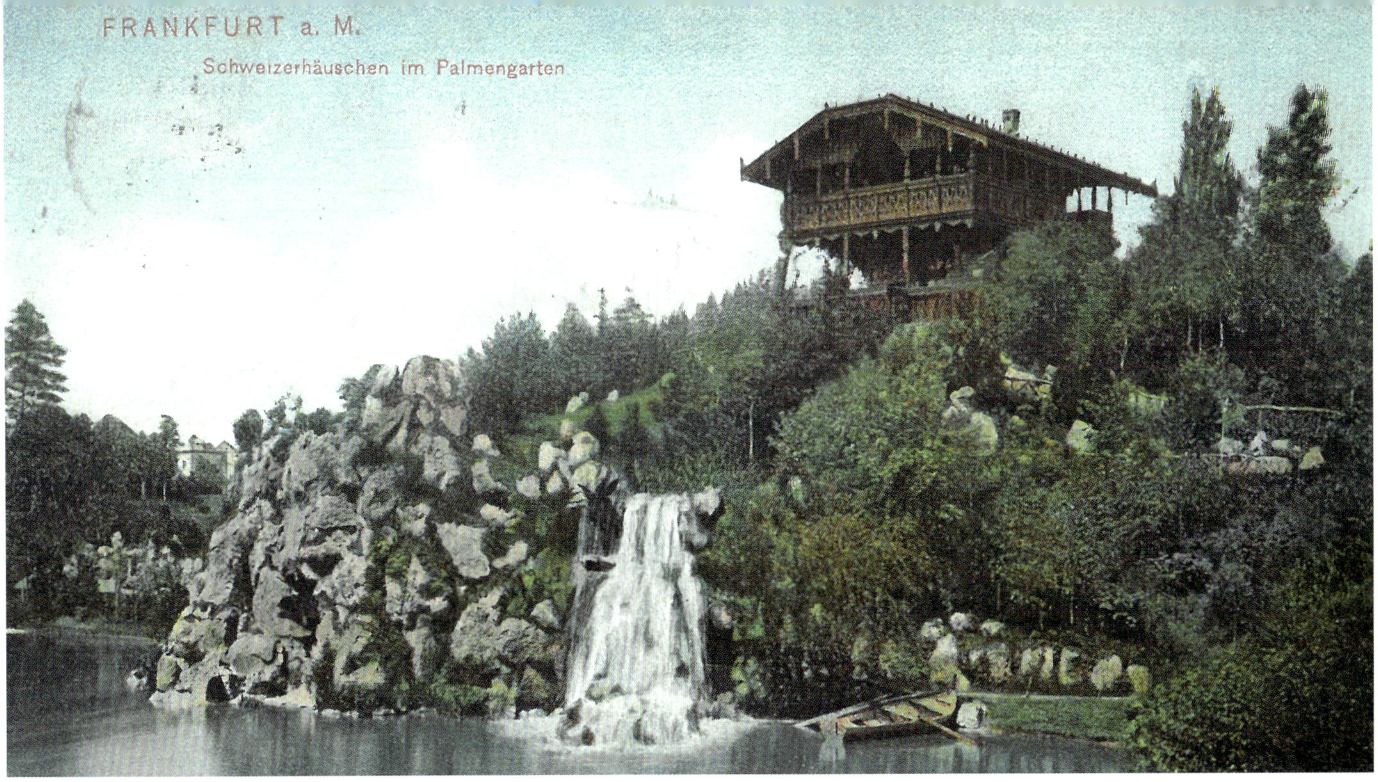

EIN BRAND MACHT ALLEN GLANZ ZUNICHTE

Schon nach wenigen Jahren konnte der Garten erweitert und um ein paar Attraktionen ergänzt werden. Dafür hatte die Stadt einige Grundstücke, die an den Garten grenzten, nach langwierigen Verhandlungen unter anderem bei Baron Salomon Mayer von Rothschild gegen andere eingetauscht. Auf dem Gelände westlich des Palmenhauses legte Siesmayer in den Jahren 1874 und 75 einen mehr als einen Hektar großen Weiher an, der von einer nach Pariser Vorbild entworfenen Drahtseil-Hängebrücke überspannt war und auf dem die Besucher mit Gondeln oder Booten herumschippern konnten. Das entsprechende Bootshaus war ein Geschenk des Verwaltungsmitglieds Bernhard Andreae-Winkler. Es war durchaus üblich, dass sich wohlhabende Frankfurter Bürger auch nach der Eröffnung weiterhin großzügig gegenüber dem Garten zeigten und Pflanzen oder sogar Fische für den Weiher schenkten.

Den entstandenen Erdaushub aus dem Gewässer nutzte Siesmayer, um am nördlichen Ufer einen Hügel aufzuschütten, auf dem er ein Schweizerhaus errichten ließ und mit den entsprechenden Gewächsen die damals im Bürgertum äußerst beliebte und für viele doch so fern liegende Alpenlandschaft nach Frankfurt holte. Unter dem Hügel lag eine begehbare Grotte aus Nauheimer Salinengestein. Am Weiher entstand außerdem ein Kinderspielplatz mit Schaukeln und Kegelspielen. Allein die zum Teil mehr als 400 Zentner schweren Felsblöcke an den Ufern waren beispiellos für einen Garten. Allerdings, ähnlich wie die massiven Erdbewegungen, auch beispiellos teuer. Die Kosten für den Bau der Anlage überstiegen die veranschlagten 250.000 Mark[28] bei weitem. Am Ende lagen sie mehr als 100.000 Mark darüber.

In den Folgejahren kamen dennoch immer weitere Glanzpunkte fürs Publikum hinzu, etwa ein Wasserfall am Schweizerhaus und eine Fontäne im Großen Weiher. Im nördlichen Teil der Anlage entstanden ein Irrgarten und in einer vom preußischen Militär geprägten Zeit eine Schießbude, in der selbst die Damen mit Karabiner oder Pistole auf Tonpfeifen zielen konnten, sowie am Weiher eine Camera obscura.

„Man tritt ein, die Kammer wird durch einen Vorhang verdunkelt und vermittelst eines mehrseitigen Prismas, das in einem beweglichen Kästchen im Zentrum des Daches angebracht ist, spiegelt sich auf der weissen Tischplatte die Landschaft in weitem Umkreise und alles, was in ihr lebt und sich bewegt, als reizendes Miniaturbildchen in natürlicher Farbgebung wieder“[29],
beschreibt August Siebert die damals beliebte Vorform der Fotografie. Und eine Besucherin erinnert sich:

„Wenige Schritte entfernt aber gab es etwas, was mir ungemein imponierte: eine Camera obscura. Der Eintritt kostete 50 Pfennig. Drinnen war es dunkel. Aber auf einer runden, geheimnisvoll beleuchteten Tischplatte sah man die Wege und die Baumgruppen im Freien und konnte die Menschen erkennen, die sich zwischen ihnen bewegten.“[30]

Auch ein Skating-Rink, eine Rollschlittschuhbahn, wurde 1876 errichtet. Sie bestand aus einer Glashalle, in der die Besucherinnen und Besucher an den Seiten an Tischen sitzen und den dahingleitenden Paaren zuschauen konnten. Wegen zu geringen Interesses wurde sie allerdings bald wieder abgebaut.

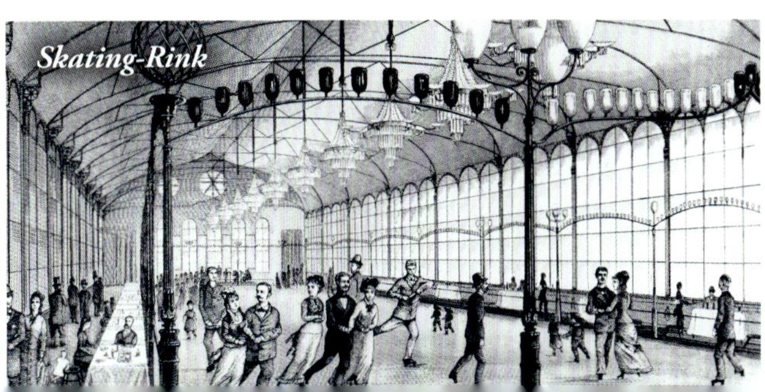

11. August 1878, morgens 3 Uhr

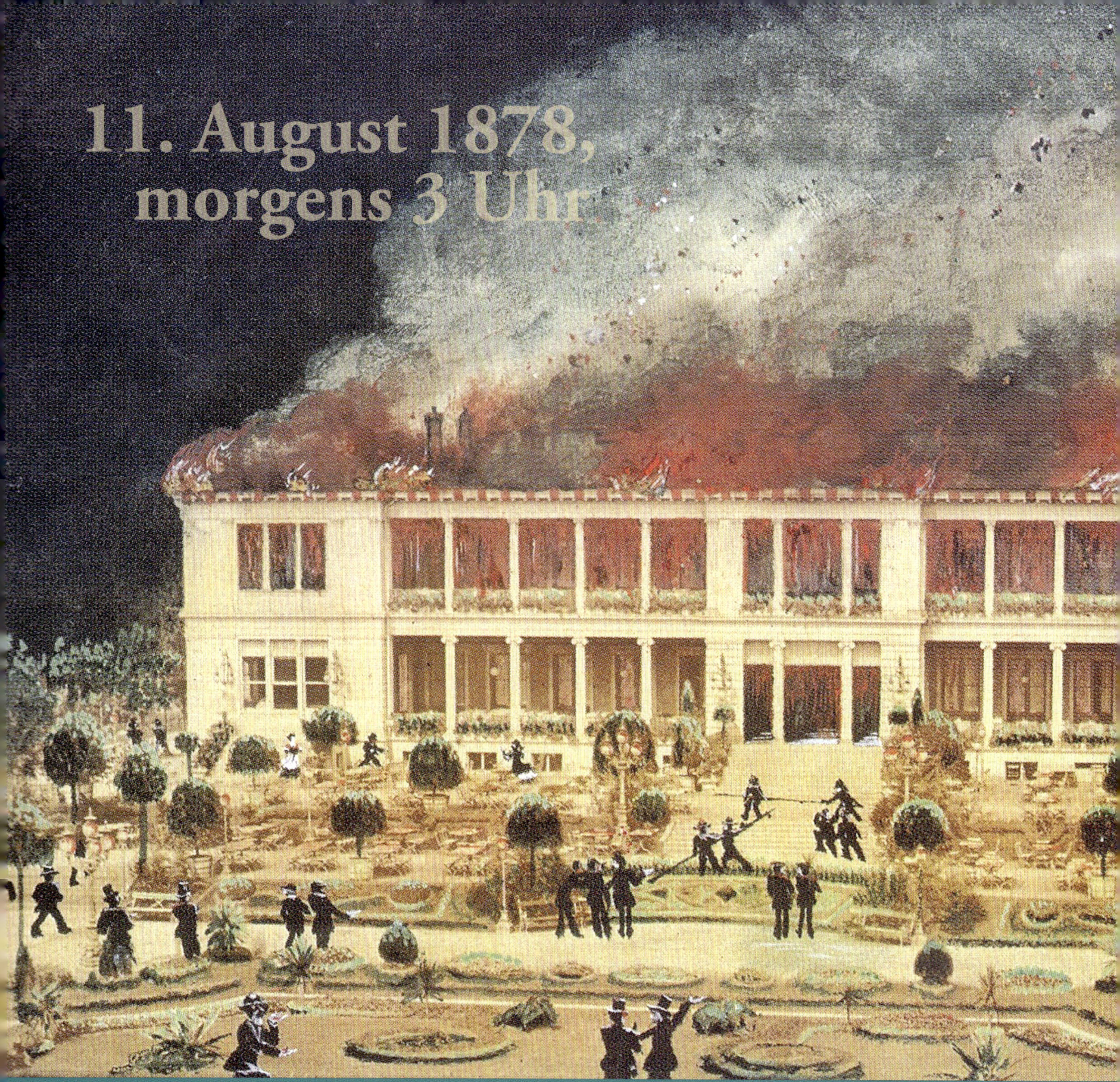

Edler Hauptgewinn

Lotterien waren Ende des 19. Jahrhunderts beim Bürgertum äußerst beliebt, auch, um Geld für große Projekte zu sammeln. So veranstaltete man 1868 eine solche, um einen Beitrag zum Wiederaufbau des bei einem Brand schwer beschädigten Doms zu leisten, an der sich auch Adolph von Nassau mit einer beträchtlichen Zahl von Losen beteiligte. Für den Wiederaufbau des Gesellschaftshauses im Palmengarten bat der Verwaltungsrat wohlhabende Frankfurter Familien um Spenden in Form von Tafelsilber. Diese setzten sich erneut für „ihre" Institution ein und stifteten reichlich. Es kam Silber im Neuwert von rund 120.000 Mark zusammen. Daraufhin wurden Lose zu je drei Mark ausgegeben, mit denen jeder „eine prachtvolle, reiche Silberausstattung für eine elegante Haushaltsführung" gewinnen konnte, wie es auf dem Plakat heißt. Der Hauptgewinn im Wert von 15.000 Mark bestand aus

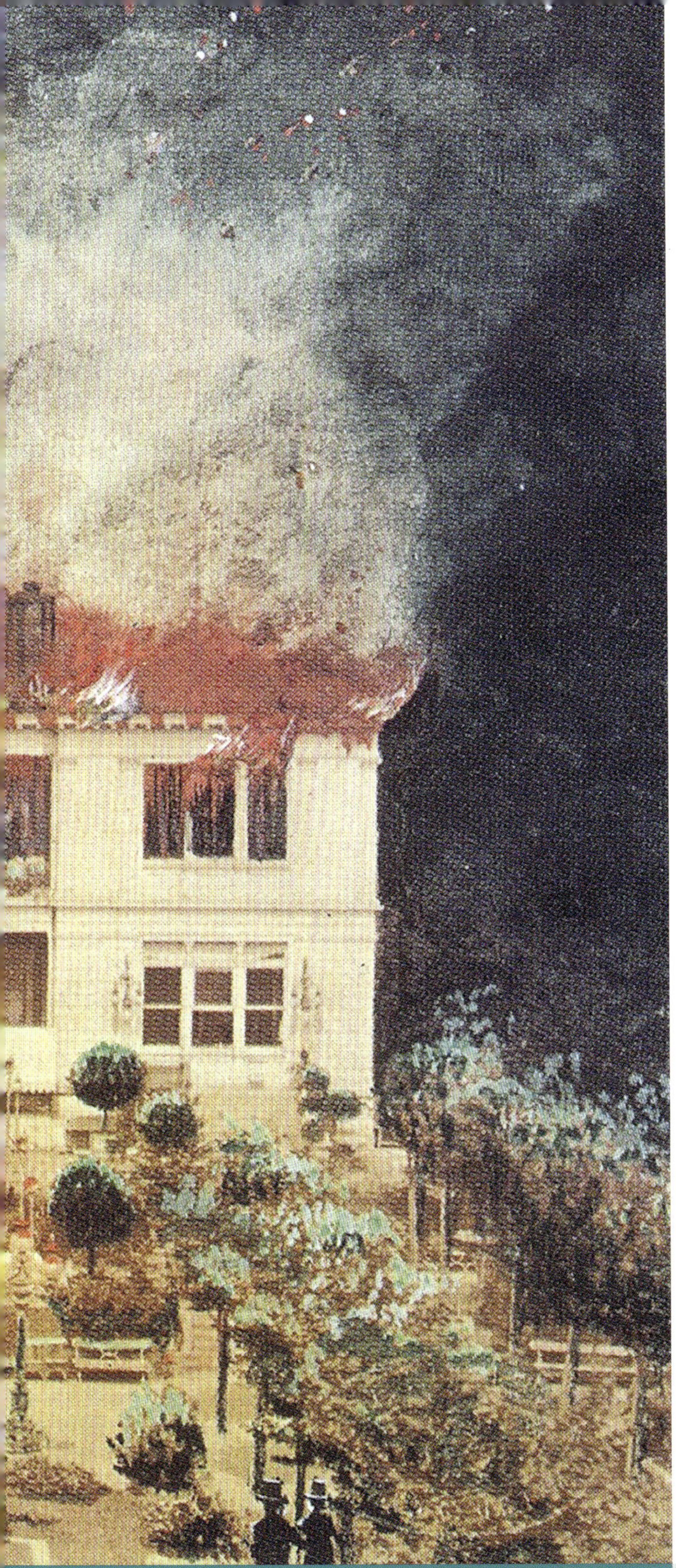

Am 31. Juli 1878 feierten die Frankfurter das zehnjährige Bestehen der Palmengarten-Gesellschaft mit einem Konzert und einem großen Feuerwerk. Doch die Flammen am Himmel waren kein gutes Omen. Nur elf Tage später legte ein Feuer das gerade mal sieben Jahre alte Gesellschaftshaus in Schutt und Asche, nur das Palmenhaus blieb mit einigen Schäden halbwegs verschont. Das Feuer war auf dem Dachboden über dem großen Saal des Gesellschaftshauses ausgebrochen, kurz nachdem die Kellner zu Bett gegangen waren. Auch der Einsatz der Feuerwehr, erschwert durch das Fehlen jeglicher Löscheinrichtungen im Garten, konnte nicht verhindern, dass am Ende von dem Bau nur die nackten Mauern stehenblieben. Und das, obwohl sogar die Zuschauer, unter ihnen ein Bankierssohn und zwei Beamte, mit an die Pumpen gestellt wurden, die das Löschwasser unter anderem aus dem Weiher zogen. Die Zeitungen zeichneten am Morgen danach ein schreckliches Bild:

„Der große Saal mit seinen schon gedeckten Tischen ist total ausgebrannt und die die Gallerie tragenden Steinsäulen sind von oben nach unten auseinander geborsten. Der eiserne Träger über dem Orchester hat sich gebogen, worauf die über demselben befindlichen eisernen Reservoire herabgestürzt sind und die Wand zwischen Palmenhaus und Restauration zusammengerissen haben. Vom Fußboden ist nichts mehr vorhanden. Eines gesunden Schlafes erfreute sich der Oberhausknecht, der Nachts in dem Saale auf der westlichen Seite schlief, denn das ganze Dach brannte schon und stürzte prasselnd herab, als er erst entdeckt und aufgeweckt wurde. Sein Bett ist zum Theil verbrannt. Im Palmenhaus sind die Spitzen der Palmenblätter angesengt, die Bambus sehen ganz welk aus. Um dem Rauche und Qualm Abzug zu verschaffen, mußten von oben die Fenster eingeschlagen werden.“ [31]

Und wieder zeigte sich, welche Bedeutung der Palmengarten in nur sieben Jahren in der Stadt und weit darüber hinaus erlangt hatte. Selbst Kaiserin Augusta ließ schon am Tag nach dem Brand per Depesche mitteilen: „Den Mut nicht verlieren; bei einer so getreuen, opferwilligen Bürgerschaft fehlt die Hilfe nicht, um das Zerstörte wiederherzustellen." Sie sollte recht behalten. Schon am nächsten Tag beschloss der Verwaltungsrat,

mehreren Tafelaufsätzen, Fruchtschalen, Leuchtern, einem Tee- und Kaffeeservice in massivem Silber, teilweise mit Vergoldung, sowie zwei großen Ebenholzkisten voller Silberbesteck für eine 24-köpfige Galatafel. Die Auslosung fand in zwei Partien im April und September 1879 statt und brachte einen Reingewinn von mehr als 98.000 Mark.

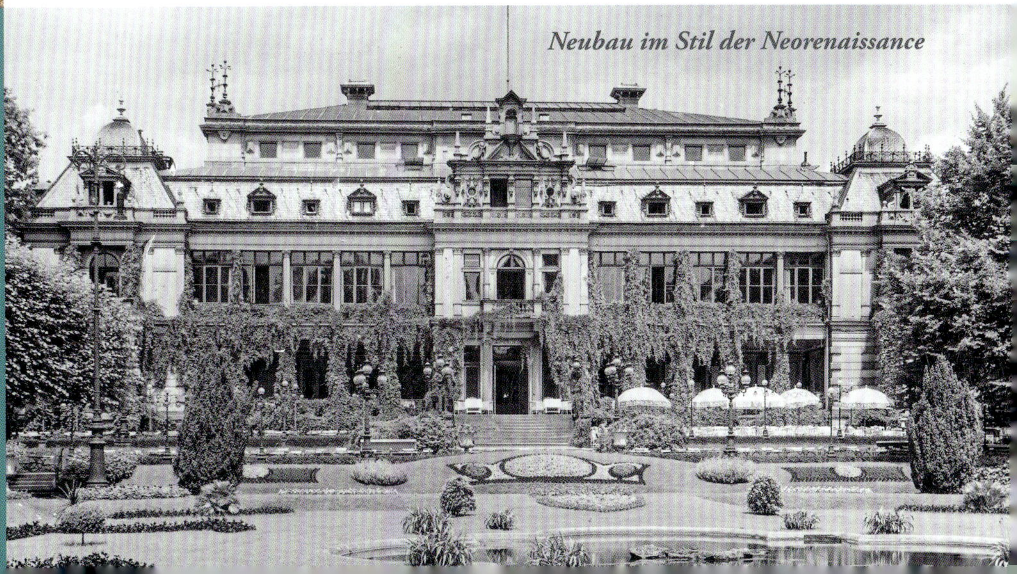

Neubau im Stil der Neorenaissance

das Gebäude wieder aufzubauen. Dank der Versicherungen, die eine Entschädigung zahlten, einer Hypothek und einer schon beim Dombrand im Jahr 1868 erfolgreich praktizierten Lotterie, verfügte die Palmengarten-Gesellschaft über genügend Mittel, um zunächst ein hölzernes Provisorium für die Gastronomie auf dem Gelände des Skating-Rinks zu finanzieren und schließlich das Gesellschaftshaus wiederaufzubauen. Der Bauunternehmer Philipp Holzmann erhielt den Auftrag, den neuen Bau auf den alten Grundmauern nach Plänen des Architekten Heinrich Theodor Schmidt im damals modernen Baustil der Neorenaissance zu errichten – inklusive einiger räumlicher Verbesserungen, wie einem zweigeschossigen Vestibül mit Vorfahrt an der Westseite. Die Fertigstellung gelang in nur zehn Monaten. Das Haus konnte am 29. November 1879 feierlich wiedereröffnet werden, der Eröffnungsball wurde vier Tage später gefeiert.

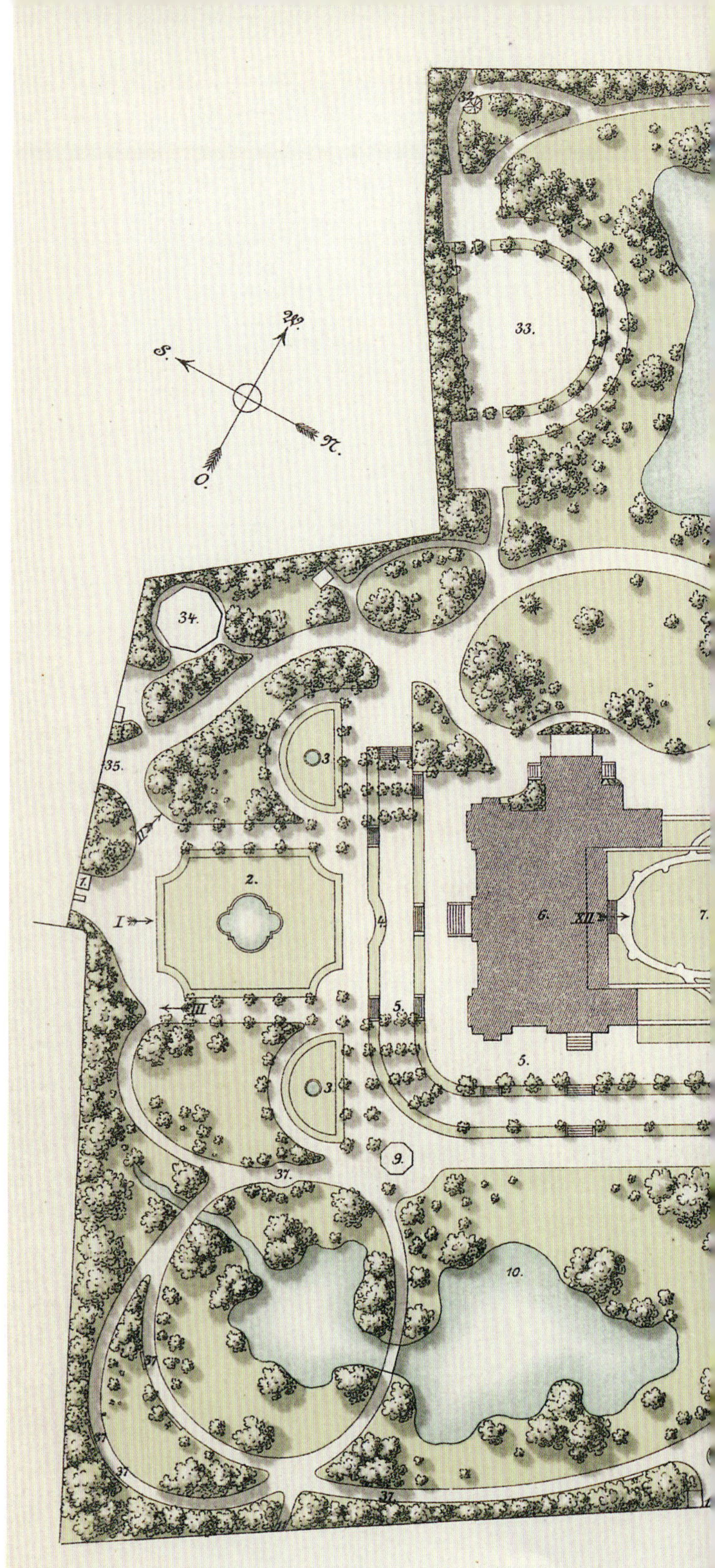

Zwei Jahre nach dem erfolgreichen Wiederaufbau des Gesellschaftshauses rückte der Palmengarten international in den Fokus. In seiner direkten Nachbarschaft, auf dem nördlich an das Areal angrenzenden Gelände der Baubank mit seinen rund 56.000 Quadratmetern fand die Allgemeine Deutsche Patent- und Musterschutz-Ausstellung statt. Kaiser Wilhelm I. eröffnete die Ausstellung am 10. Mai 1881, gut zehn Jahre nach der Eröffnungsfeier des Gartens. Bis zum 17. Oktober zeigten dort fast 2.500 Aussteller in einem gigantischen Palast und 50 weiteren Gebäuden ingesamt 1.135 patentierte Handelsprodukte, davon 104 gerade erst angemeldete. Die dicht gedrängten Aussteller auf dem Gelände kamen aus vielen Ländern, wie etwa der Schweiz, Frankreich, Italien, Russland und vom amerikanischen Kontinent. Eine elektrische Eisenbahn, die die Besucher in die Runde fuhr, wurde als Neuheit gezeigt. Die Hauptattraktion war eine künstliche Eisbahn bei sommerlichen Temperaturen, ermöglicht durch eine Eismaschinen-Anlage der Maschinenfabrik Augsburg. Ein Teil des Ausstellungsgeländes war mit Beeten zum Gartenbau gestaltet, für die auch die Gebrüder Siesmayer einige Vorlagen geliefert hatten. Zu sehen waren aber auch neue Entwicklungen, wie künstlicher Indigo oder neue Naphthalin- und Anilinfarben der Hoechster Farbwerke.

Der Palmengarten profitierte gleich mehrfach von der internationalen Nachbarschaft. Er stellte an dem Platz, an dem heute das Haus Rosenbrunn steht, für die Ausstellung ein Grundstück zur Verfügung, auf dem ein Maschinenhaus mit einem zwölf Meter tiefen Brunnen und einer Maschinenanlage entstand, die er nach dem Ende der Schau kostenlos übernehmen konnte. Die Stadt kaufte zudem nach dem Ende der Ausstellung das Areal und stellte es dem Palmengarten als Erweiterungsgelände zur Verfügung. In den Folgejahren entstand darauf der „Neugarten". Erneut übernahm der damals schon 67 Jahre alte Heinrich Siesmayer die Planungen und betonte, wie wichtig die Erweiterung sei, da viele Bauten dem Palmengarten mittlerweile zu nahe rücken und ihm die gute Luft und Fernsicht ins Taunusgebirge entziehen würden. Unter anderem ließ Siesmayer ein Rosarium mit mehr als 10.000 Exemplaren anpflanzen. Zudem war nun Platz genug vorhanden, um erstmals umfangreiche Sportangebote wie eine Radfahrbahn mit Fahrradverleih, einen Spielplatz für Croquet und Rasen-Tennis sowie im Winter eine Eisbahn einzurichten. Auch den Schießstand gab es weiterhin im sonst eher stillen Gartenreich. Und die zur Patent- und Musterausstellung präsentierte elektrische Eisenbahn sollte ebenfalls Eingang in den Garten finden, so war es jedenfalls geplant. Siesmayer beschrieb sein Vorhaben so:

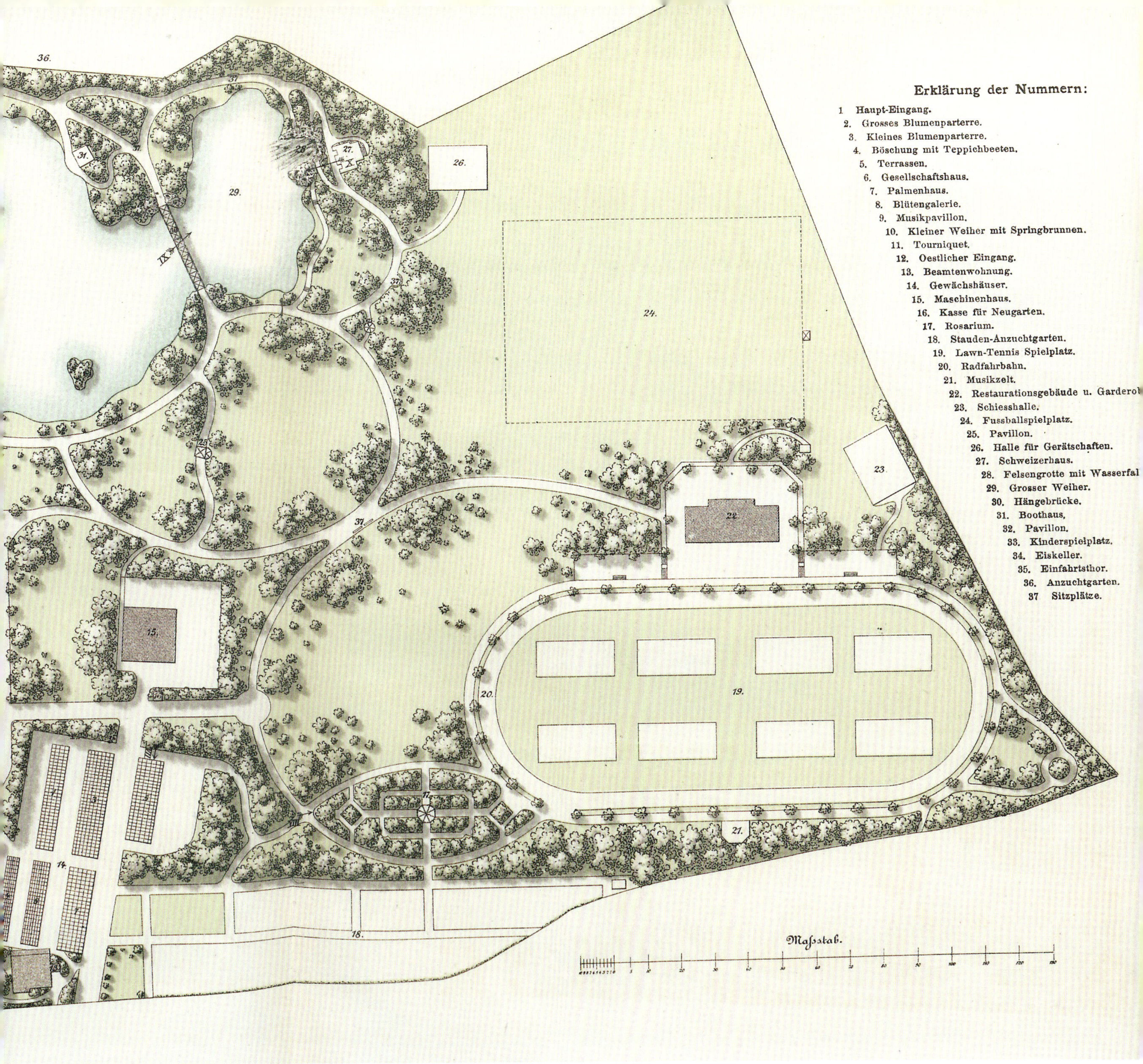

„Mir wurde der Auftrag [erteilt], die Vergrößerung im Anschluß an die alten Anlagen und die noch etwa fehlenden Belustigungsplätze zu projektieren und auf diesem Felde wieder ganz Neues zu bieten. Bei den Engländern ist es schon lange Brauch, ihre Spiele, nicht wie hier zu Lande, auf Sandwegen, sondern auf Rasen zu veranstalten. Zu diesem Zwecke entwarf ich in Hippodromform eine etwa 9000 qm große Rasenfläche, die im Sommer zu Lawn-Tennis und Croquetspiel verwendet werden, im Winter eine künstliche Eisbahn abgeben sollte, die auch schon im Januar 1887 fertig und mit großem Pomp eröffnet wurde. Die äußere Peripherie um dieses Hippodrom hat eine Länge von 400 m und eine Breite von 6 m. Diese Fläche dient zu einer Bicycle-Bahn.“[32]

DIE NEUEN GEWÄCHSHÄUSER

Im Jahr 1884, nur 13 Jahre nach der Eröffnung, zählte die Palmengarten-Gesellschaft den zweimillionsten Besucher. Ende des 19. Jahrhunderts kamen allein mehr als 100.000 Auswärtige jährlich. Für einen einmaligen Besuch des Gartens bezahlten Erwachsene eine Mark, Kinder 50 Pfennig. An jedem ersten Sonntag im Monat war der Eintritt für alle ermäßigt. Die rund 4.000 Dauerkarten-Besitzer mussten für diese jeweils 20 Mark im Jahr ausgeben, für die Aktionäre war der Zugang nach wie vor frei. Um die hohen Besucherzahlen zu halten, wurde der Palmengarten, der seine Fläche von anfangs fünfeinhalb auf nunmehr gut 14 Hektar fast verdreifacht hatte, stets auf dem neusten Stand gehalten. Zudem gab es kleinere Erweiterungen. Das Haus Leonhardsbrunn an der nördlichen Grenze des Gartens, schon zuvor das Pflanzenschauhaus einer Gärtnerei und mittlerweile im Besitz von Wilhelm von Rothschild, konnte gepachtet und schließlich gekauft werden. Zwei der Gewächshäuser dort dienten von da an zur Überwinterung von Kalthauspalmen und Blattpflanzen aus dem Freiland.

Bereits 1892 wurde die zentrale Gewächshausanlage das erste Mal modernisiert und bekam eine Zentralheizung. Da einige der Häuser noch aus Biebrich stammten und für die wachsenden Anforderungen nicht mehr zeitgemäß waren – sie dienten damals als Überwinterungs-, Kultur-, Treib- und Schauhäuser zugleich und verzeichneten in diesen Jahren über den Sommer fast 35.000 Besucher –, beschloss man, sie zu ersetzen. Direkt neben den sieben Gewächshäusern entstand in den Jahren 1905/06 für die Pflanzensammlung des Gartens eine mit fast 4.000 Quadratmetern doppelt so große Anlage. Sie bestand aus einem mittleren Haus mit einem 15 Meter hoch aufragenden Kuppelbau und dreizehn schmalen, niedrigeren, 20 Meter langen Häusern, die davon an beiden Seiten abzweigten, so dass die Besucher auf dem Weg von einem Haus ins andere nicht mehr ins Freie mussten.

Die Idee dazu hatte Siesmayers Nachfolger August Siebert. Er führte seit 1887 den Garten im Sinne seines Vorgängers weiter und setzte sich mit der Gewächshausanlage ein Denkmal. Die Arbeiten übernahm erneut die Firma Philipp Holzmann. Zuvor hatte Siebert bereits einen neuen Anzuchtgarten mit hölzernen Anzuchthäusern im Nordwesten zur Miquelstraße hin anlegen lassen, der, anders als sonst üblich, den Besuchern offenstand, so dass sie auf einem breiten Weg durch die Blumenfelder gehen konnten.

Diese Idee fand ebenso großen Anklang wie etwas später die neue Gewächshausanlage, die dank ausgiebiger Recherchereisen des Verwaltungsrates in die bedeutendsten Gärten im In- und Ausland mit der damals modernsten Technik ausgestattet war, was die Lüftung, Schattierung, Heizung und Inneneinrichtung betraf.

Innerhalb von 14 Monaten waren die Glashäuser errichtet, in denen unter anderem die Pelargonien-Sammlung, die Kakteen, Fuchsien, Hortensien und weiterhin tropische Nutzpflanzen zu sehen waren. Die Orchideen-Sammlung nahm ganze zwei Häuser ein. Besonderer Anziehungspunkt für die Besucher war das neue Wasserpflanzenhaus, damals eines der größten Häuser dieser Art, in dem in einem 15 mal 10 Meter großen Becken in der Mitte die „Victoria regia" neben tropischen Seerosen und Wasserfarnen residierte. Auch Lotosblumen – durch Heinrich Heines Dichtung in Deutschland bekannt gemacht – wurden ausgestellt. Die alten Gewächshäuser konnten anschließend abgerissen werden. Auf dem Gelände entstand ein beheizbares Seerosenbecken, das noch heute – allerdings ohne Heizung und in etwas anderer Form – vor dem Verwaltungsgebäude besteht.

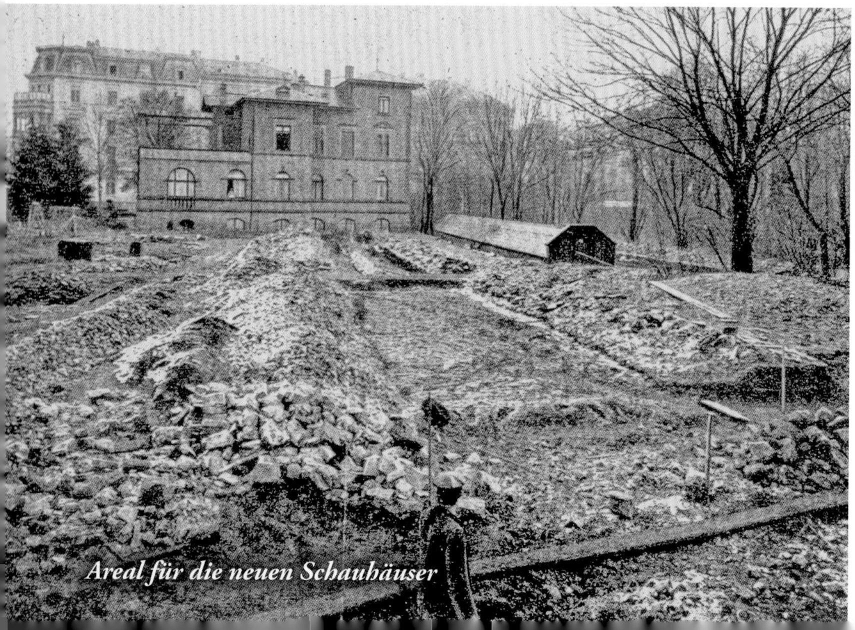
Areal für die neuen Schauhäuser

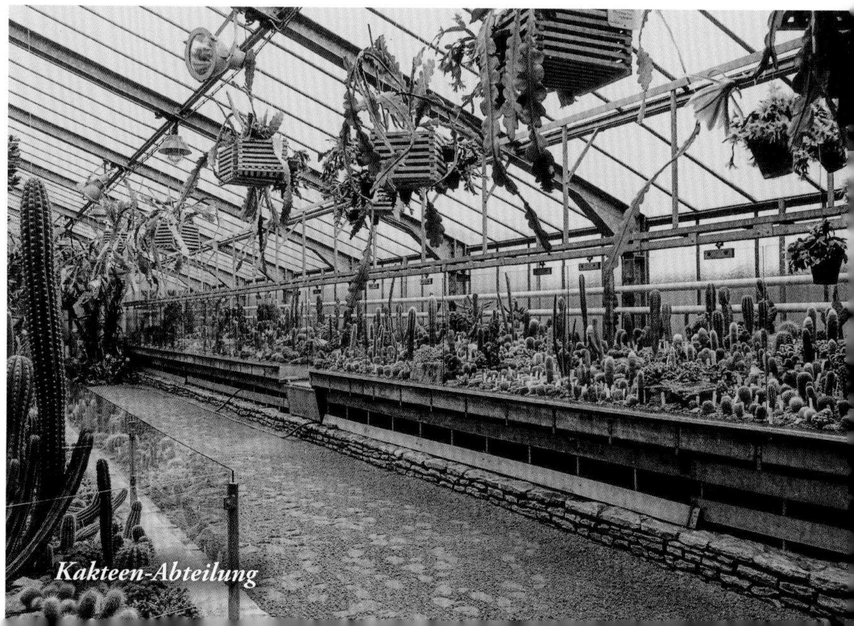
Kakteen-Abteilung

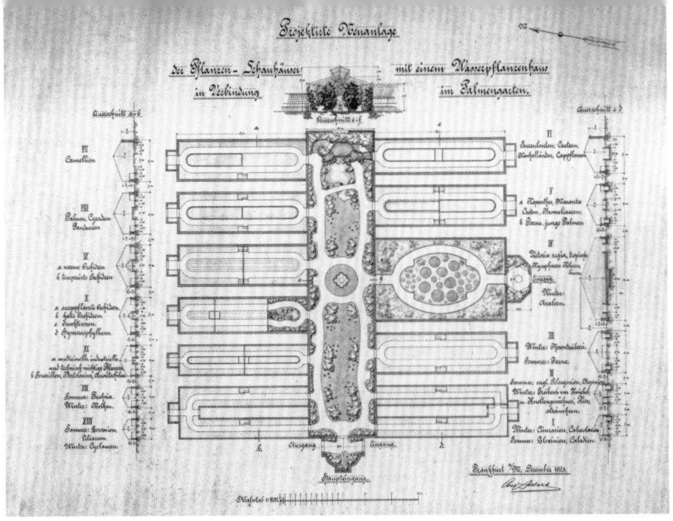

Die modernen Häuser, die am 9. Juni 1906 mit einer großen Feier eröffnet wurden, ermöglichten es dem Garten zugleich, seine Sammlungen zu vergrößern. Dafür sorgten erneut private Gönner des Palmengartens.

„Vielmehr hat sich die nachahmenswerte Sitte seit Bestehen des Institutes ausgebildet, dass der echte Liebhaber seinem angestammten „Palmegärtche" gerne etwas stiftet, was immer gewissenhaft in den Annalen verzeichnet wird." [33]

August Siebert hob dabei besonders den Chemiker, Cassella-Gründer und Mäzen Leo Gans sowie den Vorsitzenden des Gartenausschusses, Kommerzienrat Robert de Neufville hervor, die etliche Pflanzen stifteten. Auch die Städtischen Nachrichten stellten nach dem akademischen Festakt zur Eröffnung der neuen Gewächshäuser fest:

„Und es ist hocherfreulich und doppelt anerkennenswert, dass ein so großartiges Institut entstanden und gewachsen ist und erhalten wird durch das Interesse, das die Bürgerschaft an ihm nimmt." [34]

Immer stärker wurde der Palmengarten nun auch wegen seiner botanischen Sammlung wahrgenommen und mauserte sich von einem Ort der Erbauung und des Vergnügens zu einem „Institut von Weltbedeutung für Amateure und Fachleute der lieblichsten aller Wissenschaften".[35]

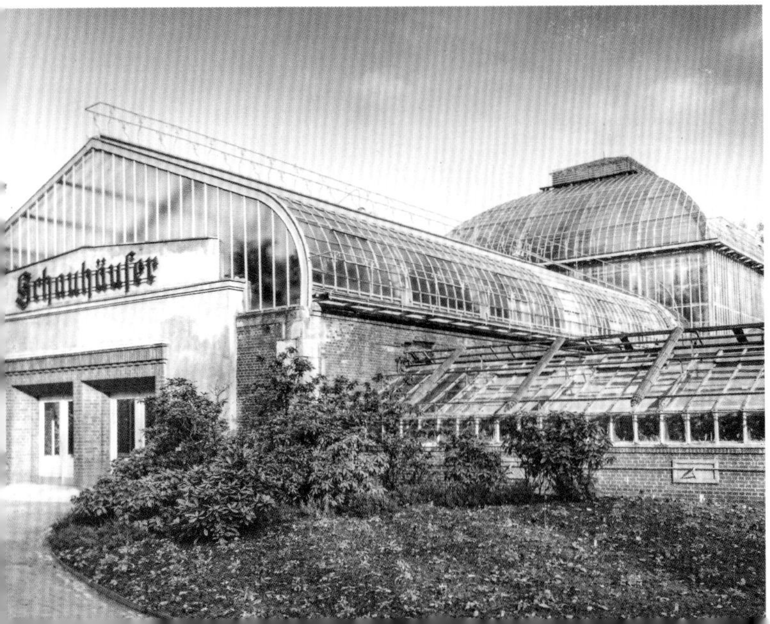

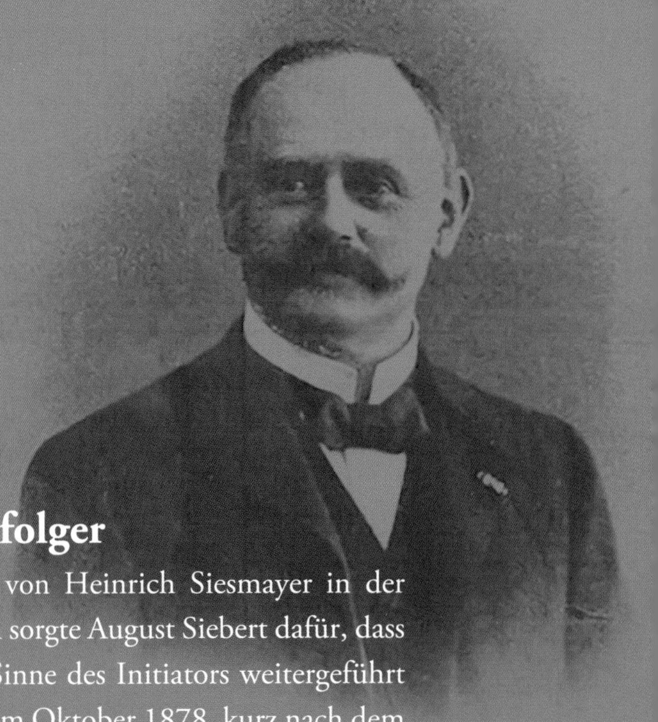

Der Thronfolger

Als Nachfolger von Heinrich Siesmayer in der Gartendirektion sorgte August Siebert dafür, dass die Anlage im Sinne des Initiators weitergeführt wurde. Er kam im Oktober 1878, kurz nach dem Brand im Gesellschaftshaus, in den Palmengarten. Siesmayer hatte ihn selbst beim Verwaltungsrat als Park-Obergärtner vorgeschlagen. Der aus Barth in Pommern stammende Gärtner, der im Graf von Krassowschen Schlossgarten zu Divitz ausgebildet wurde, leitete eine Handelsgärtnerei in Hamburg und wollte gerade eine eigene kaufen, als das Angebot aus Frankfurt kam, das er sofort akzeptierte. Siebert übernahm nach und nach die Verantwortung für das Palmenhaus mit Blütengalerie und die Gewächshäuser, ab 1884 ging die Leitung des gesamten gärtnerischen Betriebes auf ihn über. Er arbeitete eng mit Siesmayer zusammen, bis er diesen 1887 als Gartendirektor ablöste und die Institution bis zu seinem Tod 1923 insgesamt 37 Jahre lang führte. August Siebert war zudem Vorsitzender der Frankfurter Gartenbau-Gesellschaft, Mitglied in zahlreichen Preisgerichten auf nationalen und internationalen Gartenbauausstellungen und wurde für seine Verdienste um den deutschen Gartenbau 1896 zum königlich preußischen Gartenbaudirektor ernannt.

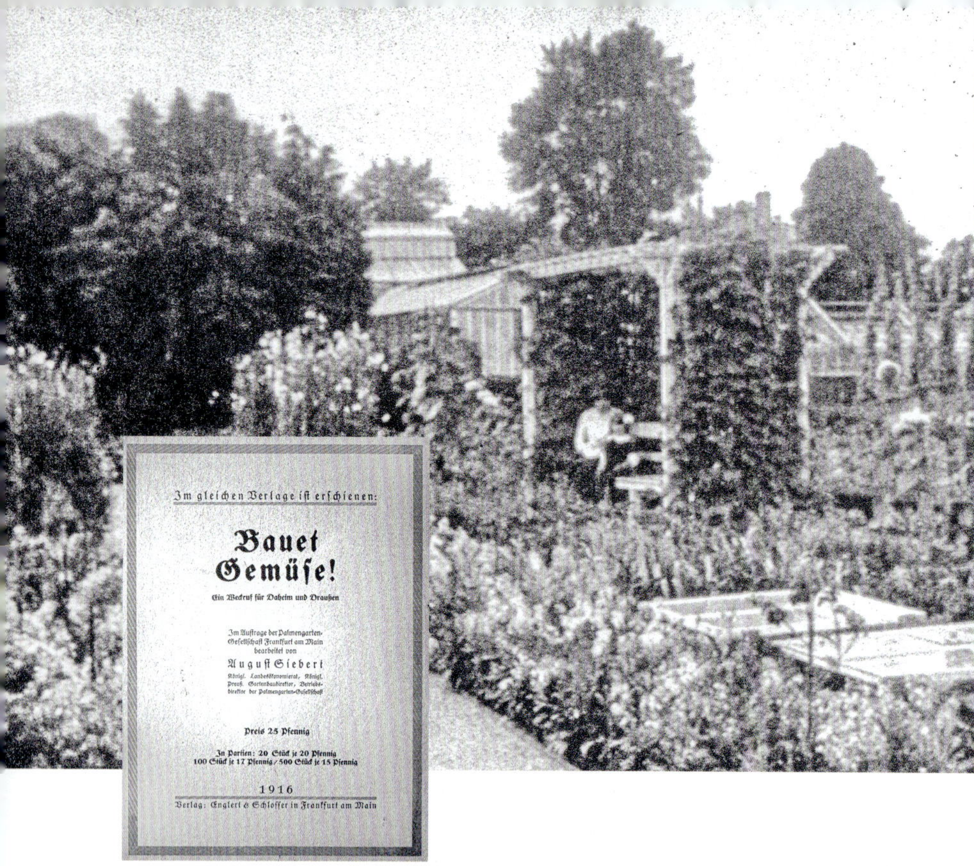

Im gleichen Verlage ist erschienen:

Bauet Gemüse!

Ein Weckruf für Daheim und Draußen

Im Auftrage der Palmengarten-Gesellschaft Frankfurt am Main bearbeitet von

August Siebert

Königl. Landesökonomierat, Königl. Preuß. Gartenbaudirektor, Betriebsdirektor der Palmengarten-Gesellschaft

Preis 25 Pfennig

In Partien: 20 Stück je 20 Pfennig
100 Stück je 17 Pfennig / 500 Stück je 15 Pfennig

1916

Verlag: Englert & Schlosser in Frankfurt am Main

„Um der stetig wachsenden Zahl der Kleingärtner durch gute Vorbilder für ihr Wirken hilfreich an die Hand zu gehen, wurden hübsche kleine Hausgärten, Muster- und Vergleichsbeete usw. geschaffen. Hier wird an praktischen Beispielen der Nutzen des Düngens nachgewiesen, empfehlenswerte Gemüsesorten werden angebaut, kurz, es wird wertvolle aufklärende Arbeit geleistet, die aufs wirksamste durch die Veranstaltung einer großen Kartoffelausstellung 1915 und einer allgemeinen Kriegsgartenbauausstellung 1916 unterstützt wurde.“ [36]

KRIEGSFOLGEN UND EINE NEUE FASSADE

Der Erste Weltkrieg setzte allen Arbeiten zum Ausbau und zur Verschönerung des Palmengartens ein Ende. Anstelle von Zerstreuung und wissenschaftlicher Erkenntnis stand nun die Frage der Ernährung in der Stadt im Vordergrund: Mit Kriegsbeginn wurde ein großer Teil der Ländereien und Gewächshäuser auf Gemüse- und Nutzpflanzenanbau umgestellt, damit die Frankfurter Lazarette mit Obst und Gemüse beliefert werden konnten. Damit auch die Frankfurter davon profitierten, gab es einen Mustergarten als Anregung für zuhause sowie im Herbst 1915 eine kriegslandwirtschaftliche Ausstellung, bei der alleine 100 Kartoffelsorten und zahlreiche Gemüse gezeigt wurden.

Kamelien, Palmen & Co. litten dagegen, da kaum Geld vorhanden war, um Heizmaterial für die Gewächshäuser zu beschaffen. Es mussten sogar einige Mitarbeiter entlassen werden. In dieser Situation war an eine Jubiläumsfeier nicht zu denken. Der 50. Geburtstag der Palmengarten-Gesellschaft im Sommer 1918 wurde nur in den Zeitungen wahrgenommen und mit einem schlichten Festakt für den Verwaltungsrat begangen.

Auch nach dem Krieg war die Palmengarten-Gesellschaft immer stärker auf kommunale Zuschüsse angewiesen. Aufgrund der steigenden Inflation fehlte der Bürgergesellschaft, und damit den Hauptunterstützern und Aktionären des Palmengartens, das Geld. Hinzu kam, dass nur ein Viertel des Geländes der Gesellschaft gehörte. Für den Rest musste sie die Pacht aufbringen, und das bei stetig sinkenden Einnahmen. Es wurde massiv Personal entlassen und man erhöhte die Eintrittspreise. 1922 bat August Siebert deutschlandweit und über die Grenzen des Landes hinaus unter der Überschrift „Der Frankfurter Palmengarten in schwerer Not!“ und Angabe eines Spendenkontos „Palmengartenhilfe“ um Unterstützung. An die Auszahlung der Dividende an die Aktionäre war aufgrund der hohen Verluste schon seit 1925 nicht mehr zu denken. Der Park und seine Anlagen verfielen, viele wertvolle Pflanzen der Sammlung gingen in dieser Zeit verloren. Mit den finanziellen Nöten wuchs der Einfluss der Stadt, die immer mehr Palmengarten-Aktien übernahm und im Verwaltungsrat eine größere Rolle spielen wollte. Der spätere Palmengarten-Direktor Max Bromme schilderte rückblickend die Situation: *„Das Schrumpfen oder gar Vernichten der Pflanzensammlung, Mangel an Heizstoffen, anfangs der 20er Jahre. Verwilderung des Parkes, ungenügende bauliche Unterhaltung – dazu eine Explosion in der Vorhalle der Schauhäuser mit großen Schäden an den Pflanzen wie am Bauwerk.“* [37]

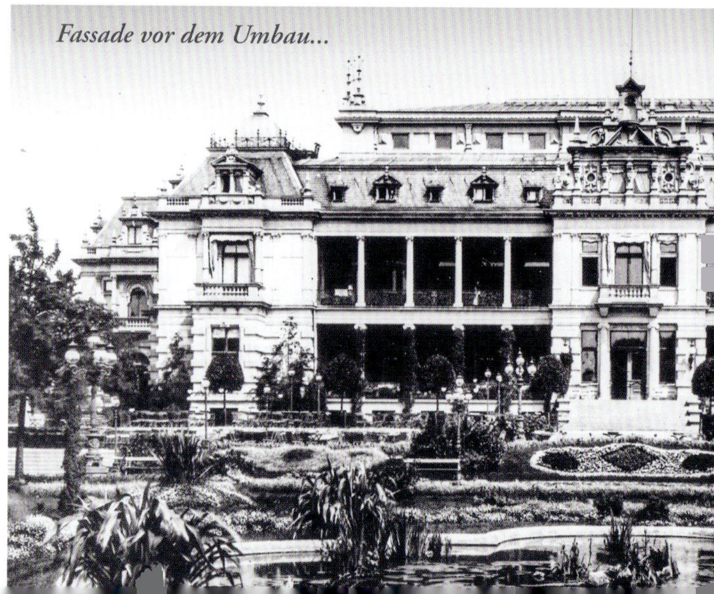

Fassade vor dem Umbau...

Auch das Gesellschaftshaus war dringend sanierungsbedürftig. Dank des Einflusses der Stadt übernahmen der damalige Baustadtrat, Ernst May, und der Leiter des Hochbauamtes, Martin Elsaesser, die Planung der Umgestaltung. Statt eines bescheidenen Anbaus, wie ihn die Palmengarten-Gesellschaft sich vorstellte, rissen sie 1928/29 die alte Neorenaissance-Fassade des Hauses ab und ersetzten sie durch einen Bau im neusachlichen Stil des Neuen Frankfurt. In dem schlichten, durch ein langgestrecktes Fenster horizontal gegliederten Gebäude mit Treppentürmen rechts und links entstand ein Restaurant für 200 Personen in Form eines Wintergartens. Die Gäste saßen dort zwischen Glasvitrinen, die wie kleine Gewächshäuser mit Pflanzen bestückt waren und gleichsam den Garten ins Haus holten. Der strengen Wirkung der Fassade entsprechend gab man das Blumen-Parterre mit seiner Schmuckbepflanzung fast vollständig auf. Doch May und Elsaesser wollten noch mehr. Geplant war in einem zweiten Schritt auch der Abriss und Neubau des Festsaales, zu dem es aufgrund der Weltwirtschaftskrise nicht mehr kam.

Der teure Umbau des Gesellschaftshauses verschlimmerte die finanzielle Situation des Gartens erheblich. Lange hatten die Palmengarten-Gesellschaft und ihr Direktor Otto Krauss, langjähriger Mitarbeiter und schließlich Nachfolger August Sieberts, dagegen angekämpft, der Stadt den Garten, den einst die Frankfurter Bürger gegründet hatten, zu überlassen. Doch die durch den Umbau immens angestiegenen Schulden, die mittlerweile das Dreifache des Aktienkapitals ausmachten, sowie die Auswirkungen der Weltwirtschaftskrise ließen keine andere Möglichkeit mehr zu. Durch einen Magistratsbeschluss und eine letzte Generalversammlung der Gesellschaft ging der Palmengarten am 1. Juni 1931 endgültig in städtische Hand über. Die Aktionäre wurden entschädigt. Um sie als Unterstützer zu halten, gründete der neue Verwaltungsdirektor Max Bromme die „Gesellschaft der Freunde des Palmengartens". Zunächst war nicht klar, was aus dem Palmengarten unter städtischer Führung werden sollte. Eine Öffnung und Umwandlung in einen frei zugänglichen Bürgergarten wurde ebenso erwogen wie eine

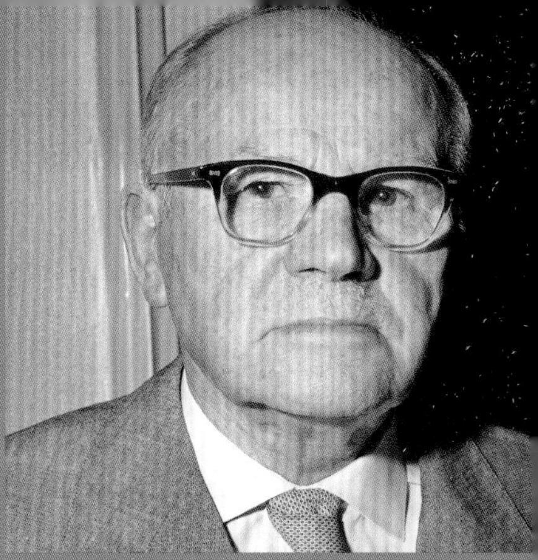

Der erste städtische Direktor

Der 1878 im schlesischen Grünberg geborene Max Bromme führte den Palmengarten als Leiter des Frankfurter Gartenbauamtes von 1931 bis 1945. Er hatte in der väterlichen Baumschule gelernt und an der gärtnerischen Lehr- und Forschungsanstalt Wildpark bei Potsdam sowie in Berlin-Dahlem studiert. Bevor er Amtsleiter in Frankfurt wurde, war er als Stadtgartendirektor in Erfurt tätig. In Frankfurt legte er zahlreiche Grünanlagen an, darunter den Bornheimer Hang sowie die Kleingartenanlage am Lohrberg und wandelte private Parks wie den Holzhausen- und den Grüneburgpark in städtisches Eigentum um. Insgesamt vergrößerte er die Grünanlagen in Frankfurt von 200 auf 450 Hektar. Er ging 1945 mit 67 Jahren in den Ruhestand und blieb dem Garten bis zu seinem Tod am 9. September 1974 eng verbunden. Sein Nachfolger Fritz Encke, Sohn des bekannten gleichnamigen Gartenarchitekten, war bereits 1929 in den Palmengarten gekommen und führte ihn durch die Nachkriegszeit bis ins Jahr 1968.

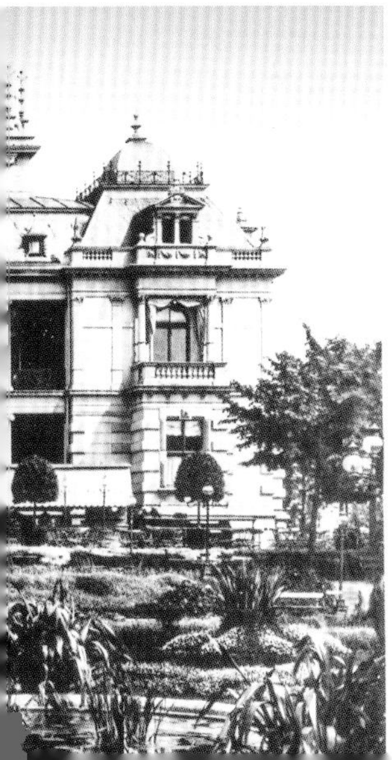

...und danach

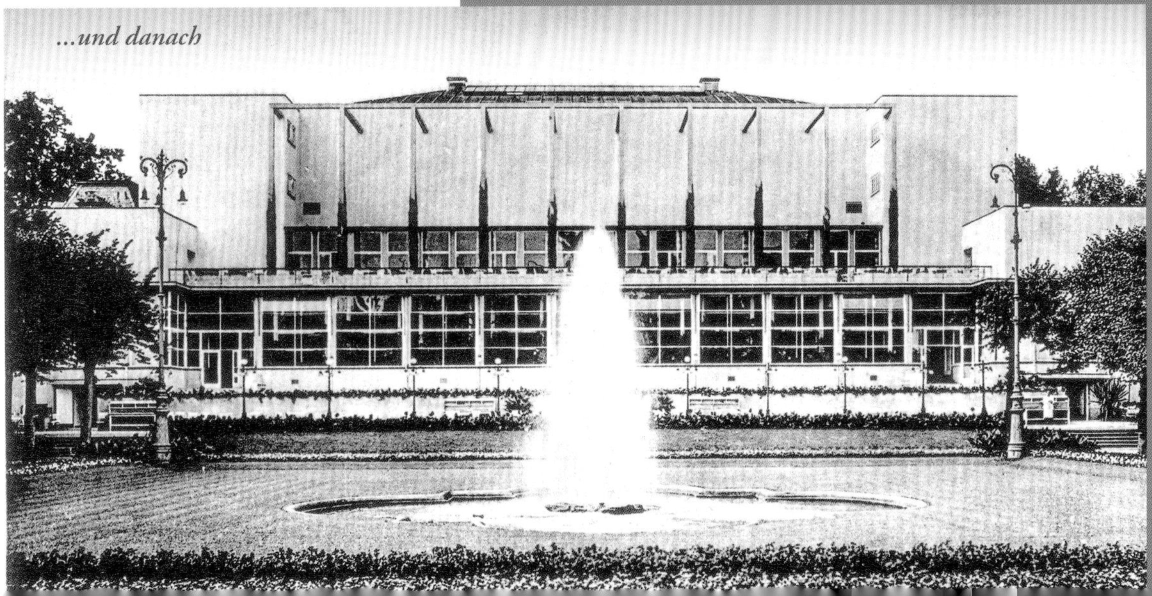

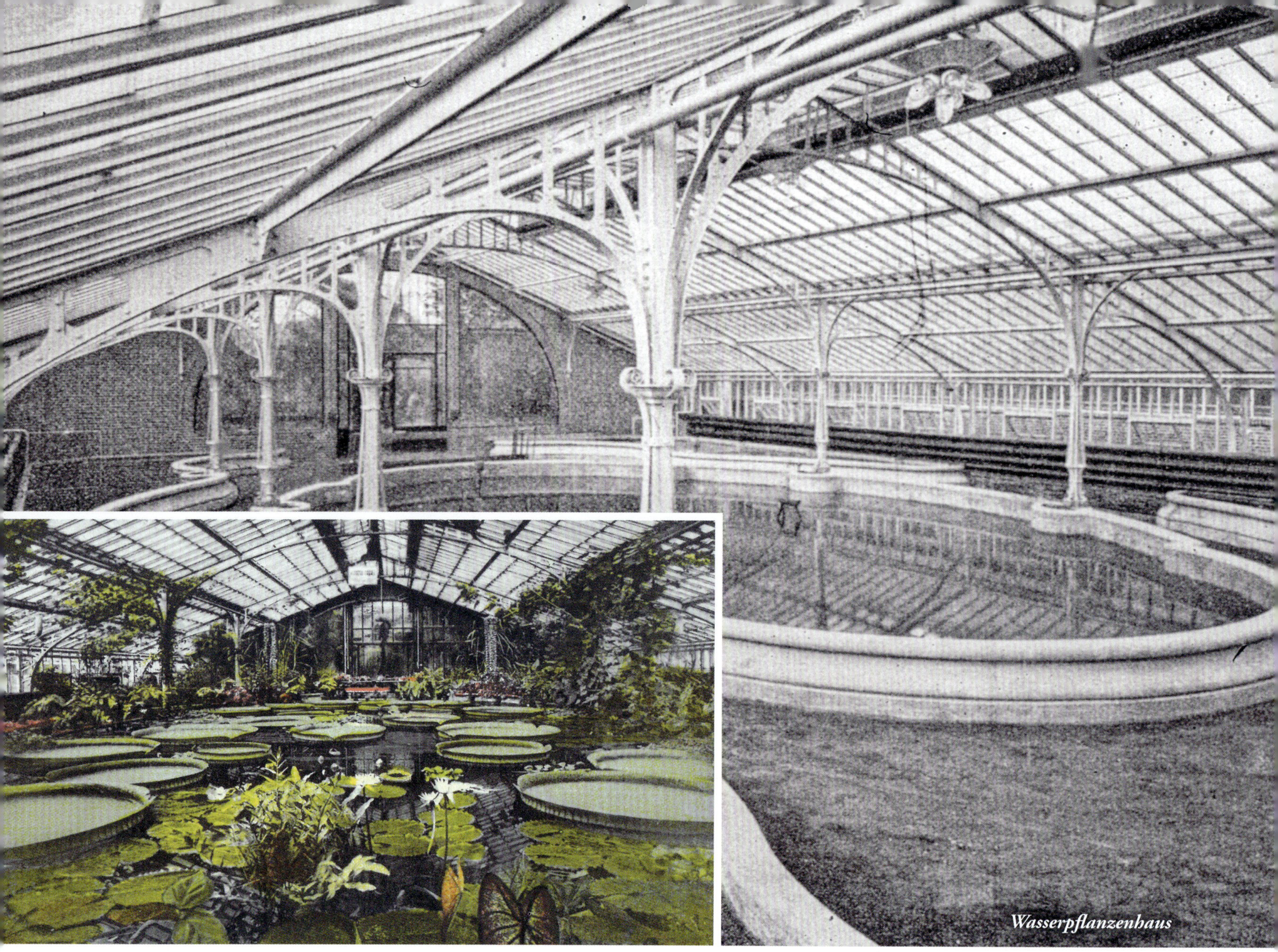

Wasserpflanzenhaus

Parzellierung und Bebauung zumindest eines großen Teils des Areals. Viele Gartenbau-Verbände und -Vereine protestierten dagegen. Bromme und frühere Aufsichtsratsmitglieder der Gesellschaft verhinderten diese Pläne inklusive der noch kurioseren Idee, einen Vergnügungspark aus dem Garten zu machen.

Bromme sorgte im Rahmen von Notstandsarbeiten auch dafür, dass der Garten wieder ansehnlicher wurde. Er ließ überalterte Baumbestände ausholzen, das zerfallene Schweizer Häuschen und die Hängebrücke abreißen, einen Steingarten sowie vorm Haus Leonhardsbrunn einen Spielplatz mit Wiesen und Lesegärten anlegen. Die Gewächshausanlagen wurden überholt. Das Wasserpflanzenhaus für die Victoria regia war besonders verrottet und musste neu gebaut werden. Die Pflanzensammlung wurde durch Nachzuchten und Zukäufe wieder ausgebaut. Die Blüten- und Pflanzenschauen verzeichneten, auch dank größerer Werbekampagnen wieder mehr Besucher, kurz, es ging aufwärts. Zumindest bis zum Jahr 1933.

JUDENFEINDLICHE POLITIK

Mit der Machtübernahme der Nationalsozialisten war auch der Palmengarten sehr schnell von judenfeindlichen Gesetzen wie jenem zur Wiederherstellung des Berufsbeamtentums betroffen. Mehrere Mitarbeiter des Gartens mussten aufgrund der neuen Verordnungen gehen. Mitglied der „Freunde des Palmengartens" durften nur noch natürliche Personen „arischer Abstammung" werden. Man legte zudem die Verwaltung von Palmengarten und Zoo zusammen, den Mitarbeitern war der Schriftverkehr mit ausländischen Staatsangehörigen, also auch mit den internationalen Gärten verboten, mit Ausnahme des Ankaufs von Pflanzen oder des wissenschaftlichen Austausches. Gleichzeitig wussten die Nationalsozialisten, den Garten als repräsentativen Ort für ihre Zwecke zu nutzen und veranstalteten dort politische Kundgebungen, Wehrmachtsabende und Feste.

Spätestens ab 1939 durften „Juden" den Garten nicht mehr betreten, auch wenn sich dessen damaliger Verwaltungsleiter, Stadtamtmann Fritz Acker, beim Oberbürgermeister dagegen ausgesprochen hatte. Viele der früheren Unterstützer und Aktionäre des Gartens stammten aus nun als „jüdisch" geltenden Familien. Immerhin konnte Acker zu dieser Zeit noch erreichen, dass diese Aktionäre die noch nicht gänzlich ausgezahlten Abfindungen nach der Übernahme des Gartens durch die Stadt erhalten sollten. Zwei Jahre später wäre das nicht mehr möglich gewesen. Im Oktober 1941 nutzte die Geheime Staatspolizei den Saal des Gesellschaftshauses dazu, die Deportationen zahlreicher „Juden" aus dem nahegelegenen Westend vorzubereiten.

Im Zuge nationalsozialistischer Großspurigkeit begann auch die Palmengarten-Verwaltung, groß zu denken. Max Bromme hatte für die Stadt den Grüneburgpark erworben und plante, im Zusammenschluss mit dem Palmengarten aus der dadurch entstehenden Garten-Park-Landschaft ein deutschlandweit einmaliges Reichsarboretum zu machen, ein botanisches Zentrum für Gehölze. Dafür gründete die Stadt die „Gesellschaft Reichsarboretum". Nach Brommes Vorstellungen sollte sich die Anlage über die so geschaffenen 75 Hektar hinaus bis über die Ginnheimer Höhe in die Nidda-Auen ziehen, wo bereits Bäume angepflanzt wurden. Mithilfe von Stecklingen unterschiedlicher heimischer Gehölzarten wollte man den Charakter der deutschen Landschaft bewahren und die Leistungsfähigkeit des deutschen Waldes steigern. Weitere Standorte im Deutschen Reich waren geplant oder bereits eingerichtet. Zugleich legte Bromme eine umfangreiche Bibliothek zur Zierpflanzenkunde und Gartenkunst mit rund 5.000 Bänden an. Ein weiteres ehrgeiziges Ziel war die Reichsgartenschau 1941, die im Palmengarten stattfinden sollte, auch ein Deutsches Gartenbaumuseum sollte entstehen.

Der Zweite Weltkrieg verhinderte die Verwirklichung dieser Pläne. Ab 1939 wurde im Garten wieder im großen Umfang Gemüse angebaut, mit dem die städtischen Krankenhäuser versorgt wurden. Im historischen Gesellschaftshaus sollte Getreide eingelagert werden. Dieses Vorhaben konnte die Gartenleitung verhindern, nicht aber die Einquartierung von vier Hundertschaften an Schutzpolizei, die ein Jahr blieben und entsprechende Schäden hinterließen. Bei den schweren Luftangriffen im März 1944 wurde auch der Palmengarten getroffen. Der Westflügel des Gesellschaftshauses erlitt einen Bombenschaden, der Musikpavillon brannte ab, viele Scheiben der Gewächshäuser und des Palmenhauses gingen zu Bruch. In den Tagen danach versuchten die wenigen verbliebenen Mitarbeiter des Gartens mit dem Direktor Fritz Encke, der für die Reparaturarbeiten selbst mit auf die Dächer kletterte, wenigstens die jungen Gemüsepflanzen in der Gärtnerei vor den damals herrschenden Nachtfrösten zu schützen. Die tropischen Gewächse waren dagegen häufig nicht zu retten. Eine einzige der kostbaren Pflanzen im Palmenhaus, eine Chinesische Hanfpalme, überlebte den folgenden Winter und stand bis vor wenigen Jahren noch an ihrem Platz.

Ende April 1945, einen Monat nach der Einnahme Frankfurts, beschlagnahmten die amerikanischen Besatzer den Palmengarten. Er wurde in die Sperrzone um das Hauptquartier der US-Truppen im IG-Farbenhaus einbezogen. „Die Amerikaner biwakierten nun in jenem Teil des Palmengartens, der sich an der Siesmayerstraße entlangzieht. Man hatte ein wenig Angst um die Weinvorräte im Restaurant des Palmengartens, gar nicht einmal so sehr ihrer selbst wegen, aber man sorgte sich, was betrunkene Soldaten vielleicht anrichten mochten"[38], beschrieb der damalige Verwaltungsleiter Fritz Acker einer Journalistin seine Erlebnisse. Die Sorgen blieben unbegründet, auch, weil ein amerikanischer Sergeant, der zufällig ebenfalls Acker hieß, sich kooperativ zeigte.

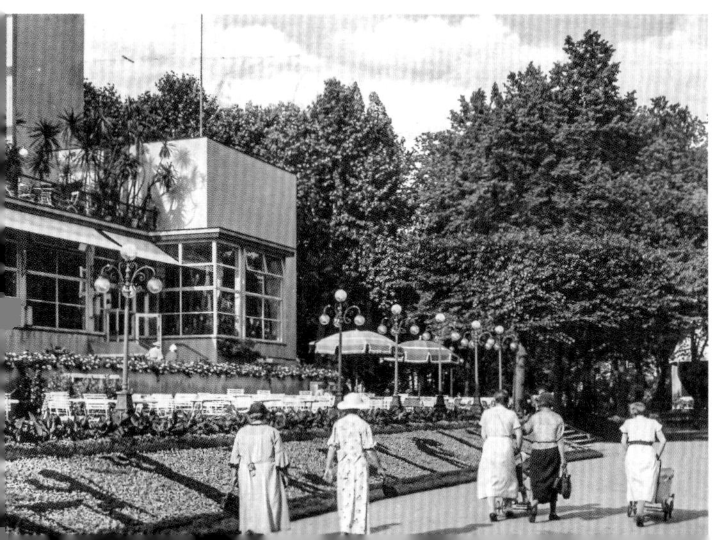

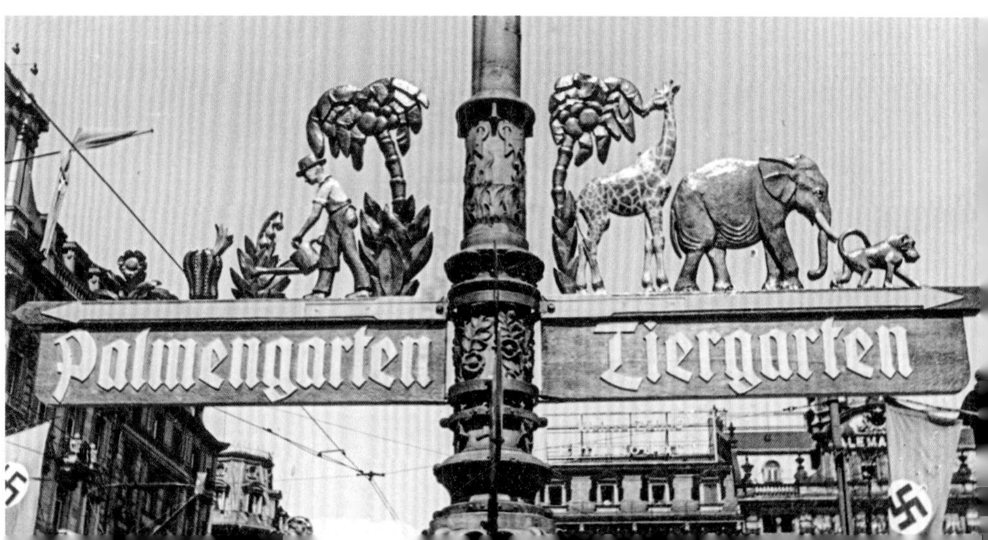

Die Beschlagnahme hatte durchaus auch Vorteile für den Garten: Mit Hilfe der Besatzer konnten die zerstörten Gewächshäuser wiederhergestellt werden. Sergeant Dustin Gunn, der von den Amerikanern eingesetzte Leiter des Gartens, ließ seinem deutschen Kollegen Fritz Encke in allen Fragen der Wiederherstellung und Aufrechterhaltung der Anlagen und Sammlungen freie Hand. Schon 1946 hielten wieder 75 Mitarbeiter die Gewächshäuser und das Grün in Ordnung. Zugleich sollte der Garten erneut ein Hort des Vergnügens werden – allerdings kein öffentlicher: Die Amerikaner richteten in der Anlage den „Palmengarden Club" ein, einen Freizeitclub für ihre Soldaten mit Sportangeboten, Theater- und Tanzvorführungen, Konzerten und Auftritten prominenter Amerikaner wie Bob Hope, Danny Kaye oder Rita Hayworth. Es entstand ein Erlebnispark für Armee-Angehörige mit dem europaweit größten Angebot an Unterhaltung, Erholung und Vergnügen. Im Garten wurde geboxt, Softball, Baseball, Tennis oder Basketball gespielt, das frühere Clubhaus des Tennisclubs Palmengarten diente als Athletic-Club. Auf dem Weiher fuhren die Soldaten Kajak, im Winter spielten sie auf der Fläche Eishockey. Der Pflanzenfreund Sergeant Gunn soll nur mit vehementem Einsatz verhindert haben, dass im Palmenhaus ein Swimmingpool eingebaut wurde. Insgesamt eine Million Soldaten fühlten sich während der achtjährigen Besatzungszeit in diesem „GI-Dreamland" äußerst wohl. Erst am 3. Mai 1948 wurde den Frankfurtern der Garten zurückgegeben, die die Wiedereröffnung offenbar sehnsüchtig erwartet hatten. In den ersten Wochen bis Ende Juni strömten 90.000 Besucherinnen in den Palmengarten. Das Gesellschaftshaus und die Tennisplätze mit Clubhaus waren für sie allerdings erst 1953 wieder frei zugänglich.

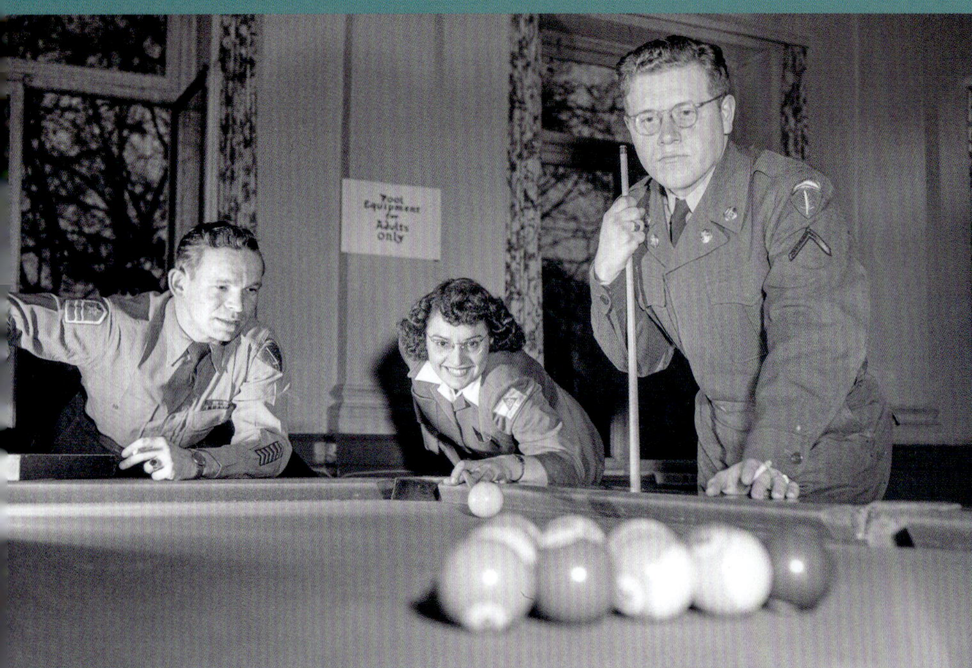

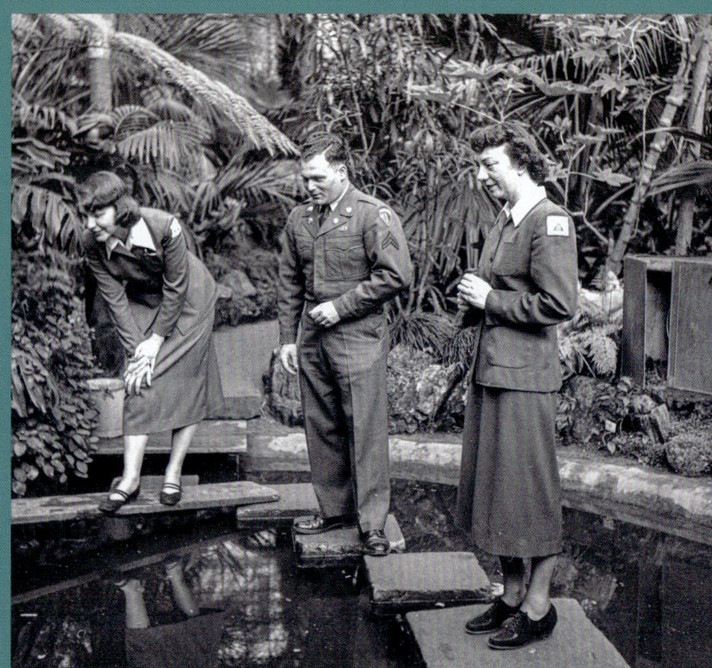

„Falsche Amerikaner"

Die Frankfurter durften längst wieder in den Garten, nicht aber auf die Tennisplätze. „Das passte uns gar nicht. Ein paar Freunde und ich besorgten uns Khakihosen und später immer wieder ein paar Fünf-Cent-Stücke, damit wir auch mal 'ne Cola trinken konnten, und spielten als Amis getarnt auf dem Platz. Der inzwischen verstorbene alte Platzmeister, den alle nur Papa Stephan nannten, drückte beide Augen zu, als er uns durchschaute", erinnerte sich ein Palmengartenbesucher 2001.[39]

NEUANFANG MIT GROSSEN UMBAUTEN

Zurück in städtischer Hand, konnten nun unter der Leitung des Direktors Fritz Encke – Papa Encke, wie ihn seine Mitarbeiter vielleicht auch aus Dankbarkeit darüber, dass er den Garten nach dem Krieg wieder mit aufgebaut hatte, nannten – Stück für Stück die Gewächshäuser und Gebäude überholt werden. Die Wände des Festsaals wurden mit Platten verkleidet, hinter denen Stuck und Malereien verschwanden. Anfang der 1960er Jahre entstand der zerstörte Westflügel des Gesellschaftshauses neu und erhielt einen modernen repräsentativen Eingang. 1965 wurde die Blütengalerie am Palmenhaus durch moderne Glashäuser ersetzt. Auch das Veranstaltungsprogramm weitete Encke aus, der die monatlichen Führungen häufig selbst veranstaltete. Im Jahr 1968 übernahm Dr. Gustav Schoser die Leitung des Palmengartens und sorgte für reichlich frischen Wind, und das bei zu dieser Zeit leeren Stadtkassen. Er verdoppelte schon im ersten Jahr die Zahl der Sonderausstellungen und erweiterte das Konzert- und Unterhaltungsprogramm. Der 100. Geburtstag des Gartens stand bevor, er sollte 1969 gefeiert werden, in dem Jahr, in dem der Palmengarten zugleich einer der Schauplätze der Landesgartenschau werden würde. Doch die Stadt sagte die Schau aus finanziellen Erwägungen ab. Die Jubiläumsfeier wurde, am Ende aus Kostengründen zusammengelegt mit einem Empfang für die Ehrenträger der Stadt, weit weniger glamourös als erwartet. Immerhin gab es einen Jubiläumsball am 3. Mai mit der Bigband von Hugo Strasser.

Botaniker und Orchideenfreund

Der Botaniker Dr. Gustav Schoser, geboren auf der Schwäbischen Alb, leitete den Palmengarten von 1968 bis 1992 fast 25 Jahre lang und prägte ihn nachhaltig. Die Ära Schoser umfasste eine tiefgreifende Veränderung des Gartens, sowohl baulich als auch botanisch. Das herausragendste Bauwerk seiner Ägide ist das Tropicarium, das Garten- und Architekturgeschichte schrieb. Schoser hatte an der Universität Tübingen studiert und 1957 über das Wachstum von Algen promoviert. Anschließend wechselte er an das dortige Botanische Institut und leitete zugleich den Botanischen Garten der Universität, wo er bereits ein ähnliches Tropicarium-Gewächshaus bauen ließ. Doch er entschied sich gegen Tübingen und für den Palmengarten. Dank seiner Mitgliedschaft in vielen auch internationalen Fachverbänden schaffte sich Schoser ein großes Netzwerk, so dass er hochkarätige Veranstaltungen wie die 8. Welt-Orchideenkonferenz nach Frankfurt holen konnte, die dem Zuschuss-Betrieb Palmengarten einen Besucherstrom und ganz nebenbei wohl das einzige Haushaltsplus seines Bestehens einbrachte. Immer wieder gelang es Schoser, solche Spezialgebiete für das breite Publikum attraktiv aufzubereiten. Von seinen vielen Reisen in die Tropen brachte er Pflanzen und Samen für den Palmengarten mit. Mit einem Kollegen entdeckte der leidenschaftliche Botaniker mit einer Vorliebe für tropische Orchideen und Rosen in Thailand eine neue Frauenschuhart. In der Welt der Botanik wird sein Name unter anderem mit dem „Paphiopedilum schoseri" stets verbunden bleiben, einer weiteren Frauenschuhart, die er 1988 auf den Kleinen Molukken entdeckte. Während seiner Zeit im Palmengarten war Schoser auch Lehrbeauftragter für Tropen-Botanik an der Universität Mainz, die ihn mit einer Ehrenprofessur auszeichnete. Für sein Engagement erhielt er zudem das Bundesverdienstkreuz Erster Klasse und die Ehrenplakette der Stadt Frankfurt sowie viele botanische Auszeichnungen. Er starb am 5. Januar 2012 im Alter von 87 Jahren.

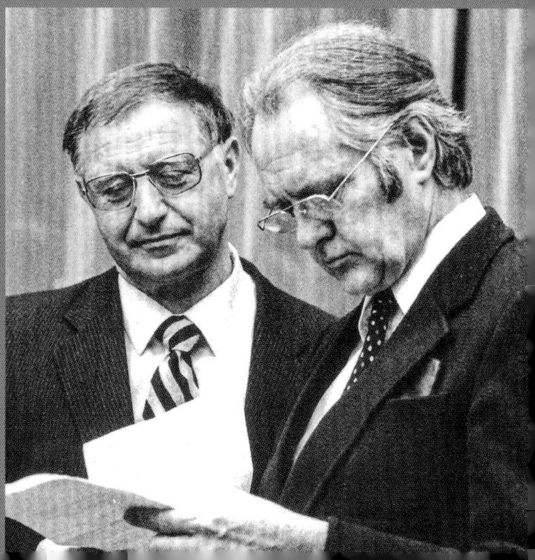

Gustav Schoser mit Kulturdezernent Hilmar Hoffmann (re.)

Dafür gelang es Schoser, den Garten wieder mehr in den Fokus der Frankfurterinnen und Frankfurter zu rücken. Der Botaniker knüpfte Kontakte zur Orchideen-Gesellschaft, dem Verein Deutscher Rosenfreunde und initiierte die Gründung der Deutschen Bromelien-Gesellschaft sowie der Deutschen Fuchsien-Gesellschaft im Palmengarten. Die Mitglieder besuchten nicht nur regelmäßig den Garten, sie lieferten auch Beiträge zu Ausstellungen. „Auf diese Weise kamen viele Pflanzenschätze, die im Verborgenen blühten, in den Blickpunkt interessierter Menschen"[40], stellte Schoser selbst fest. Mit der 8. Welt-Orchideenkonferenz 1975, die er zum ersten Mal nach Europa holen konnte, gewann der Palmengarten erneut an internationaler Bedeutung. An zehn Ausstellungsorten im Palmengarten waren damals Tausende der prachtvollen exotischen Pflanzen zu bewundern. Hinzu kamen zwei hochkarätig besetzte Vortragsreihen im Fachbereich Biologie der Goethe-Universität. Binnen acht Tagen kamen fast 250.000 Besucher in den Garten.

Bereits kurz nach seinem Dienstantritt hatte Schoser ein Grundsatzprogramm zur Erneuerung des Gartens erarbeitet. Es sollte aber bis in die Mitte der 1970er Jahre dauern, bis an die Umsetzung finanziell zu denken war. Dann prägten über lange Phasen Bagger und Bauzäune das Areal. Allein der Bau des Tropicariums dauerte von Oktober 1982 bis Juli 1987. Am östlichen Rand des Gartens wurden die alten Pflanzenschauhäuser abgerissen. Das besonders schützenswerte mittlere Haus wurde um 90 Grad gedreht und über einer modernen Tiefgarage als neues Eingangsschauhaus wieder errichtet. Auf diese Weise erhielt der Garten zum Westend hin einen neuen repräsentativen Zugang. Auf dem alten Tiefbrunnen aus der Zeit der Patent- und Musterausstellung entstand aus alten Sandsteinen des Betriebsgebäudes das Haus Rosenbrunn. Das Haus Leonhardsbrunn wurde mithilfe von alten Skizzen saniert und die Villa Leonhardi, ehemals Domizil des Tennisclubs, wurde nach den Originalplänen aus dem Jahr 1805 rekonstruiert und nun als Restaurant und Café genutzt. Zuvor hatte Schoser den Garten innerhalb seiner Mauern erweitert, indem er dem Tennisclub „Palmengarten" sein Gelände entzog und dort das Subantarktishaus errichten ließ. Das Schauhaus wurde am 11. August 1992 eröffnet. Er nutzte dafür ein in der Kurstadt Bad Kissingen ausrangiertes Gewächshaus, einst Palmenhaus in dem ebenfalls von Heinrich Siesmayer angelegten dortigen Kurpark. Auf dem restlichen Areal des Tennisclubs entstand die Steppenwiese. Auch alle anderen Themengärten, wie der Steingarten, der Rosen- oder der Rhododendrongarten wurden überarbeitet und neu bepflanzt. Bei aller Veränderung sollte der Grundcharakter des Palmengartens jedoch gewahrt bleiben. „Das Ziel war, den Garten im Siesmayerschen Sinne zu erneuern"[41], betonte Schoser, dessen Nachfolgerin Dr. Isolde Hagemann, zuvor Oberkustodin am Botanischen Garten und Museum Berlin, den so runderneuerten 125 Jahre alten Garten im Jubiläumsjahr 1993 übernahm.

Ihr blieb nicht lange Zeit, sich mit der Jubiläumsfeier, mit Haushaltskürzungen und immer knapper werdenden städtischen Mitteln auseinanderzusetzen. Nicht einmal drei Jahre später quittierte sie wegen früherer Stasi-Kontakte den Dienst. Ihr gerade eingestellter Stellvertreter, Dr. Matthias Jenny, ersetzte sie zunächst kommissarisch, 1998 dann endgültig als Leiter des Gartens. Gleich zu Beginn seiner Amtszeit übernahm er ein Großprojekt von seiner Vorgängerin: Die Rettung des 18,5 Meter hohen Palmenhauses, des Herzstücks des Gartens, mit seiner Grundfläche von mehr als 1.500 Quadratmetern. Der Rost hatte faustgroße Löcher in die 125 Jahre alten Eisenträger gefressen, die die sonst stützenlose Konstruktion halten. Die Korrosion schritt bei dem feuchten Treibhausklima immer weiter fort. Rund sechs Millionen Mark sollte die Sanierung kosten. Die Stadt aber konnte wegen klammer Finanzen nur zwei Millionen Mark übernehmen. Zunächst stützte man das gefährdete Gebäude mit achtzehn massiven Stahlpfeilern ab, was rein optisch nicht zur Dauerlösung taugte.

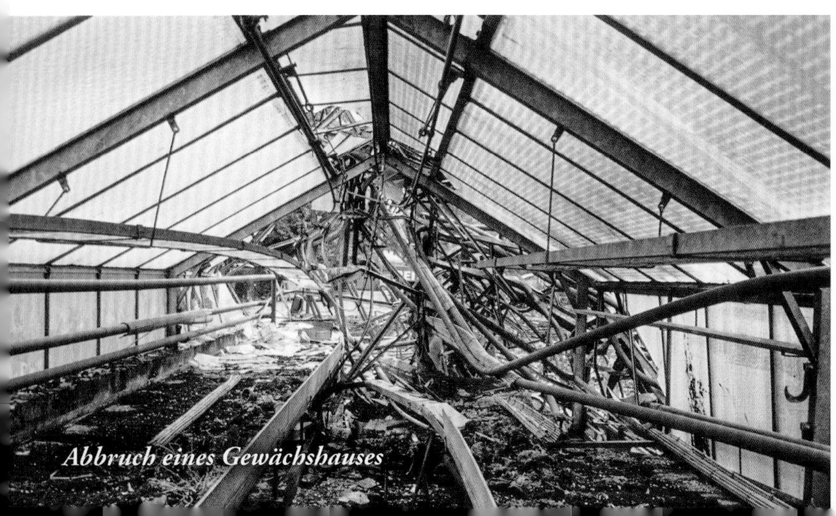

Abbruch eines Gewächshauses

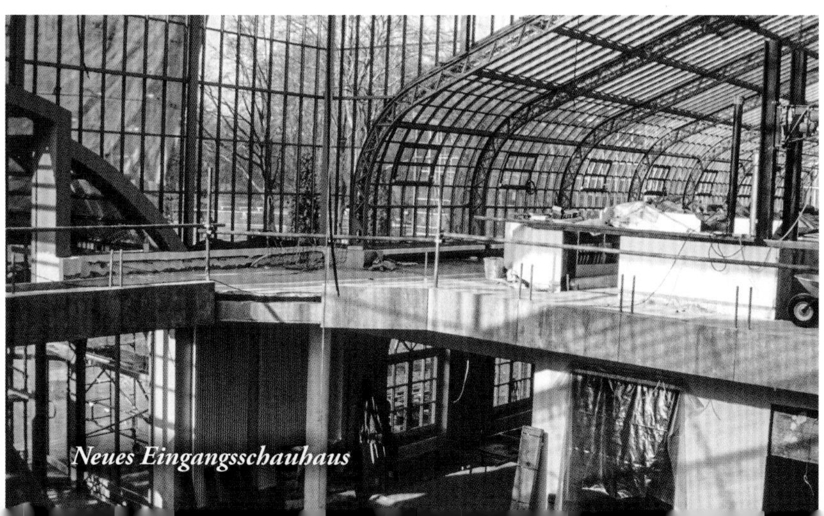

Neues Eingangsschauhaus

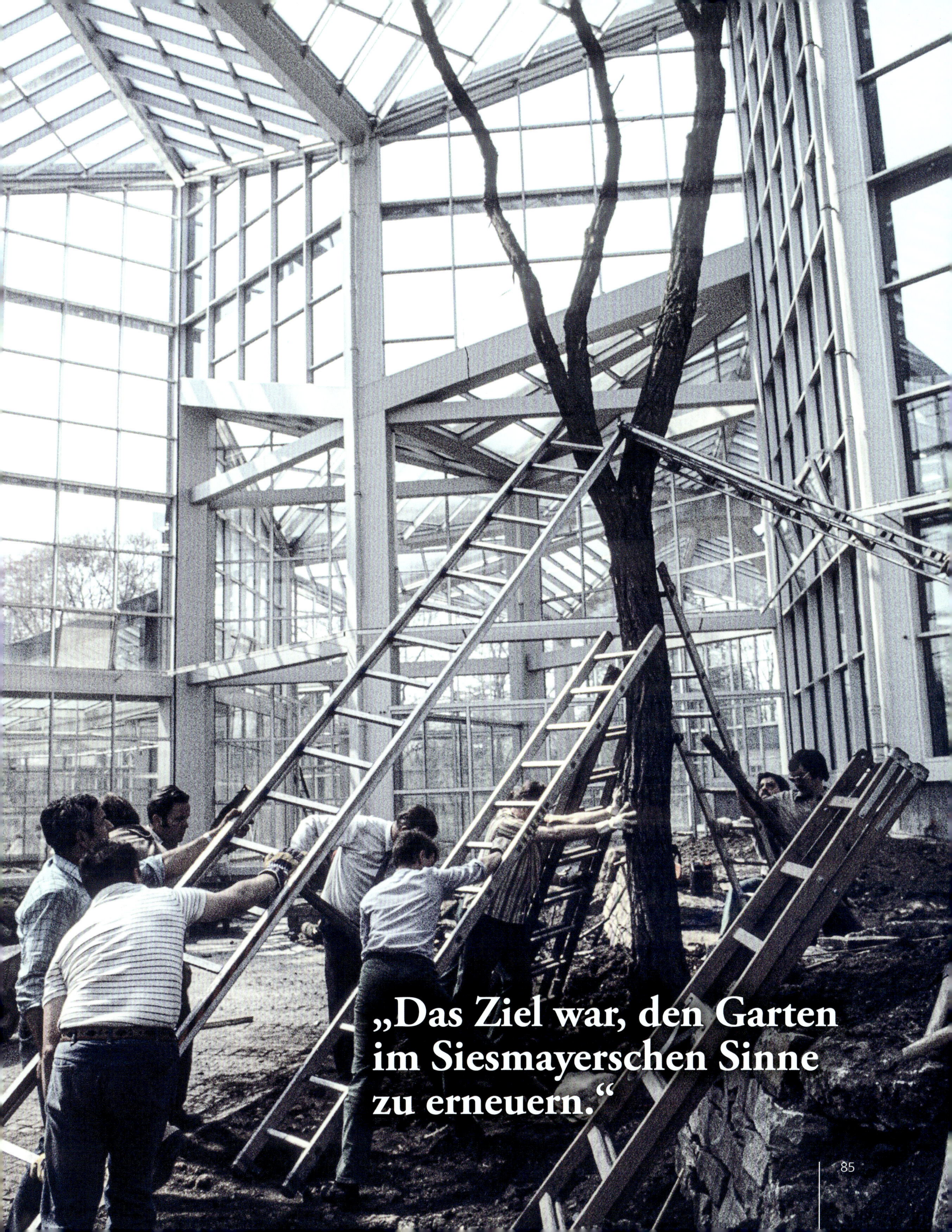

„Das Ziel war, den Garten im Siesmayerschen Sinne zu erneuern.“

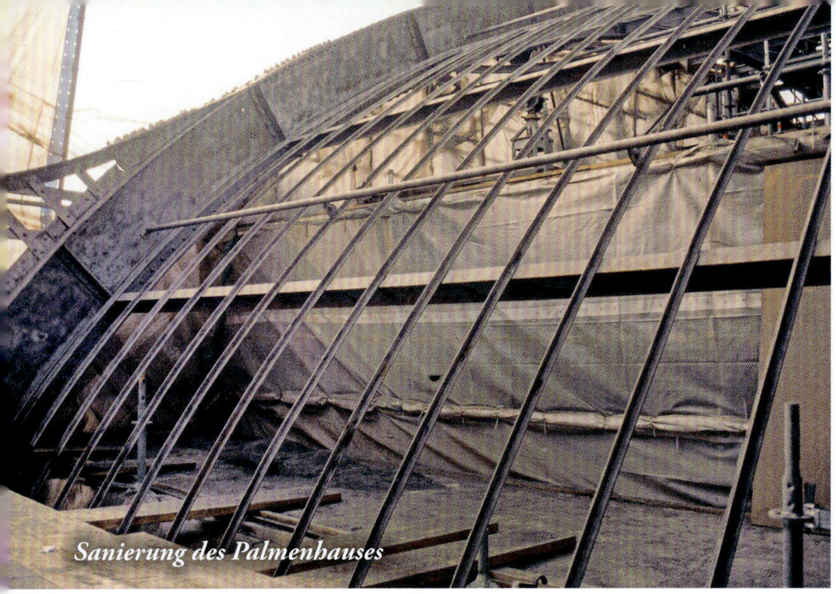

Sanierung des Palmenhauses

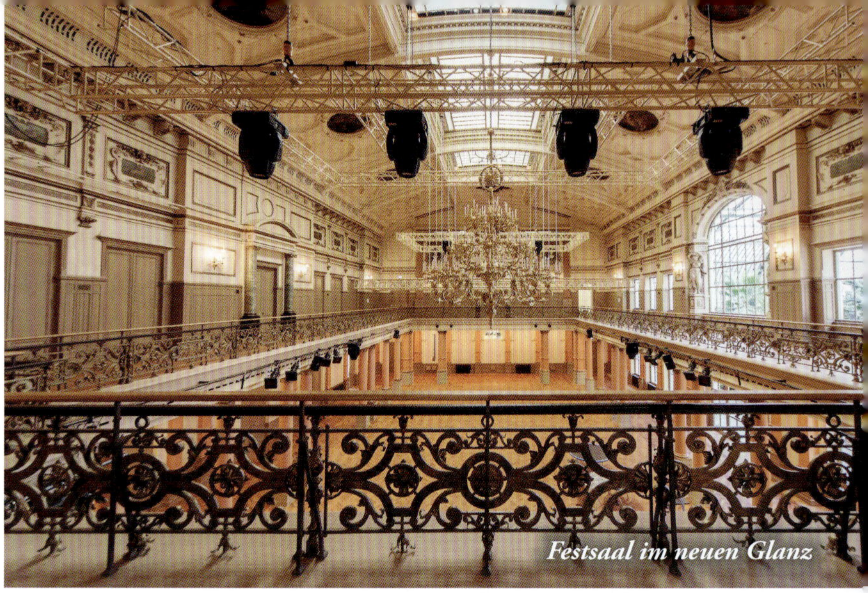

Festsaal im neuen Glanz

Ein Kuratorium „Rettet das Palmenhaus" mit Mitgliedern der Frankfurter Prominenz aus Wirtschaft, Kultur und Politik, unter dem Vorsitz von Oberbürgermeisterin Dr. h.c. Petra Roth, unterstützte den Palmengarten und die Gesellschaft „Freunde des Palmengartens" beim Sammeln von Spenden. Es gab vielfältige Aktionen, wie eine Silberlotterie – analog zur einstigen Lotterie nach dem Brand des Gesellschaftshauses 1879 – mit gestifteten Preisen im Wert von 150.000 Mark, darunter 750 Silberbarren mit dem Bild des Palmenhauses von der Degussa, außerdem eine Palmenhaus-Gala, die allein 100.000 Mark brachte oder eine Auktion historischer Wertpapiere. Somit wurde bereits ein Teil der fehlenden Summe erzielt, um das Haus mit seinen mehr als 50 Palmenarten, darunter der gut 125 Jahre alten Hanfpalme zu retten. Erneut waren es die Frankfurterinnen und Frankfurter und die hiesigen Unternehmen, die sich für den Erhalt „ihres" Gartens einsetzten. Die Baufirma Philipp Holzmann etwa stellte unentgeltlich einen 48 Meter hohen Kran zur Verfügung, mit dem die Stützen ausgetauscht wurden. Aus der Wirtschaft kam ebenfalls finanzielle Unterstützung, ebenso wie von Stiftungen und aus Landes- und Bundestöpfen, so dass es am Ende für die Sanierung reichte. Am 5. November 1999, vier Jahre nach der Feststellung der Schäden, konnte das Palmenhaus mit einer großen Feier wiedereröffnet werden. „Bürgersinn, ein professionell arbeitendes Hochbauamt und nicht zuletzt fürsorgliche Gärtner haben es möglich gemacht, dass das Palmenhaus im alten Glanz erstrahlt"[42], lobte Matthias Jenny damals. Während der Bauarbeiten hatte man noch festgestellt, dass die Eisenträger ursprünglich nicht silberfarben, sondern grün bemalt waren, so dass sie bis heute wieder fast hinter den Palmen verschwinden.

In seiner Amtszeit hatte Matthias Jenny von Beginn an ein weiteres Mammutprojekt zu stemmen: die Sanierung des Gesellschaftshauses mit der Wiederherstellung des historischen Festsaales, die 2001 öffentlich angekündigt, erst gut zehn Jahre später endlich abgeschlossen werden konnte. Unter Jennys Leitung wurden außerdem 2007/08 der Rosengarten saniert und das Rosenparterre neu angelegt. Die mittlerweile erfolgte Sanierung des Tropicariums unter Energieeffizienz-Aspekten bereitete er vor. Zudem setzte er sich dafür ein, den benachbarten Botanischen Garten zu retten, der 2012 dem Palmengarten angegliedert wurde. Gemeinsam zählen die beiden Institutionen mit ihren Beständen nun zu den zehn größten Pflanzensammlungen der Welt.

Während im Gesellschaftshaus die historische Pracht wieder ans Tageslicht geholt wurde, besann sich Matthias Jenny auch an anderer Stelle auf die Wurzeln des Gartens. Er verfolgte die Idee, dass die Frankfurter Bürgerschaft die Institution wieder regelmäßig mitträgt und sich, wie früher, auch finanziell engagieren sollte. Mit der Erbschaft einer Gartenfreundin als Grundstock gründete er 2010 die Stiftung Palmengarten und Botanischer Garten Frankfurt am Main, die bis heute Projekte fördert, welche die öffentliche Hand nicht alleine realisieren kann. So wurden für den Bau des Blüten- und Schmetterlingshauses, ebenfalls ein Herzensprojekt von Matthias Jenny, 2,5 Millionen Euro zur Verfügung gestellt.

In den zwei Jahrzehnten seiner Amtszeit steigerte die betriebsame Großstadt, in deren Herz der Palmengarten liegt, ihr Tempo erheblich. Um so mehr Wert legte der Schweizer darauf, den Garten als Oase der Ruhe und Besinnung zu erhalten und sich zugleich allen Bestrebungen, daraus einen Freizeitpark zu machen, zu widersetzen. „Diesen Tendenzen kann nur durch ein bewusstes Bekenntnis zum unschätzbaren Wert der Kultur und der Ruhe begegnet werden“ [43], betonte er immer wieder. Die Besonderheit des Palmengartens liege zugleich in seiner Vielfalt: „Wir sind mehr als eine Eventlocation, mehr als ein botanischer Garten, mehr als eine Stätte kultureller Begegnung und mehr als ein Erholungspark. Das ist einmalig, ich denke bundesweit.“ [44] Entscheidend für ihn war das Gleichgewicht aller drei Aspekte, die schon Heinrich Siesmayer im Palmengarten vereinigte und die heute als Logo über allem stehen: Pflanzen. Leben. Kultur.

Seine Nachfolgerin Dr. Katja Heubach, die die Leitung im September 2018 übernahm, setzt neue Akzente, die sie im letzten Kapitel dieses Buches näher erläutert. Ökologische Nachhaltigkeit und Digitalisierung sind nur einige Themen, die derzeit angegangen werden. Wie die Natur selbst, entwickelt sich auch der Palmengarten stetig weiter.

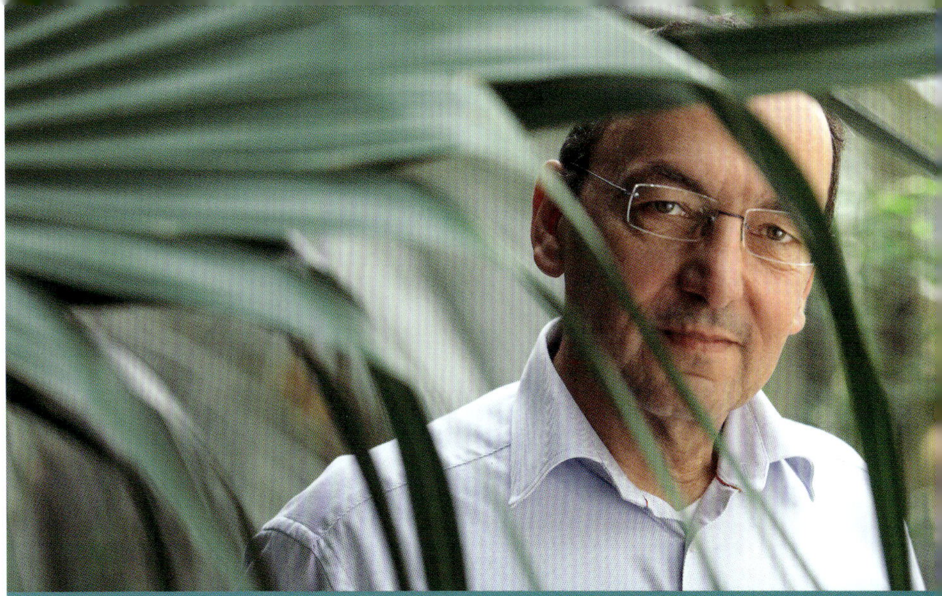

Direktor durch Zufall

1996 kam der habilitierte Botaniker Dr. Matthias Jenny nach Frankfurt, um Oberkustos im Palmengarten zu werden, also stellvertretender Leiter, der sich um den Garten, die Wissenschaft und die Pädagogik kümmert. Die Absicht, Direktor zu werden, habe er nie gehabt, sagte er später. Doch nur drei Monate nach seinem Einstand verließ seine Chefin den Garten und er musste Hals über Kopf die Verantwortung für damals 100 Mitarbeiter übernehmen. Er behielt sie 20 Jahre lang und führte den Garten erfolgreich, bis er 2018 in den Ruhestand ging. Geboren im schweizerischen Arosa, in eine Großfamilie von Ärzten, Naturwissenschaftlern und Musikern, hatte Jenny schon als Kind im heimischen Garten sein erstes Biotop angelegt. Er studierte schließlich systematische Botanik in Zürich und promovierte mit einer Arbeit über die Blütenentwicklung der Kakaopflanze und ihrer Verwandten. In Berlin habilitierte er sich mit einer Untersuchung zum Lebenszyklus einjähriger Wüstenpflanzen in Jordanien. Die Universitäten in Hamburg und Bochum waren seine Stationen, bevor Frankfurt zu seiner zweiten Heimat wurde. In seiner Amtszeit gründete Jenny unter anderem die Stiftung Palmengarten und Botanischer Garten und initiierte damit auch den Frühlingsball im unter seiner Leitung sanierten Gesellschaftshaus.

Chronologie

6. Mai 1868	Heinrich Siesmayer gründet mit 13 Mitstreitern das „Komitee zur Erwerbung der Biebricher Wintergärten“.
Juli 1868	Siesmayer legt die Pläne für den Palmengarten vor.
9. Januar 1869	Gründung der Palmengarten-Gesellschaft, Ausgabe von Aktien.
September 1869	Die Gewächshäuser und Pflanzen aus Biebrich kommen auf dem Landweg und per Schiff nach Frankfurt.
9. April 1870	Die erste Blumenausstellung im Palmenhaus und den Galerien wird eröffnet.
16. März 1871	Offizielle Eröffnung des Palmengartens mit einem Festakt. Am folgenden Morgen besucht Kronprinz Friedrich Wilhelm die neuen Anlagen.
1874/75	Der Palmengarten wird erweitert, Heinrich Siesmayer lässt den Großen Weiher sowie einen Hügel mit einem Schweizerhaus anlegen.
11. August 1878	Das Gesellschaftshaus brennt bis auf die Grundmauern nieder.
29. November 1879	Das neue Gesellschaftshaus im Stil der Neorenaissance wird eingeweiht.
10. Mai bis 17. Okt. 1881	Patent- und Musterausstellung auf dem Gelände nördlich des Gartens.
1884	Der Palmengarten wird im Norden um den „Neugarten“ erweitert.
6. Juni 1906	Eröffnung der neuen Gewächshausanlage mit fast 4.000 Quadratmetern. Die alten Glashäuser aus Biebrich werden abgerissen.
1928/29	Umbau der Fassade des Gesellschaftshauses durch die Architekten Ernst May und Martin Elsaesser im Stil des Neuen Frankfurt. Der Wintergarten entsteht.
1. Juni 1931	Der Palmengarten wird städtisch.
1. Juni 1931	Gründung der Gesellschaft der Freunde des Palmengartens.
28. August 1938	Gründung der Gesellschaft Reichsarboretum im Garten.
22./23. März 1944	Beim Fliegerangriff wird der Westflügel des Gesellschaftshauses von einer Brandbombe getroffen, viele Scheiben der Gewächshäuser zerplatzen, der Musikpavillon brennt ab.
25. April 1945	Die US-Armee besetzt den Palmengarten, kurz darauf wird er in die Sperrzone um das IG-Farbenhaus einbezogen.
18. September 1945	Die amerikanischen Besatzer richten den „Palmengarden Club“ ein, eine Art Freizeitpark für Armee-Angehörige.

3. Mai 1948	Der Garten wird größtenteils wieder für die Frankfurter freigegeben.
31. Juli 1953	Die Beschlagnahme des Palmengartens ist offiziell aufgehoben, das Gesellschaftshaus wird zurückgegeben.
1962	Wiederaufbau des Westflügels am Gesellschaftshaus.
1963	Erstmals über eine Million Besucher pro Jahr im Palmengarten.
7. März 1969	100 Jahre Palmengarten, akademische Feier mit den Ehrenträgern der Stadt.
August 1969	Umbau des Wintergartens im Gesellschaftshaus, die Glasvitrinen werden entfernt.
10. bis 17. April 1975	8. Weltorchideen-Konferenz, Thema: „Orchideen für alle".
1. August 1980	Eröffnung der „Grünen Schule Palmengarten".
4. Mai 1984	Eröffnung des Tropicariums Nord.
4. August 1987	Eröffnung des Tropicariums Süd.
1988	Neubau des Eingangsschauhauses mit Tiefgarage, die Pflanzenschauhäuser werden abgerissen.
23. bis 26. Juni 1988	1. Europäischer Rosenkongress, Übergabe des neuen Rosengartens.
Oktober 1989	Der TC Palmengarten 1914 verlässt die Tennisplätze im Palmengarten.
11. August 1992	Eröffnung des Subantarktishauses.
6. Mai 1993	125 Jahre Palmengarten mit Feier im Festsaal.
5. November 1999	Wiedereröffnung des Palmenhauses nach umfassender Sanierung.
Ende 2002	Schließung des Gesellschaftshauses aufgrund von erheblichen Sicherheitsmängeln.
April 2009	Beginn der Sanierungsarbeiten im Gesellschaftshaus mit Freilegung der historischen Wanddekorationen im Festsaal.
2010	Gründung der Stiftung Palmengarten und Botanischer Garten.
1. Januar 2012	Der Botanische Garten wird dem Palmengarten angegliedert.
8. Dezember 2012	Feierliche Wiedereröffnung des Gesellschaftshauses mit wiederhergestelltem historischen Festsaal.
2021	Eröffnung des Blüten- und Schmetterlingshauses.

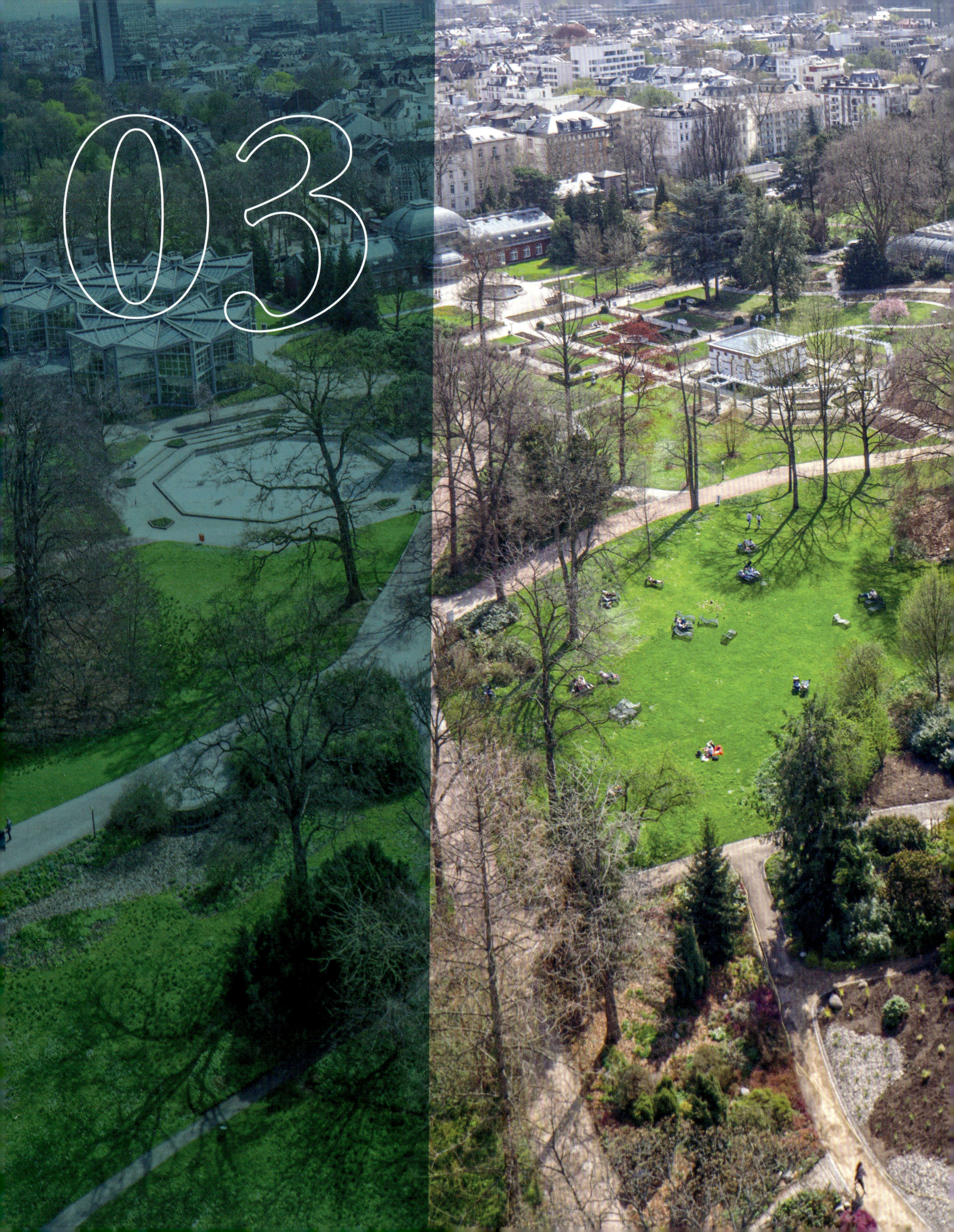

03

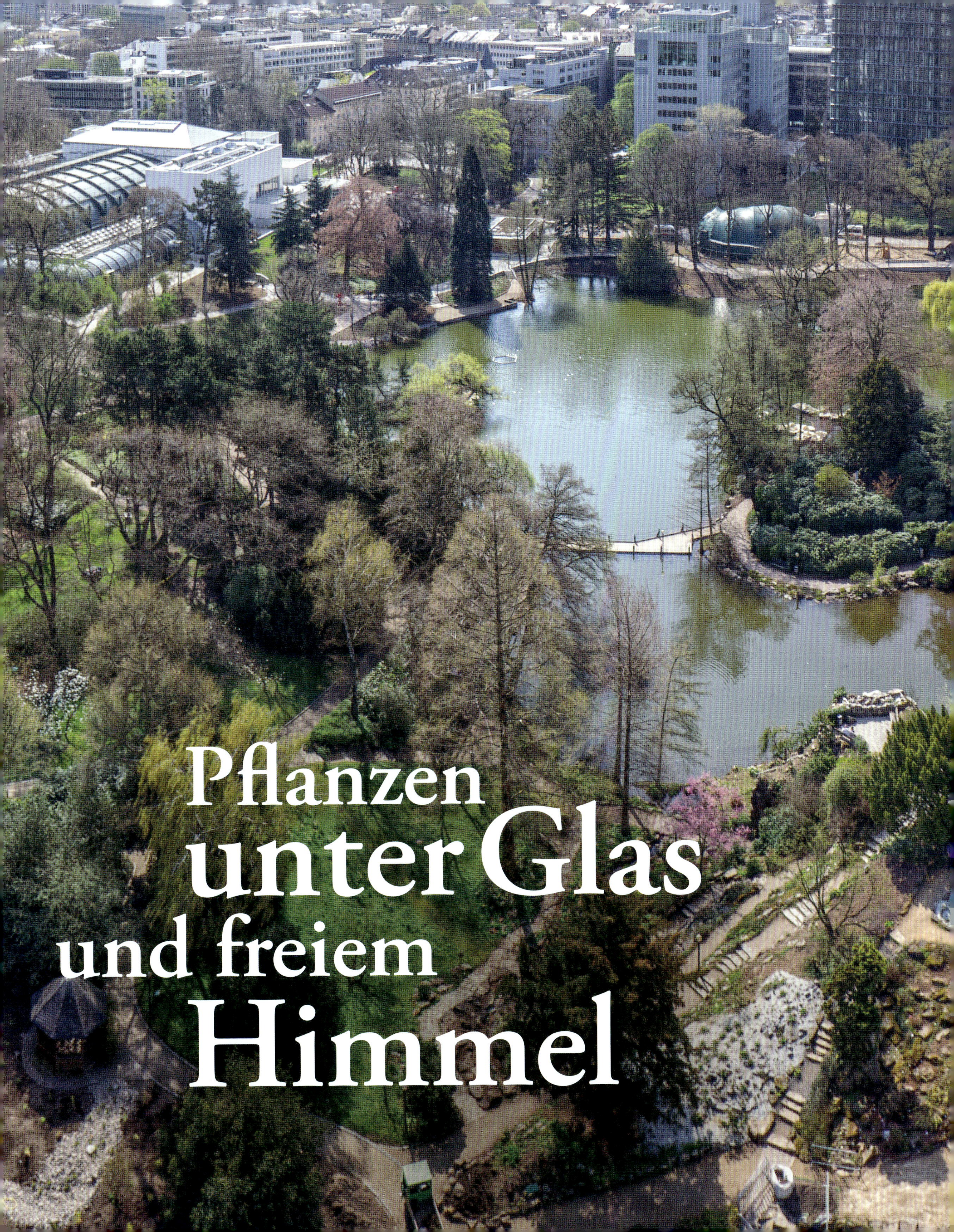
Pflanzen
unter Glas
und freiem
Himmel

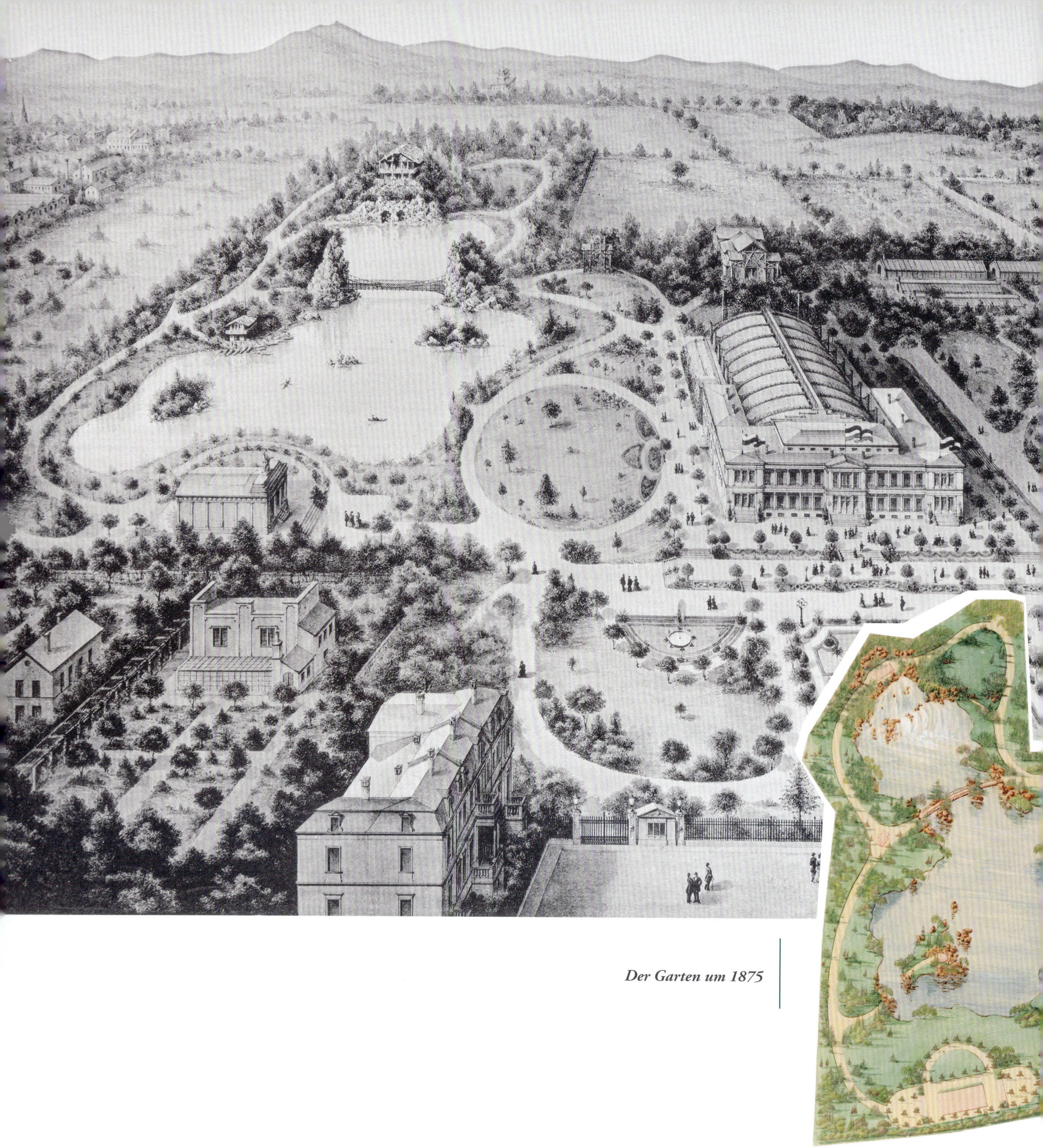

Der Garten um 1875

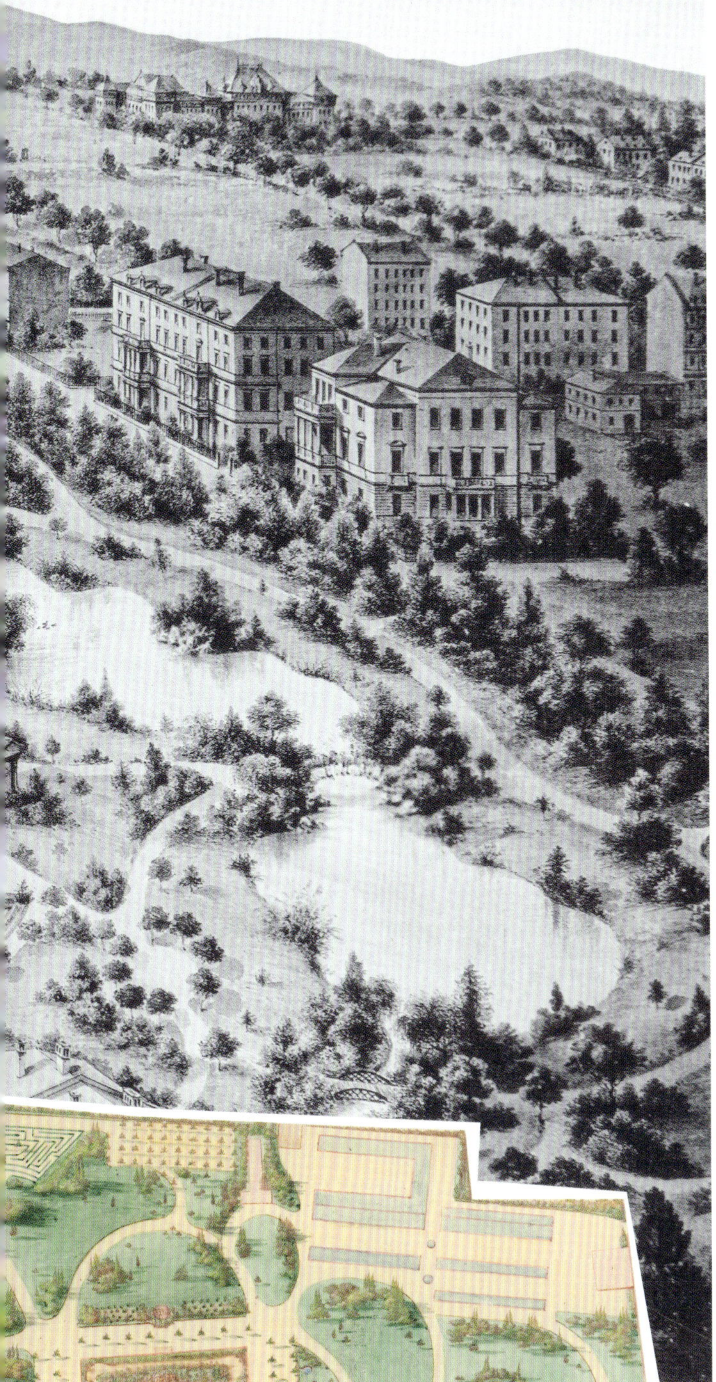

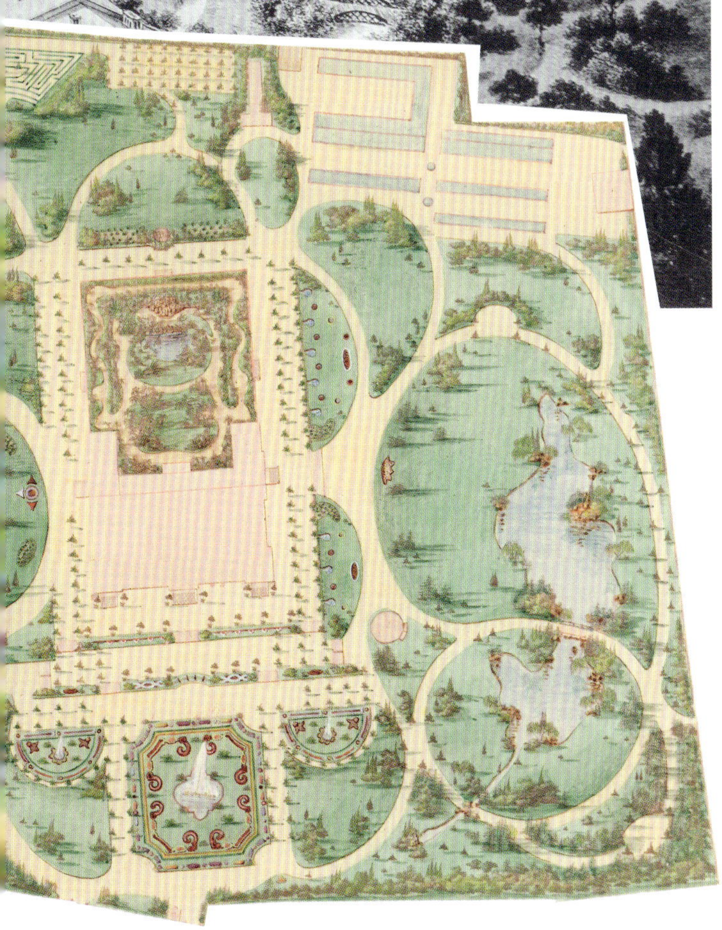

Eine Schau und viel mehr

In der zweiten Hälfte des 19. Jahrhunderts entstand mit dem Palmengarten der erste öffentliche Park der Stadt. Bis dato hatte es in Frankfurt zwar Landschaftsparks nach englischem Vorbild gegeben, etwa den Günthersburgpark der Familie Rothschild, den Bethmann- oder den Brentanopark, sie waren aber privat und dienten in den adeligen Familien vor allem der Repräsentation. Zunehmend wollte sich nun auch das Bürgertum in den großen Städten einen solchen Rückzugsort schaffen, der den Ideen des englischen Landschaftsparks folgen und den Besuchern ästhetisches Vergnügen bereiten sollte. So eröffnete etwa 1864 die von Peter Joseph Lenné gestaltete Flora in Köln. Charakteristisch für deren Gestaltung sind die vielfältigen Sichtachsen, mit denen die Bauwerke der Anlage in Szene gesetzt wurden. Ähnlich plante auch Heinrich Siesmayer das Freiland des Palmengartens mit naturnah arrangierten Bepflanzungen und geschwungenen Wegen. Dabei waren im Freiland Gehölzraritäten zu sehen, es gab aber auch in das Grün eingefügte Sitzgruppen mit Blickachsen, die das Gesellschaftshaus oder den damals noch gut erkennbaren Feldberg oder Altkönig in Szene setzten. Wie Lenné, kombinierte auch Siesmayer im Geiste des damals hochmodernen Historismus den Stil englischer Landschaftsparks mit Einflüssen aus dem französischen Barockgarten. Von ihm ließ er sich bei der Teppichgärtnerei inspirieren, die er im Blumenparterre vor dem Gesellschaftshaus im großen Stil anlegen ließ. Beide Aspekte dieser historischen Planung sind bis heute im Garten erhalten geblieben: die sich schlängelnden Wege mit Baum- und Strauchgruppen, die sowohl nach Vorder- und Hintergründen, als auch mit unterschiedlichen Farben gestaltet sind, ebenso wie die vielfarbigen Beete, die heute in der modernen Form des Wechselflors im Frühjahr und Sommer zu sehen sind.

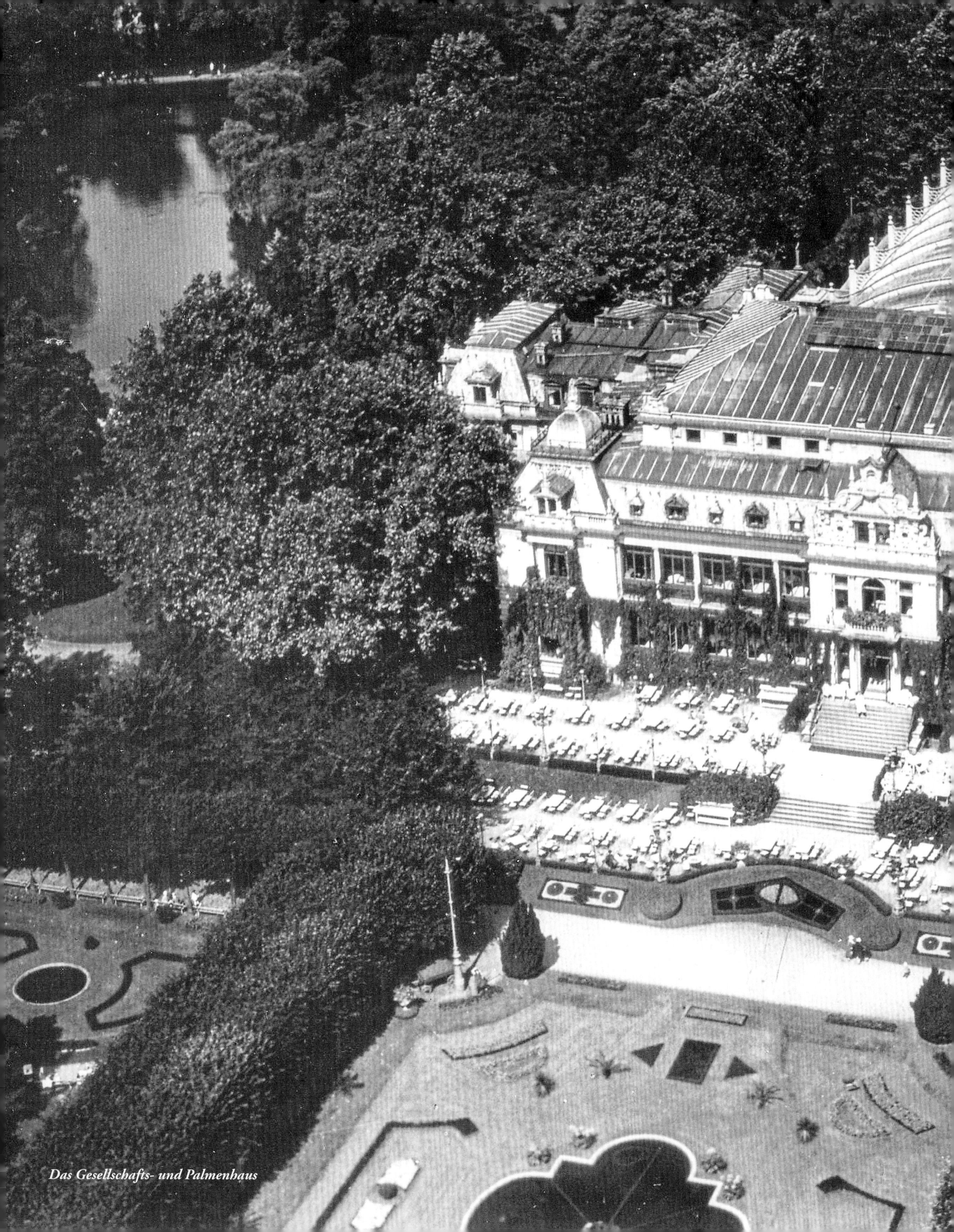

Das Gesellschafts- und Palmenhaus

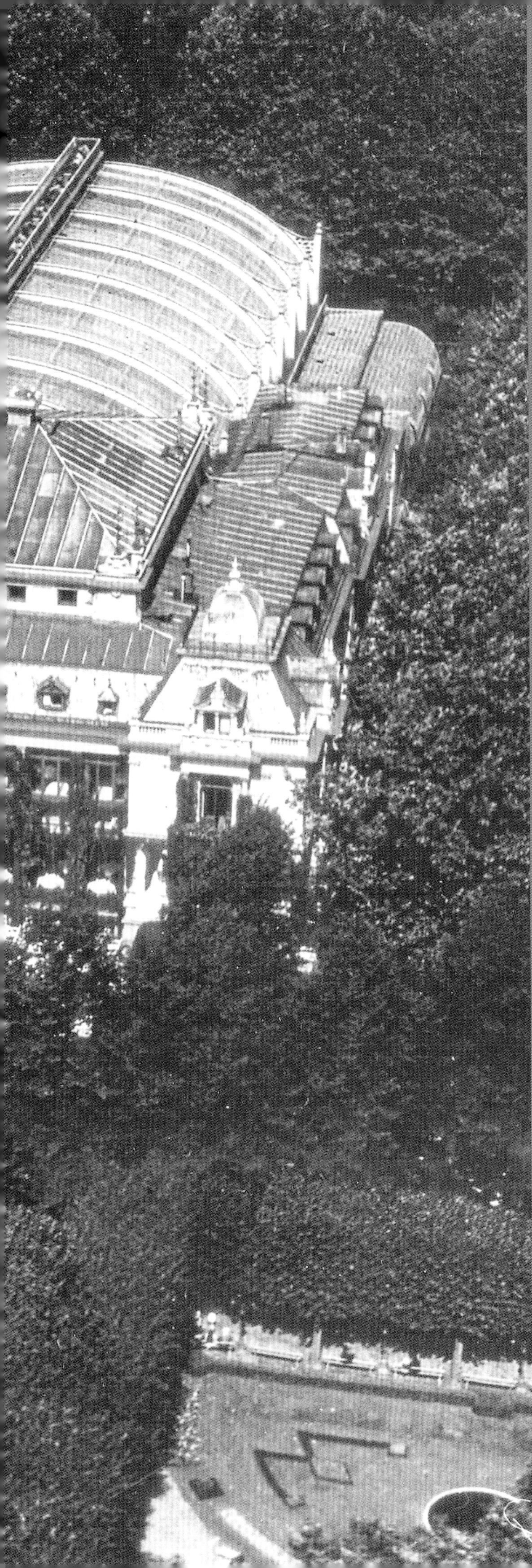

Der Garten als Vorbild

Die Idee, den Fürsten und Adeligen mit ihren privaten Repräsentationsgärten öffentliche Bürgergärten zur Seite zu stellen, lag in der Luft. Der Palmengarten zählte im 19. Jahrhundert zu den eher frühen Projekten dieser Art. Nur wenige Jahre vor ihm entstand in Köln die Flora. Auch hier war es eine von einflussreichen und wohlhabenden Bürgern gegründete Aktiengesellschaft, die den Gartengestalter Peter Josef Lenné beauftragte, die Anlage zu entwerfen. Auf dem Gelände entstand ein Wintergartenpalast aus Eisen und Glas, der als Palmenhaus diente, aber auch für festliche Bälle genutzt wurde. Der Palmengarten in Frankfurt kombinierte Pflanzenschauhaus und Festsaal in zwei verbundenen Baukörpern. Damit wirkte der Garten „bahnbrechend für diesen neuen Typus des Gesellschaftshauses, das mit dem Palmenhaus so vereinigt war, dass sie sich, ohne sich gegenseitig zu stören, zu einer neuen Art der Vergnügung ergänzten".[45] Nach seinem Beispiel entstand bis 1874 die Flora in Charlottenburg, damals mit dem größten Festsaal Deutschlands und dem sich anschließenden Palmenhaus. Sie wurde bereits 1904 wieder abgerissen. Unter direkter Mitwirkung der Gebrüder Siesmayer wurde 1880 der Stadtpark zu Mannheim mit Palmen- und Gesellschaftshaus gegründet. Der Stadtgarten Stuttgart, bereits aus dem 18. Jahrhundert stammend, erhielt 1881 ein Palmenhaus mit Restaurant, das im Zweiten Weltkrieg zerstört wurde. Der 1899 eröffnete Palmengarten Leipzig wurde sogar gänzlich nach dem Vorbild des Frankfurter Gartens geschaffen. So war es explizit im Gestaltungswettbewerb gefordert worden. In der Mitte entstanden ein schlossähnliches eher quadratisches Gesellschaftshaus mit Festsaal und angrenzendem Palmenhaus, das ähnlich wie in Frankfurt gestaltet war. Beide wurden 1939 gesprengt.

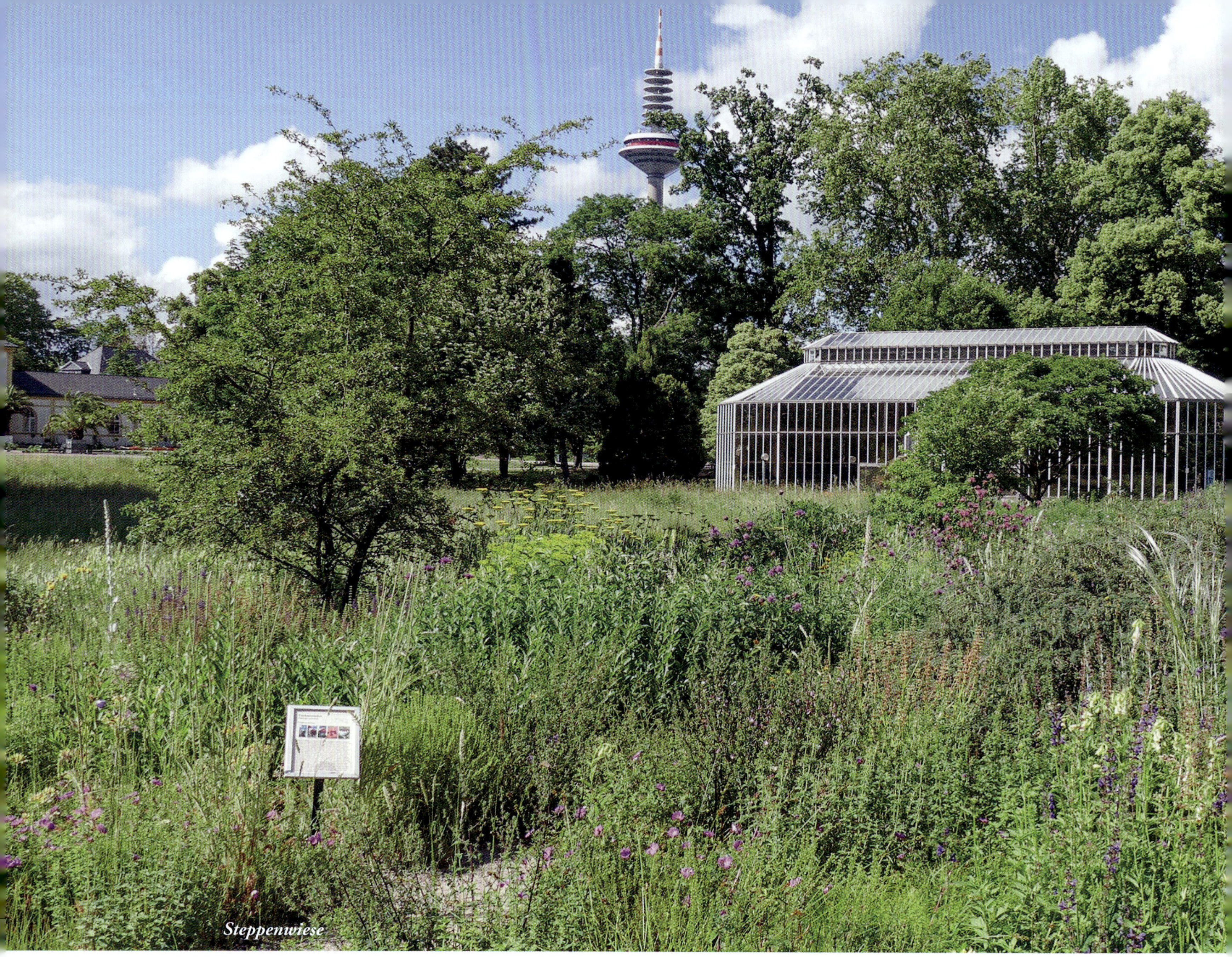

Steppenwiese

Grundstock des Palmengartens bildete jedoch die Pflanzensammlung des Herzogs von Nassau, so dass er von Beginn an weit mehr war als ein hübsch angelegter englischer Garten. Auch wenn der Palmengarten seit vielen Jahren Mitglied im nationalen und internationalen Verbund Botanischer Gärten ist, er ist kein reiner botanischer Garten. Er ist aber auch kein reiner Schaugarten oder nur eine großflächige Grünanlage zur Zierde der Stadt. Der Palmengarten war und ist beides zugleich. Er verbindet „Wissenschaftlichkeit mit Erholung, Gartenbau mit Botanik, Beruf und Berufung mit Liebhaberei" [46], wie schon Gustav Schoser es zum 100. Geburtstag des Gartens ausdrückte. Nähern sich die Besucherinnen und Besucher dem Eingang an der Palmengartenstraße und dem Blumenparterre, sehen sie Beete, die von der langen gärtnerischen und handwerklichen Tradition zeugen, Blumen in unterschiedlichen Farben und Formen zu einem harmonischen Ganzen zu verbinden. Doch einige Schritte weiter, an der Steppenwiese, stehen sie in einem Areal mit fast ausschließlich reinen botanischen Arten, entstanden aus Samen, die möglichst vom Naturstandort gesammelt wurden und die Vegetation bestimmter geografischer Regionen nachbilden sollen.

Die Besucher nehmen diese Zweiteilung auf den ersten Blick nicht wahr. Nur, wer sich genauer mit der Sammlung des Gartens befasst, bemerkt, wie eng die Botanik und die Gärtnerei auf den rund 22 Hektar des Palmengartens zusammengewachsen sind. Mehrere Tausend unterschiedliche Pflanzenarten werden dort kultiviert, im Freiland und unter Glas – zum Teil sogar in hinter dem Tropicarium eigens dafür eingerichteten Gewächshäusern unter Ausschluss der Öffentlichkeit. Der Palmengarten beherbergt eine der artenreichsten Sammlungen der Welt. Kamelien, Orchideen, Bromelien sind darin vertreten, von denen besonders schöne

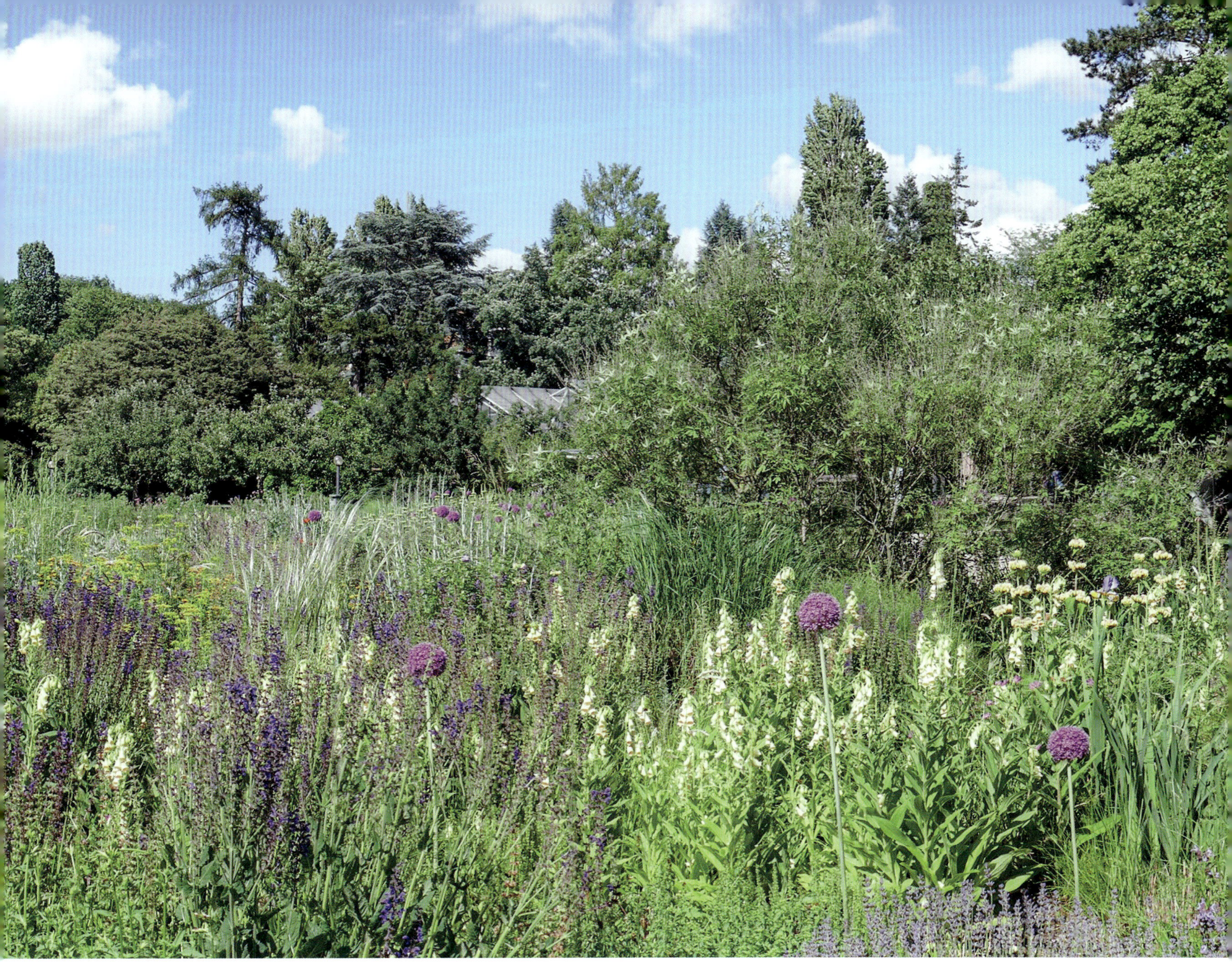

Exemplare immer auch dem Publikum zugänglich gemacht werden. Allein die Palmen, einer der wichtigen Sammlungsschwerpunkte des Gartens, umfassen heute rund 220 verschiedene Arten. Phoenix-Palmen kamen bereits 1869 von Biebrich nach Frankfurt, ebenso wie die ersten Kamelien. Diese gärtnerische Sammlung umfasst heute etwa 60 Züchtungen, die, wenn sie nicht als winterharte Exemplare im Freiland stehen, in der Gärtnerei gepflegt und einmal im Jahr zur Blüte in den Galerien ausgestellt werden. Der Palmengarten wäre ohne die Pflanzensammlungen des Herzogs von Nassau niemals gegründet worden und ist auch heute ohne sie nicht denkbar. Die Bestände wurden und werden weiterhin nach unterschiedlichen Schwerpunkten ausgebaut. Sie bilden die Grundlage für das auch international außerordentlich hohe Renommee des Palmengartens. Dieser diente damit sehr früh schon neben der Erholung und Erbauung immer auch der Bildung seiner Gäste.

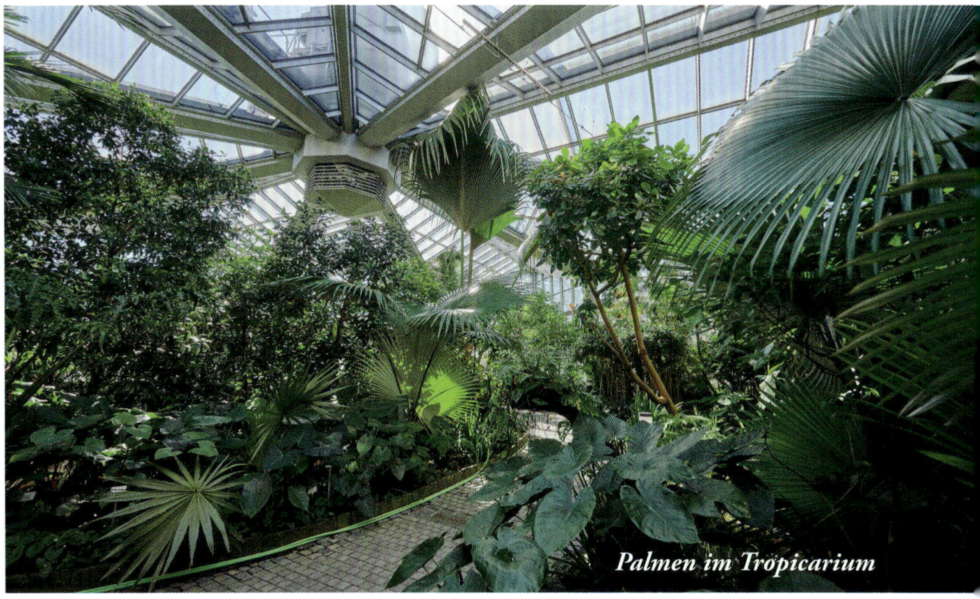

Palmen im Tropicarium

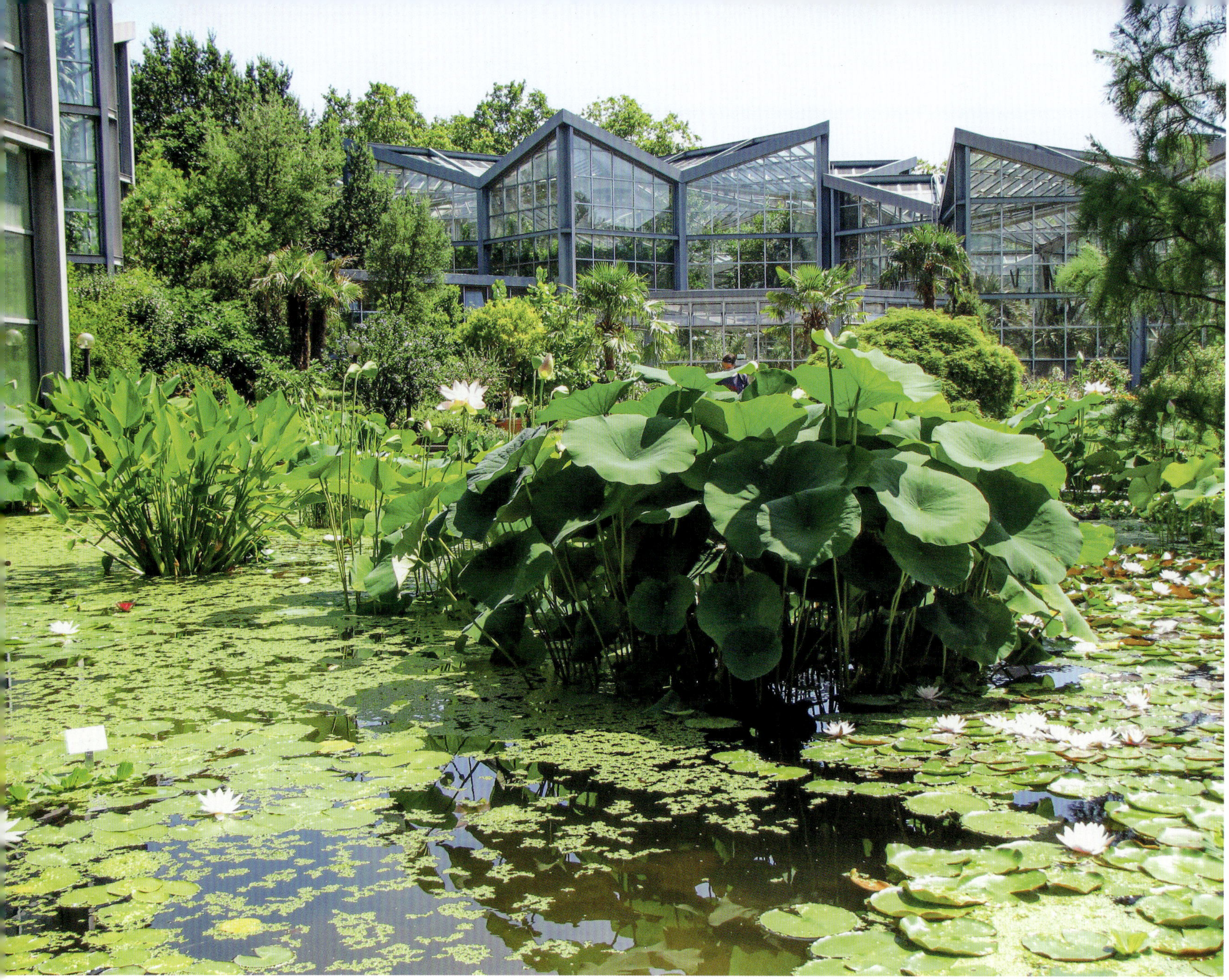

Für die Besucherinnen ist die Sammlung so gestaltet, dass sie mitten in Frankfurt einen Eindruck der Pflanzenwelten unterschiedlichster heimischer und exotischer Lebensräume erhalten können. Im Botanischen Garten, der dem Palmengarten angegliedert ist, stammen die Pflanzen aus Mitteleuropa oder klimatisch vergleichbaren Gebieten und sind vor allem Pflanzengemeinschaften wie einer Sandsteppe oder einem Buchenwald nachempfunden. Der Palmengarten kann in seinen Schauhäusern auch tropische Pflanzen zeigen. Im Tropicarium etwa stehen sie geografisch und nach Klimazonen sortiert beieinander. So entstanden die immer feuchten Tiefland- und Bergregenwälder, Nebel- und Halbwüsten oder die Savanne. Im Freiland können die Gäste unterschiedliche Themengärten entdecken wie den Rosen-, den Steingarten, einen Gräser- und einen Rhododendrongarten, die Steppenanlage, die Sommer-Sukkulenten hinter dem Tropicarium, den Fuchsiengarten, das Asienbeet oder auch das Seerosenbecken.

Der Fokus des modernen Gartens liegt heute zudem auf einem bewussteren Umgang mit der Natur. Neben Rasenflächen, die sich wie ein grünes Band durch die Anlage ziehen, sind beispielsweise Blumenwiesen entstanden, die Nahrung für Insekten bieten. Nicht nur das neue Blüten- und Schmetterlingshaus steht im Zeichen des aktuellen Leitthemas des Gartens, der Blüten- und Bestäuberökologie. Auch Ausstellungen, Führungen und eben die Freilandgestaltung sollen dieses widerspiegeln.

Ein Beispiel ist das Küstenbeet am Ostufer des Großen Weihers, das Gärtnermeister Sven Nürnberger 2017 gestaltet hat. „Der Untergrund besteht aus Kies und ungewaschenem Sand. So ein Beet ist eine gute Alternative für die oftmals in Vorgärten herrschende Schotterwüste", sagt Nürnberger. Denn das kleine Biotop aus Küstenpflanzen verschiedenster Regionen bietet zugleich Sandbienen und -wespen einen Lebensraum.

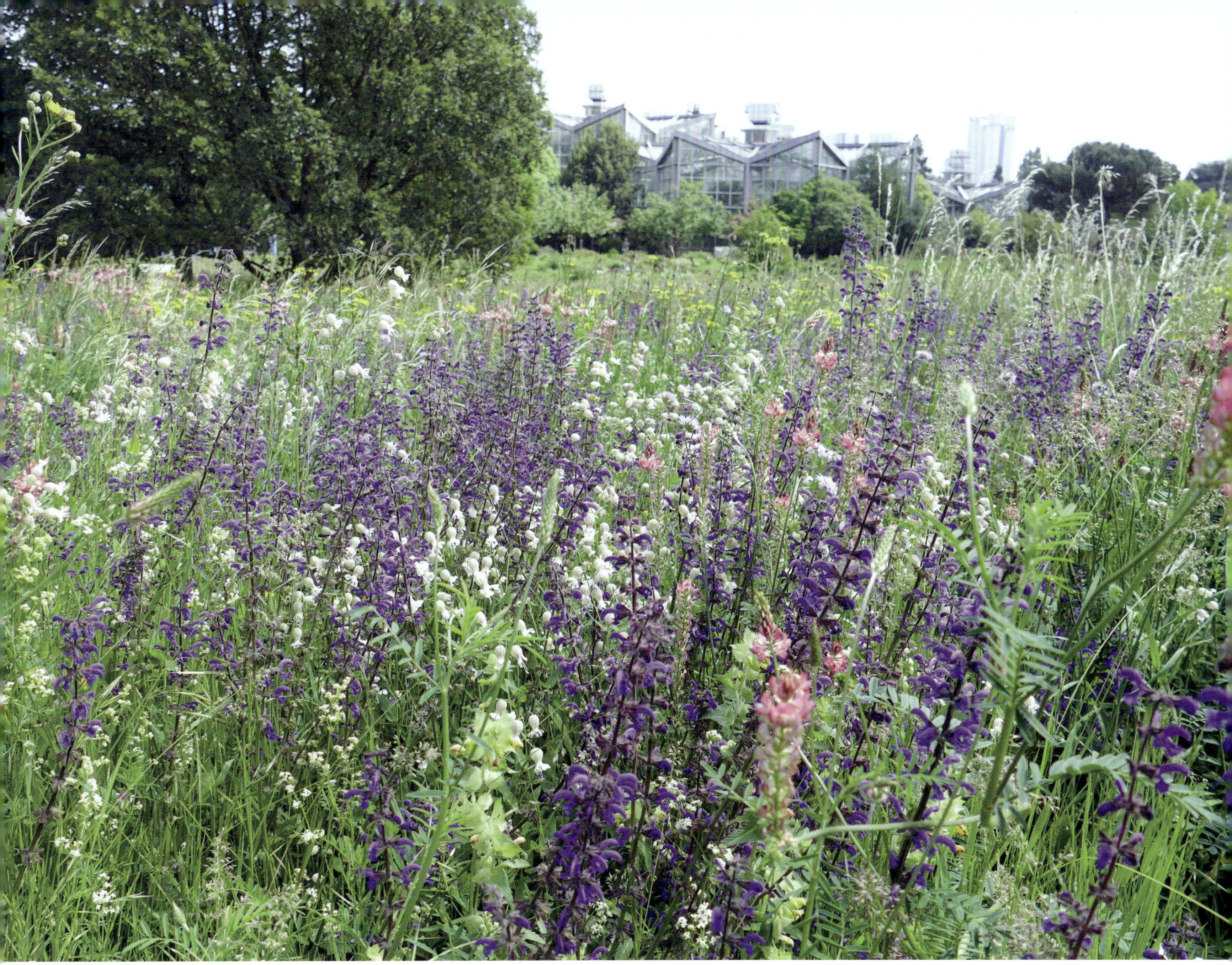

Um die Vielfalt der Gestaltung zu erhalten und sie zugleich aus einem Guss wirken zu lassen, will die Direktorin Katja Heubach mit ihrem Team in den kommenden Jahren ein Gestaltungskonzept, einen Masterplan entwickeln. „Wir müssen festlegen, was wir zeigen und unter welchen Bedingungen wir es wie gestalten wollen", sagt sie. Das betrifft die Schauhäuser ebenso wie modernere Themengärten, aber auch die älteste Anlage auf dem Gelände, das Blumenparterre vor dem Gesellschaftshaus.

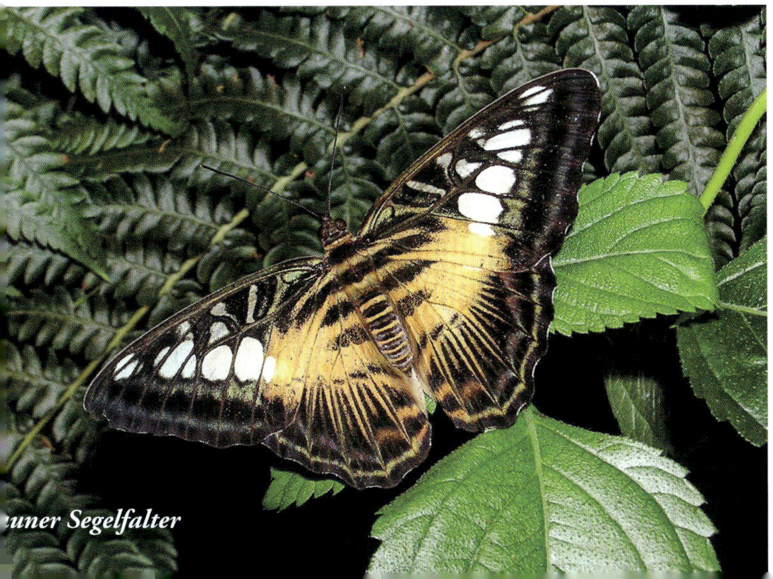

…uner Segelfalter

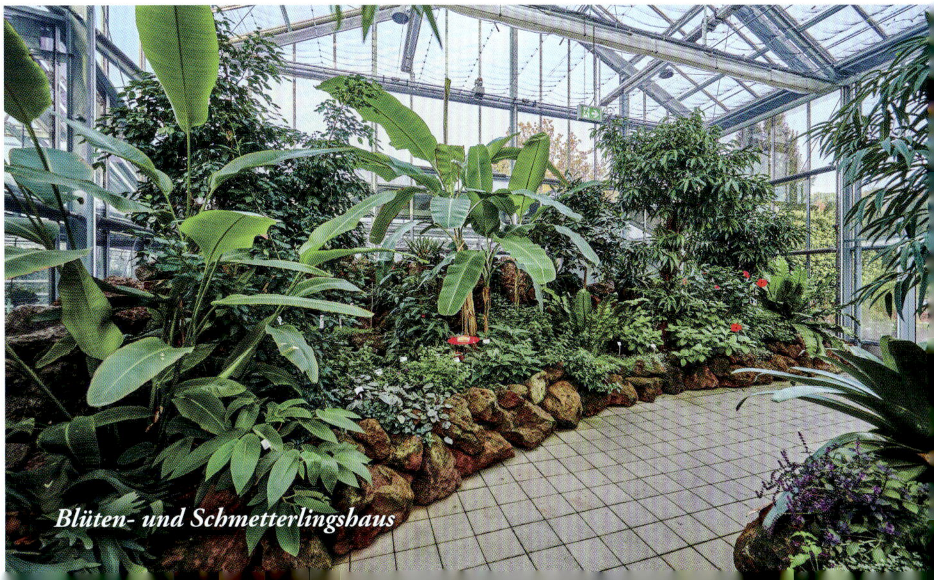

Blüten- und Schmetterlingshaus

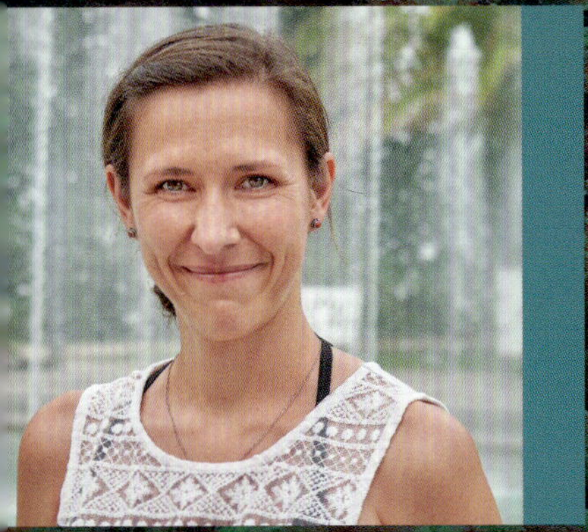

Schön einschläfernd

Juliane Adam wohnt seit einigen Jahren in der Nähe des Palmengartens. Seit ihre heute zweijährige Tochter unterwegs war, kommt sie regelmäßig in die Anlage. „Als sie ganz klein war, habe ich immer am Oktogonbrunnen mit ihr gesessen, weil sie nicht schlafen wollte. Das Wasser war so schön rhythmisch unrhythmisch, dass sie eingeschlafen ist, ohne dass man mit ihr ständig herumläuft." Heute geht Juliane Adam mit der Kleinen auf den Spielplatz, lässt sie rutschen und schaukeln. „Hier ist es ruhiger und schöner als auf einem normalen Spielplatz." Und das Angebot sei vielfältiger. „Meine Tochter liebt auch die Enten und die Schildkröten am Weiher und im Tropicarium haben wir sogar eine Art kleinen Leguan entdeckt." Juliane Adam selbst mag den Platz am Oktogonbrunnen sehr gerne. „Besonders im Herbst, da färbt sich das Laub des großen Baumes ganz rot, das ist wunderschön."

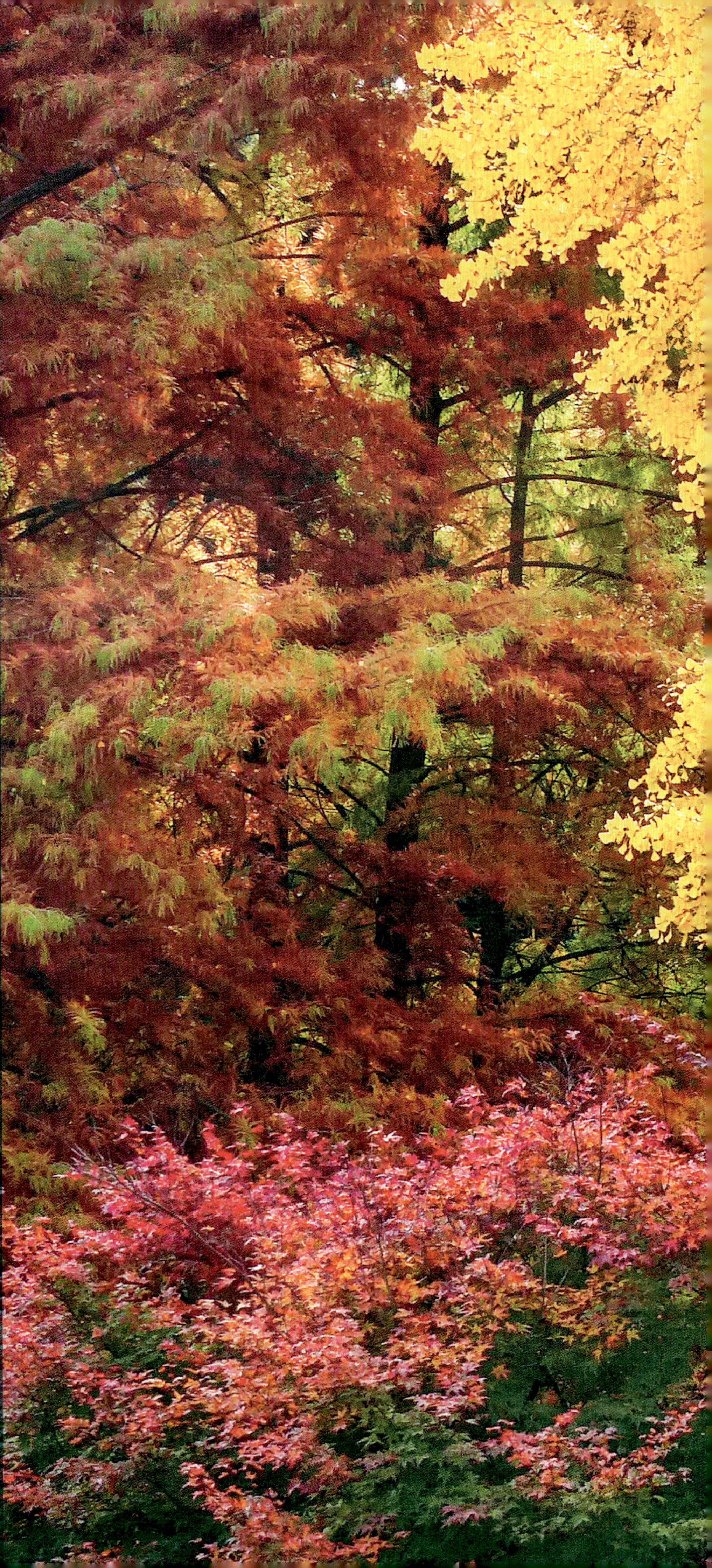

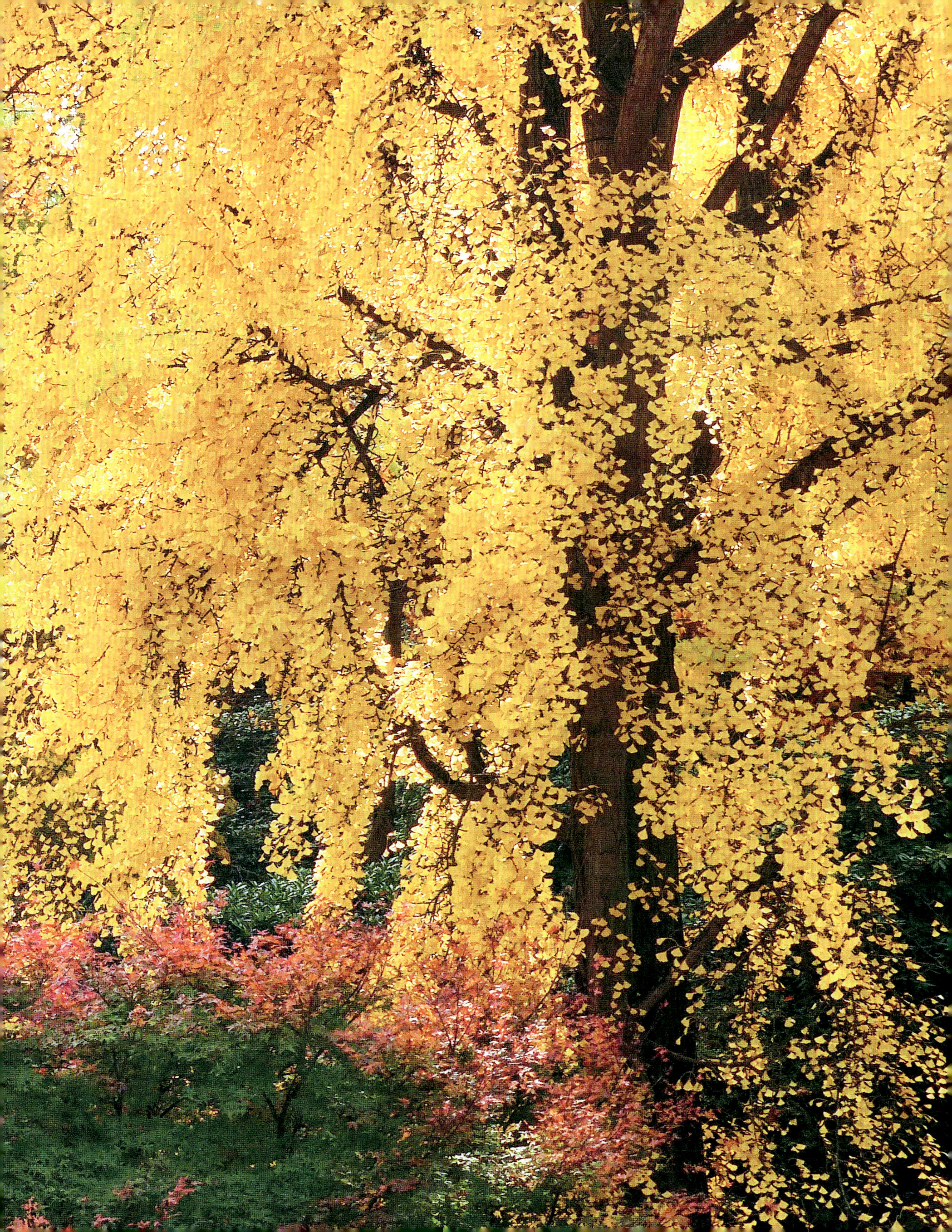

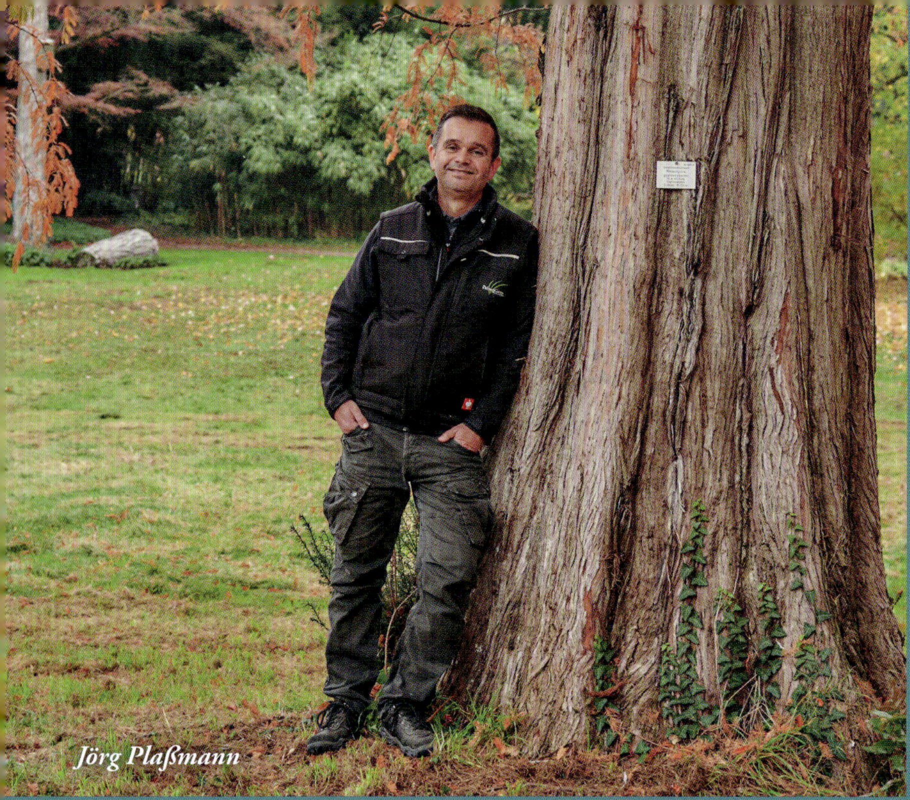

Jörg Plaßmann

„Die Frequenz der heißen Sommer steigt"

Jörg Plaßmann leitet im Palmengarten das Freiland, das etwa 17 der insgesamt 22 Hektar des Geländes umfasst, sowie die Ausstellungsgalerien am Palmenhaus.

Mit 28 Gärtnerinnen und Gärtnern sowie sechs Saisonkräften sorgt er dafür, dass die Beete, Wiesen und Gehölze das ganze Jahr über für die Gäste attraktiv wirken. Gerade im Sommer, wenn es heiß ist, wird das zunehmend schwieriger.

Herr Plaßmann, können Sie Auswirkungen des Klimawandels im Palmengarten feststellen?

Wir mussten in den Sommern 2018 und 2019 nahezu jeden Tag im Freiland wässern, auch 2020 war es nicht viel anders. Mein Eindruck ist, dass die Frequenz der heißen Sommer ansteigt, und dass die Trockenperioden ausgedehnter werden. Im Jahr 2018 ist der Mehrverbrauch an Wasser und an Arbeitskraft um 30 bis 40 Prozent gestiegen. Weil wir nur in wenigen Bereichen eine automatische Bewässerung haben, müssen wir Regner aufstellen, Schläuche ziehen und manche empfindlichen Pflanzen auch von Hand gießen. In solchen trockenen Sommern ist das unsere Hauptaufgabe geworden. Im Jahr 2020 hatten wir sogar schon im Frühjahr zwei Monate Trockenheit und mussten im April jeden Tag wässern, weil die Pflanzen Feuchtigkeit benötigen, um auszutreiben. Man muss das natürlich langfristig betrachten, aber ich denke, wir nähern uns mediterranen Verhältnissen an, mit längeren Trockenheitsphasen und hohen Temperaturen, die sich länger hinziehen.

Warum lassen Sie die Rasenflächen dann nicht verdorren, um Wasser zu sparen?

Wir sind ein Schaugarten und haben einen großen Erholungswert für die Besucherinnen und Besucher. Wenn im Sommer in der Stadt sonst alles verdorrt und braun ist, erleben viele es als wohltuend, durch den grünen Garten zu laufen und bei uns durchatmen zu können. Hinzu kommen natürlich die positiven Auswirkungen auf das Stadtklima. Allerdings wollen wir den Anteil an naturhaften Wiesenflächen, die wir ja ebenfalls haben, in Zukunft vergrößern. Solche Flächen werden selten bis gar nicht gewässert und dürfen dann im Hochsommer auch mal brauner werden.

Ist das alles, was Sie an Veränderungen sehen?

Nein, auch die Blütezeit der Pflanzen verändert sich. Sie treiben früher aus. Umso anfälliger sind sie für Spätfröste, etwa an den Eisheiligen. Manche Bäume werfen ihr Laub früher ab oder trocknen im Kronenbereich ein, ein Zeichen von Stress bei Trockenheit. Und dass die Mittelmeer-Pinien neben dem Rosengarten bei uns mal so gut gedeihen würden, hätten wir bei ihrer Pflanzung in den 1980er Jahren wohl nicht gedacht.

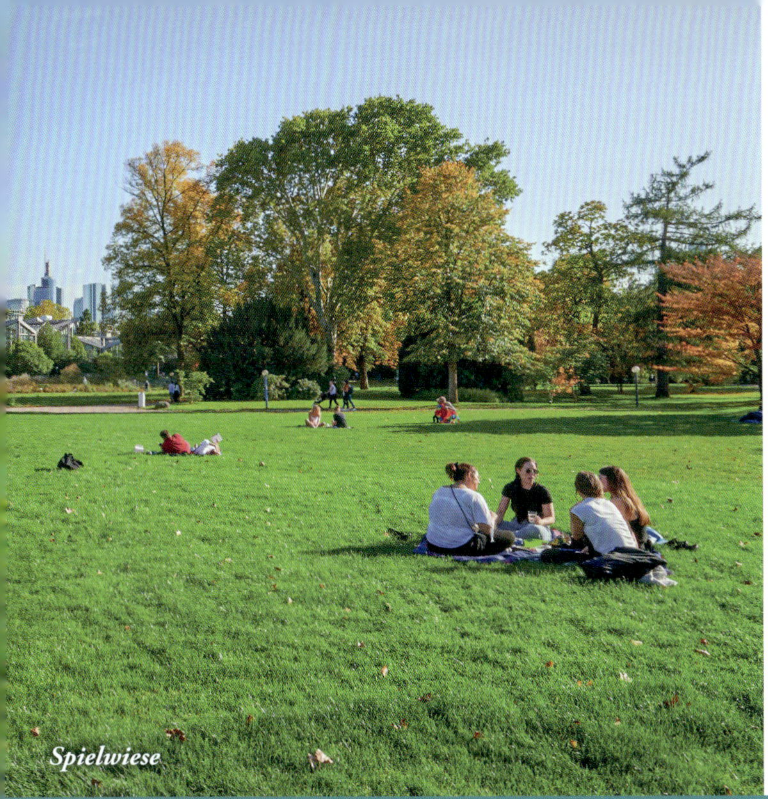
Spielwiese

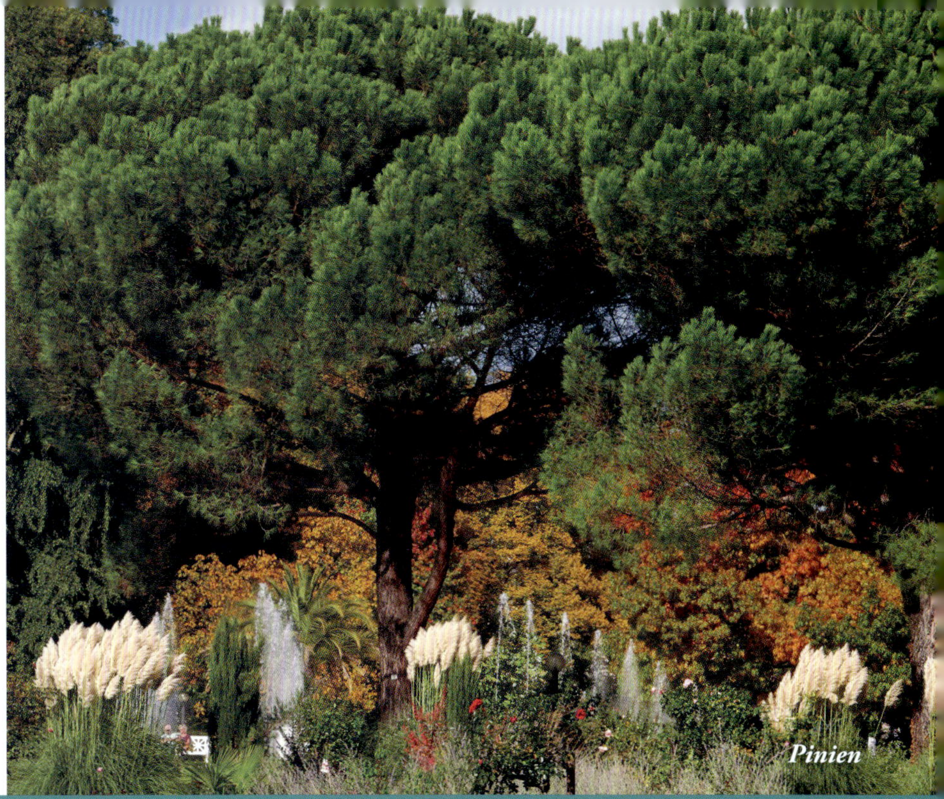
Pinien

Wie können Sie den ansteigenden Temperaturen sonst begegnen?

Wir arbeiten mit Substraten, die Wasser gut halten, die zum Beispiel mit wasserspeichernden Tonmineralen versetzt sind. Wir mulchen Flächen mit verschiedenen organischen und mineralischen Materialien, weil das Substrat die Feuchtigkeit in den oberen Bodenschichten hält, und sie bei Wind nicht so schnell austrocknen. Aber das geht nicht überall. Die Bedürfnisse der Pflanzen sind da sehr unterschiedlich. Wässern bleibt das A und O. Bei Gehölzen, die unter der Trockenheit leiden, lassen wir einzelne Regner auch mal die ganze Nacht über laufen. Es ist bei großen Pflanzen und Gehölzen nicht damit getan, dass sie jeden Tag etwas Wasser bekommen. Sie müssen durchdringend gewässert werden, um dann für mehrere Tage bis Wochen wieder gut versorgt zu sein.

Kultivieren Sie künftig dann vor allem mediterrane Pflanzen im Freiland des Gartens?

Das funktioniert leider nicht per se. Die Temperaturen steigen ja nicht generell gleichmäßig an. Man muss immer davon ausgehen, dass es ab und zu noch kalte Winter und späte Fröste gibt. Außerdem besitzen wir einen historischen Pflanzenbestand, den wir erhalten wollen, und wir sind ja auch ein botanischer Garten. Unser Anspruch ist es, den Besucherinnen und Besuchern möglichst viele verschiedene Pflanzen aus unterschiedlichen Regionen, Klimazonen und Lebensbereichen zu zeigen. Deshalb würde ich nicht sagen, auf diese Pflanze verzichten wir jetzt, weil es zu schwierig ist, sie zu kultivieren. So weit sind wir noch nicht. Wobei man das für die Zukunft natürlich nicht ausschließen kann. Ich glaube schon, dass unsere heimischen Pflanzen und klassischen Garten- und Parkgehölze, wie die großen Buchen, Linden und Kastanien, sich auf Dauer nicht mehr so gut entwickeln werden, manche werden seltener gepflanzt werden, einige vielleicht einmal ganz aus dem Sortiment verschwinden. Dafür erreichen andere, wie die aus südlicheren Gegenden stammenden Pinien, Steineichen und immergrünen Magnolien bisher ungewohnte Größen. Man kann den Palmengarten in diesem Sinne auch als eine Art „Labor" verstehen, in dem viele neue Beobachtungen gemacht und langfristige Erfahrungen gewonnen werden.

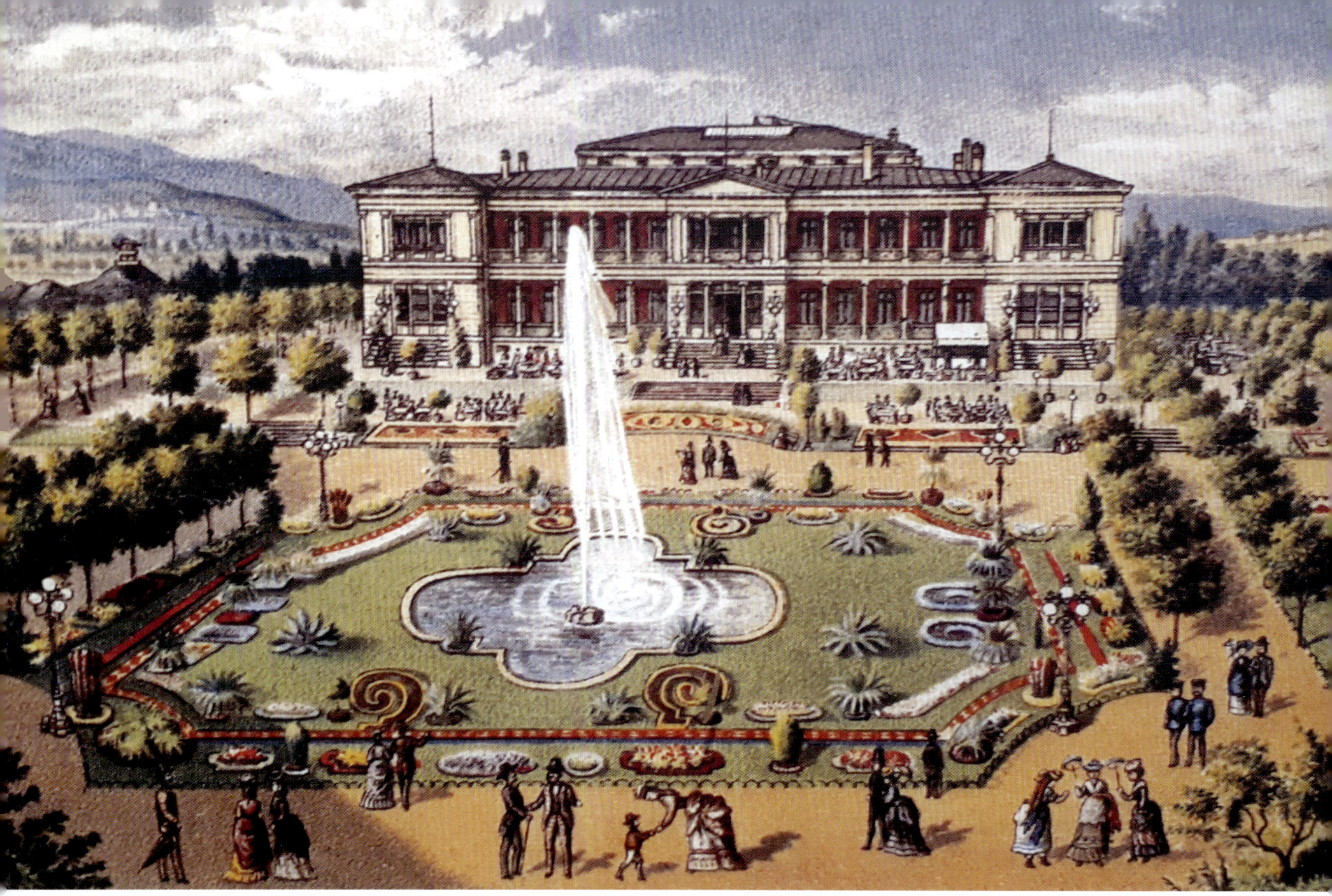

Das Blumenparterre 1871 und nach 1879 (unten)

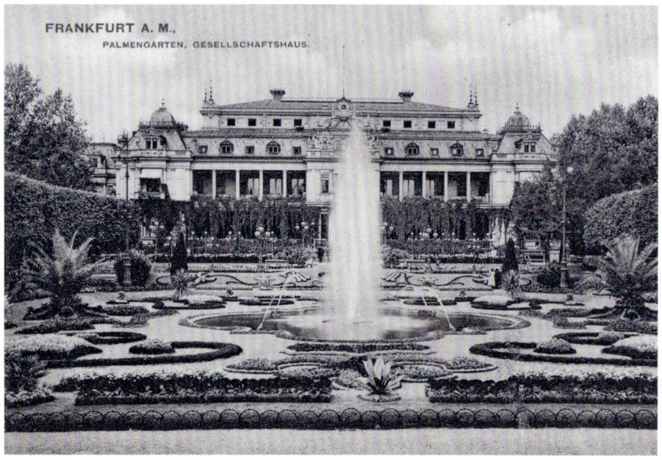

DAS BLUMENPARTERRE

„Auf demselben entfaltet sich vom zeitigen Frühjahr an bis in den späten Herbst hinein ein ununterbrochener Blumenflor, der in kunstreichen Zeichnungen und vielfarbigen Mustern unter Verwendung von zahlreichen Blattpflanzen, Knollen- und Zwiebelgewächsen zugleich ein vollendetes Bild modernster Teppichgärtnerei präsentiert.“ [47]

So heißt es in einem Führer durch den Palmengarten von 1881. Blumenbeete, die so dicht bepflanzt sind, dass nicht die einzelne Pflanze wirkt, sondern das Muster, das durch die unterschiedlichen Farben entsteht – die botanische Teppichweberei ist eine uralte Kunst, die schon in den Gärten der arabischen Kalifen praktiziert wurde und in Europa im Barock ihre Meisterschaft entwickelte. In Deutschland war sie vor allem in der zweiten Hälfte des 19. Jahrhunderts in Mode. Heinrich Siesmayer galt als einer der wichtigsten Verfechter der Teppich-Gärtnerei und brachte sie in seinem Blumenparterre vor dem Gesellschaftshaus – der Begriff stammt von ihm selbst – zur Vollendung. Der hohe Bedarf an Pflanzen und das Erhalten der Zeichnung über einen gesamten Sommer machten Teppichbeete allerdings sehr kostspielig. Sie waren daher vor allem in Schlossparks und Gärten großbürgerlicher Villen zu finden. Im Palmengarten zählten die Teppichbeete von Anfang an zu den Paradestücken, die von Gartenfreunden bis ins europäische Ausland wahrgenommen wurden. Auch die Zeitschrift „Rheinische Gärten" stellte damals trotz anfänglich großer Skepsis fest:

„Wie ein festlicher Teppich rollt sich diese bunte Pracht aus dem reich aufgebauten Hauptportale hervor, die Terrassen hinab; wie ein voller, heiterer, stimmungsvoller Akkord bewillkommnet sie die erwartungsvollen Besucher und ladet sie gastlich ein, das für sie bereitete Haus zu betreten. Betrachten wir die Anlage näher mit prüfendem Auge, so zeigt sie sich uns auch in Anordnung und Ausführung als ein Vorbild des besten Geschmackes auf diesem schwierigen Felde. Durch das Vorherrschen der Rasenflächen, durch die vielfach eingestreuten Gräser-, Stauden-, Blatt- und Buschpflanzen, durch die Einschränkung der bunten Flecke in bescheidene, stets wieder durch breites Grün geschiedene Grenzen vermeidet der Teppich jede Überladung, während die kunstreichen Zeichnungen, die vielfarbigen Muster sich klar hervorheben."[48]

Heinrich Siesmayer und auch sein Nachfolger August Siebert ließen die Beete vor dem Gesellschaftshaus zwei- oder sogar dreimal im Jahr neu bepflanzen. Zu Sieberts Zeiten wurden für die Frühjahrsbeete allein rund 500.000 Pflanzen, darunter Astern, Primeln, Veilchen und Bellis, im Palmengarten selbst gezogen. Nach der Umgestaltung der Fassade des Gesellschaftshauses im neusachlichen und damit eher strengen Stil wurde ab 1929 die ornamentale Bepflanzung des Blumenparterre fast völlig aufgegeben. Der Brunnen mit Fontäne in der Mitte wurde von da an umgeben von einer schlichten Rasenfläche und nur von schmalen Blumenstreifen am Wege abgegrenzt. So minimierte man in der Zeit der Weltwirtschaftskrise zugleich die Kosten der Bepflanzung. In den 1950er Jahren musste der östlich der Lindenallee liegende seitliche Teil der Anlage dem Konzertgarten weichen. Das Pendant auf der westlichen Seite wurde ebenfalls eingeebnet.

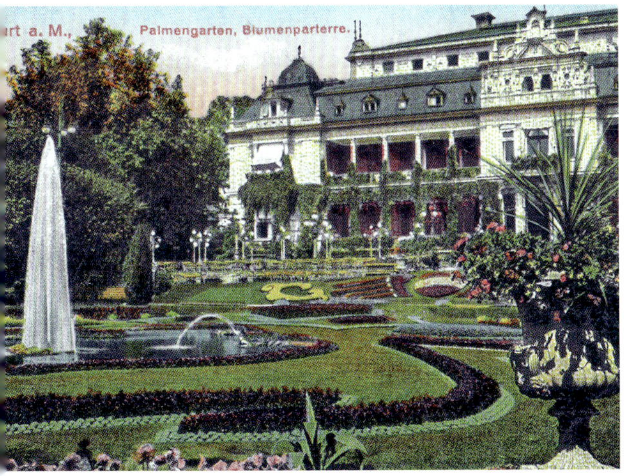

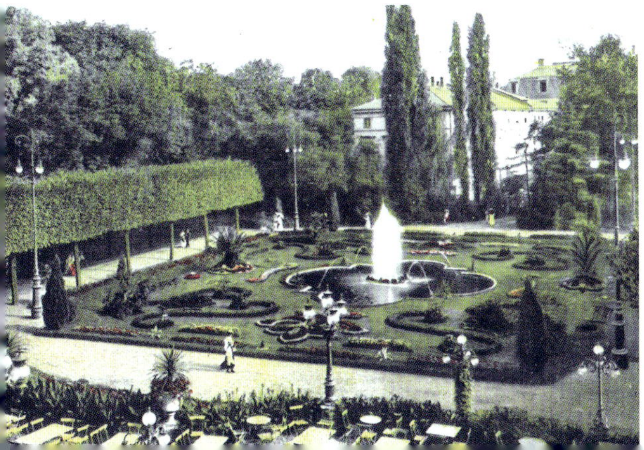

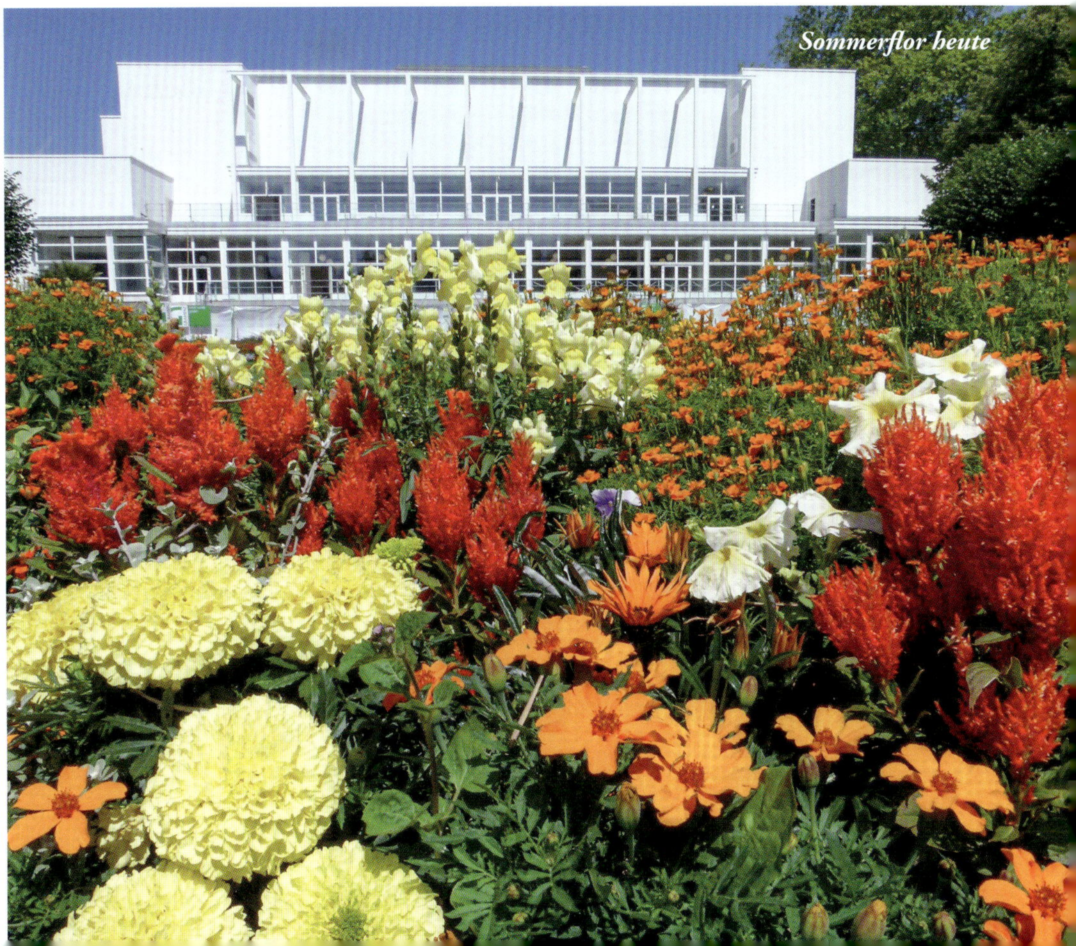

Sommerflor heute

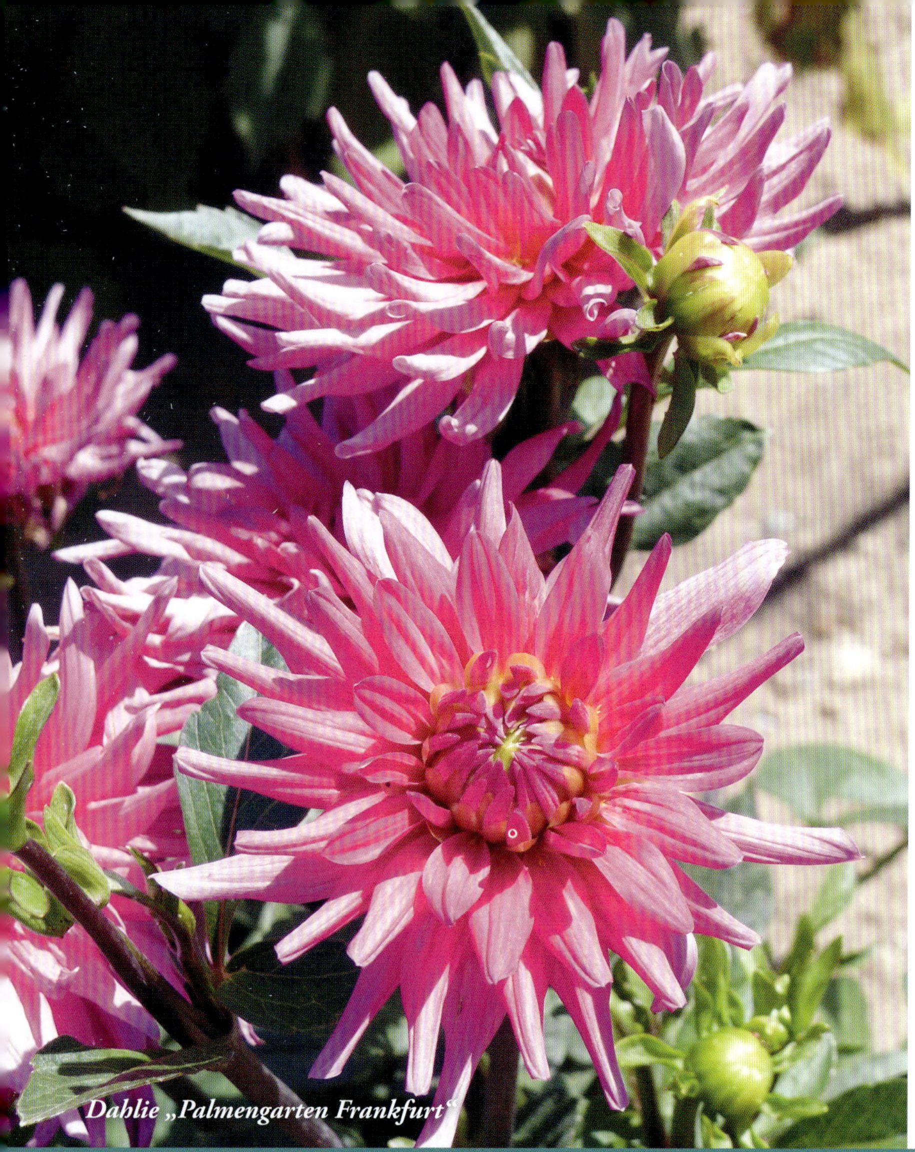

Dahlie „Palmengarten Frankfurt“

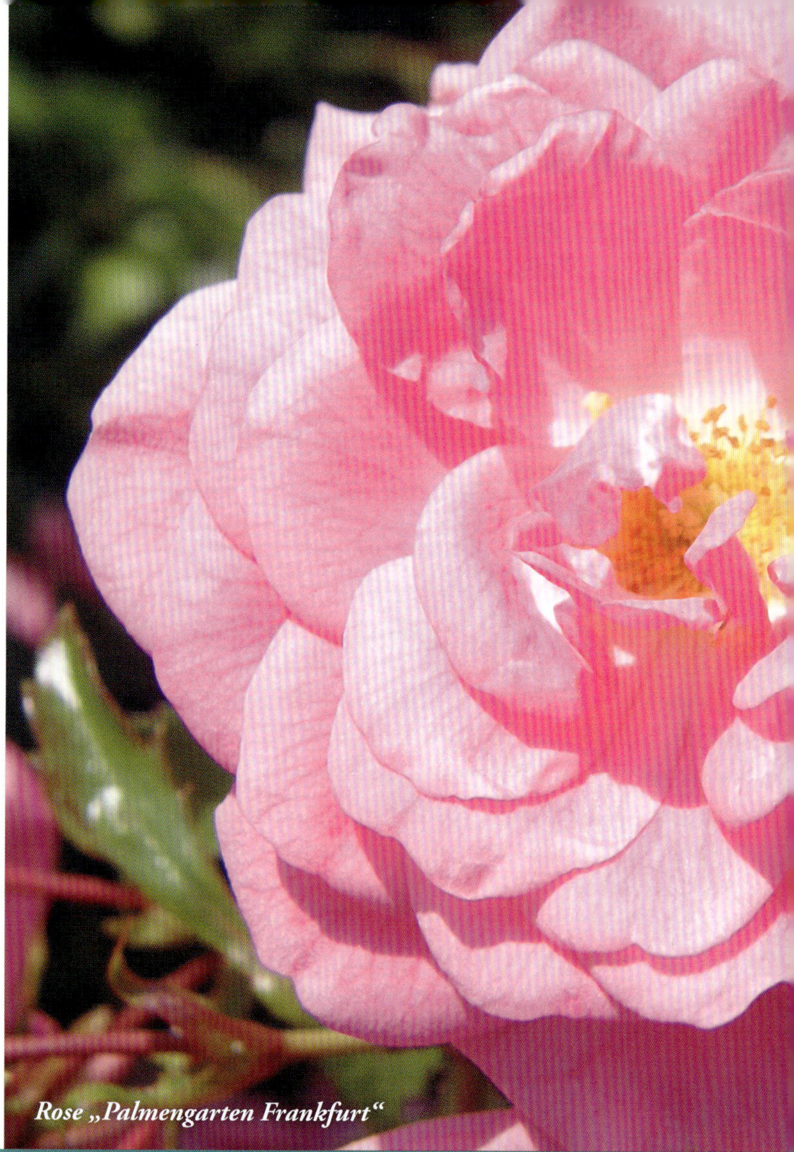

Rose „Palmengarten Frankfurt“

Frankfurter Frühling

Bei Züchtungen von Pflanzen ist es der Züchter selbst, der den Namen vergeben kann. Deshalb gibt es einige Pflanzen, die den Namen Palmengarten tragen. Etwa eine Bodendeckerrose, die seit den 1980er Jahren den Namen „Palmengarten Frankfurt“ trägt. Sie blüht rosa und wird maximal 80 Zentimeter groß. Natürlich steht sie auch im Palmengarten am Hauptweg im Rosengarten, unter den Amberbäumen. Weil sie etwas mehltauanfällig ist, haben die Gärtner sie mengenmäßig allerdings etwas reduziert. Eine gleichnamige Dahlie ist ebenfalls jedes Jahr im Dahlienrondell zu sehen. Die im Durchschnitt zehn bis fünfzehn Zentimeter großen Blütenköpfe der Kaktus-Dahlie leuchten pinkfarben. Sie trägt ihren Namen seit 1986. Eine Palmengarten-Tulpe gibt es dagegen noch nicht. Wohl aber eine mit dem Namen „Frankfurter Frühling“, die die Stadt vor einigen Jahren in den Niederlanden bestellte. Im Herbst 2012 pflanzten Oberbürgermeister Peter Feldmann und die damalige Stadtverordnetenvorsteherin Bernadette Weyland einige ihrer Zwiebeln im Palmengarten. Zur Frühlingsausstellung 2013 wurden die Pflanzen getauft. Unter dem gleichen Namen gibt es seit 1989 übrigens auch einen magentaroten Edelflieder.

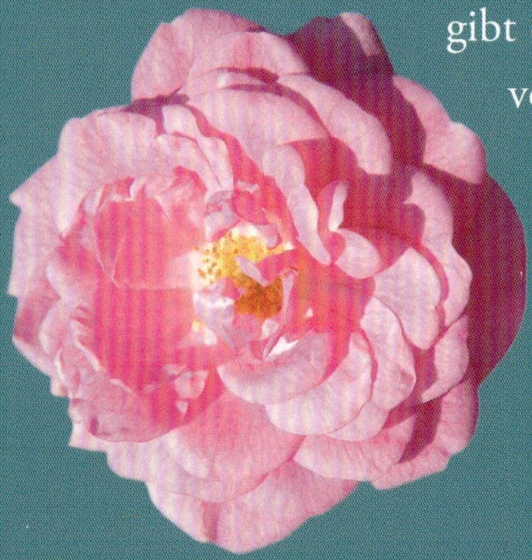

Zum hundertsten Geburtstag des Gartens 1969 griff Gustav Schoser die Tradition zumindest am Böschungsbeet wieder auf. Allerdings ersetzte man wegen des großen Arbeitsaufwands die Teppich- schnell durch Schmuckbeete. Nach und nach kamen weitere am Tropicarium und rechts und links des Eingangsschauhauses hinzu, die heute vor allem mit Millefleurs-Pflanzungen gestaltet werden, also mit vielen unterschiedlichen Blumen in gestaffelten Höhen, die in der Gesamtheit ein harmonisches Bild ergeben. Insgesamt 2.500 Quadratmeter des Gartens werden heute auf diese Weise bepflanzt. Die Gärtner achten darauf, dass nach und nach unterschiedliche Blumen aufblühen und damit immer wieder neue Akzente in den Beeten setzen. Sie werden in der Gärtnerei des Palmengartens gezogen. Um die 25.000 Pflanzen stehen dort in den Gewächshäusern bereit, wenn der Frühjahrs- oder Sommerflor gestaltet werden soll. „Diese immer pünktlich zum Pflanztermin anzuziehen, ist eine Herausforderung", berichtet der Zierpflanzengärtner Alexander Becker. Mit alten Holztragen, die um die 100 Töpfe fassen, bringen die Kollegen der Gärtnerei sie hinunter an die Beete, wo die Freilandgärtnerinnen sie einsetzen. Dabei wird besonderer Wert darauf gelegt, dass die Beete jedes Jahr anders aussehen, mal in warmen Farben, mal in kühlen Rosatönen gestaltet, und, je nach Jahresausstellung, auch thematisch darauf abgestimmt sind. So konnten die Besucherinnen zur großen Palmenausstellung 2018 auch im Wechselflor an den Wegen immer wieder kleine Palmen entdecken. Aber auch Zinnien, Hummelschaukel und Löwenohr waren zuletzt in den Beeten zu sehen. Besonders beliebt bei den Besuchern ist der hochwachsende Rizinus mit seinen markanten roten Früchten, der in den vergangenen Jahren oft Blickfang im Sommerflor war. Gewässert werden die Beete am Tropicarium übrigens nach wie vor von Hand, zum einen, weil die Pflanzen empfindlich sind, zum anderen, um Kalkflecken auf den Blättern und den Glasscheiben der Häuser zu vermeiden.

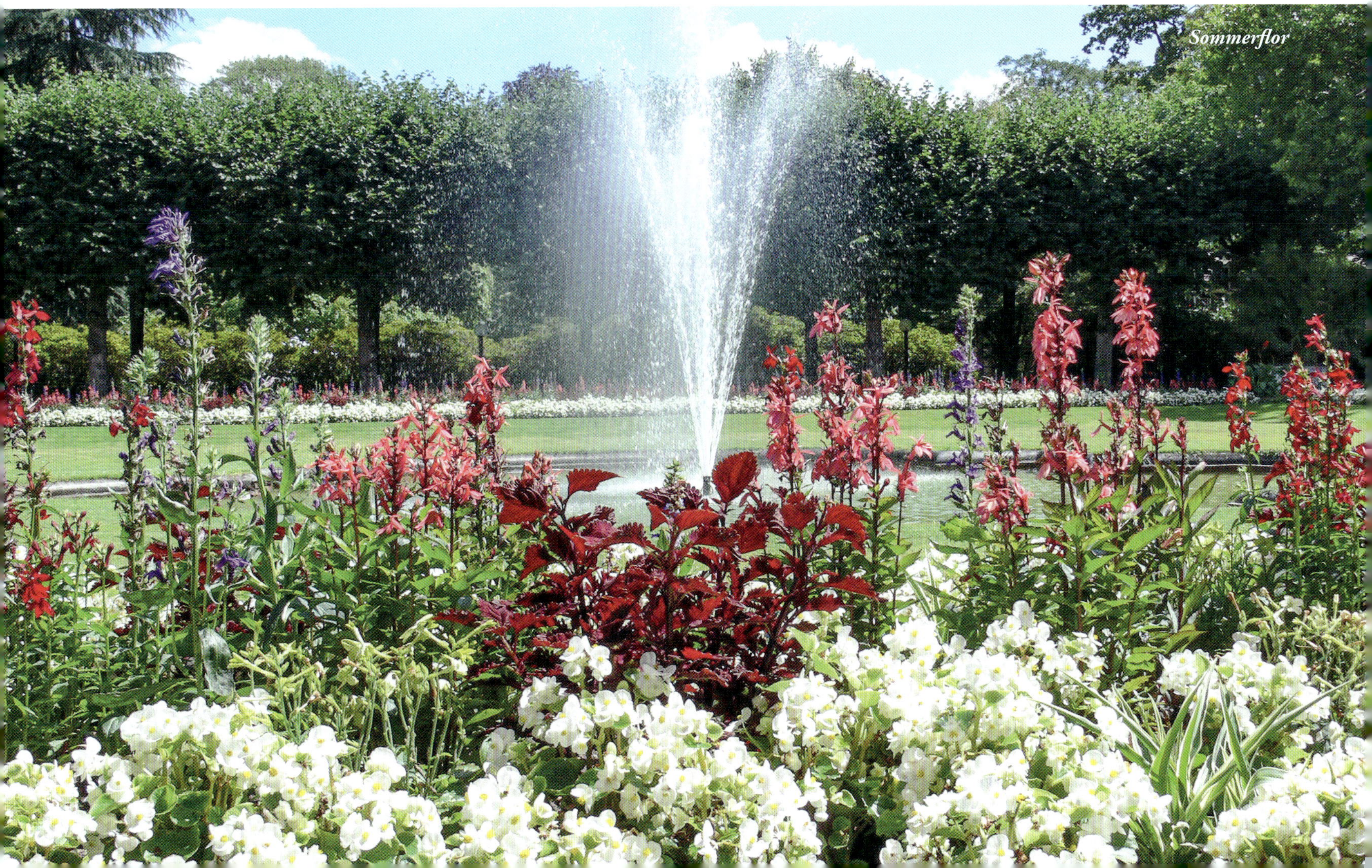
Sommerflor

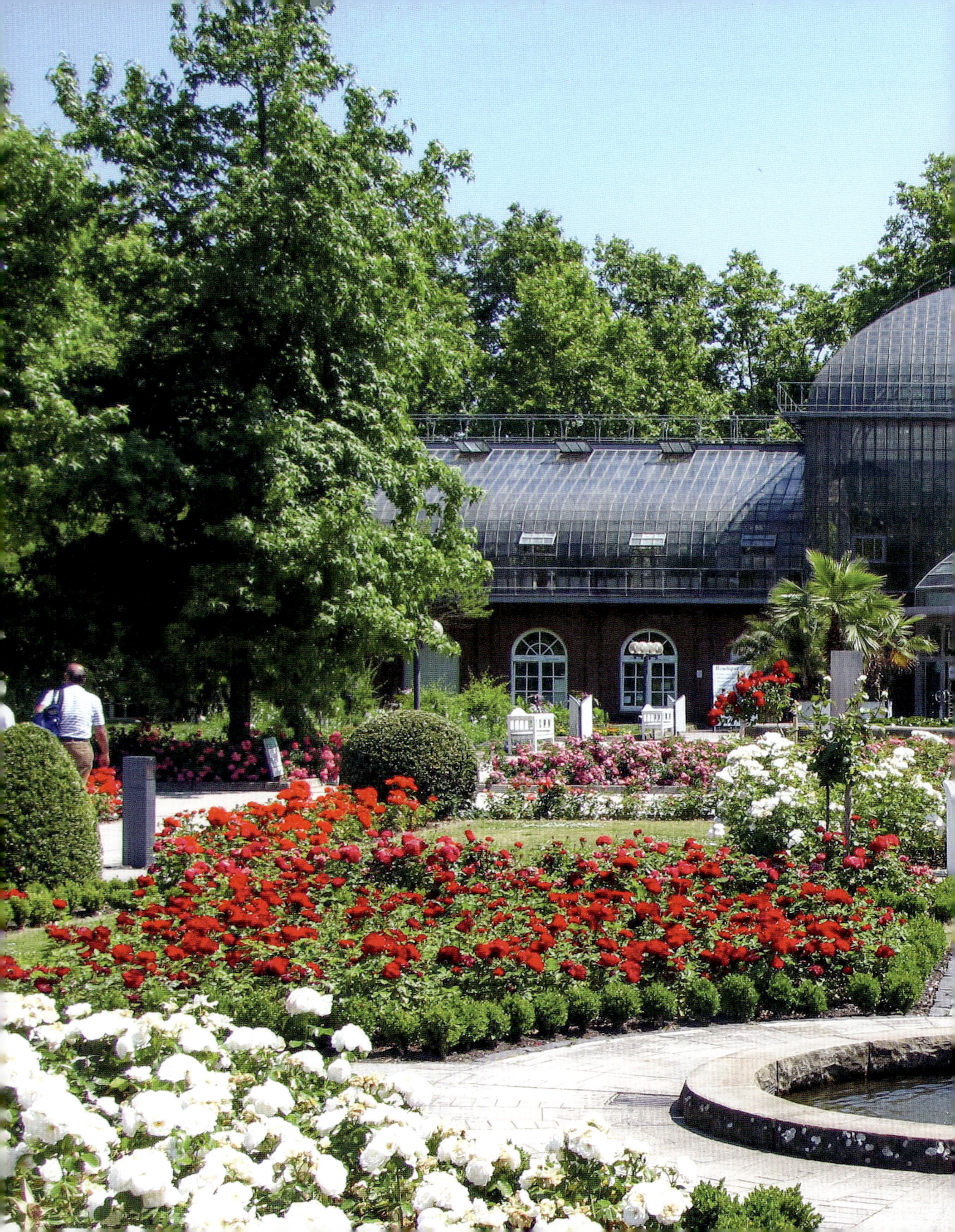

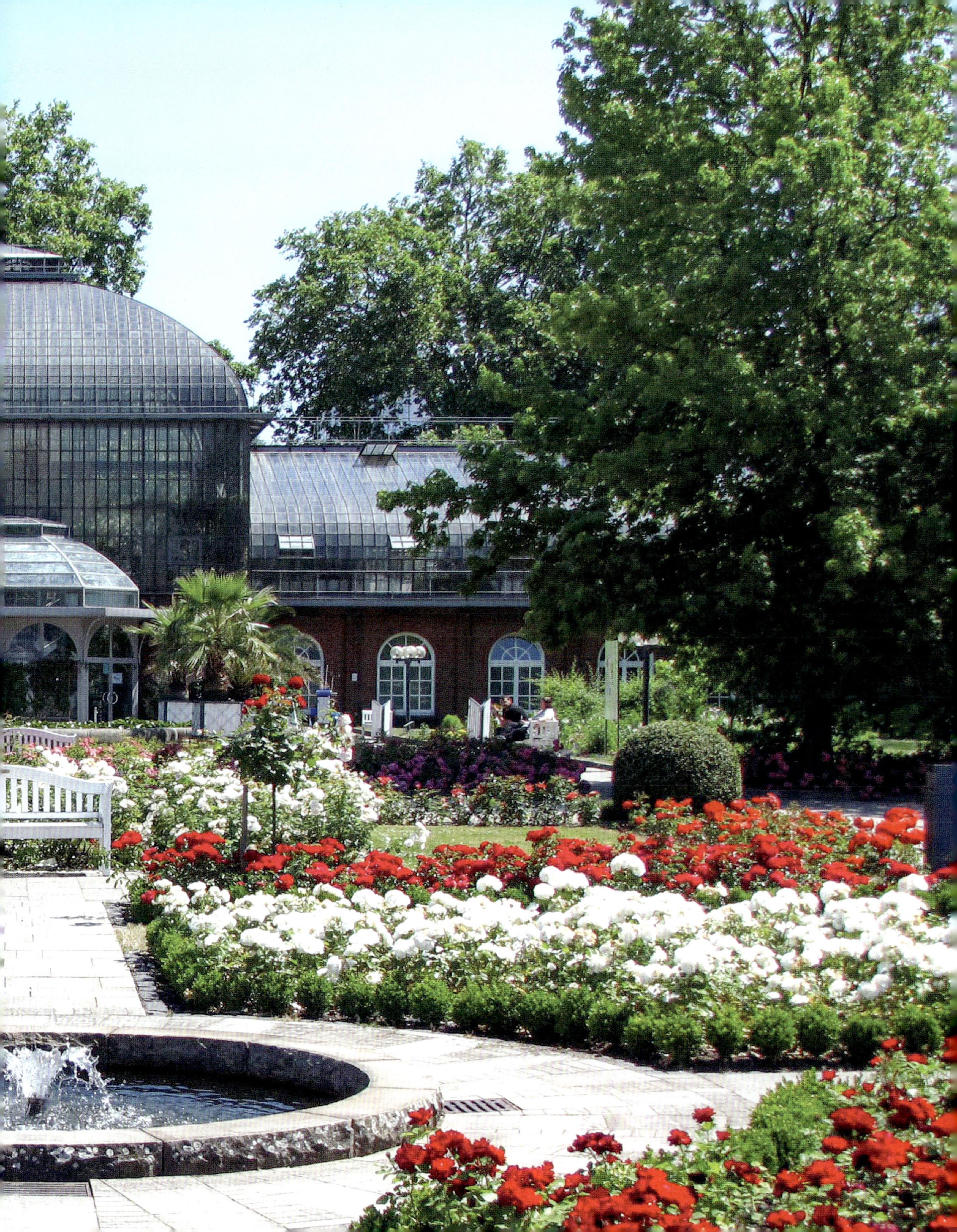

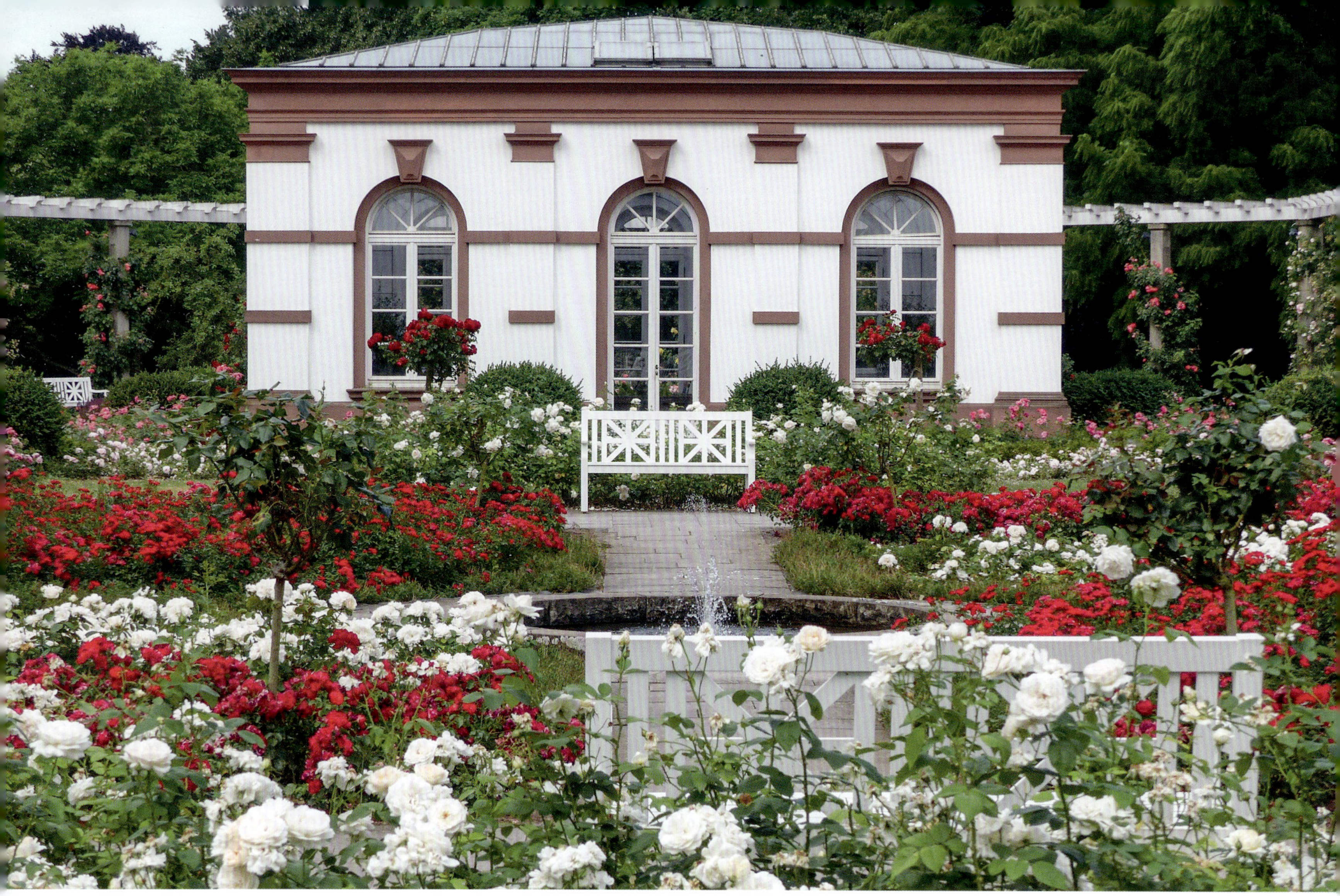

IMMER WIEDER ROSEN

Auf den weißen Bänken, die überall im Rosengarten verteilt stehen, verweilen viele Palmengarten-Besucher im Sommer am liebsten. Das Auge schweift dann über ein Blütenmeer von Beetrosen, unterbrochen von hübschen Hochstämmen und Kletterrosen an der Pergola. Etwa 5.000 Pflanzen bilden die Blütenfülle, darunter schon vor 1867 bekannte historische Rosensorten, aber auch jüngere Züchtungen. Die formal strenge Anlage mit zurückhaltenden Brunnen und Heckenwürfeln im Zentrum des Palmengartens ist im Stil der Gründerzeit gestaltet und verzichtet auf Verzierungen. Das inmitten der Anlage stehende Haus Rosenbrunn, das aus Teilen des alten Werkstattgebäudes von 1884 errichtet wurde, ist nicht nur ein schöner Blickfang, sondern auch eine Außenstelle des Standesamtes: Romantischer lässt es sich kaum heiraten.

Ein Rosengarten zählte im 19. Jahrhundert zu einem Muss in den privaten Gärten des Adels. Die ersten 2.000 Rosenstöcke für den Palmengarten kamen daher bereits mit der Nassauischen Pflanzensammlung 1869 nach Frankfurt, standen aber zunächst in Kübeln in den Schauhäusern. Regelmäßig fanden dort auch Schnittrosen-Schauen statt. 1881 legte der Rosenzüchter Conrad Peter Strassheim zur Patent- und Musterausstellung auf dem damals nördlich des Gartens liegenden Gelände einen ersten Rosengarten für das Publikum an. Er soll ihn sogar mit Pflanzen aus seinem eigenen Garten im damals noch ländlich geprägten Sachsenhausen bestückt haben.

Fünf Jahre später, als das Areal dem Palmengarten zugeschlagen wurde, erhielt auch dieser sein erstes Rosarium am östlichen Rand des Neugartens. Damals war es in Form einer Ellipse mit zentraler Sichtachse und einem Pavillon in der Mitte gestaltet. Auf einem Hügel gelegen, wurden die seitlichen Wege terrassenartig, mal als Parterre mit Miniatur-Rosen, mal üppig umrankt mit Kletterrosen angelegt. Zwischen idyllischen Lauben und Sitznischen waren dort mehr als 500 Rosensorten zu bestaunen, von der lachsfarbenen Edelrose „Abbé Thomasson" über eine „chinesisch rosa" blühende „Kaiserin Friedrich", deren Namensgeberin den Garten selbst besuchte, bis hin zur Garten-Rose

„Wellington" in „leuchtend carminpurpur". Rosenzüchter und Liebhaber aus Frankfurt und darüber hinaus stifteten dem Garten so manche wertvolle Züchtung. August Siebert, der damalige Palmengarten-Direktor, beschreibt nicht nur die einzelnen Rosensorten und ihre Farben, sondern auch die gesamte Anlage:

„Das ganze Rosarium umfasst an Rosen aller Kategorien etwa 10.000 Stück. Außer den zwei kleinen Rosenparterres ist die ganze Pflanzung irregulär gehalten, um den landschaftlichen Charakter durchgehend zu wahren; hoch- und halbstämmige wechseln mit Trauerrosen und niedrig veredelten ab. Von letzteren sind allgemein bevorzugte Sorten in größeren Trupps beisammen angepflanzt worden, um dem Auge in dem gemischten Blumenbild auch Ruhepunkte durch einzelne Hauptfarben zu gönnen und die Wirkung mächtiger zu gestalten." [49]

Eine erste große Rosenausstellung, zu deren Anlass gleich mehrere Postkarten gedruckt wurden, veranstaltete der Garten 1897. An ihr wirkte erneut Conrad Peter Strassheim, der auch Mitbegründer des Vereins Deutscher Rosenfreunde war, mit.

August Sieberts Nachfolger Otto Krauss, der die Gartenleitung 1923 übernahm, verlegte den Rosengarten drei Jahre später an den unteren Rand der Tennisplätze. Der Boden des ursprünglichen Rosariums war müde geworden, so dass man sich trotz finanzieller Engpässe in dieser Zeit zu dieser Maßnahme entschied. Man verpflichtete dafür einen Gartenarchitekten aus Heidelberg, der die 4.000 Quadratmeter große Anlage mit kastenförmig beschnittenen Hecken plante. Die Rödelheimer Baumschule Wirtz & Eicke stiftete sämtliche Pflanzen.

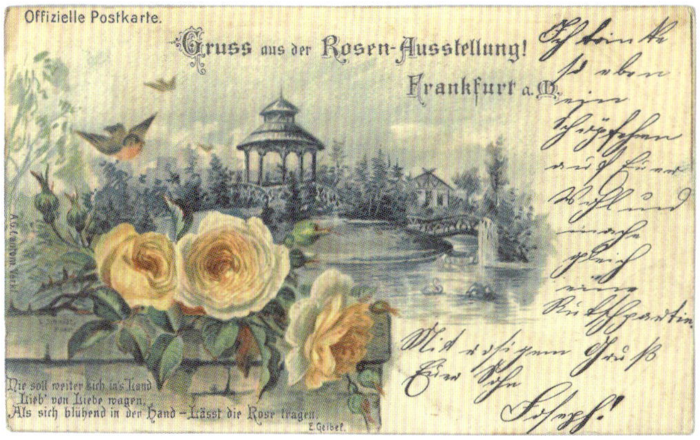

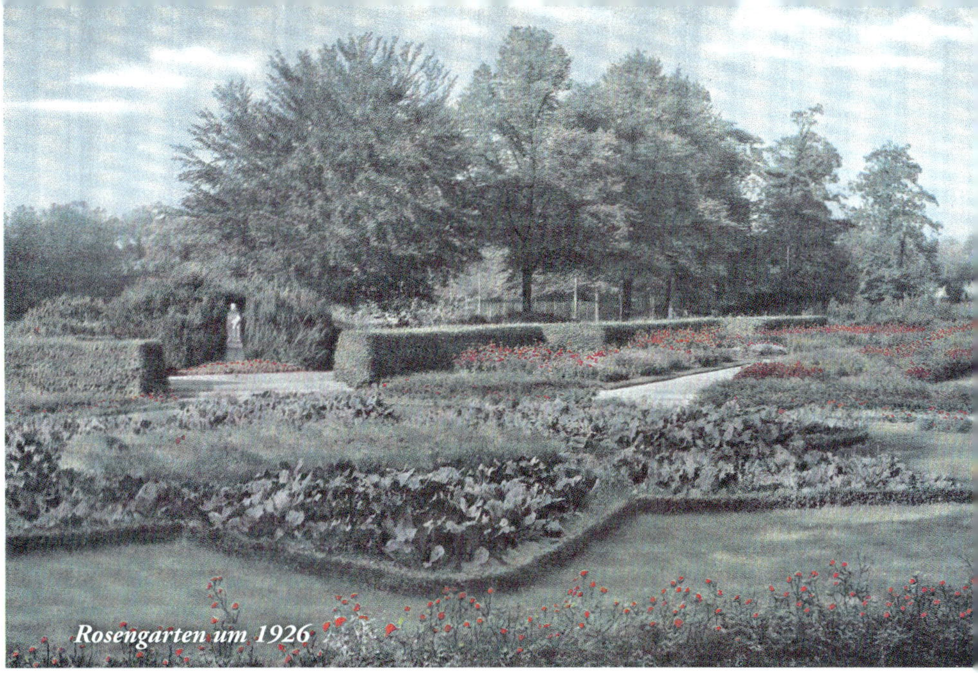
Rosengarten um 1926

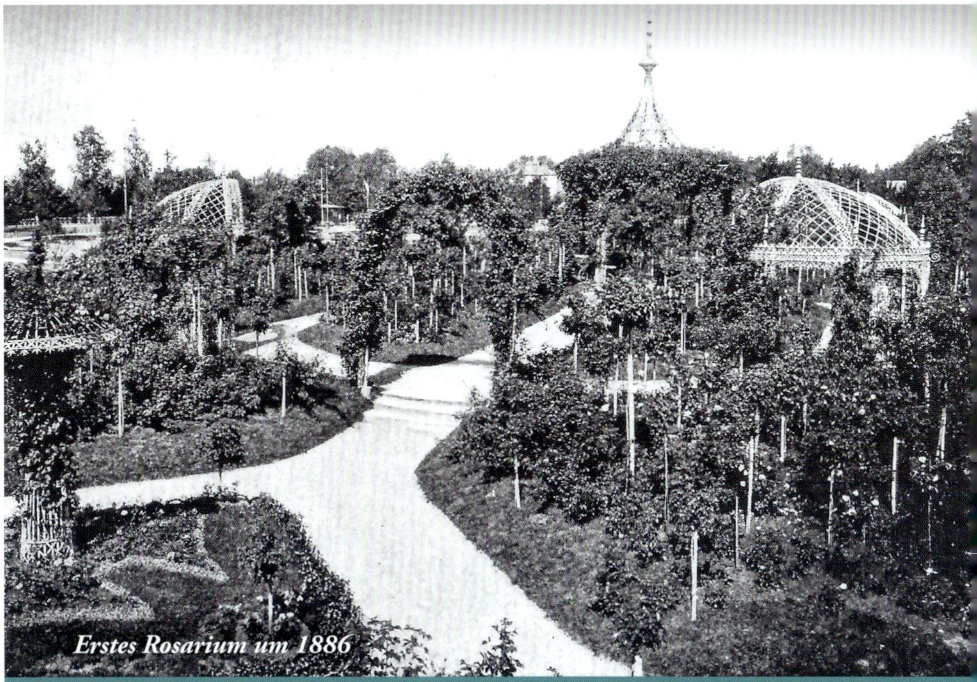
Erstes Rosarium um 1886

Der Rosengarten

„Unweit der Tennisplätze war der Rosenpavillon gelegen: ein Gebilde aus hellgestrichenem Gitterwerk inmitten von Rosenbeeten. Zwischen Rosenpavillon und Direktorwohnung lagen hinter Gebüsch versteckt langgestreckte Gewächshäuser, oft Schauplatz verbotener „Räuber-und-Gendarm-" oder „Versteck mit Anschlag"-Spiele. Es war sehr aufregend, wenn man an so einem langen Glashaus entlanglaufen musste, und am anderen Ende tauchte plötzlich der Feind auf", erinnerte sich eine Besucherin 1957. [50]

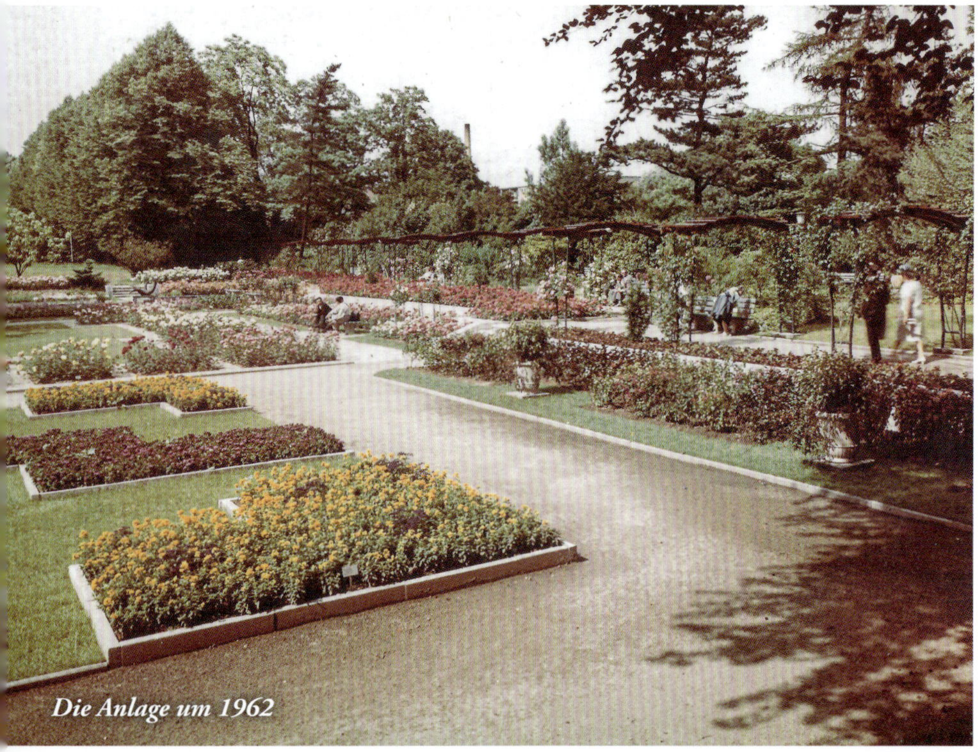

Die Anlage um 1962

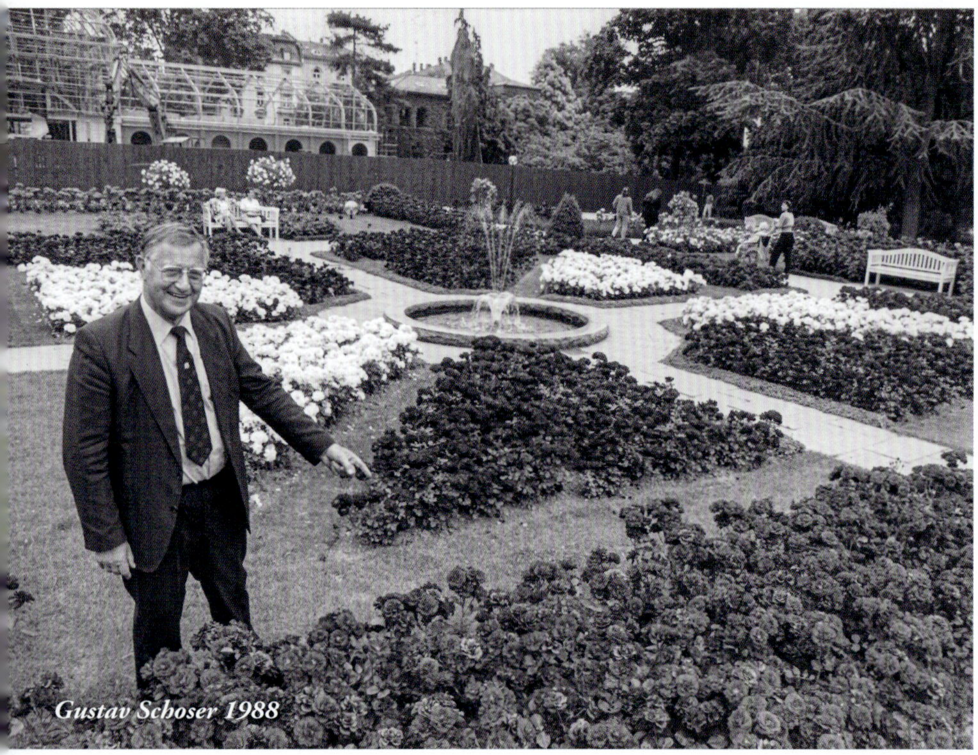

Gustav Schoser 1988

Die Anlage wurde 1962 noch einmal neu gestaltet und modernisiert. Von nun an wechselten sich Rasen- und Wasserflächen mit den Rosenbeeten ab. Mehr als 350 Züchtungen waren damals im Rosengarten ausgepflanzt. Allerdings hatte dieser den Nachteil, dass die kühle Taunusluft, die die tief liegenden Beete durch die noch vorhandenen Schneisen in der Bebauung erreichte, die Rosen erst sehr spät im Jahr erblühen ließ. Als Gustav Schoser in den 1970er und 1980er Jahren schließlich den Palmengarten massiv umgestaltete und unter anderem die Tennisplätze verbannte, verlegte er auch den Rosengarten. Dieser wurde, bepflanzt vom damaligen Gartendirektor der Insel Mainau, Josef Raff, 1988 an heutiger Stelle, auf dem Gelände der früheren Betriebstechnik, wiedereröffnet. Die formale Gestaltung mit dem Brunnen in der Mitte und der Blickachse zum aus alten Mauer- und Fassadensteinen des historischen Betriebsgebäudes neu errichteten Haus Rosenbrunn war schon damals vorgesehen. Die Pergola hinter dem Haus bot den formalen Abschluss des Gartens. In den Beeten fanden sich auch alte, duftende Sorten sowie Wildrosen oder Raritäten wie stachellose Exemplare. Zur Einweihung des Gartens konnte Schoser den Ersten Europäischen Rosenkongress nach Frankfurt holen.

In den Jahren 2007 und 2008 wurde eine erneute Sanierung des ermüdeten Erdreiches notwendig, so dass das Rosenparterre an derselben Stelle noch einmal neu angelegt wurde. Die Mehrzahl der rund 50 unterschiedlichen Sorten wurden von der Steinfurther Rosen-Union gestiftet. Ein breites Band der rosa blühenden „Palmengarten Frankfurt" bildet seitdem das Empfangskomitee am Osteingang. Die zentralen Beete leuchten, als Hommage an das Frankfurter Stadtwappen, in Rot und Weiß mit Sorten, die so anschauliche Namen tragen wie „Roter Korsar" oder „Aspirin".

Plan von 1962

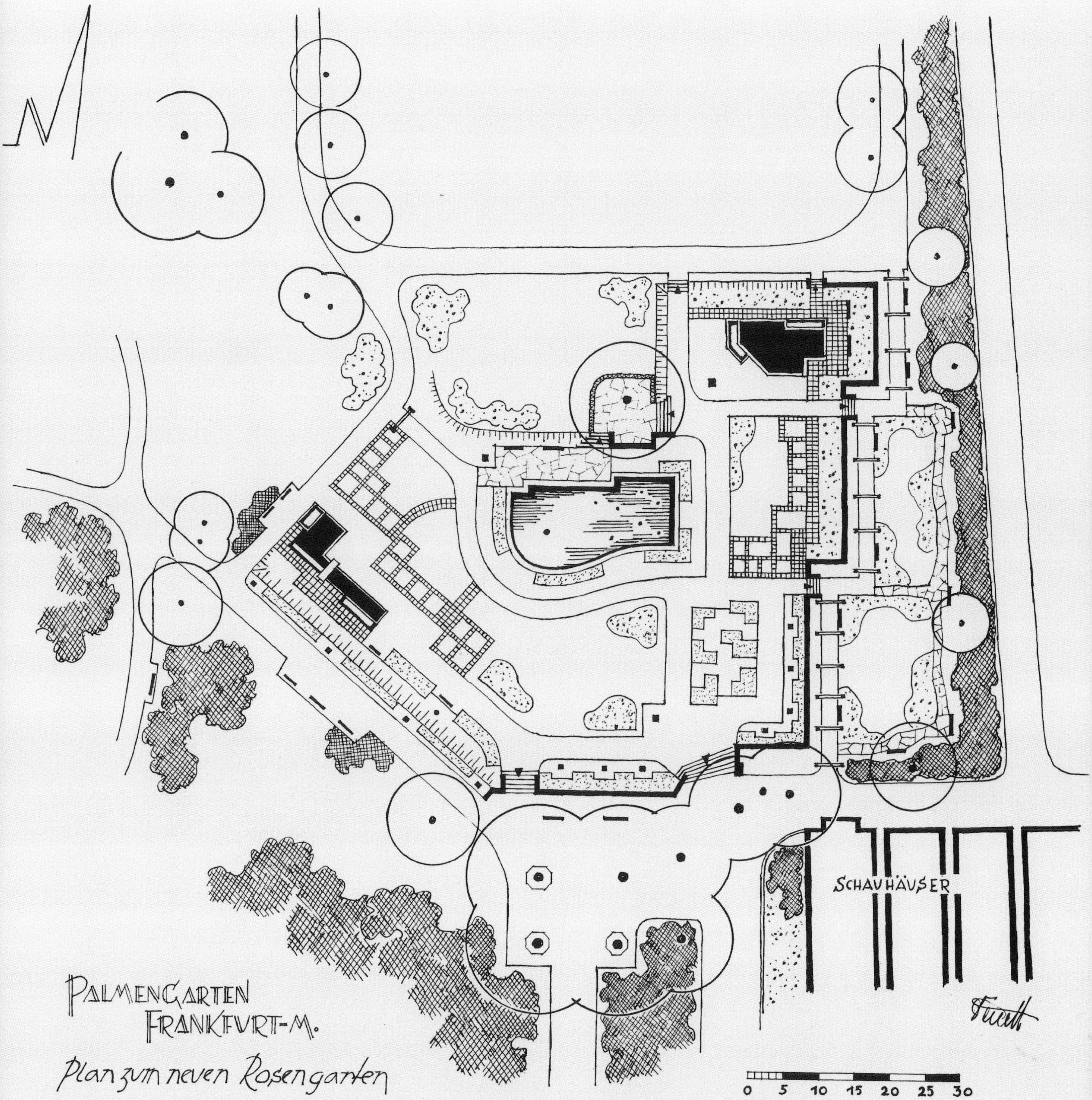
N
SCHAUHÄUSER
PALMENGARTEN
FRANKFURT-M.
Plan zum neuen Rosengarten
0 5 10 15 20 25 30

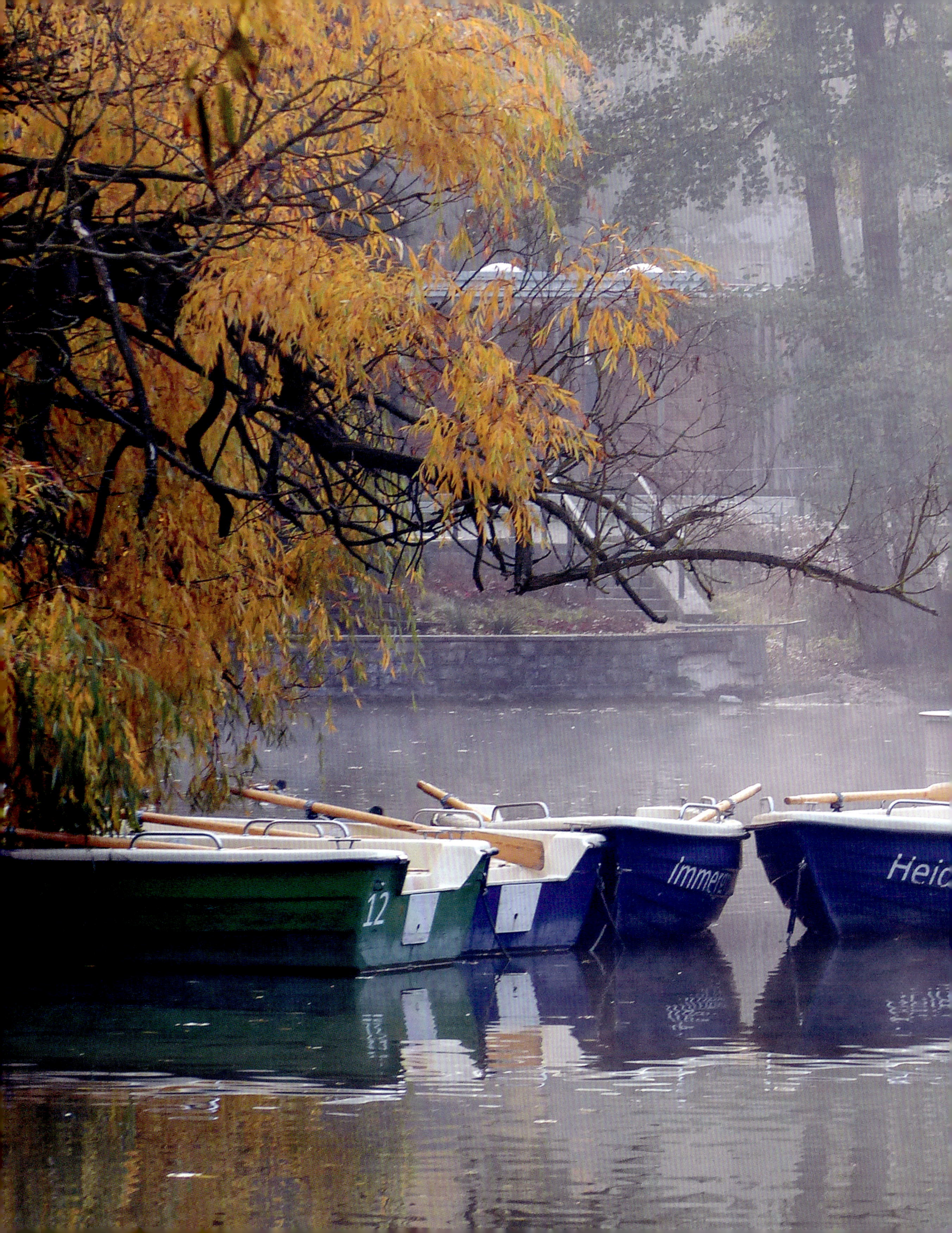
12

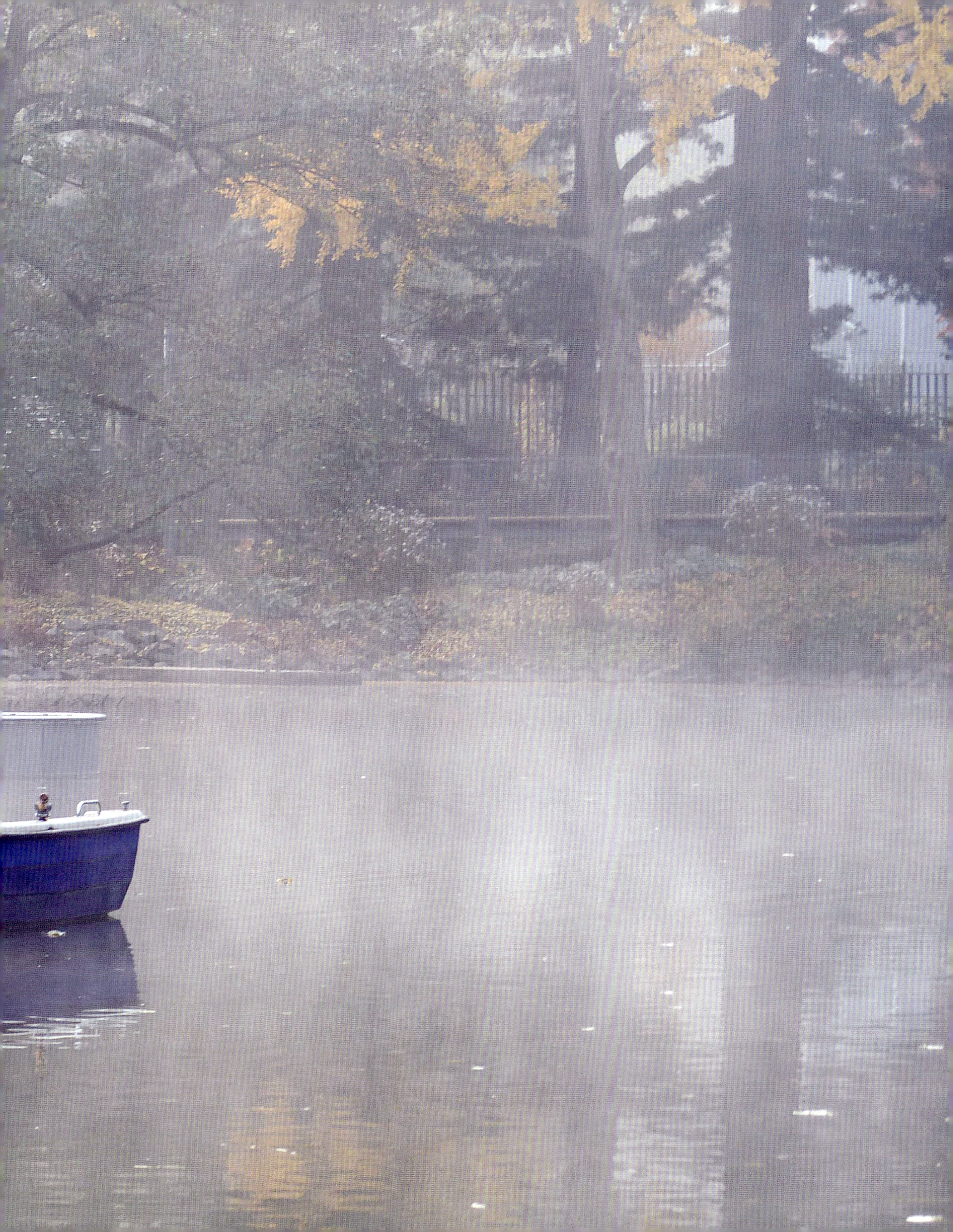

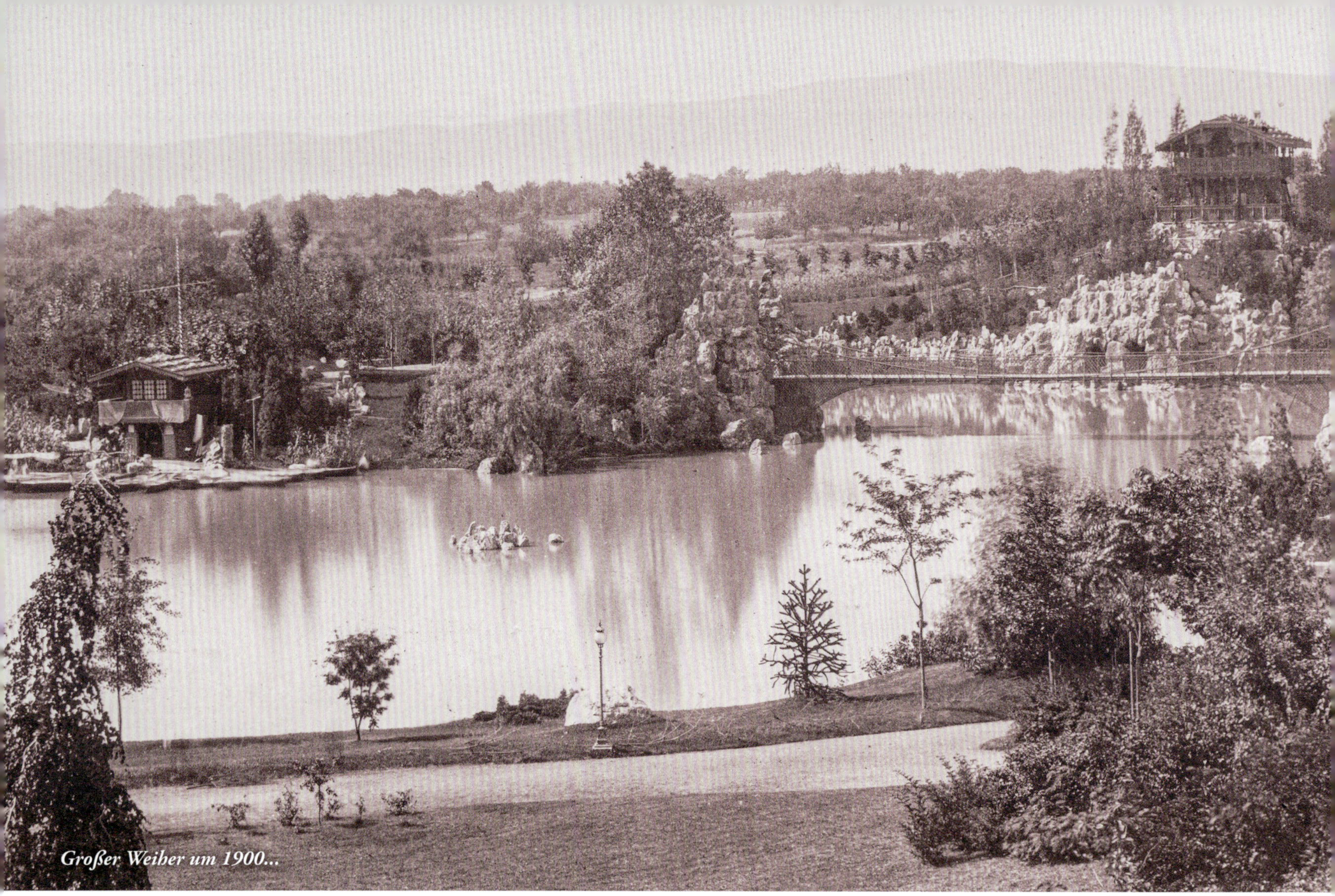
Großer Weiher um 1900...

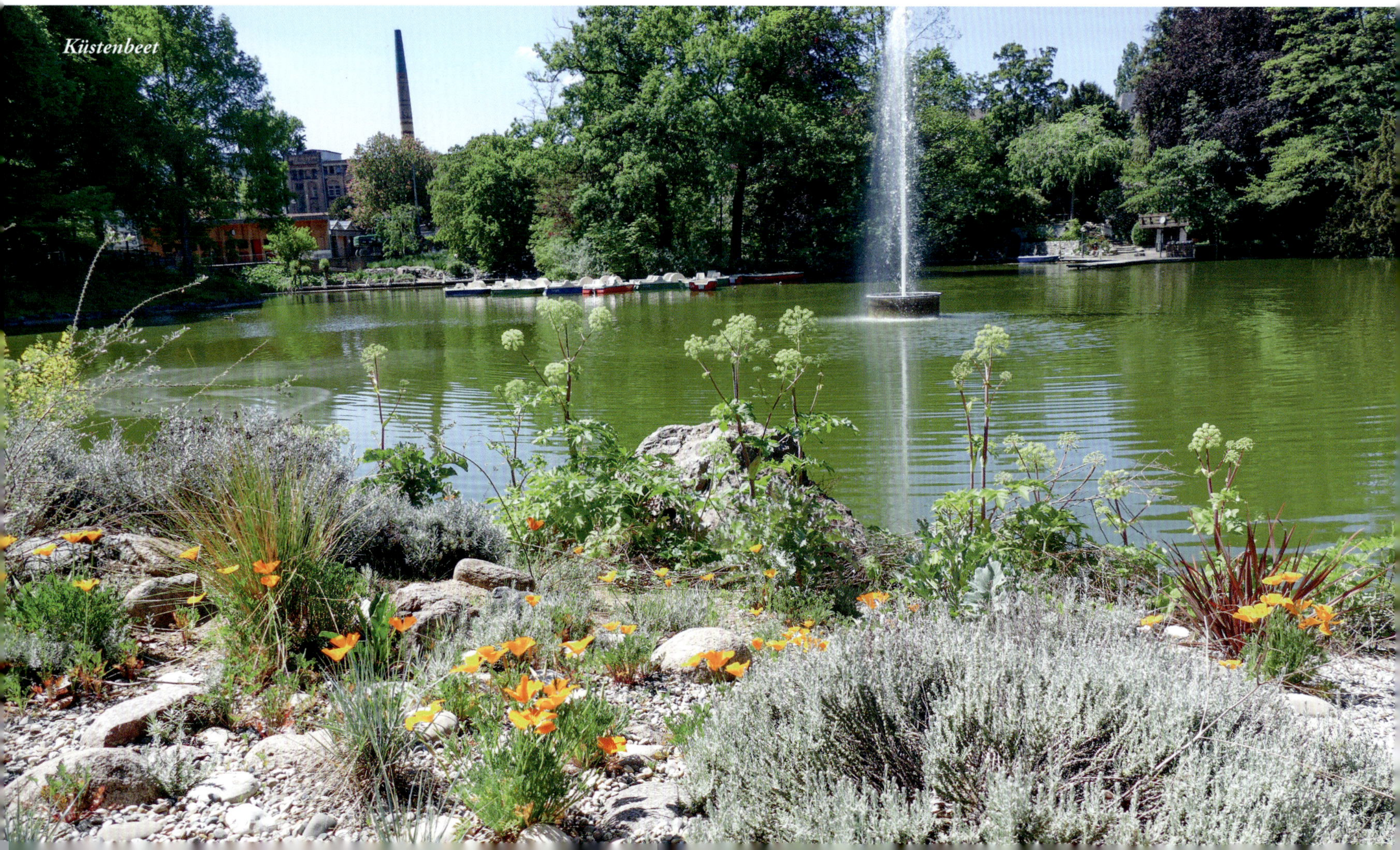
Küstenbeet

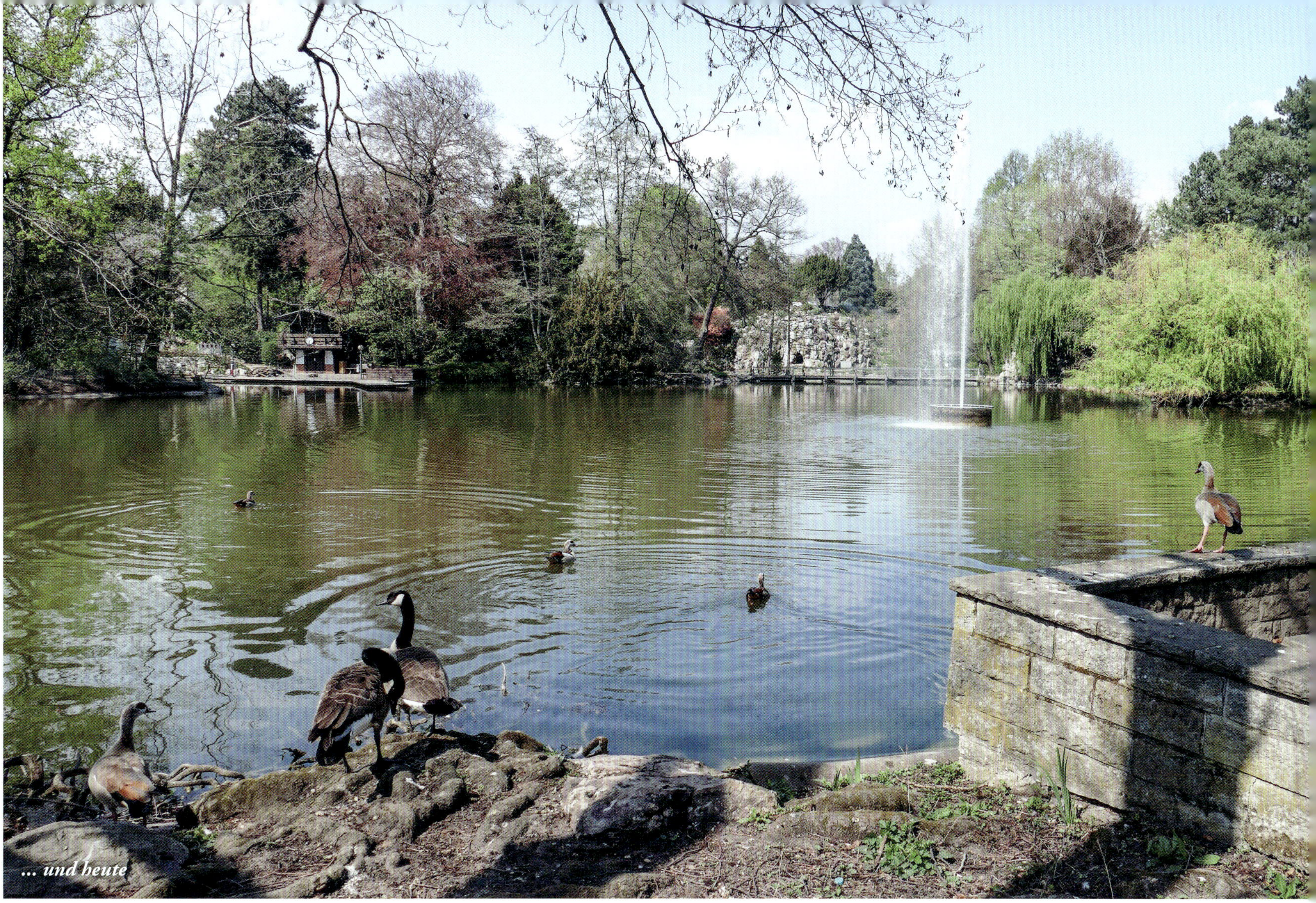
... und heute

STEIN, STEPPE UND EIN BLÜTENMEER

Die beiden Weiher bildeten bereits in den Plänen von Heinrich Siesmayer wichtige Gestaltungselemente des Gartens. Den Kleinen Weiher legte er zur Eröffnung 1871 an. Weil das gesamte Areal sehr wasserreich war, diente dieser zugleich zur Entwässerung des Terrains. Zumindest, bis die Stadt die Kanalisation östlich des Gartens baute, den Grundwasserspiegel damit senkte und den Kleinen Weiher trockenlegte. Der Palmengarten war gezwungen, die vorhandenen Brunnen zu vertiefen und den Weiher zu betonieren. Auch als der Große Weiher während der ersten Erweiterung etwa drei Jahre später angelegt wurde, verhinderte die westlich des Gartens geschaffene Kanalisation, dass dieser mit Grundwasser gefüllt werden konnte. Er musste ebenfalls betoniert und mit teurem Leitungswasser gefüllt werden. Einige Jahre lang konnte er schließlich mehr schlecht als recht vom nördlich gelegenen Leonhardsbrunnen gespeist werden. Erst der Bau des Tiefbrunnens zur Patent- und Musterschutzausstellung 1881 brachte eine ausreichende Wasserversorgung.

Heute bedeckt der Weiher rund einen Hektar Parkfläche und ist nur gut einen Meter tief. Diese Erfahrung dürften bereits einige Bootsinsassen gemacht haben, die beim Rudern über Bord gegangen sind. Die Uferbepflanzung des Bootsweihers wurde in den vergangenen Jahren teilweise neu angelegt, auch die Befestigung auf der Westseite ist neu gestaltet. Am östlichen Ufer hat der Freilandgärtner Sven Nürnberger 2017 mit seinem Team ein Küstenbeet arrangiert, das die Pflanzenwelt unterschiedlicher Küstenregionen der Welt zusammenbringt. Stranddisteln und Sandweide, wie man sie von den norddeutschen Küsten kennt, stehen neben der Mittelmeerkiefer und Gräsern aus Neuseeland, Australien oder Südamerika.

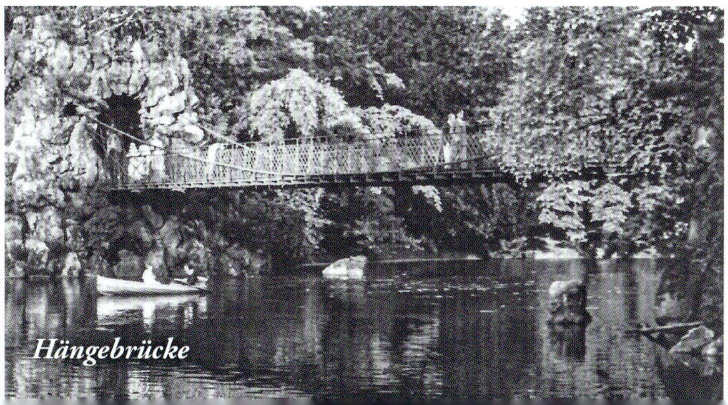
Hängebrücke

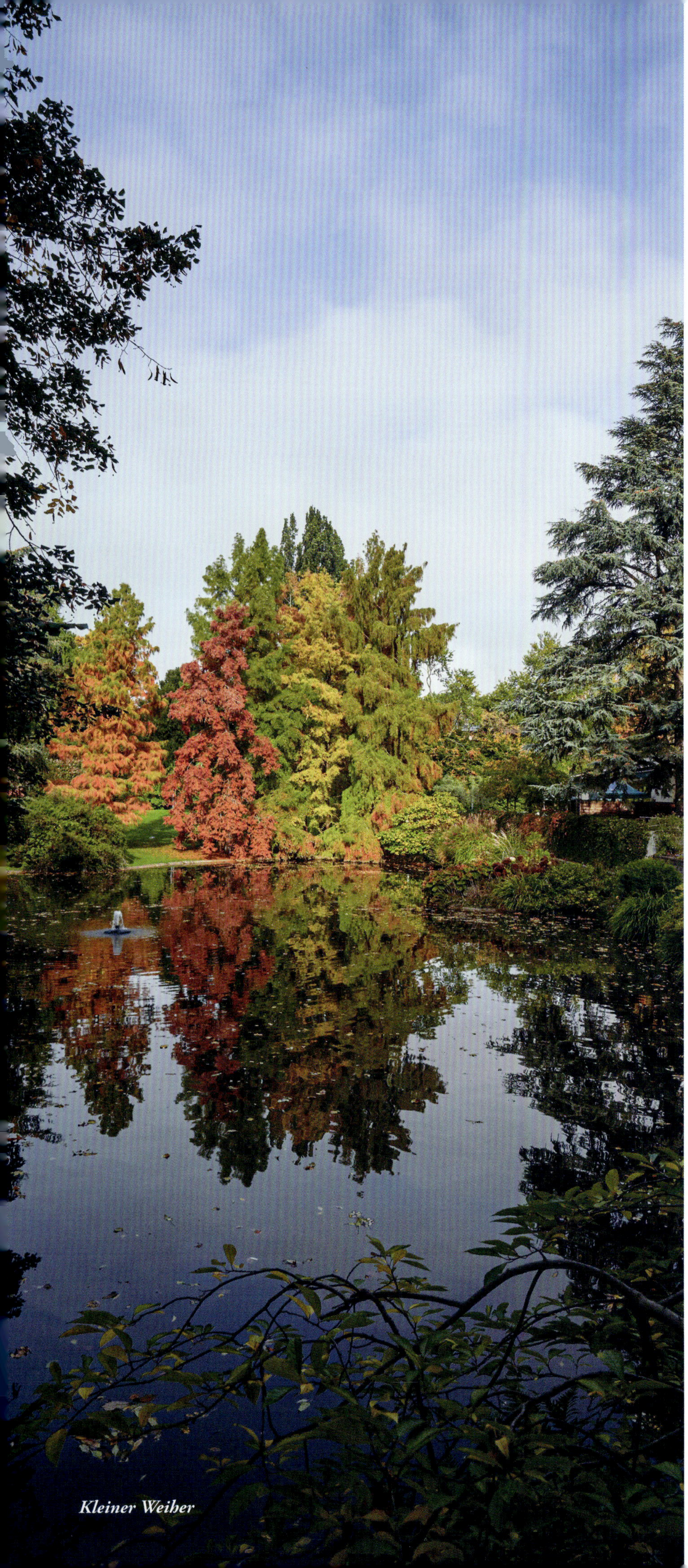

Kleiner Weiher

Den Aushub aus dem künstlich angelegten Weiher nutzte Heinrich Siesmayer 1874 dazu, am Nordufer einen Hügel aufzuschütten, auf dem er ein Schweizerhaus errichten und ringsherum die entsprechende Alpenlandschaft anlegen ließ. Das Holzhäuschen wurde in den 1930er Jahren wegen Baufälligkeit abgerissen, der Wasserfall zunächst beseitigt, 40 Jahre später allerdings wiederhergestellt. Das alpine Areal, Symbol der Alpenbegeisterung der Gründergeneration des Palmengartens und ihrer Kenntnis der nicht eben einfachen Kultivierung solcher Steingärten, existiert bis heute. Spätestens zu Beginn des 20. Jahrhunderts durch Krieg und Inflation vernachlässigt, veranlasste der Direktor Max Bromme, nachdem der Palmengarten in den 1930er Jahren in städtische Hände übergegangen war, den Steingarten neu anzulegen. Allerdings gestaltete er gemeinsam mit dem bekannten deutschen Staudengärtner Karl Foerster nicht etwa ein Alpinum mit in der Natur vorkommenden Arten oberhalb der Waldgrenze, wie es in Universitätsgärten üblich war, sondern einen Schaugarten mit Stauden, Alpenrosen- und Heidepflanzungen. Da dieser die Besucher das ganze Jahr über anziehen sollte, mussten möglichst zu allen Jahreszeiten Pflanzen blühen. Mit der Zeit überwucherten manche Bäume die Stauden, nicht erwünschte Pflanzen nahmen Überhand.

1985 entschloss sich der damalige Direktor Schoser daher, den Steingarten zu erneuern und beauftragte die geologisch versierte Biologin und Alpingärtnerin Ursula McHardy. Sie ließ den gesamten Hügel abtragen und suchte in verschiedenen Steinbrüchen nach geeignetem Material. Sandstein aus dem Weserbergland bildet heute die Nordhänge, am West- und Südhang und auf der Kuppe liegt Taunusquarzit. Die Südhänge östlich der Grotte bestehen aus Muschelkalk aus dem Würzburger Raum. Auch die dafür geeigneten Stauden, Sträucher und Bäume trug sie, so weit es damals noch möglich war, aus den Bergregionen der Erde zusammen. Aufgrund des abwechslungsreichen Geländes sind im Steingarten unterschiedliche Vegetationsbilder zu sehen, darunter auch einige der Südhalbkugel, ihrem Spezialgebiet. Sven Nürnberger, seit 2011 zuständig für den Steingarten und das südliche Freiland, der sich von der Begeisterung seiner Mentorin McHardy für dieses Thema anstecken ließ, versucht den Sammlungsaspekt der südhemisphärischen Pflanzen weiter auszubauen und geografisch zu sortieren. „Es ist gleichermaßen eine Überarbeitung und konzeptionelle Neuausrichtung, die aber letztlich auf einer konsequenten Fortsetzung und Integration der Pionierarbeit Ursula McHardys basiert", stellt er fest.

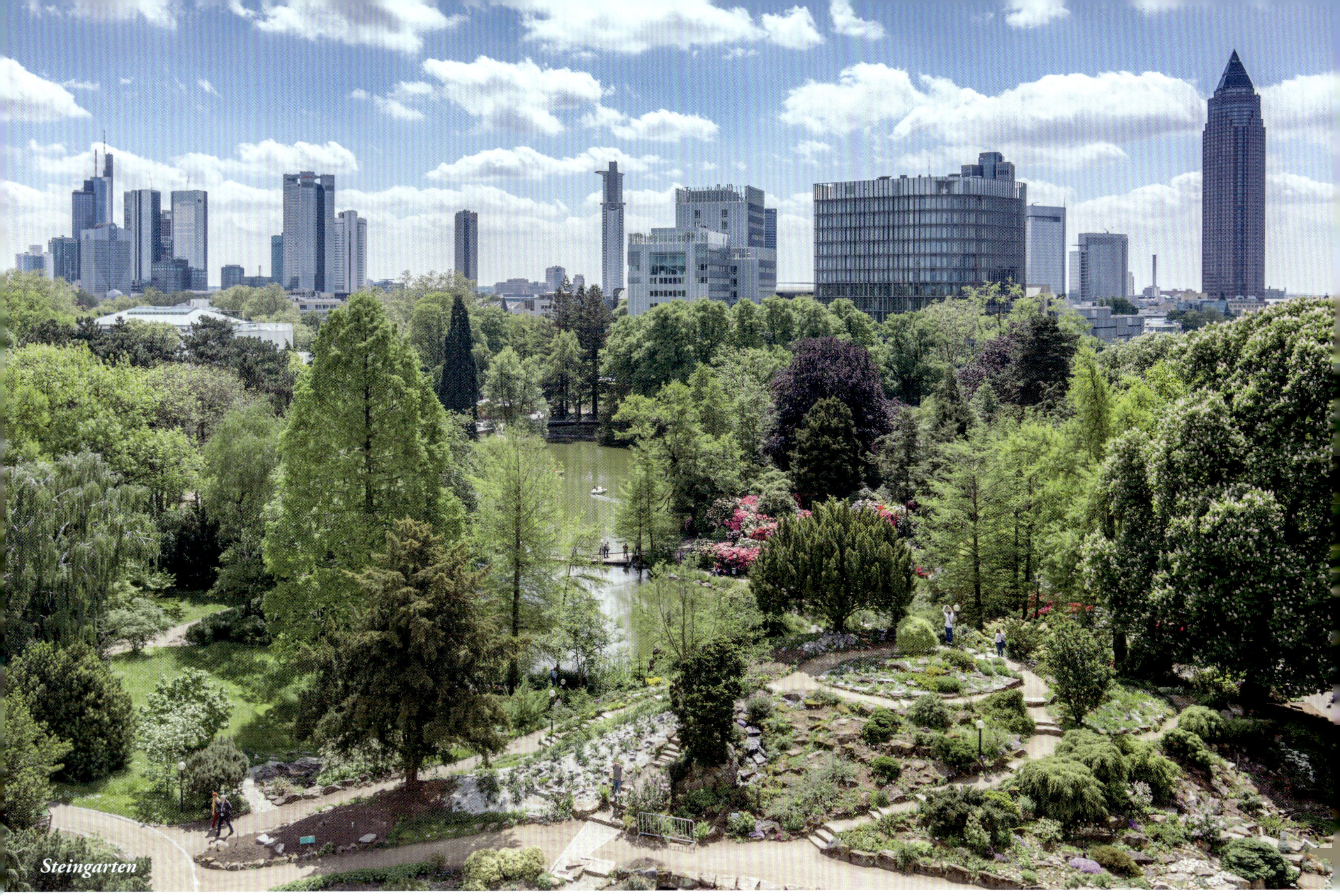

Steingarten

Aufgrund der klimatisch günstigen Situation im Palmengarten seien die Bedingungen für exotische Pflanzengruppen, sowohl für südhemisphärische Arten als auch für asiatische Monsunpflanzen, gut.

Besonderheiten wie der Urwald-Mammutbaum aus China, der erst in den 1940er Jahren entdeckt wurde, sind am Südhang ebenso zu sehen, wie das knapp zwei Meter hohe Mammutblatt aus Südamerika, das mit weiteren patagonischen Wildstauden in einer Hangmooranlage steht. Das Südafrika-Schaubeet bildet exemplarisch die weiten Graslandschaften und alpinen Felsstandorte der Drakensberge am Ost-Kap nach. Besonders imposant blühen dort die südafrikanischen Fackellilien. Die westliche luftfeuchte Hanglage ermöglicht es zahlreichen besonderen Pflanzen, etwa dem Purpur-Ingwer aus dem Himalaya oder Tibet-Orchideen, unterm Frankfurter Himmel zu gedeihen. Im nördlicheren Teil des Steingartens stehen Enzian und Herbstgoldbecher neben der in ihrer Heimat Sizilien bereits sehr seltenen Nebrodi-Tanne. Gleich nebenan liegt der Gräsergarten mit Exemplaren, die in der nordamerikanischen Prärie und in der südamerikanischen Pampa beheimatet sind. Auf seinem Areal hatte Direktor Max Bromme in den 1930er Jahren zunächst einen Heidegarten angelegt, der bis weit in die 1980er Jahre hinein dort Wildarten und Kreuzungen zeigte.

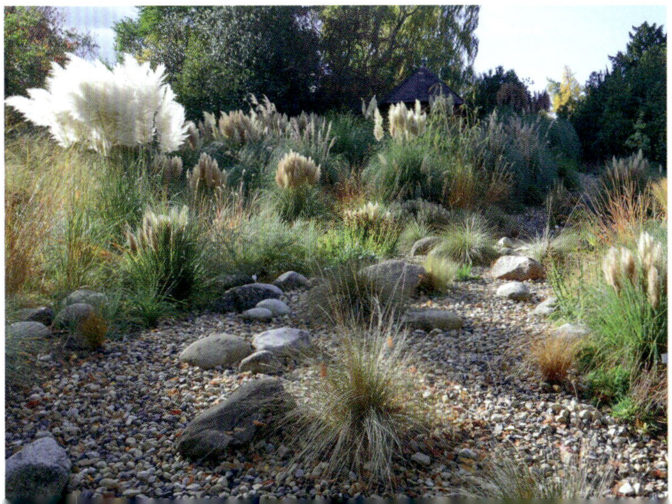

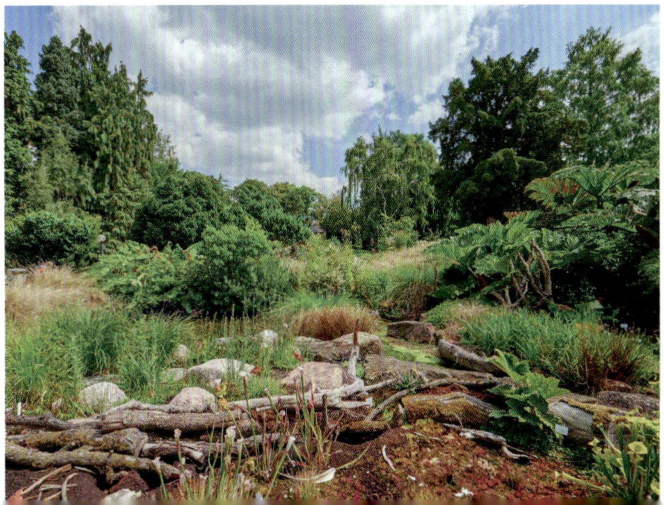

Im Winter, wenn es in Frankfurt friert, ohne dass eine schützende Schneedecke vorhanden ist, muss Sven Nürnberger mit seinem Team viele Pflanzen mit Vlies, Fichtenreisig oder Laub abdecken. Doch auch im Sommer muss er mittlerweile auf die spürbaren Klimaveränderungen reagieren. „Vieles, was in der Vergangenheit gerade bei den Pflanzen der Subantarktis möglich war, wird durch heftige Hitzeperioden limitiert. Hochgebirgspflanzen sind immer schwerer zu kultivieren, Pflanzen aus den Hochlandsteppen und aus mediterranen Gebirgen dagegen zunehmend leichter. Das Sortiment wandelt sich." Der Klimawandel eröffne zugleich mehr Möglichkeiten, mit exotischen Pflanzen unterschiedlicher Regionen zu arbeiten, etwa mit südeuropäischen Hochgebirgspflanzen, die Hitzeperioden standhalten. Zudem würden sich heutzutage Pflanzengruppen, wie Pampasgras, die Fackellilien und die südafrikanische Watsonia, im Palmengarten selbst versamen.

Die nicht winterharten Pflanzen der Hochgebirge sind zudem in den im Jahre 1980 an das Haus Leonhardsbrunn angebauten Alpinhäusern zu sehen. Im westlichen Teil sind die Pflanzen der Nordhalbkugel, im östlichen Flügel die der Südhalbkugel kultiviert. In den Beeten vor den Häusern sind Arten der Andenflora oder der neuseeländischen Alpen zu sehen. Ein kleiner Felsspalten-Garten, der zeigt, wie sich Pflanzen in der Vertikale einer aufgebrochenen Felswand einen Lebensraum suchen, präsentiert alpine Primeln und sogar empfindliche Arten der Rocky Mountains.

Der sich an der Nordwestseite des Gräsergartens und hinter dem Baumbushain erstreckende Staudengarten wurde erst 1980 angelegt. Der Themengarten wird von einem Bach durchflossen, der in den Bootsweiher mündet. An seinen Ufern wachsen Sumpf- und Wasserstauden, längs der Wege ziehen sich Beet- und Schmuckstauden. Das Päonien-Beet vor dem neuen Blüten- und Schmetterlingshaus ist erst kürzlich überarbeitet worden und zeigt unter anderem Strauchpfingstrosen aus der Zuchtlinie des berühmten amerikanischen Züchters Arthur Percy Saunders.

Eines der ebenfalls noch vergleichsweise neuen Areale im Gelände ist der Rhododendrongarten, der für viele Gäste während seiner Blütezeit im April und Mai die Attraktion des Freilandes ist. Er wurde 1988/89 längs der Zeppelinallee angelegt, nach Plänen von Josef Raff, dem damaligen Gartendirektor der Insel Mainau. Rhododendren und Azaleen wurden im Freiland des Palmengartens in unterschiedlichen Parkteilen schon früh gepflanzt. August Siebert, einer der ersten Palmengarten-Direktoren, berichtet 1895 von einer großen Sammlung an Rhododendron indicum, deren Pflanzen teils in den Beeten, teils in Kübeln und Töpfen kultiviert wurden. Einige von ihnen dürften

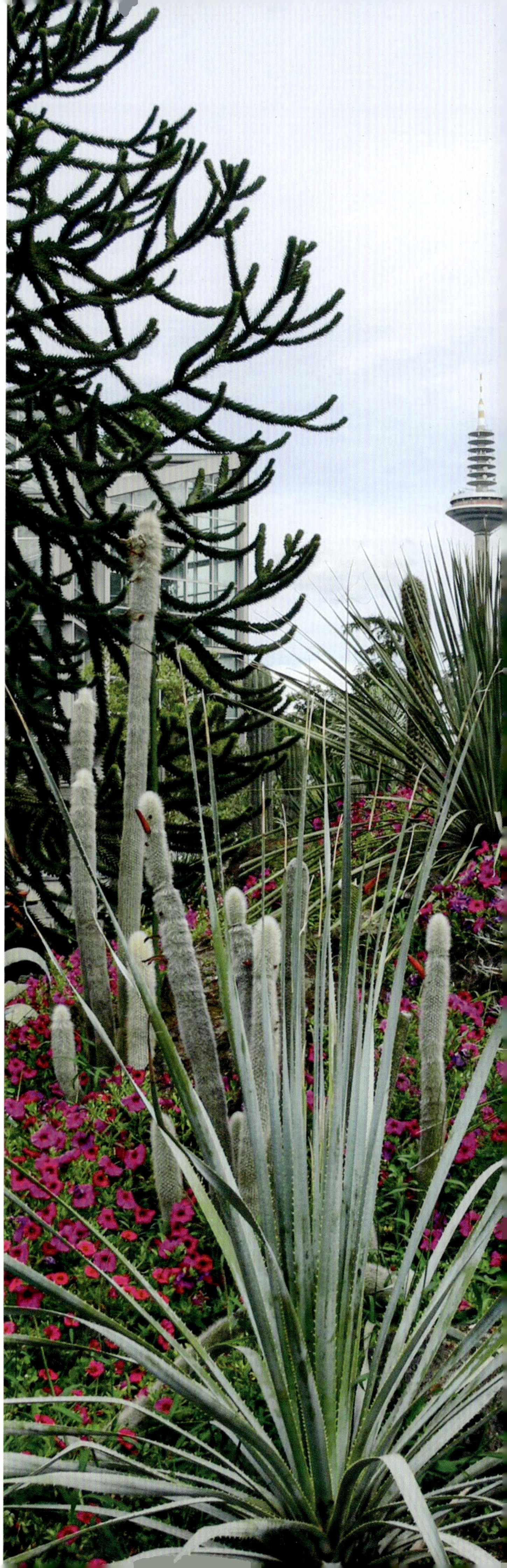

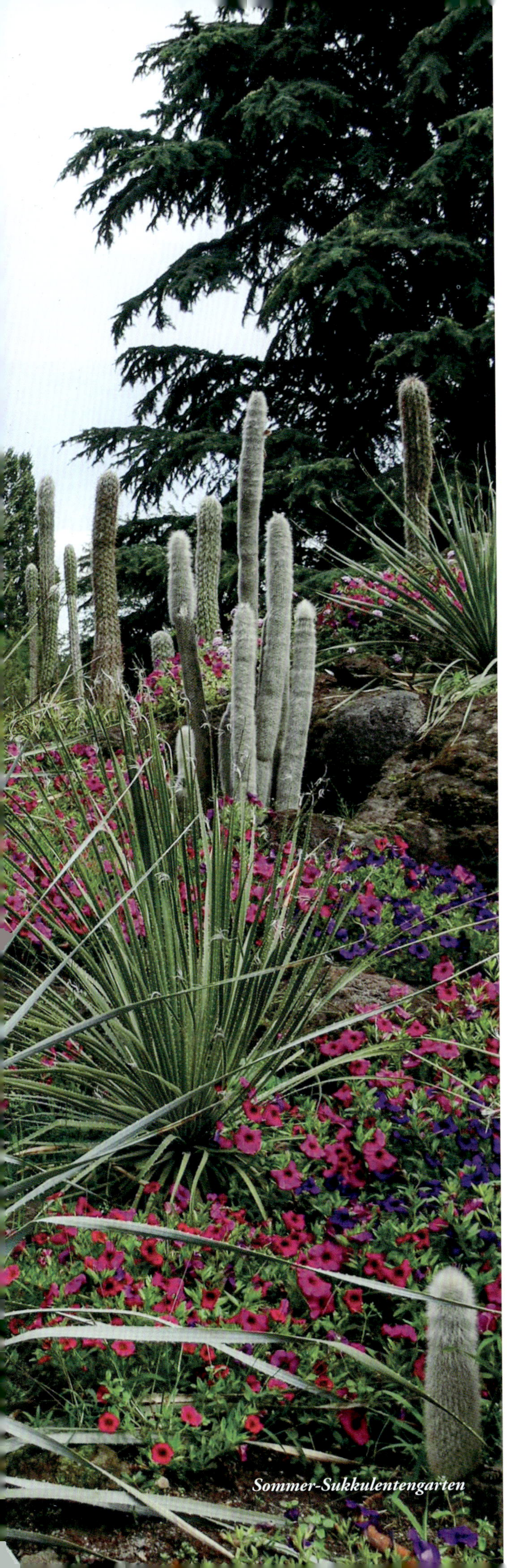

Sommer-Sukkulentengarten

bereits 1869 mit der herzoglichen Sammlung aus Biebrich in den Garten gekommen sein. „Unter ihnen befinden sich alte baumartige Gestalten, die man in den Monaten Februar bis April sehen muss, wenn sie die Blütengalerien mit der überreichen Fülle ihrer graziösen Blumen beleben." [51]

Gut 100 Jahre später entschied Direktor Gustav Schoser im Zuge der grundsätzlichen Erneuerung des Gartens, den ursprünglich aus Südostasien und Nordamerika stammenden Pflanzen ein ganzes Areal zu widmen. Auf einer Fläche von 6.500 Quadratmetern finden die Besucherinnen immergrüne, großblumige Züchtungen, aber auch Wildarten. Herzstück der Anlage ist der Hügel am Bootsweiher. Er ist vorwiegend mit Rhododendren bepflanzt, die ursprünglich auf der japanischen Insel Yakushima in über 1.000 Metern Höhe wachsen und aus der Ferne gesehen ein Blütenmeer mit sanfter Dünung bilden. Das gesamte Gelände mit seinen zum Teil bis zu drei Meter hohen Pflanzen formt im Mai und Juni einen mal weiß, mal gelb, mal rosa und rot bis hin zu leuchtend violett blühenden Rhododendron-Wald, durch den man auf Wegen und mit Rindenmulch bedeckten Pfaden hindurchspazieren kann. Allerdings machen die Autoabgase von der nahegelegenen Zeppelinallee sowie der Klimawandel den Pflanzen in den vergangenen Jahren mehr und mehr zu schaffen. Die Flachwurzler benötigen einen sauren Boden, der genügend feucht, aber auch durchlässig ist. „Je mehr wir wässern, desto kalkhaltiger wird der Boden, darunter leiden die Pflanzen dann auch", erläutert Jörg Plaßmann, der Leiter des Freilandes und der Galerien. Das Areal soll daher in absehbarer Zeit überarbeitet werden. So beliebt der üppig blühende Rhododendrongarten bei den Besuchern ist, ist Plaßmann sicher, dass er flächenmäßig nicht weiter ausgebaut werden könne.

Frisch saniert und modernisiert ist bald der Sommer-Sukkulentengarten hinter dem Tropicarium. Seit mehr als 30 Jahren werden Kakteen und andere Wasser speichernde Pflanzen im späten Frühjahr aus den Gewächshäusern in den Themengarten gebracht und dort samt Kübel – damit die Wurzeln unbeschädigt bleiben – in den Lavasand eingepflanzt. So entstehen temporäre Miniatur-Landschaften, wie sie in Südamerika, Afrika oder auf den Kanaren existieren. Im September beginnt dann der Rückbau. Kakteen, Euphorbien und Agaven werden wieder ausgegraben und vorsichtig zurück ins Winterquartier gebracht. Keine leichte Aufgabe für die Gärtner, die in Spitzenzeiten um die 600 bis 700 Töpfe umzogen. Je nach Größe kann so eine Pflanze zwischen 60 und 90 Kilo schwer und nur noch mit Hubwagen zu transportieren sein. Dabei gilt es, sich mit allen Mitteln gegen die schmerzhaften und durchaus auch mal giftigen Dornen zu schützen.

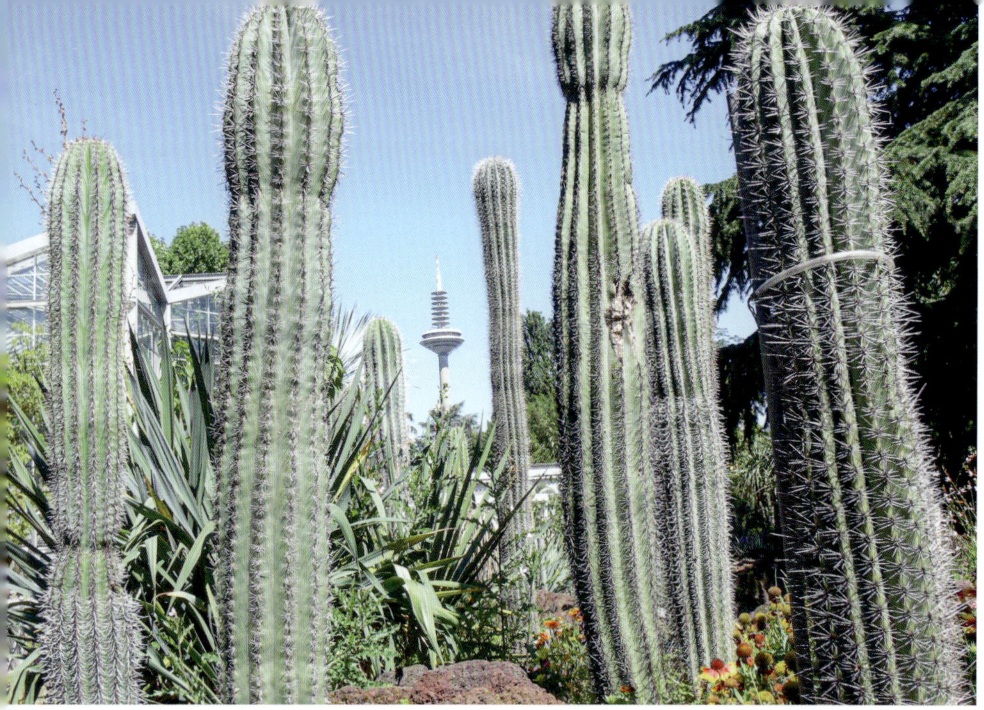

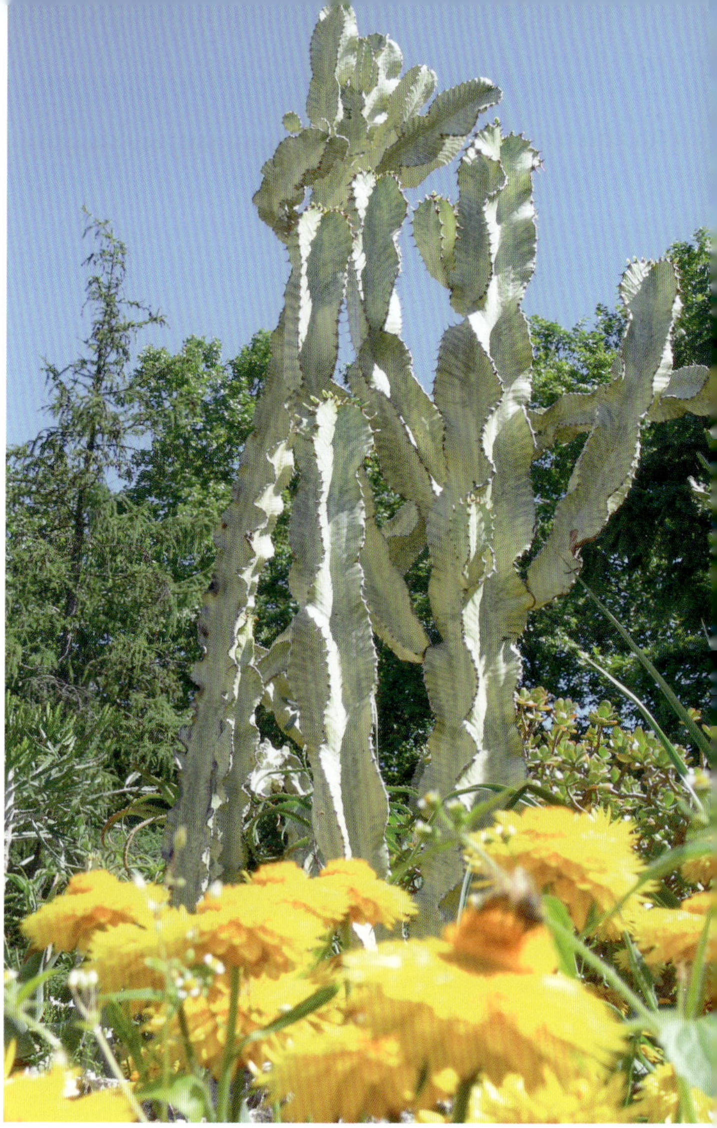

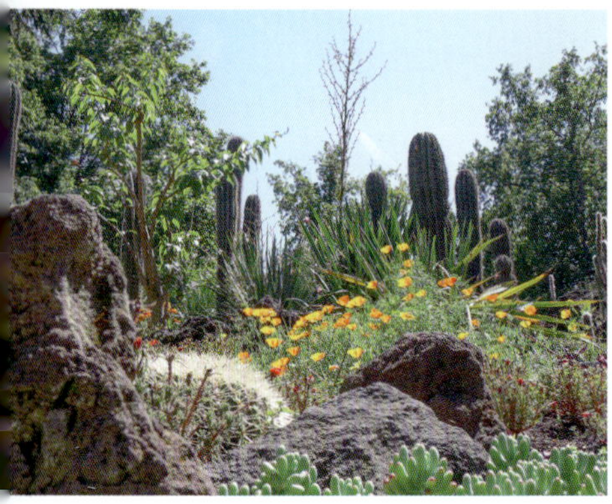

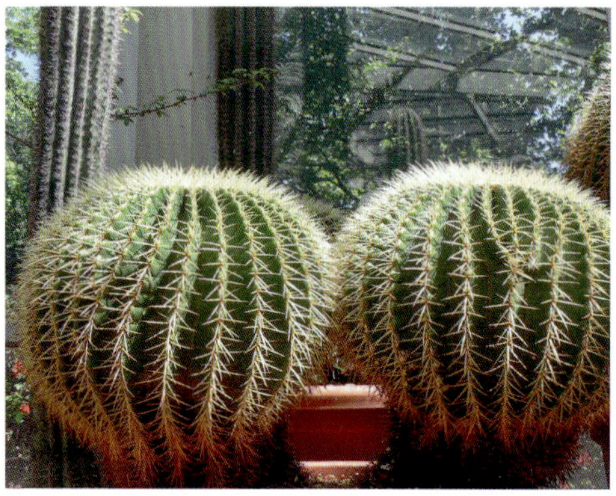

Ein Sukkulenten-Beet hat ebenfalls eine lange Geschichte im Garten. Bereits 1895 berichtete der damalige Palmengartendirektor August Siebert davon, dass Agaven, Yuccapalmen, Aloe, Opuntien, Drachenbäume, wie sie auf den Kanaren heimisch sind, Kugelkakteen und weitere Sukkulenten in zwei Beeten nördlich des Kleinen Weihers direkt vor den alten Schauhäusern standen. Blickfang dürfte ein „bald hundertjähriger monströs geformter"[52] Felsenkaktus gewesen sein. Die Beete dürften spätestens mit dem Neubau der Gewächshaus-Anlage 1905/06 verschwunden sein.

Der Gärtnermeister Günter Andersohn erklärte sich in den 1970er Jahren bereit, die alte Tradition eines Sommer-Sukkulentengartens wiederzubeleben. Er legte mit seinem Team ein Beet vor der alten Ausstellungshalle an, die seit 1952 auf dem Gelände stand, auf dem heute der Rosengarten zu finden ist. „Schon damals haben wir die Pflanzen im Sommer dorthin transportiert. Im Winter haben wir unter anderem die Orchesterloge des Musikpavillons genutzt, um die Sukkulenten vor der Kälte zu schützen", erinnert sich Andersohn. Bis 1984 bestand dieses Sommer-Beet, das nach der Errichtung des Tropicariums an seinen heutigen Standort umzog. Dort wird es nun barriereärmer und attraktiver umgestaltet.

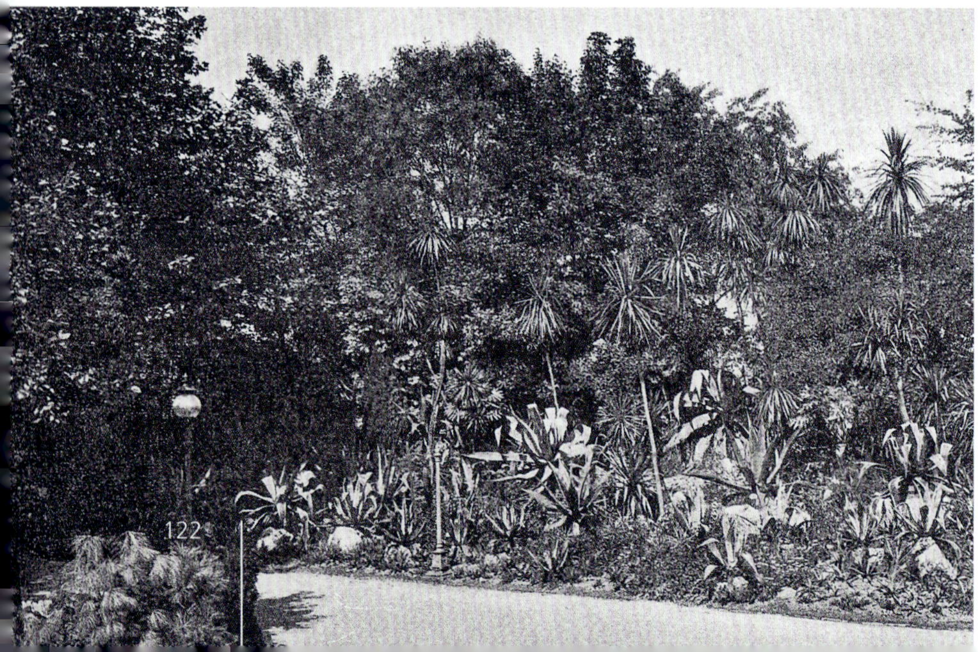

Sukkulenten-Beet um 1895

Gärtnerisches Personal 1895

Ein Obergärtner, zehn Obergehülfen, 30 Gehülfen, 25 Gartenarbeiter, ein Maschinenmeister, ein Maschinist, ein Installateur, zwei Schlosser, vier Heizer, ein Heizungswärter, ein Lichtanzünder, ein Glaser, ein Weisbinder, ein Schreiner, ein Maurer, zwei Schalter-Kassierer, vier Portiers, ein Parkwächter, zwei Nachtwächter, fünf Aufsichtspersonen, zwei Aufseher für Spiele und Sport, 5-30 Arbeiter (je nach Jahreszeit), zehn Jungen (zur Bedienung der Lawn Tennis-Spiele im Sommer), ein Kapellmeister, 35 Musiker, ein Orchesterdiener.[53]

Gärtnerisches Personal heute

Drei Sachgebietsleiter, zehn Meister, elf Fachvorarbeiter, 38 Gärtner, ein Gartenarbeiter, fünf gärtnerische Saisonkräfte, ein Ausbilder, sieben Auszubildende, ein Abteilungsleiter Betriebstechnik, ein Sachgebietsleiter Betriebstechnik, ein technischer Angestellter Instandhaltung und Erneuerung, eine Sicherheitsfachkraft, die zugleich Energiebeauftragter ist, zwei Schlosser, ein Schreiner, ein Elektromeister, zwei Elektriker, ein Maler- und Lackierer, ein Heiz- und Sanitärmeister, sechs Mitarbeiter in der Heiz- und Sanitärwerkstatt, zwei Kraftfahrer, zwei Pförtner.

Hinzu kommen neben der Direktorin und ihrer Vorzimmerdame fünf Mitarbeiter in der Verwaltung, sieben Mitarbeiter für Kommunikation und Veranstaltungen, eine Mitarbeiterin für Fundraising, ein Oberkustos, eine Kustodin, ein wissenschaftlicher Mitarbeiter, eine gartenbautechnische Angestellte im Herbarium, drei Mitarbeiterinnen in der Pädagogik, drei Zahlstellenmitarbeiter, fünf Kassierer, zwei Köchinnen, eine Reinigungskraft und eine Lagerleiterin für Material und Arbeitskleidung sowie zwei junge Menschen, die ein freiwilliges ökologisches Jahr absolvieren und einer, der ein freiwilliges soziales Jahr in der Kultur leistet (jeweils männlich oder weiblich, umgerechnet auf Vollzeitstellen, ohne Botanischen Garten).

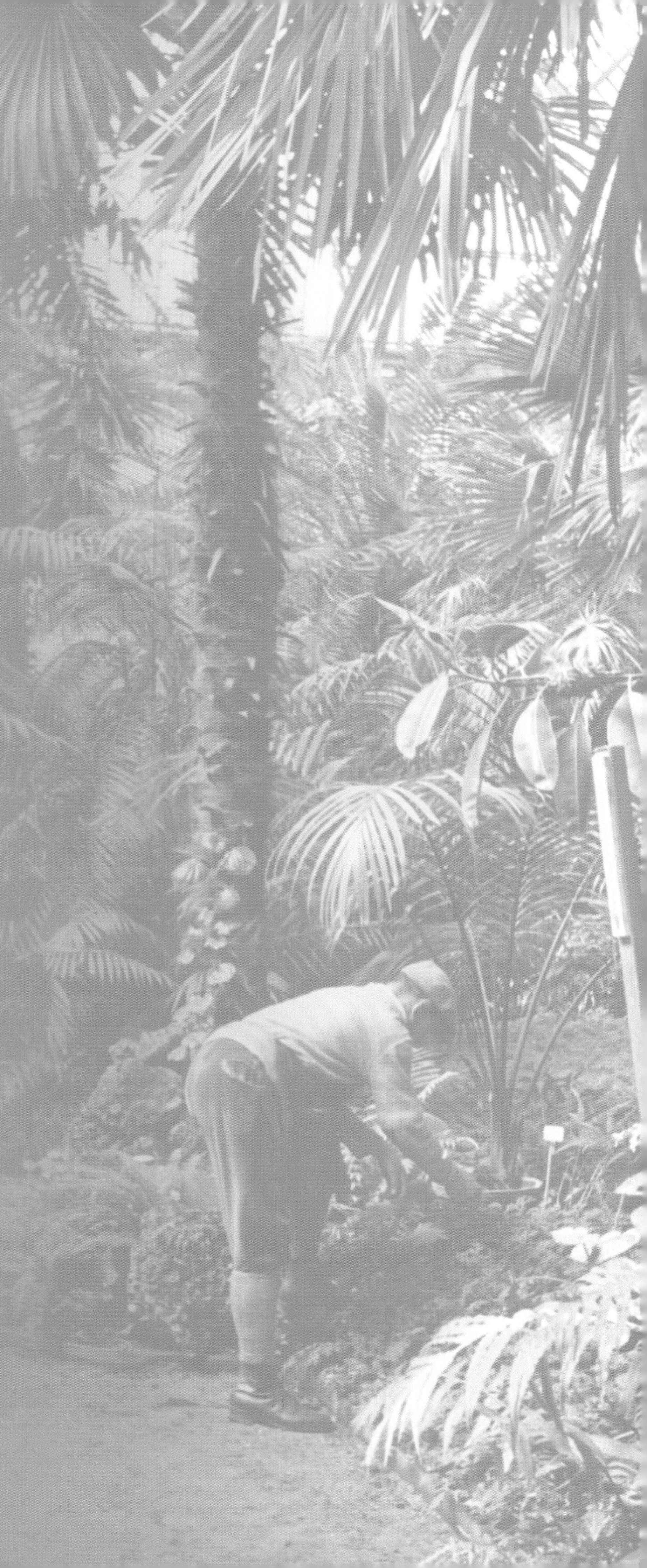

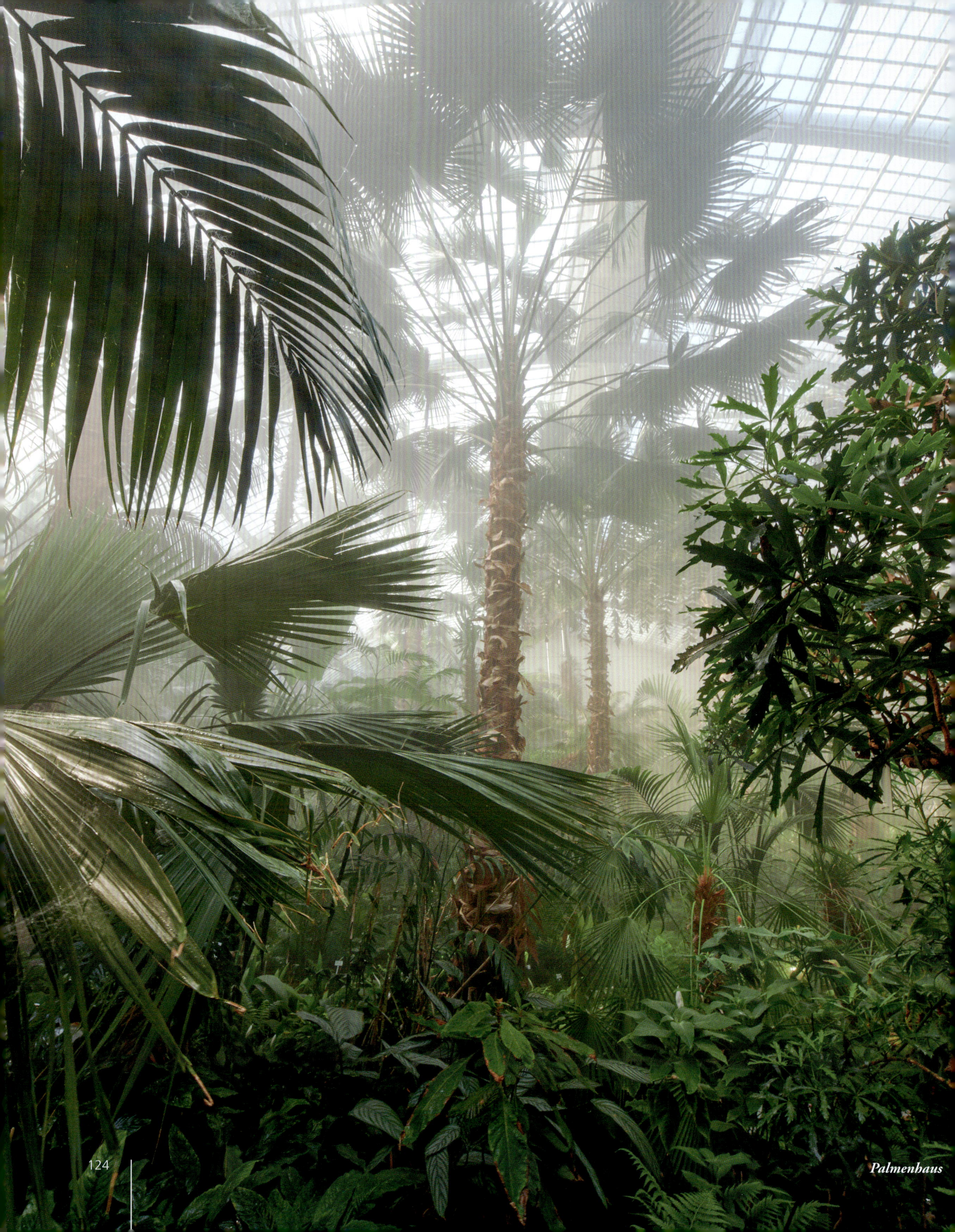

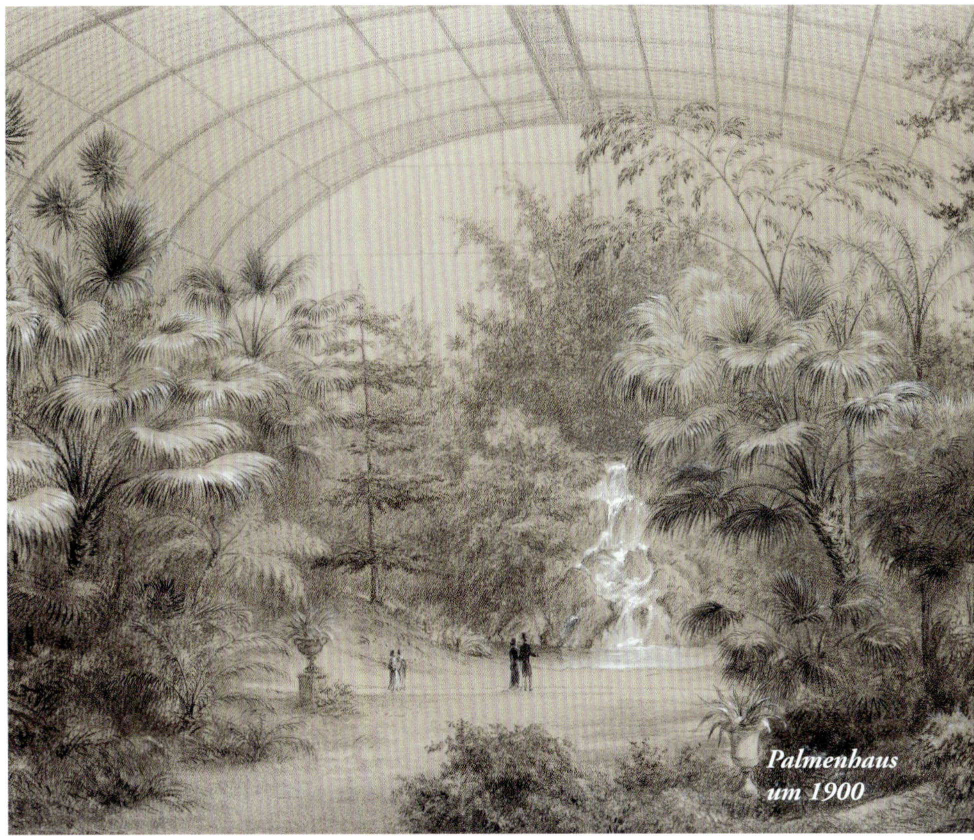

Palmenhaus um 1900

UNTER GLAS

Das Freiland macht flächenmäßig den größten Teil des Palmengartens aus. Doch von Beginn an gehörten exotische Pflanzen unter Glas zu den Attraktionen der Institution. Herzog Adolph von Nassau hatte schon früh eine bedeutende Sammlung an exotischen Pflanzen in seinen Gewächshäusern aufgebaut, die international bewundert wurde. Damit diese an den Main ziehen konnte, übernahm man nicht nur die Gewächshäuser von ihm, man baute im Herzen des Palmengartens zudem das Palmenhaus, das bis heute älteste Gebäude der Einrichtung:

„Es ist nicht möglich, das Entzücken zu beschreiben, das einem beim Spaziergang inmitten der Bäume aus tropischen Ländern erfasst; sich unter riesigen Palmen niederzulassen und die exotischen und betäubenden Düfte einzuatmen. Ein Wasserfall befindet sich am Ende des Gewächshauses, dessen Wasser über bemooste Felsen stürzt. Dazu die vielen hin- und herfliegenden, buntgefiederten Vögel, die wie sich bewegende Blumen in dieser paradiesischen Umgebung wirken.“ [54]

Bunt gefiederte Vögel begegnen den Gästen heute nicht mehr, wenn sie das Palmenhaus besuchen. Doch Vergnügen bereitet es auch fast 150 Jahre später noch immer, durch diese Kathedrale aus Grün zu streifen. Der Sachsenhäuser Kunstgärtner und spätere Garteninspektor Ferdinand Heiß hatte das Palmenhaus 1869 so gestaltet, dass von der Terrasse aus eine Blickachse durch das gesamte Haus hin zur Felswand mit Wasserfall führte. Zwei rund 16 Meter hohe Dattelpalmen, weitere große Fiederpalmen, dazu Farne, Nadelbäume und damals exotische Blattpflanzen sorgten schon derzeit dafür, dass sich die Besucher wie im Dschungel fühlten. Eine australische Livingston-Palme war aus den Borsigschen Gärten in Berlin angekauft worden. Sie soll ein Geschenk Alexander von Humboldts an den Industriellen Albert Borsig und damals schon rund 130 Jahre alt gewesen sein. In den darauffolgenden Jahren kamen weitere große Pflanzen hinzu, etwa eine Himalaya-Fischschwanzpalme aus dem großherzoglichen Hofgarten zu Darmstadt, oder eine Sago-Dattelpalme als Geschenk des Königs Albert von Sachsen, die beide in ihren vorherigen Gewächshäusern zu groß geworden waren. 75 große und mittelgroße Palmen zählte August Siebert in seiner Bestandsaufnahme für das Schauhaus im Jahr 1895, dazu 125 kleinere Palmen, zehn große Bambusstauden, 25 Dracaenen und 12 Baumfarne. Insgesamt beherbergte das Palmenhaus damals rund 4.000 Pflanzen.

Der Blick auf den Wasserfall in dem gut 50 Meter langen und 30 Meter breiten Glashaus und der Gesamteindruck eines gläsernen Pflanzendoms ist bis heute geblieben. Auch wenn das Haus zum ersten Mal 1937 und dann 1962 überholt wurde, auch wenn damals die seit 1945 extrem verschmutzte Verglasung erneuert, das Dach abgedichtet und der Wasserfall nach 25 Jahren wieder instandgesetzt wurden, an der Gestaltung der Pflanzen im Inneren änderte sich wenig. Lediglich Carl Hägele lichtete bei einer Überarbeitung 1979 das bestehende Grün und sortierte einen Teil der Pflanzen gleicher Arten, darunter Palmen, aus. Nur die Wegeführung hat sich ein wenig verändert. Und anstelle des dichten Grüns aus Moosfarnen fließt seit einer Renovierung Ende der 1980er Jahre ein kleiner Bachlauf von der Terrasse bis zum Fischbecken, in das sich der Wasserfall ergießt. Auch bei der Generalsanierung des Hauses 1998/99 wurde kaum etwas verändert, sieht man mal davon ab, dass die schmiedeeisernen Pfeiler, die das Gebäude tragen, seitdem wieder dunkelgrün hinter den Pflanzen zurücktreten, so wie in den Anfangszeiten des Baus. Zuvor waren sie lange Zeit silberfarben überstrichen.

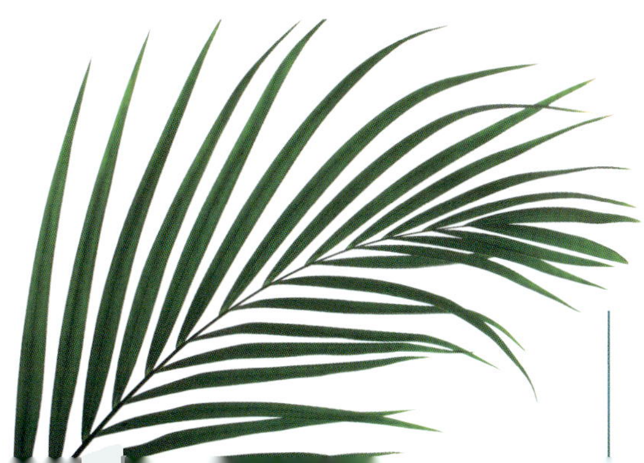

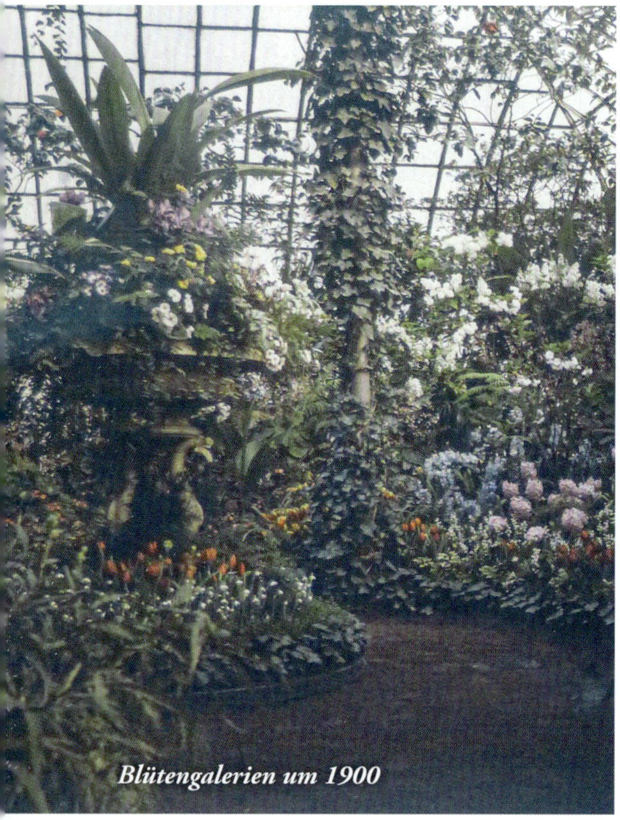
Blütengalerien um 1900

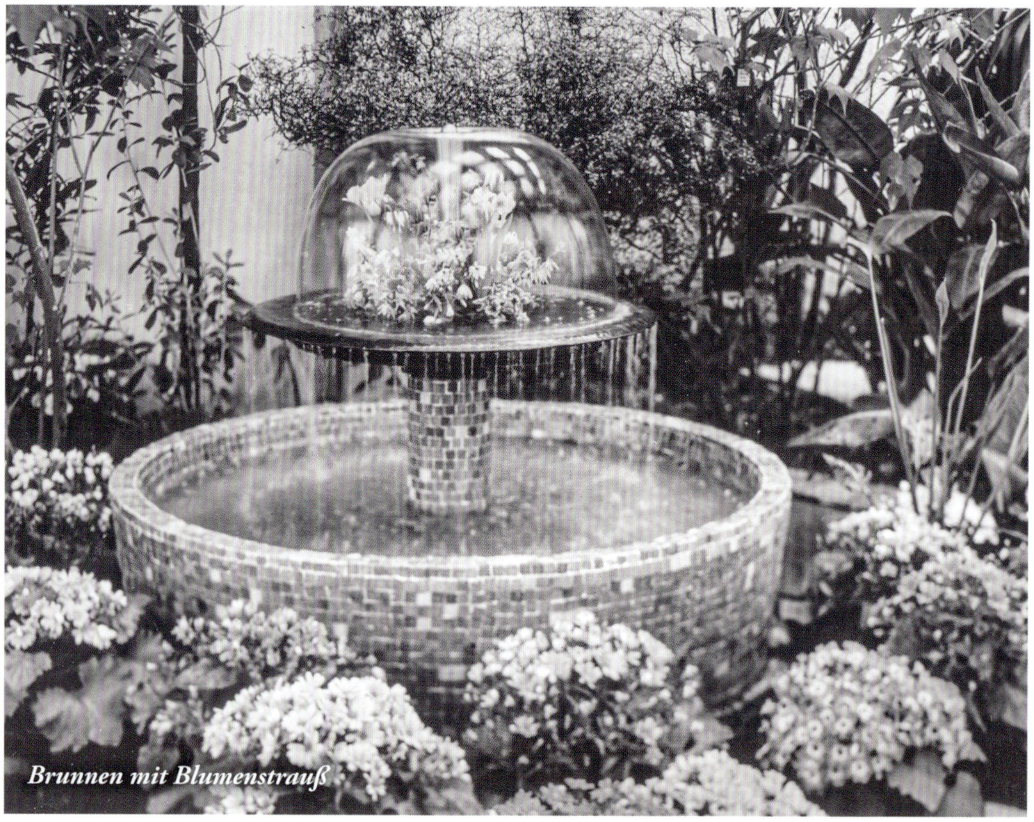
Brunnen mit Blumenstrauß

Die Pflanzen spiegeln heute noch die Lust an der „Exotik" wider, die in den gehobenen Kreisen im Europa des ausgehenden 19. Jahrhunderts verbreitet war. Das Palmenhaus ist ein reines Schauhaus, das Pflanzen aus unterschiedlichsten tropischen und subtropischen Zonen der Erde versammelt. Die großen Chinesischen Hanfpalmen aus den Anfangszeiten, die heute längst das 18,5 Meter hohe Glasdach gesprengt hätten, haben die Zeiten nicht überdauert. Eine letzte musste kürzlich wegen Schädlingsbefall gefällt werden. Doch Baumfarne, Bananenstauden und üppig wuchernde Aronstabgewächse vermitteln weiterhin tropisches Flair. Das Gärtnerteam pflanzt dazu immer wieder wechselnde Bromelien und Orchideen aus der Sammlung in die Beete.

Sehr viel stärker verändert haben sich dagegen die Blütengalerien an der Ost-, Nord- und Westseite des Palmenhauses, in denen heute regelmäßig wechselnde Ausstellungen wie die Frühlingsblumenschau oder die Blumen des Herbstes gezeigt werden. Anfangs waren sie als ein durchgängiges Gebäude angelegt, das das Palmenhaus auf einer Länge von 120 Metern umschloss und durch das man an den Beeten vorbei wandeln konnte. In ihnen fand bereits 1870 die erste Blumenausstellung des Gartens statt, die ebenfalls Ferdinand Heiß arrangiert hatte. Sie dienten anschließend zugleich als Schau- und Überwinterungshaus für viele Pflanzen, etwa die Kamelien, von denen 105 unterschiedliche Sorten in rund 100 Kübeln und mehr als 1.100 Töpfen gezeigt wurden[55], aber auch Rosen, Azaleen, Alpenveilchen, Eukalyptus, Akazien- und Myrten-Gewächse. Von Mitte Oktober bis Mitte Mai präsentierten sie sich dem Publikum hübsch arrangiert in Kübeln und Töpfen oder üppig bepflanzten Beeten, die an den Wegeinfassungen mit Efeu geschmückt waren. Dabei setzte man damals auf Masse. Ende Oktober etwa waren 250 unterschiedliche Chrysanthemen-Sorten ausgestellt und von Mitte März bis Mitte Mai war eine prunkvolle Topfrosenschau zu sehen. Eine spezielle und offenbar sehr beliebte Installation wartete in der nordwestlichen Ecke auf das Publikum. Dort stand ein kleiner Brunnen, dessen Wasser sich glockenförmig über einen Strauss mit frischen Schnittblumen ergoss. Er musste 1930 wegen Baufälligkeit entfernt werden.

Während der Sommermonate blieben die Häuser geschlossen, dann waren Kamelien und Azaleen vor den Galerien im Schatten der Platanen zu sehen. Die alten Azaleen fielen größtenteils der Kälte durch die Kriegsschäden zum Opfer. Die

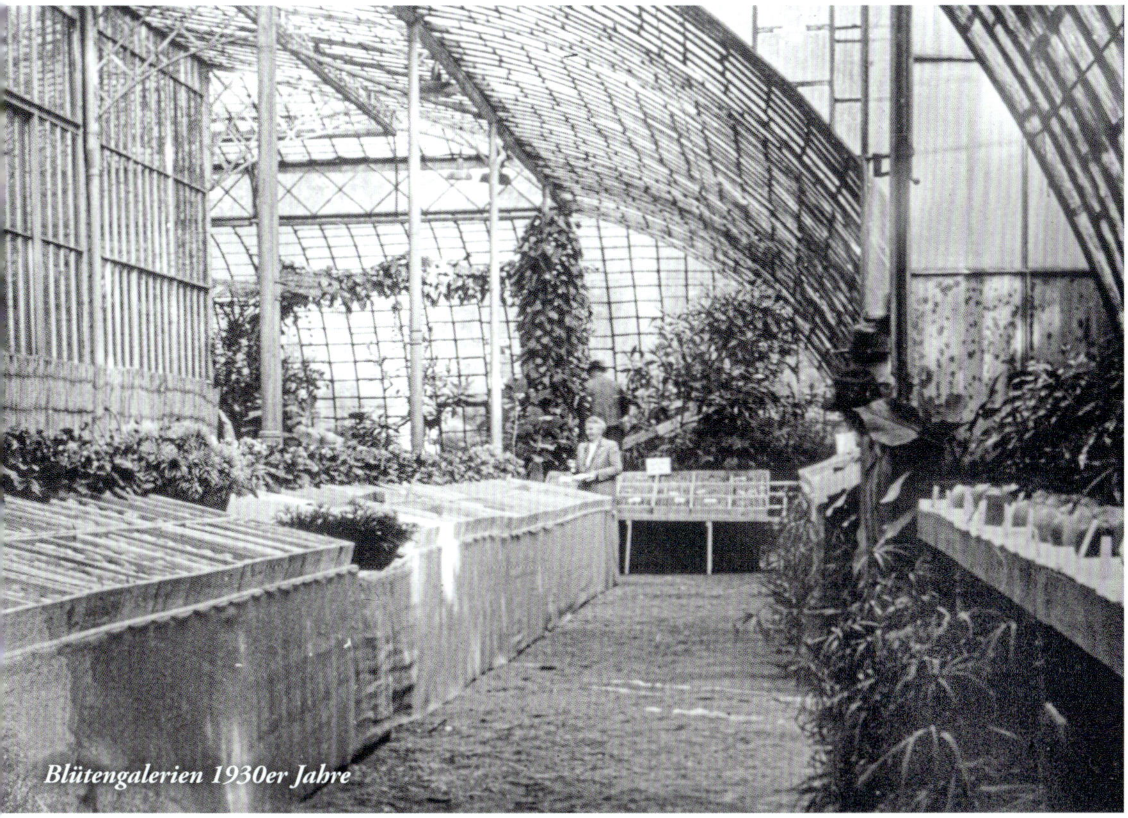

Blütengalerien 1930er Jahre

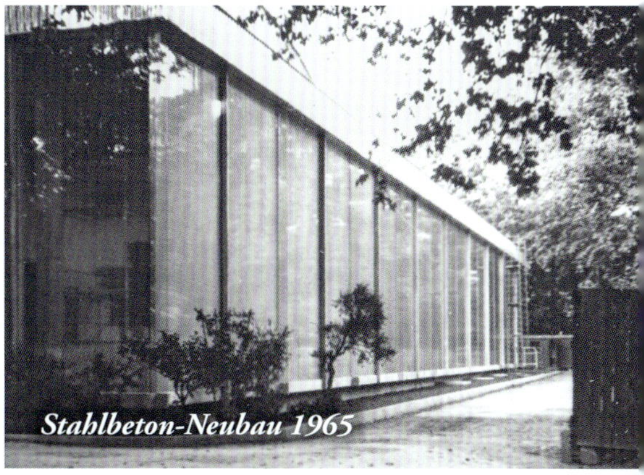

Stahlbeton-Neubau 1965

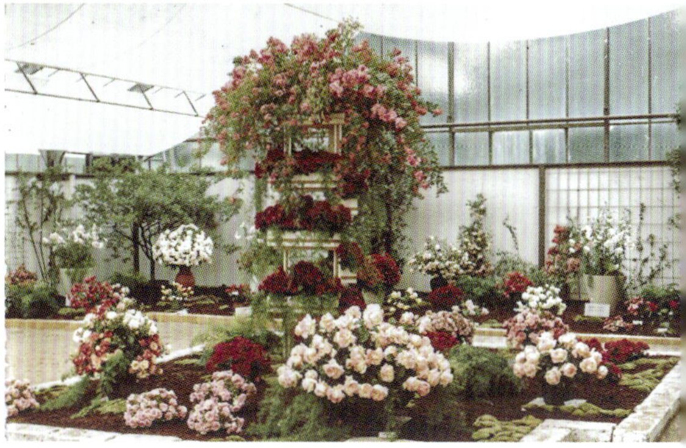

Instandsetzung der Blütengalerie nach 1945 kam für sie zu spät. Die Kamelien behielten bis Mitte der 1960er Jahre ihr Winterquartier im Ostteil der Galerie. Damals war das Glashaus schon nicht mehr öffentlich zugänglich, da es bereits in den 1950er Jahren baufällig wurde und fürs Publikum gesperrt werden musste. Alle anderen Kübelpflanzen wanderten in eine gerade neu gebaute Ausstellungshalle auf dem Gelände des heutigen Rosengartens, die später, benannt nach dem früheren Direktor des Botanischen Gartens, Karl-Egle-Haus hieß und bis zu ihrem Abbruch 1984 den Besucherinnen und Besuchern Pflanzen aus mediterranen Gebieten der Erde präsentierte.

Anfang der 1960er Jahre entstand nach Plänen des Hochbauamtes auf den alten Grundmauern der Blütengalerie ein Stahlbeton-Neubau, der am 3. September 1965 mit einer großen deutsch-niederländischen Blumenschau eröffnet wurde. Statt der abgerundeten Fassade waren hohe Räume mit geraden Glaswänden und einer Betondecke mit Wabenstruktur entstanden, die auf Betonstützen ruhte. 165 Lichtkuppeln sorgten für eine Beleuchtung von oben. Es wurden Brunnen und Sitzgelegenheiten fest eingebaut. An der Ostseite entstand, durch eine Glaswand abgetrennt, ein Leseraum für die Besucher. Die Außenwände bestanden nur an der Ostseite aus Klarglas, für die West- und Nordseite wurde eher undurchsichtiges Transparentglas verwendet. Kleine subtropische Gärten mit Kamelien, Baumfarnen und immergrünen Sträuchern aus dem Mittelmeerraum, mit Drachenbäumen, Agaven und mehr wurden angelegt, die nun das gesamte Jahr hindurch dort zu sehen sein sollten. Das milchige Transparentglas erwies sich allerdings als nicht förderlich für das Pflanzenwachstum, so dass einige der alten Kamelien und Kübelpflanzen aus der Biebricher Zeit verkümmerten und den Standort wechseln mussten. 1986/87 kehrte die alte Rundbogenform in die Galerie zurück. Im Zuge der „inneren Erweiterung" des Gartens, die Gustav Schoser initiiert hatte, entfernte man lediglich die Glasfassade und stellte die neuen Rundbögen vor die alte Konstruktion, so dass sich die Grundfläche der Galerie von 750 auf 1.265 Quadratmeter vergrößerte. Man nahm zudem die noch heute existierende Zweiteilung in der Mitte vor, so dass an der Nordseite ein Eingang mit Foyer entstand, von dem aus beide Flügel der Galerie nach wie vor zugänglich sind. Dank dieser Teilung können die Gärtnerinnen und Gärtner heute die Ausstellungen flexibler vorbereiten, weil sich Auf- und Abbau zeitlich überschneiden können.

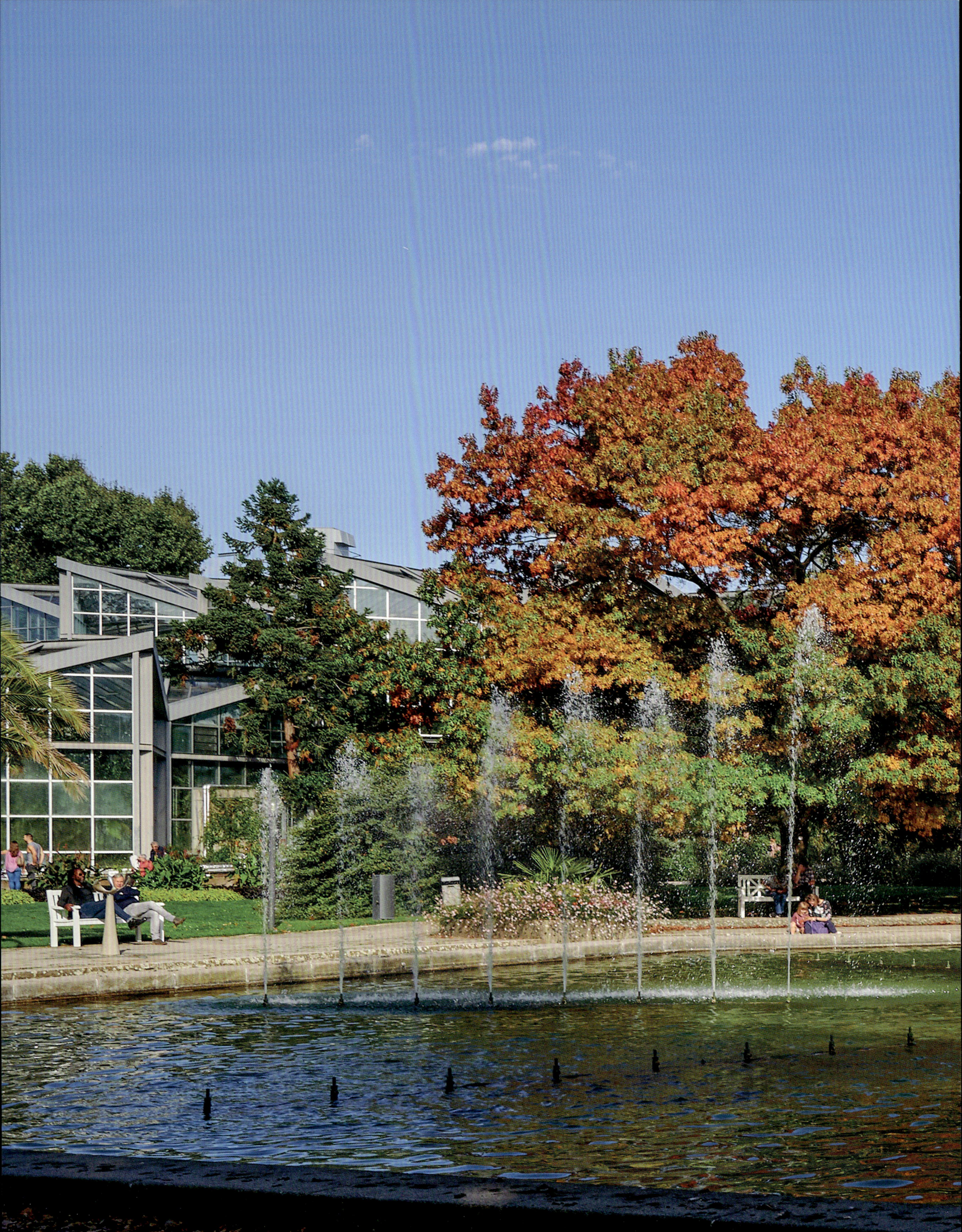

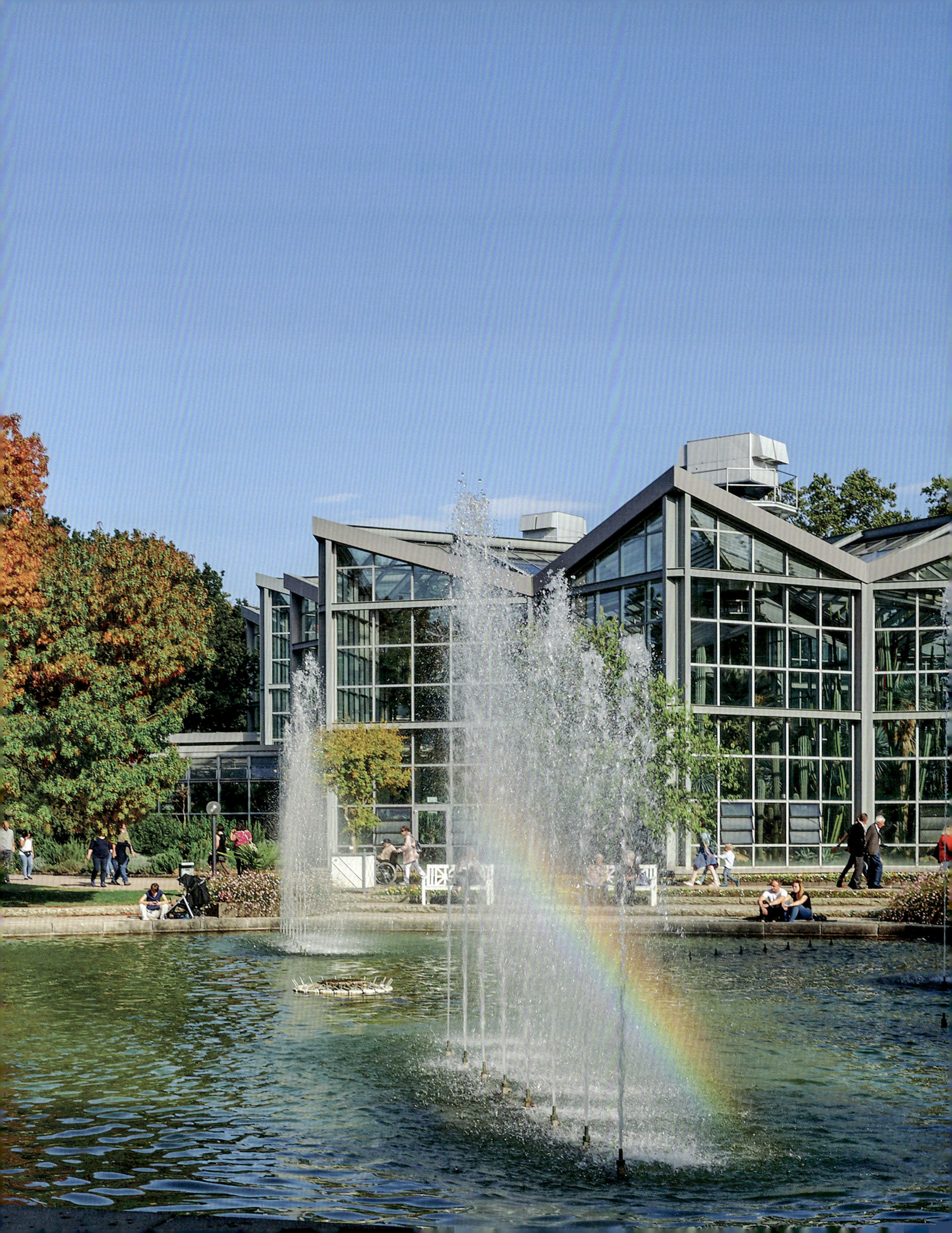

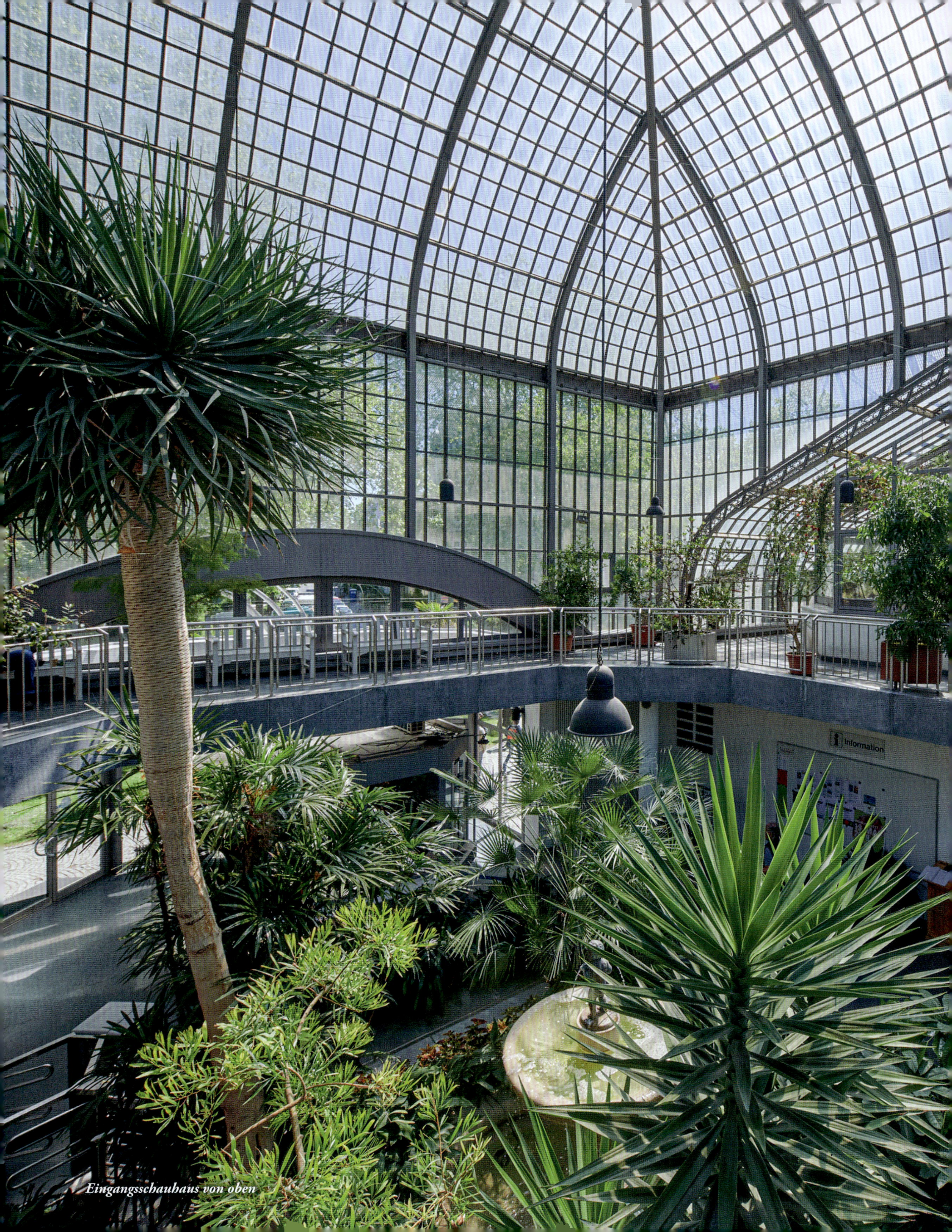

Eingangsschauhaus von oben

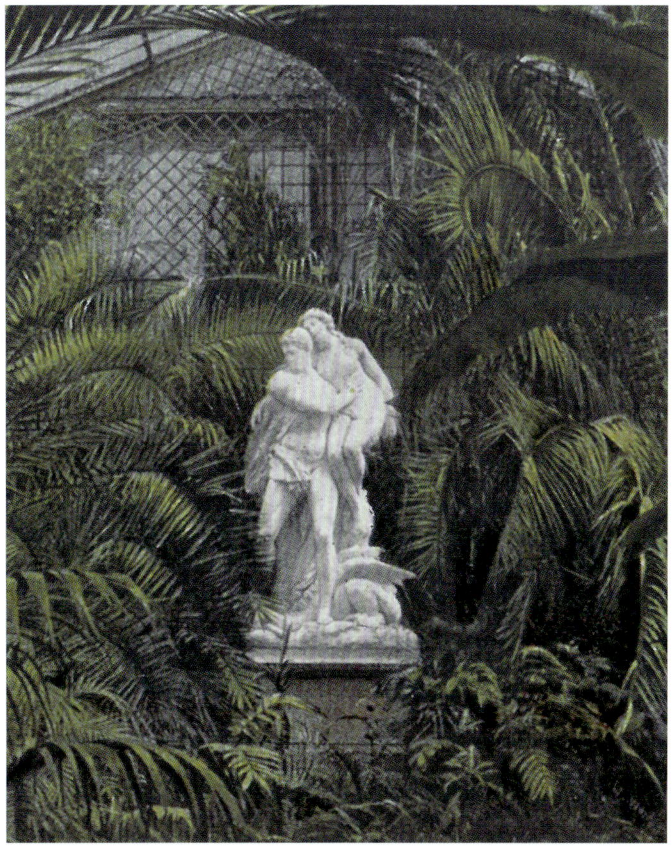

SIEBEN STERNHÄUSER

Sie ist das Erste, was der Besucher sieht, wenn er sich vom Westend aus dem Palmengarten nähert. Eine fast 15 Meter hohe filigrane Kuppelkonstruktion thront über dem Eingangsschauhaus und erinnert daran, dass es aus der Zeit stammt, als Gewächshäuser noch architektonische Kleinode waren. 1905/06 erbaut, steht das Schauhaus erst seit 1989 auf seinem heutigen Platz. Ursprünglich bildete es die Mittelhalle der Pflanzenschauhaus-Anlage, die August Siebert Anfang des 20. Jahrhunderts errichten ließ. Dort waren, ähnlich ausladend wie im Palmenhaus, Palmen und Palmfarne zu sehen, zu deren Stämmen sich, wie damals häufig verwendet, ein grüner Teppich aus Moosfarnen ausbreitete. In der Mitte stand ein Tellerbrunnen, der auch heute wieder das Eingangsschauhaus ziert. An der Rückwand die um 1890 geschaffene Marmorskulptur des Städelschulprofessors Gustav Kaupert „Perseus und Andromeda", ein Eröffnungsgeschenk des Höchster Industriellen und Mäzens Eugen Nicolaus von Lucius. Heute ist sie im Freiland zwischen dem Oktogonbrunnen und der Liegewiese aufgestellt. Die historische Schauhausanlage war bereits Anfang der 1970er Jahre so überholungsbedürftig, dass man beschloss, nur die Mittelhalle zu erhalten und die restlichen Häuser abzureißen. Im Winter 1986/87 wurde sie abgetragen, man sanierte die Bauteile und stellte sie anschließend über einer zweistöckigen Tiefgarage um 90 Grad gedreht wieder auf. Im nördlichen Flügel des Baus wurde ebenerdig der Siesmayersaal als Vortragsraum eingerichtet. Im lichtdurchfluteten oberen Geschoss sind in Vitrinen vor allem Tillandsien und andere Bromelien zu sehen. Auf der gegenüberliegenden südlichen Seite stehen in Schauvitrinen und einem Kulturhaus Carnivoren, also fleischfressende Pflanzen, wie die Venusfliegenfalle oder der Sonnentau. Für die tropische Sammlung des Gartens, die zuvor in den historischen Schauhäusern aufbewahrt und präsentiert wurde, ließ Gustav Schoser als neue Heimstatt das Tropicarium errichten.

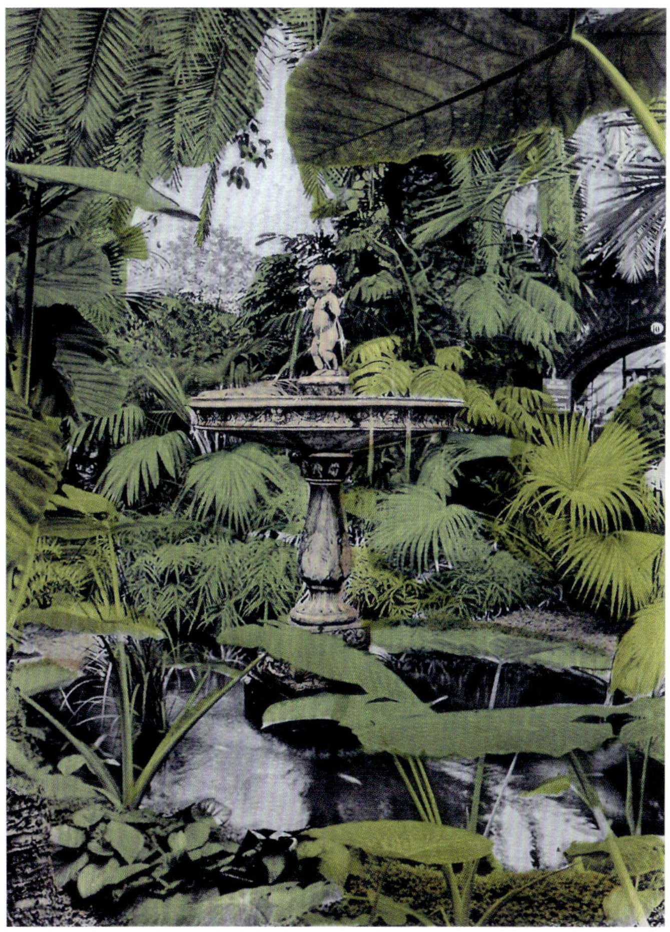

„Perseus und Andromeda" und Tellerbrunnen (unten)

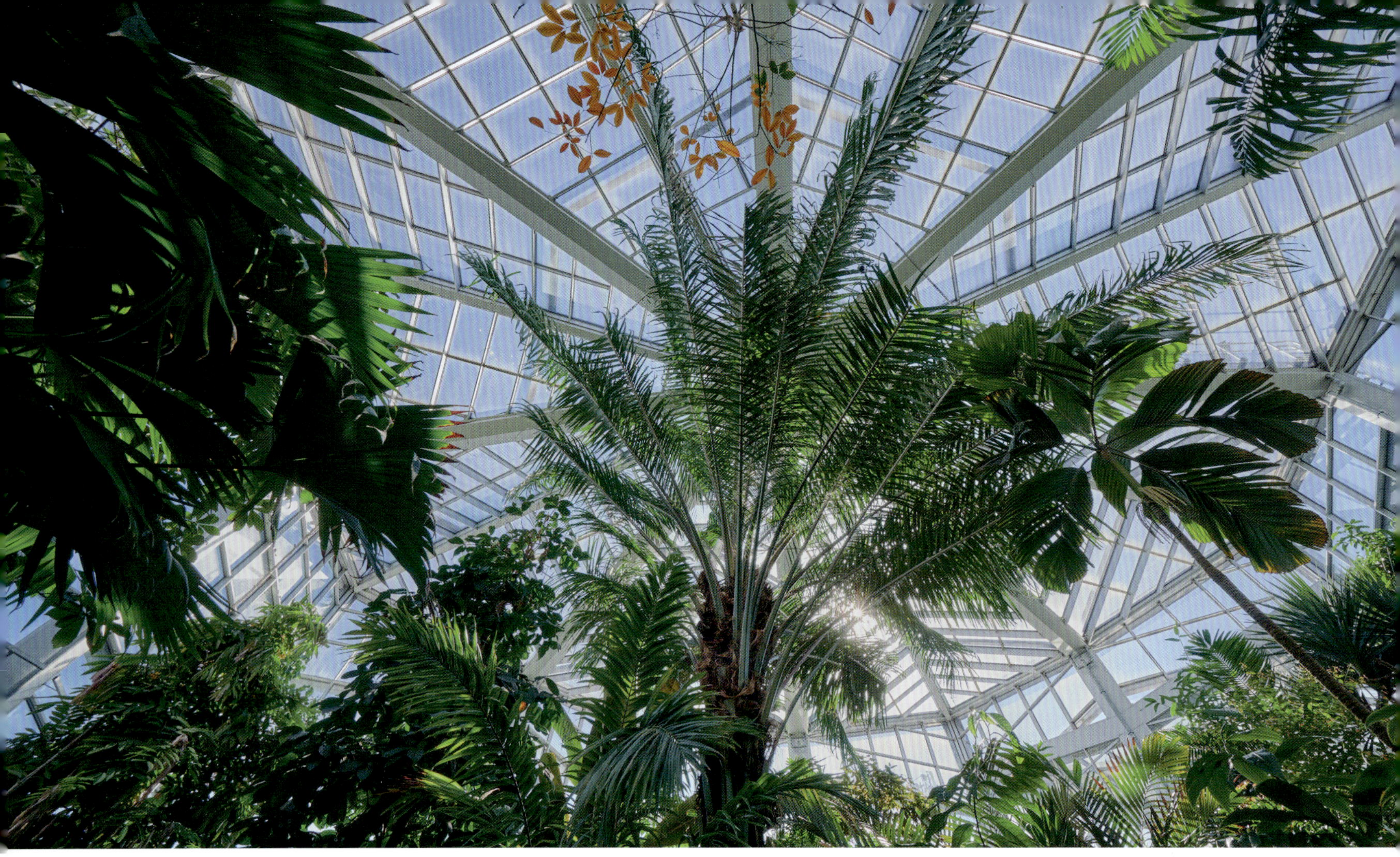

Tropicarium

Palmen, Bromelien, Kakteen – mit dem sternförmigen Bau entstand mitten im Palmengarten eine einmalige Anlage für die Tropenpflanzen des Gartens – sowohl architektonisch als auch botanisch. Die Sternhäuser passten sich von Anfang an gut in den Garten ein. Zugleich entstanden auf vergleichsweise überschaubarer Fläche viele Gewächshäuser, die unterschiedlich klimatisiert sind. Sie boten daher die Möglichkeit, die Sammlung optisch attraktiv und vielseitig zu präsentieren. Sie ist bis heute nach ökologischen Gesichtspunkten aufgebaut. Die Pflanzen sind nach tropischen Lebensräumen sortiert, die abhängig von der Temperatur, Niederschlagsmenge und -saisonalität oder der Höhenlage sehr unterschiedliche Formen annehmen. Sie reichen von immerfeuchten Tiefland- oder Bergregenwäldern über laubabwerfende Wälder in Gebieten mit ausgeprägter Trockenzeit bis hin zu Nebel- und Halbwüsten. In den sieben großen Sternhäusern sind auf diese Weise auf jeweils 600 Quadratmetern lebende Landschaftsbilder entstanden. Die nördlichen vier von ihnen, die 1984 eröffnet wurden, zeigen die Feuchten Tropen, vom Tiefland- und Bergregenwald über die Mangrove bis zu den Monsun- und Passatwäldern. Sie wurden kürzlich zwei Jahre lang umfassend technisch saniert und dabei auch einige der Beete überarbeitet. Durch einen Verbindungsgang geht es

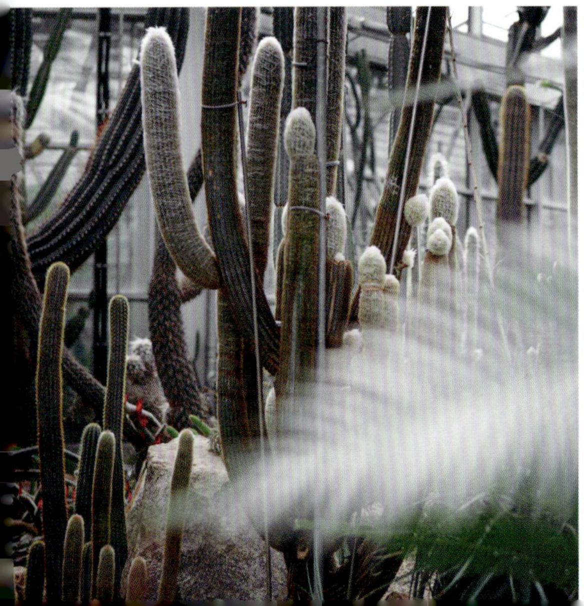

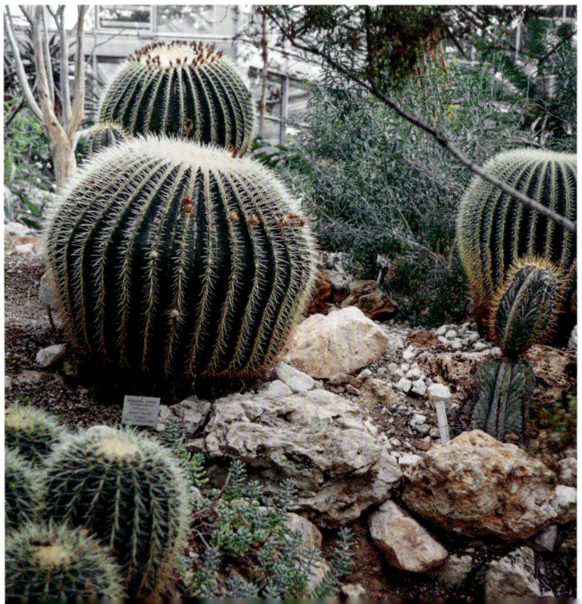

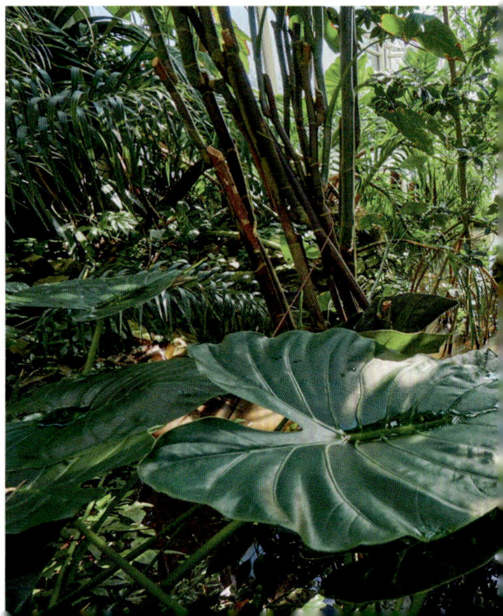

ins südliche Gebäude, das drei Jahre später Eröffnung feiern konnte und in dem die Trockenen Tropen beheimatet sind, also die Nebelwüste, Halbwüste, der Dornwald und die Savanne. Auch dieser Komplex ist unlängst technisch auf den neusten Stand gebracht worden.

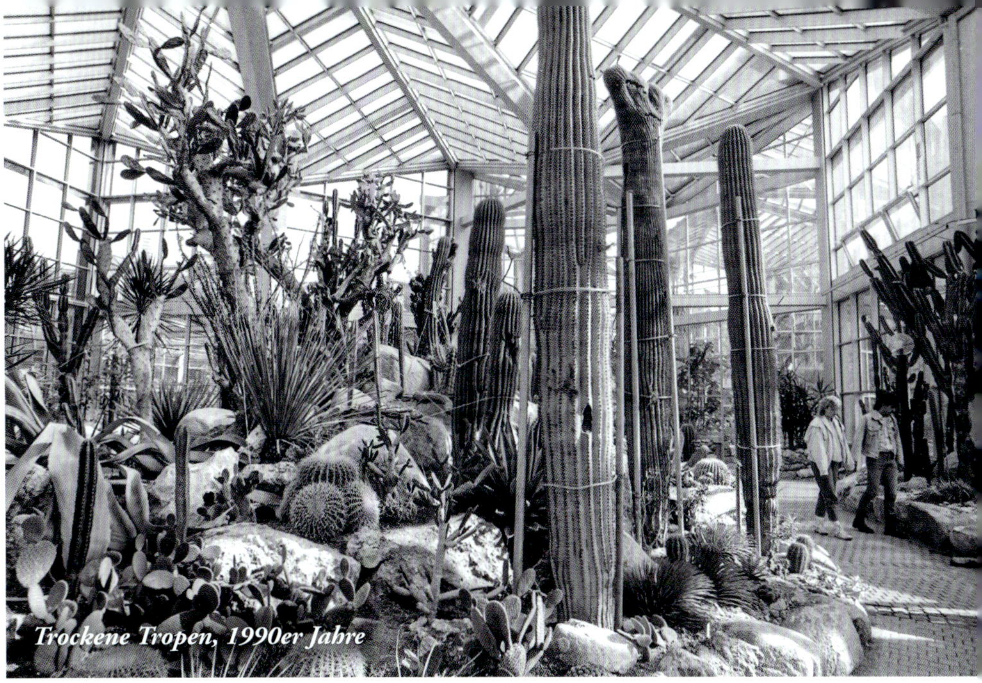

Trockene Tropen, 1990er Jahre

Vom Eingang aus betritt man als erste die Halbwüste mit den zahlreichen Säulenkakteen, die ihre Arme mittlerweile bis zum Glasdach strecken. Einige von ihnen stammen noch aus den alten Schauhäusern und sind rund 80 Jahre alt. Im hinteren Teil fallen die Kugelkakteen ins Auge, allen voran die schon wegen des populären Namens „Schwiegermuttersitz" beliebten Igel- oder Goldkugelkakteen, von denen die größten, so erzählt der Sukkulenten-Experte Günter Andersohn, 1936 für die Weltkakteenausstellung in Berlin von der deutschen Kakteengesellschaft angeschafft wurden. Anschließend kamen sie in den Palmengarten. Er schätzt ihr Alter heute auf mehr als 200 Jahre. Das angrenzende kleine Nebelwüstenhaus ist nur bei Führungen geöffnet. Es beherbergt so kostbare Pflanzen wie die Welwitschia, die Wappenpflanze Namibias. Zahlreiche Samen dieser Wüstenpflanze aus der Namib hat Andersohns Nachfolger und heutige Leiter der Trockenen Tropen, Roland Rudolph, 1996 von einer Reise dorthin mitgebracht und sie hier vor Ort ausgesät. Die Exemplare zählen noch immer zu den Jungpflanzen im Nebelwüstenhaus. Die meisten anderen, darunter auch Aloe-Arten, sind eher 50 bis 80 Jahre alt und heute unersetzbar, wie Rudolph betont.

Im nächsten Haus, der Savanne, steht gleich am Eingang der älteste Palmfarn des Gartens. Er ist gut zwei Meter hoch, stammt aus Südafrika und kam bereits in der Anfangszeit in die Sammlung. Rudolph schätzt, dass der Brotpalmfarn gut 200 Jahre alt sein könnte, was man seinen zahlreichen kräftig-grünen Blättern nicht ansieht. Da er noch nie geblüht hat, können die Gärtner bis heute nicht feststellen, ob er männlich oder weiblich ist, und ihn daher auch nicht vermehren – anders, als seine jüngeren Kollegen, die in den Beeten nebenan stehen und bereits Zapfen mit keimfähigen Samen gezeigt haben. Ein weiterer Vertreter des Afrikabeetes ist der Baobab, der Affenbrotbaum, der fast schon ans Glasdach stößt. Als er zur Eröffnung des Hauses gepflanzt wurde, war er höchstens drei Meter hoch, erinnert sich der Gärtner. Ein Stück weiter im Mittelamerika-Beet steht mit der ebenso hohen Palmettopalme die wohl älteste Palme des Gartens. Sie stand bereits in der Mittelhalle der alten Gewächshausanlage von 1905/06.

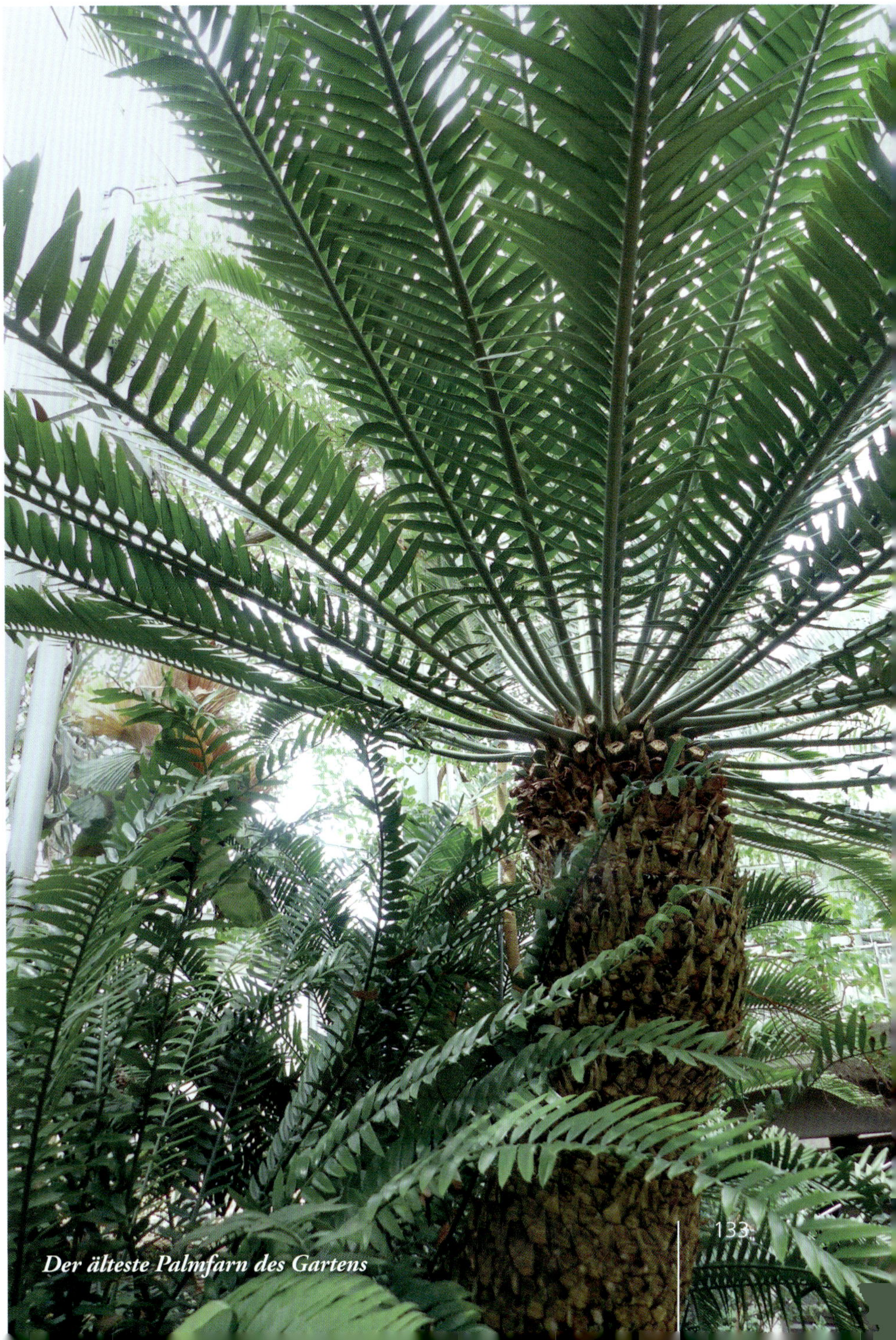

Der älteste Palmfarn des Gartens

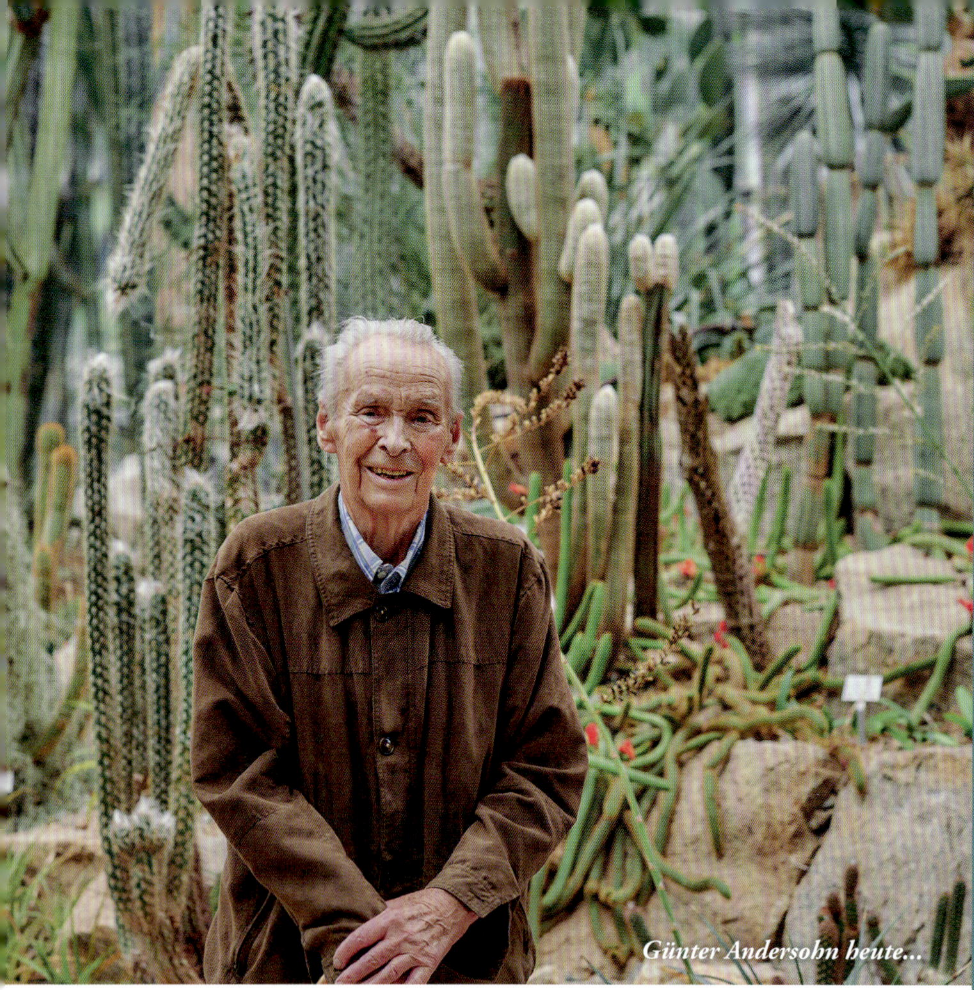

Günter Andersohn heute...

... und beim Sammeln von Tillandsien in Mexiko

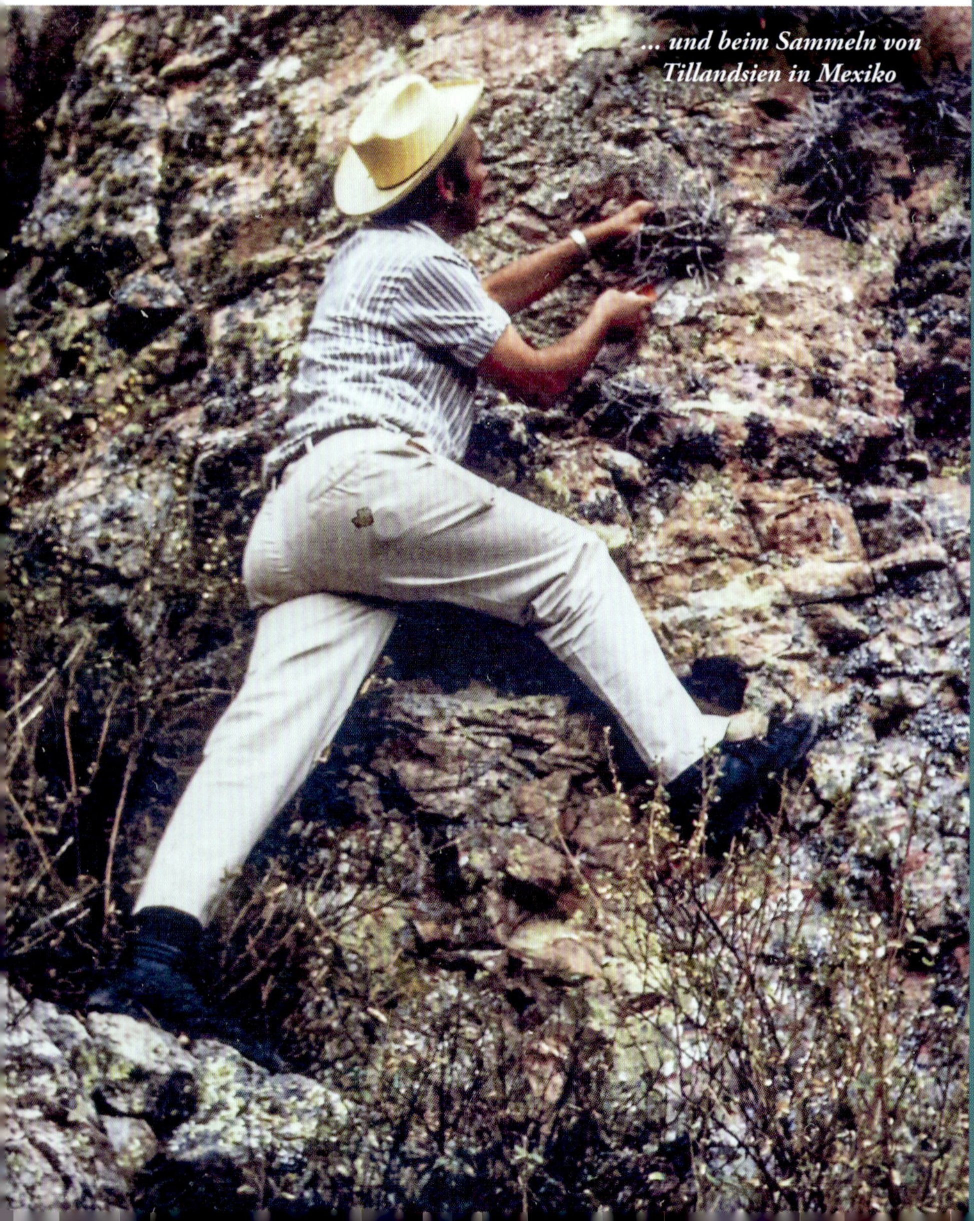

„Es war so schön"

Einer, der das Tropicarium, und vor allem die Trockenen Tropen kennt wie seine Westentasche, ist der frühere Palmengärtner Günter Andersohn. 1955 hatte er im Palmengarten angefangen und sich schließlich auf Kakteen und andere Sukkulenten spezialisiert. Bereits in den alten Schauhäusern gestaltete er die Beete mit Kakteen & Co. Als Gustav Schoser das Tropicarium anlegen ließ, schickte er Andersohn auf Reisen, von denen dieser weitere Exemplare nach Frankfurt bringen sollte. „Ich war sechs Mal in Mexiko, sechs Mal in Namibia, drei Mal auf Madagaskar, sechs Mal in Südafrika und einmal in Bolivien", erinnert er sich. Von den Sehenswürdigkeiten sah er allerdings nichts. Andersohn ging direkt in die Wildnis, übernachtete dort auch schon mal in einem Campingbus und sammelte Pflanzen, Pflanzen, Pflanzen: von Kugelkakteen und Tillandsien aus Mexiko, für die er damals steile Felswände erklomm, Samen der Welwitschia in Namibia, einer Dreikantpalme aus Madagaskar bis zur Aloe aus Simbabwe, die heute noch im Eingang des Tropicariums steht. Immer im Gepäck: einen Klappspaten und Luftpolsterfolie, um die wertvollen Pflanzen zu schützen. „Die Pflanzen mussten vor dem Transport von jeglicher Erde befreit sein. Wir haben sie dann per Schiffscontainer oder per Luftpost nach Deutschland geschickt. Damals war das ja noch möglich." Allein aus Mexiko hätten sie von einer Reise rund 1.200 Pflanzen mitgenommen, alles genau kontrolliert vom Zoll. Seine Erfahrungen von den Reisen nutzten Günter Andersohn schließlich auch bei der Gestaltung der Beete im Tropicarium. Noch heute sind viele der Pflanzen, die der damalige Revierleiter der Trockenen Tropen mitgebracht hat, dort zu sehen. So wie die zur Familie der Orchideen zählende Eulophia petersii gleich im Eingang. „Sie war damals ganz klein und heute ist sie eine riesige Pflanze." Auch wenn der mittlerweile weit über 80 Jahre alte Andersohn bereits seit 1996 in Rente ist, träumt er heute noch fast jede Nacht vom Palmengarten, „und von all dem, was ich hier erleben durfte. Es war so schön."

Der Dornwald beherbergt eine der in ihrer Größe und Vielfalt europaweit bedeutendsten Madagaskar-Sammlungen. Vor allem die Pflanzen der wärmeren Lagen, die an den Küsten der Insel wachsen, sind dort zu sehen. Das Küstenklima ist in den Sommermonaten sehr trocken, im Winter dagegen durch heftige Regenfälle geprägt. Viele der Pflanzen werfen daher in der Trockenzeit ihre Blätter ab, etwa die Uncarina-Arten, die mit dem Sesam verwandt sind. Ins Auge fällt auch die Dreikantpalme mit ihrer besonderen Form. Die immergrünen Schraubenbäume aus Madagaskar haben eine lange Tradition in Frankfurt. Die ersten Exemplare dieser Art standen schon in den Anfangsjahren des Gartens im Palmenhaus. Ein weiteres Beet des Dornwald-Hauses präsentiert Pflanzen aus den Trockengebieten Afrikas, die von Arabien bis nach Südafrika reichen.

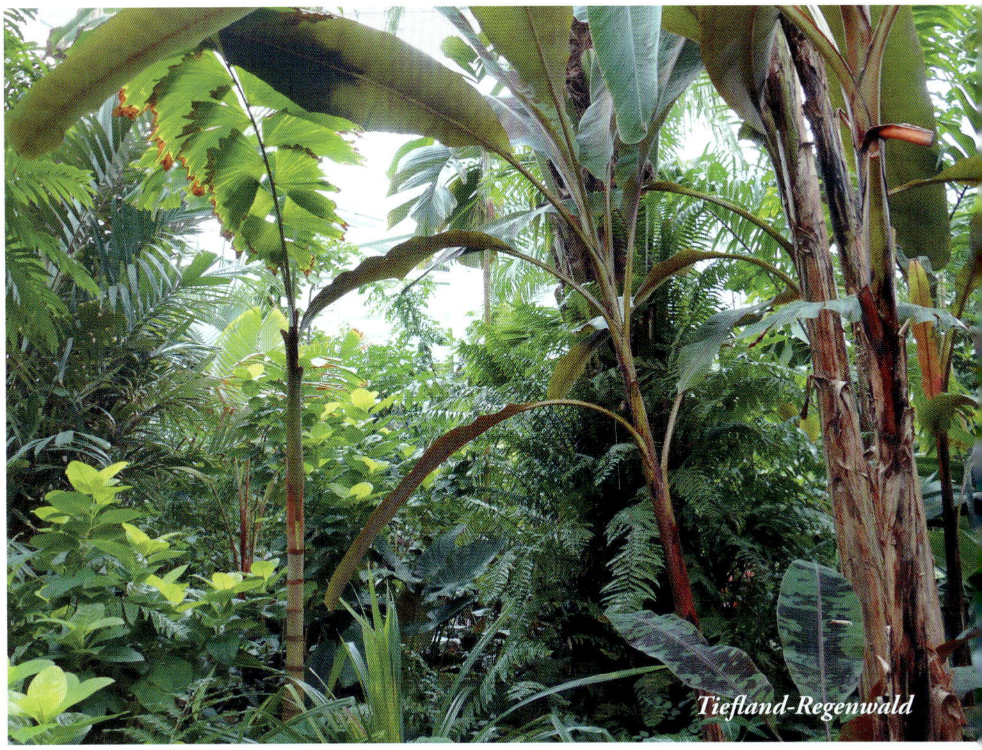

Tiefland-Regenwald

Regenwald ist nicht gleich Regenwald. Das zeigt sich in den Häusern der Feuchten Tropen. Auch dort sind die Beete nach unterschiedlichen Regionen oder Kontinenten eingeteilt. Im 600 Quadratmeter großen Tiefland-Regenwald etwa, der in natura längst schwer bedroht ist, zeigt sich seine ungemeine Wuchskraft anhand des Riesenbambus im Asienbeet. Er ist mit bis zu 50 Zentimetern am Tag die am schnellsten wachsende Pflanze der Welt. Neue Triebe muss das Gärtnerteam regelmäßig stutzen, bevor sie das 15 Meter hohe Glasdach des Schauhauses durchbrechen. Nicht weit davon entfernt steht eine ausgepflanzte Titanenwurz. Ein paar Schritte weiter geht es mit dem Muskatnussbaum nach Afrika, während die mittlerweile auch im tropischen Südamerika heimische Ölpalme ihre sechs bis sieben Meter langen Palmwedel Richtung Glasdach ausstreckt. So schön sie ist, steht sie zugleich exemplarisch dafür, dass durch die steigende Nachfrage nach Palmöl in den Tropen immer mehr Regenwald vernichtet wird. In Glasvitrinen am Eingang des Hauses präsentieren die Gärtnerinnen gerade blühende Orchideen aus der Sammlung, wie Phalaenopsis oder Frauenschuhe.

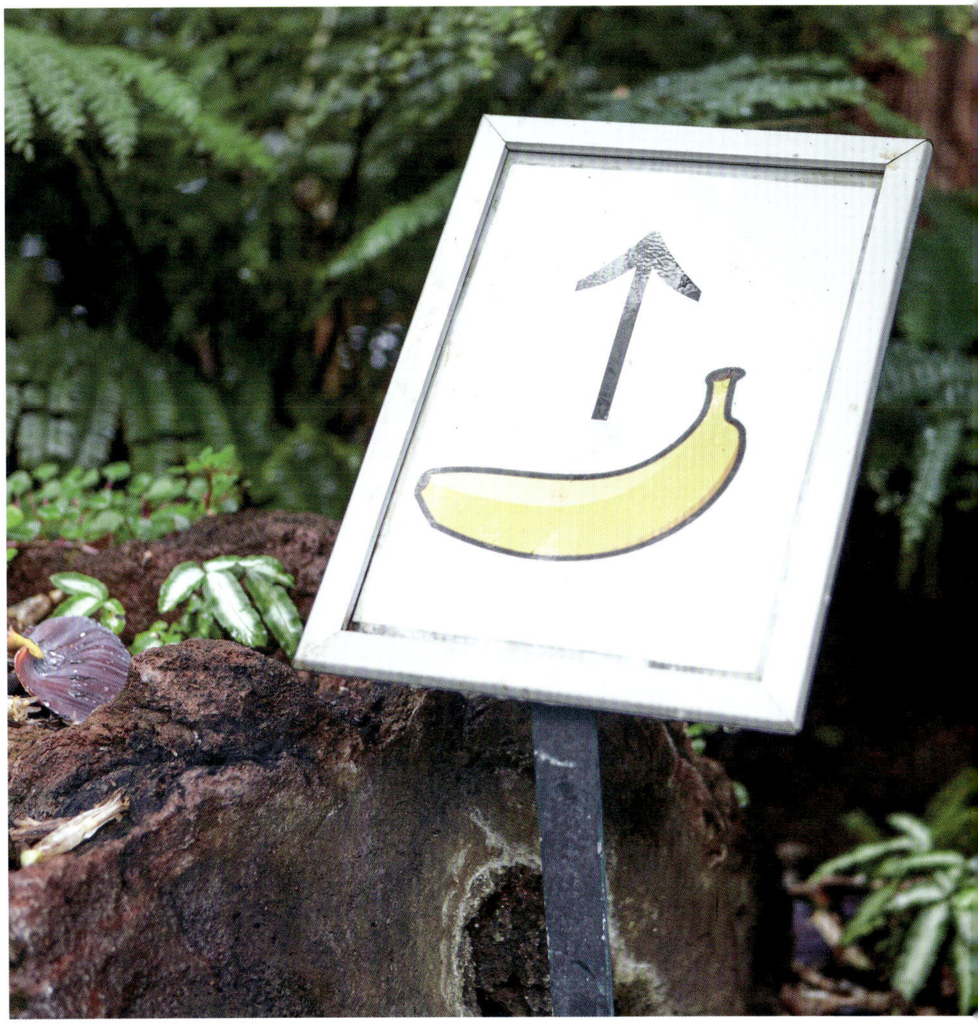

Im Monsun- und Passatwaldhaus stehen ihre Verwandten Cattleya oder Laelia in den Vitrinen. Die Beete daneben repräsentieren Landschaften, wie sie in Südostasien, im Norden Australiens oder in den südamerikanischen Anden vorkommen, wo der Monsun in den Sommermonaten beständigen Regen bringt, während im Winter Trockenzeit herrscht. Markant ist die blaue Lantanpalme aus Ost-Afrika, die ihre Wedel in Fächerform fast schon bis ans Glasdach streckt. Im Haus stehen zudem eine Reihe Nutzpflanzen wie der Tamarindenbaum, dessen Hülsen in vielen Küchen der Welt Verwendung finden. Und nicht zu vergessen die bei den Besuchern besonders beliebten Bananenstauden. Seit Eröffnung des Tropicariums stehen solche Stauden an dieser Stelle und tragen regelmäßig Früchte.

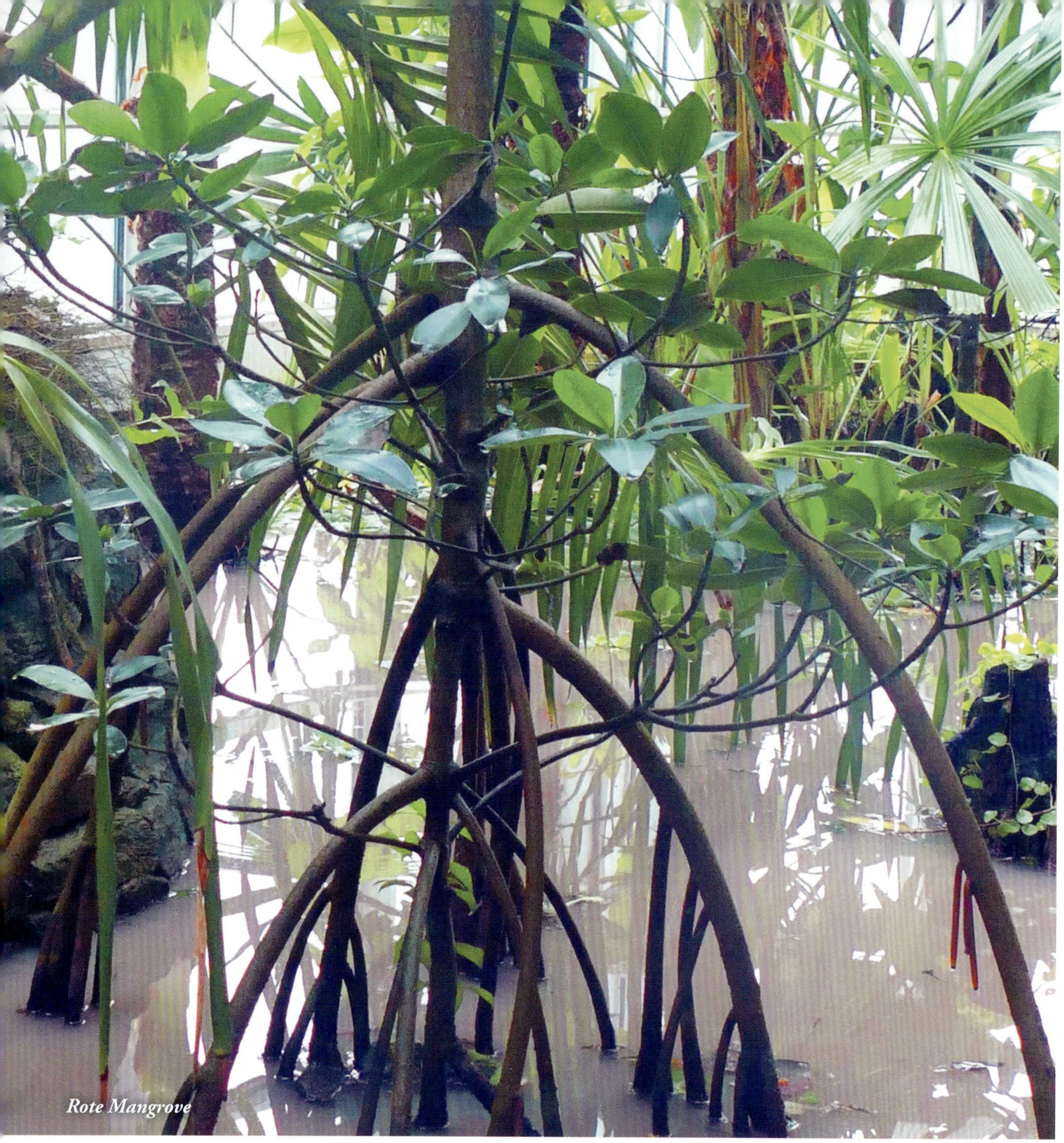

Rote Mangrove

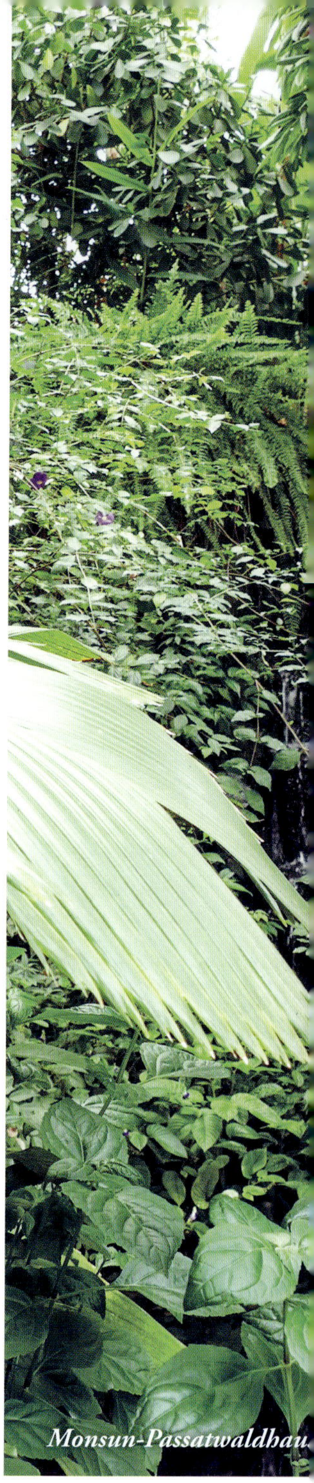

Monsun-Passatwaldhau

Die Mangrove ist das Haus mit der höchsten Luftfeuchtigkeit. Es ist den Mangrovenwäldern nachempfunden, die an den tropischen Küsten und in Flussmündungen zu finden sind, wo sie im Wechsel von Ebbe und Flut Überschwemmungen und Trockenphasen überstehen. Die Pflanzen bilden daher Stelzwurzeln aus, auf denen sie teilweise im Wasser stehen. Die rote Mangrove etwa, die in Afrika ebenso vorkommt wie in Nord- und Südamerika, ragt dort aus dem Becken. Nebenan ist die Seychellennusspalme ein besonderer Blickfang, die nicht nur ihre Blätter bereits bis knapp unters Dach streckt. Sie bildet auch die größten Samen im Pflanzenreich aus. Gegenüber leuchten die Blüten der tropischen Seerosen auf dem kleinen Wasserbecken. Und nicht weit von ihnen entfernt steht sehr dekorativ mit ihrem leuchtend roten Stamm die Siegellackpalme für die asiatische Flora. Im Klima des Tropicariums, wo sie seit der Eröffnung steht, gedeiht sie so gut, dass sie schon mehrfach geteilt wurde.

Eine besonders schöne tropische Atmosphäre verströmt der Bergregenwald mit seinen zahlreichen riesigen Baumfarnen, die vor allem auf der Südhalbkugel zu finden sind. Ein beein-

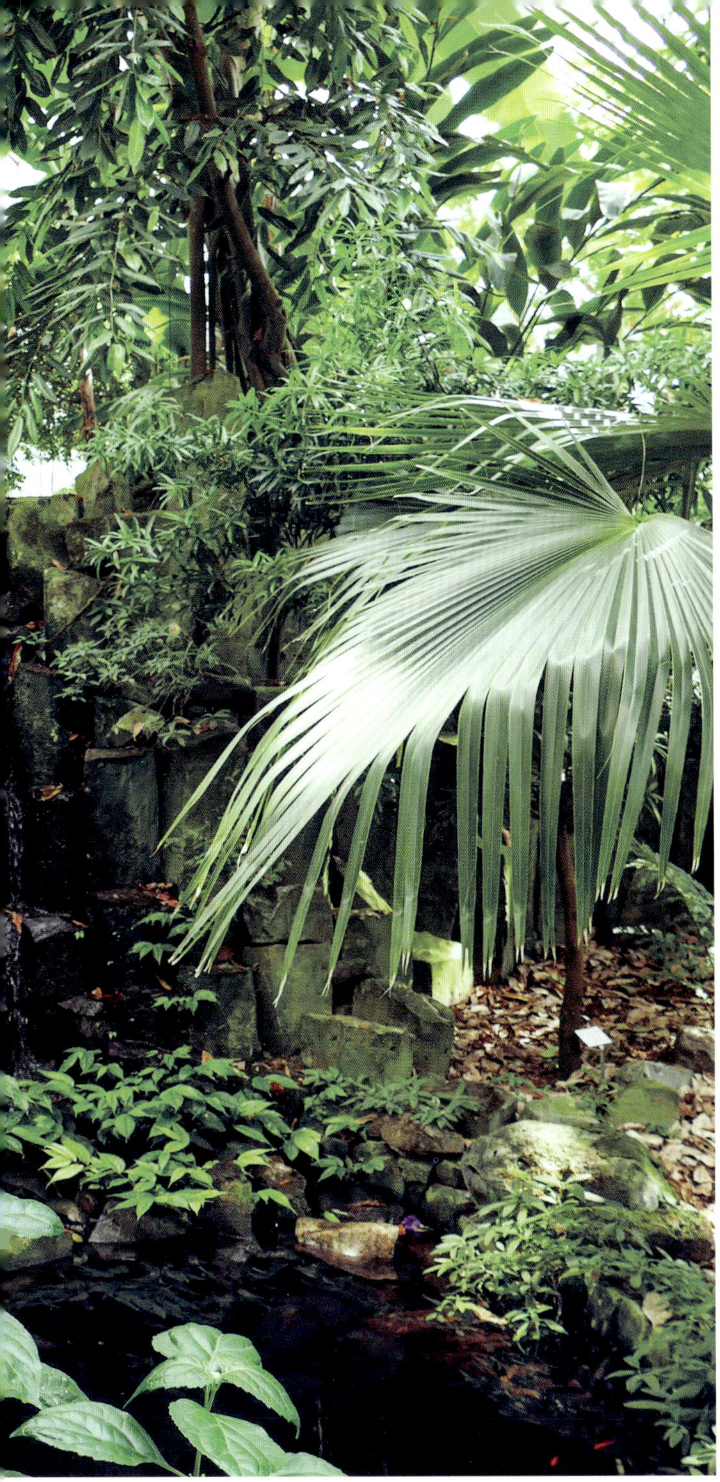

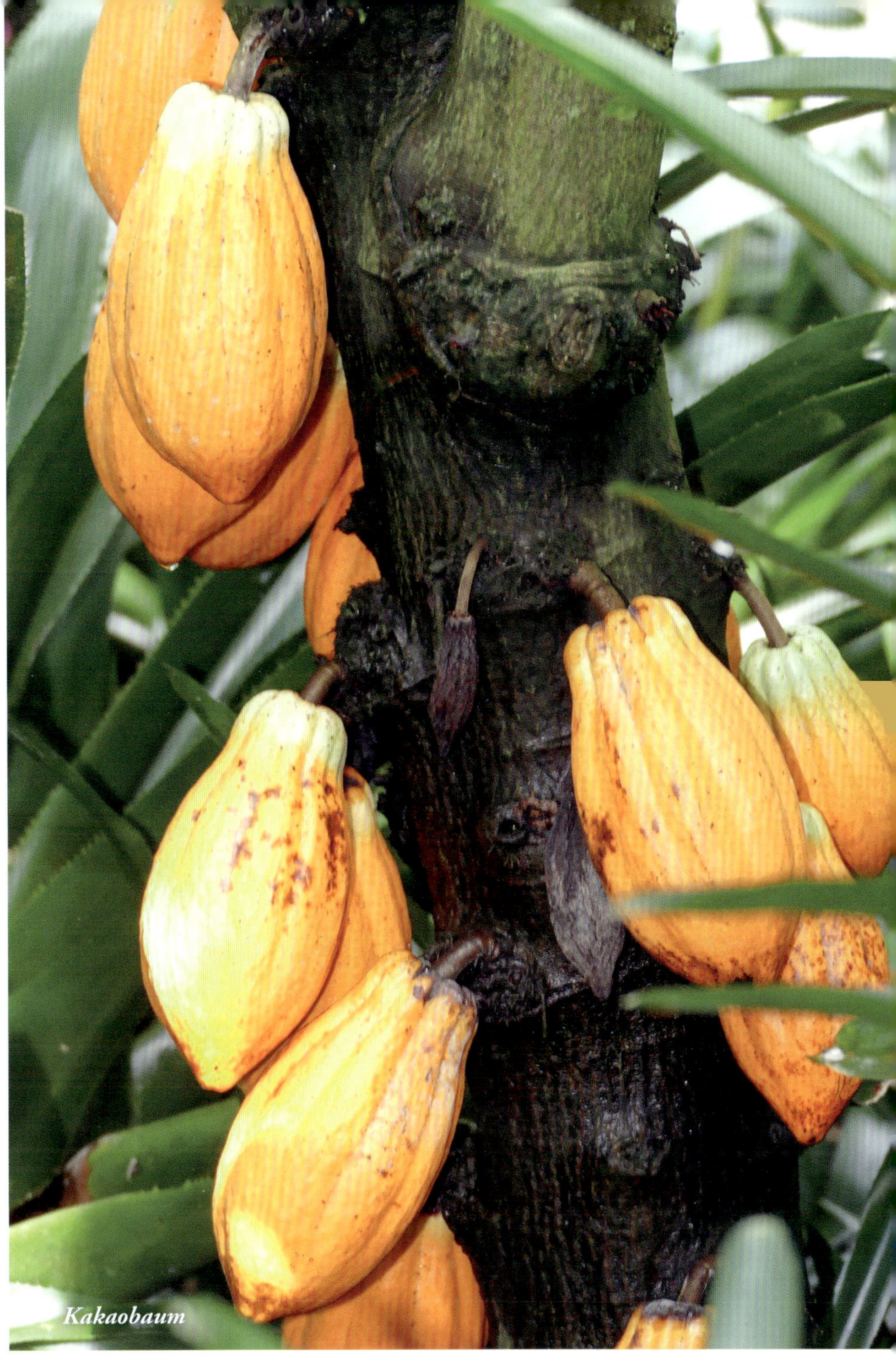

Kakaobaum

druckendes Exemplar ist der australische Taschenfarn, der seine Wedel schon über den Weg streckt. Durch ihre feine Verästelung schimmert das Tageslicht. Das Wasserbecken in der Mitte des Hauses ist hinter den metergroßen Blättern des Aronstabgewächses aus Mittelamerika kaum zu sehen. Im gleichen Beet stehen Vertreter verschiedener Arten der Bergpalme, wie die Chamaedorea tepejilote, die Pacaya-Palme. Aus der Begoniensammlung haben die Gärtner als Unterpflanzung besonders prachtvolle Exemplare der aus Südamerika stammenden Begonia metallica ausgepflanzt, die purpur-rosa blühen.

In der Mitte der großen Schauhäuser liegt ein kleineres und flacheres Sternhaus, das einen Teil der Bromeliensammlung beherbergt. In den Beeten und von der Decke hängen die unterschiedlichsten Arten der Ananasgewächse. Die echte Ananas ist ebenfalls vertreten. Eine weitere Nutzpflanze steht gleich nebenan: Der Kakaobaum, der vermutlich bereits aus den Anfangsjahren im Tropicarium stammt. Er trägt reichlich Früchte. Unscheinbarer kommt dagegen die von den karibischen Inseln stammende Vanille daher. Die zu den Orchideen zählende Art blüht noch nicht und trägt daher auch noch keine Vanilleschoten, oder botanisch korrekt Vanillekapseln.

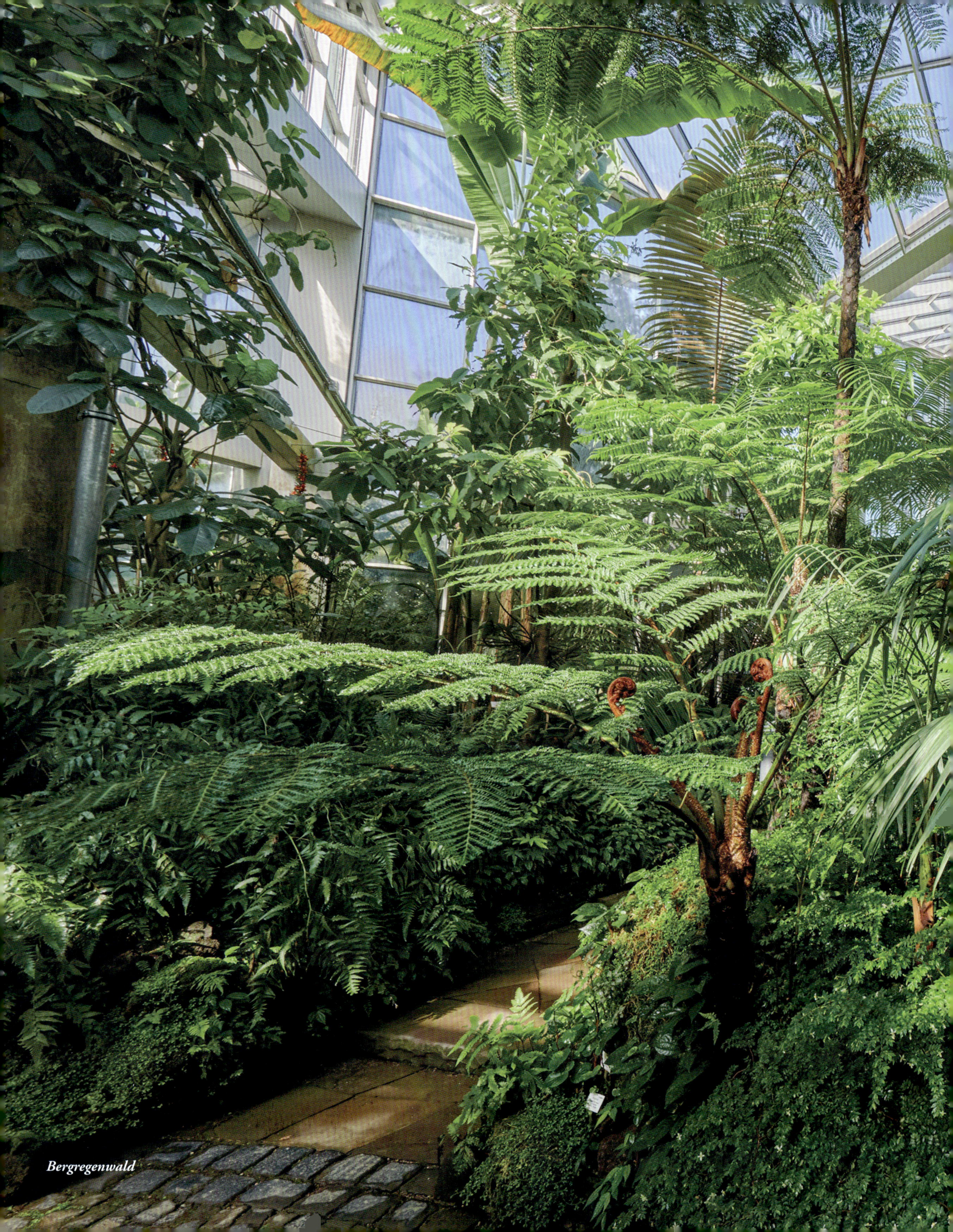

Bergregenwald

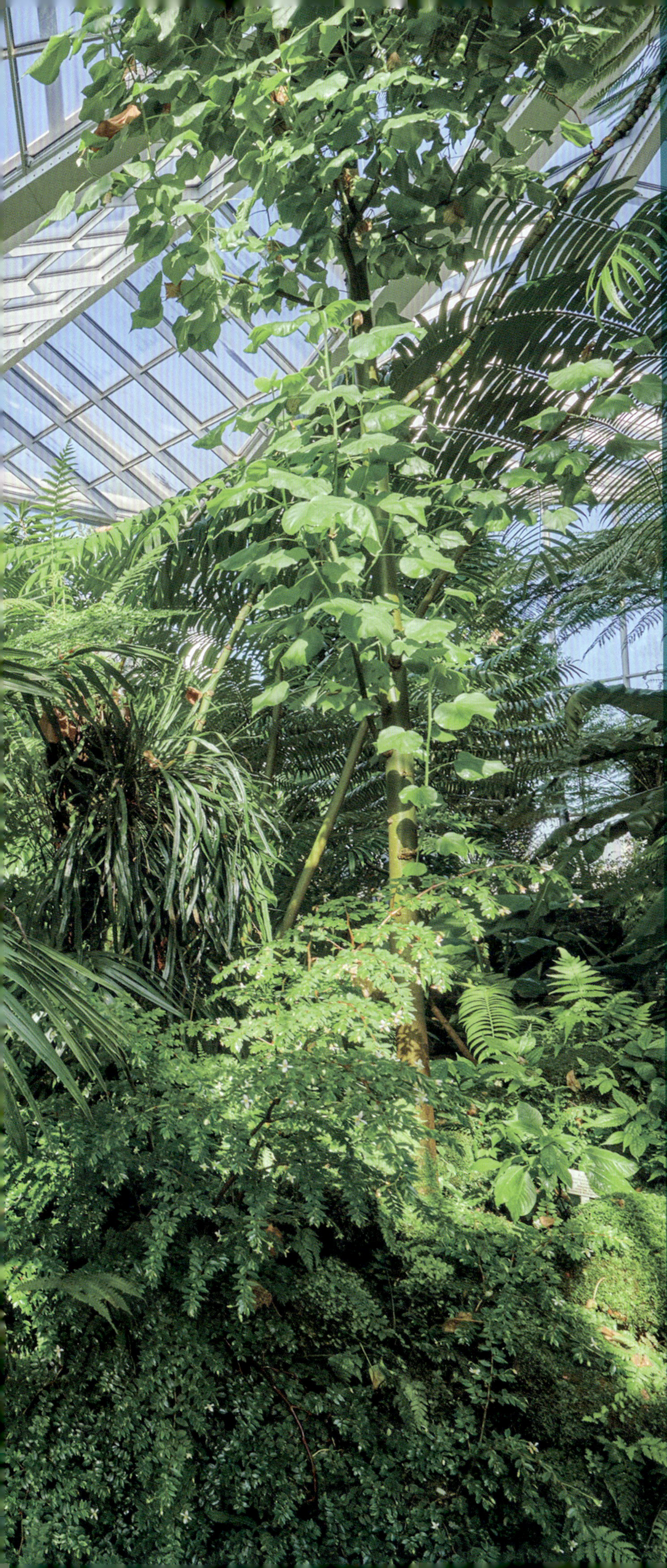

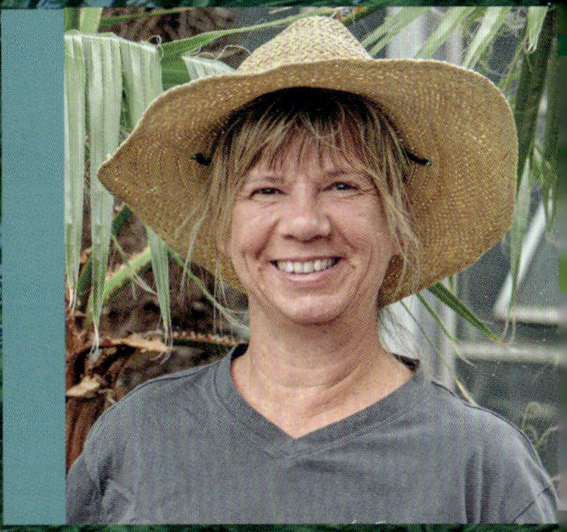

Gerne wiederkommen

Ursula Bromm arbeitet zwischen Bananenstauden und Tamarinden. Die Blumen- und Zierpflanzengärtnerin ist für den Passat- und Monsunwald sowie die tropischen Orchideen im Tropicarium zuständig. Morgens, bevor die Besucher kommen, genießt sie ihren Arbeitsplatz besonders. „Wenn der Wasserfall dann rauscht, das ist schon eine besondere Atmosphäre." Sie freut sich aber auch über Besucher, die regelmäßig auf der gleichen Bank ihre Mittagspause verbringen oder solche, wie die Dame von den Philippinen, die begeistert die Pflanzen ihrer Heimat wiederentdeckte. „Wir haben auch eine Künstlerin, die öfter Aquarelle im Tropicarium malt. Wir haben ihr sogar schon besonders schöne Stellen vorgeschlagen, und sie hat sie künstlerisch umgesetzt." Den Garten kennt Ursula Bromm bereits aus ihrer Kindheit. Sie erinnert sich an den Spielplatz und an die vielen Blüten, die sie schon damals beeindruckten. Sie sei deswegen immer gerne wiedergekommen. Diese Erkenntnis motiviert sie heute für ihre Arbeit: „Ich versuche, meinen Bereich im Tropicarium attraktiv zu machen. Die Kinder, die dort hinkommen, sollen sich gerne daran erinnern und wiederkommen, wenn sie größer sind."

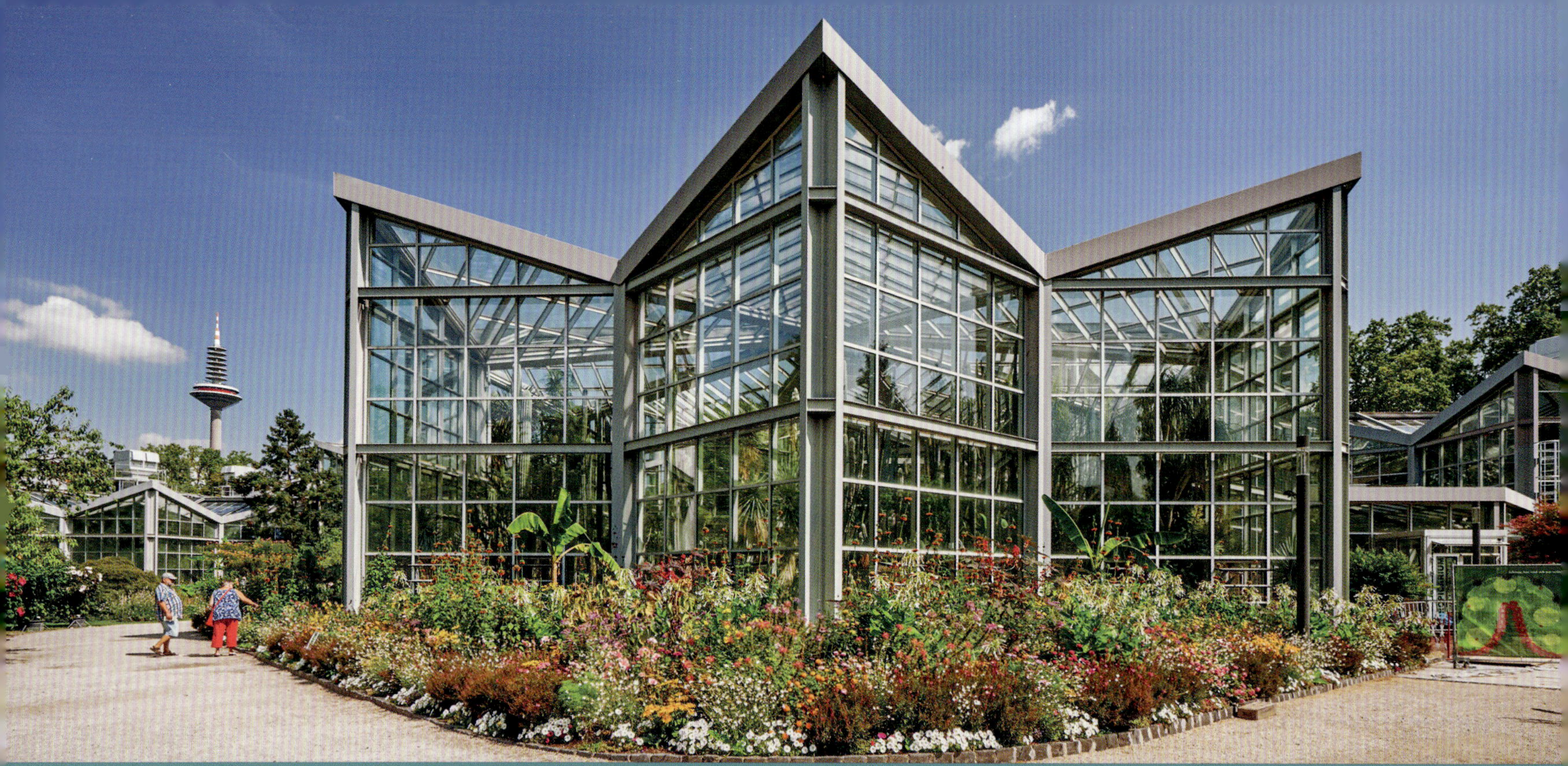

Die Technik

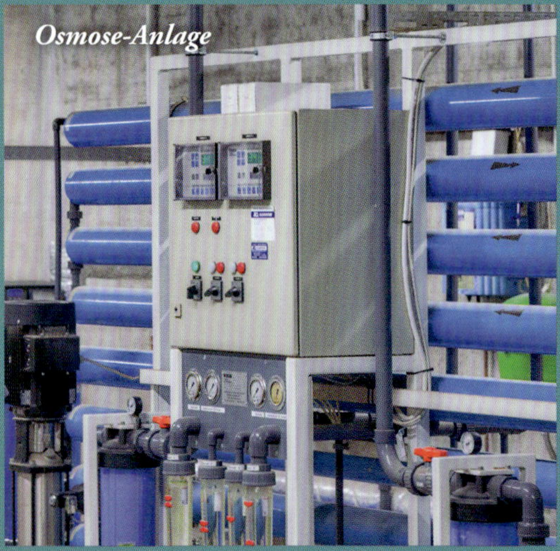

Das technische Herz des Palmengartens schlägt heute unter dem Nordstern des Tropicariums. Dort ist die Heizzentrale, und von dort aus wird die Strom- und Gießwasserversorgung gesteuert. Ähnlich wie die Schauhäuser oben, ist auch der Keller in einzelne Räume gegliedert, die früher zum Teil mit Geräten und Anlagen vollgestellt waren. Doch auch die Technik des Palmengartens ist im 21. Jahrhundert angekommen. Wo zuvor ein stattliches Blockheizkraftwerk mit Heizkessel stand, das Wärme und Strom für den Garten erzeugte, sind heute nur noch Rohre zu sehen. „Seit einigen Jahren ist der Garten an die Fernwärme angeschlossen", erläutert Norbert Bergdoll, seit 2014 Leiter der Betriebstechnik des Gartens. Die Rohre führen vom Tropicarium aus ins Palmenhaus, ins Betriebsgebäude, ins Eingangsschauhaus und in die Verwaltung und sorgen dafür, dass sowohl Pflanzen als auch Menschen es im Winter warm haben. Das ist bei den Mitarbeitern allerdings oftmals einfacher als bei der Flora. Allein die einzelnen Häuser im Tropicarium verlangen alle unterschiedliche Temperaturen, mal trockene und mal feuchte Luft. Eine komplexe automatisierte Technik steuert dafür die Heizung, Fensteröffnungen und die Benebelungsanlagen. Sie muss absolut zuverlässig sein. „Wenn es im Winter nachts unter 10 Grad Celsius kalt wird, dann mache ich mir schon Gedanken, ob alles läuft", sagt Norbert Bergdoll. Denn die tropischen Pflanzen verzeihen keine Fehler und sind oftmals unwiederbringlich. Bei Frosttemperaturen sind seine Leute daher im Schichtdienst rund um die Uhr im Einsatz, um in so einem Fall sofort eingreifen zu können.

Ebenso wichtig ist die Wasserversorgung für den Palmengarten. Diese ist an die städtische Wasserleitung angeschlossen. Doch neben dem Trinkwasser verfügt der

INTELLIGENTE FASSADE

Die Vielfalt an klimatischen Bedingungen in den Häusern des Tropicariums – im Südstern trocken und warm, im Nordstern feucht und warm – setzt eine umfangreiche Technik voraus. Für das Publikum nahezu unsichtbar, liegt ein Großteil der Anlage auf mehr als 1.770 Quadratmetern im Keller des Tropicariums. Die Räume wirken heute allerdings vergleichsweise leer. Wo früher ein komplizierter Apparat riesigen Ausmaßes für die Steuerung der Gewächshäuser verantwortlich war, wurde in den vergangenen vier Jahren umfangreich saniert. Heute sorgt eine überschaubar wirkende Reihe von Computer- und Steuerungsschränken dafür, dass in jedem Haus die richtige Luftfeuchtigkeit und Temperatur herrscht. Das Öffnen der Fenster wird ebenso automatisiert gesteuert wie die Heizung und die Benebelungsanlagen.

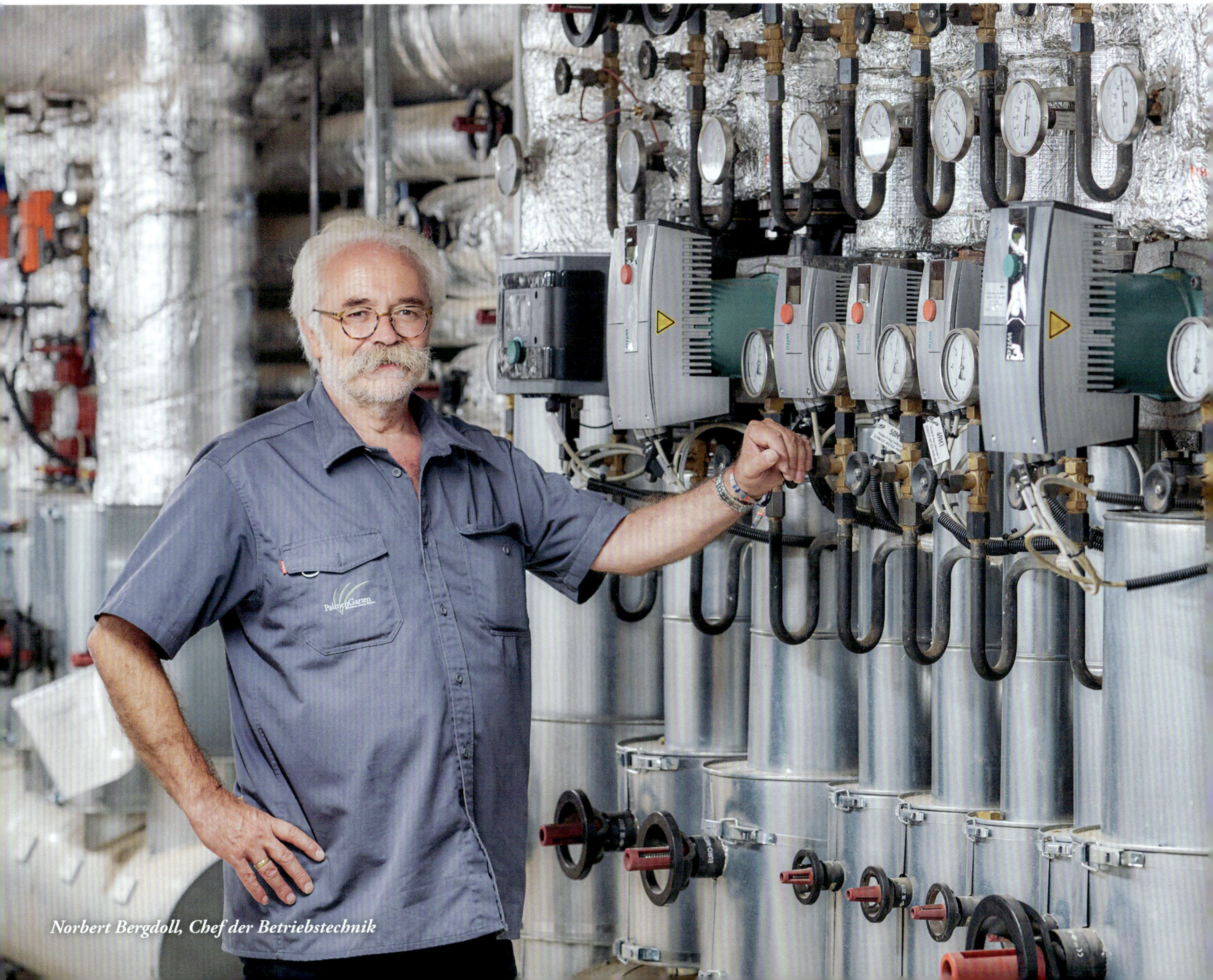

Norbert Bergdoll, Chef der Betriebstechnik

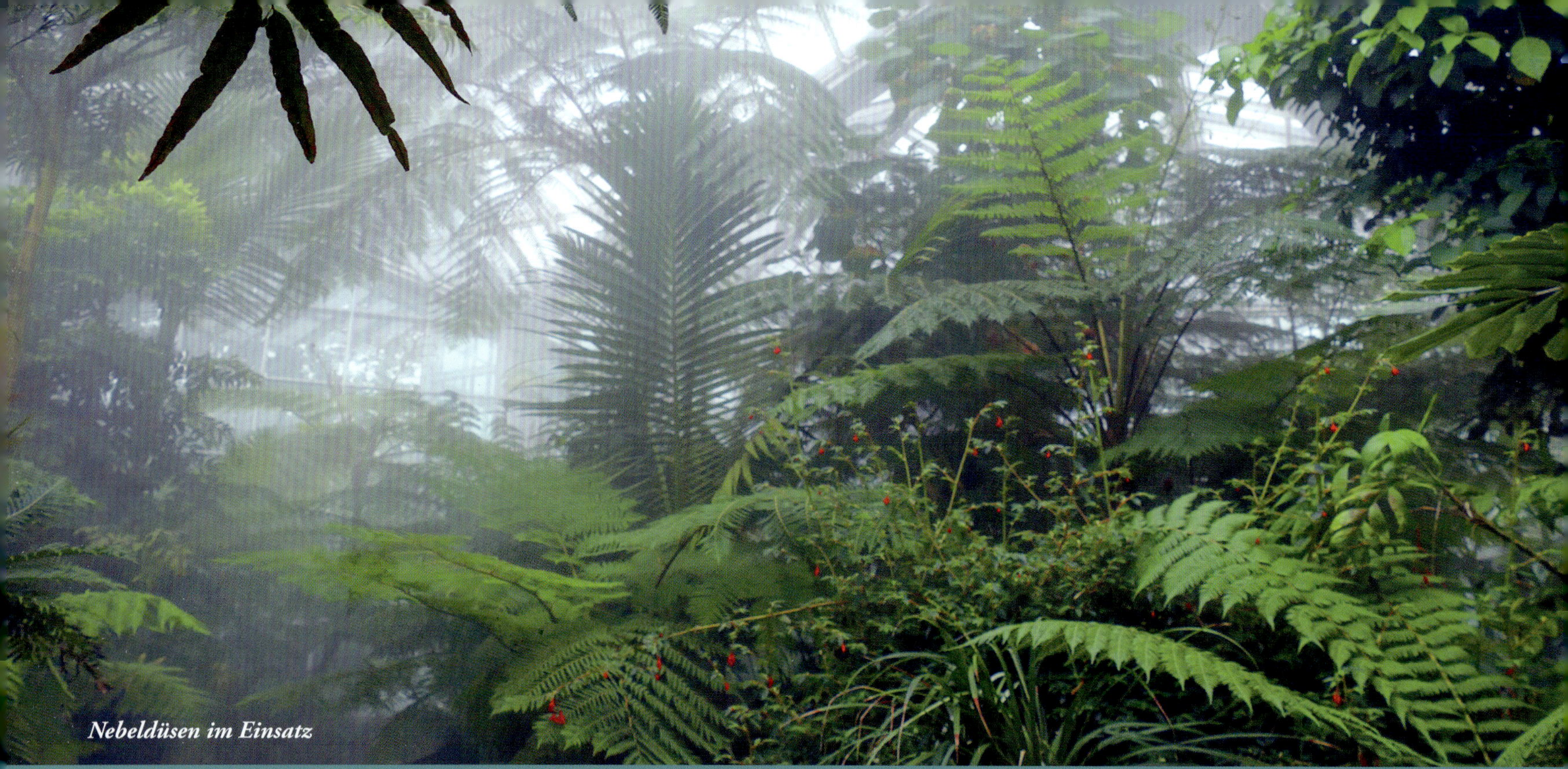

Nebeldüsen im Einsatz

Palmengarten auch über sogenanntes Eigenwasser aus dem Tiefbrunnen, aus dem er jährlich eine gewisse Menge fördern darf. Zudem sammelt der Palmengarten das Regenwasser in großen Zisternen. Erst kürzlich ist eine neue unter dem sanierten Betriebshof entstanden, die 200 Kubikmeter Wasser fasst, also etwa den Inhalt von 200 großen Müllcontainern. Unter dem Palmenhaus, unter dem Tropicarium und dem Haus Leonhardsbrunn sind weitere Zisternen eingebaut, so dass insgesamt rund 1.000 Kubikmeter Wasser gesammelt werden können. Da an einem normalen Tag aber stündlich rund 120 Kubikmeter Wasser, an heißen Tagen sogar stündlich 160 Kubikmeter im Garten vergossen werden, reichen alle Zisternen zusammen nicht lange aus. „Wir könnten noch mehr Zisternen bauen, aber das würde nichts bringen, weil wir nicht genügend Zulauf an Regenwasser hätten", stellt Norbert Bergdoll fest. Wenn kein Regenwasser vorhanden ist, muss der Garten auf Stadt- und Eigenwasser zurückgreifen. Die Entscheidung, wann die Zisternen mit dem Wasser gefüllt werden, wird von Tag zu Tag getroffen. „Das ist immer ein Glückspiel. Wenn der Wetterbericht Regen ansagt und wir daraufhin nicht mit Stadt- oder Eigenwasser füllen, der Regen dann aber ausbleibt, haben wir ein Problem", erläutert er. Insgesamt sechs seiner Mitarbeiter sind daher im Schichtdienst zwischen 6 und 22 Uhr damit beschäftigt, immer für ausreichend Wasser zu sorgen. Hinzu kommt noch eine Schwierigkeit. Das Stadtwasser ist für die Pflanzen im Tropicarium und die Nebeldüsen zu kalkhaltig. Deshalb steht im Keller des Tropicariums eine weitere wichtige Anlage, ein Osmose-System. Darin wird das Wasser mithilfe von Salztabletten entkalkt und dann durch ein Filtersystem geschickt, so dass am Ende zu 99,9 Prozent reines Wasser herauskommt. Weil tropische Pflanzen besonders empfindlich sind, wird das Gießwasser zudem angewärmt, bevor die Gärtnerinnen und Gärtner es schließlich in den Häusern versprühen können.

Wie wichtig die Technik bereits in den Anfängen des Palmengartens war, ist daran abzulesen, dass der damalige Direktor August Siebert 1895 in seinem Buch über den Garten das Maschinenhaus fast ebenso ausführlich beschrieb wie das Palmenhaus. Schon damals bildete der Bau, dort gelegen, wo heute im Rosengarten das Haus Rosenbrunn steht, die Zentrale für die Wasserversorgung, Heizung und Beleuchtung. Eine Pumpe im damals schon existierenden Tiefbrunnen förderte bis zu 1.200 Liter Wasser in der Minute. Weitere Brunnen und aufgefangenes Sickerwasser ergänzten die Wasser-

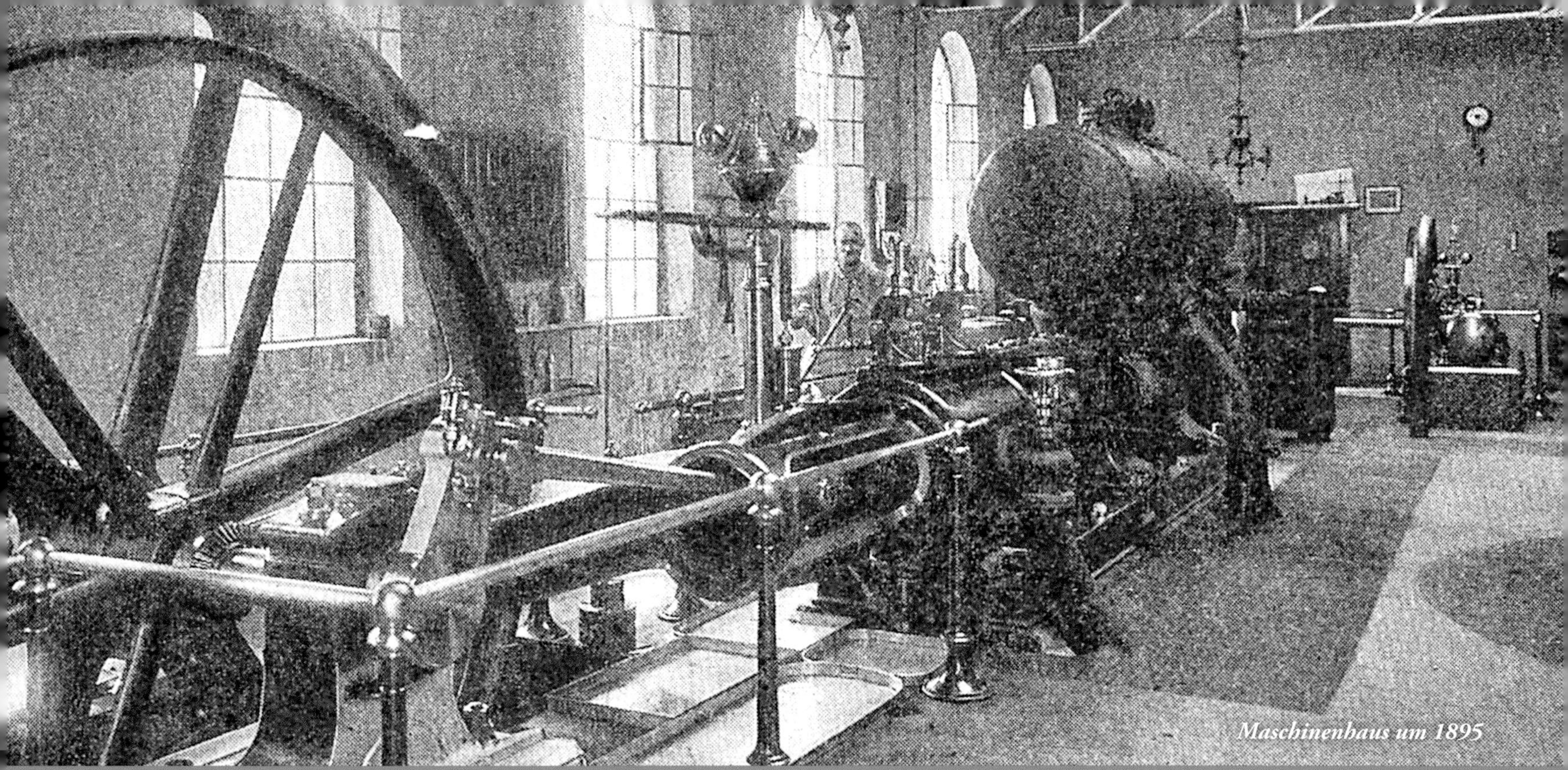

Maschinenhaus um 1895

versorgung. Die zentrale Anlage im Maschinenhaus war eine Ventildampfmaschine mit drei Dampfkesseln und einer Pumpe. Die Kessel wurden mit Kohle betrieben, wofür allein vier Heizer und ein Heizungswärter im Garten angestellt waren. Der darunter liegende Kohlenkeller fasste 2.000 Zentner des Heizmaterials. Die Maschine heizte nicht nur das Gesellschafts-, das Palmenhaus und die Gewächshäuser. Sie sorgte auch dafür, dass 2.200 Liter Wasser in der Minute durch die Rohrleitung strömten. Schon damals verfügte der Garten über eine Leitung, die 168 Hydranten im Garten speiste, von denen aus der Park und die Gewächshäuser bewässert wurden. Im Winter musste das Rohrsystem im Freiland vollständig entleert werden, damit es nicht kaputtfror. Wenn im Sommer die Wasservorräte nicht genügten, goss man zusätzlich mit dem Wasser aus den Weihern. Das Regenwasser vom Dach des Gesellschaftshauses fing man damals ebenfalls in zwei Zisternen auf. Es wurde zum Durchspülen der Küchenkanäle benutzt. Zwei Dynamomaschinen sorgten für die Speisung der Bogenlampen, die Beleuchtung der Palmenhausterrasse und der Restauration im Neugarten. Es gab sogar eine Telefonzentrale im Maschinenhaus, die zehn entfernt liegende Punkte des Gartens miteinander verband. Auch eine Schlosserei und Werkstatt war dort eingerichtet.

Durch die Erweiterung des Palmengartens nach 1881 war das Maschinenhaus vom Rand in die Mitte des Geländes gerückt. Kohle und weitere Materialien mussten daher mitten durch den Garten transportiert werden. Als man nicht mehr mit Kohle heizte, war es das Heizöl, das dort angeliefert werden musste. Bis in die 1980er Jahre dauerte dieser Zustand an, dann wurden die Betriebstechnik an den Nordrand des Gartens verlegt und das Betriebsgebäude errichtet. Bis heute sind dort die Werkstätten angesiedelt, darunter die Elektrowerkstatt, die vor allem Lampen und Motoren instandsetzt, die Sanitär- und Heizungswerkstatt, eine Malerwerkstatt, die gerade die Sitzbänke im Garten saniert hat, die Schlosserei, in der Türen und Schlösser genauso hergestellt oder repariert werden wie Schilder, metallene Blumentöpfe oder Pflanztische sowie die Schreinerei, in der Bänke, Geländer, Vogelhäuschen entstehen oder eine Brücke für eine Ausstellung in den Galerien. Auch die Garagen für den Fuhrpark mit Rasenmähern, Radladern und Kleintransportern liegen hier. Nicht zu vergessen die Kantine, in der zwei Mitarbeiterinnen Brote fürs Frühstück schmieren und Mittagessen kochen.

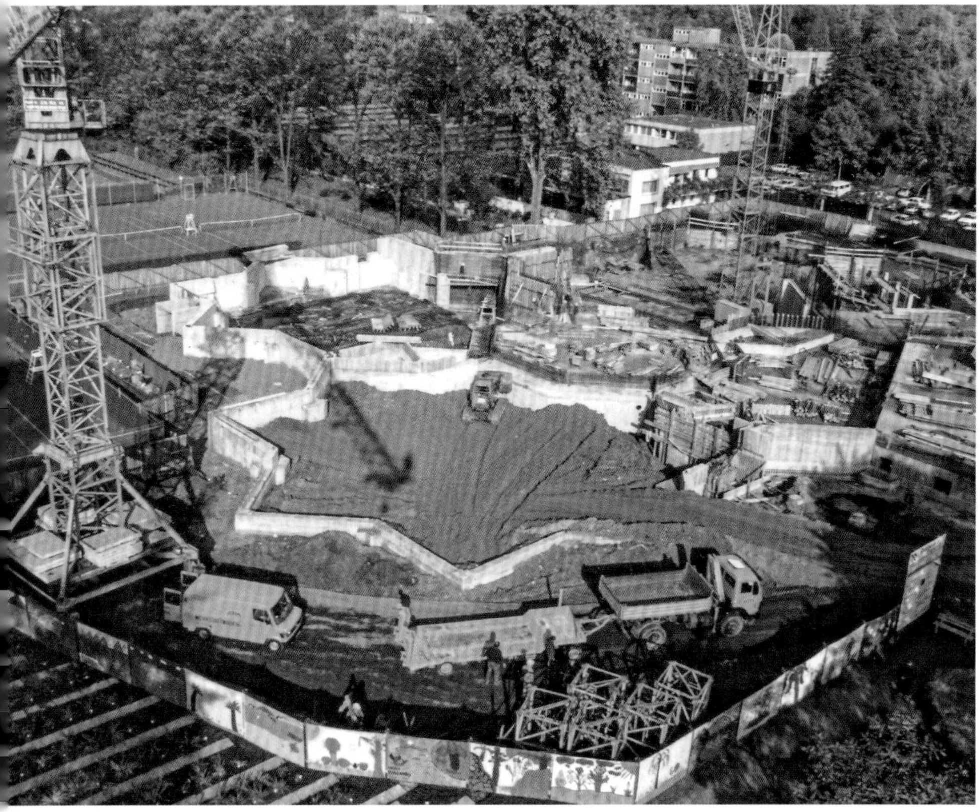

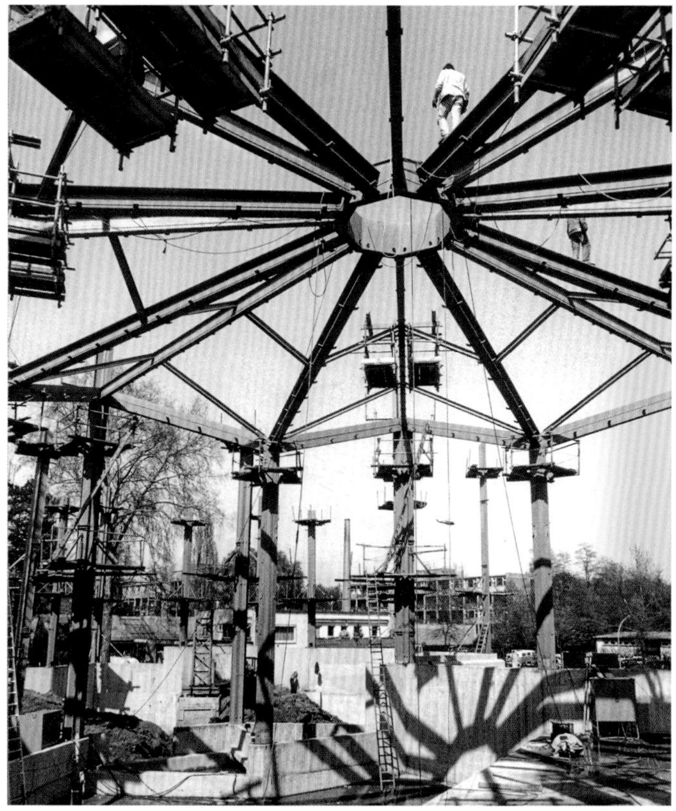

Bau des Tropicariums, 1980er Jahre

Was die Technik angeht, dürfte das Tropicarium mit seiner „intelligenten Fassade", wie Schoser sie einst nannte, einzigartig sein. Die Glasscheiben der Gewächshäuser sind voll isoliert, durch die Fenster- und Dachsprossen verlaufen die Heizungsrohre, die für die Wärme in den Häusern sorgen und zugleich verhindern, dass sich unter dem Dach Kondenswasser sammelt, das auf die Pflanzen tropfen könnte. Mit der Wassertemperatur wird auch die Temperatur in den Häusern gesteuert. Durch die Rohre für die Savanne etwa fließt 45 Grad Celsius heißes Wasser, wie eine Anzeige im Keller verrät. Im Haus entstehen so die benötigten 30 Grad. Damit die Pflanzen in den Anlagen der Savanne ausreichend gewärmt sind, gibt es sogar eine Beetheizung. Für ein Gewächshaus dürfte eine Fassadenheizung wie jene im Tropicarium ein Unikat sein. Weil es auch im Sommer kalte Nächte geben kann, wird diese nie abgestellt. Die durch die Form der Häuser wie gefaltet wirkenden Scheiben verhindern zudem, dass die Pflanzen bei intensiver Sonneneinstrahlung verbrennen – eine Technik, die schon im 19. Jahrhundert bei Gewächshaus-Architekten verwendet wurde. Bei der aktuellen Sanierung wurden die Besucherwege und die elektrischen Anlagen überarbeitet, die Scheiben der Fassade komplett gereinigt, zudem Lüftungsanlagen und die Beleuchtung in den Häusern erneuert. „Wir haben eine Energieeinsparung von 15 Prozent, teilweise mehr, erreicht", erläutert Markus Lölkes, Leiter der Botanischen Sammlungen und Schauhäuser. Die verbesserten Lichtverhältnisse nutzten die Gärtner dazu, um einige der Beete neu- oder umzugestalten. Das passiert ohnehin regelmäßig, nicht nur, weil die Erde irgendwann verbraucht ist, die Gärtnerinnen versuchen auch, dem eingefleischten Palmengartenpublikum immer wieder neue Landschaftsbilder zu präsentieren. Dafür können sie auf die umfangreiche Botanische Sammlung zurückgreifen, die in den eigenen Gewächshäusern für Nachschub sorgt.

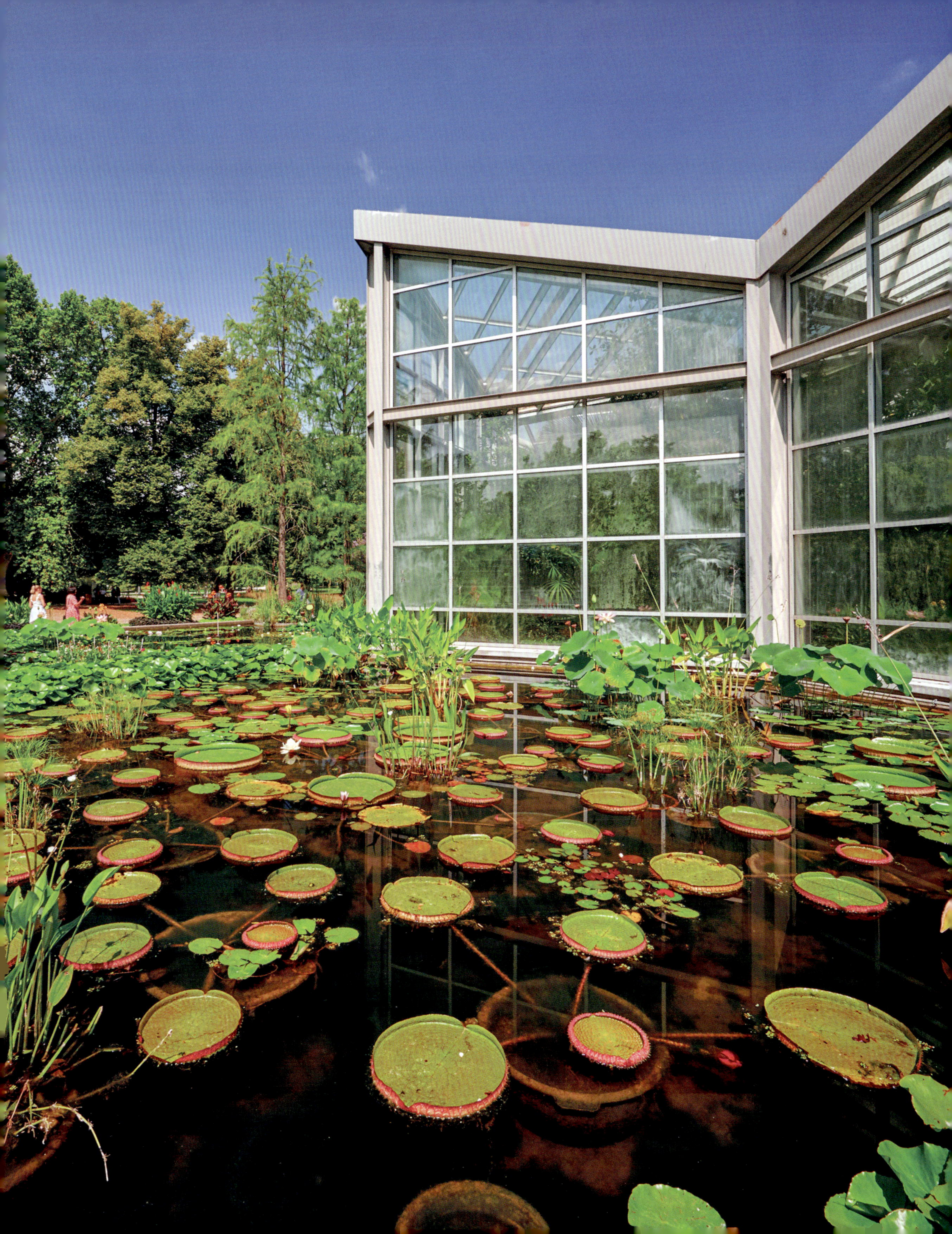

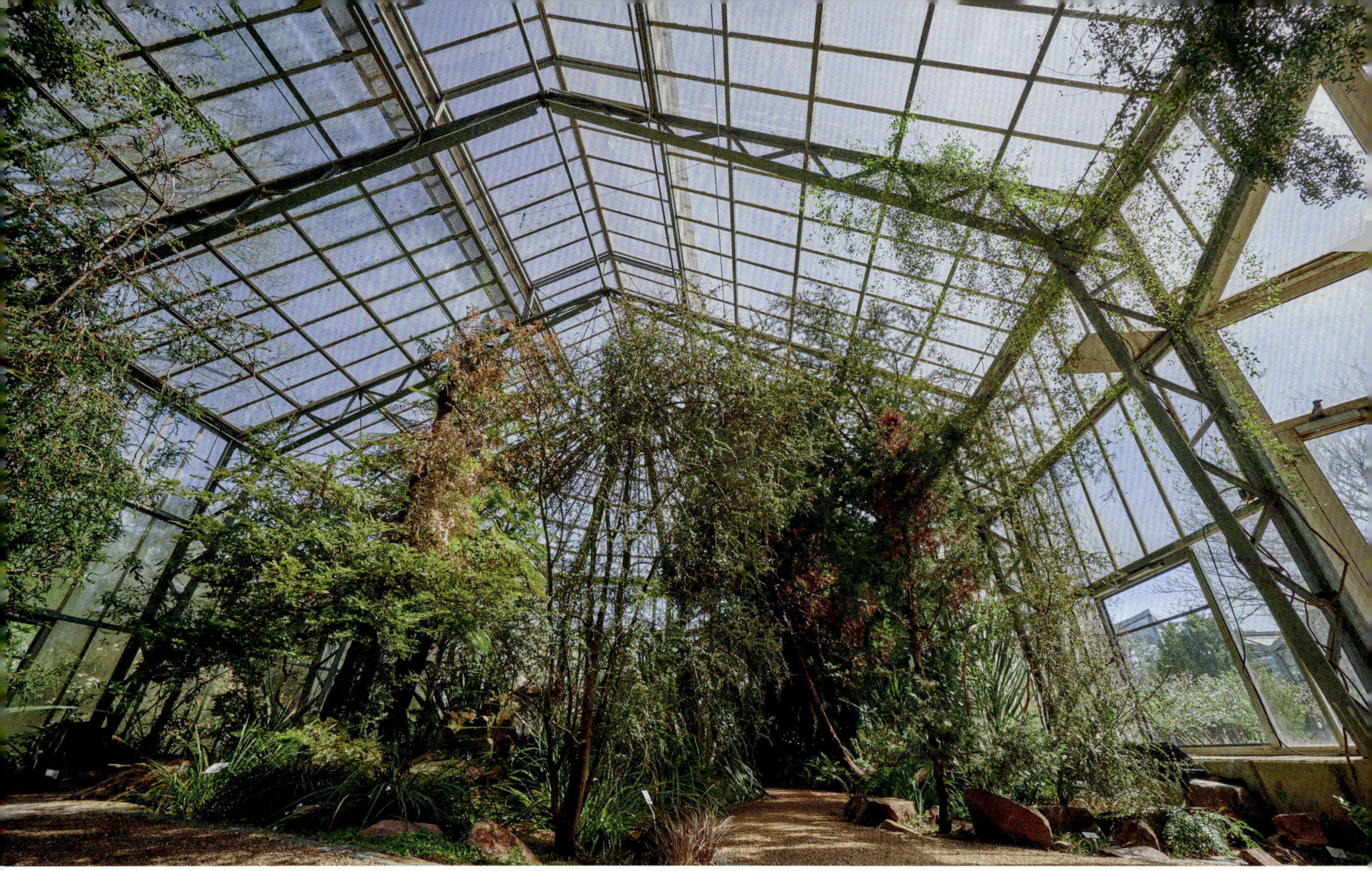

Subantarktishaus

PFLANZEN VON DER SÜDHALBKUGEL

Nicht weit vom Tropicarium entfernt ist eine weitere geografische Sammlung des Gartens zu finden, die der Subantarktis. Das Schauhaus, das 1994 eröffnet wurde, beherbergt Pflanzen, die nördlich der lebensfeindlichen Antarktis, an der Wachstumsgrenze zum Polargebiet gedeihen, entweder im südlichen Teil Südamerikas oder im Süden Neuseelands und den noch weiter südlich gelegenen Inseln. Auch wenn das Haus im Palmengarten neuer ist als das Tropicarium, sein Glasaufbau ist in seiner Form unverkennbar historisch. Die Stadt Frankfurt hat dafür einen Teil des früheren Palmenhauses aus Bad Kissingen aus dem Jahr 1904 erworben. Ursprünglich sollte es im Rahmen der Bundesgartenschau 1989 als Ausstellungsfläche für das Naturkundemuseum Senckenberg dienen, wozu es aber nicht kam. Gustav Schoser hatte für die Gewächshausteile eine passende Verwendung und ließ sie zu dem 260 Quadratmeter großen Subantarktishaus umgestalten, also für ein feucht-kaltes Klima herrichten. Technisch ist das Haus so ausgerüstet, dass es sich dank einer speziellen Verglasung, einer Nebelanlage und einer besonderen Belüftung im Sommer nicht aufheizt und dass die Temperatur mindestens sechs bis acht Grad Celsius unter der Außentemperatur liegt. Die Pflanzenexpertin Ursula McHardy gestaltete das Haus im Inneren. Auf zahlreichen Reisen in die Südhemisphäre erforschte sie die Zusammensetzung der subantarktischen Pflanzengesellschaften und sammelte zudem Exemplare für den Palmengarten. Bäume, wie die Rimu-Harzeibe und andere Steineiben, wurden aus Samen herangezogen, die sie in Neuseeland, etwa auf Ulva-Island fand. Noch heute sind zudem unterschiedliche Arten von Farnen, die sie einst aus Neuseeland mitgebracht hat, im Haus zu sehen.

Klein, aber durchaus nicht zu vergessen sind die Alpinenhäuser am Haus Leonhardsbrunn, am nördlichen Ende des Gartens. Auch ihre Vegetationsbilder wurden Anfang der 1980er Jahre von Ursula McHardy gestaltet, nachdem das Gebäude mit der wohl längsten Geschichte des Gartens wiederhergestellt worden war. Bereits um 1855 erbaute der Gärtner Friedrich Grüneberg am Ginnheimer Stadtweg, etwa dort, wo heute der Nordrand des Palmengartens verläuft, eine Gärtnerei. Als Pionier errichtete er dabei in Frankfurt das erste gusseiserne Gewächshaus eines solchen Betriebes. Die Idee dafür hatte er von einem Arbeitsaufenthalt in London mitgebracht. Berühmt für seine Kamelienzucht, avancierte Grüneberg in Frankfurt zum privaten Gärtner der Familie Rothschild. Als er 1886 sein Geschäft aufgab, erwarb Baron Willy Carl von Rothschild seinen Besitz inklusive des Wohnhauses Leonhardsbrunn mit angebauten Glashäusern und Glastürmen. Die Palmengarten-Gesellschaft pachtete die Anlage 1888 und konnte sie 1908 schließlich kaufen und vor allem die Gewächshäuser nutzen. 1934 richtete Max Bromme die gärtnerische Berufsschule für Frankfurt im Mittelbau ein. In dieser Zeit war in einem Seitentrakt des Baus zudem ein Kindergarten untergebracht. Nach dem Zweiten Weltkrieg wurde das Gebäude nur notdürftig instand gesetzt, um es weiterhin als Berufsschule und als Winterquartier für Kübelpflanzen und Abstellraum zu nutzen. 1979 entschloss sich der Palmengarten, die gläsernen Seitenflügel und Türme wiederherzustellen. Bis 2004 nutzte die Philipp-Holzmann-Berufschule das Gebäude. Heute ist dort die palmengarteneigene Bildungseinrichtung „Kinder im Garten" untergebracht. Die Glashäuser beherbergen Miniatur-Bergwelten, etwa mit seltenen Primel- und Glockenblumen-Arten sowie duftenden Kräutern wie besonderen Lavendel- und Salbei-Arten. Vor dem Haus ist im Sommer die Vielfalt der Pelargoniensammlung des Gartens zu sehen und zu riechen, denn sie besteht vor allem aus Duft-Pelargonien.

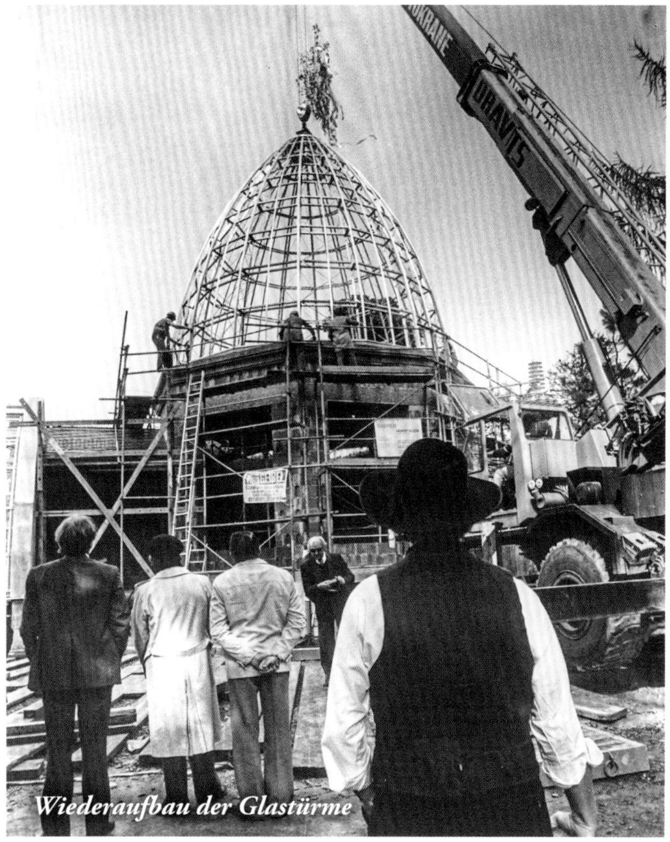

Wiederaufbau der Glastürme

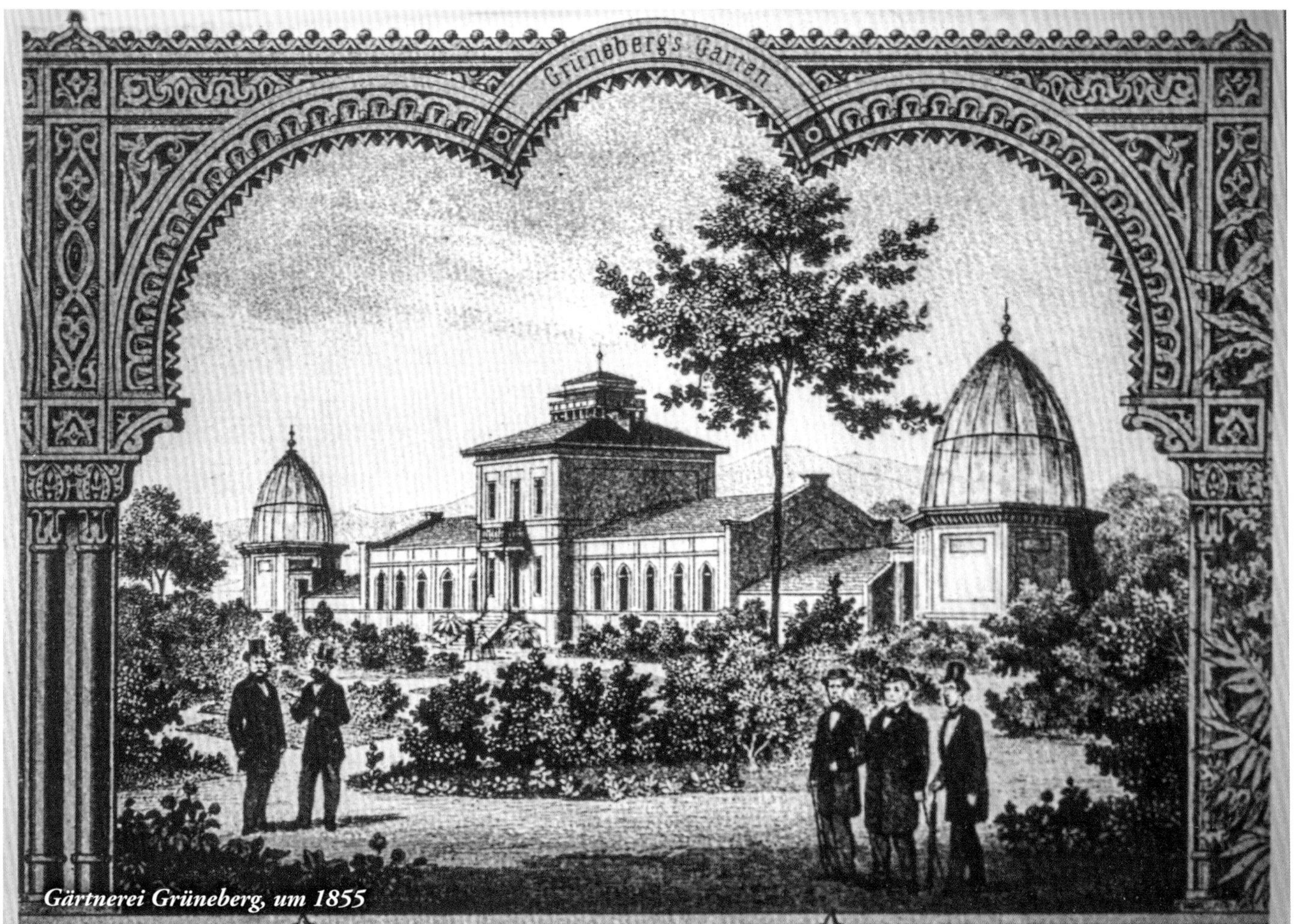

Gärtnerei Grüneberg, um 1855

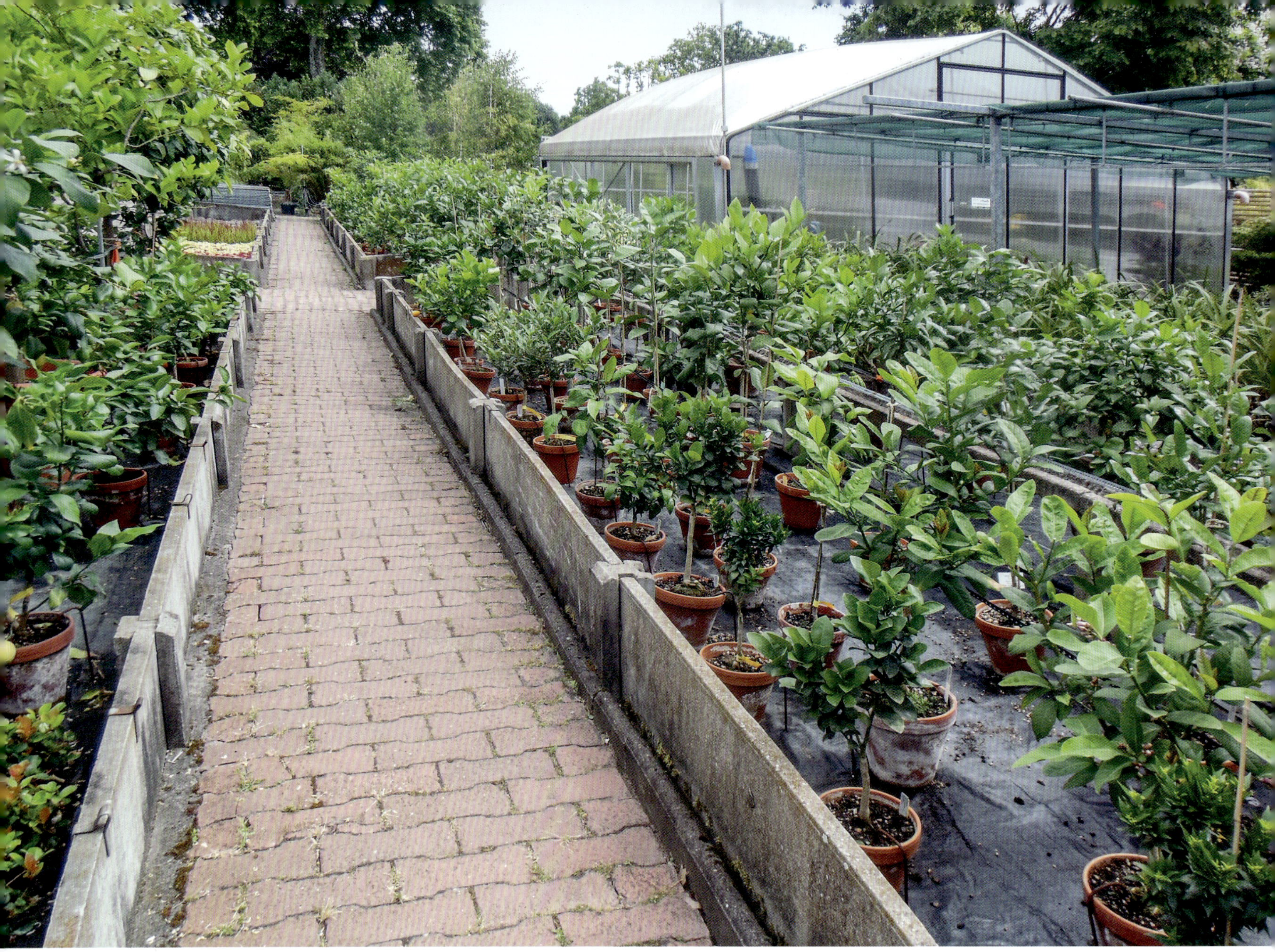

DIE KINDERSTUBE

Die Besucherinnen und Besucher genießen es, wenn zu den Blumen des Herbstes in der Galerie die Chrysanthemen in den schönsten Farben blühen. Dass die Planung einer solchen Ausstellung gut ein Jahr Vorlauf hat, sehen sie nicht. Bevor die Ausstellung eröffnet wird, hat das Galerieteam bereits die Sorten für das nächste Jahr bestellt. Die rund 4.500 Pflanzen werden in der eigenen Gärtnerei herangezogen, und zwar so, dass sie alle gleichzeitig, pünktlich zur Ausstellung in Blüte stehen. „Dafür müssen wir manchmal mit der Temperatur spielen. Manche Pflanzen, die zu weit sind, stellen wir kälter", erzählt Alexander Becker, Vorarbeiter des temperierten Hauses und seit gut 15 Jahren in der Gärtnerei tätig. Sie ist die Kinderstube des Palmengartens und umfasst rund 5.000 Quadratmeter unter Glas, darunter 1.300 Quadratmeter Neubau, und 500 Quadrameter Fläche unter freiem Himmel. In insgesamt dreizehn Häusern sowie der kürzlich neu errichteten Nordhalle werden Schau- und Beetpflanzen für den Garten gezogen und einige Sammlungen und Sortimente gehegt. Ein halbes Dutzend Gärtnerinnen und Gärtner sowie sechs Auszubildende sind nur dafür zuständig. Und da Pflanzen nun mal kein Wochenende kennen, arbeitet das Team im Schichtdienst. Im Sommer sind dann sogar zwei Mitarbeiter nötig, um alle Pflanzen mit Wasser zu versorgen.

In einem der Häuser stehen die Chrysanthemen. In einem weiteren schon einige Frühblüher. Mitten im Sommer werden dort etwa die Primeln ausgesät, die im nächsten Jahr die Ausstellung in der Galerie schmücken sollen. Auch die rund 25.000 Töpfe mit ein- oder zweijährigen Zierpflanzen für den Wechselflor werden dort angezogen. Eine weitere Abteilung ist allein der Weihnachtsbepflanzung gewidmet. Dort stehen bereits im

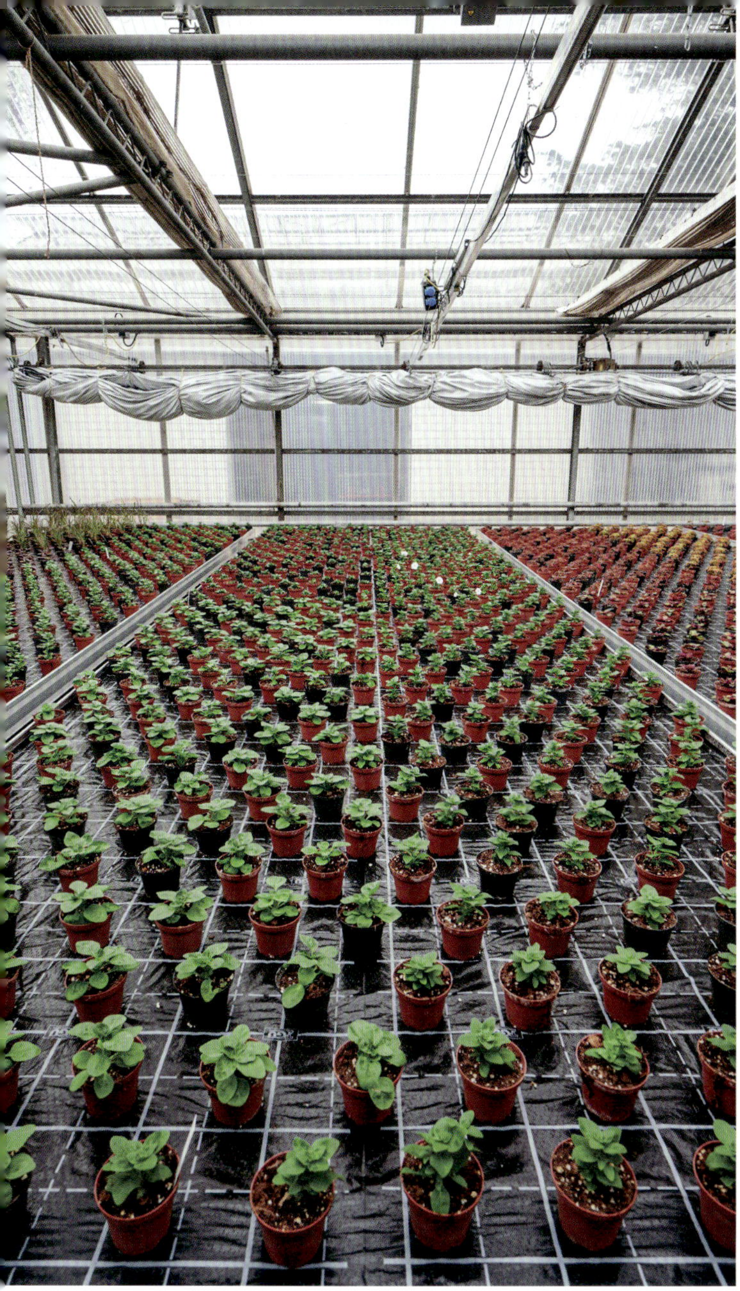

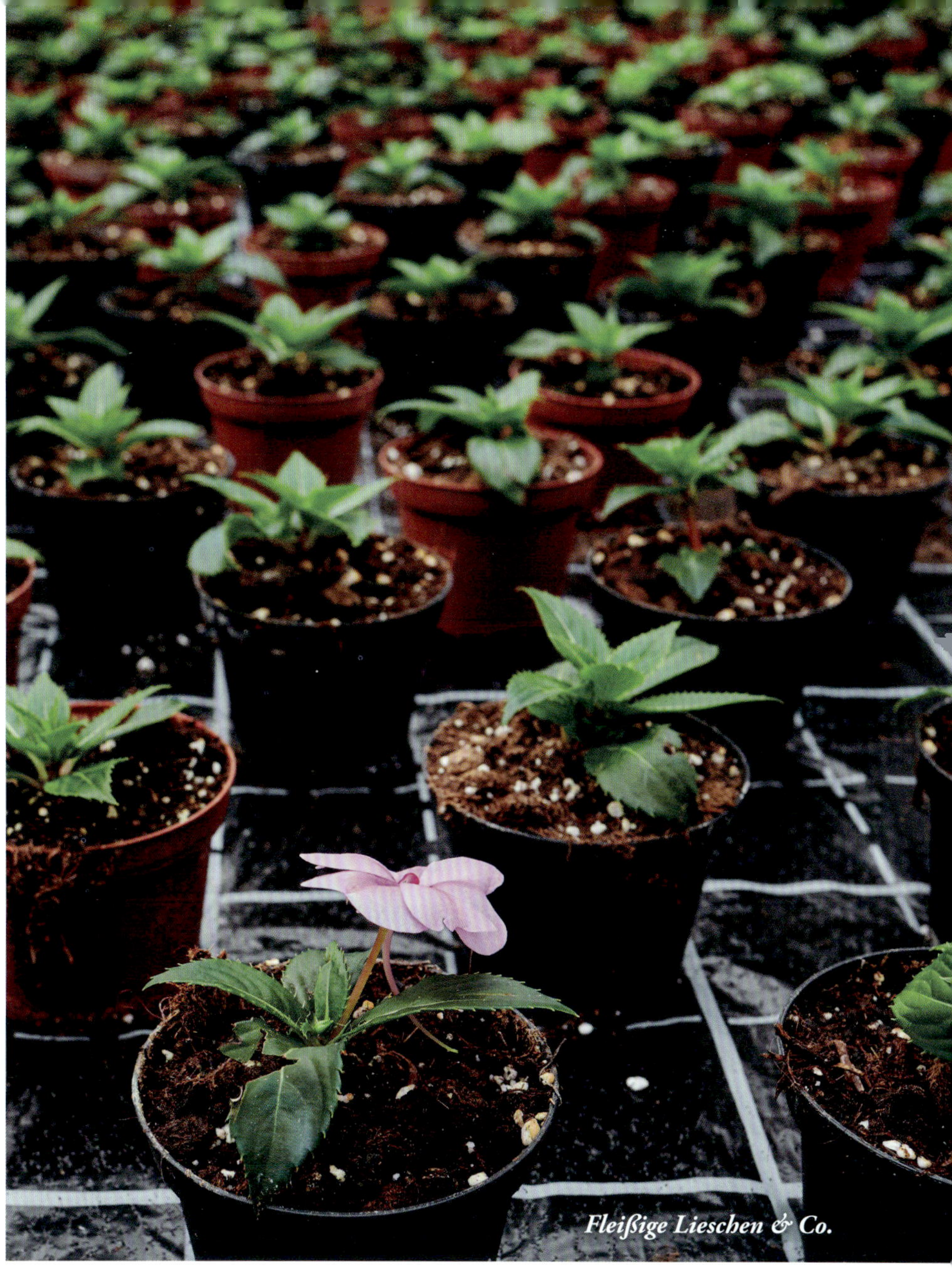

Fleißige Lieschen & Co.

Sommer die Weihnachtssterne. Dank der Verdunklung, die von abends 17 bis morgens 8 Uhr ausgefahren wird, entwickeln die tropischen Pflanzen ihre roten Hochblätter termingerecht. Einige Zierpflanzen-Sammlungen sind ebenfalls in der Gärtnerei zu finden, etwa im Kalthaus die Kamelien und Azaleen sowie Begonien, Orchideen und Bromelien im Warmhaus.

Fast 300 unterschiedliche Pelargonien-Arten haben ihr Zuhause ebenfalls in der Gärtnerei. Im Sommer sind die Pflanztische aber leer, dann dürfen die schönsten Exemplare ins Beet vor das Haus Leonhardsbrunn. Im September werden sie durch Stecklinge in der Gärtnerei vermehrt, damit auch für das nächste Jahre genügend Pflanzen vorhanden sind. Die Fuchsiensammlung verbringt den Sommer ebenfalls draußen, im Fuchsiengarten hinter dem Tropicarium und im Außenbereich der Gärtnerei. „Die Besucher sollen möglichst viele der Pflanzen sehen", sagt Alexander Becker. Farne und andere Grünpflanzen, die gezogen werden, dienen als Bei- und Unterpflanzungen in den Ausstellungen oder im Palmenhaus. Ein Überwinterungshaus für große Palmen schließt sich an die Anlage an. Im Innenhof stehen im Sommer außerdem die Hortensien, die schon für die nächste Ausstellung bereitstehen. Auch sie werden immer wieder als Schmuckpflanzen verwendet. Im Hof steht zudem ein Teil der Zitrussammlung, die Alexander Becker in den vergangenen zehn Jahren aufgebaut hat. Knapp 100 verschiedene Arten und Züchtungen umfasst sie mittlerweile, von der Pomeranze über eine gestreifte Kumquat bis zur Australischen Fingerlimette, deren Früchte als Limettenkaviar bekannt sind und entsprechend teuer gehandelt werden. Einen Großteil der Pflanzen hat Becker selbst veredelt.

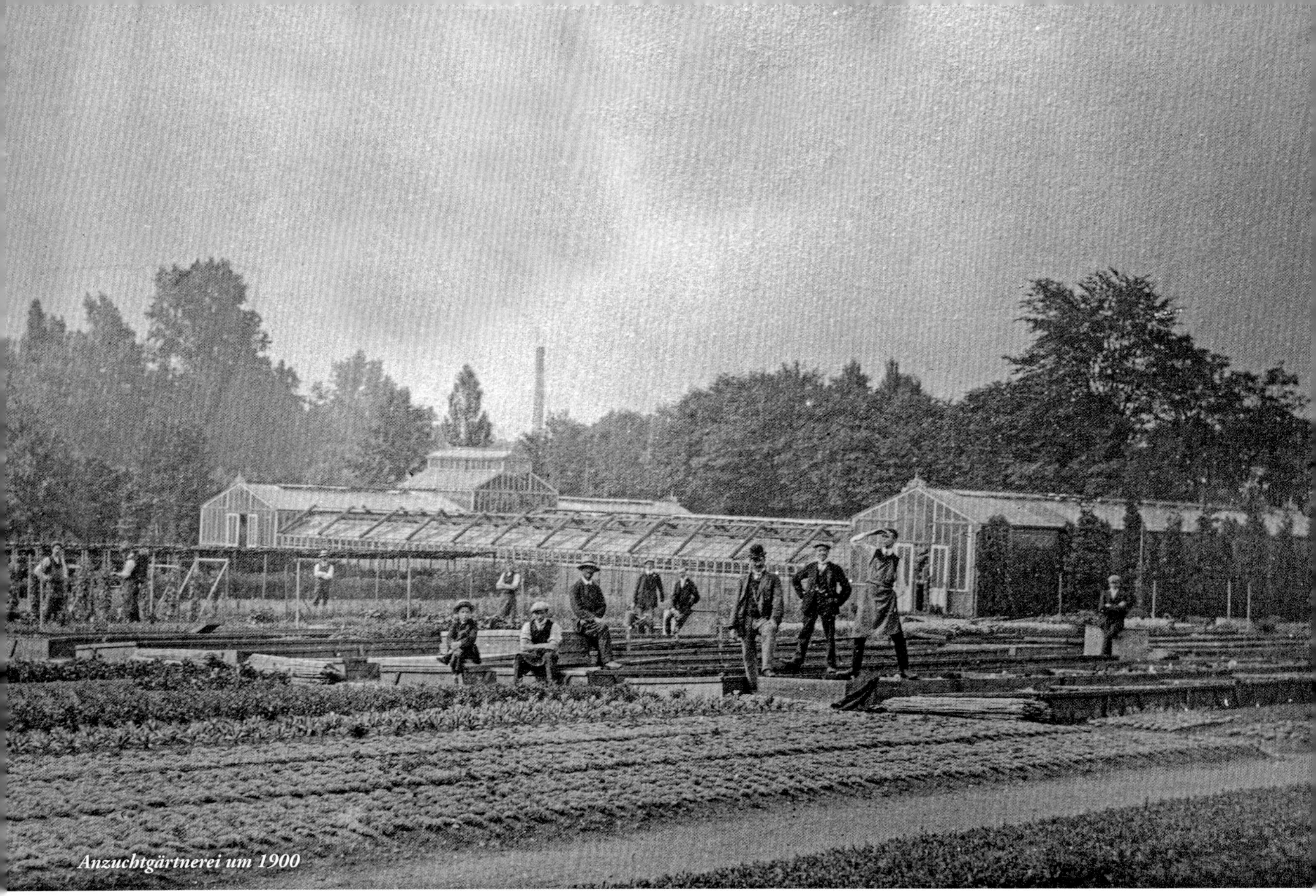

Anzuchtgärtnerei um 1900

Das Areal, auf dem sich die Gärtnerei heute befindet, hat eine lange Geschichte. Bereits 1899 ließ der damalige Direktor August Siebert an dieser Stelle die erste Gärtnerei errichten. Er baute eine Nord- und eine Südhalle, und ließ dazu Früh- und Pflanzbeete anlegen. Vier der damals zahlreichen Frühbeetkästen sind heute noch vorhanden. Sie zu nutzen, ist allerdings sehr arbeitsintensiv. „Man muss die einzelnen Glasabdeckungen jeden Tag per Hand öffnen und mit einem Holzklotz arretieren, dann gießen und abends die Kästen wieder schließen. Wenn es Nachtfröste gibt, muss man abends noch Strohmatten auslegen." Die Nordhalle war, in den 1950er Jahren überarbeitet und zumindest mit automatischen Lüftungen und Schattierungen ausgestattet, bis vor kurzem ebenfalls noch in Betrieb. Mittlerweile ist sie abgerissen und auf gleicher Grundfläche durch einen Neubau ersetzt. Die Südhalle wurde Mitte der 1980er Jahre umgebaut zum Blütenhaus, das die Gärtner als Schauhaus selbst bestückten. Besonders beliebt war die dort ausgestellte Vielfalt an Orchideen. Vor kurzem enstand auf dem Areal das Blüten- und Schmetterlingshaus. Bis zum Jahre 1979 standen auf dem Gelände der Gärtnerei sogar noch zwei Holzschuppen, von denen einer früher als Stall für die Arbeitspferde gedient hatte. Die heutige Gewächshausanlage entstand Mitte der 1970er Jahre und wird nach wie vor genutzt.

Anders als in kommerziellen Gärtnereien, wo Masse produziert wird, können die Palmengärtnerinnen und -gärtner darin auch mal experimentieren, etwa mit Substraten. Für die Erntedank-Ausstellung wurden erstmals Pflanzen in torffreier Erde und nur mit organischem Dünger herangezogen. Alle Fort- und auch Rückschritte werden dabei genau notiert – für die nächste An-

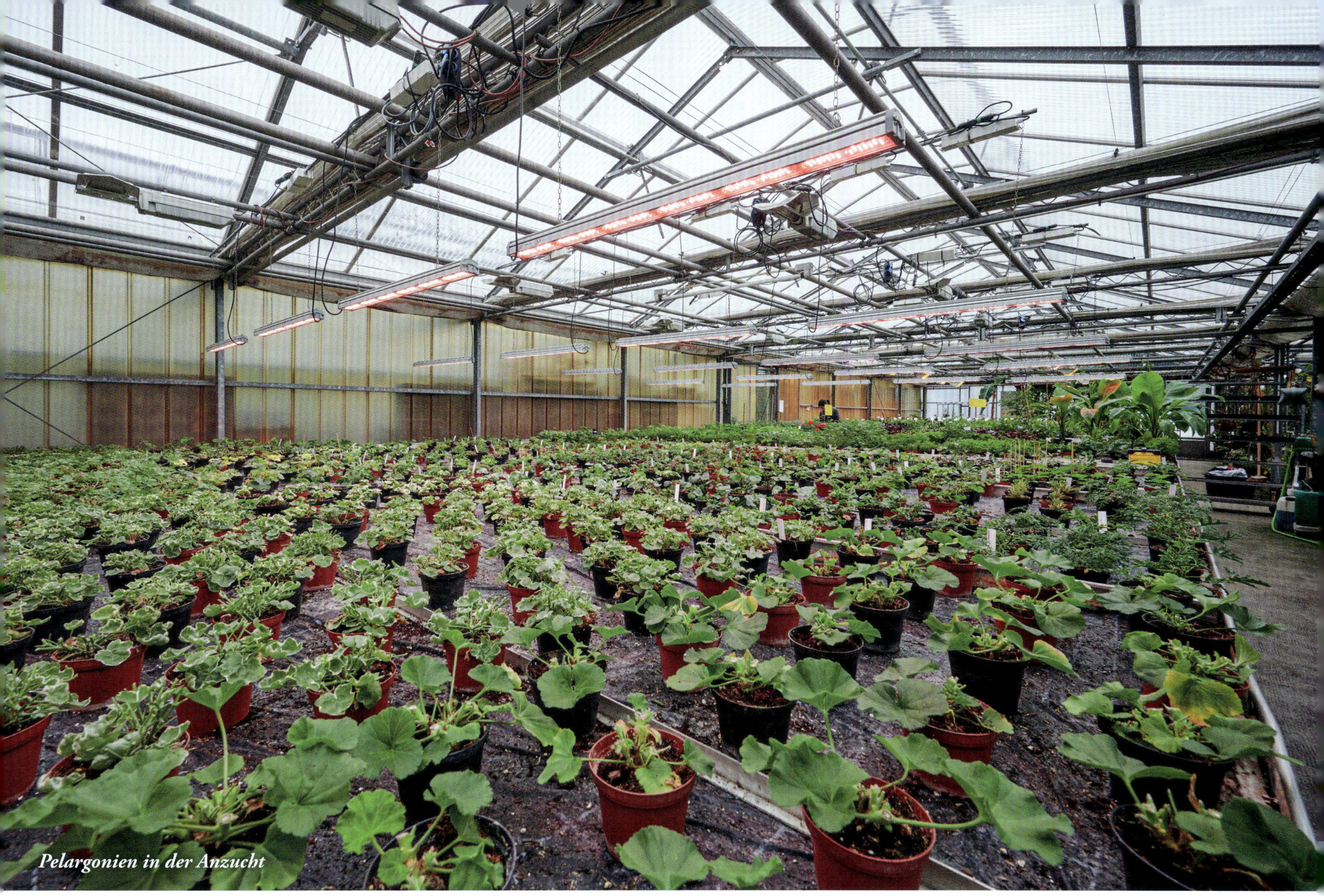

Pelargonien in der Anzucht

zucht. Selbst Rückschnittzeiten hat Alexander Becker in seiner Kladde genau verzeichnet. „Beim Hypericum, dem Johanneskraut, für die Blumen des Herbstes im Oktober gedacht, haben wir den ersten Schnitt im Juli gemacht. Der zweite folgt Anfang September, dann blüht es schön zur Ausstellung."

Besonders stressig wird es für das Gärtnerteam im Frühjahr. Dann sind die Zwiebelpflanzen gerade raus aus den Gewächshäusern. Die tausende Zwiebeln für die Frühlingsblumenausstellung lagen im Kühlhaus, bis sie im Dezember in die Töpfe gepflanzt wurden. Ab Januar wurden sie immer wärmer gestellt, damit sie austreiben und pünktlich zum Pflanztermin ihre Blüten zeigen konnten. „Das ist manchmal wie ein kleines Pokerspiel, warte ich noch einen Tag oder stelle ich sie am Ende wieder kalt, damit sie nicht zu weit aufblühen", sagt Becker. Kaum sind die Töpfe in die Galerie transportiert, wo die Kollegen sie zu bunten Bildern in den Beeten zusammensetzen, stehen die Gewächshäuser im März und April voll mit rund 25.000 Pflanzen für den Sommerflor, die ebenfalls gegossen, gedüngt und geschnitten werden wollen. Zugleich treiben Beckers Zitruspflanzen aus und brauchen besondere Pflege. Die Azaleen, die in der Galerie auf die Fühlingsblumen folgen, müssen im April zurück in ihr Quartier transportiert werden. „Anfang Mai müssen sie zurückgeschnitten werden, damit sie wieder austreiben und Knospen ausbilden." Zugleich warten die Fuchsien und Pelargonien darauf, in die Sommerbeete ausgepflanzt zu werden und die ersten Pflanzen für die Erntedankausstellung müssen in die Töpfe. Palmengärtnerinnen und -gärtner sind nicht nur Pflanzenflüsterer, sie müssen auch exakt planen können.

04

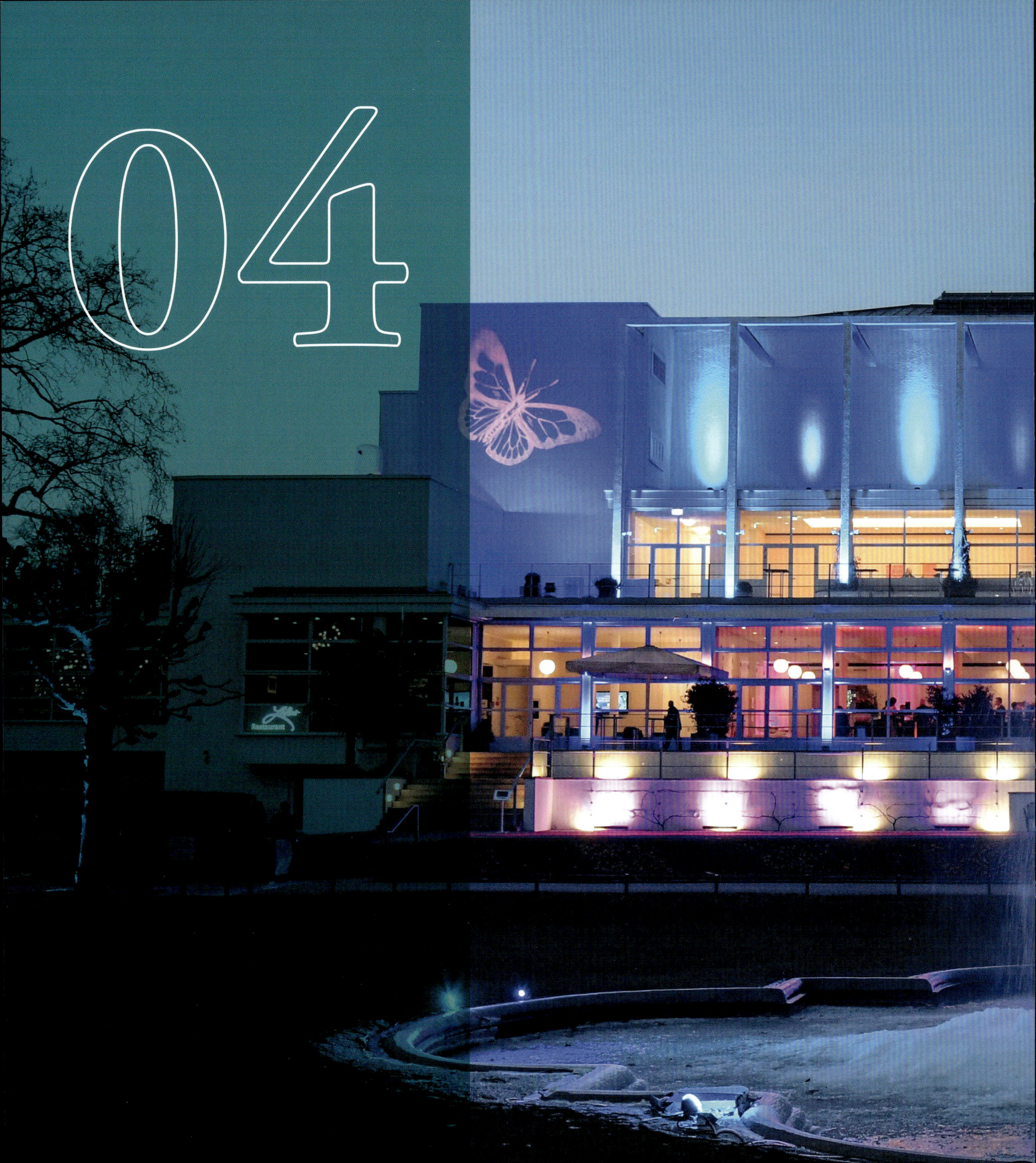

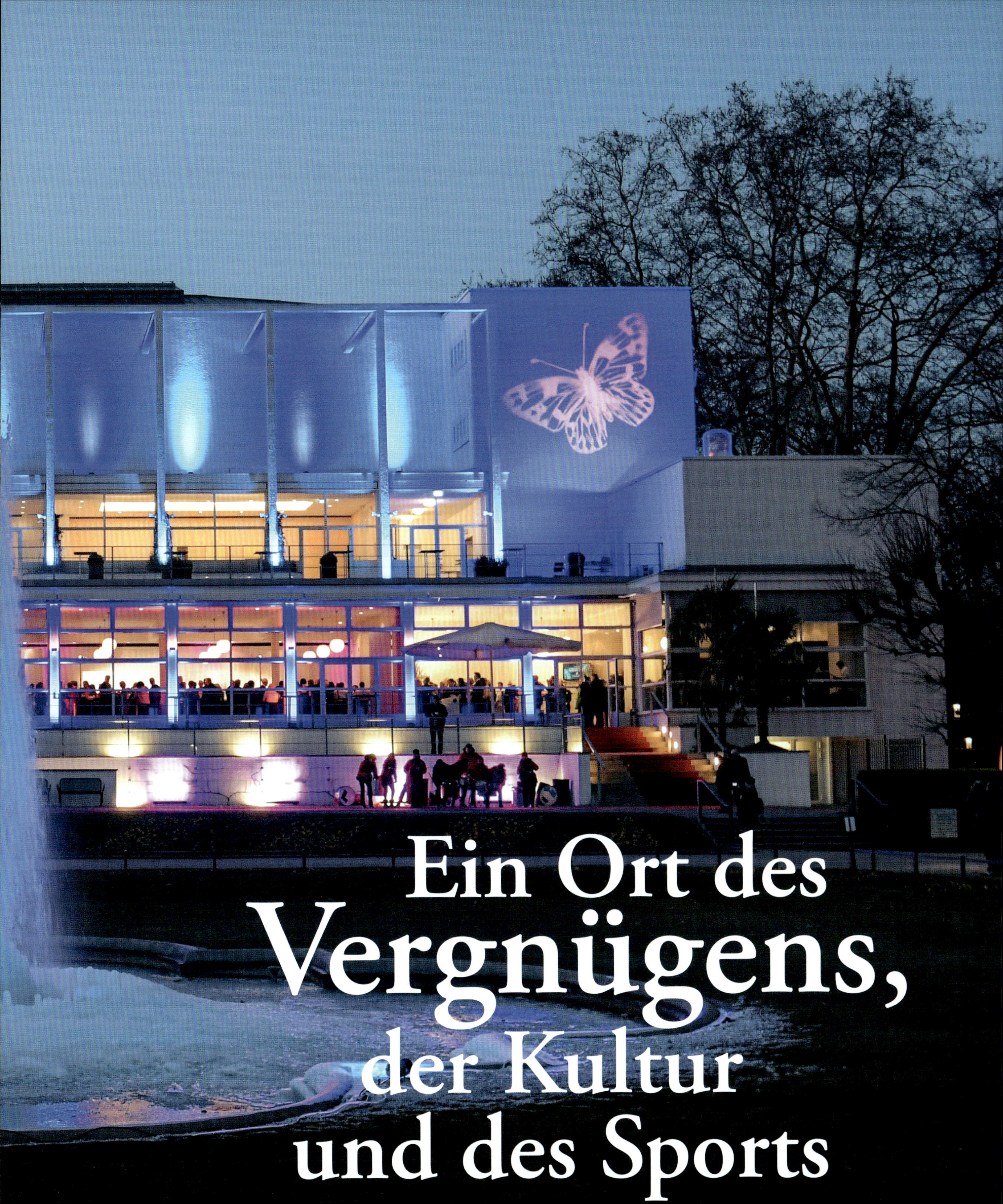

Ein Ort des Vergnügens, der Kultur und des Sports

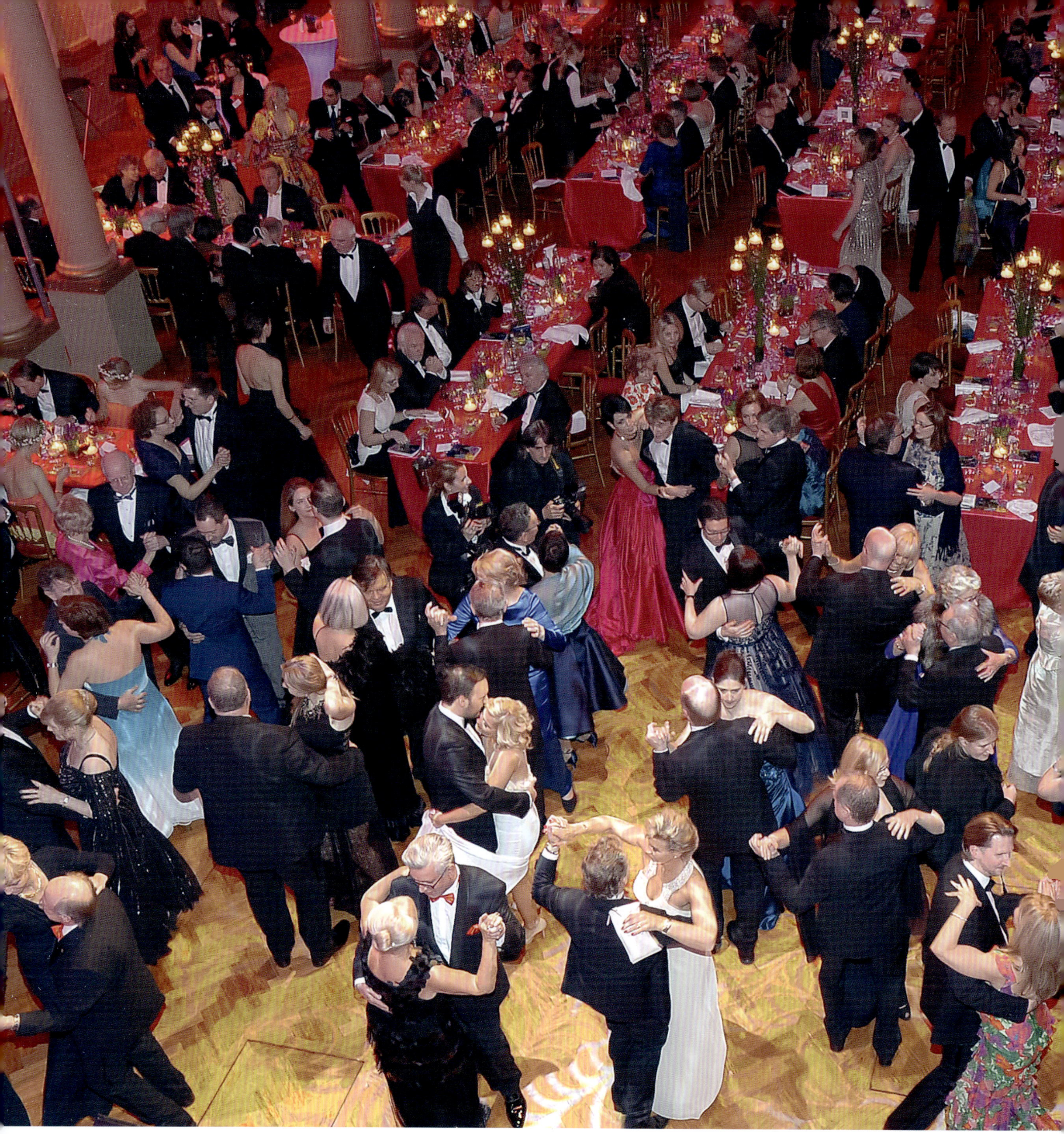

Festsaal

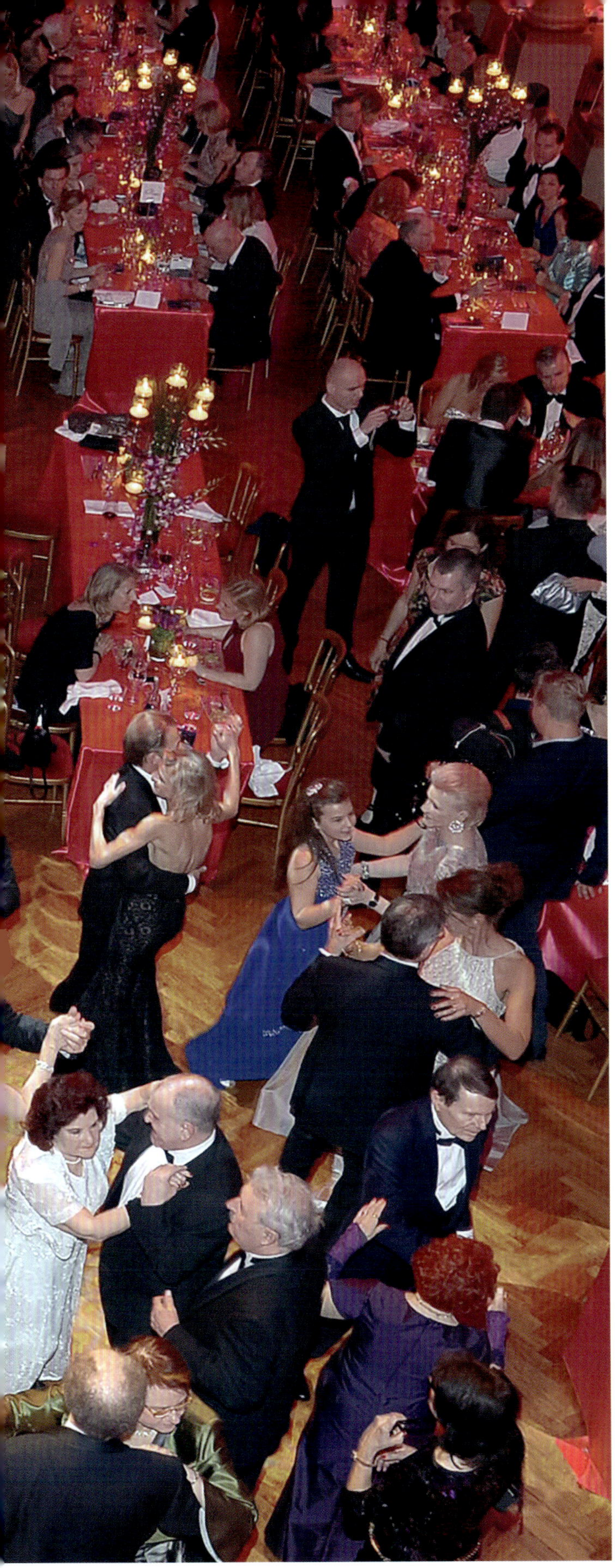

Es wird getanzt heut' Nacht

Zum jährlichen Ballabend im Palmengarten flanieren die Gäste heute in Abendroben und dunklen Anzügen zum Gesellschaftshaus. Die historische Pracht des Festsaals ist in farbiges Licht getaucht, überall wird getanzt, geplaudert, gescherzt. „Als sich um 8 Uhr am Samstag Abend die weiten Pforten des Gesellschaftshauses öffneten, als die ersten Gäste den prächtigen Raum betraten, da stand wohl mancher zunächst geblendet von der überraschenden Schönheit des Gesamteindruckes vor dieser Symphonie von Licht und Farben"[56], so oder ähnlich könnten die Zeitungen heute von dem stimmungsvollen Fest berichten. Und doch stammt dieses Zitat aus dem Jahr 1893. Es zeigt, dass schon damals im Festsaal ausgiebig gefeiert wurde. Der Gartengestalter Heinrich Siesmayer hat in seinem Konzept des Palmengartens die Erbauung und Belehrung der Gäste stets verbunden mit dem Vergnügen und der Unterhaltung. Von Beginn an entwickelten sich der Garten und das Gesellschaftshaus mit seinem glanzvollen Festsaal zum Zentrum des gesellschaftlichen Lebens der Stadt. Bereits eine Woche nach der offiziellen Eröffnung des Gartens im Jahre 1871 feierte die frisch gegründete Neue Ballgesellschaft mit den Spitzen der Staats- und städtischen Behörden sowie dem Offizierskorps der immer noch passierenden siegreichen preußischen Truppen einen großen Friedens-Festball inklusive großem Festbankett.

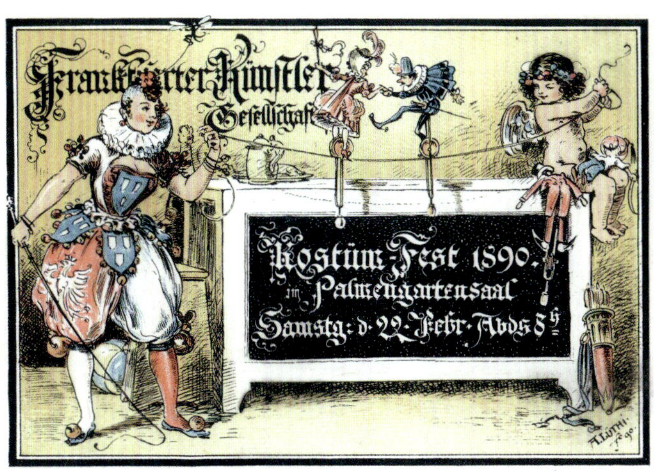

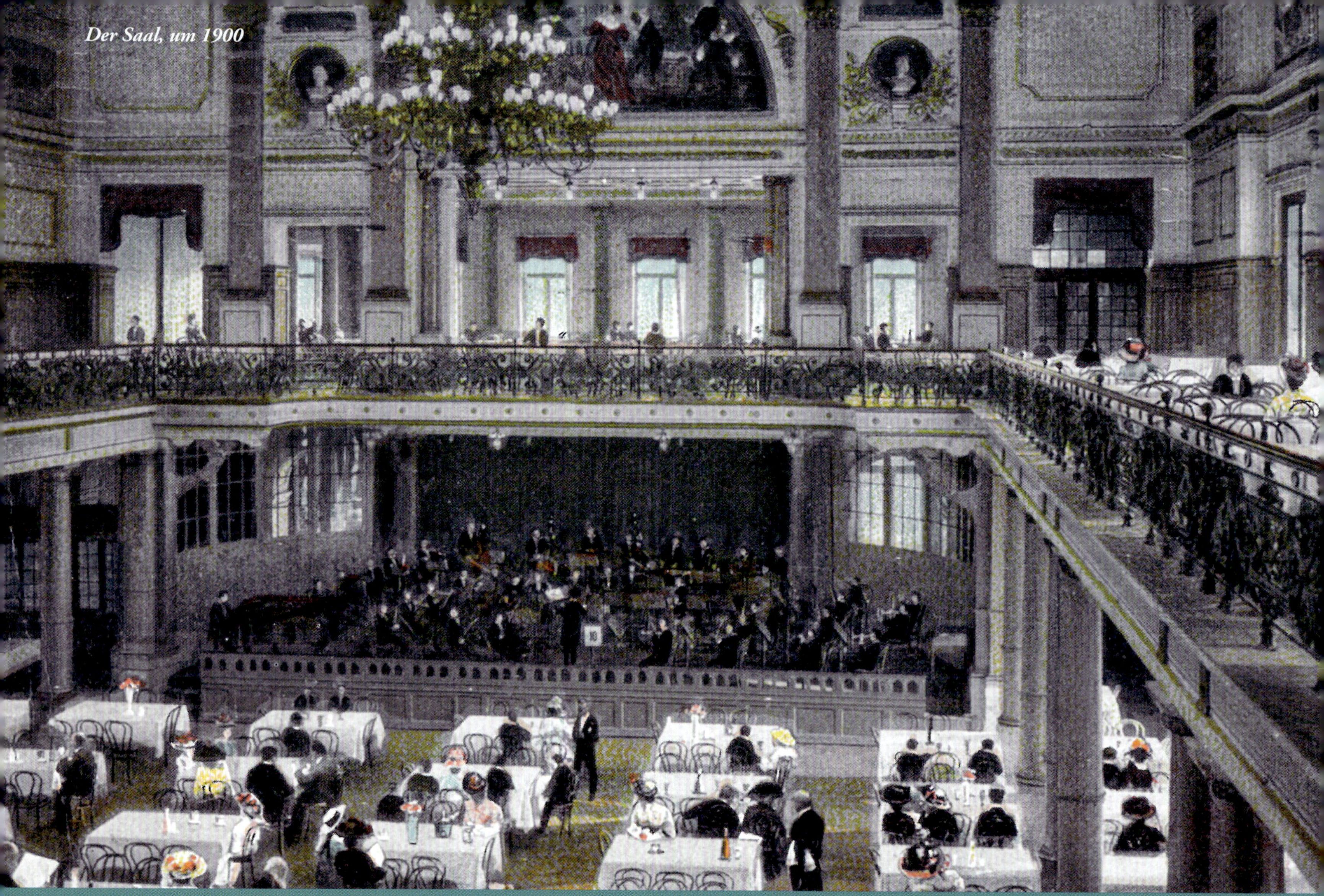

Der Saal, um 1900

Ein Bürgertraum

Das mit Tischen und Stühlen ausgestattete Gesellschaftshaus wurde auch tagsüber regelmäßig zum Treffpunkt der Frankfurter Bürger. Ein Journalist beschreibt 1909 seinen Eindruck des Gartens und seiner damaligen Pracht: „Drinnen ist man sogleich umfangen und getragen von einer ehrfurchtgebietenden Eleganz, von einem Reichtum der Linien und Farben, der sich einem etwas auf die Brust legt. (...) Dahinter steht das Haus, Verkörperung und eigentliche Ausgeburt des Palmengartens, schloßartig, romantisch, weiß und verschnörkelt, säulenbelebt und geranienüberhängt. Ein Kindertraum und ein Bürgertraum. Erdacht und ermöglicht von Bürgern, benutzt von Bürgern einer reichen Stadt, eingereiht in ein Stadtviertel voll ähnlicher Privathäuser, die alle das gleiche, fast südliche Selbstbewusstsein atmen. Io sono io! - Dieses Haus besitzt einen Saal, in dem man sich trifft, in dem man als ältere Frau einen Mittwochstisch hat, an dem gestrickt wird und Kaffee getrunken; Männer, die miteinander alt und älter geworden sind, essen hier regelmäßig zusammen, politisieren, rauchen und hören dazu das Palmengartenorchester, das beneidenswerte Musik spielt. (...) Der Saal ist sehr groß und hoch, mit viel Gold, Figuren und Schnitzereien und Ölbildern, alles im Geschmack der „italienischen Renaissance". Und vom Saal aus steigt man ein paar Stufen herunter und steht im Palmenhaus: Ein Dom aus Grün, aus Palmenstämmen und Gummibäumen, aus Glas und himmelhohen Eisenrippen tut sich auf, wölbt sich und macht einen beklommen und etwas schwindlig." [57]

Stets standen die Türen zwischen dem Festsaal und dem Palmenhaus offen, so dass die Gäste nach dem Dinner im festlich geschmückten Saal oder nach dem ausschweifenden Tanz unter Palmen flanieren konnten. Ein Vergnügen, das erst seit der Sanierung des Gesellschaftshauses und seit der Wiederherstellung des historischen Festsaals durch das namhafte Architekturbüro David Chipperfield im Jahre 2012 wieder möglich ist. Rund 50 Jahre lang schlummerte die historische Pracht zuvor hinter Holzwänden, bis die Stadt einen erheblichen Millionenbetrag in die Hand nahm, um sie wiederherzustellen. Die Gäste der Bälle und Veranstaltungen können die romantische Atmosphäre im stimmungsvoll beleuchteten Palmenhaus deshalb heute wieder genießen, so wie im 19. Jahrhundert.

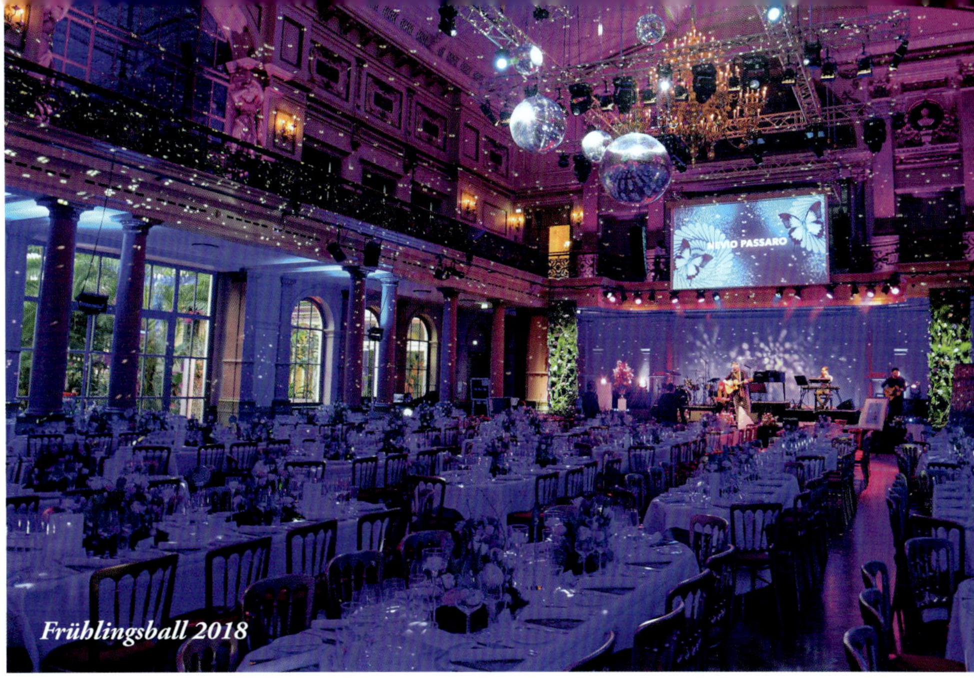

Frühlingsball 2018

Wie gerne und oft man damals gefeiert hat, zeigt der Geburtstag der Palmengarten-Gesellschaft. 1893 konnte diese ihr 25-jähriges Bestehen begehen und tat das ausgiebig. Am 4. Februar wurde zu einem Winterfest in Form eines Kostümballes eingeladen, im März zur offiziellen Jubiläumsfeier, bei der der Verleger Leopold Sonnemann den Garten als Vergnügungsort der Bürgerschaft, als Institut zur Förderung des Fremdenverkehrs und – nicht ganz ernst gemeint – sogar als Ehestifter lobte. Anschließend wurde ein Festspiel des Bühnendichters Adolf Stoltze aufgeführt. Eine dritte Jubiläumsfeier fand am 20. August statt.

Für das Kostüm- und Masken-Fest „mit Aufzügen, lebendigen Bildern und Vergnügen aller Art" hatte sich die Palmengarten-Gesellschaft ein besonderes Geschenk gemacht: Als „Symphonie von Licht und Farben"[58] besang ein Journalist die elektrische Beleuchtung des Saales, die damals zum ersten Mal zu erleben war, wenn auch ein wenig provisorisch: „Von der Decke erstrahlt ein riesiger Zwölfspitzstern, der vom Beleuchtungsinspektor Behrend aus 369 elektrischen Birnen auf Goldpapierdurchwirktem Eisengestell hergestellt war."

Auch die Säulen und Rundbogen waren mit Glühlampen umsäumt. Der Saal muss so hell gestrahlt haben, dass die Gäste zum ersten Mal die heute noch erhaltenen Deckengemälde des Künstlers Eugen Klimsch im Detail sehen konnten. Wenige Jahre später wurde er endgültig mit elektrischer Beleuchtung ausgestattet. Für eine bessere Raumwirkung ließ man die Wände daraufhin durch den Architekten Ludwig Neher heller und etwas schnörkelloser gestalten als zuvor.

Beim Kostümball feierten die Vertreter der preußischen und der städtischen Behörden sowie die Spitzen der Frankfurter Gesellschaft – kostümiert als Schelm von Bergen, Türke, Schlangenbeschwörerin oder üppige Mohnblume – ebenso mit wie Vertreter des Bicycleklubs, der Rudergesellschaft Germania und des Fussballklubs, die daran erinnerten, dass man auch Ruder-, Ball- und Radsport im Palmengarten pflegte.

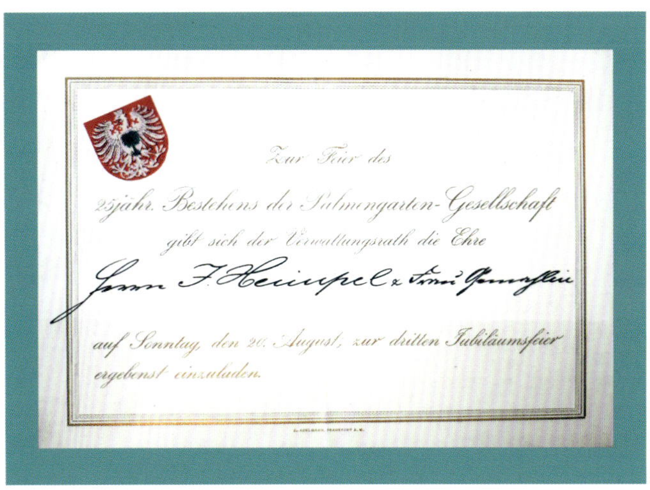

Zur Feier des
25jähr. Bestehens der Palmengarten-Gesellschaft
gibt sich der Verwaltungsrath die Ehre

auf Sonntag, den 20. August, zur dritten Jubiläumsfeier
ergebenst einzuladen.

Einladung zur Geburtstagsfeier, 1893

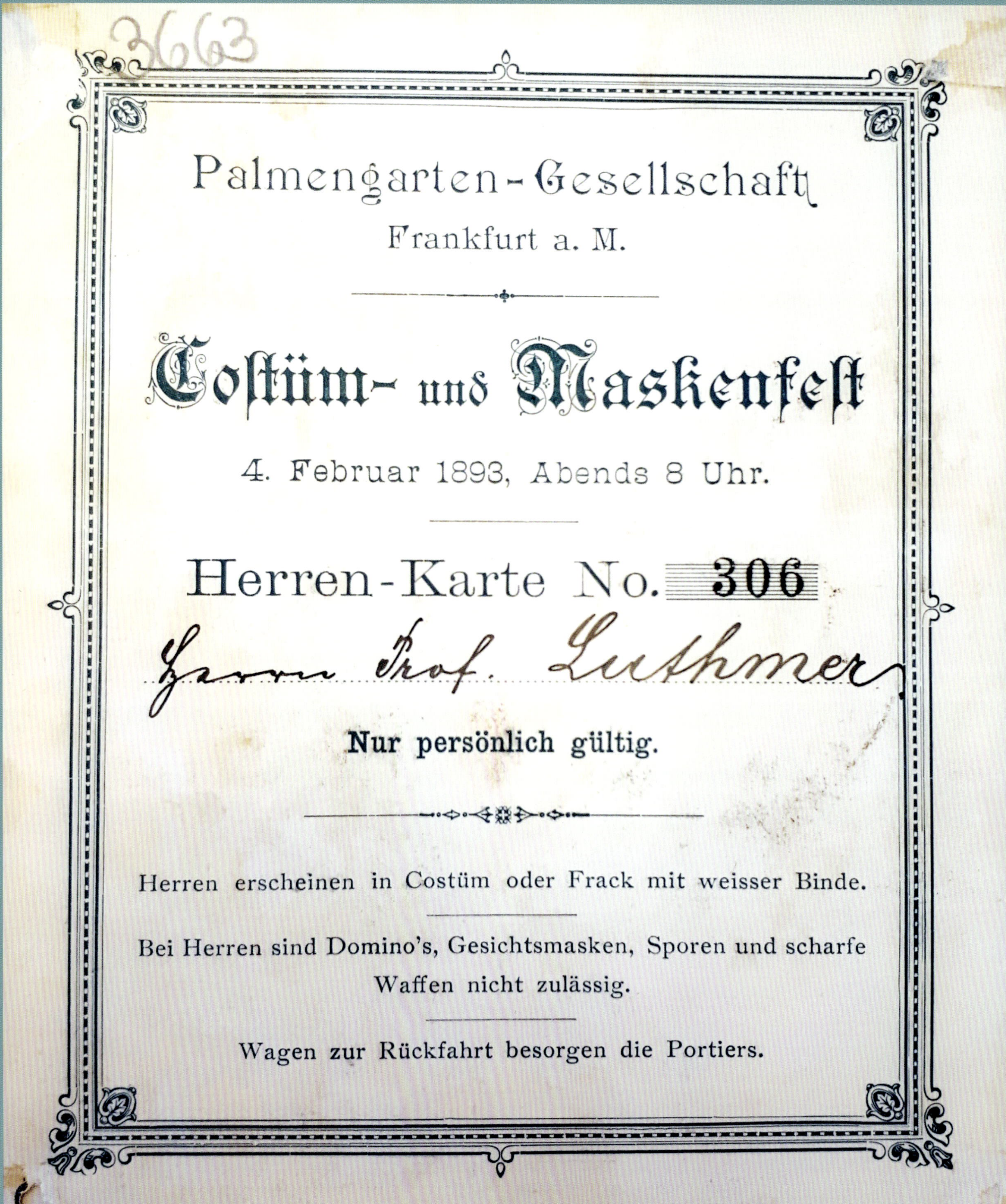

3663

Palmengarten-Gesellschaft

Frankfurt a. M.

Costüm- und Maskenfest

4. Februar 1893, Abends 8 Uhr.

Herren-Karte No. 306

Herrn Prof. Luthmer

Nur persönlich gültig.

Herren erscheinen in Costüm oder Frack mit weisser Binde.

Bei Herren sind Domino's, Gesichtsmasken, Sporen und scharfe Waffen nicht zulässig.

Wagen zur Rückfahrt besorgen die Portiers.

Eintrittskarte zum Kostümball

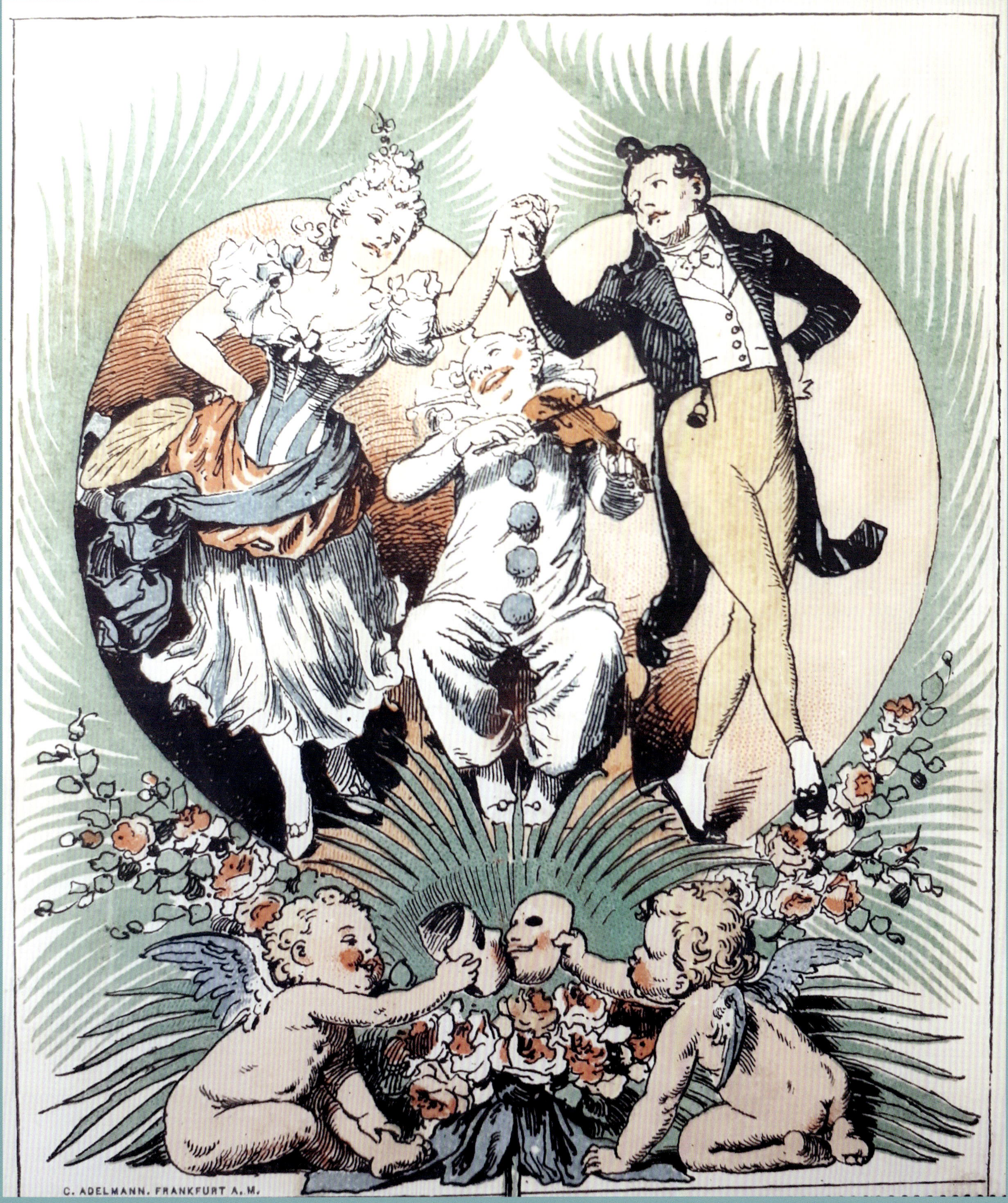
C. ADELMANN. FRANKFURT A. M.

„Eines der schönsten Feste“

Die Zeitungen hielten die eigens für den Abend gestaltete üppige Ausschmückung des Saales fest: „Eine zwölfstufige Mitteltreppe führte sich verjüngend zu einem podiumartigen Absatz, an dessen epheugeschmückter Hinterwand eine Statue des Gambrinus aufgestellt war. Vom diesem Podium zogen sich in graziösem Bogen zwei Treppenwangen rechts und links hinauf nach den Galerien. So war eine ausgezeichnete Verbindung zwischen dem Saal und den oberen Räumen erreicht, ohne dass die Besucher nötig gehabt hätten, sich auf den Aussentreppen einem Temperaturwechsel auszusetzen. (…) Auf der gegenüberliegenden Schmalseite der Galerie zog gleichfalls ein prächtiges Arrangement die Augen auf sich. Auf leichtem teppichgeschmückten Holzbau sass die Kapelle der 81er und über ihnen thronte auf roter Leinwand der Frankfurter Stadtadler (…). Rechnet man dazu, dass die Seitenwände der Galerien mit Hilfe von Tannengrün, weissen und roten Rosen in Laubengänge umgewandelt und dass auf allen Postamenten und Geländerpfosten Blattpflanzen in grosser Anzahl aufgestellt waren, so kann man sich eine wenn auch nur schwache Vorstellung machen von der überwältigenden Wirkung, welche diese wahrhaft künstlerische Ausschmückung erzeugte. (…) Wer klug war und sich etwas erholen wollte, der schlich sich leise hinaus in das Palmenhaus, wo auch die zartesten Ballschühchen auf eigens für sie mit Stoff bedeckten Pfaden wandeln konnten, und genoss von hier aus den geradezu feenhaften Anblick des lichtdurchfluteten Saales mit seinen grünen Gehängen und bunten Blumen und bunten Menschen. Und dann sah sich das Ganze wie ein Traum an. Es war aber doch Wirklichkeit, denn das erste fahle Licht des Wintermorgens sah zahlreiche frohe Menschen heimwärtspilgern, welche eines der schönsten Feste hinter sich hatten, das je in den Räumen des Palmengartens veranstaltet wurde.“ [59]

FILMBÄLLE & TANZTEE

Getanzt und gefeiert wurde nach der Jahrhundertwende weiter im Gesellschaftshaus, mit Ausnahme des bis Silvester 1918 andauernden Tanzverbotes während des Ersten Weltkrieges. Auch die Nationalsozialisten wussten das Renommee des Palmengartens als Ort großer Festlichkeiten für sich zu nutzen. Zwar distanzierte man sich ausdrücklich von den prunkvollen großbürgerlichen Feierlichkeiten des Kaiserreiches und bat die Damen zum Winterball „Frohsinn unter Blumen“, den Max Bromme 1934 ins Leben rief, in sommerlichen Tanzkleidern zu erscheinen. Es gab dennoch Gesang, Theateraufführungen und ein Tanzspiel als Programmpunkt. Eine der beliebtesten Veranstaltungen dieser Zeit war der 1936 eingerichtete Tanztee im Hochzeitssaal, für den man erfolgreiche Tanzpaare verpflichtete, die die Gäste anleiteten. Modenschauen, Feste und Tanzabende lockten viele Besucherinnen an, selbst noch während des Zweiten Weltkriegs, in dem von den Nationalsozialisten nur zeitweise Tanzverbote ausgesprochen wurden. Allerdings sah sich der Palmengarten gezwungen, für das Gesellschaftshaus ein Tanzverbot für Wehrmachtsangehörige mit genagelten Schuhen zu erlassen, da das empfindliche Parkett schwer darunter litt.

Dass bei all diesen Veranstaltungen bereits vor dem Krieg keine jüdischen Künstlerinnen und Künster mehr auftreten durften und sogar der Kapellmeister des damals sehr renommierten Palmengarten-Orchesters, Richard Limpert, fürchten musste, seine Anstellung zu verlieren, weil seine Frau nach nationalsozialistischen Maßstäben Halbjüdin war, davon bekamen die Gäste des Gesellschaftshauses in der Regel nichts mit.

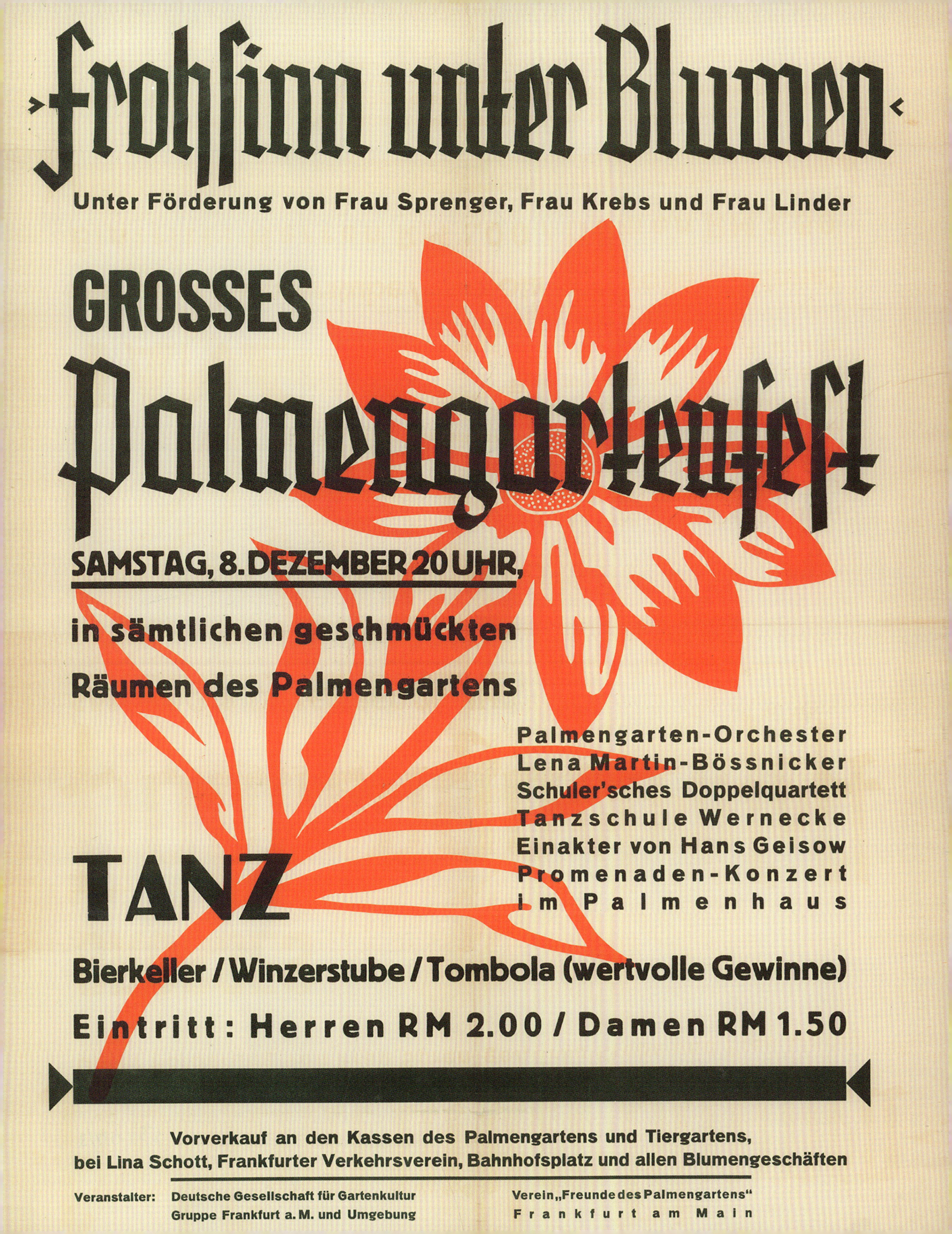

·Frohsinn unter Blumen·
Unter Förderung von Frau Sprenger, Frau Krebs und Frau Linder
GROSSES
Palmengartenfest
SAMSTAG, 8. DEZEMBER 20 UHR,
in sämtlichen geschmückten
Räumen des Palmengartens
Palmengarten-Orchester
Lena Martin-Bössnicker
Schuler'sches Doppelquartett
Tanzschule Wernecke
Einakter von Hans Geisow
Promenaden-Konzert
im Palmenhaus
TANZ
Bierkeller / Winzerstube / Tombola (wertvolle Gewinne)
Eintritt: Herren RM 2.00 / Damen RM 1.50
Vorverkauf an den Kassen des Palmengartens und Tiergartens,
bei Lina Schott, Frankfurter Verkehrsverein, Bahnhofsplatz und allen Blumengeschäften
Veranstalter:
Deutsche Gesellschaft für Gartenkultur
Gruppe Frankfurt a. M. und Umgebung
Verein „Freunde des Palmengartens“
Frankfurt am Main

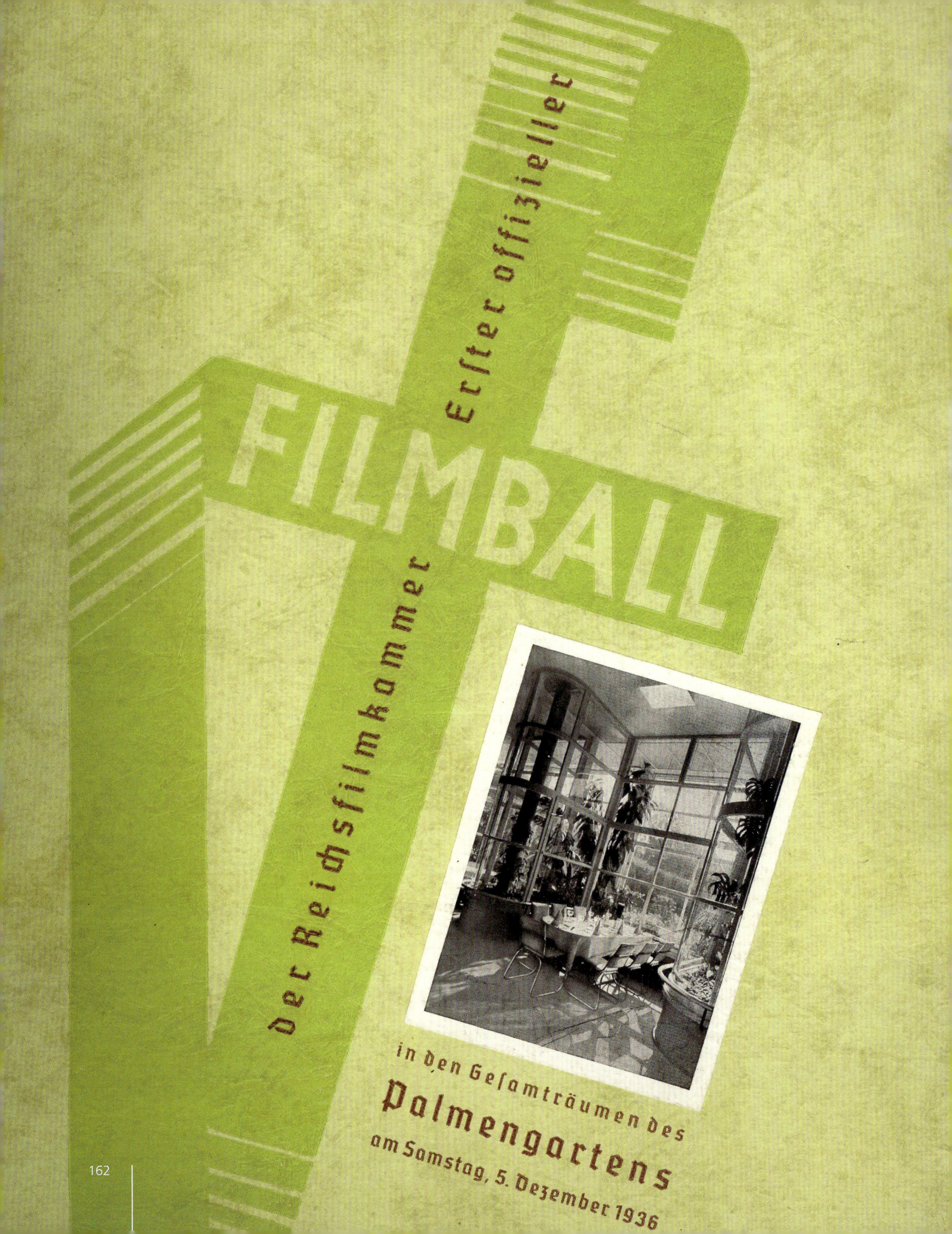
Der Reichsfilmkammer
Erſter offizieller
FILMBALL
in den Geſamträumen des
Palmengartens
am Samstag, 5. Dezember 1936

Auch für Veranstaltungen der Berliner Reichsregierung wurde in Frankfurt häufig das Gesellschaftshaus genutzt, in dem man zudem Kundgebungen der NSDAP und später Wehrmachtsabende ausrichtete. Und sogar Eröffnungsfeiern internationaler Versammlungen, wie der 2. Internationale Kongress für Stadtreinigung im August 1935, wurden dort abgehalten, zu dem Reichsinnenminister Wilhelm Frick aus Berlin, Philipp Prinz von Hessen, Oberpräsident der preußischen Provinz Hessen-Nassau und Vortragende aus Ungarn, Frankreich und den USA anreisten. Am 5. Dezember 1936 feierte die Reichsfilmkammer ihren Filmball im Festsaal. Statt diese Bälle ausschließlich in Berlin zu veranstalten, wollten die Nationalsozialisten sie ausdrücklich „zum Volk bringen" und wählten nach München und Hamburg in jenem Jahr Frankfurt als Austragungsort. Man versprach sich davon, dass die Zusammenkunft des Präsidenten der Reichsfilmkammer, des Gauleiters und anderer führender Persönlichkeiten in Frankfurt mit einem großen Kreis von Filmfreunden der Entwicklung der Branche zugute komme. Das propagandistische Ziel lautete, „den Film zu einer entspannenden aber auch erzieherischen Unterhaltung für das deutsche Volk und zu einem überzeugenden Achtung gebietenden Beweis deutscher Filmkunst gegenüber dem Auslande werden zu lassen" [60].

Solche erzieherischen Ansätze hegte der Nachkriegsfilm nicht mehr, er wollte vor allem unterhalten und den grauen Alltag der Nachkriegszeit vergessen machen. Der Ansturm auf die Kinos war entsprechend groß, die Filmindustrie daher eine der ersten, die nach dem Krieg wieder feiern konnte. Dank Frankfurts zentraler Lage war die Stadt attraktiv für die Austragung eines weiteren Filmballs, diesmal sogar eines internationalen. Und so fand dieser, der erste der amerikanischen, britischen und französischen Besatzer, am 15. Januar 1949 ebenfalls im Gesellschaftshaus statt.

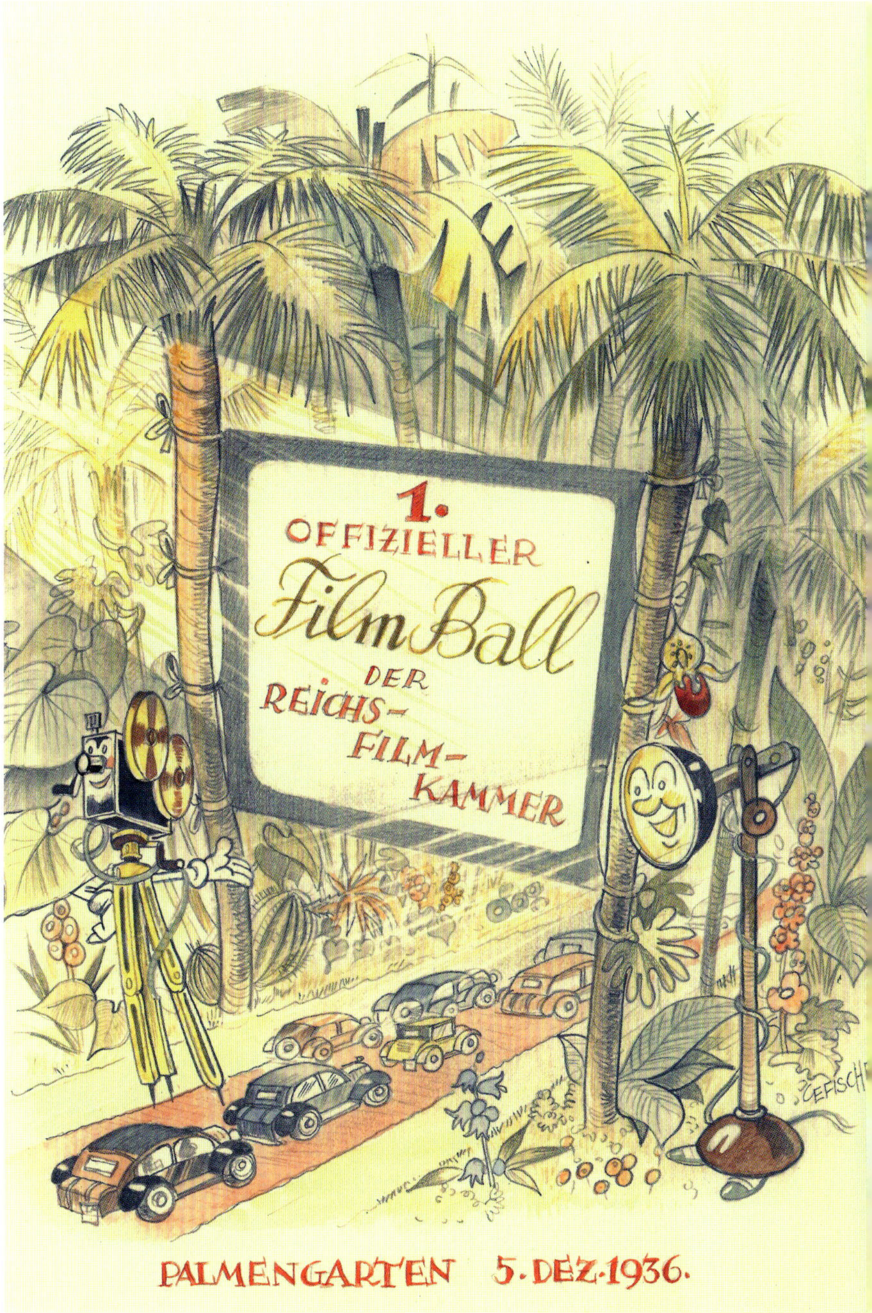

Kongress für Stadtreinigung mit Gauleiter Jakob Sprenger, Oberbürgermeister Friedrich Krebs, Wilhelm Frick und Philipp Prinz von Hessen

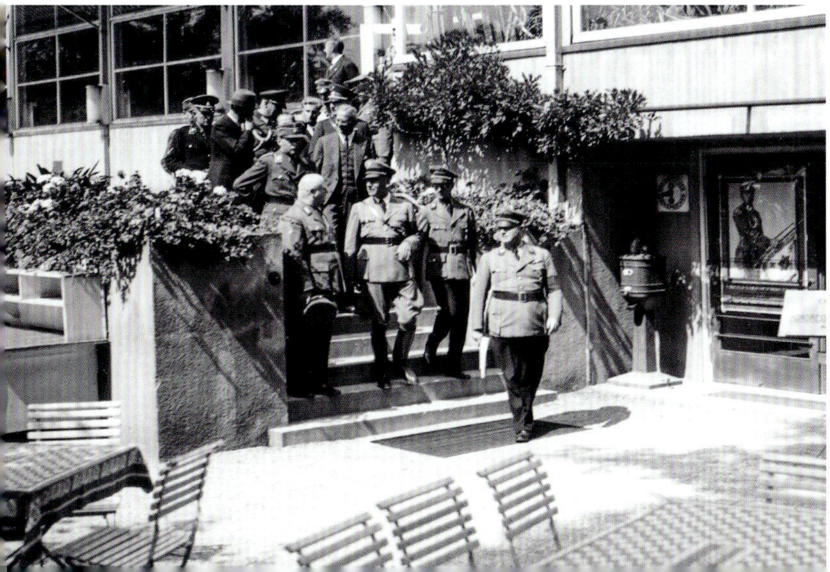

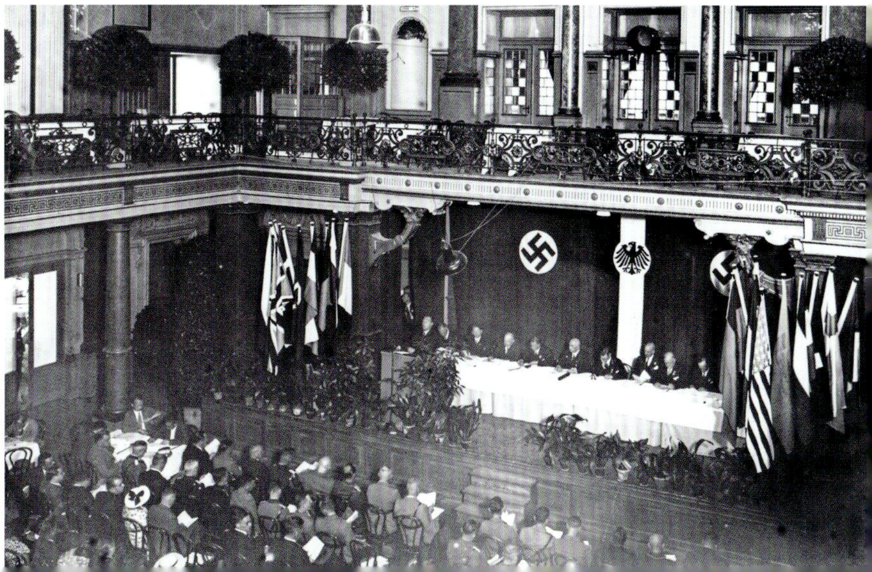

Nur wenige Frankfurterinnen und Frankfurter konnten sich damals, kurz vor der Währungsreform, den Eintritt von 30 Mark leisten. Dennoch war der Andrang auf die Karten so groß, dass statt der 1.000 zugelassenen Gäste rund dreimal so viele kommen wollten. Immerhin wurden Stars wie Marlene Dietrich erwartet. Selbst Oberbürgermeister Walter Kolb kündigte an, der Ball solle das „größte gesellschaftliche Ereignis in Westdeutschland" werden. Doch die Ballgäste und die wartende Menge vor der Tür des Palmengartens wurden enttäuscht. Weder die Dietrich, noch amerikanische oder französische Filmstars ließen sich blicken. Die Briten schickten den kommenden Horrorfilmstar Hazel Court und ihren späteren Ehemann Dermot Walsh. Immerhin kamen deutsche Stars wie Victor de Kowa und Karl John. Zarah Leander reiste erst so spät an, dass die Schaulustigen am roten Teppich längst gegangen waren. Lange sollte die schwedische Schauspielerin und Sängerin, die erst um 22.30 Uhr ankam, dann auch nicht bleiben, wie ein Spiegelreporter anschließend berichtete: Sie sei erschienen mit Hermelincape, schwarzgerandeter Brille, schwarzer Zigarettenspitze und dem Komponisten Michael Jary, mit dem sie gerade auf Tournee war. „Mit einem Gefolge Neugieriger schritt sie filmisch zur Bar. In der Bar war kein freier Stuhl zu sehen, im Saal auch nicht. Frau Leander drehte sich auf dem Absatz herum und dem Ausgang zu. Michael Jary überredete sie zu einem Aufenthalt von 45 Minuten." [61] Das Presseecho war insgesamt verheerend. Dabei waren Schlagzeilen wie „Filmball ohne Sensationen" noch die freundlichsten. Der Berliner Telegraf titelte in seiner Deutschlandausgabe: „Fiasko im Palmengarten". Weder der Filmball, noch der einen Monat später folgende Modeball brachte dem Garten den erhofften Imagegewinn.

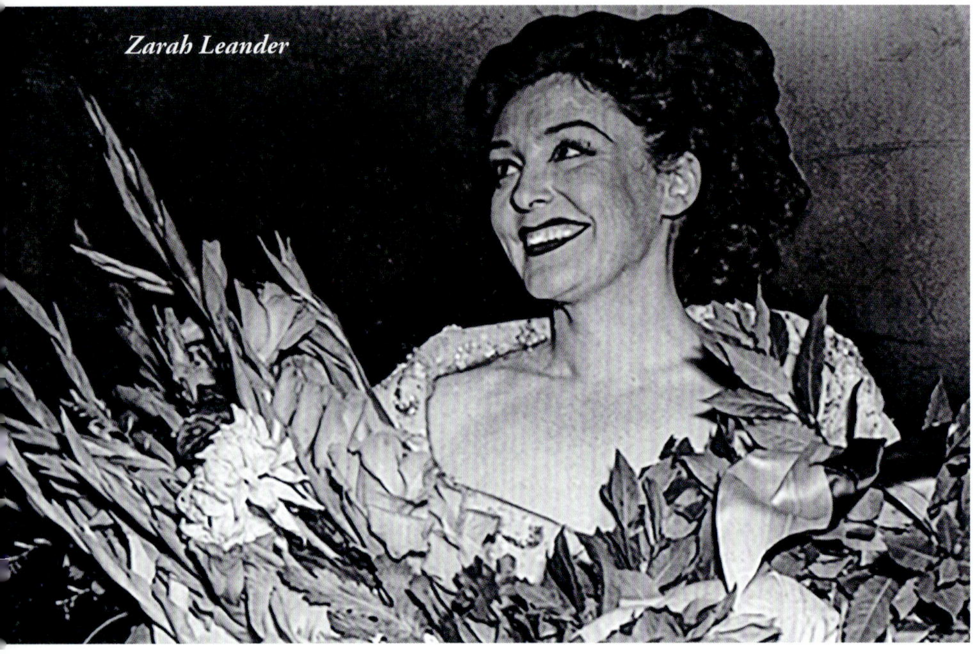
Zarah Leander

Bei den Frankfurtern war das Gesellschaftshaus als Ort für Festivitäten dagegen weiterhin beliebt. So strömten die Gäste am Rosenmontag, 28. Februar 1949, zur Wiederaufnahme einer Fastnachts-Traditionsveranstaltung, die aus heutiger Sicht aufgrund der klischeehaften Darstellung „exotischer" Kulturen eher befremdlich wirkt: „Jahrmarkt in Timbuktu", der Feier der Städtischen Bühnen und des Patronatsvereins, die 1925 zum ersten Mal stattgefunden hatte. Der Festsaal wurde dazu in einen Urwald verwandelt und stand für den Abend unter der Führung des Urwaldchefs „Wumba-Wumba", den viele Jahre lang der Schauspieler Egon Zehlen gab, ab 1965 dann Ivan Rebroff. Bis ins Jahr 1976 wurde der wilde Maskenball, bei dem anfangs scherzhaft gedroht wurde, „Nichtkostümierte werden am Spieß geröstet", jährlich im Gesellschaftshaus gefeiert, anschließend noch einige Jahre in der Alten Oper. Ein Neustart im Jahr 2017 scheiterte am fehlenden Zuspruch und sicherlich auch an dem nicht mehr zeitgemäßen Thema.

Ein Hauch von Exklusivität

„Der elegante Ballsaal hat mich zu manchem Fest angelockt. Das daran angegliederte geheimnisvolle Palmenhaus hat bestimmt vieles gehört und gesehen, wenn die Paare nach leidenschaftlichem Tanz lustwandelnd sich darin ergingen. Es war immer ein Hauch von Exklusivität dabei, wenn man sagte: „Heute Abend gehe ich in den Palmengarten", erinnerte sich eine Zeitungsleserin im Jahr 2001. [62]

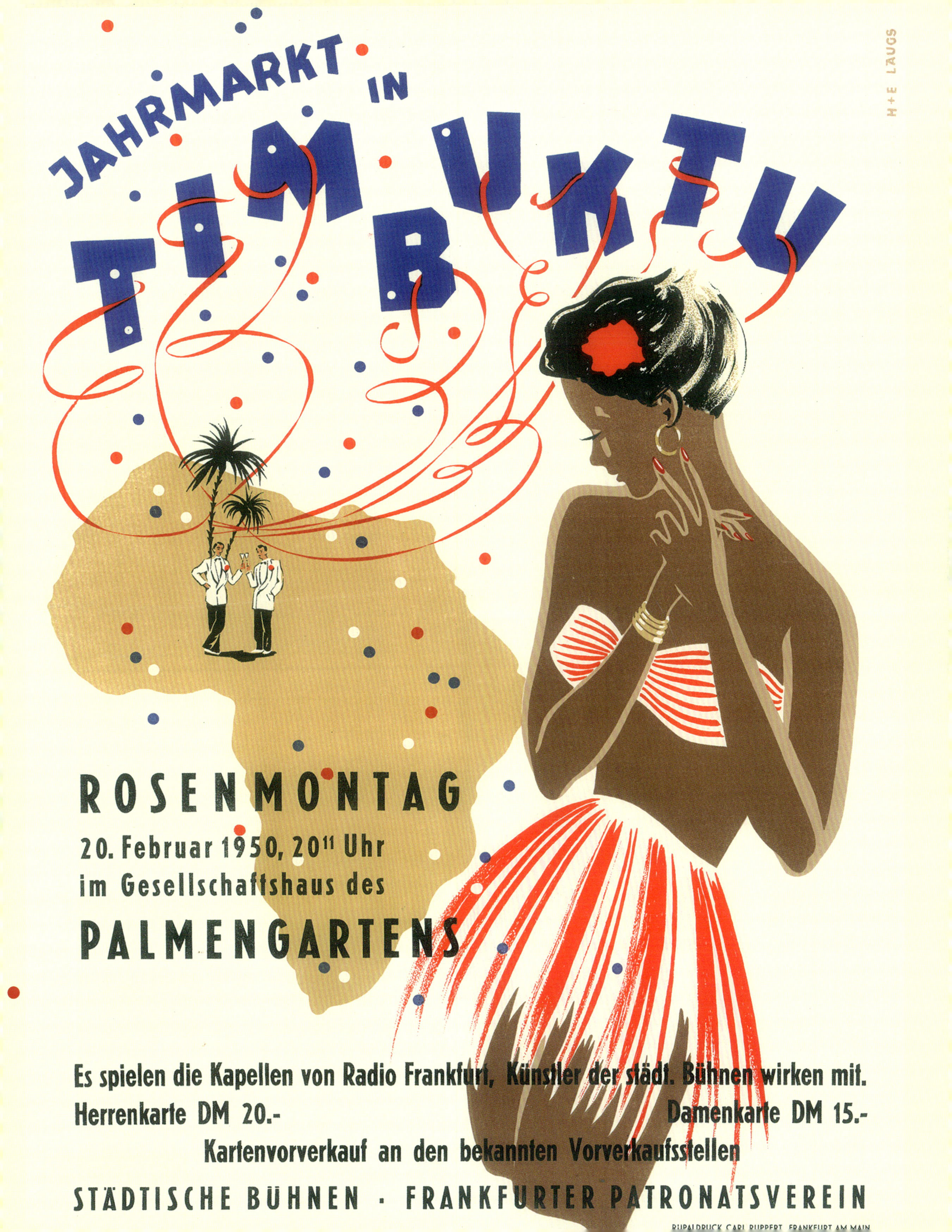

JAHRMARKT IN
TIMBUKTU
H+E LÄUGS
ROSENMONTAG
20. Februar 1950, 20¹¹ Uhr
im Gesellschaftshaus des
PALMENGARTENS
Es spielen die Kapellen von Radio Frankfurt, Künstler der städt. Bühnen wirken mit.
Herrenkarte DM 20.-
Damenkarte DM 15.-
Kartenvorverkauf an den bekannten Vorverkaufsstellen
STÄDTISCHE BÜHNEN · FRANKFURTER PATRONATSVEREIN
RUPALDRUCK CARL RUPPERT, FRANKFURT AM MAIN

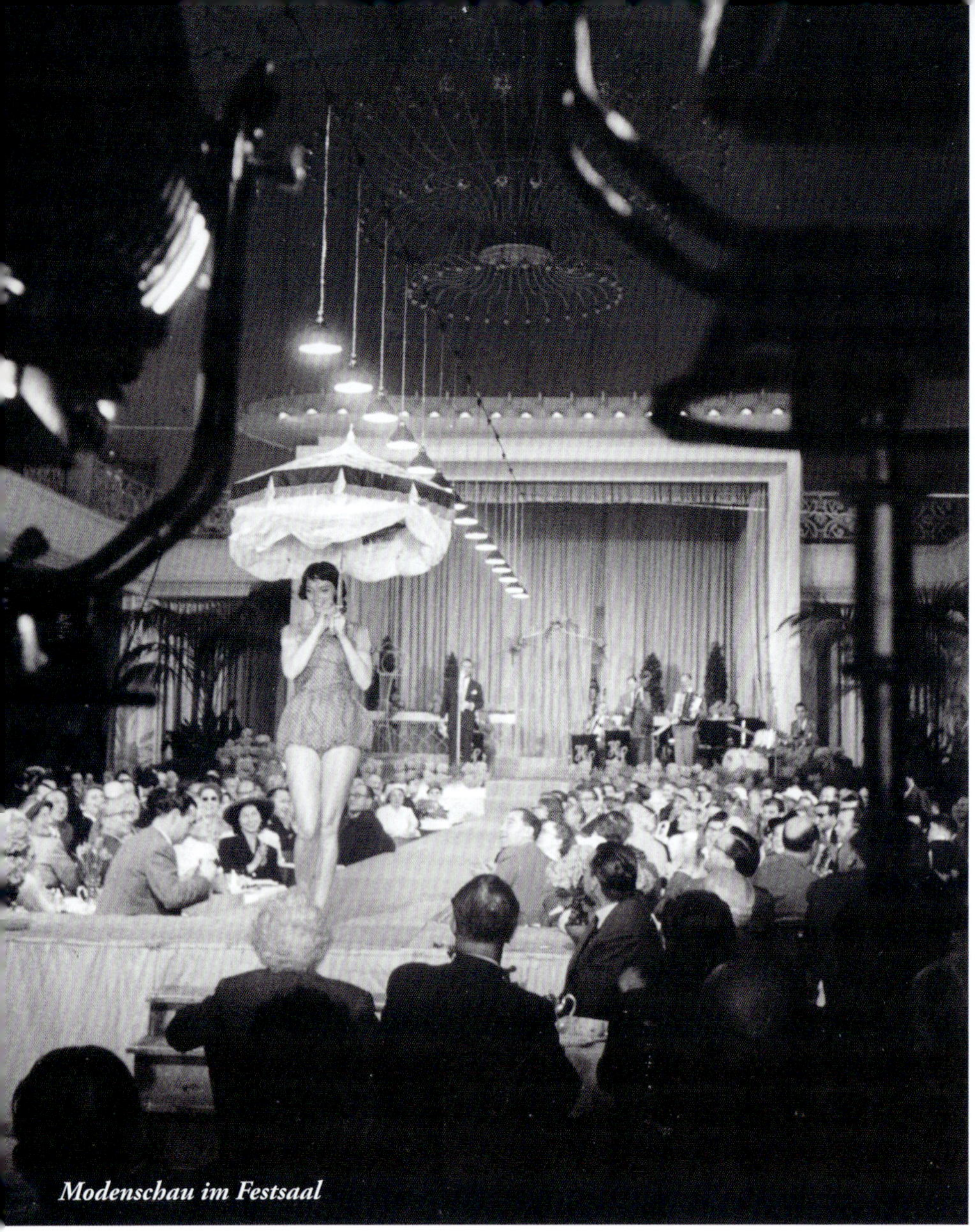

Modenschau im Festsaal

Frohsinn unter Blumen

So wurde Ende der 1950er Jahre gefeiert: „Die Damen waren in großer Toilette, Abendkleid, Cocktailkleid, die Herren im dunklen Anzug, Smoking, ja sogar im Frack erschienen. Die Saaldekoration bot viel weißen Flieder, Loreine-Begonien, Nelken, Chrysanthemen, Mimosen und ausreichend Tannengrün. (...) Die gut verlaufene Polonäse durch das große Palmenhaus stand unter den Klängen „Eugen Onegin" von P. Tschaikowsky. Konzertmeister Karl Wagner übernahm im Anschluss hieran das Tanzorchester mit dem Straußwalzer „An der schönen blauen Donau". Die tanzlustige Jugend, aber auch die älteren Kreise erfreuten sich beim Tanz bis in die Morgenstunden mit viel Schwung und heiteren Melodien." [63]

Anziehungspunkte waren auch die Modenschauen, mal vom Kaufhaus M. Schneider, mal von Hertie veranstaltet, mal vom Städtischen Institut für Modeschaffen, das erstmalig im Juni 1950 auf der Terrasse des Palmenhauses exklusiv für die Damen des Diplomatischen Corps und der Konsulate seine neusten Modelle vorführen ließ.

Ende Juli 1953 gab die US-Armee das Gesellschaftshaus offiziell frei. Es konnte wieder grenzenlos gefeiert werden. Bereits am Tag der Übergabe lagen so viele Anmeldungen von Frankfurter Vereinen vor, die den Saal nutzen wollten, dass das Gesellschaftshaus bis zum Ende der Wintersaison jeden Samstag ausgebucht war. Auch der von den „Freunden des Palmengartens" veranstaltete Winterball „Frohsinn unter Blumen" konnte nach 15-jähriger Unterbrechung wieder am ersten Samstag im Dezember gefeiert werden. In den folgenden Jahrzehnten sollten regelmäßig mehr als 1.000 Gäste den Ball besuchen und zur Musik von zwei Orchestern in allen Räumen des Gesellschaftshauses tanzen. Er wurde erst im Jahr 1992 eingestellt.

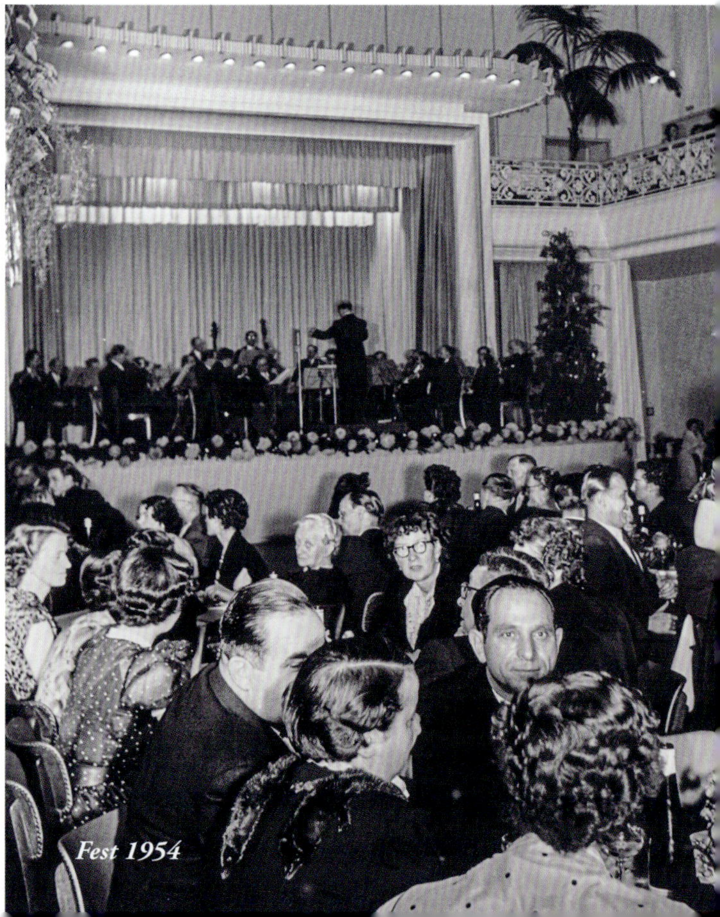

Fest 1954

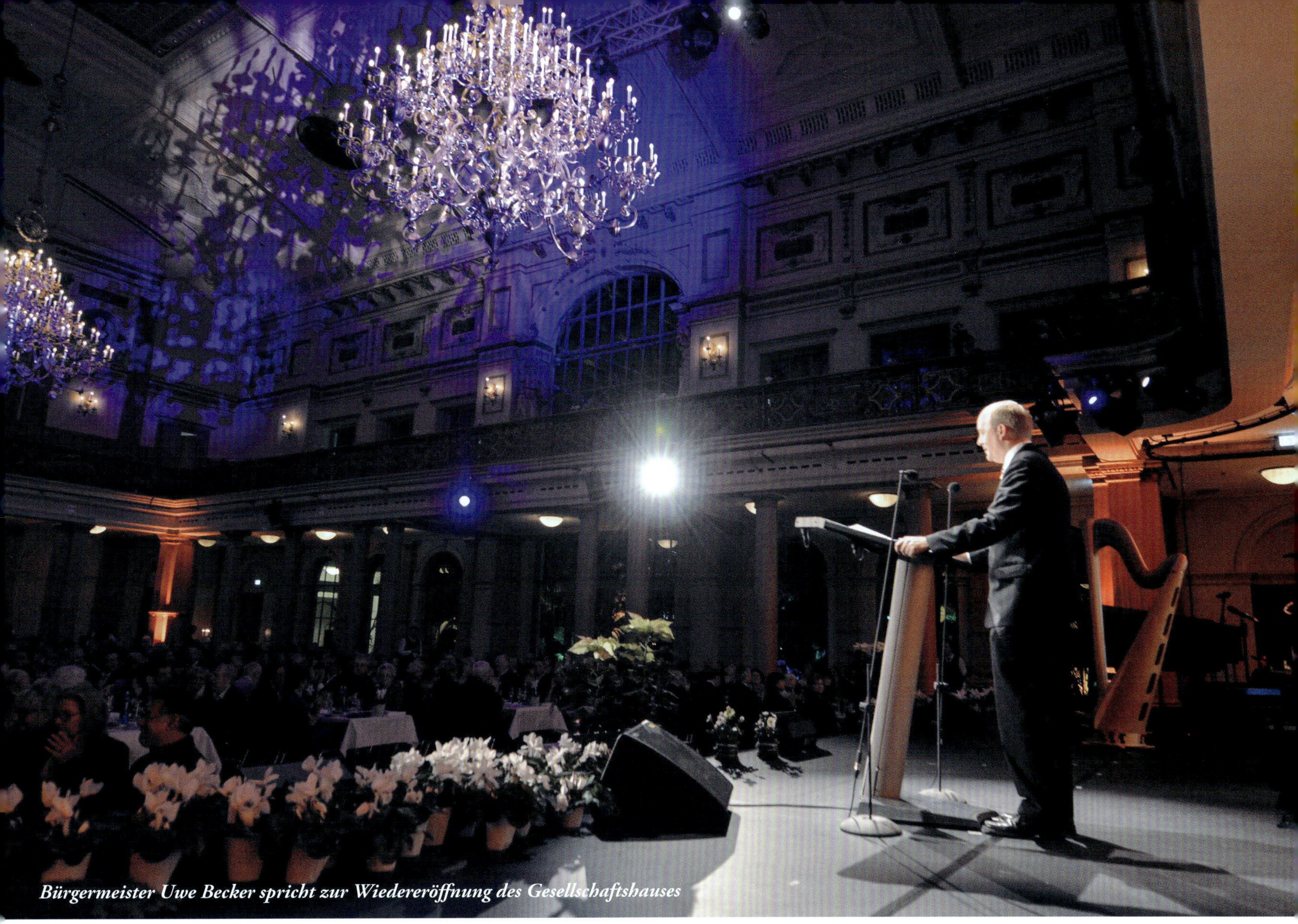

Bürgermeister Uwe Becker spricht zur Wiedereröffnung des Gesellschaftshauses

Die Amerikaner waren nicht eben pfleglich mit der Einrichtung des Gesellschaftshauses umgegangen. Der Saal war so beschädigt, dass er ohne eine umfassende Sanierung nicht mehr richtig nutzbar war. Die finanziellen Mittel der Stadt reichten aber nicht aus, so dass man das gesellschaftliche Herz des Gartens notdürftig überarbeitete und die Schäden an den Wänden kurzerhand hinter Verkleidungsplatten verschwinden ließ. Der Durchgang zwischen Festsaal und Palmenhaus wurde geschlossen. Was als Provisorium gedacht war, sollte bis zum Jahrtausendwechsel bestehen.

Das tat der Lust am Feiern jedoch keinen Abbruch. Dank des neuen Eingangs auf der Westseite aus den 1960er Jahren war die Anreise für Ballgäste komfortabler geworden. In den folgenden Jahrzehnten wurde das Gesellschaftshaus erneut zu einem Zentrum Frankfurter Feierlichkeiten. 130 Veranstaltungen im Jahr mit rund 80.000 Gästen fanden dort statt, von Blumen- und Sommernachtsfesten, Bällen wie dem der Frankfurter Luftfahrt und anderen Institutionen, Abschlussbällen der Tanzschule Wernecke, Fastnachtssitzungen bis hin zu Konzertabenden, Modenschauen und Vereinsabenden. Bis 2002 wurde wieder ausgiebig getanzt, geplaudert, gescherzt, dann war es mit dem Vergnügen im Festsaal vorbei. Wegen erheblicher Sicherheitsmängel schloss die Bauaufsicht das Gesellschaftshaus. Erst zehn Jahre später, am 8. Dezember 2012, konnten die Gäste der Gala zur Wiedereröffnung des Gebäudes das sanierte und ergänzte Parkett mit ersten Tanzschritten wieder einweihen und anknüpfen an die Zeit vor 150 Jahren.

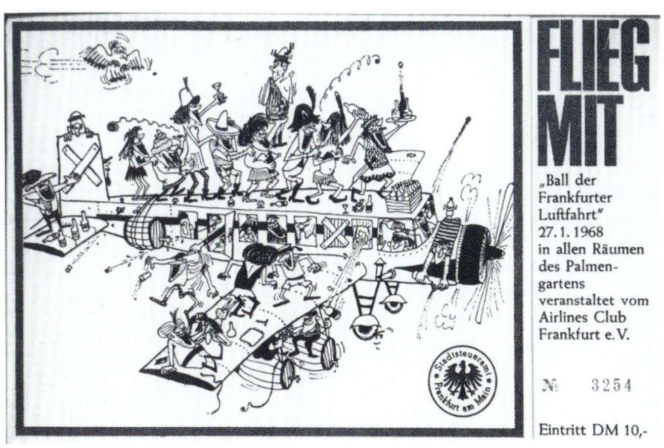

Eintrittskarte Ball der Frankfurter Luftfahrt

Für den Kaiser geschmückter Festsaal, 1876

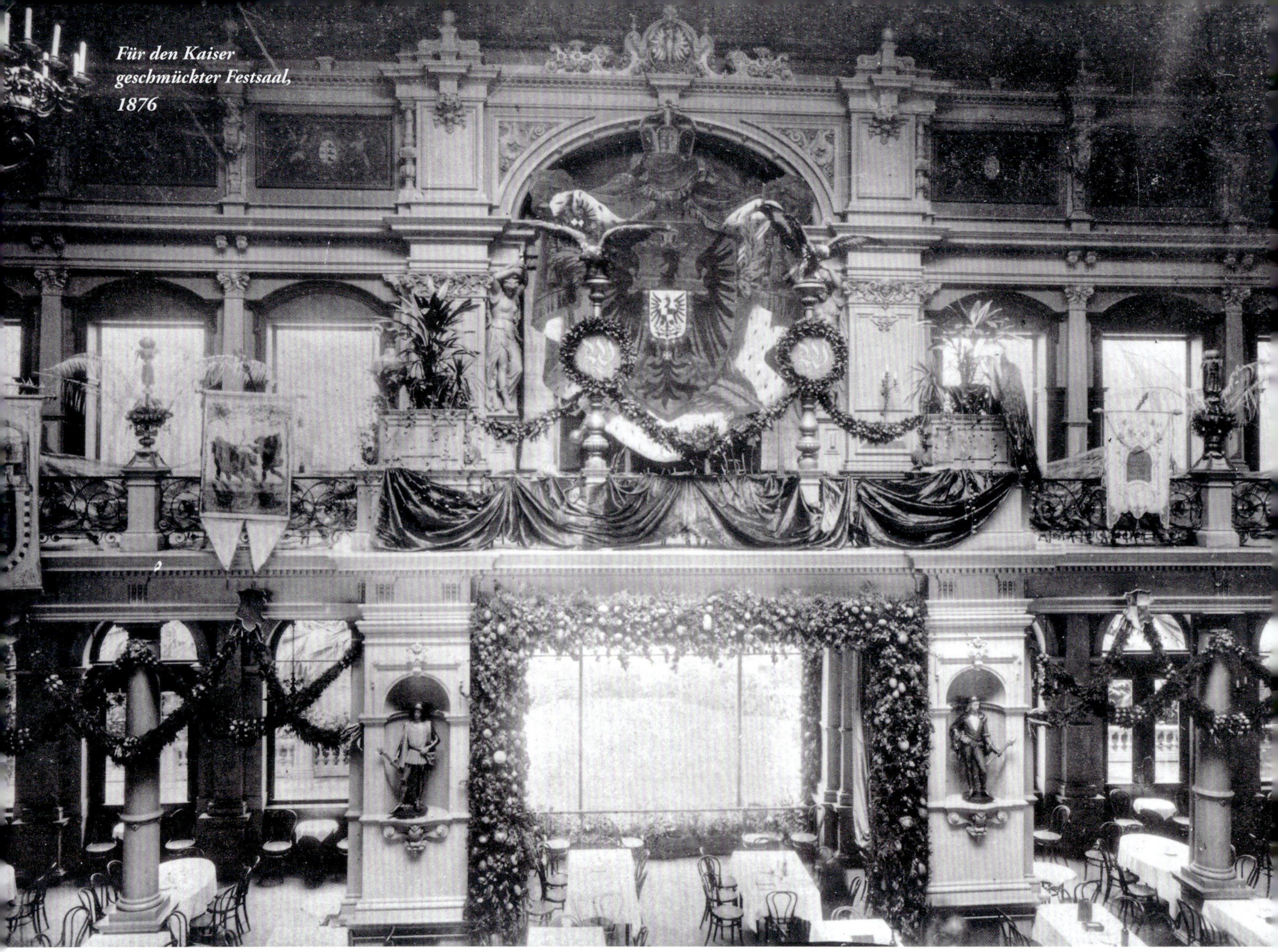

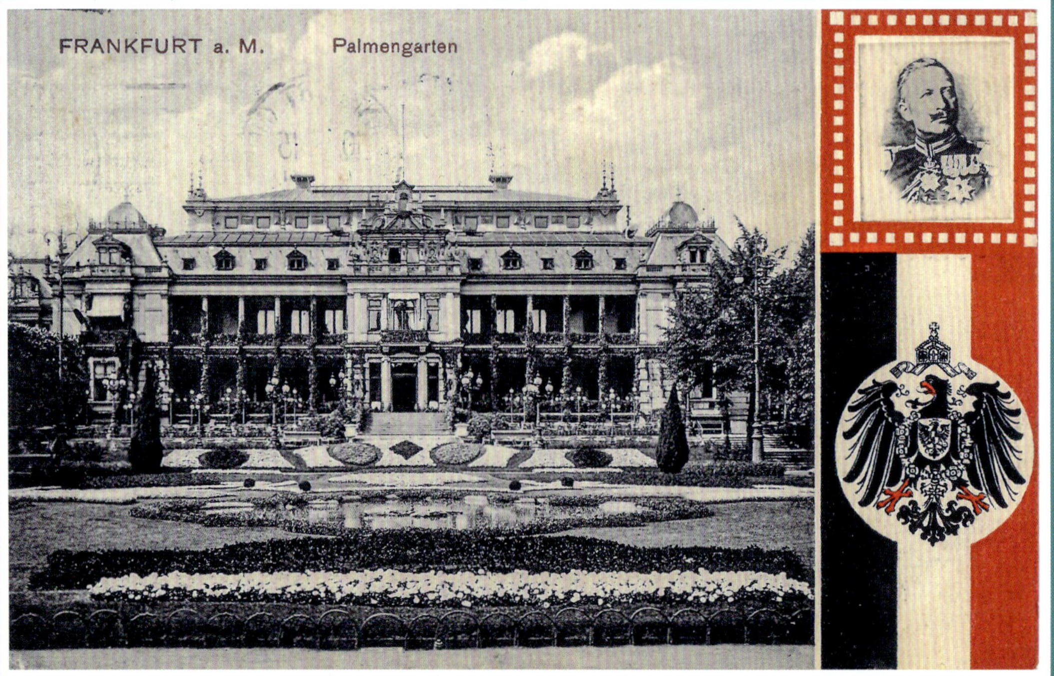

VOM KAISER BIS ZU QUEEN

Wenn Sarah Connor oder Wencke Myhre heute im Festsaal auf der Bühne stehen oder die Vorstandsvorsitzenden großer Unternehmen dort tagen, dann ist das für das Gesellschaftshaus nichts besonderes. Die Wände dort haben schon ganz andere Prominenz gesehen, angefangen mit zwei Deutschen Kaisern.

Kaiser Wilhelm I. besuchte den Palmengarten gleich mehrfach, zum ersten Mal 1876, dann erneut vier Jahre später. Im Jahre 1883 kam er in Begleitung des Kronprinzen Friedrich Wilhelm, des Königs von Sachsen, weiterer Mitglieder des Hofes sowie des für seine Erfolge im Deutsch-Französischen Krieg besonders bejubelten Generalfeldmarschalls Helmuth von Moltke. Die Gesellschaft machte auf dem Weg zur Einweihung des Niederwalddenkmals in Rüdesheim im Palmengarten Station. Imposant war damals der Festsaal geschmückt und für 250 Personen eingedeckt:

„Im magischen Lichterglanze flimmerten die Goldstoffe an den Galerien, Fahnen senkten sich tief herab in ihrem Farbenreichtum. Vom Orchester zog sich ein reicher Vorhang herab mit dem deutschen Reichsadler, ihm gegenüber über dem Eingang der Frankfurter Adler auf schöner Draperie.“ [64]

Die selbstbewusste Palmengarten-Gesellschaft sorgte offenbar auch optisch dafür, dass die Stadt Frankfurt neben dem Kaiser gut zur Geltung kam. Dieses Selbstbewusstsein wurde gestärkt durch den Erfolg der neuen Institution. Der Palmengarten machte sich gleich zu Beginn nicht nur in Berlin, sondern auch im Ausland einen Namen. Die Könige von Griechenland, Portugal, Holland und sogar der Schah von Persien wollten sich ein Bild davon machen und kamen nach Frankfurt.

Am 9. Dezember 1889, bei Minustemperaturen und Schneetreiben, reiste schließlich Kaiser Wilhelm II. zum ersten Mal an. Durch die Eröffnung des neuen Hauptbahnhofs ein Jahr zuvor, gelangte er über den von Menschenmassen gesäumten Prachtboulevard, die Kaiserstraße, nach Frankfurt hinein. Nach einem Empfang im Römer – den dortigen Weihnachtsmarkt hatte man eigens um eine Woche nach hinten verschoben – und mehreren Besichtigungen, ging es gegen 17.15 Uhr zum Bankett mit 230 Personen ins Gesellschaftshaus, das extra zu diesem Anlass dank eines installierten Dynamos elektrisch beleuchtet wurde. Der Festsaal begrüßte Seine Majestät in Form eines Rittersaals mit reicher Ausstattung:

„Die Wände trugen einen gar kostbaren Schmuck, die berühmten Gobelins des Herrn von Erlanger, deren Werth auf Hunderttausende geschätzt wird, und auf der Tafel des Kaisers prangte ein Stück, wie es köstlicher kaum eine Fürstenschatzkammer aufzuweisen hat, der Jamnitzersche Tafelaufsatz aus dem Besitze des Barons von Rothschild.“ [65]

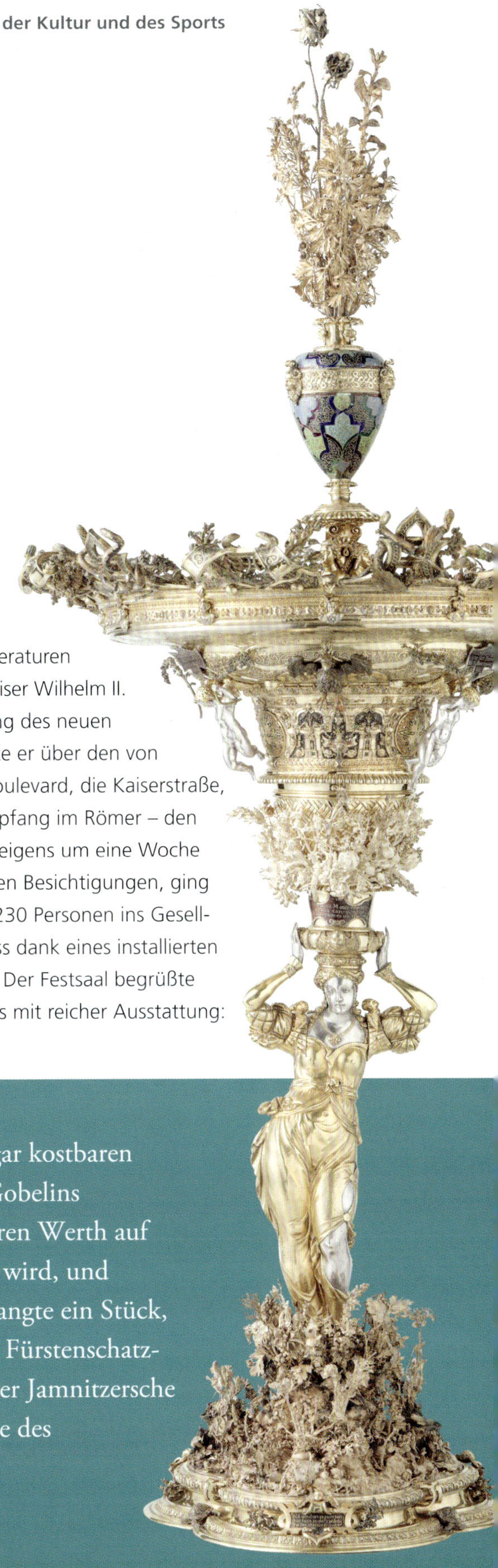

Tafelaufsatz von Wenzel Jamnitzer, 1549

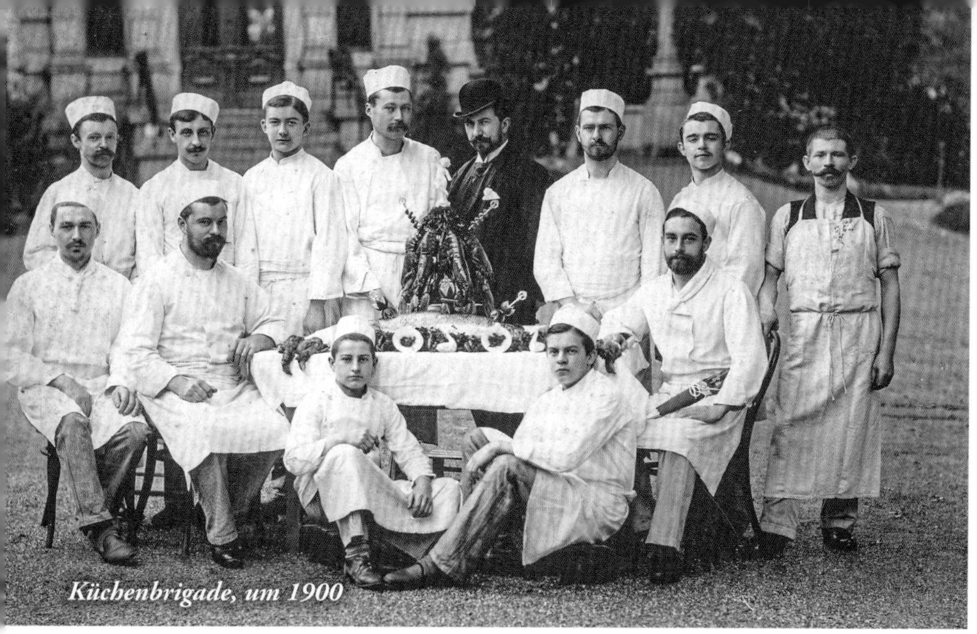

Küchenbrigade, um 1900

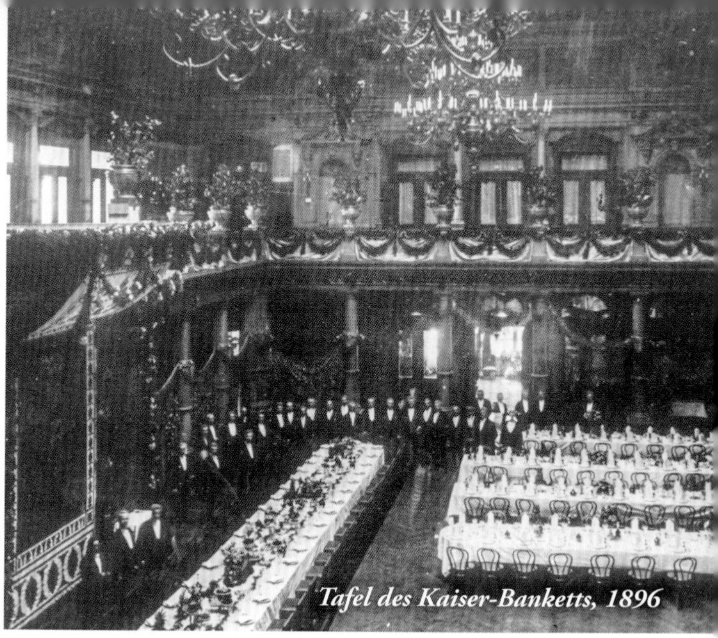

Tafel des Kaiser-Banketts, 1896

Auch wenn der Tischschmuck geliehen war, die Dekoration des Festsaals allein kostete fast 8.000 Mark, das Festmahl mit acht Gängen, darunter Forelle blau, Geflügel mit Trüffeln, Languste und gebratener Fasan, noch einmal 11.600 Mark. Damit sich der festliche Schmuck ein wenig amortisierte, durfte die Frankfurter Bevölkerung noch drei Tage lang den herausgeputzten Palmengarten erleben. Im Nachhinein gab es auch durchaus kritische Stimmen, weil viele bedeutende Frankfurter zum Bankett nicht eingeladen worden waren, und die Gastgeber es versäumt hatten, dem Kaiser den englischen Konsul vorzustellen.[66]

Wilhelm II. kam im Mai 1896 erneut in den Palmengarten, wo für ihn ein Festmahl ausgerichtet wurde. Was damals auf der Speisekarte stand, könnte auch heute durchaus bei Festivitäten serviert werden. Die in Leder gebundene und mit schwarz-weiß-roter Tresse verzierte Speisekarte beinhaltete unter anderem Oder-Krebssuppe, Hannoverschen Mastkalb-Rücken, frischen Helgoländer Hummer, Rehziemer in Rahm-Sauce und Eis, feines Gebäck, Käse und Früchte zum Abschluss. Die rund 150 geladenen Gäste allerdings hatten nicht viel vom edlen Mahl. Sobald der Kaiser sein Besteck niederlegte oder etwa ganz auf einen Gang verzichtete, wurde auch bei den übrigen Gästen sofort abgeräumt. Da die meisten von ihnen zunächst ihr Antlitz ehrerbietig Ihrer Majestät zuwandten, dürfte ihnen kaum Zeit zum Essen geblieben sein. „Es ist vorgekommen, dass sich einige Gäste nach Beendigung des Festmahls das zuvor gebotene Menue nochmals bestellten, um endlich in Ruhe speisen zu können“[67], erinnert sich der Sohn des damaligen Gastronomen.

Immer wieder war der Palmengarten Schauplatz wichtiger Veranstaltungen, auch im darauffolgenden Jahrhundert. Trotz der Krisen des Ersten Weltkriegs und der folgenden Inflation gelang es dem damaligen Baustadtrat Ernst May, nach dem radikalen Umbau des Gesellschaftshauses 1929 seine internationalen Kollegen zu einem Kongress nach Frankfurt zu holen. Der CIAM, Congrès Internationale d'Architecture Moderne, ein Jahr zuvor von Le Corbusier gegründet, brachte die Avantgarde europäischer Architekten der Moderne an den Main, vor denen May mit dem neuen Gesellschaftshaus glänzen konnte. 130 Kollegen aus 18 Ländern lauschten Vorträgen des Bauhaus-Architekten Walter Gropius und erlebten abends das damals berühmte und umstrittene „Ballet méchanique“ mit acht Klavieren des US-amerikanischen Komponisten George Antheil sowie Auftritte von Hans Arp und Kurt Schwitters.

International blieben die Gäste des Palmengartens auch nach dem Zweiten Weltkrieg. Allerdings okkupierten sie gleich das gesamte Gelände. Die US-amerikanischen Besatzer nutzten das Gesellschaftshaus als Rückzugs- und Vergnügungsort, ganz wie Heinrich Siesmayer es konzipiert hatte – wenn auch exklusiv. In dem „berühmten europäischen Vergnügungspalast“ im Palmengarten wurde Theater gespielt, meist von der hauseigenen Shakespearean-Group, es traten Bands auf, liefen amerikanische Hits vom Plattenspieler und tanzten die Soldaten mit weiblichen Armeeangehörigen. Unter ihnen wurde sogar eine „Miss Palmengarten“ gekürt. Prominente Europa-Besucher machten Station bei ihren Soldaten. So kam Eleanor Roosevelt, die Witwe des ein Jahr zuvor verstorbenen Präsidenten Franklin D. Roosevelt, am Valentinstag 1946. Beim Abschiedsfest im Juni 1953 erinnerten die Besatzer an weitere prominente Unterstützer, die bei ihnen im Palmengarten Station gemacht hatten. Darunter waren die Komiker Bob Hope, Danny Kaye, der Schauspieler Mickey Rooney, aber auch Rita Hayworth und Chico Marx.

Die Frankfurterinnen und Frankfurter konnten erst in den nachfolgenden Jahrzehnten wieder Prominente auf der Bühne des Gesellschaftshauses erleben, diese dafür aber zahlreich. Von Frankfurts Ehrenbürger und führendem Kopf der Frankfurter Schule, Max Horkheimer, dem Zoodirektor Bernhard Grzimek, den Schriftstellern Günter Grass und Pavel Kohut über den Opernsänger Rudolf Schock und Hugo Strasser mit Big Band bis hin zu Benefizabenden mit der Bundespräsidentengattin Mildred Scheel und Loki Schmidt, der Frau von Bundeskanzler Helmut Schmidt, die 1998 ihr Buch über

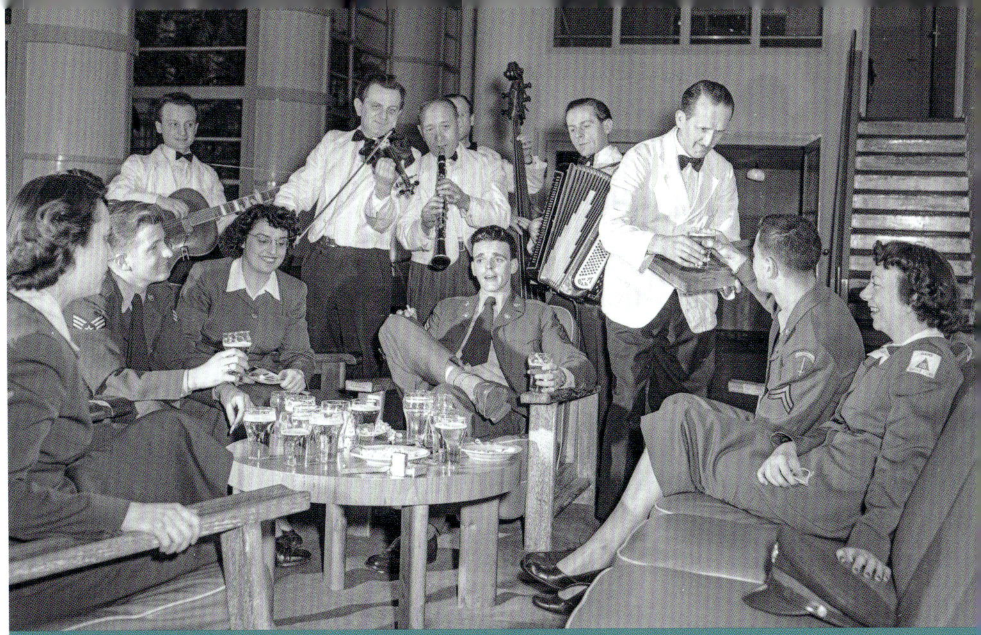

botanische Gärten in Deutschland im Festsaal vorstellte, waren berühmte Zeitgenossen bei zahlreichen Veranstaltungen vertreten.

Weil eine Feier des 80. Geburtstags der Gründung des Gartens 1949 im beschlagnahmten Gesellschaftshaus noch schwer möglich war, feierte man im Mai 1951 das Jubiläum der Eröffnung des Gartens zunächst morgens mit einem offziellen Festakt, einem Kinderfest und anschließend mit dem Jubiläumsball. Durch den Abend führte Hans-Joachim Kulenkampff, Willy Berking spielte mit seinem Tanzorchester auf und die bekannte Frankfurter Künstlerin Maria Mucke sang dazu.

Auch Vertreter internationaler Königshäuser interessierten sich in den vergangenen Jahren wieder für den Garten. Am 8. Oktober 1998 legten der Bruder des heutigen japanischen Kaisers, Kronprinz Akishino, mit Prinzessin Kiko und einer Entourage von 20 Personen auf der Heimreise von Südamerika einen Zwischenstopp im Palmengarten ein. Weil der Thonfolger sehr interessiert an Pflanzen ist, ließ er sich von der Botanikerin Hilke Steinecke durch den Garten führen. Sie hängten kurzerhand das Protokoll ab und verständigten sich mittels botanischer Fachbegriffe. Zum Dank überreichte der Kronprinz ihr einen kleinen blauen Teller mit dem kaiserlichen Siegel in Form einer Chrysanthemenblüte. Der damalige Palmengartendirektor Matthias Jenny erhielt ein silbernes Becherchen. Die kaiserlichen Hoheiten waren offenbar so angetan von der Anlage, dass sie am 3. Oktober 2017 wiederkamen. Diesmal überreichte der royale Gast zum Dank einen silbernen Löffel mit den kaiserlichen Insignien. Im Jahr 1999 reiste Prinzessin Maha Chakri Sirindhorn aus Thailand, Schwester des aktuellen Königs, mit ihrer 25-köpfigen Gefolgschaft an. Sie schrieb sich bei der Führung durch Gustav Schoser sogar die Namen besonders schöner Pflanzen in ihr schwarzes Notizbuch, um diese in ihrer Heimat kultivieren zu lassen. Besonders angetan hatten es ihr offenbar die Häuser der Trockenen Tropen im Tropicarium. 2019 kam sie erneut und ließ sich diesmal vor allem das Freiland zeigen.

Die Lasterhöhle

Die Einrichtung des „Palmengarden-Club" war typisch amerikanisch. Das Restaurant wurde zur Snack-Bar umgestaltet, die Tausende Sandwiches pro Tag ausgab. Mit einer „Donut-Bar" und einer „Ice Cream-Bar" war für reichlich Verpflegung nach dem Geschmack der US-Streitkräfte gesorgt. Unter dem Restaurant, im ehemaligen Bierkeller, richteten die Soldaten eine kleine Bühne als „Lasterhöhle" ein. Den Festsaal verwandelte schummriges Licht abends in einen Nachtclub, in dem die GI's mit den Frauen des „Women Auxiliary Corps", also des Hilfscorps, tanzen konnten, mal zur Musik einer Band, mal zu den aktuellen amerikanischen Hits von der Platte. Den passenden Tanz zur Swing-Musik, den Jitterbug, hatten sie aus den USA mitgebracht. [68]

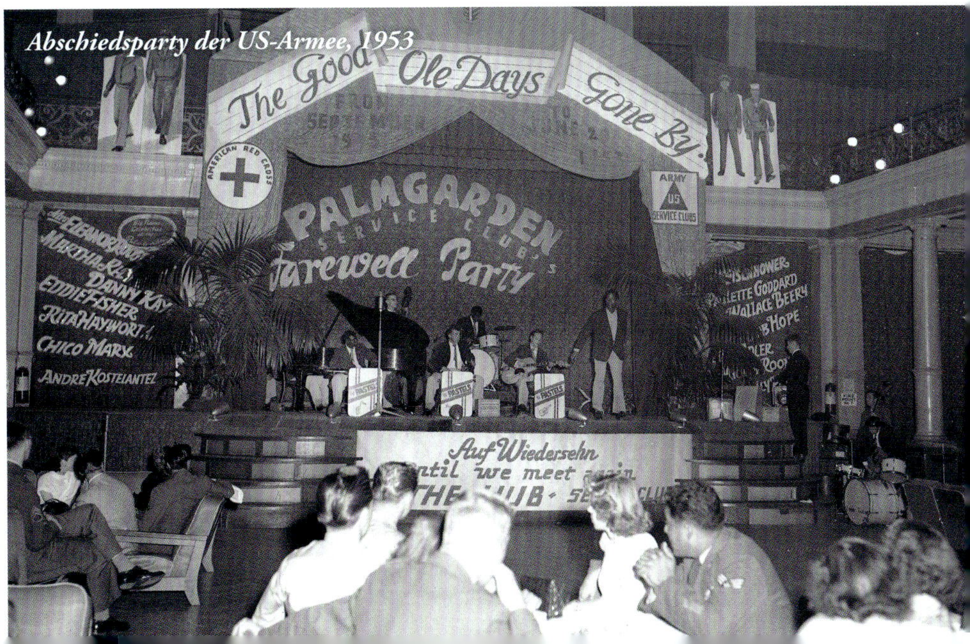

Abschiedsparty der US-Armee, 1953

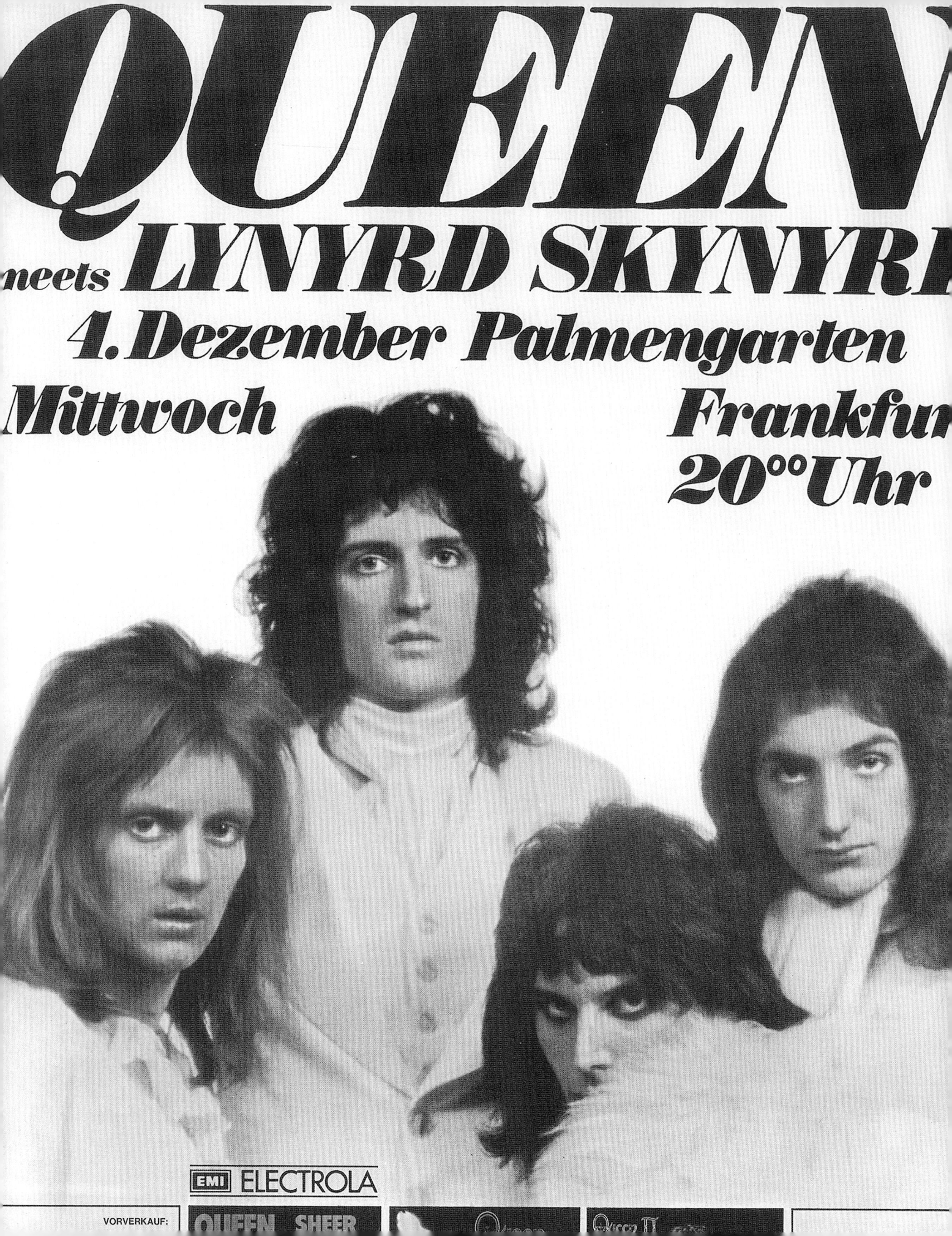
QUEEN
neets LYNYRD SKYNYR
4. Dezember Palmengarten
Mittwoch
Frankfur
20°° Uhr
EMI ELECTROLA
VORVERKAUF:
QUEEN SHEER

Bis heute erstaunt die Tatsache, dass sogar die Rockband Queen mit Sänger Freddy Mercury am 4. Dezember 1974 auf der Bühne des Gesellschaftshauses ein Konzert gab. Die Klänge vom Brian Mays E-Gitarre dürften die historischen Wände selbst hinter der Wandverkleidung zum Vibrieren gebracht haben. Ursprünglich soll das Konzert für die Jahrhunderthalle geplant gewesen sein, doch weil gerade mal 1.000 Karten verkauft worden waren, suchte man mit dem Gesellschaftshaus einen kleineren Saal. Die Band war in Deutschland zu diesem Zeitpunkt noch weitgehend unbekannt. In dem Jahr hatte sie gerade ihre erste Tournee durch Großbritannien gestartet und mit Songs wie „Killer Queen" ihren internationalen Durchbruch gefeiert. Die Vorband damals war den in Frankfurt stationierten GI's, die das halbe Publikum ausmachten, wohl bekannter als die britischen Musiker: Lynyrd Skynyrd, die US-amerikanische Rockband, hatte im selben Jahr ihren Hit „Sweet Home Alabama" veröffentlicht. Die Soldaten machten es Freddy Mercury & Co. nicht gerade leicht: „Die ersten paar Nummern gingen über die Köpfe des überwiegend berauschten Publikums hinweg, das mehr darauf bedacht zu sein schien, Joints zu rollen als zur Musik zu rocken"[69], schreibt eine Musikkritikerin. Mercury muss während des Konzerts das Publikum sogar gefragt haben, ob es überhaupt Spaß haben wolle. Nachdem „Killer Queen" erklang, feierten die Frankfurter die Band schließlich doch und forderten sogar eine Zugabe.

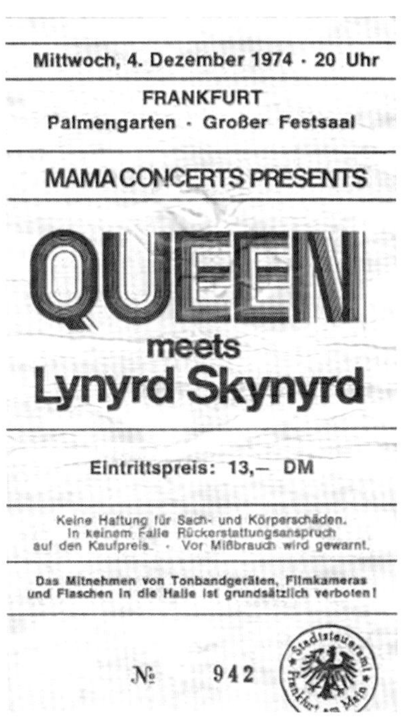

Und noch ein Ereignis ist in die Annalen des Palmengartens eingegangen – der wohl berühmteste Faustschlag der Sportgeschichte: Er erfolgte am 14. November 1988, kurz vor Mitternacht, in einem mit 1.000 Gästen übervollen Festsaal. Sieben Stunden lang dauerte damals die Mitgliederversammlung von Eintracht Frankfurt. Auf der Tagesordnung stand die Abwahl des Präsidenten Klaus Gramlich, der viele verbale Angriffe über sich ergehen lassen musste. Ein besonders schlagfertiges Vereinsmitglied, das sich auch nach fünf Minuten nicht vom Mikrofon vertreiben ließ, schlug in Rage schließlich ausgerechnet den Saalordner Manfred Wegner nieder. Dieser boxte, bekannt als „Rocky von Niederrad", für die Eintracht und trainierte anschließend jahrelang andere Boxer des Vereins. Dass gerade er im Palmengarten mehr oder weniger k.o. ging, war sogar der „Tagesschau" und dem „heute journal" am nächsten Tag einen Bericht wert. Der Angreifer, der ihn in den Blumenkübel befördert hatte, wurde übrigens aus dem Verein ausgeschlossen.

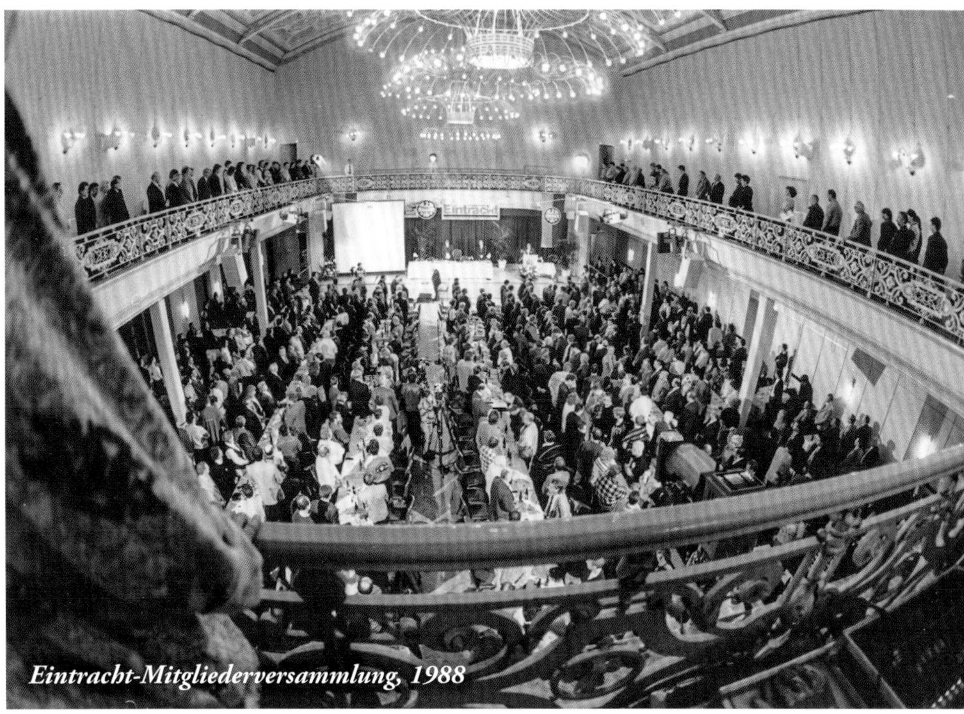
Eintracht-Mitgliederversammlung, 1988

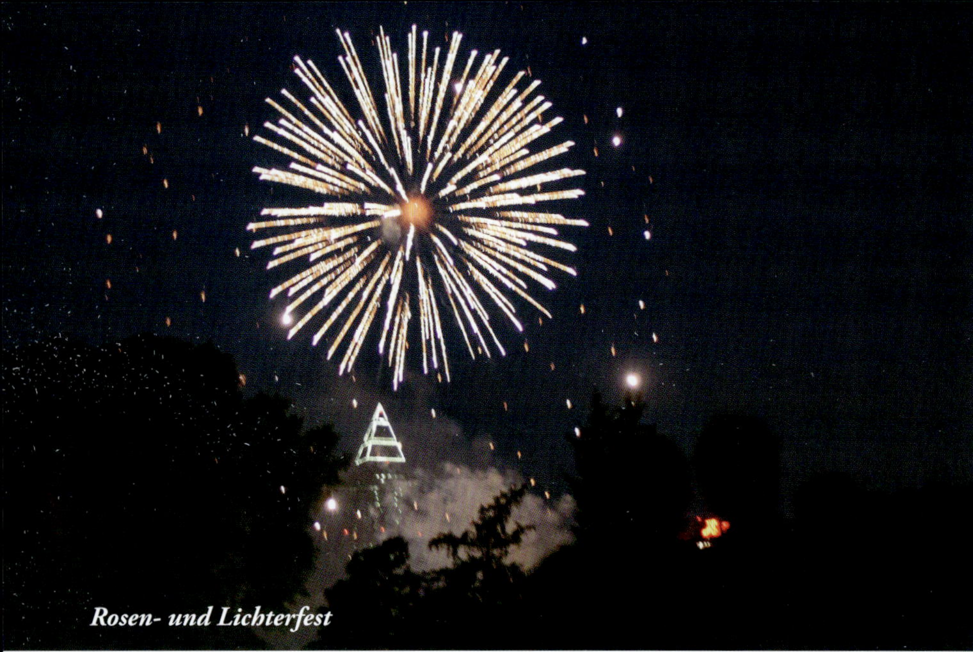

Rosen- und Lichterfest

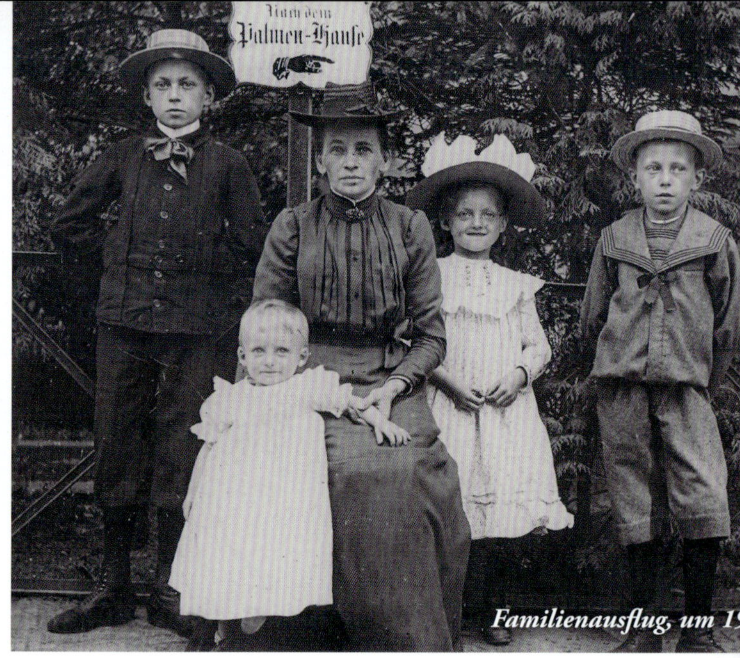

Familienausflug, um 19

FESTE UND SCHAUEN FÜRS VOLK

Die großen Feste oder Bälle der Kaiserzeit zogen vor allem das gehobene Bürgertum an, das mit der Gründung des Palmengartens seine eigenen Vorstellungen verwirklicht hatte. Zugleich öffnete man den Garten aber immer auch für die gesamte Frankfurter Bevölkerung und bemühte sich von Anfang an, sie mit ermäßigten Eintrittspreisen oder besonderen Veranstaltungen und Sportangeboten anzulocken. So feierte die Palmengarten-Gesellschaft ihr 25-jähriges Bestehen 1893 nicht nur mit Bällen und Galas, sondern auch mit einem Volksfest. Schon damals gab es ein Feuerwerk und Lichterglanz über dem Weiher, ähnlich wie beim heutige Rosen- und Lichterfest, zu dem jedes Jahr an einem Samstagabend im Juni Tausende Gäste strömen und mit Teelichtern Bilder und Ornamente legen, während vom Bootsweiher aus die Raketen in den Himmel aufsteigen. Der Andrang war damals durchaus vergleichbar. Bis mittags kamen bereits mehr als 20.000 Menschen in den Garten. „Während man sich im Altgarten beim Promenadenkonzert unterhielt, die Toilettenpracht der Damen musterte und sein bisschen leibliche Nahrung oft mit Lebensgefahr, stets aber mit gutem Humor erkämpfte, ging es im Neugarten so fidel zu, wie es eben nur bei einem Frankfurter Volksfeste möglich ist." Anders als heute wurde zur Pflanzenpracht ein ausgiebiges Sportprogramm fürs Publikum geboten: „Dem Amusementsbedürfnis der Jugend aller Altersklassen standen die verschiedensten Sportveranstaltungen zu Gebote, Radwettfahren und Wettlaufen, Schiebkarrenfahren, Eselsrennen, Holzschuhlaufen wechselten miteinander ab und fanden, unterstützt durch recht hübsche Preise, zahlreiche Beteiligung. Der Schaulust entsprachen Schauturnen und Marmorgruppen. (...) Dann begann es stiller zu werden auf dem weiten Spielplatze vor der Ginnheimer Höhe, vom Taunus trug der Abendwind das Dunkel in die Baumgruppen des Gartens und grün und rot schoss es aus den Weihern empor, leuchtete es zwischen Aesten und Stämmen und in den Wipfeln der Bäume, die Blumenparterres erstrahlten in farbigem Lichterglanze, der Tatzelwurm sandte seine Lichter hinaus in die Nacht und im grossen Saale unter dem leuchtenden Brillantstern drehten sich fröhliche Menschen im Tanze, bis die Mitternachtsstunde schlug" [70], heißt es in einem Bericht, der ebenfalls betont, dass das Fest auch ein finanzieller Erfolg war, mit Einnahmen von 12.287 Mark, allerdings auch hohen Ausgaben für das vielseitige Programm. Ein Sommerfest im August 1893, ebenfalls mit Jubiläumsfeuerwerk, beendete die Feierlichkeiten der Palmengarten-Gesellschaft.

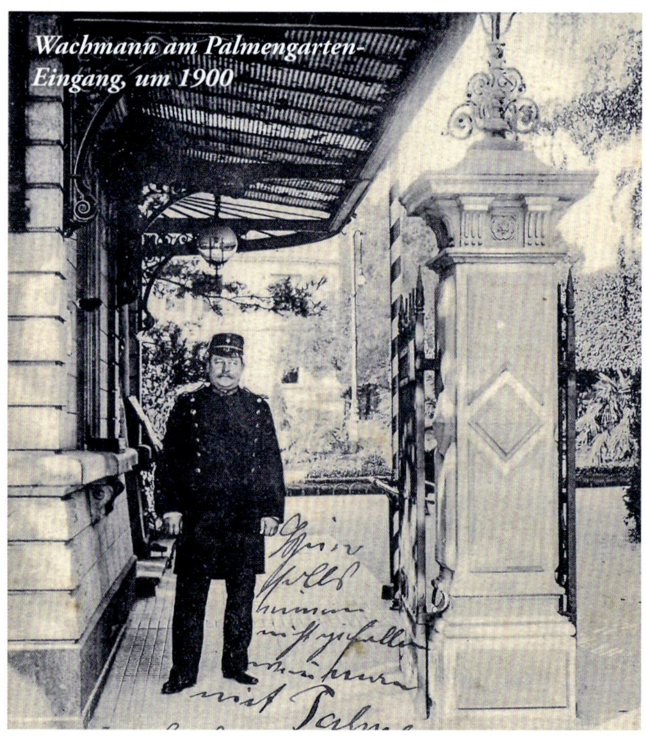

Wachmann am Palmengarten-Eingang, um 1900

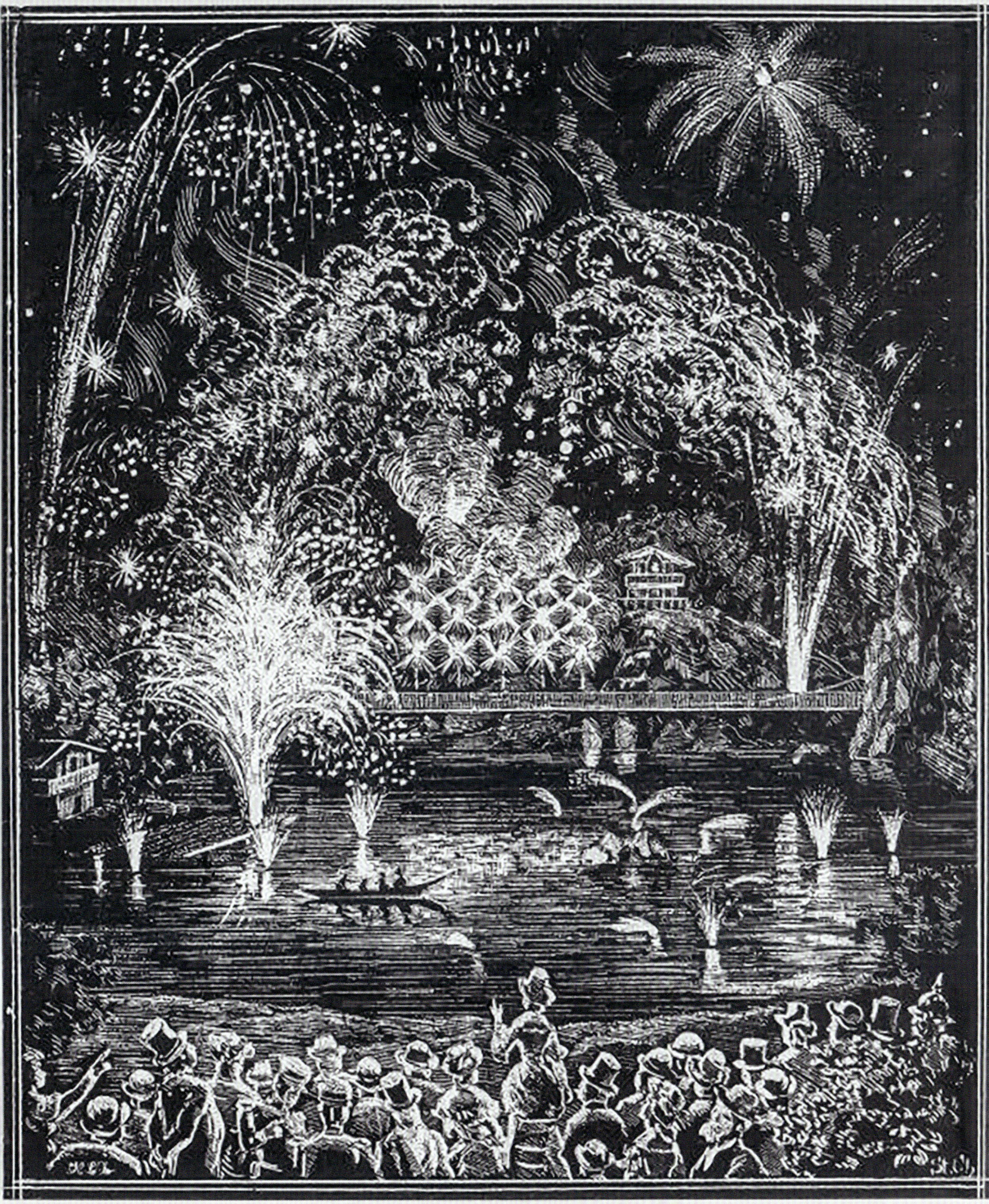

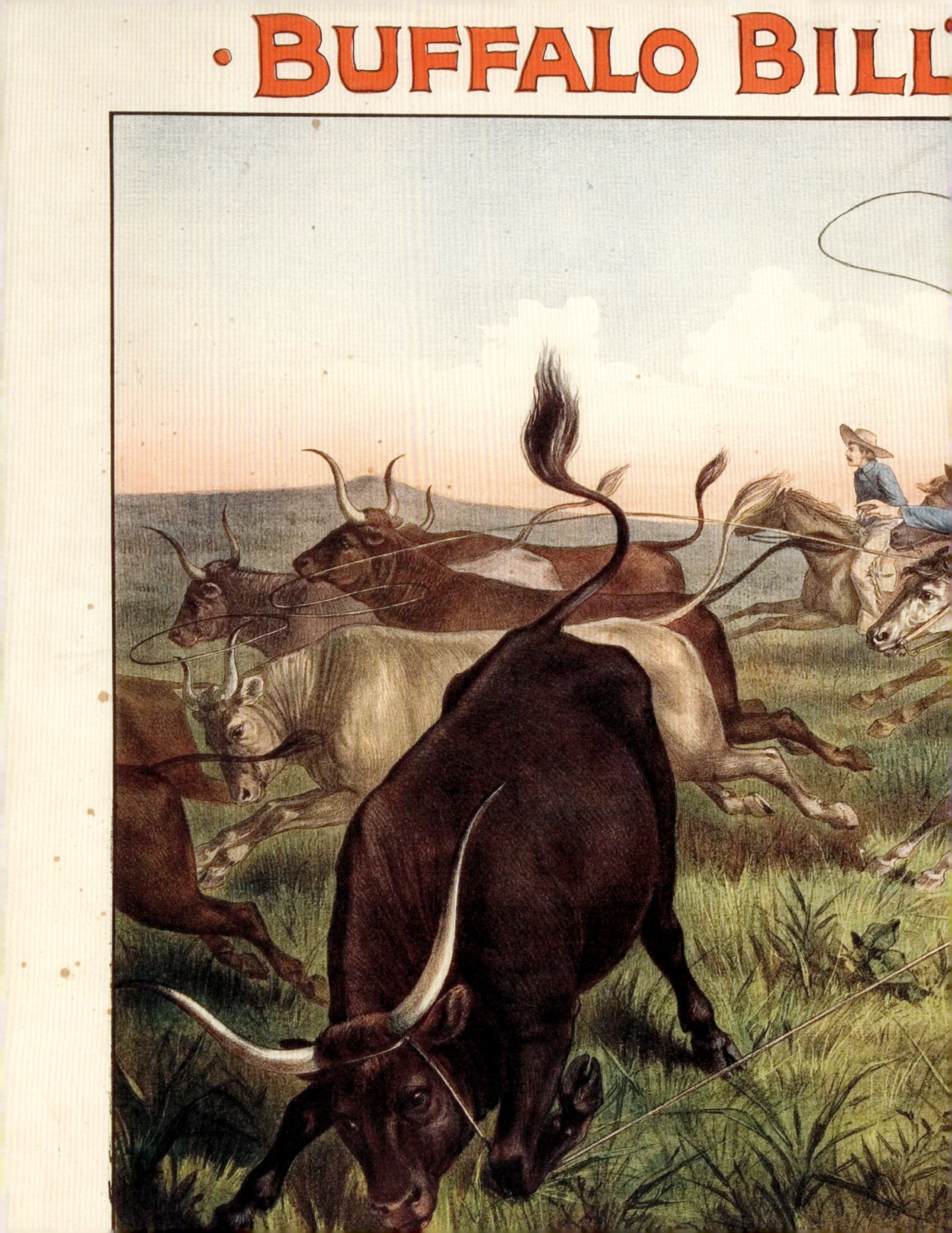
·BUFFALO BILL'

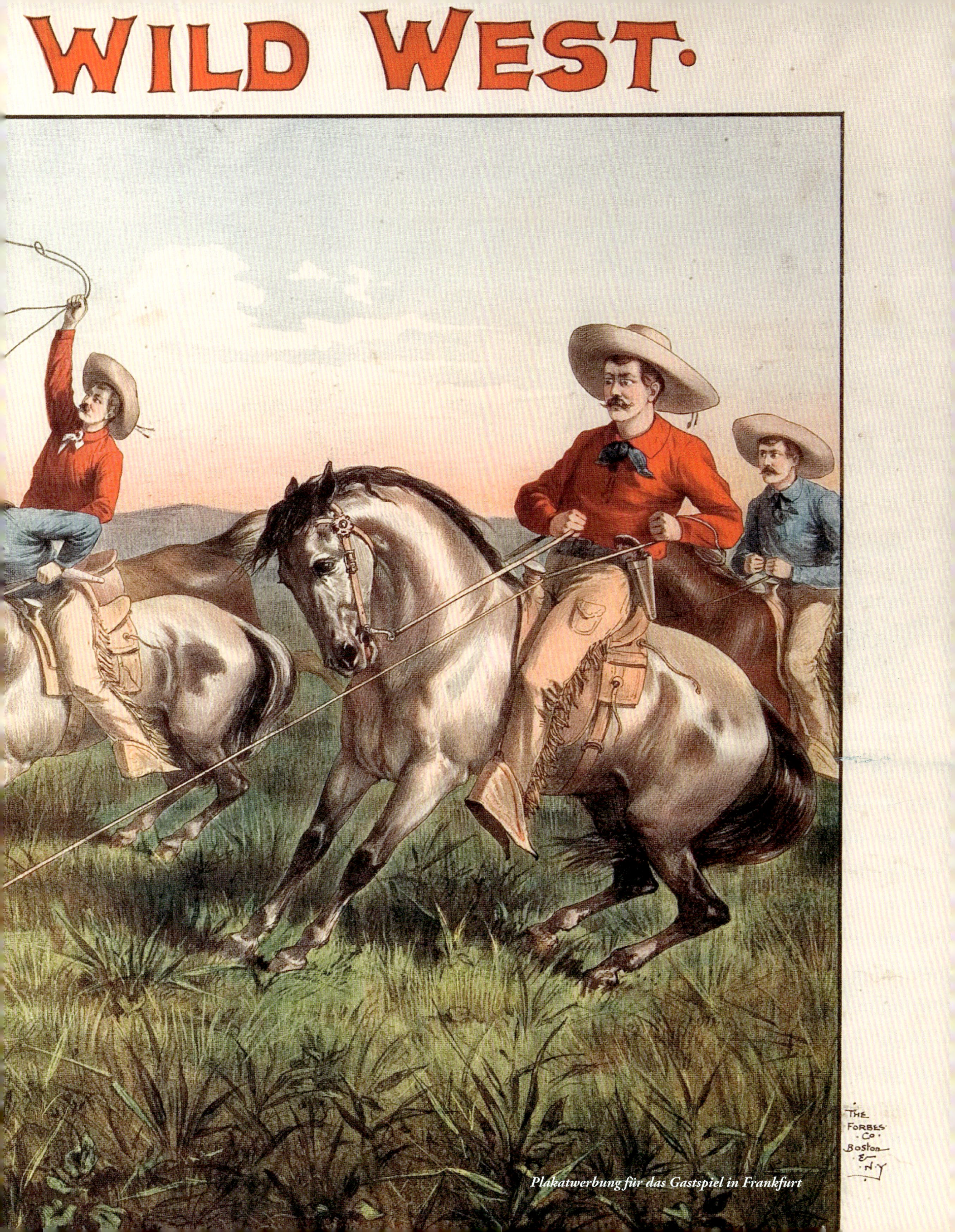

Plakatwerbung für das Gastspiel in Frankfurt

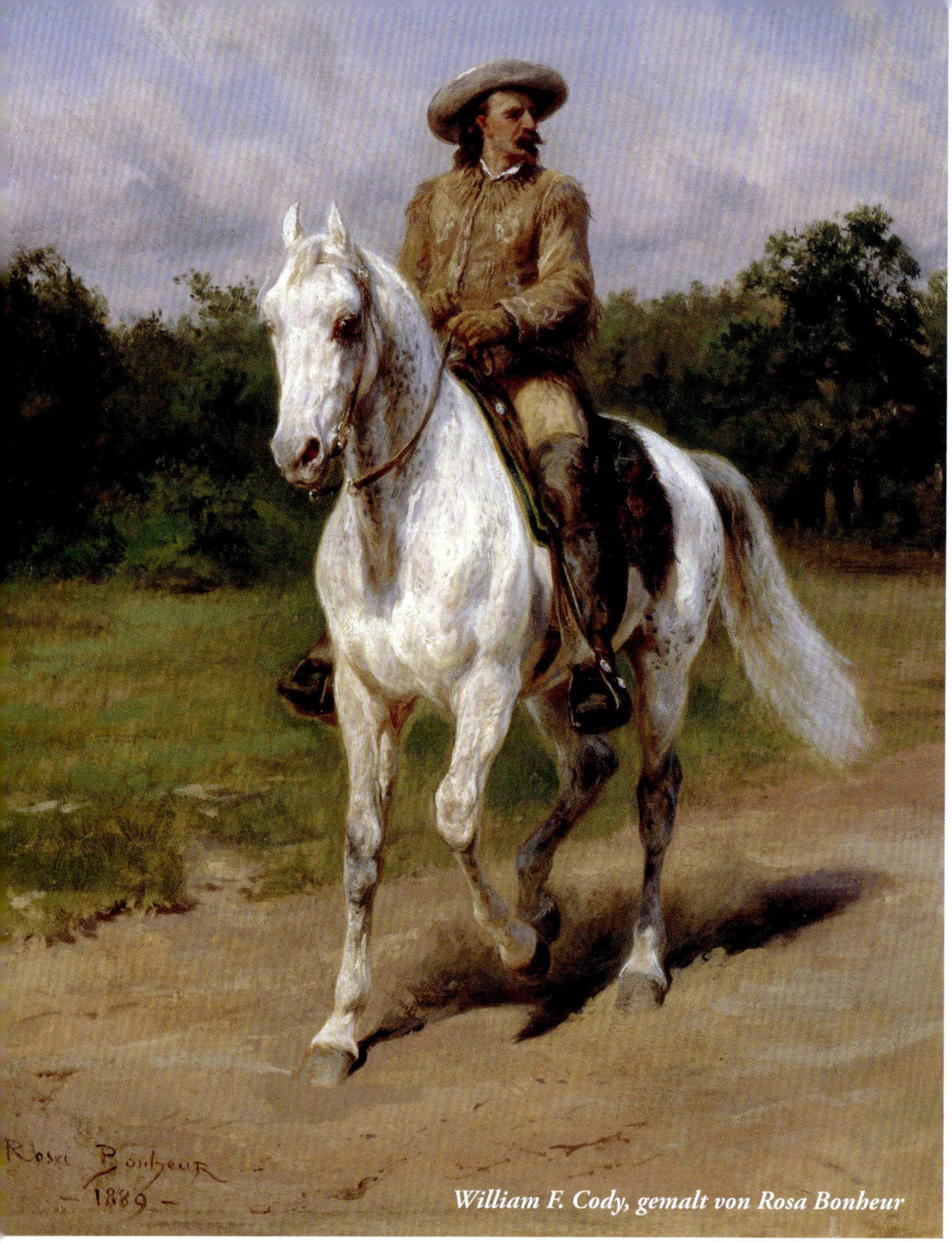

William F. Cody, gemalt von Rosa Bonheur

Juhuh-Geheul

„Buffalo heißt in Amerika der Büffel, und Bill ist eine Abkürzung von William. Also nannten die Frankfurter ihren Gast vertraulich den „Büffel-Wilhelm". Wieder strömten sie in Massen herbei, „trotz der exorbitant hohen Eintrittspreise" (der teuerste Platz kostete vier Mark, der billigste eine Mark). Bei jeder Vorstellung hatten 8.000 Personen Platz.

„Das Großartigste auf diesem Gebiet!" So schrieben die Kritiker. Die 200 Indiander und Grenzer ritten und schossen „wie die Teufel", fingen mit dem Lasso Büffel und Mustangs, tanzten mit schrecklichem Juhuh-Geheul um den Marterpfahl, zogen im Gänsemarsch auf dem Kriegspfad dahin, überfielen eine Wagenburg, beraubten eine alte Postkutsche, kämpften um ein brennendes Blockhaus und lagerten sich, als es dunkel geworden war, mit ihren Squaws und Papoosen malerisch um die Lagerfeuer. Grüßend schwenkte Obert Cody, wie eine Statue auf dem Rappen sitzend, seinen strahlend weißen Schlapphut, und der Beifall donnerte im Rund."[74]

Drei Jahre zuvor hatte ein besonderes Gastspiel die Frankfurter zu Tausenden in den Garten gezogen. Dort gastierte Ende September 1890 für mehrere Tage „Buffalo Bill's Wild West"-Show im Neugarten. Sie war damals auf Europatournee, „mit dem Zwecke, einige Mitglieder der Indianer Rasse den Hauptstädten der Welt zu zeigen, und um mit den zahlreichen Teilnehmern belebte Bilder des fernen Grenzlebens vorzustellen"[71], wie es in einer eigens für den Auftritt im Palmengarten in 62.000 Exemplaren gedruckten Zeitung heißt. Der frühere US-amerikanische Armee-Kundschafter William Frederick Cody, genannt Buffalo Bill, bot den Zuschauern mit seiner aus 200 „Indianern und Cowboys", Wildpferden und Büffeln bestehenden Truppe eine klischeehafte Darstellung des Lebens der „Indianer" im „Wilden Westen" dar. Die Show war im Stile der damals bei den Deutschen beliebten Völkerschauen gestaltet, in denen Menschen fremder Kulturen meist in den Zoos der Städte zur Schau gestellt und dem europäischen Klischee ihrer Lebensweise entsprechend vorgeführt wurden. Die Werbezeitschrift der Veranstaltung versuchte, die Vorführungen in den Kontext der Geschichte aus Sicht der amerikanischen Siedler zu stellen: Sie zeige, heißt es dort, „durch eine Zusammenstellung von echten Charakteren in mimischen Szenen das Ende eines 400-jährigen Krieges zwischen den Rothäuten und den Weißen; den Erfolg der Zivilisation auf dem großen Kontinent und den letzten Rest eines Lebens, welches nicht mehr existiert, welches wirklich vollständig erloschen ist".[72]

In zwei Vorstellungen am Tag, jeweils um 15 und 19 Uhr, traten die „Indianer" als Häuptling „Schwarzes Herz", „Adlerhorn" oder „Felsiger Bär" auf und jagten auf ihren Pferden einer Postkutsche hinterher. Es gab Rodeovorführungen und Buffalo Bill selbst ritt angeblich mit einem erbeuteten Skalp durch den Palmengarten. Um ein möglichst breites Publikum zu erreichen, wurde schon zuvor mit großen Plakaten und ebenfalls stereotypen Bildern des „exotischen Indianers" für die Shows geworben. Der geschickte Veranstalter Cody lud sogar die Frankfurter Journalisten zu einem „Indianer-Frühstück" ins Zelt ein. Die Mitwirkenden der Truppe schliefen in diesen Zelten auf dem Gelände des Palmengartens. Buffalo Bill soll es allerdings vorgezogen haben, im Frankfurter Hof zu nächtigen.[73]

Bei einigen Frankfurtern machte die Show offenbar so großen Eindruck, dass sie das Fernweh packte: Damit die vielen Besucher die Beete im Garten nicht zertrampelten, hatte die Gartenleitung unter anderem den 14-jährigen Gärtnerlehrling Ernst Tobis dazu abgestellt, die Grünanlagen zu schützen. Er war so begeistert von der Truppe, dass er seinen Ausbildungsplatz sausen ließ, von daheim ausriss und sich als Stallbursche dem Tross um Cody anschloss, der ins Winterquartier nach Straßburg weiterzog. Seine Mutter spürte ihn dort auf und holte ihn zurück, doch die Begeisterung für die „Indianer-Kultur" ließ ihn nicht mehr los. Unter dem Namen Patty Frank wurde er ein bekannter deutscher Artist und „Indianer-Forscher". Grundstock seiner umfassenden Sammlung war ein Paar Mokassins, das er von einem Mitglied der Wild-West-Truppe bekommen hatte.

Sportliche und andere Feste fürs Volk schätzten 40 Jahre später auch die Nationalsozialisten. Sie richteten 1936 unter anderem einen Fecht-Länderkampf zwischen Deutschland und Frankreich im Garten aus. Um weitere Besucher in den Garten und zugleich auch in den Zoo zu locken – die Nationalsozialisten hatten die Verwaltung der beiden Institutionen zusammengelegt – veranstaltete man jedes Jahr eine Werbewoche.

Zur Eröffnung feierte der Palmengarten damals bereits ein Rosenfest, einen Vorläufer des heutigen Rosen- und Lichterfestes, bei dem zudem eine Rosenkönigin gekürt wurde. Anfang der 1930er Jahre hatte der damalige Gartendirektor Max Bromme das Fest im Namen der Rose begründet. Anlass war vermutlich der 50. Geburtstag des Vereins Deutscher Rosenfreunde, der 1933 mit festlichen Konzerten, der Illumination des Parks am Abend und einem Rosen-Kinderfest gefeiert wurde. Bis 1941 und dann wieder seit der Nachkriegszeit fand ein solches Rosen- und Lichterfest jährlich statt, das heute zu den Höhepunkten des Palmengarten-Jahres zählt.

Um die Werbewoche noch spektakulärer zu gestalten, ließ die nationalsozialistische Stadtregierung im Juli 1938 am Rosengarten sogar einen Heißluftballon aufsteigen und lockte damit rund 10.000 Besucher in den Garten. Männer vom Nationalsozialistischen Fliegerkorps und Jungs von der Flieger HJ hatten zuvor den Ballon gefüllt, der gegen 16 Uhr unter der Leitung von SA-Sturmhauptführer Melber aufstieg und nach dreieinhalb Stunden Fahrt in Hein im Spessart landete.

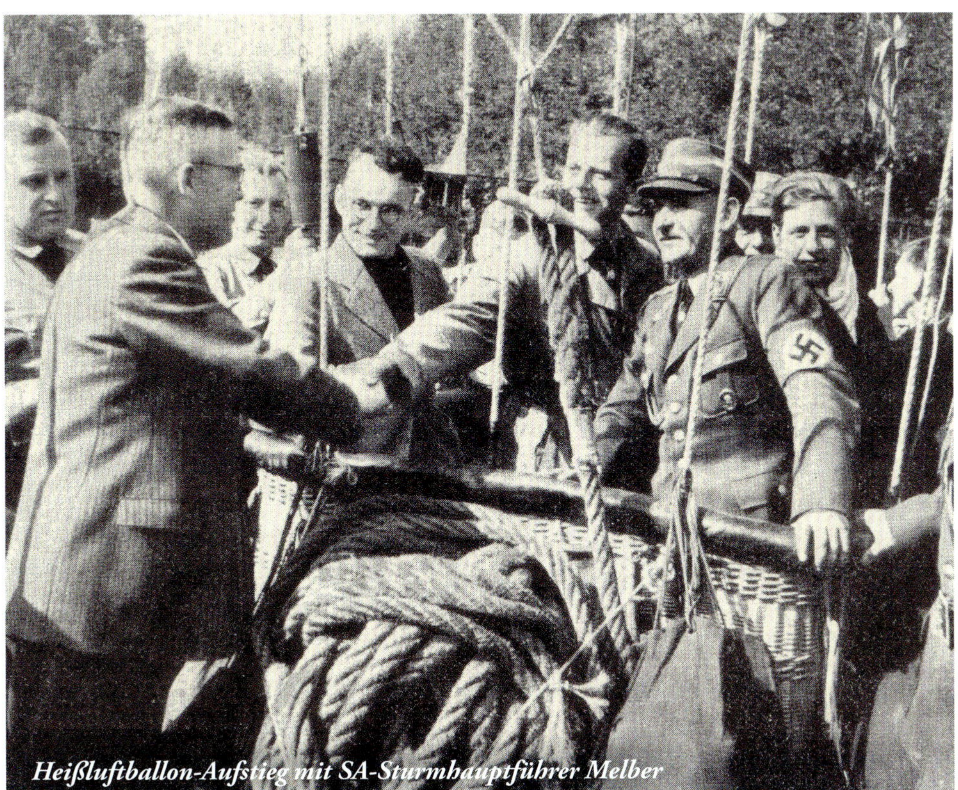

Heißluftballon-Aufstieg mit SA-Sturmhauptführer Melber

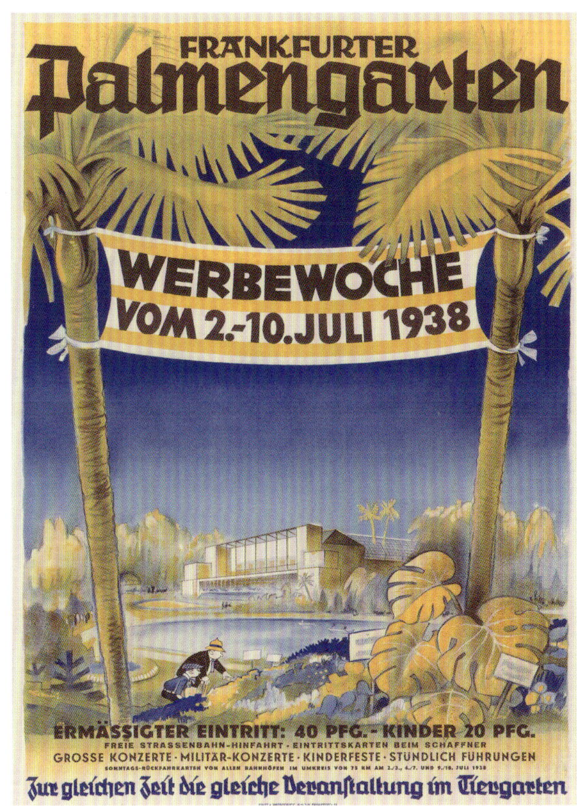

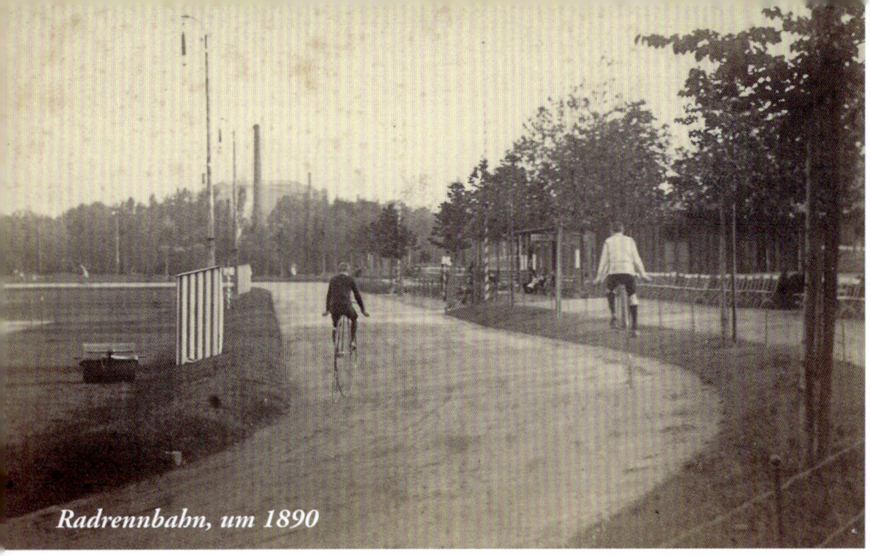

Radrennbahn, um 1890

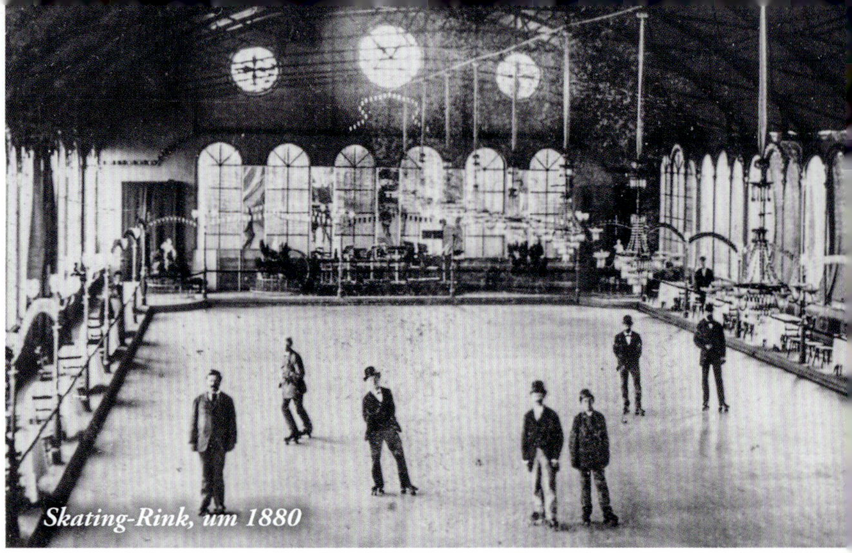

Skating-Rink, um 1880

OLYMPISCHE SPIELE IM PALMENGARTEN

Sport wird heute im Palmengarten nur noch betrieben, wenn junge Verliebte ihre Angebeteten über den Weiher rudern oder Minigolfer den Schläger schwingen. Die Zeit der Wettkämpfe ist endgültig vorbei, seit der Tennisclub 1989 sein angestammtes Gelände verlassen musste. Dabei zählte der Palmengarten im 19. Jahrhundert zu den wichtigsten Sportstätten der Stadt, wie der Sporthistoriker Peter Schermer, der sich ausgiebig mit diesem Thema beschäftigt hat, herausfand. Die ersten großen Frankfurter Radrennen – wohlgemerkt noch auf dem Hochrad, Dreirad oder Dreiradtandem – fanden im nördlich gelegenen Neugarten statt, dank der Radrennbahn, die der Fahrradhändler Heinrich Kleyer und der Frankfurter Bicycle-Club (FBC) dort 1885 in Hippodromform anlegen ließen.[75] Zunächst entstand eine 400 Meter lange und sechs Meter breite Sandbahn mit leicht erhöhten Kurven, die später eine Teeroberfläche erhielt. Das Fahrrad hatte in dem Jahrzehnt in Frankfurt seinen Siegeszug als Fortbewegungsmittel angetreten, wenn sich auch nur die Wenigsten selbst ein Rad leisten konnten. Für 50 Pfennige konnten sie im Palmengarten einmal fahren, die Leihgebühr für das Rad nicht mitgerechnet. Auch die Radrennen, die der FBC als einziger dort austragen durfte, erfreuten sich großer Beliebtheit, so dass bei einigen Rennen die zuvor gedruckten 7.000 Eintrittskarten nicht einmal ausreichten.

Am 15. Mai 1887 wurde die Radrennbahn mit einem Frühjahrs-Velociped-Wettfahren für Herrenfahrer eröffnet. „Präcis um 2 Uhr" hatten sich sämtliche Radfahrer am Opernplatz versammelt, um zu einem „Korso" durch die Frankfurter Innenstadt zu starten, der letztlich zum Palmengarten führte."[76] Dort fanden die Wettfahrten und die Preisverleihung statt. Von diesem Tag an wurden auf der Bahn regelmäßig Frühjahrs- und Herbstrennen ausgetragen. Dank bunter Rennanzüge, die die Fahrer ab 1892 trugen, konnten die Zuschauer ihre Lokalmatadoren besser auseinanderhalten. Mitfiebern wollten sie vor allem mit dem Frankfurter August Lehr, der zum Radsportidol der damaligen Zeit wurde. 1894 trat er als siebenfacher Deutscher Meister bei den Weltmeisterschaften in Antwerpen an und kehrte als erster deutscher Radsport-Weltmeister nach Frankfurt zurück.

Im Innenraum der Radrennbahn im Neugarten waren Tennisplätze für Lawn-Tennis, also modernes Rasentennis entstanden, eine Sportart, die gerade aus England auf den Kontinent herübergeschwappt war. Im Winter dienten die Plätze zudem als Eisbahn. Das Schlittschuhlaufen hatte bereits eine längere Tradition im Garten. 1876 leistete sich die Palmengarten-Gesellschaft eine Rollschlittschuhbahn, einen sogenannten Skating-Rink, in Form einer Halle mit gusseisernen Säulen und Bogenfenstern. Dieser Sport war eine amerikanische Erfindung, die, Mitte der 1870er Jahre nach England gekommen, dort eine „wahre Leidenschaft" hervorrief. Für kurze Zeit entstanden auch in Deutschland Hallen für diesen eher ungefährlichen Sport, den Damen und Herren gleichermaßen ausüben konnten. Zu einem solchen Skating-Rink gehörten neben der Bahn mit Asphalt- oder Zementfußboden meistens auch Tribünen für die Zuschauer, eine Musikbühne, Erfrischungsräume und Umkleiden. Im Palmengarten hatten die Läuferinnen und Läufer genau 513 Quadratmeter Fläche zur Verfügung, auf der sich etwa einhundert bis einhundertfünfzig Personen gleichzeitig bewegen konnten. An den Seiten gab es Zuschauerplätze mit angeschlossener Gastronomie.

Werbeblatt des Bicycle-Clubs

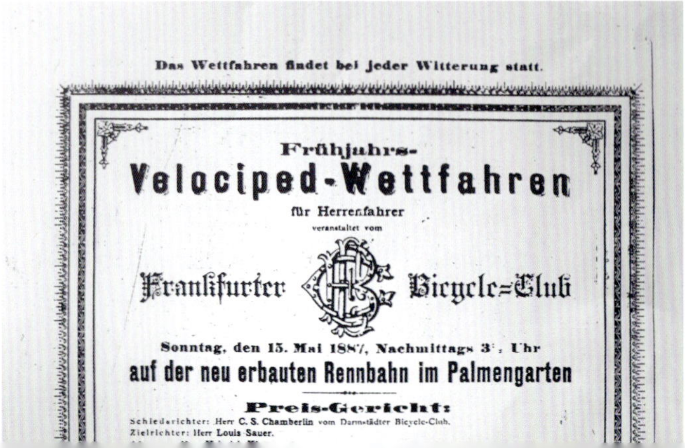

Das Wettfahren findet bei jeder Witterung statt.

Frühjahrs-
Velociped-Wettfahren
für Herrenfahrer
veranstaltet vom
Frankfurter Bicycle=Club

Sonntag, den 15. Mai 1887, Nachmittags 3½ Uhr
auf der neu erbauten Rennbahn im Palmengarten

Preis-Gericht:
Schiedsrichter: Herr C. S. Chamberlin vom Darmstädter Bicycle-Club.
Zielrichter: Herr Louis Sauer.

SITUATIONSPLAN DES PALMENGARTENS.

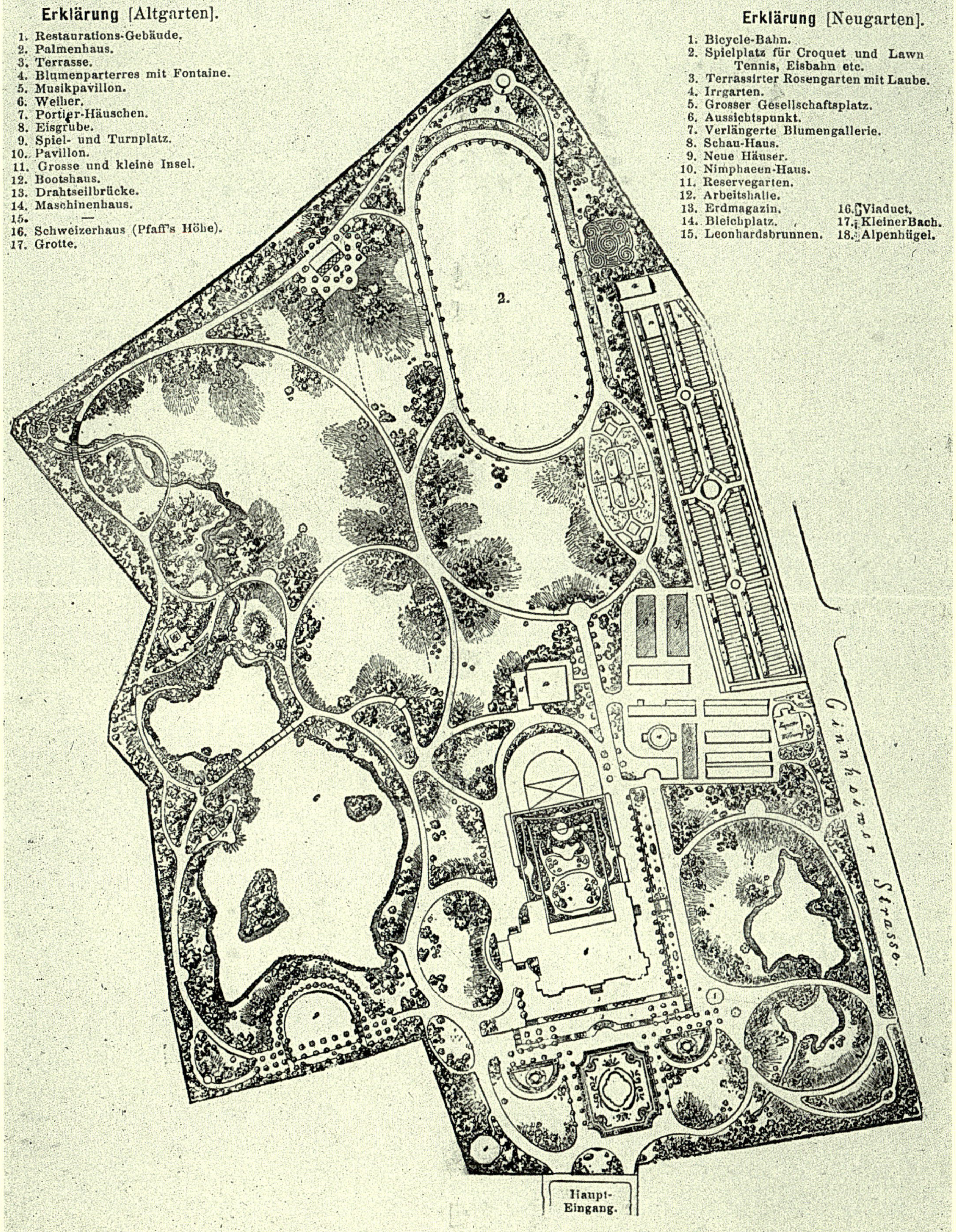

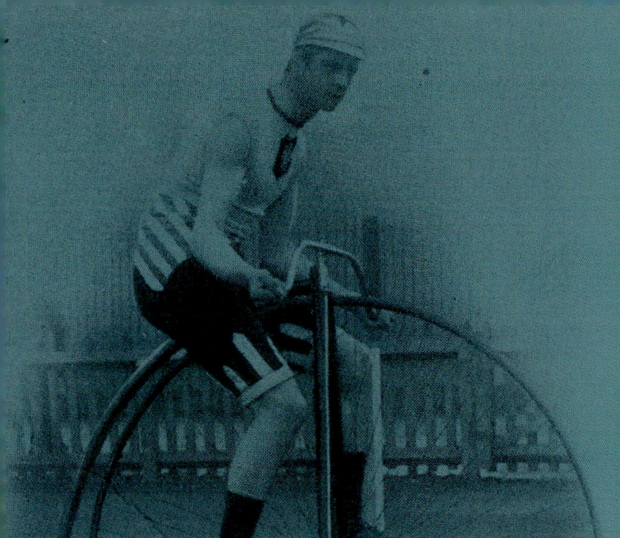

Jugendlicher Held

Im Jahr 1891 galt August Lehr, was die Anzahl seiner Siege anging, als bester Radrennfahrer der Welt. Da war er gerade 20 Jahre alt. Er soll während seiner Karriere mindestens 227 Siege eingefahren haben, angefangen mit den deutschen Meisterschaften im Hochradfahren, die er allein sieben Mal gewann. Das Fahren auf dem Hochrad erforderte Mut, denn das vordere Rad war fünfmal so groß wie das hintere, die Fallhöhe bei einem Sturz entsprechend. Die Begeisterung der Frankfurter für den sportlich erfolgreichen Kaufmann war überbordend. Zu seinen Auftritten im Palmengarten kamen häufig bis zu 10.000 Zuschauer. Schon mit 18 Jahren siegte Lehr bei der Englischen Meisterschaft über eine englische Meile, die inoffziell als Weltmeisterschaft galt. Der deutsche Radfahrer Willy Arend beschrieb die Rückkehr Lehrs nach dem Erfolg: „Als weltgrößte Sensation im Sport wurde dieser Sieg bezeichnet, und als er in seine Heimat zurückkehrte, wurde ihm ein Empfang bereitet, wie er bis zu diesem Zeitpunkt kaum einem Sportler zuteil geworden war. Ganz Frankfurt war an diesem denkwürdigen Tag auf den Beinen. Dicht gedrängt standen die Menschen zu beiden Seiten der Straße vom Bahnhof bis zum Zoologischen Garten. An der Spitze dieses Festzuges marschierte eine Kapelle, dahinter hatten sich die Radfahr- und Sportvereine angeschlossen, und unter endlosem Jubel wurde der jugendliche Held durch die Straßen geleitet.“[77] Später fuhr August Lehr auch auf dem Nieder-Fahrrad und blieb weiter erfolgreich. Weil er vom Radsport aber nicht leben konnte, zog er sich 1898 aus dem aktiven Sport zurück. Ein Denkmal am Waldstadion erinnert seit 1926 an ihn.

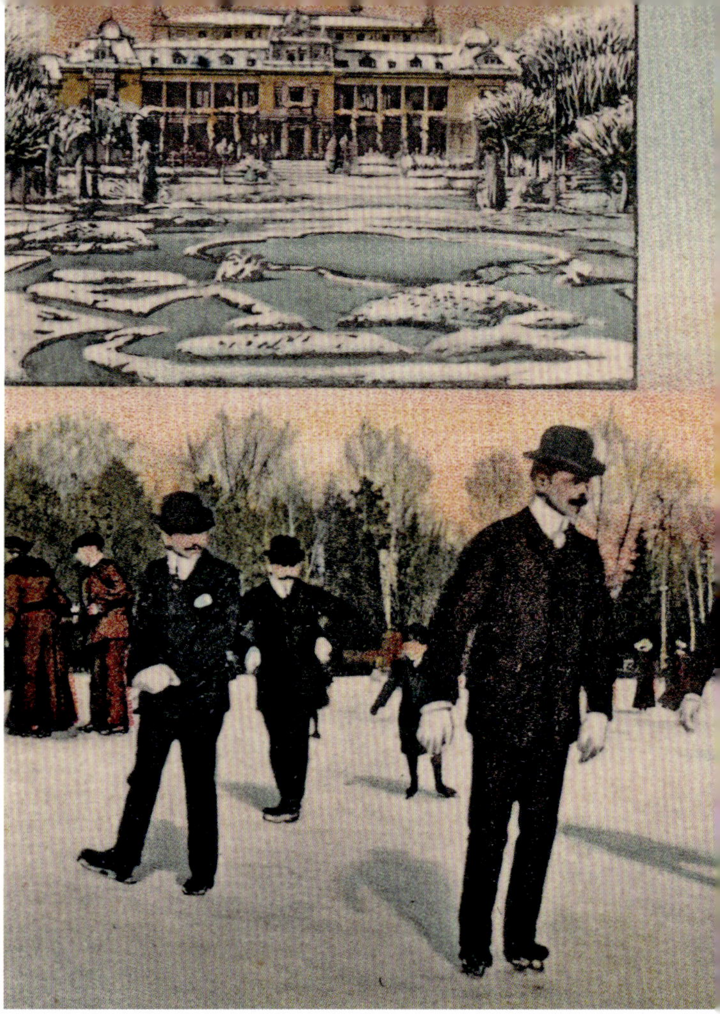

„Nach kurzer Blüte erlosch das Interesse an der Einrichtung des Skating-Rinks, welches durch die Installation einer künstlichen Eisbahn, der ersten des Kontinents überhaupt, anlässlich der Patent- und Musterschutzausstellung 1881 kurzfristig noch einmal aufflammte.“[78] Die damals eingesetzte Eismaschine der Firma Linde musste allerdings zehn Tage und Nächte ununterbrochen laufen, um eine zwölf Zentimeter dicke Eisschicht zu erzeugen. Die Leistung der Maschine reichte dann auch nicht aus, um die Bahn auf Dauer zu betreiben. Zunächst blieb den Frankfurtern also nichts anderes übrig, als in sehr kalten Wintern auf dem Weiher Schlittschuh zu laufen. Ab Januar 1887 konnten Jugendliche und Erwachsene dann endlich auf der großen Fläche der neuen Eisbahn ihre Runden drehen. „Wo im Sommer Tennis gespielt wurde, marschierte an kalten Winterabenden eine Schar Gartenangestellter mit Wasserspritzen auf, so dass hier das Ideal eines Eislaufplatzes entstand, der (...) nachts durch neue Wassergüsse wieder zu einem herrlichen, makellosen Spiegel wurde.“[79]

Die Eisbahn konnte sogar einige Monate vor der Radrennbahn am 17. Januar 1887 mit einem großen Eisfest eröffnet werden, das der als erster Sportverein der Stadt bereits 1861 gegründete Frankfurter Schlittschuh Club (FSC) ausrichtete. Zutritt bekamen von da an die Inhaber einer Dauer- oder Tageskarte. Sie mussten aber zusätzlich die Leihgebühr für die Schlittschuhe in Höhe von 50 Pfennig bezahlen und einen 10-Pfennig-Zuschlag für das An- und Abschnallen der Schuhe.

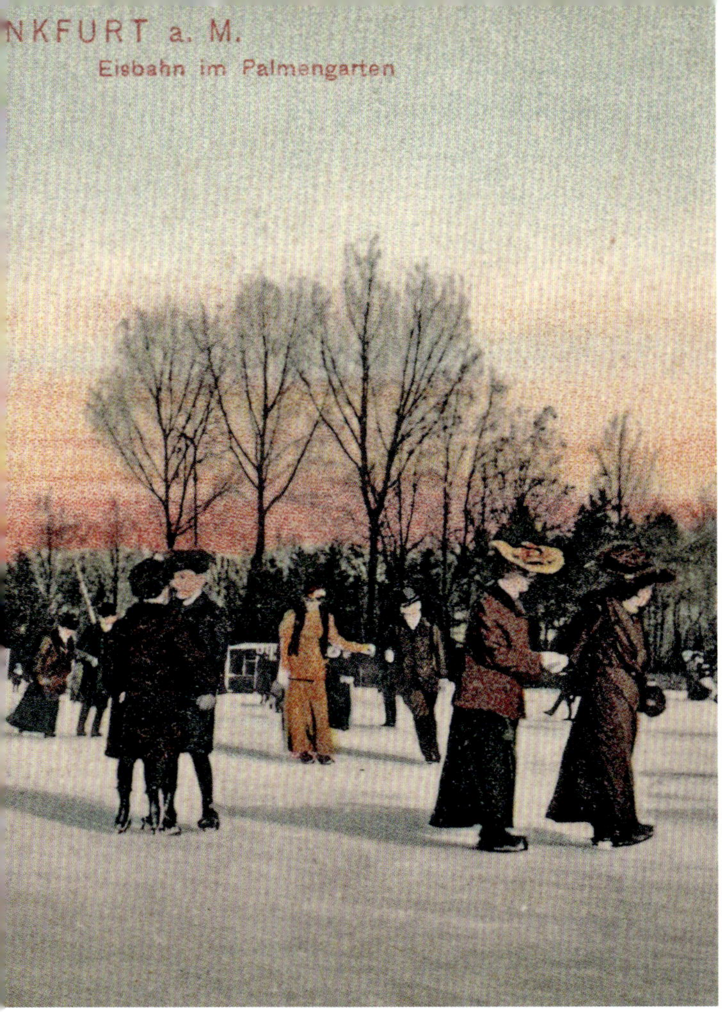

Mit Marschmusik

„Im Winter wurden die Tennisplätze, auf denen wir später als junge Damen spielten, gegossen, und als Eisbahn benutzt. Der Winter war nur viel zu kurz. Aber an Kaisers Geburtstag klappte es meistens. Dann war Militärkonzert, da lief es sich noch einmal so gut. Einmal war es so kalt, dass man auf dem Weiher laufen konnte“, erinnerte sich eine Besucherin 1957.[80]

Die neue Eisbahn diente dem FSC zugleich als Austragungsstätte für sportliche Wettbewerbe. Selbst die Radrennbahn wurde mit einer Eisschicht versehen, so dass sie für Eisschnelllauf-Wettkämpfe genutzt werden konnte. Es gab spezielle Disziplinen wie „Rückwärtslaufen“ oder Eiskunstlauf. 1892 fand im Palmengarten sogar die zweite Deutsche Meisterschaft im Eisschnelllaufen über 3.000 Meter statt, die durchaus international ausgerichtet war. Es siegte zumindest der Österreicher Franz Schilling vom Wiener Eislaufverein, hinter ihm lag unter anderem ein Däne, der für einen Berliner Verein startete.[81] Drei Jahre später war der Pachtvertrag des Bicycle-Clubs mit der Palmengarten-Gesellschaft endgültig ausgelaufen. Der Garten forderte eine höhere Pacht für eine, im Vergleich zur wachsenden Konkurrenz nicht mehr zeitgemäße Bahn, so dass der Verein schließlich verzichtete. Auch für den Schlittschuh Club endete damit die Nutzung der Bahn mit einem „Vereinslaufen“ am 10. Februar 1895.

An ihrer Stelle nutzte der Fußballclub 1880 von da an das Gelände für Rugbyspiele nach englischem Vorbild und athletische Wettkämpfe. Im August 1897 organisierte der Club ein „Allgemeines Frankfurter Sportfest“ im Palmengarten. Zahlreiche Vereine beteiligten sich, die sich anschließend im Frankfurter Verband für Turnsport zusammenschlossen. Jährlich hielten sie internationale Wettkämpfe auf dem Gelände ab, die ab 1904 unter der etwas großspurigen Bezeichnung „Große internationale Olympische Spiele im Palmengarten“ veranstaltet wurden.

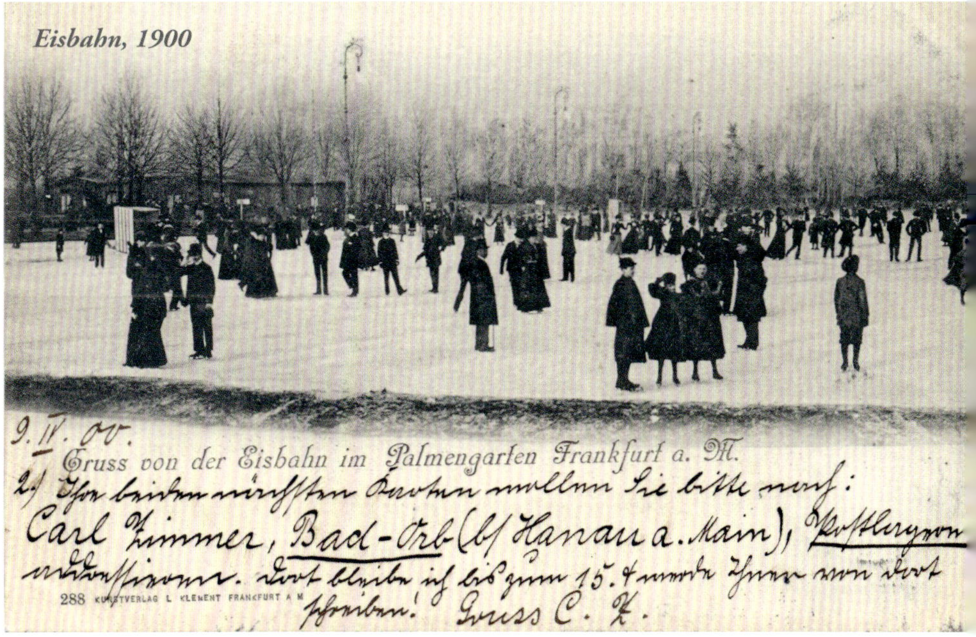

Eisbahn, 1900

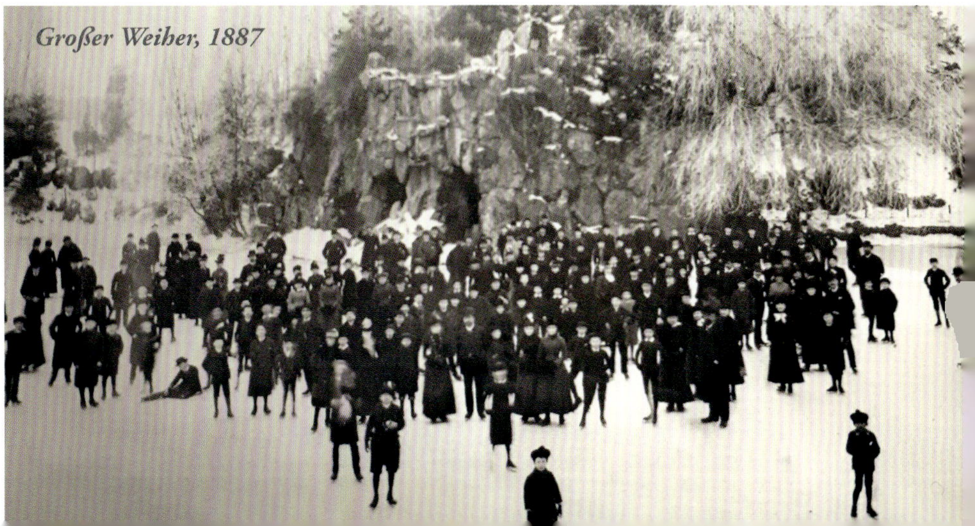
Großer Weiher, 1887

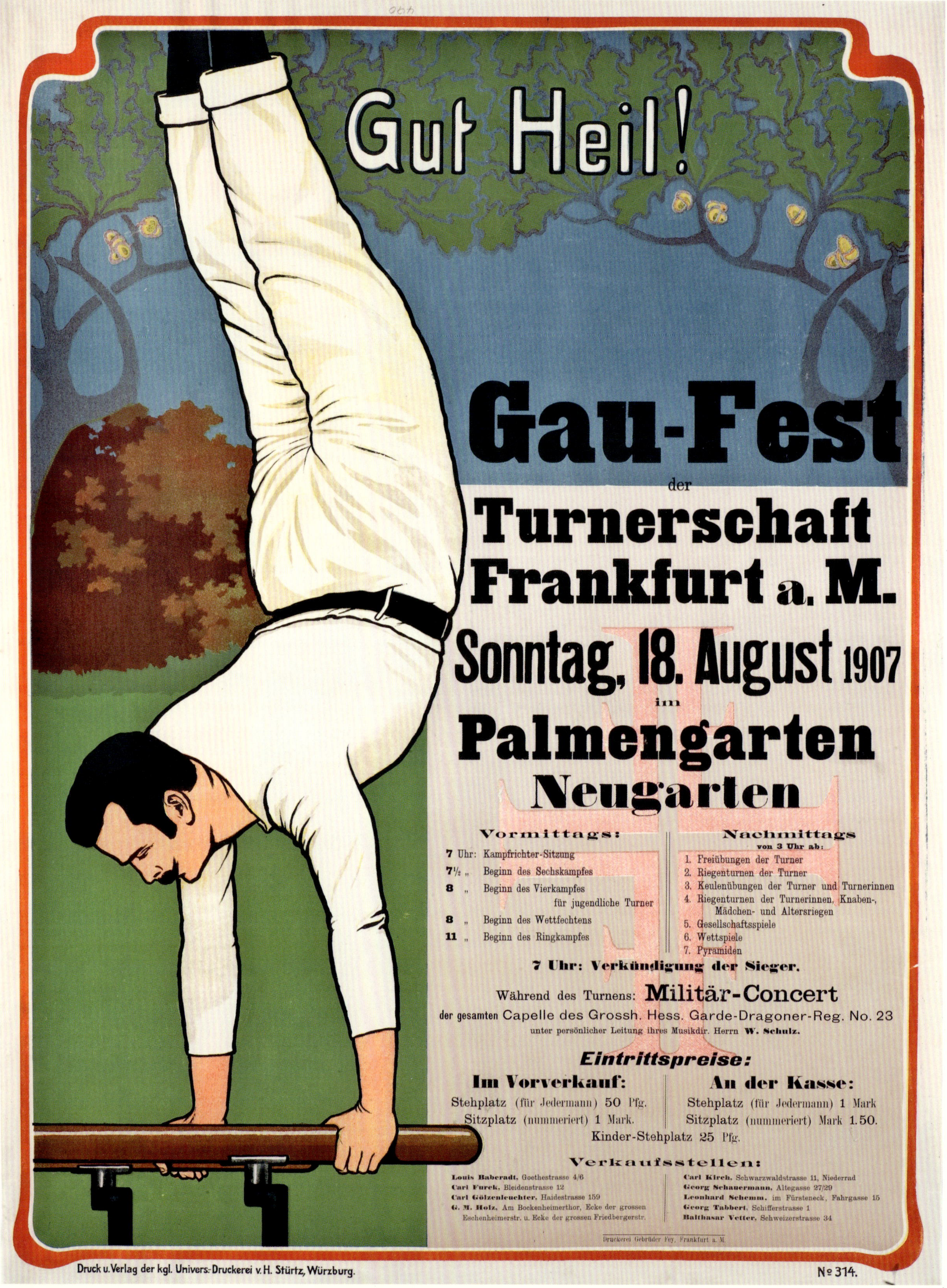
Gut Heil!
Gau-Fest
der
Turnerschaft
Frankfurt a. M.
Sonntag, 18. August 1907
im
Palmengarten
Neugarten
Vormittags:
7 Uhr: Kampfrichter-Sitzung
7½ „ Beginn des Sechskampfes
8 „ Beginn des Vierkampfes für jugendliche Turner
8 „ Beginn des Wettfechtens
11 „ Beginn des Ringkampfes
Nachmittags von 3 Uhr ab:
1. Freiübungen der Turner
2. Riegenturnen der Turner
3. Keulenübungen der Turner und Turnerinnen
4. Riegenturnen der Turnerinnen, Knaben-, Mädchen- und Altersriegen
5. Gesellschaftsspiele
6. Wettspiele
7. Pyramiden
7 Uhr: Verkündigung der Sieger.
Während des Turnens: Militär-Concert
der gesamten Capelle des Grossh. Hess. Garde-Dragoner-Reg. No. 23
unter persönlicher Leitung ihres Musikdir. Herrn W. Schulz.
Eintrittspreise:
Im Vorverkauf:
Stehplatz (für Jedermann) 50 Pfg.
Sitzplatz (nummeriert) 1 Mark.
An der Kasse:
Stehplatz (für Jedermann) 1 Mark
Sitzplatz (nummeriert) Mark 1.50.
Kinder-Stehplatz 25 Pfg.
Verkaufsstellen:
Louis Baberadt, Goethestrasse 4/6
Carl Furck, Bleidenstrasse 12
Carl Gölzenleuchter, Haidestrasse 159
G. M. Holz, Am Bockenheimerthor, Ecke der grossen Eschenheimerstr. u. Ecke der grossen Friedbergerstr.
Carl Kirch, Schwarzwaldstrasse 11, Niederrad
Georg Schauermann, Altegasse 27/29
Leonhard Schemm, im Fürsteneck, Fahrgasse 15
Georg Tabbert, Schifferstrasse 1
Balthasar Vetter, Schweizerstrasse 34
Druckerei Gebrüder Fey, Frankfurt a. M.
Druck u. Verlag der kgl. Univers.-Druckerei v. H. Stürtz, Würzburg.
No 314.

„Ihren Höhepunkt erlebten die „Athletischen Wettkämpfe" im Palmengarten jedoch in den Jahren 1909 und 1910, als die gesamten Deutschen Leichtathletik-Meisterschaften an den Frankfurter Verband für Turnsport vergeben worden waren, weil der Palmengarten die besten Voraussetzungen für die Wettbewerbe bot" [82], berichtet Peter Schermer. Es waren die letzten großen Wettbewerbe dieser Art im Garten.

Der Schwerpunkt verschob sich zu Beginn des neuen Jahrhunderts immer stärker auf den Tennissport. Bereits 1911 wurden die 16 Plätze auf dem Gelände vollständig erneuert und schließlich entstand als Ersatz für ein hölzernes Sporthaus mit Kasse, Garderoben und Toiletten am Rande der Anlage ein Tennis-Clubhaus. Für dieses Gebäude nutzte man alte Bausubstanz. Das Portal entstammte dem früheren Erlanger'schen Gartenhaus, das seit 1806 in der Straße Im Trutz Frankfurt im Westend gestanden hatte und den Neubauten der Metallgesellschaft hatte weichen müssen. Es war das Geschenk eines dem Garten verbundenen Bürgers. Der Frankfurter Tennis-Club Palmengarten 1914, nach dem Krieg wieder reaktiviert, mietete ab 1920 die Hälfte der 16 vorhandenen Plätze im Palmengarten und zugleich das Clubhaus, das er auch für Feiern nutzte. Die übrigen Plätze blieben der Allgemeinheit zugänglich. Ab 1924 übergab die Palmengarten-Gesellschaft die gesamte Anlage in die Hände des FTC, der damals mehr als 120 Mitglieder zählte und sich zu einem der renommiertesten deutschen Tennisclubs entwickelte. 1929 gab sogar die australische Daviscup-Mannschaft mit dem Wimbledon-Sieger Jack Crawford ein Gastspiel im Palmengarten. Als dieser 1931 in die Hände der Stadt überging, spielte der FTC nach wie vor im Garten. Im Kriegsjahr 1943 musste der Spielbetrieb schließlich eingestellt werden, anschließend sperrten die US-amerikanischen Besatzer den Club aus und ließen ihn, der nun offiziell Frankfurter Tennisclub 1914 Palmengarten e.V. hieß, erst 1951 zurückkehren.

Spätestens die Episode während der Besatzung, in der der Palmengarten von 1945 bis 1953 zum sportlichen Mekka tausender Soldaten wurde, die nicht nur Tennis spielten, sondern auch Baseball, Softball, Basketball und Eishockey auf dem zugefrorenen Weiher, hatte der Gartenleitung gezeigt, wie schwer Sportveranstaltungen und botanische Ansprüche miteinander zu vereinbaren sind. Bereits vorher hatte sie darüber diskutiert, die Tennisplätze und damit die sportlichen Aktivitäten und den damit einhergehenden Lärm aus dem Garten zu verbannen.
In den 1960er Jahren wurde ein erneuter Anlauf gestartet. Doch erst Gustav Schoser gelang es, dies auch gegen reichlich Widerstände in der Stadt in die Tat umzusetzen. 1975 kündigte er dem Verein mit Hinweis auf die geplante Bundesgartenschau. Weil aber ein Ersatzgelände fehlte, verließ dieser erst im Oktober 1989 das Areal. Das Clubhaus wurde abgerissen und an der Westseite des Gartens wieder aufgebaut. Dort dient die Villa Leonhardi, benannt nach der Familie, der dieser Hort großbürgerlicher Gartenkultur ursprünglich gehörte, heute als Ort der Gastronomie.

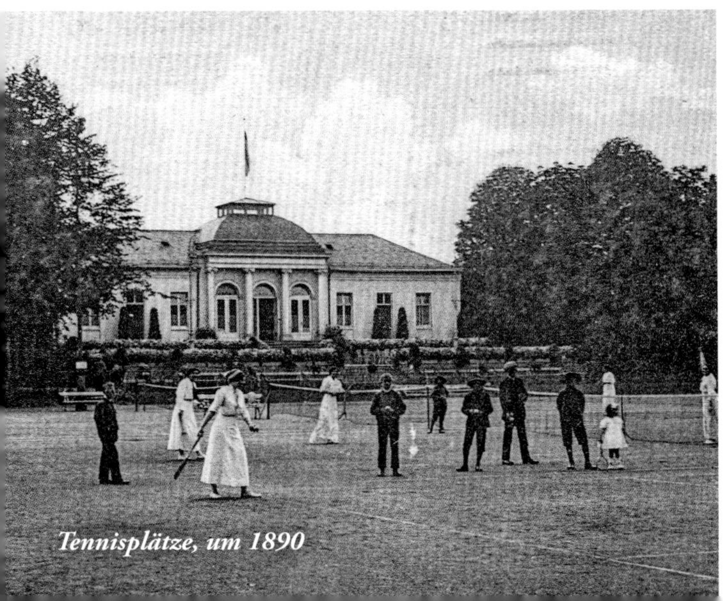

Tennisplätze, um 1890

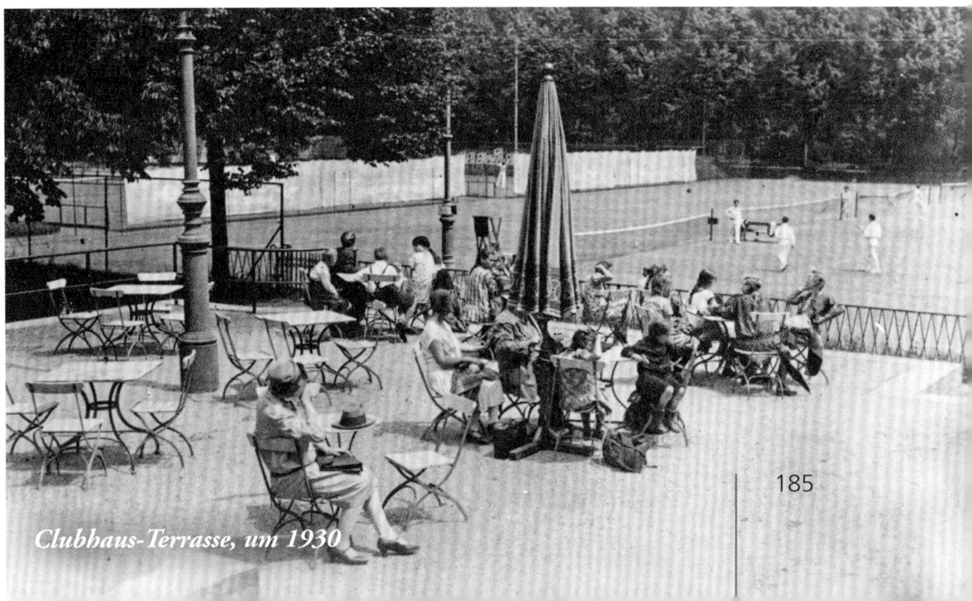

Clubhaus-Terrasse, um 1930

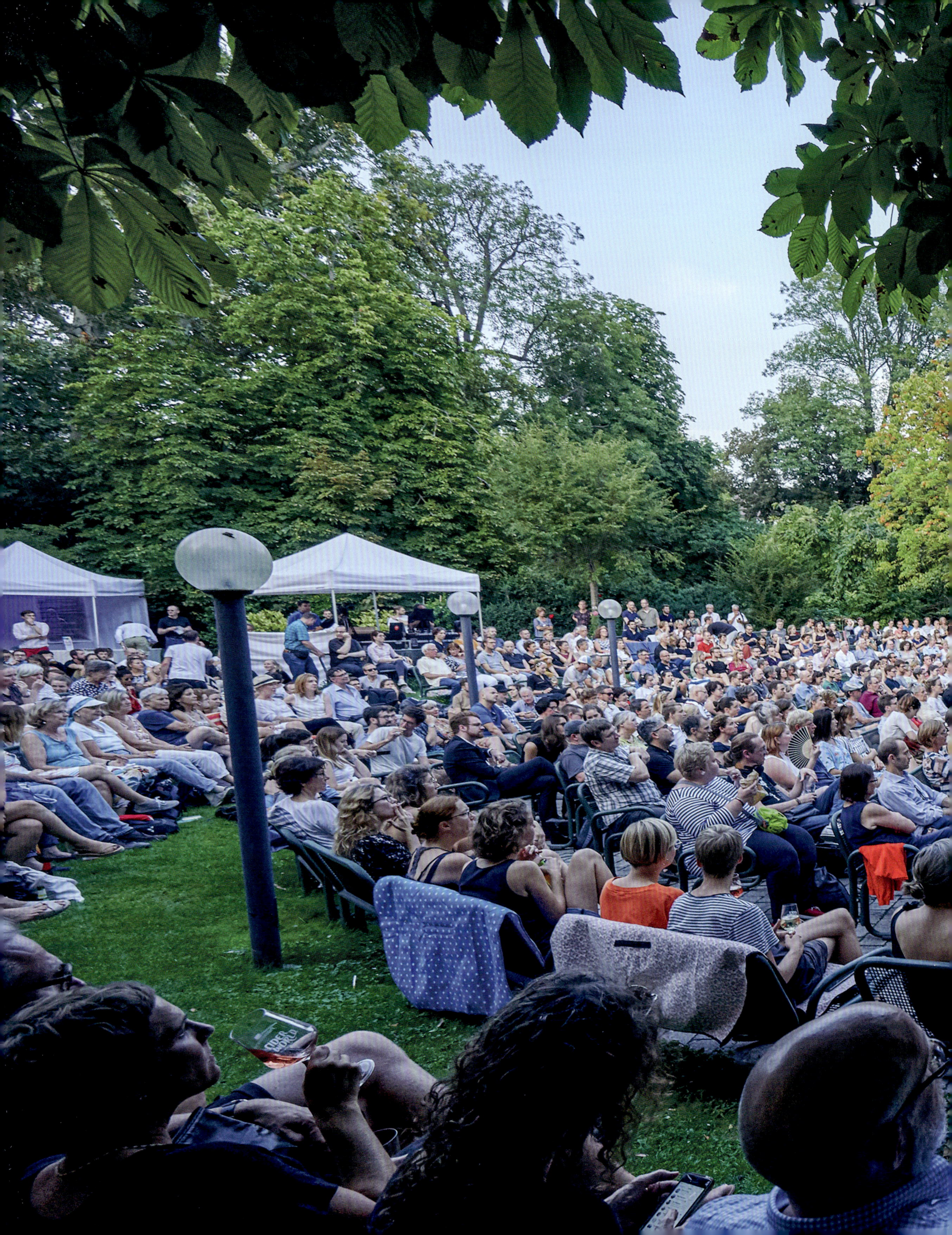

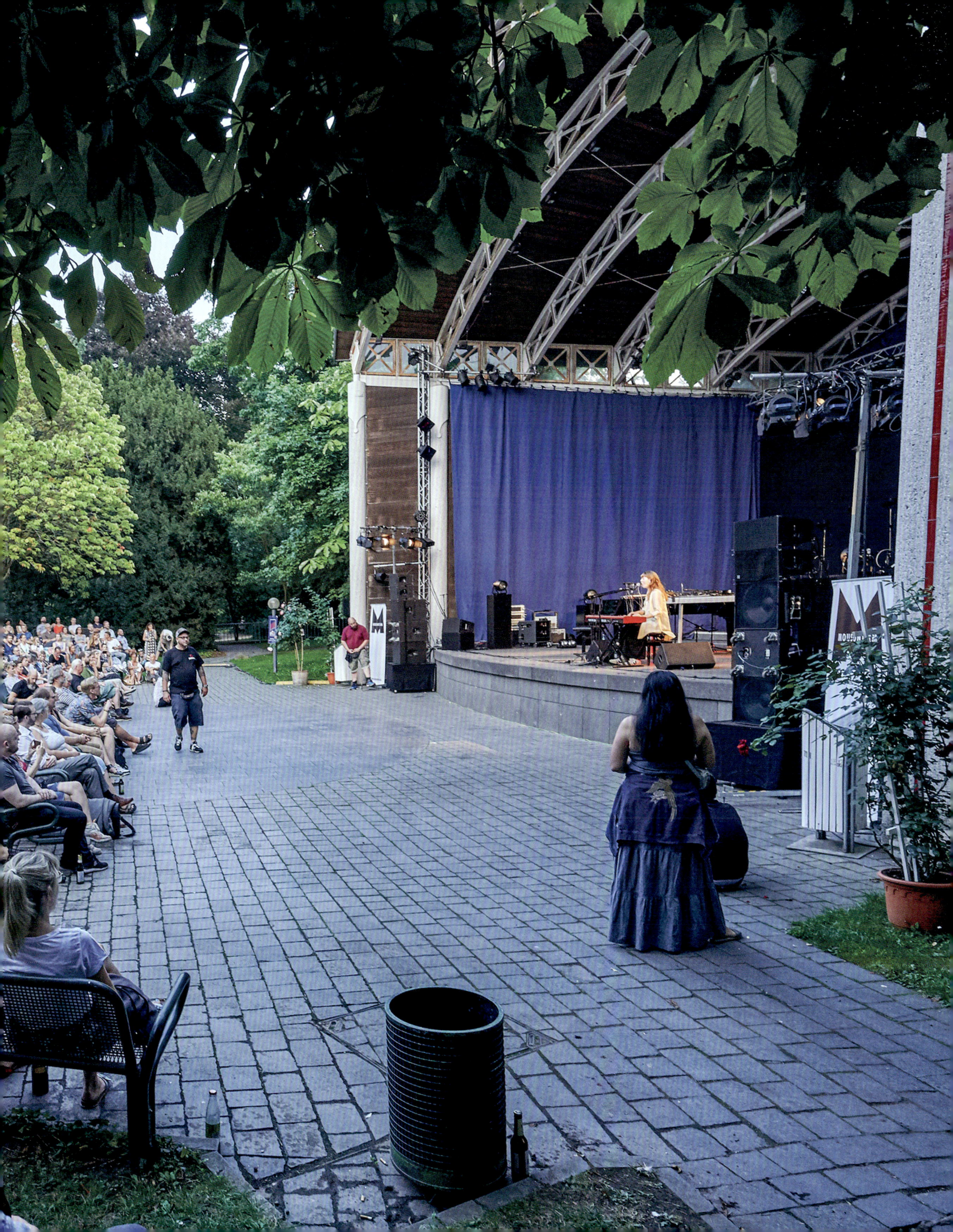

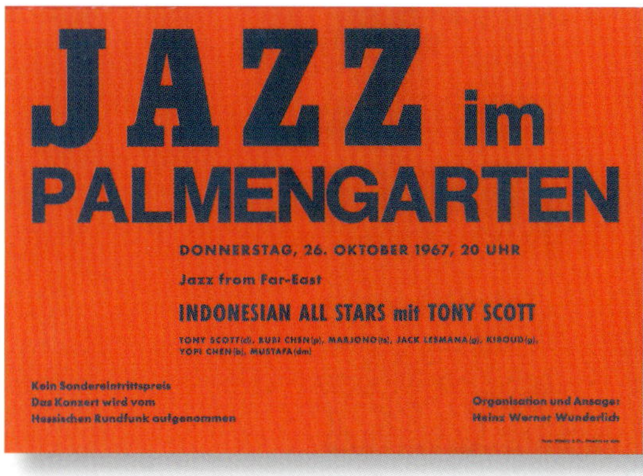

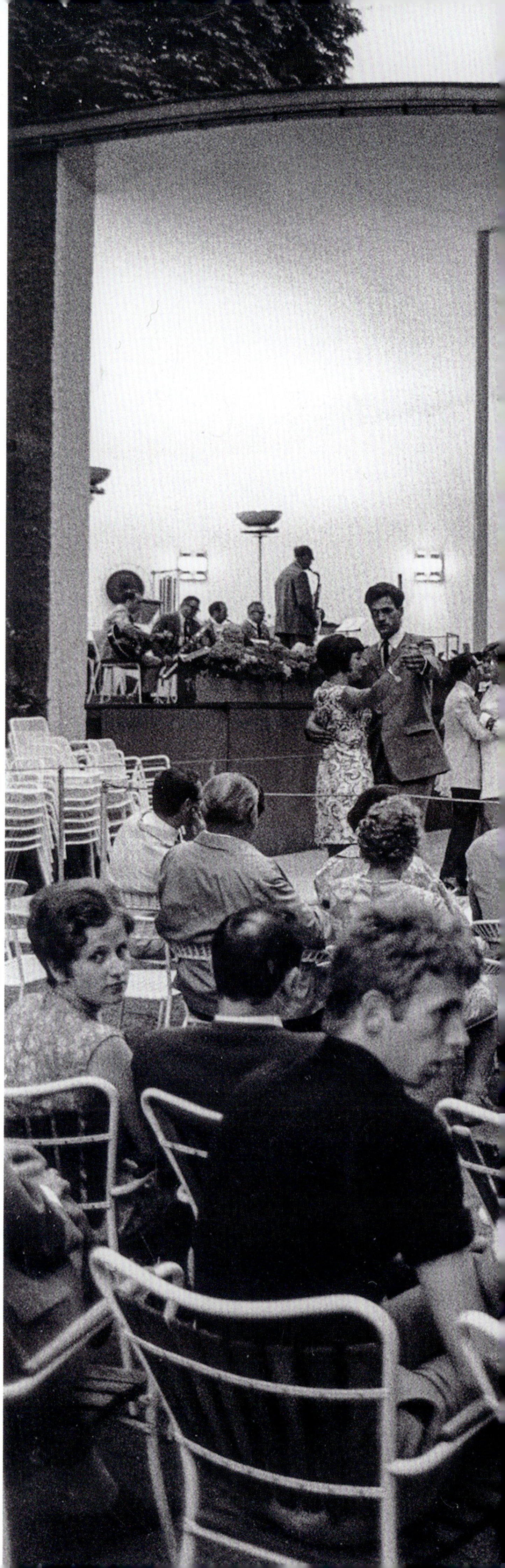

KUNST UND KLÄNGE

Mit der Eröffnung des Palmengartens 1871 zog auch die Musik ein. Bis heute ist sie ein wichtiger Bestandteil des Jahresprogramms. Jedes Jahr im Sommer besitzt der Garten eine magische Anziehungskraft auf Musikfans, dann erklingen im Pavillon Jazz-Standards, Opernarien oder „Weltmusik" und begeistern Tausende Zuhörer. Mit dem Jazz im Palmengarten verfügt die Institution sogar über die wohl älteste kontinuierlich veranstaltete Jazz-Open-Air-Konzertreihe der Welt. Bereits während der US-amerikanischen Besatzung hatten die Truppen samstags Jazz-Konzerte aus dem Palmengarten über ihren Soldatensender AFN übertragen. 1959 wollte der Direktor des Gartens, Fritz Encke, mehr junge Leute in die Anlage locken. Der Jazz-Experte Werner Wunderlich veranstaltete daher am 3. Juni 1959 das erste Konzert mit dem HR-Jazzensemble im Musikpavillon. Weil dieses so gut ankam, durfte er weitermachen. Im Laufe der Jahre wuchs die Reihe auf bis zu zehn Konzerte in einem Sommer. Wunderlich holte bekannte Größen wie Pat Metheny, Chick Corea, Lee Konitz oder auch Albert Mangelsdorff auf die Bühne, vor der übrigens passenderweise auch ein Trompetenbaum steht. Seit 2003 übernahm die Jazz-Initiative Frankfurt die künstlerische Leitung der Reihe und gestaltet heute von Ende Juni bis Anfang September insgesamt rund ein halbes Dutzend Konzerte.

Mit dem Künstlerhaus Mousonturm können die Besucherinnen und Besucher an den sommerlichen Dienstagabenden im Garten auf musikalische Entdeckungsreise rund um die Welt gehen. Seit mehr als 20 Jahren präsentiert das Festival „Summer in the City" im Musikpavillon von Singer-Songwritern bis zu aktueller Musik an der Schnittstelle zwischen Folk, Jazz und Avantgarde eine große Bandbreite. Hochkarätige Gäste wie Rufus Wainwright oder die Rockikone Patti Smith traten bereits dort auf, Klezmer oder nigerianischer Funk stehen ebenfalls auf dem Programm.

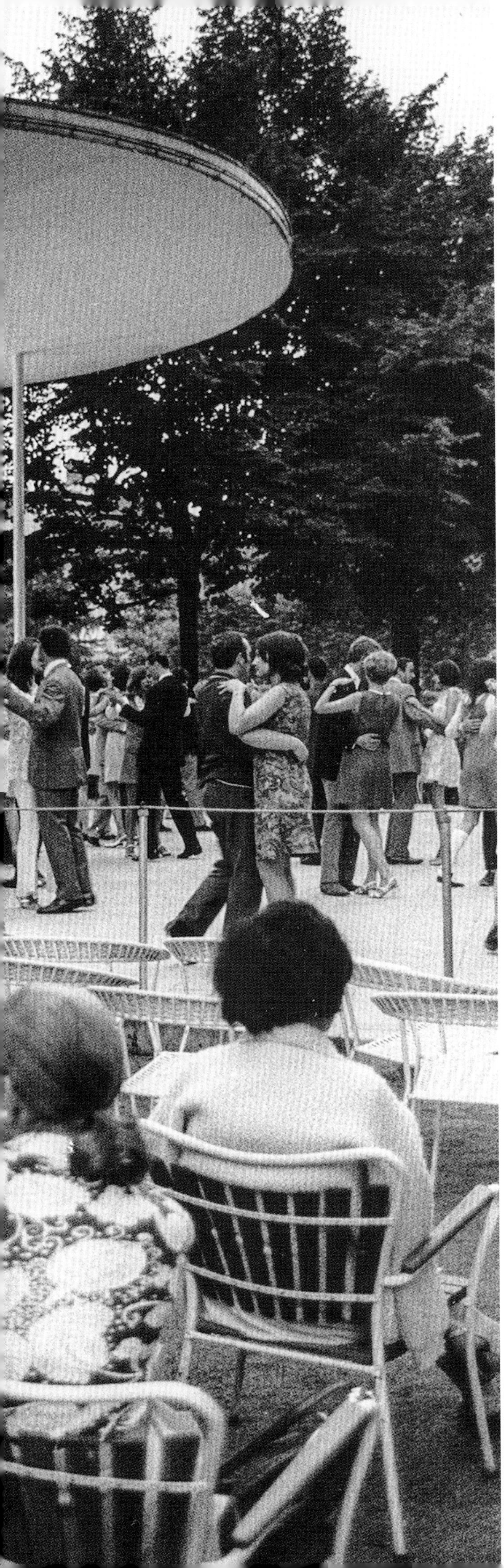

Noch etwas länger gibt es die Kooperation des Palmengartens mit der Kammeroper Frankfurt, einem privaten Musiktheaterensemble. Seit 1994 steht das Team um Rainer Pudenz jedes Jahr auf der Bühne des Musikpavillons und inszeniert mit viel Herzblut und Kreativität Opern, Operetten oder Singspiele. Künstlerinnen aus aller Welt, aber auch viele talentierte junge Sänger standen dort schon auf der Bühne und sorgten dafür, dass die Kammeroper-Vorstellungen zur beliebten Tradition im Palmengarten wurden.

Dem Nachwuchs der Hochschule für Musik und Darstellende Kunst sowie regionalen Musikvereinen aus Frankfurt und der Region bietet der Garten von Mai bis September immer wieder sonntags mit den Promenadenkonzerten eine Bühne. Die klassischen Darbietungen sind sehr beliebt und knüpfen zugleich unmittelbar an die Tradition des Gartens an.
Denn das erste klassische Konzert fand bereits fast ein Jahr vor der offiziellen Eröffnung der Institution, am 1. April 1870, im Palmenhaus statt. In der Stadt Frankfurt gab es damals zwei Orchester, von denen eines mit seinem Musikdirektor Hermann Mansfeld im Palmengarten gastierte. Die Begeisterung der Bürgerinnen und Bürger für Konzerte war offenbar ausgeprägt. So entschied die Palmengarten-Gesellschaft, um die Attraktivität des Gartens zu erhöhen, ein eigenes Orchester mit etwa 50 Musikern zu gründen. Dafür stellte man im Februar 1871 den ehemaligen Militärkapellmeister Ludwig Stasny zunächst für ein halbjährliches Probegastspiel ein. Mit seinem Orchester begleitete er schon die Eröffnung am 16. März 1871 und komponierte dafür sogar eigens den Walzer „Unter Palmen und Blumen".

Tanzkonzert, um 1969

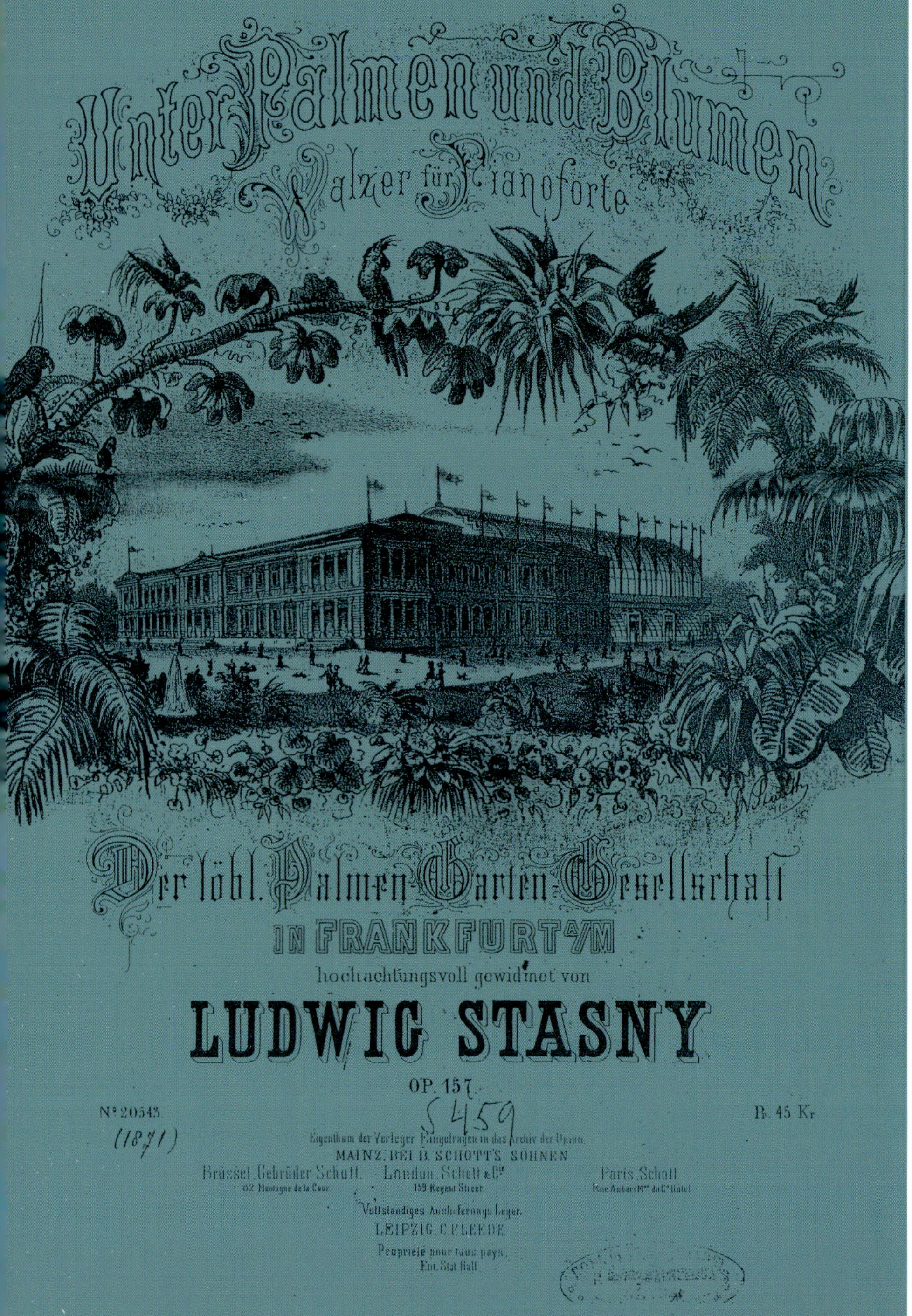

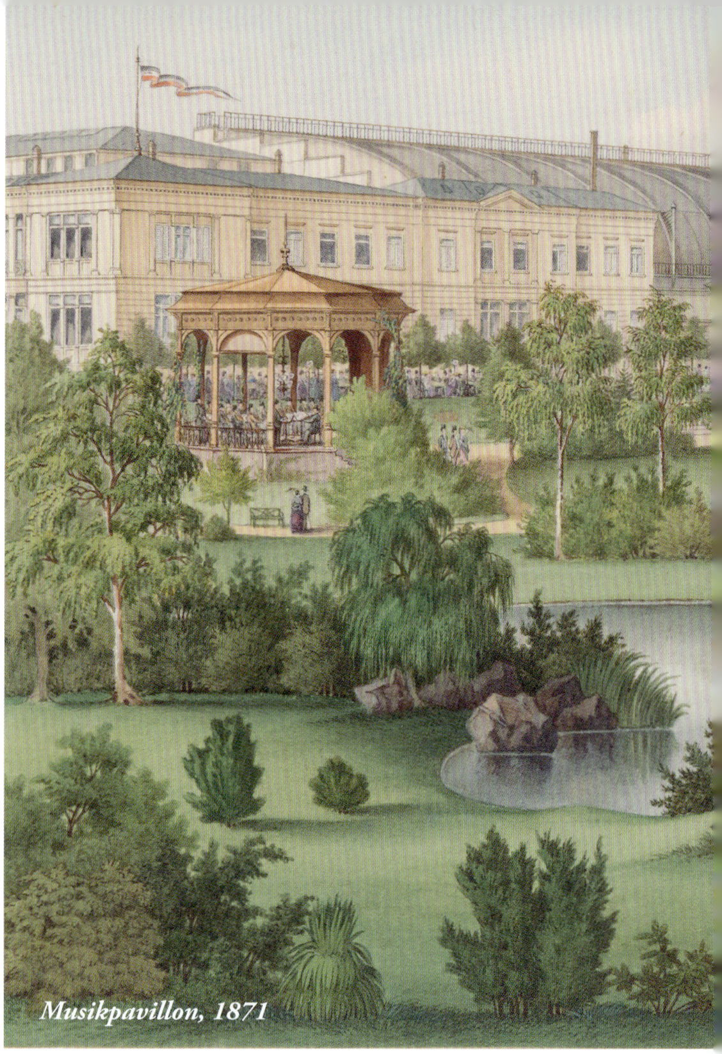
Musikpavillon, 1871

Von Juli 1871 an spiele das Orchester täglich um 16 und um 20 Uhr zwei Stunden lang im Festsaal oder bei gutem Wetter im Freien.

„Bei den Klängen einer Kapelle wird hier geplaudert und gescherzt, kokettirt und intriguirt, kritisirt und projektirt. In der schöneren Jahreszeit spielt die Kapelle im Freien, dann trinkt man draußen auf der Terrasse seinen Kaffee und erfreut sein Auge an dem schönen Bilde der bunten Teppichbeete und an den schönen Frankfurterinnen, die dazwischen die neuesten Toiletten spazieren führen.“ [83]

Damit das Orchester auch im Garten Platz fand, hatte die Frankfurter Künstler-Gesellschaft einen kleinen runden Pavillon gestiftet, der in der Nähe des Gesellschaftshauses aufgestellt wurde. Er wurde 1887 erstmals erneuert. Doch auch der zweite Pavillon war nach allen Seiten offen gestaltet und erfüllte nicht die akustischen Vorstellungen der Palmengarten-Gesellschaft. Erst als der Privatbankier Emil Sulzbach gut zehn Jahre später auf steinernem Fundament einen luxuriös ausgestatteten Jugendstiltempel in Muschelform mit bunten Glasscheiben und schmiedeeisernem Geländer erbauen ließ, war man zufrieden. Damals stand schon Ludwig Stasnys Nachfolger Max Kaempfert dem Orchester vor. Dank zahlreicher Konzertreisen durch Europa sowie eigener Kompositionen macht er sich über die Grenzen

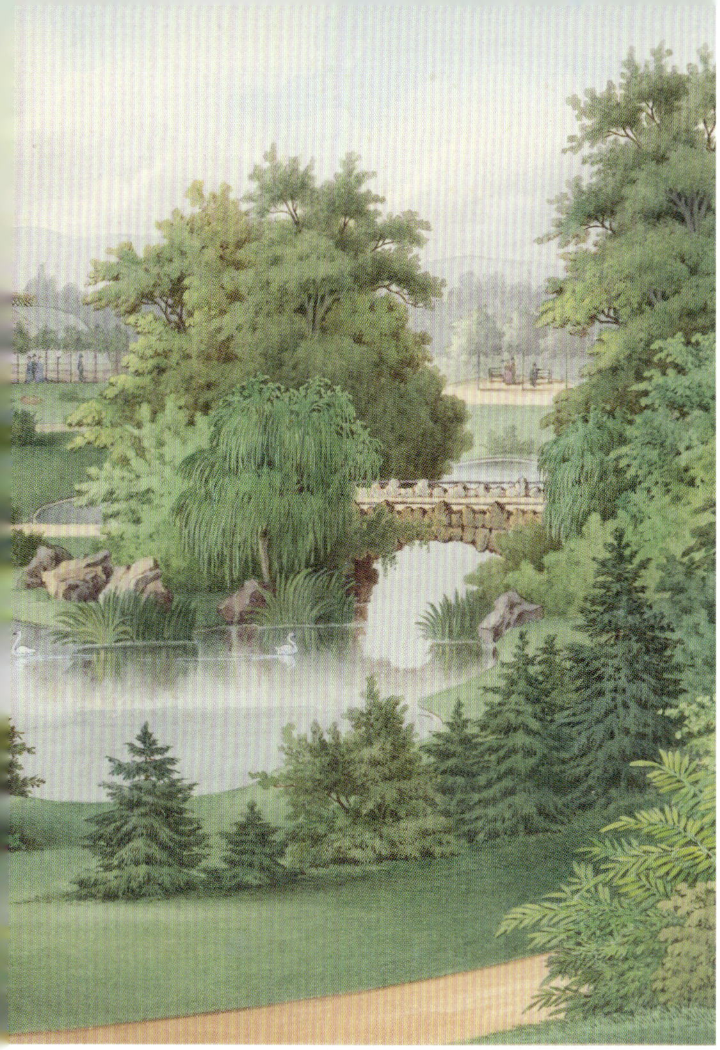

10 Jahre Palmengarten-Orchester

Zum 10-jährigen Bestehen des Palmengarten-Orchesters im Jahre 1881 spielte dieses weitere Kompositionen des 1823 in Prag geborenen Ludwig Stasny, etwa einen für diesen Tag geschriebenen Decenniums-Festmarsch. „Der Dirigent mit einem Orchester-Tusch und dem Beifallsklatschen des anwesenden Publikums empfangen, trat vor das blumengeschmückte Dirigenten-Pult. (…) Von zahlreichen Gönnern wurde ihm ein Lorbeerkranz mit weinroter und schwarzgelber Schleife (Stasny war Österreicher) überreicht, während ihm von schönen Händen duftende Blumenbouquets zuteil wurden. Stadtrat Pfaff beglückwünschte, als Präsident der Palmengarten-Gesellschaft, den Kapellmeister zu einem so seltenen Feste und sprach die Hoffnung aus, dass er noch viele Jahre die Konzerte im Palmengarten mit jugendlichem Feuer leiten möchte.“ [84] Dazu kam es allerdings nicht, Stasny starb am 30. Oktober 1883.

des Palmengartens hinaus einen Namen und war zugleich beim Publikum vor Ort extrem beliebt, weil er der Musik im Garten zu noch stärkerem Glanz verhalf. Seine Frau Anna Kaempfert, die an Dr. Hoch's Konservatorium lehrte, trat immer wieder als Kammersängerin unter seiner Leitung auf. Dank Kaempfert gab es im Palmengarten auch Deutsche Uraufführungen wie etwa 1911 die der Symphonie Nr. 2 von Tschaikowsky, sogar in Anwesenheit des Bruders des Komponisten.

Mit Ausbruch des Ersten Weltkriegs musste das Orchester auf rund 40 Musiker verkleinert werden. Kaempfert selber wurde im letzten Kriegsjahr noch zum Militär berufen, dirigierte aber zwischendurch weiter. In der darauffolgenden Inflationszeit verließ er Frankfurt und übernahm das Städtische Orchester von Solothurn in der Schweiz. Damit war auch das Schicksal des Orchesters besiegelt. Den Musikern wurde gekündigt. Man engagierte stattdessen „drittklassige, instrumental unvollständig besetzte Ensembles oder Blaskapellen, die vorwiegend bescheidene Unterhaltungsmusik boten“[85]. 1927 bediente der Frankfurter Orchesterverein unter der Leitung von Richard Limpert zugleich den Palmengarten und den Zoologischen Garten. Erst als der Garten Anfang der 1930er Jahre in städtische Regie überging, stellte man Limpert als ersten städtischen Orchesterdirigenten des Palmengartens ein und bildete mit 20 bis 25 Instrumentalisten wieder ein kleines hauseigenes Orchester.

EXTRA-CONCERT
zum Benefiz des Herrn Kapellmeister Max Kaempfert
ausgeführt von
der Kapelle des Palmengartens
unter Leitung des Herrn Kapellmeister **M. Kaempfert.**

ERSTE ABTHEILUNG.

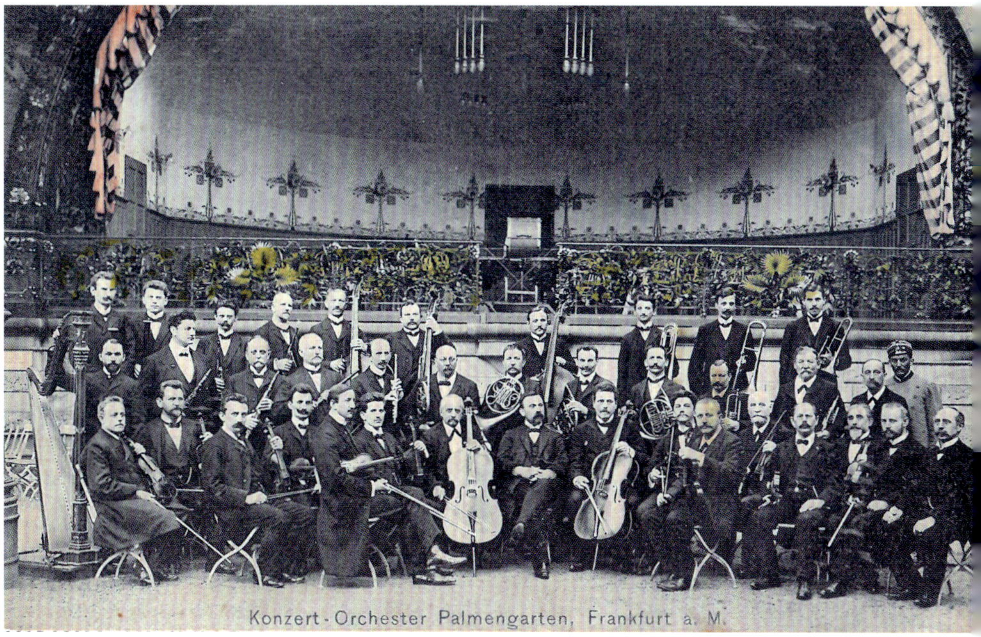

Konzert-Orchester Palmengarten, Frankfurt a. M.

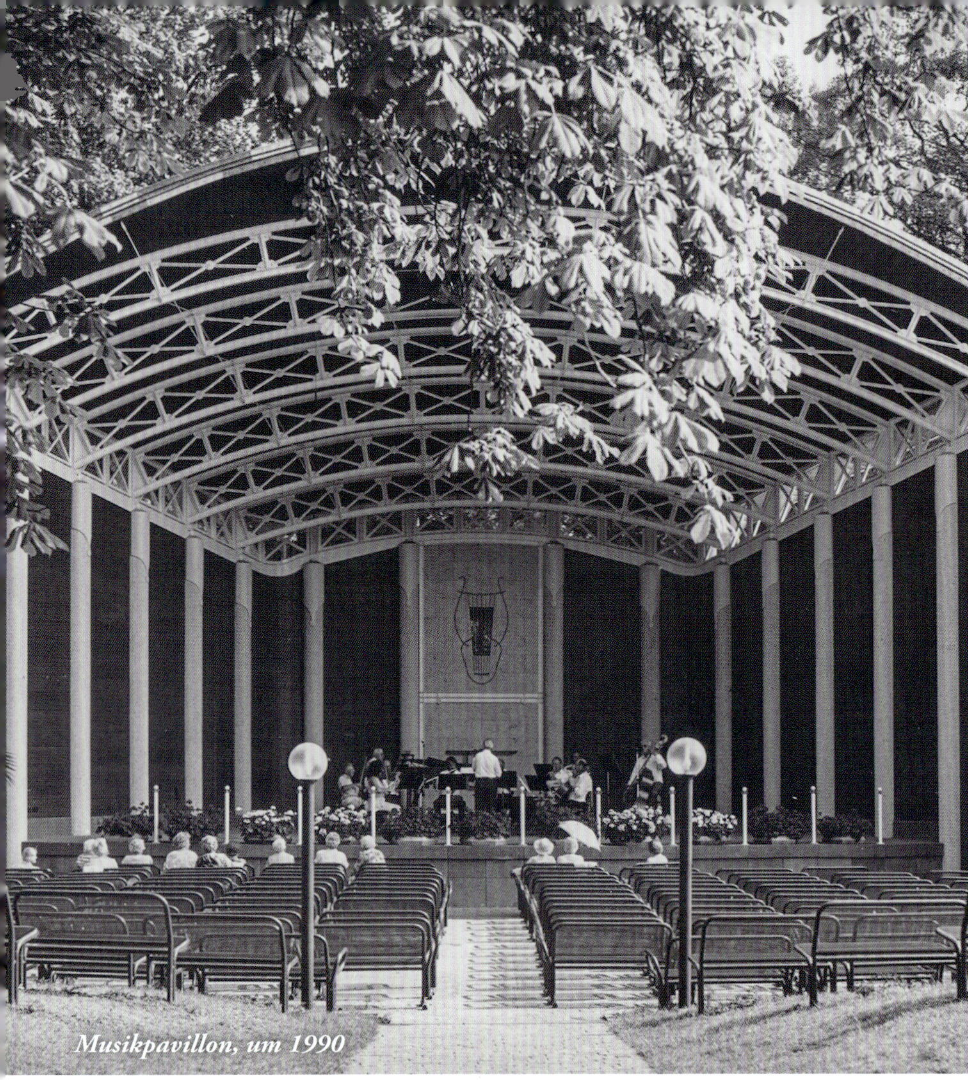
Musikpavillon, um 1990

Zum Schluss ein Walzer

„Nachmittags und abends gab es Konzerte, im Winter im großen Saal des Gesellschaftshauses und im Sommer im Freien. Vor dem halbkreisförmig überdachten Musikpavillon waren Stühle aufgestellt für Leute, die zuhören und sich nicht unterhalten wollten wie die Menschen auf der Terrasse an den Tischen. Der Tag kam, an dem ich lieber Musik hören wollte als spielen. Ich setzte mich auf einen der Stühle und war froh, als mir der Aufseher freundlichst sagte: „Du kannst bleiben. Gelt, du hörst gern Musik." (...) Das Nachmittagsprogramm umfasste acht Nummern mit einer Pause dazwischen. Den Beschluss bildete gewöhnlich ein Walzer. Es wurde gut musiziert unter Kapellmeister Kaempfert. Manchmal kam der kunstsinnige Banker Emils Sulzbach vorüber und nickte mir freundlich zu, wenn er mich andächtig sitzen sah. Ich glaube, er übte Einfluss auf die kultivierte Programmgestaltung aus", erinnerte sich eine Besucherin 1957.[86]

Unter der Regie der nationalsozialistischen Stadtregierung wurde die Musik im Palmengarten wieder ausgebaut. Zu den Nachmittags- und Abendkonzerten gesellten sich Frühkonzerte. Es gelang Limpert, den Ruf des Orchesters zu verbessern, wenn auch der Schwerpunkt im Programm nun auf volkstümlichen Symphoniekonzerten lag. Trotz des Ausbruchs des Zweiten Weltkrieges wurden die Konzerte bis 1944 fortgeführt.

Beim Bombenangriff im März desselben Jahres war allerdings der mittlerweile vierte Konzertpavillon am Gesellschaftshaus, 1935 noch mit einem großen Konzert eröffnet, abgebrannt. Nach der Rückgabe des Gartens durch die US-amerikanischen Besatzer 1949 bemühte man sich um einen Wiederaufbau des Pavillons. Doch die Stadt hatte dafür kein Geld. Also wandte sich der Palmengarten an Geldgeber wie den Hessischen Rundfunk und die Gewerkschaft ÖTV. Die Palmengarten-Mitarbeiter stellten zudem ihre Arbeitskraft kostenlos zur Verfügung und halfen mit, einen neuen Pavillon zu errichten. Am 3. Juli 1949 eröffnete das Palmengarten-Orchester unter Richard Limpert den schlichten Bau in Muschelform. Ab 1950 konnten die Zuhörer auf 300 neuen beigefarbenen Gartensesseln Symphoniekonzerten, Solistenabenden, Operetten, aber auch zeitgenössischen Kompositionen lauschen. Sonntags wurde nun wieder regelmäßig zu Nachmittags- und Abendkonzerten aufgespielt, ab 1955 unter der Leitung von Helmut Steinbach, der in seiner rund 40-jährigen Zeit als Orchesterleiter alleine rund 50 Uraufführungen im Palmengarten dirigierte. Auf der Tanzfläche vor dem Pavillon gab es zudem sonntägliche Ballett-Einlagen unterschiedlicher Tanzschulen, des Operhaus-Balletts und der Tänzer des Staatstheaters Wiesbaden.

Der Anstoß für den sechsten Musikpavillon kam 1986 von außen. Durch den Bau der U-Bahn an der Bockenheimer Landstraße wurde der Eingang zur Palmengartenstraße geschaffen. Im Zuge dessen konnte der Pavillon an die Grundstücksgrenze versetzt werden, wo er eine geringere Lärmquelle für die Nachbarschaft darstellte. Zwei Jahre zuvor war allerdings die Musikabteilung des Palmengartens in das städtische Kulturamt integriert worden. 1993, im Jahr des 125-jährigen Bestehens des Gartens, strich es dem Orchester, immer noch unter der Leitung von Steinbach, endgültig das Budget. Der Garten verlor damit eine tragende Säule seines ursprünglichen Konzeptes. Die Kultur lebt heute durch die Kooperationen mit Institutionen wie der Jazz-Initiative, der Kammeroper, der Hochschule für Musik und Darstellende Kunst oder dem Mousonturm weiter. Und ebenso im Papagenotheater, mit dem sich der Schauspieler Hans-Dieter

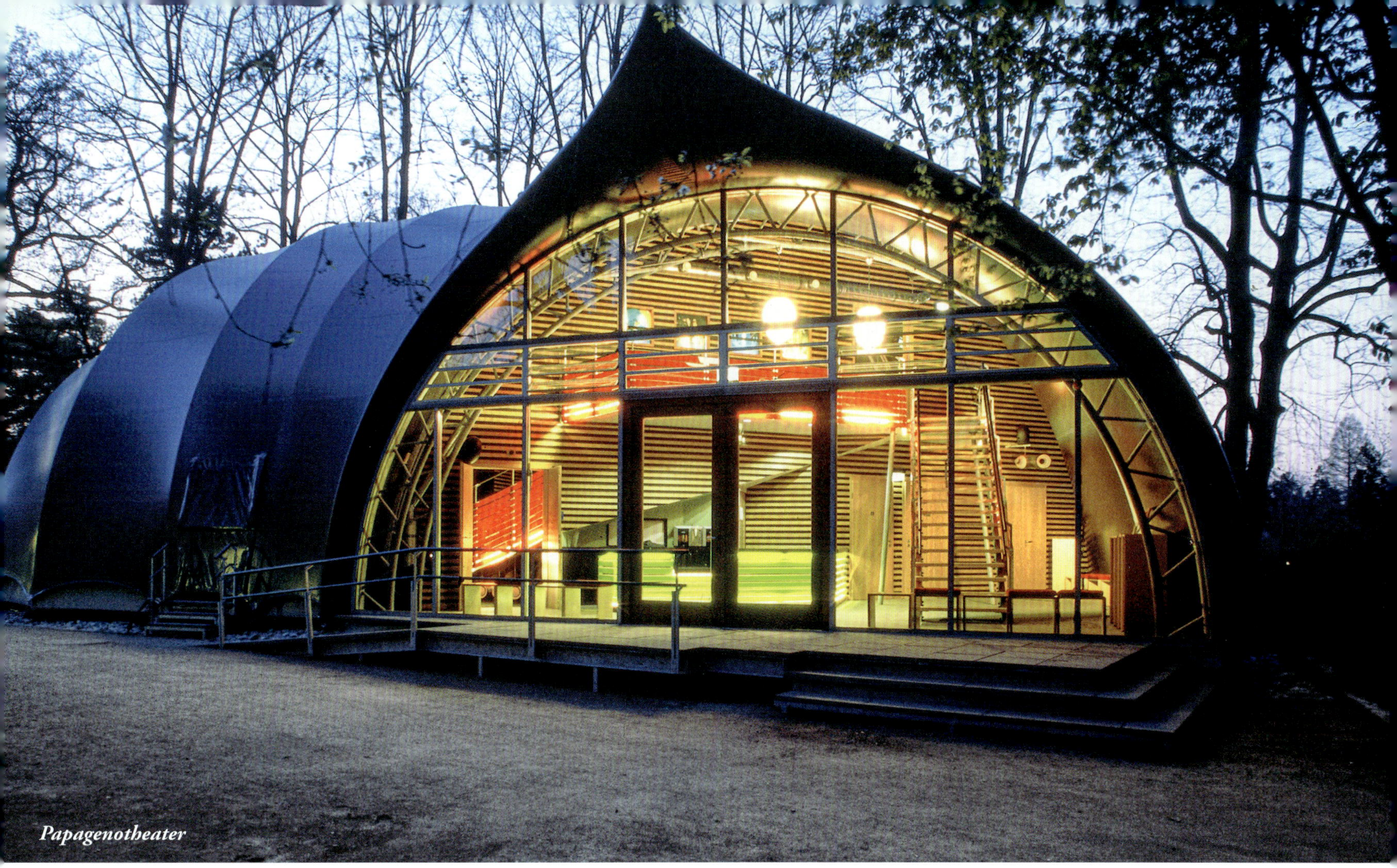
Papagenotheater

Maienschein einen Traum erfüllte und nun seit gut 20 Jahren im Garten Musiktheater für Kinder und Erwachsene inszeniert. Dank eines großzügigen Mäzens entstand am Großen Weiher 2003 für eine Million Euro ein modernes festes Theaterzelt, in dem heute gespielt wird.

Und natürlich auch in Form der bildenden Kunst, die schon früh Einzug in den Garten hielt. So stand südlich des Großen Weihers bereits in den Anfangsjahren eine Künstlerhalle, die für Gemäldeausstellungen genutzt wurde. Sie war 1872 entstanden, wurde aber 1883 wegen Baufälligkeit bereits wieder abgebrochen. Nicht jeder Besucher war von den ausgestellten Werken angetan: „Dort sind zwei Schlachtenbilder zu sehen. (...) Insgesamt ist diese Ausstellung eher ein Verkaufsladen für bemalte Leinwände." [87] Die Kunst kam aber spätestens mit den Skulpturen in den Garten, die wohlhabende Familien wie die Rothschilds und Bethmanns der Palmengarten-Gesellschaft schon ab dem Jahr 1892 stifteten. Die Rothschild'sche Pluto-Figur stand anfangs prominent gegenüber dem Eingang an der Westseite des Gesellschaftshauses, heute wacht der Gott inmitten der schönen Magnolien an der Villa Leonhardi über das Totenreich. Die zahlreichen Frauenfiguren im Garten – ob Flora, Tänzerin oder Eva – sind ebenfalls Schenkungen von Menschen, die dem Palmengarten verbunden waren oder es noch sind. Seit 1915 steht etwa die Märchenerzählerin aus Muschelkalk im Garten. Die 1,40 Meter hohe Skulptur des Bildhauers Joseph Kowarzik wurde einst von der Stadt Frankfurt zu Ehren von Goethes Mutter Catharina Elisabeth, genannt Frau Aja, in Auftrag gegeben. Sie zog mehrmals um und hat seit 1999 ihren Platz im Goethe-Garten gefunden. Die 1925 in dreifacher Ausfertigung gegossene „Eva" mit dem Apfel in der Hand stammt von dem bekannten Frankfurter Bildhauer Fritz Klimsch, einst Mitbegründer der Kunstvereinigung Berliner Secession, dessen Frauenfiguren auch im Städel, im Museum Giersch und vor dem Casinogebäude der Universität im Westend zu finden sind. Der NS-Reichsminister Joseph Goebbels soll die „Eva" gekauft haben, die Familie des Künstlers kaufte sie später zurück. Heute steht die Figur im historischen Palmenhaus.

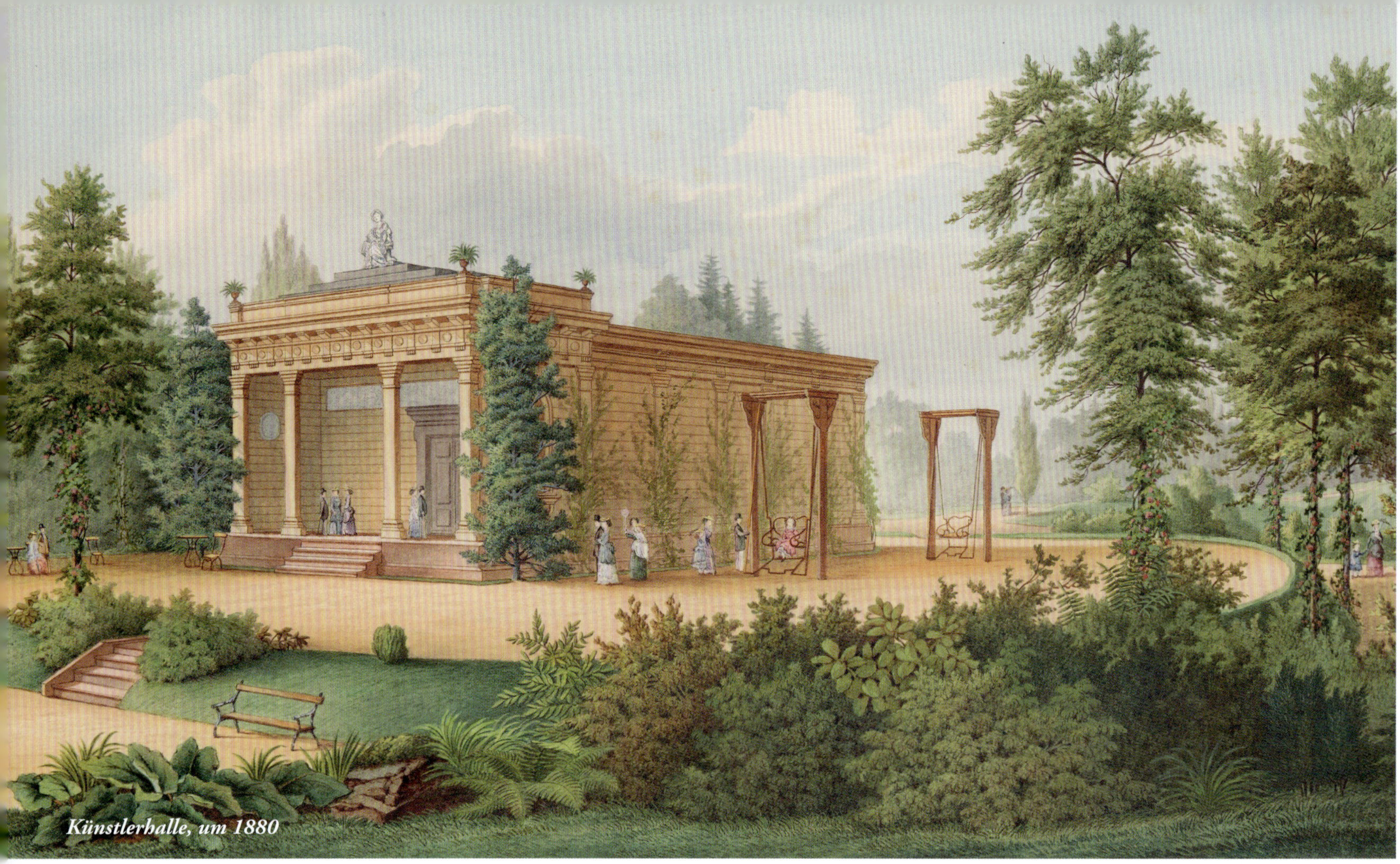

In den 1960er Jahren kamen afrikanische Steinskulpturen in den Garten, die der Künstler Frank McEwen den Europäern in einer Ausstellung nahebringen wollte. Mehrere Shona-Kunstwerke aus Simbabwe, geschaffen aus dem dort häufig vorkommenden Serpentinstein, fanden dank einer privaten Stifterin einen festen Platz im Garten, so auch eine 90 Zentimeter große „Afrikanische Frau" der Bildhauerin Colleen Madamombe, die an der Westseite des Hauses Rosenbrunn steht. Die Handwerkskammer Rhein-Main und die Iduna-Versicherung stifteten 1994 anlässlich der 1200-Jahr-Feier der Stadt die Figur „Der bescheidene Beter", die zwischen Großem Weiher und Liegewiese zu sehen ist. Spätestens ab 1999, als der Palmengarten mit Karin Wittstock eine Kulturmanagerin einstellte, kamen regelmäßige Kunstausstellungen, die mit der jeweiligen Botanik korrespondierten, hinzu. Es hingen etwa zur Orchideenschau oder zu den Herbstblumen entsprechende Gemälde, Fotografien und Gedichte in den Galerien und es wurde sogar Theater gespielt, wie etwa in Form einer Shakespeare-Einlage zur Rosenschau 2016, die auf die seitdem regelmäßig im Sommer stattfindenden Auftritte der Gruppe im Botanischen Garten hinwies.

2018 entstand eine neue Abteilung für Veranstaltungen und Kommunikation unter der Leitung von Patricia Germandi. Die Kulturmanagerin Anika Liebert kümmert sich darin um das Rosen- und Lichterfest ebenso wie um die Musik im Garten, Lesungen, Fotoausstellungen und Blumenschauen, egal, ob diese im Freiland, im Musikpavillon oder in den Schauhäusern und Gebäuden stattfinden. Eine der erfolgreichen Neuerungen seitdem ist ein Poetry Slam als Teil des Sommerprogramms im Musikpavillon. Zugleich wurde der Anspruch an die unterschiedlichen Projekte im Garten erweitert. „Es ist eines unserer Hauptanliegen, dass wir Kultur in den Garten bringen und dass Kultur auch etwas mit dem Garten macht, dass er also nicht nur Austragungsort ist, sondern ein Ort der Interaktion", stellt Dr. Katja Heubach, die Direktorin des Palmengartens, fest. Zu erleben war das beispielsweise im Herbst 2020 in dem Projekt „Moving Plants", das mit dem Kooperationsstudiengang Curatorial Studies der Goethe-Universität und der Hochschule für Bildende Künste – Städelschule verwirklicht wurde. Die Studierenden hatten dafür eine Ausstellung mit neun internationalen Künstlern kuratiert, die Film- und Soundarbeiten, Installationen, Fresken und Performances im Garten zeigten. Einige der Arbeiten waren vor Ort und in engem Austausch mit den Gärtnern und Botanikern des Palmengartens entstanden. So installierte etwa der New Yorker Künstler Graham Hamilton an drei Orten im Garten Bänke, die zugleich als Schaukästen dienten und in denen Schnittblumen langsam verwelkten, um das Zusammenspiel von kultiviertem Wachstum und natürlichem Verfall deutlich zu machen.

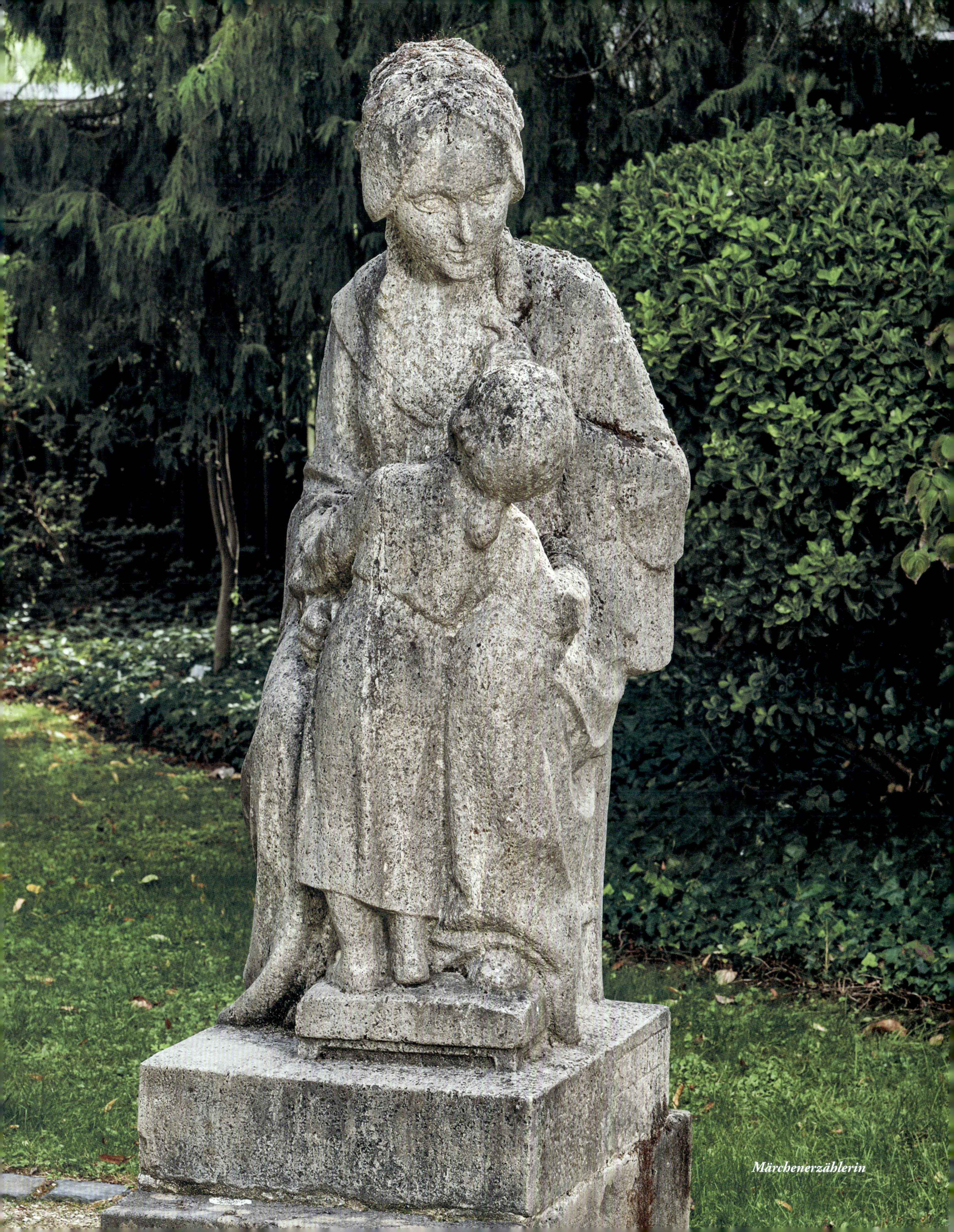

Märchenerzählerin

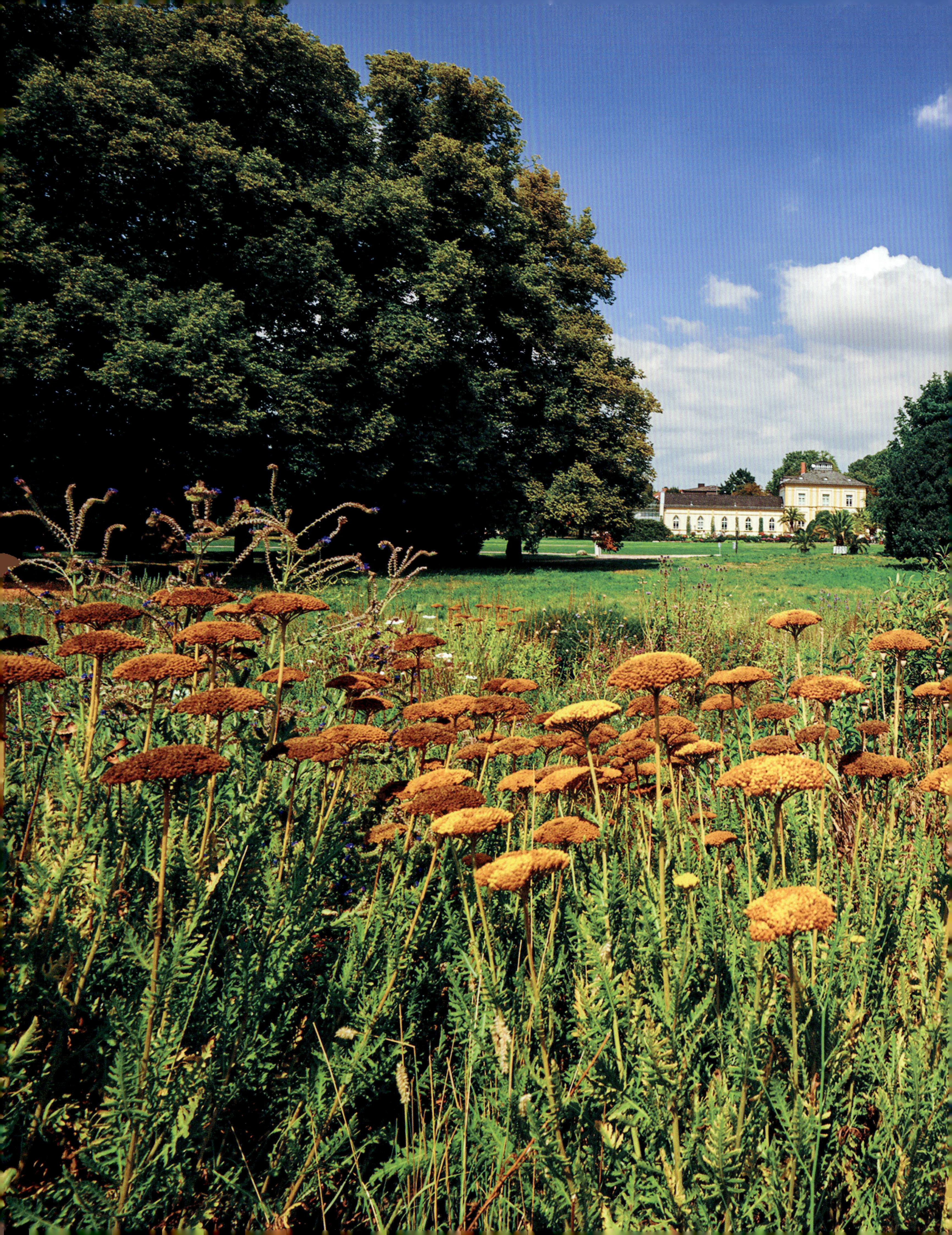

Ein Tag im Palmengarten

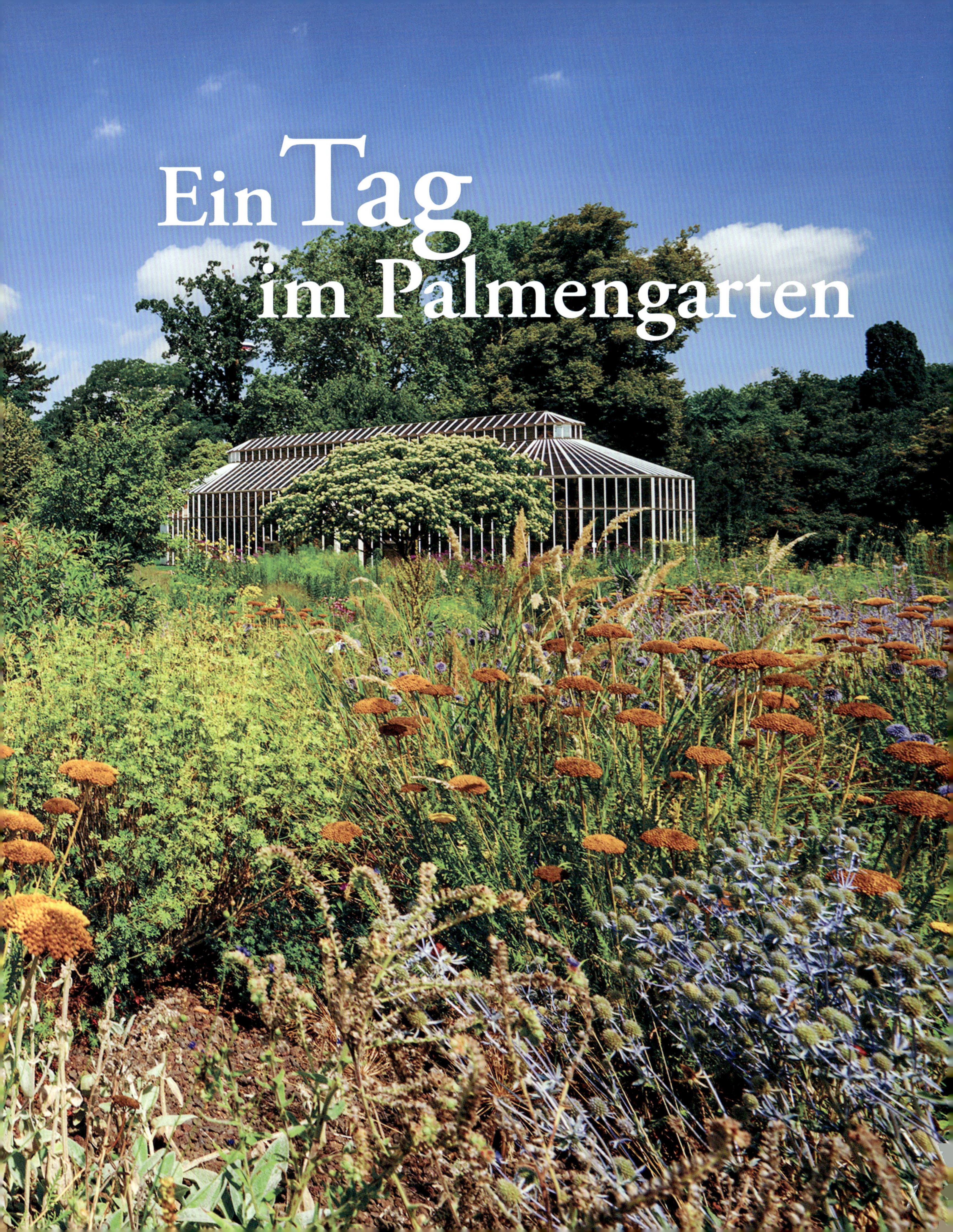

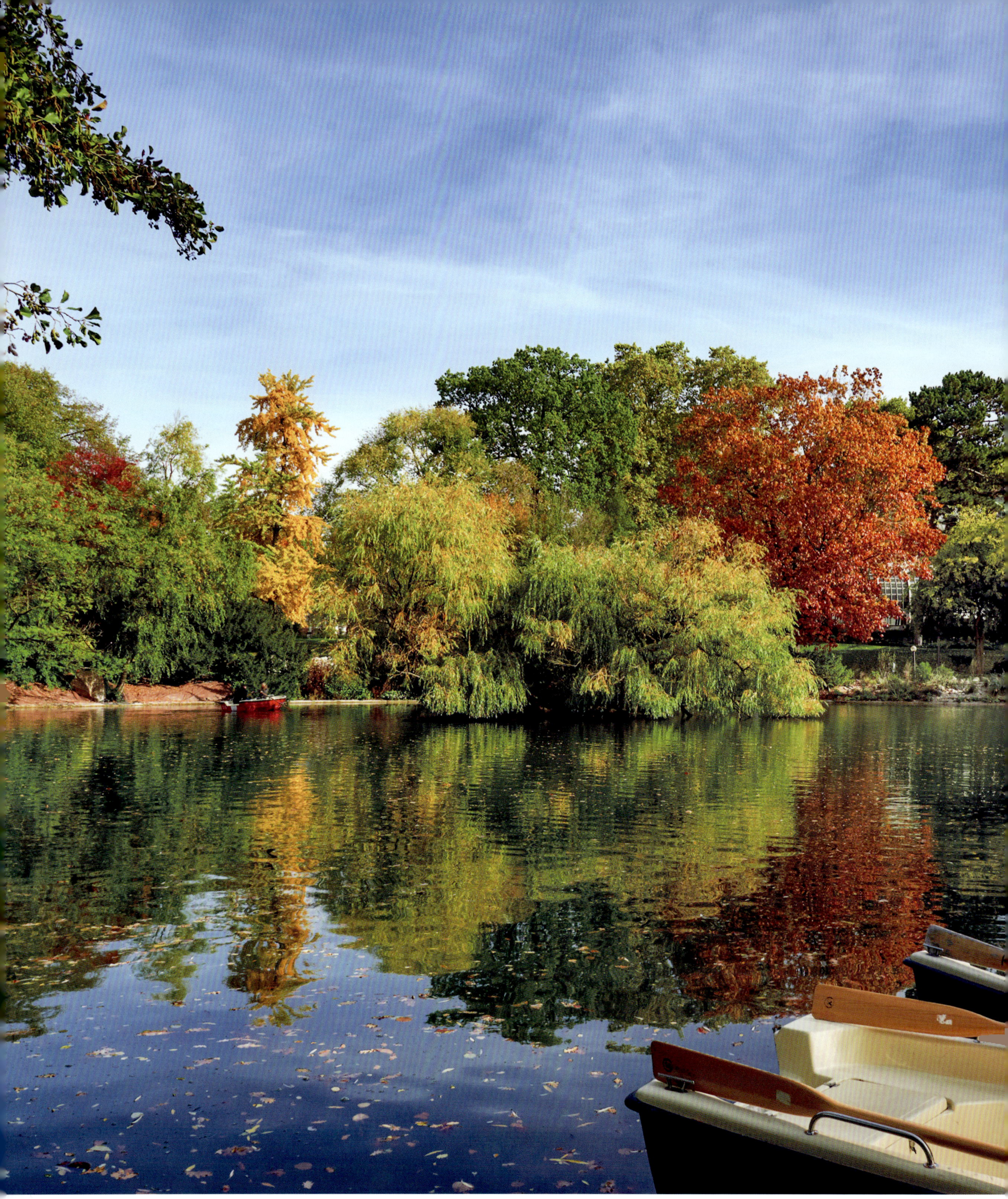

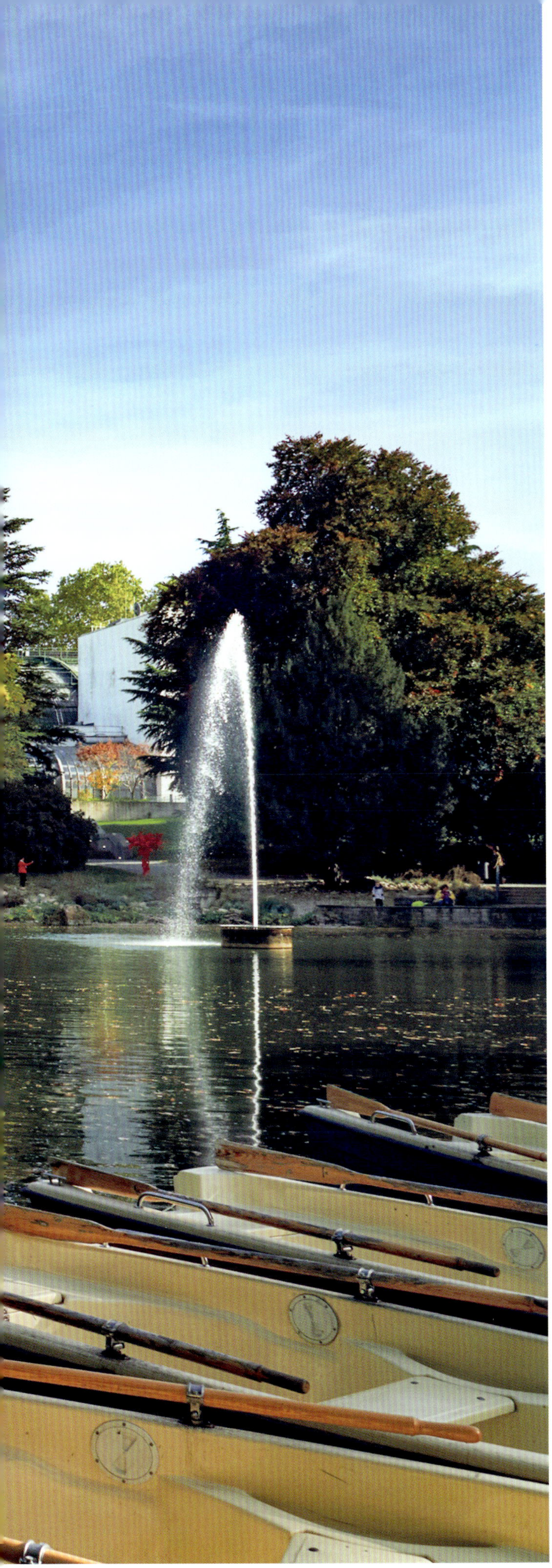

Gärtnern, gießen und genießen

Auf dem Großen Weiher patrouillieren drei Nilgänse. Die Wiesen des Palmengartens gehören um diese Zeit noch den Rabenkrähen. An einem Sommertag um 6 Uhr morgens öffnet Miroslav Tus seine Pförtnerloge am Betriebsgebäude. Die Schlüsselgewalt über den Garten hat er zwar nicht. Das große grüne Tor zur Miquelallee öffnet sich von selbst, per Zeitschaltuhr. Doch Miroslav Tus, der seit sechs Jahren im Palmengarten arbeitet, hat ein Auge auf die Mitarbeiter, die nun mit dem Fahrrad oder zu Fuß durch das Tor kommen, lässt Fremdfirmen und Lieferanten ein und muss darauf achten, dass keine Unbefugten auf diesem Wege den Palmengarten betreten.

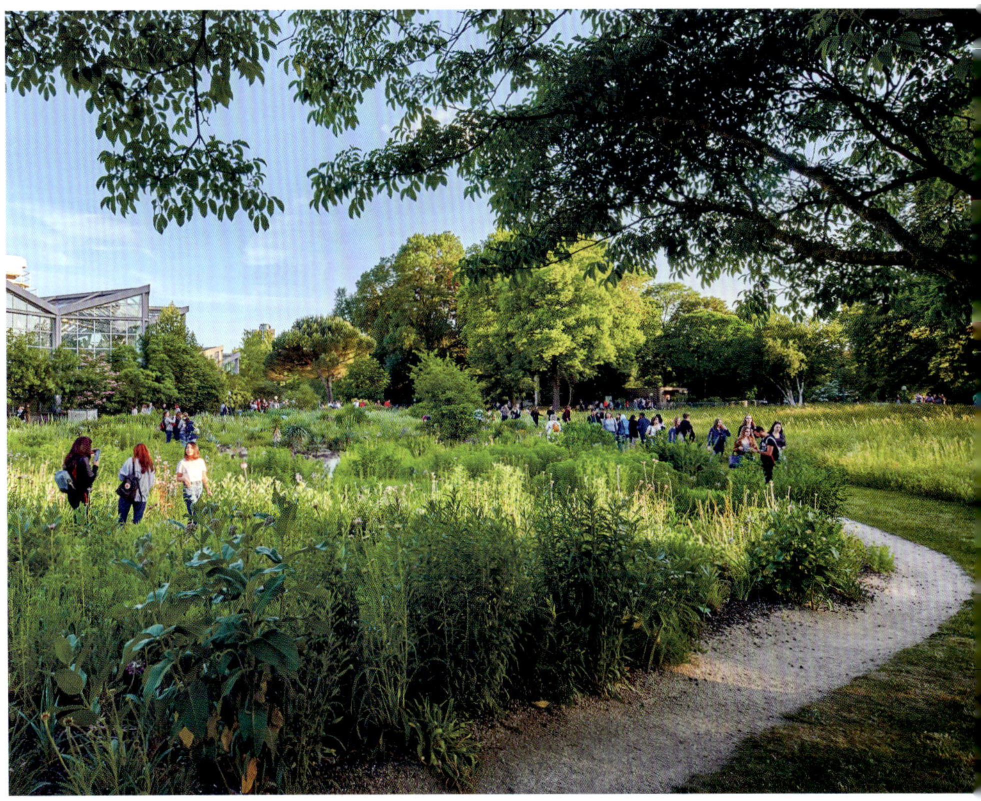

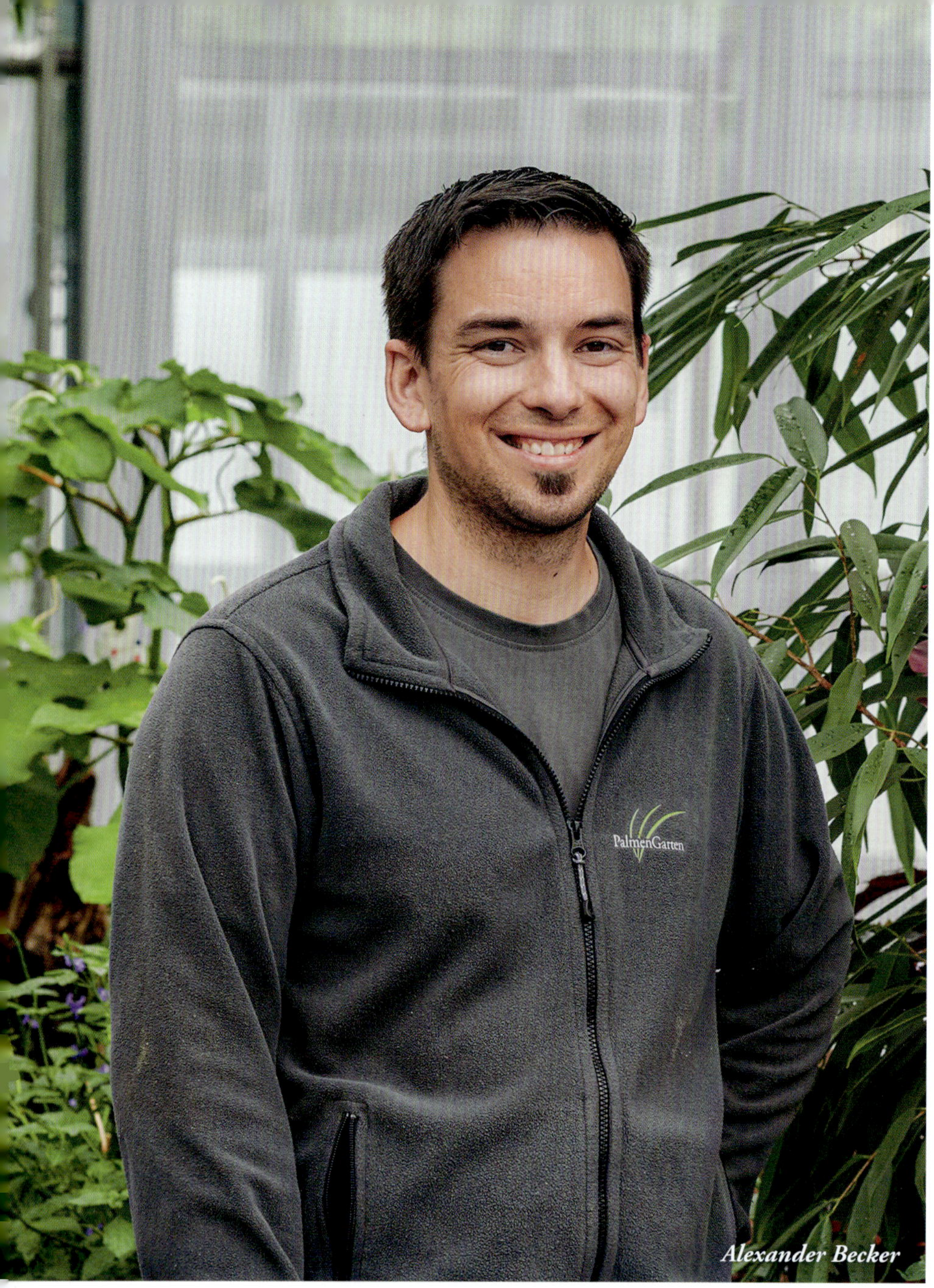

Alexander Becker

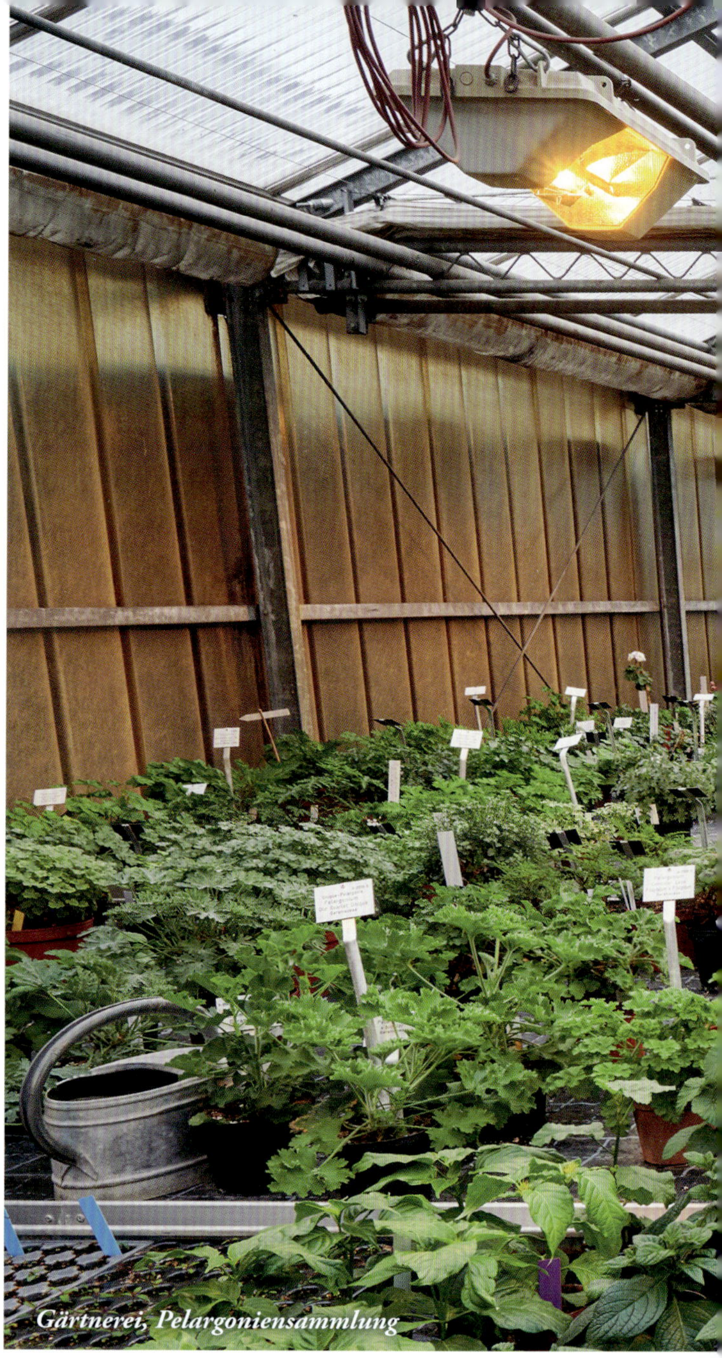
Gärtnerei, Pelargoniensammlung

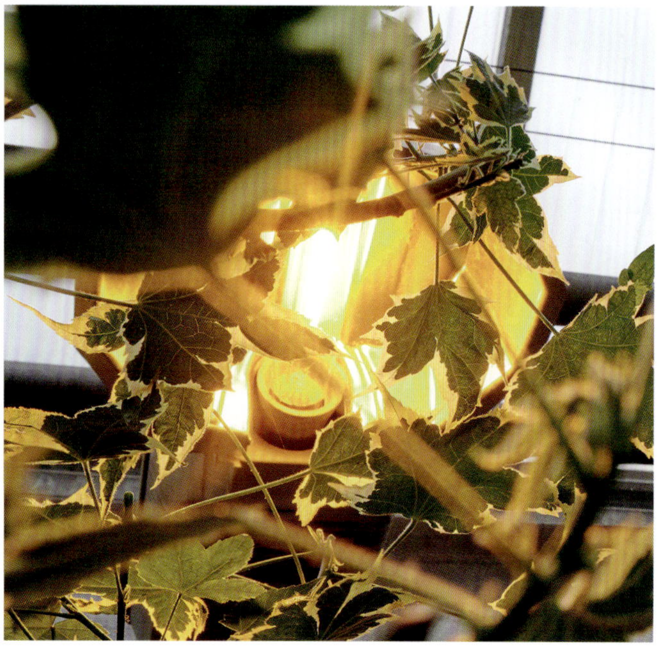

Alexander Becker ist unter den ersten Gärtnern, die ihre Arbeit aufnehmen. Er ist Vorarbeiter in den temperierten Häusern der Gärtnerei. Sein Weg führt ihn vom Betriebsgebäude aus ins Haus 18 der Gewächshäuser, vorbei an der australischen Fingerlimette und der Pomeranze, die er hegt und pflegt. Im vorderen Teil, unter einem alten Werbeplakat für Orangen, steht sein Schreibtisch. Er hat es aus der Zitrusausstellung vor ein paar Jahren gerettet. Zitruspflanzen sind sein Steckenpferd. Die entsprechende botanische Sammlung mit fast 100 verschiedenen Arten und Züchtungen hat er in den vergangenen Jahren neu aufgebaut. Doch sie macht nur einen Teil seiner täglichen Arbeit aus. An seinem Schreibtisch verschafft sich Becker morgens als erstes einen Überblick, welche Termine anstehen und was es zu tun gibt. Ein Blick in eine große Kladde hilft ihm dabei. Per Hand haben darin die Gärtner verzeichnet, wann sie bestimmte Pflanzen säen, wann düngen und wann zurückschneiden. Die Anzucht im Palmengarten ist häufig termingebunden. Die Arbeit

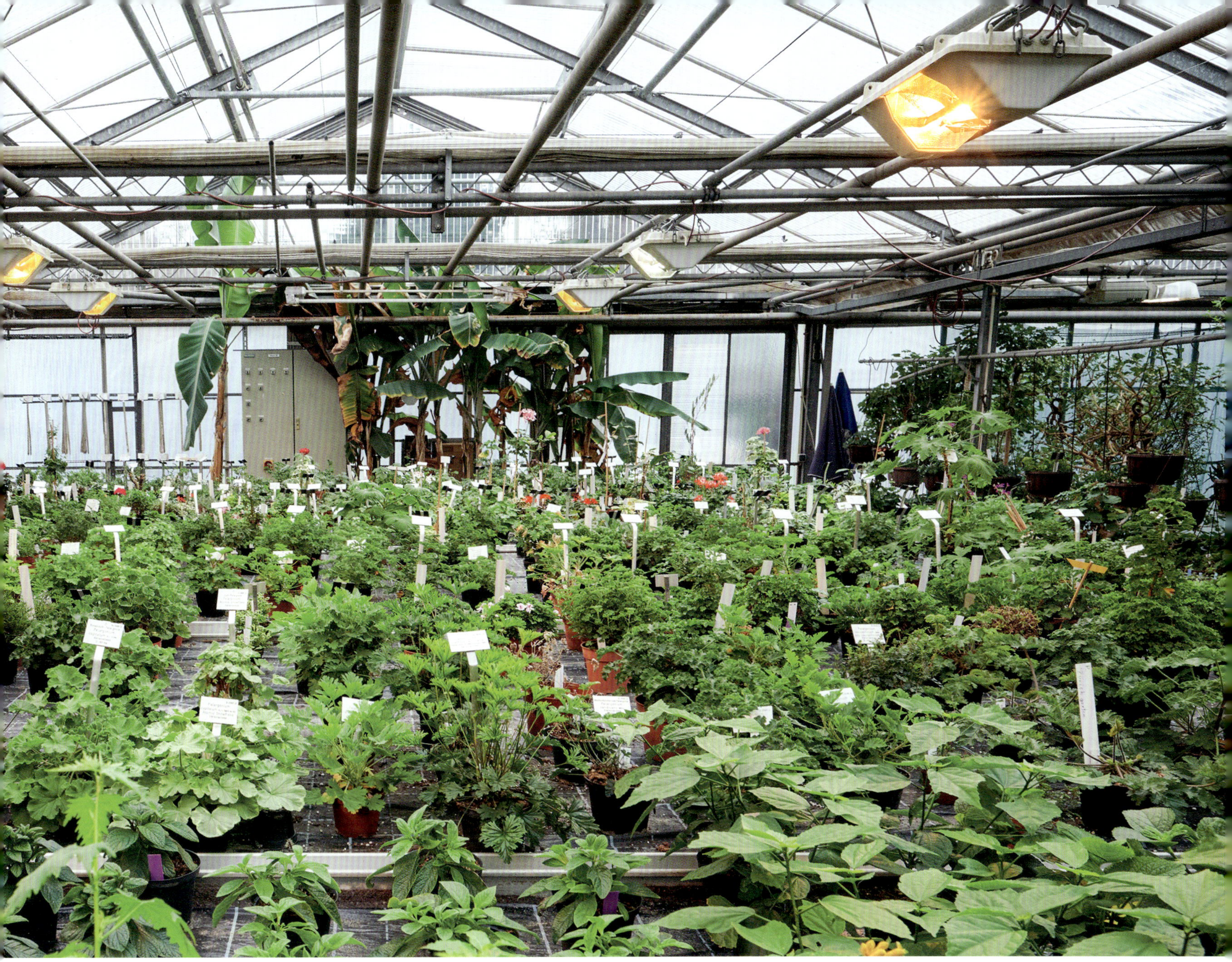

geht Hand in Hand mit den Teams der anderen Sachgebiete und ist zeitlich eng getaktet. Steht etwa im Herbst eine Erntedank-Ausstellung in der Galerie an, dann müssen die Pflanzen dafür pünktlich zur Verfügung stehen und entsprechend früh gezogen werden. Ein Blick in sein Heft und Alexander Becker weiß, dass etwa die goldgelb blühenden Johanniskrautpflänzchen in der 37. Kalenderwoche zum zweiten Mal gestutzt werden müssen. „Dann blühen sie pünktlich zur Ausstellung." Mit Dominik Heukemes, dem Leiter der Ausstellungsgalerien, hat er längst besprochen, wann die vorgezogenen Pflanzen fertig sein müssen. Am 14. September erwartet Heukemes sie dieses Jahr in der Galerie. Dann werden sie, auf alten Holztragen säuberlich aufgereiht, mit dem Fahrzeug von der Gärtnerei zum Palmenhaus gefahren. Sogar die Auswahl für die Herbstblumenausstellung im nächsten Jahr ist schon getroffen: 4.500 Töpfe mit Chrysanthemen verschiedenster Sorten sollen es sein.

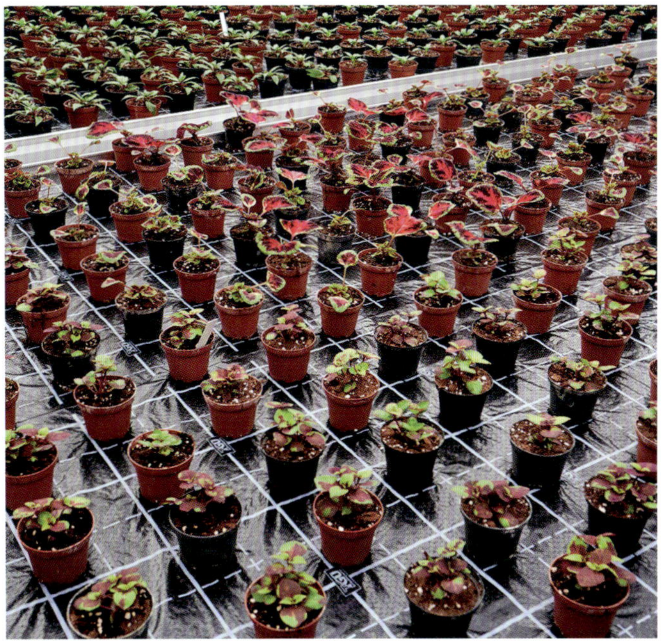

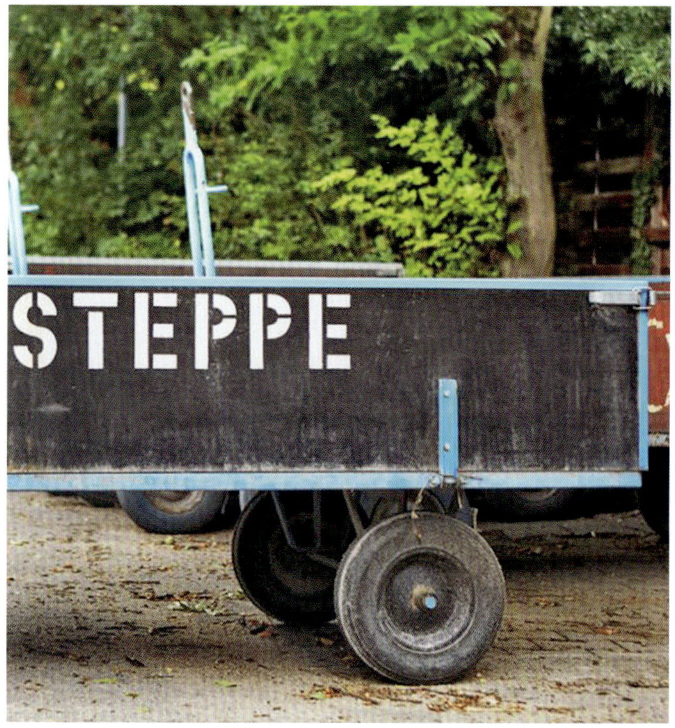

Als Christiane Meffert eine halbe Stunde später durchs Tor kommt, regnet es in Strömen. Im Betriebsgebäude zieht die Freiland-Gärtnerin ihre trockene Gartenkleidung an. Sie freut sich über den Regen, der ihr an diesem Tag in ihrem Revier, der Steppe im Freiland, viel Arbeit erspart. Denn bei den heißen Temperaturen der vergangenen Sommer besteht ihre Hauptaufgabe derzeit aus Gießen. Es sei denn, es regnet, so wie heute. Mit ihrer Kollegin Marlene Schreiner, die mittlerweile auf ihrem rosafarbenen Fahrrad ebenfalls durch das Tor gerollt kam, trifft sie sich in einem der Gewächshäuser der Gärtnerei. Beide haben sie eine Ausbildung zur Zierpflanzengärtnerin absolviert, Marlene Schreiner sogar im Palmengarten selbst. Ihr Vorarbeiter Frank Rotter kommt vorbei. Er weist gerade die beiden Saisonkräfte ein, die eigentlich Unkraut im Freiland jäten sollten und nun bei dem Regen in den Gewächshäusern eine Aufgabe erhalten. Rotter hat bereits das Fahrzeug aus der Halle geholt, den Anhänger mit der Aufschrift „Steppe" mit Werkzeug beladen und zum gleichnamigen Areal gefahren, wo die beiden Frauen heute den Tag verbringen werden – wenn es denn aufhört zu regnen.

Kaum ist das der Fall, macht sich Christiane Meffert auf den Weg zu den Schwänen. „Die Tiere haben Junge, da schaue ich nach dem Rechten." Das Schwanenpaar, das im Frühjahr erst im Palmengarten eingezogen ist, steht bereits auf dem Weg vor dem WC-Mitte und wartet auf den frühen Besuch. Doch als im Hintergrund die Jungschwäne auftauchen, faucht der männliche Schwan die Gärtnerin plötzlich an. „So ein undankbares Tier", scherzt sie, zieht sich zurück und geht an ihre Arbeit in der benachbarten Steppenwiese.

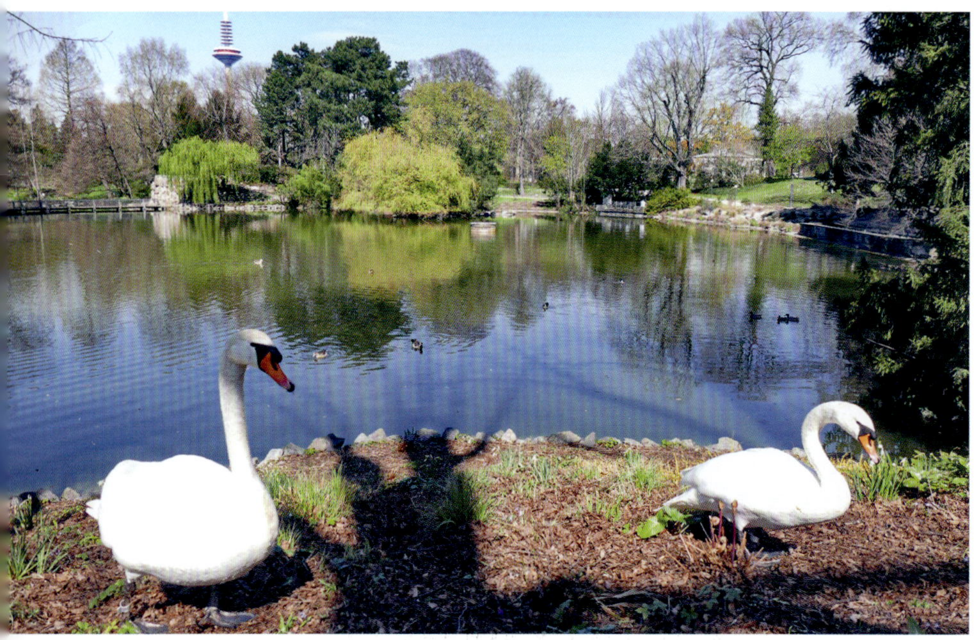

Timo Riering schwingt derweil den Besen. Der Gärtnermeister in den Feuchten Tropen hat es heute etwas eilig. Weil seine Kollegin im Urlaub ist, muss er gleich zwei Schauhäuser des Tropicariums in Ordnung bringen und gießen, bevor um 9 Uhr die ersten Besucher kommen. Die 600 Quadratmeter Tiefland-Regenwaldhaus, für die er eigentlich zuständig ist, machen, was das angeht, nicht ganz so viel Arbeit. Die Pflanzen dort sind das ganze Jahr über üppig grün – kein Wunder bei konstant 23 Grad Celsius und mindestens 70 Prozent Luftfeuchtigkeit. Einmal in der Woche muss Timo Riering die Pflanzen zurückschneiden, die über den Weg wuchern oder sonst zu groß werden. Wenn es einmal im Jahr den Baumriesen an die Äste und Blätter geht, wird es allerdings anstrengend. Dann steht er auf der Hubarbeitsbühne in 15 Metern Höhe und stutzt mehrere Meter lange und entsprechend schwere Palmwedel. „Dazu ist es da oben ziemlich heiß", erzählt er.

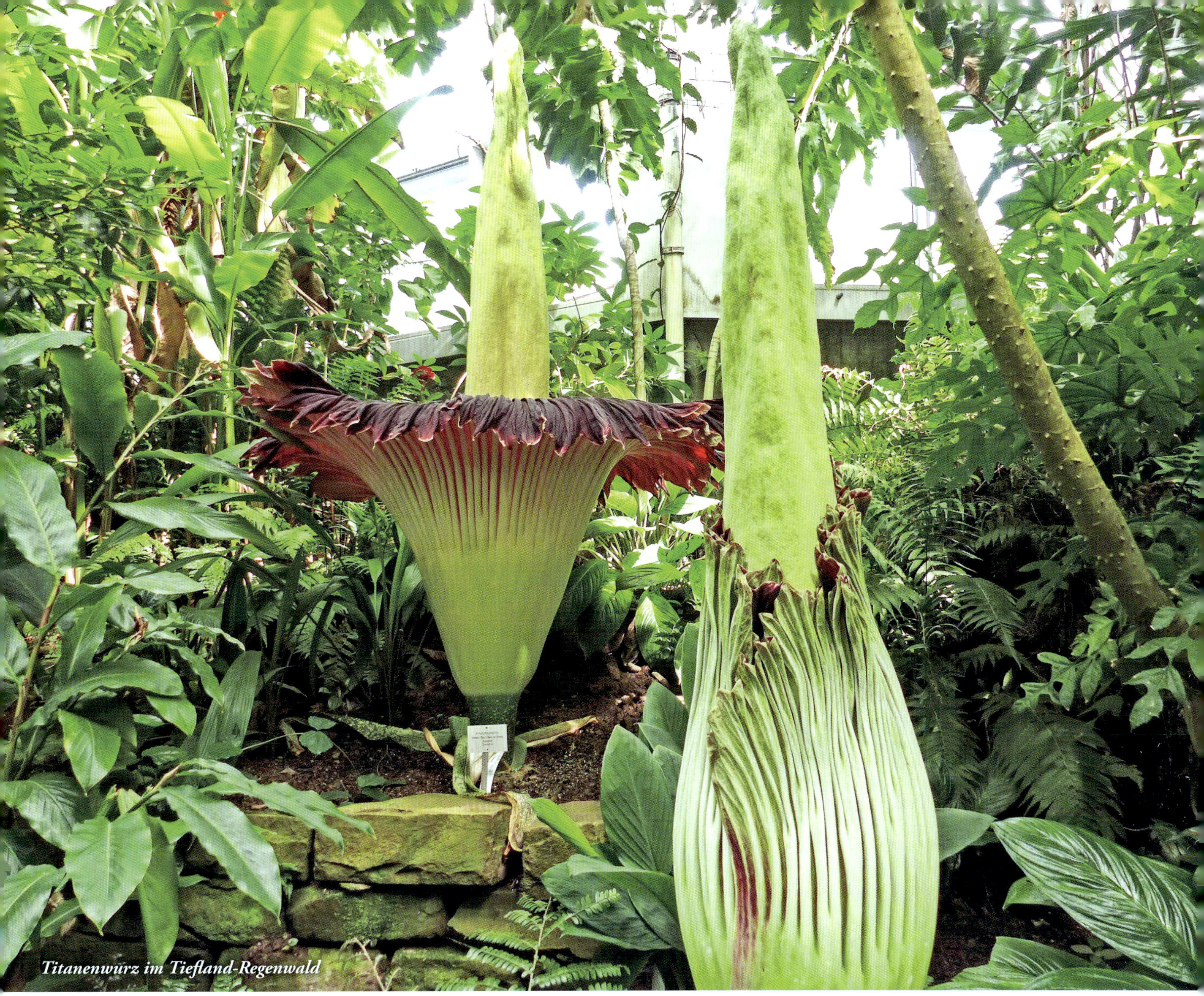

Titanenwurz im Tiefland-Regenwald

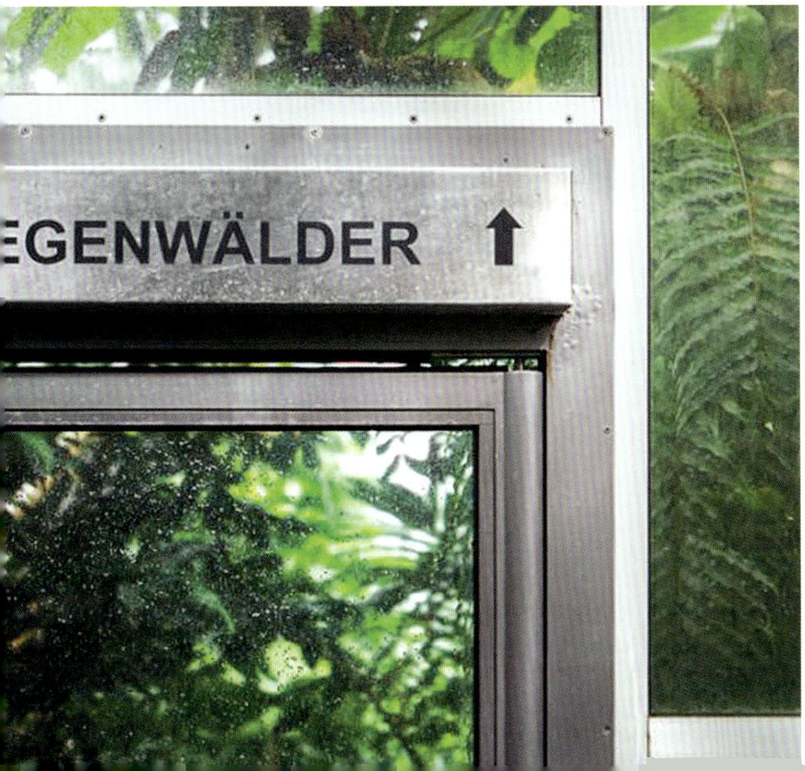

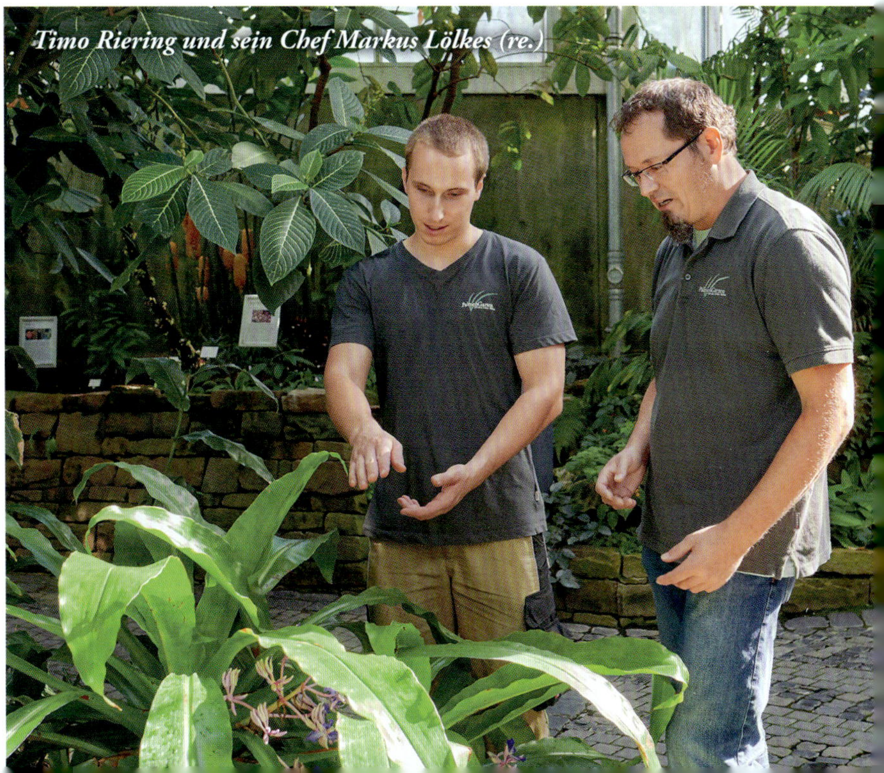

Timo Riering und sein Chef Markus Lölkes (re.)

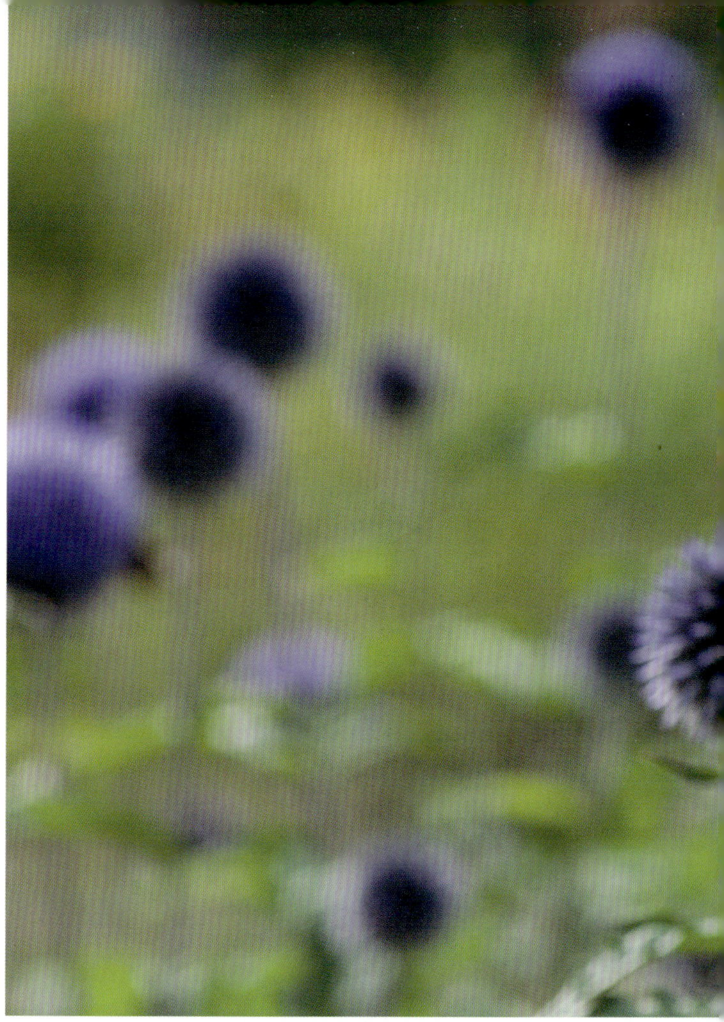

Die Pflanzen im Monsun- und Passatwaldhaus seiner Kollegin sind dagegen verschiedene Jahreszeiten gewöhnt. In der Trockenzeit verlieren sie ihr Laub. Die gelben Blätter des Koralleneibisch und anderer Gehölze des Monsunwaldes, die auf dem Weg liegen, müssen deshalb täglich zusammengekehrt werden. „Ich gehe mit den Augen eines Besuchers durch das Haus, es soll alles gepflegt sein", sagt Riering und zupft ein welkes Blatt von der Coccothrinax-Palme. In den Beeten lässt er einzelne Blätter durchaus mal liegen, damit es natürlicher aussieht. Den Rest kehrt er auf, bevor er die langen Schläuche den Weg entlangzieht und die Pflanzen wässert – mit angewärmtem Wasser, versteht sich. „Es hat 20 Grad Celsius. Zu kaltes Wasser würde den Pflanzen schaden." Heute setzt er die Brause ein und befeuchtet vor allem die Blätter. „Das mache ich, um die Luftfeuchtigkeit zu erhöhen." Im Regenwald-Haus gießt er zweimal in der Woche. Stattliche 3.000 Liter Wasser braucht er dafür und ist damit fast zwei Stunden beschäftigt. Sorgfältig rollt er am Ende die Schläuche wieder ein und legt sie dicht an die Beetumrandung. Wenn die Besucher kommen, darf es keine Stolperfallen geben.

Christiane Meffert und Marlene Schreiner (re.)

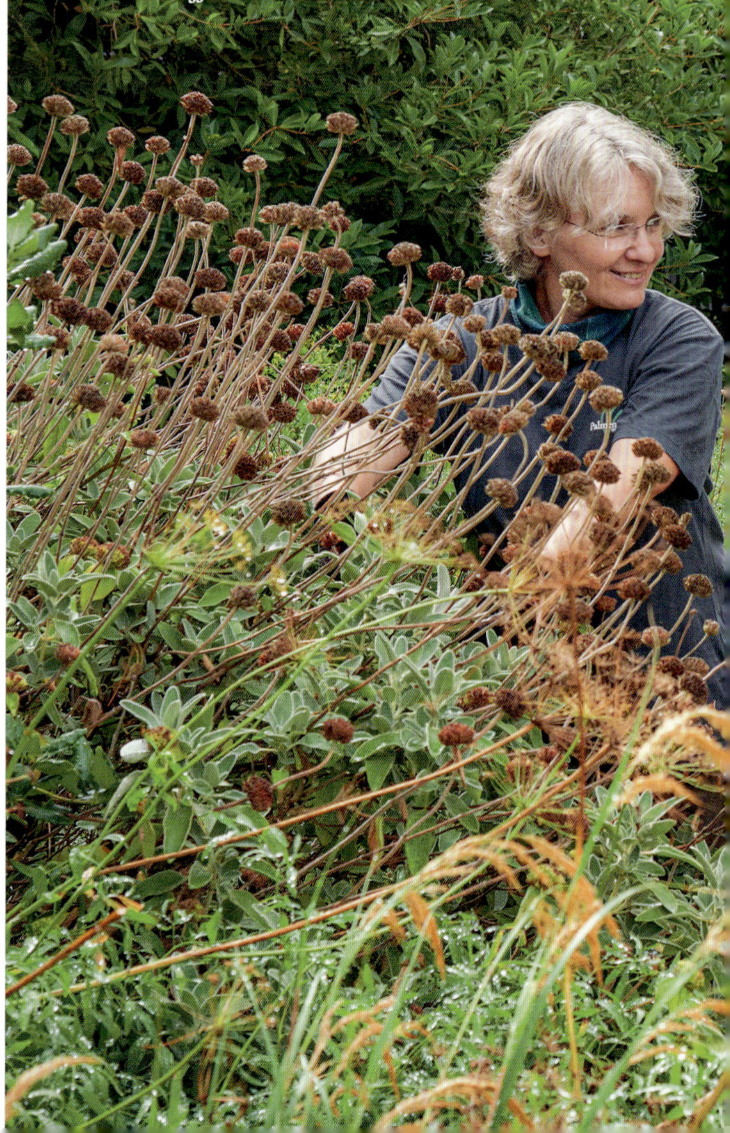

Um 8.30 Uhr kommt Bewegung in das bis dahin verwaiste Kassenhaus an der Palmengartenstraße. Alexander Wuttke hat sich die Kasse mit dem Wechselgeld geholt, kontrolliert, ob alles stimmt und fährt den Rechner hoch. Als er um Punkt 9 Uhr den Eingang öffnet, steht schon ein Mann davor und wartet, eingelassen zu werden. „Während der Woche passiert das oft, am Wochenende kommen die Leute eher später", sagt Wuttke, der seit 16 Jahren im Palmengarten arbeitet. Der erste Besucher des Tages läuft am Weiher entlang, wirft einen Blick zum Bootshaus hinüber, vor dem der Betreiber gerade den Steg abspritzt, und geht dann weiter Richtung Steingarten.

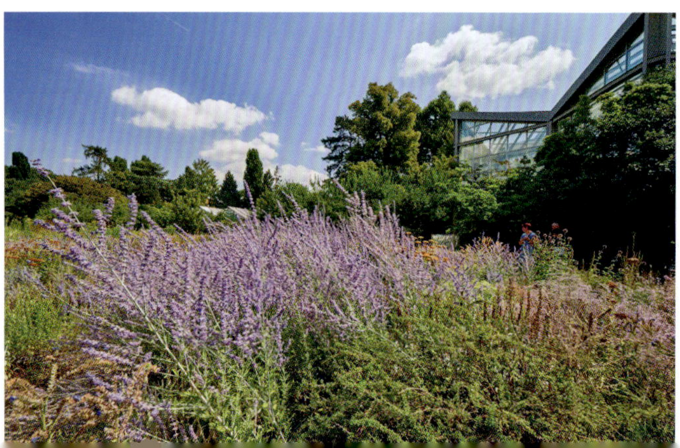

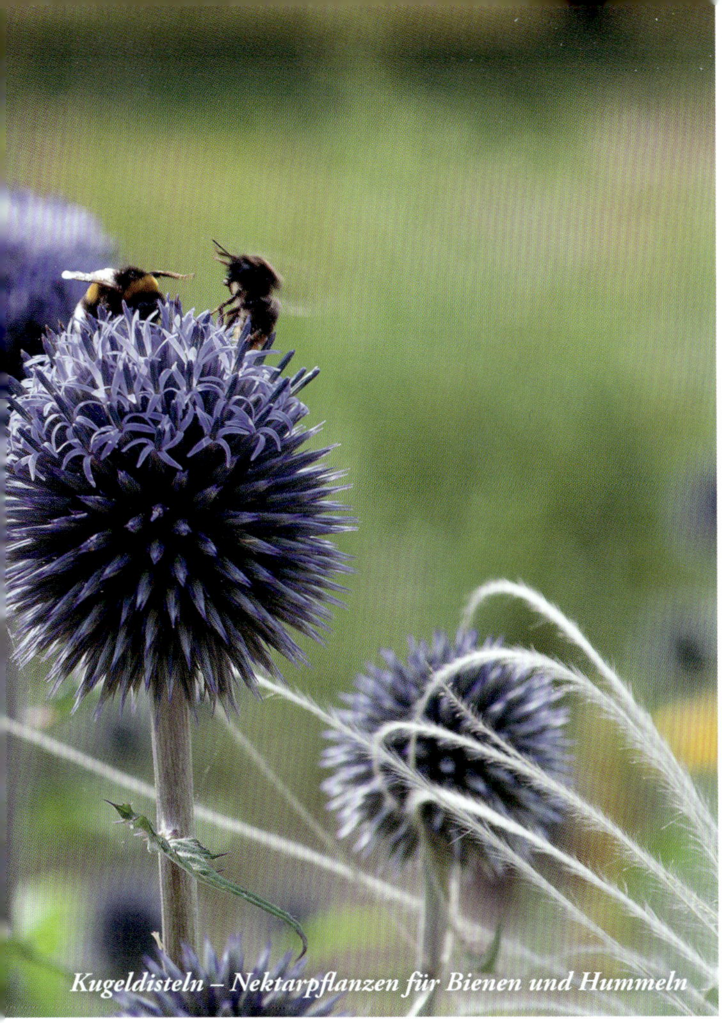

Kugeldisteln – Nektarpflanzen für Bienen und Hummeln

Ein Stück nördlicher, in der Steppenwiese, sind Christiane Meffert und Marlene Schreiner mittlerweile damit beschäftigt, die Lavendelsträucher zurückzuschneiden. Der intensive Duft nach Erde und frischer Wäsche ist schon von weitem wahrzunehmen. Die beiden Gärtnerinnen hatten zuvor diskutiert, ob sie dafür die manuelle Heckenschere oder die elektrische Variante nehmen sollten. Bei den dutzenden Stauden verursacht die eine mit der Zeit schmerzende Hände, die andere, wegen des mehrere Kilo schweren Akkus, Rückenschmerzen. „So ein Gerät ist nicht immer eine Erleichterung", sagt Meffert und sammelt die abgeschnittenen Blütenstände per Hand aus dem Beet.

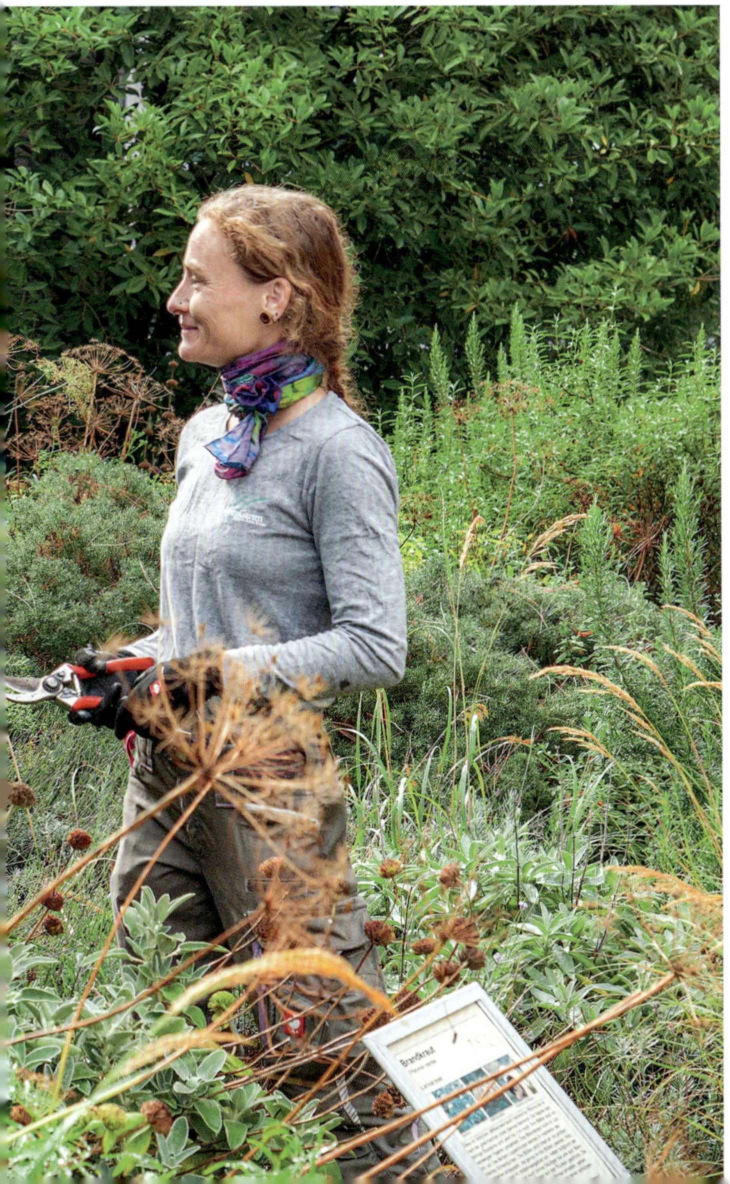

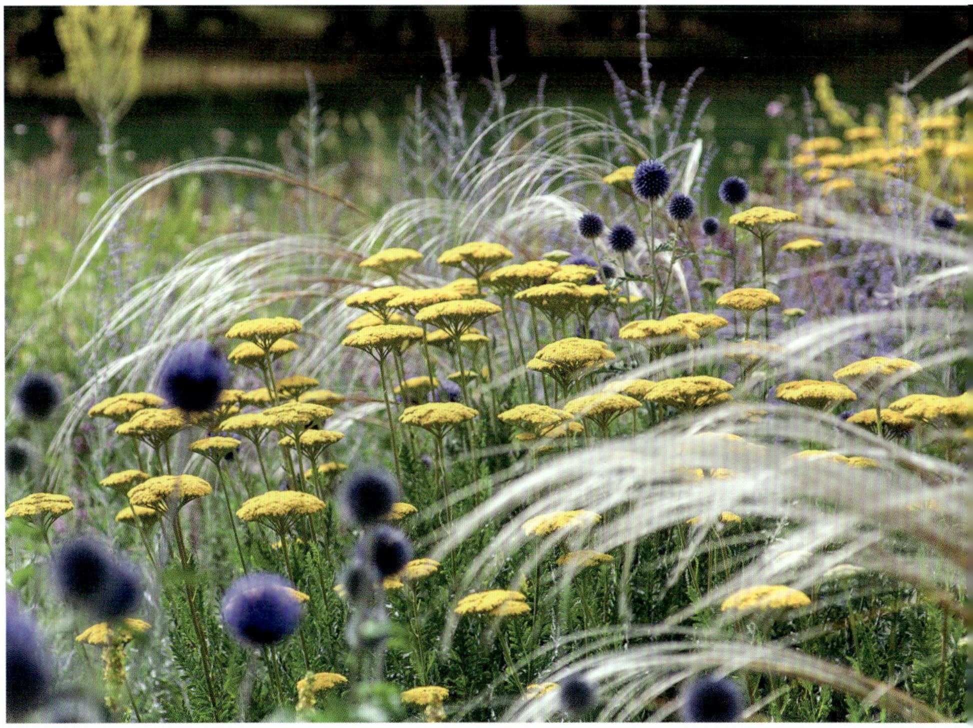

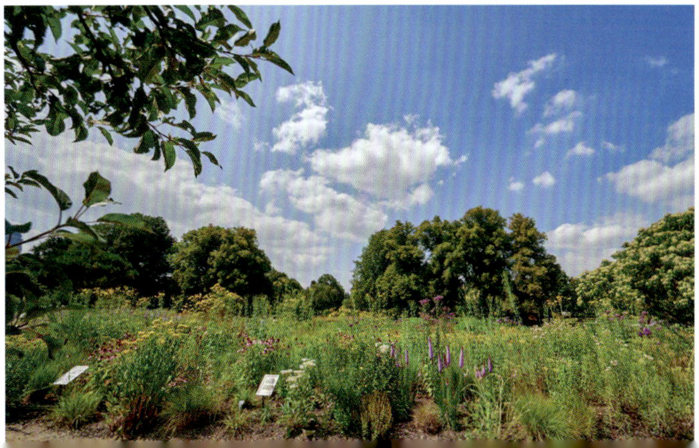

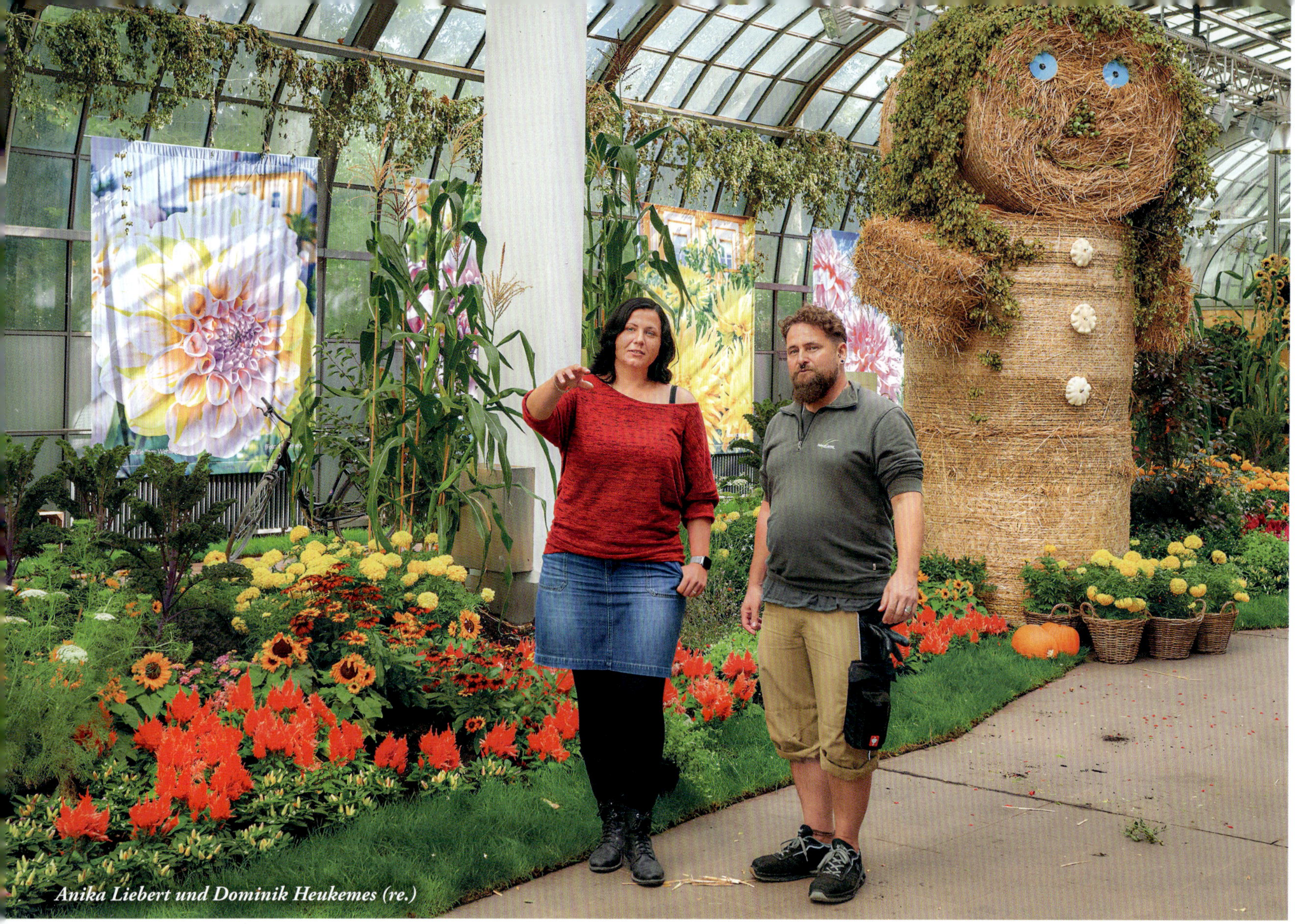

Anika Liebert und Dominik Heukemes (re.)

Um die 70 Gärtnerinnen und Gärtner sorgen vor und hinter den Kulissen des Palmengartens täglich dafür, dass die kostbare Pflanzensammlung gepflegt und die Anlagen für die Gäste attraktiv gehalten werden. Sie bemühen sich außerdem, ihnen in ihrem jeweiligen Bereich immer etwas Neues zu bieten. „Diese Pflanze habe ich hier noch nie gesehen", stellt die Botanikerin Hilke Steinecke bei einem kurzen Blick ins Tropicarium vor einer Palme erstaunt fest. Selbst für sie, die seit 25 Jahren im Garten arbeitet, gibt es dort noch etwas zu entdecken. Anders als in einem Museum verändern sich die lebenden Ausstellungsstücke nahezu täglich. Hilke Steinecke ist seit kurz nach acht Uhr in ihrem Büro. Ihr Fenster im Südflügel des Eingangsschauhauses steht im Sommer fast immer offen. Sebastian Klimek, Leiter der Pressestelle, schiebt um 9.20 Uhr sein Fahrrad vorbei, auf dem Kopf eine Bianchi-Kappe, wie sie Jan Ulrich einst getragen hat. Er hat auf seinem Weg zur Arbeit schon rund 20 Kilometer zurückgelegt. Eine kurze Absprache mit der Kollegin folgt, die am nächsten Tag ein Team des Hessischen Rundfunks durch den Garten führen soll. Dann schiebt Klimek sein Rad Richtung Tropicarium weiter, dort, wo mehr als 100 Jahre zuvor noch mitten im Garten Radrennen ausgetragen wurden. Mit der Historie der Institution kennt Hilke Steinecke sich aus. Sie schreibt unter anderem die Texte für die Informationstafeln und macht Führungen durch den Garten. An diesem Tag hat sie schon das neue Palmengarten-Heft konzipiert. Nun eilt sie zur Sitzung mit der Palmengarten-Direktorin Katja Heubach und Patricia Germandi, der Chefin der Abteilung Kommunikation und Veranstaltungen, um die für das kommende Jahr geplante Orchideenausstellung zu besprechen.

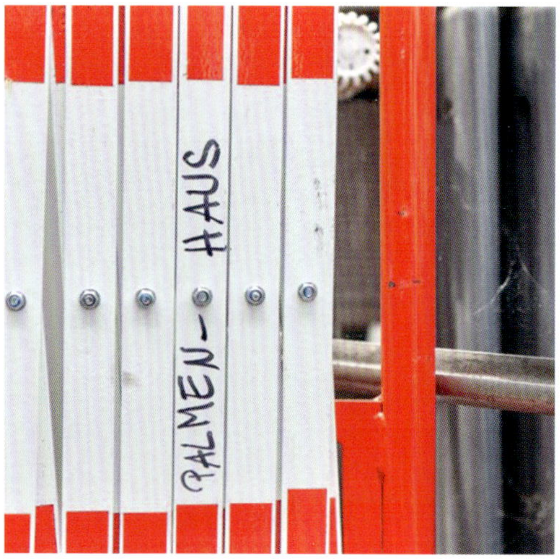

Vor zehn Uhr ist die Direktorin des Gartens in keiner Sitzung anzutreffen, auch wenn sie in der Regel bereits seit halb acht Uhr in ihrem Büro ist. „Ich habe Anweisung gegeben, bis dahin in Ruhe meine E-Mails bearbeiten und mich in Themen einarbeiten zu können", erzählt Katja Heubach. Denn danach ist daran kaum noch zu denken. Dann geht sie von einer Besprechung zur nächsten, trifft sich mit den Technikern, um Fragen zu den Gebäuden zu klären, spricht über das neue Konzept zur Pädagogik, konferiert mit der Abteilungsleiterrunde, dem Arbeitssicherheitsausschuss, bereitet mit einem Kollegen von der FES ein Pilotprojekt zur Gartenbewässerung vor, schaut in der „Marienkäferrunde" vorbei oder kümmert sich um andere ihrer vielen Verpflichtungen. „Nachmittags nehme ich mir noch einmal 90 Minuten, um die Sitzungen vor- und nachzubereiten." Ihr Privileg ist es, bei aller Aufgabenflut einen der schönsten Arbeitsplätze Frankfurts zu haben. Im Sommer kann sie ihn wenigstens in ihrer Mittagspause genießen, wenn sie am Kleinen Weiher ihr Butterbrot isst oder ein Gespräch mit einem Kollegen kurzerhand bei einer kleinen Gartenrunde führt.

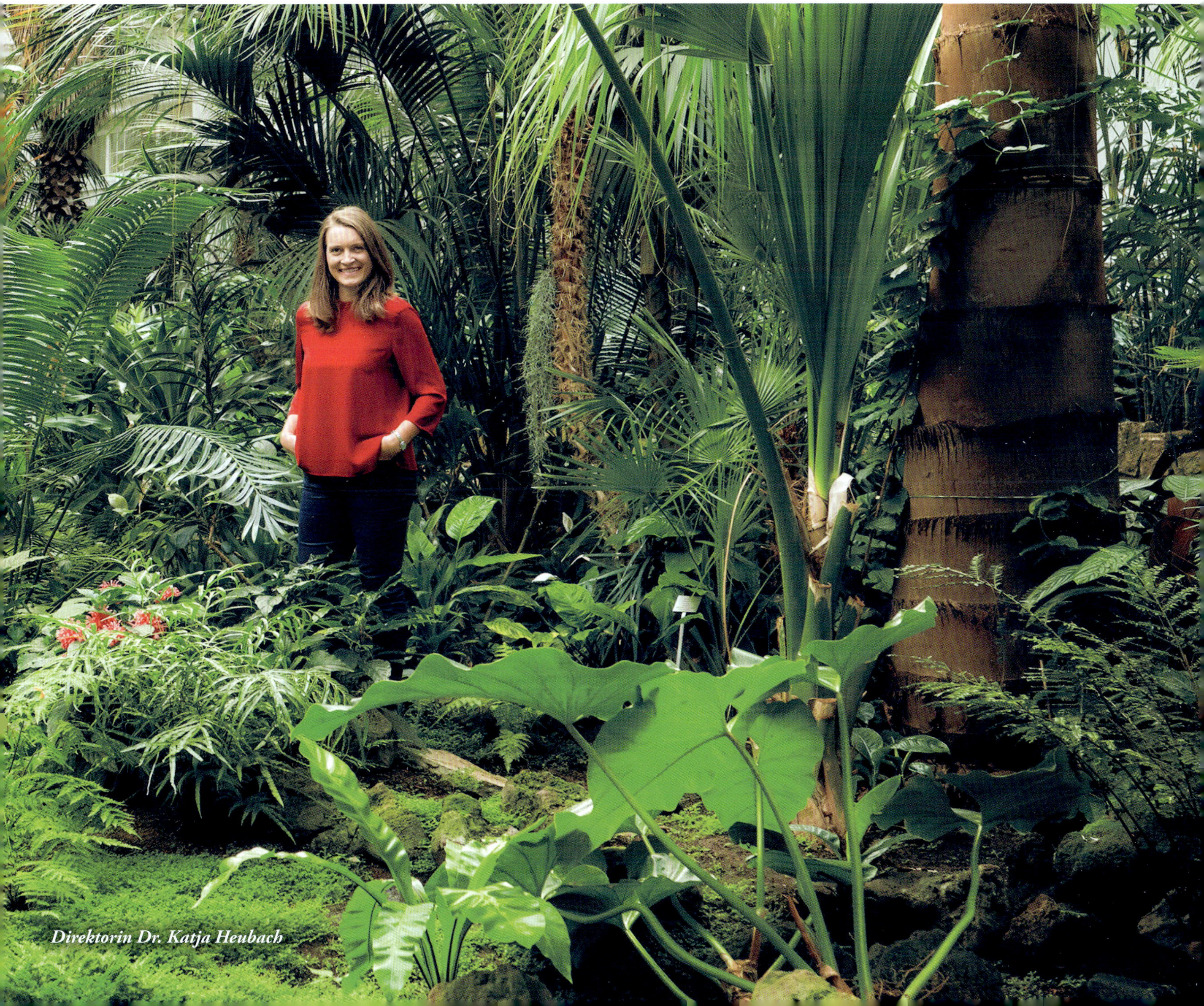

Direktorin Dr. Katja Heubach

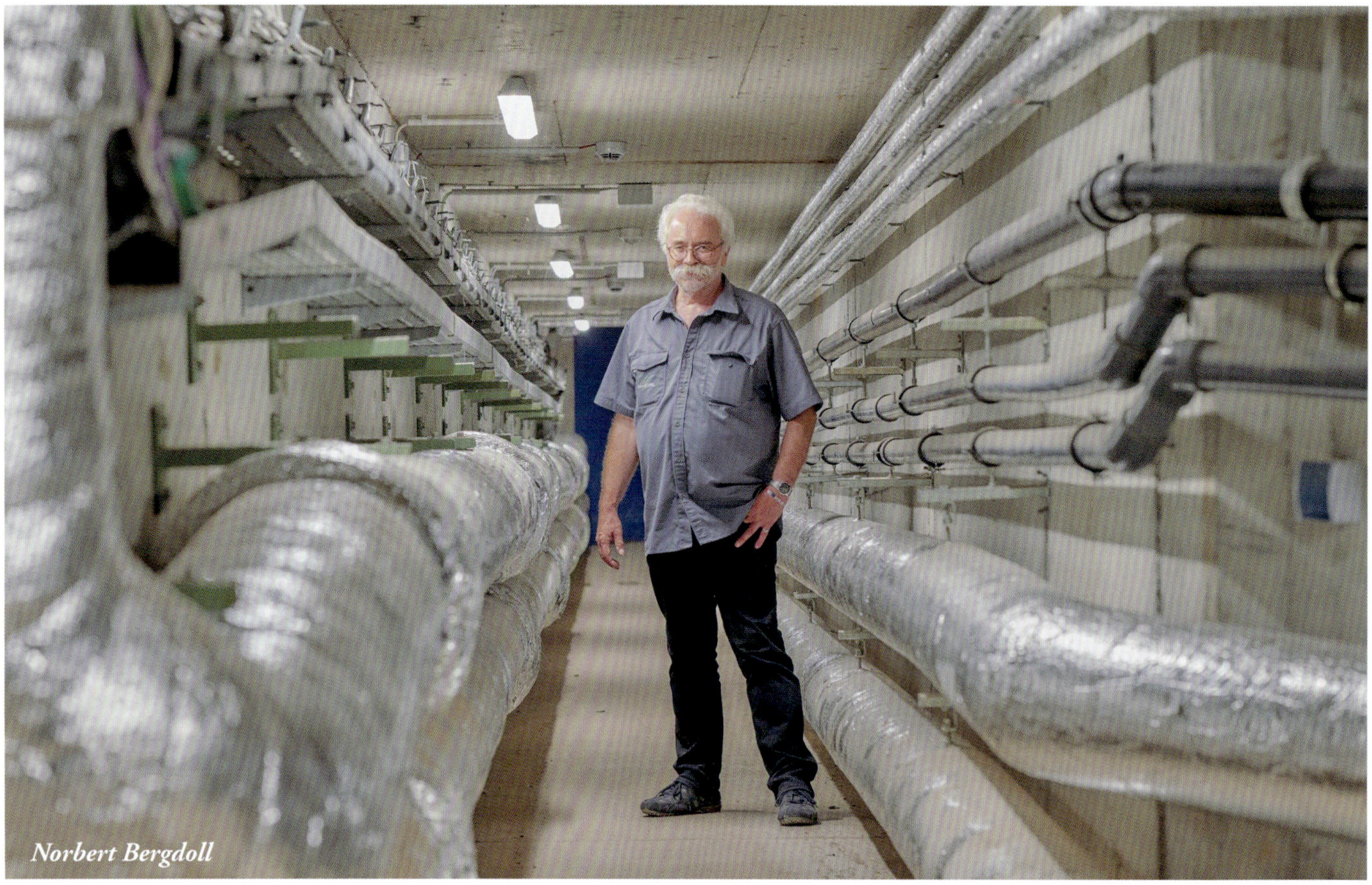

Norbert Bergdoll

Dann kann es schon mal passieren, dass Norbert Bergdoll auf dem Fahrrad an ihr vorbeirauscht. Der Leiter der Betriebstechnik ist zwar häufig zu Fuß unterwegs, für längere Wege durch den Garten nutzt er aber das Dienstfahrrad. Er legt an einem Tag schon mal um die acht Kilometer zurück, um seine Aufgaben zu erfüllen, wie ihm sein Schrittzähler verraten hat. „Unter fünf Kilometer sind es nie." Allein die Kontrollgänge durch die Keller des Tropicariums, die er jeden Tag unternimmt, fressen Zeit und Strecke. Dort steht unter anderem die Heizungsanlage, die dafür sorgt, dass es die Pflanzen in den Schauhäusern schön warm haben. Sollte sie mal unbemerkt ausfallen, wären viele botanische Kostbarkeiten unwiederbringlich verloren. Im Winter, wenn es friert, sind er und sein Team daher rund um die Uhr vor Ort, um jederzeit eingreifen zu können. Wie die Besucher oben, kann Norbert Bergdoll unterirdisch durch schmale Gänge vom Südstern in den Nordstern des Hauses und weiter zur Botanischen Sammlung gelangen. Dabei kommt er vorbei an Zisternen, in denen das Regenwasser zum Gießen gesammelt wird. Unter dem Eingangsoktogon hängt der Motor an der Decke, der oben die Weltkugel antreibt. 7.800 Schritte zeigt sein Schrittzähler diesmal schon am Vormittag an. Kein Wunder, sein Weg führte ihn bereits vom Betriebshof im Norden des Gartens ins südöstlich gelegene Direktionsgebäude, das gerade saniert wird. Dann traf er sich mit einem externen Schlosser im Palmenhaus, der eine neue Tür für die Grotte brachte und plante anschließend mit den Kollegen einen neuen Anzuchtkasten für die Botanische Sammlung. Am Tag zuvor hatte er sich um die Spülmaschine in der Kantine gekümmert und für eine neue Plexiglasscheibe als Corona-Schutz gesorgt sowie die Baustelle am Wasserbecken vor dem Eingangsschauhaus kontrolliert. „Die Technik ist eigentlich immer involviert, wenn etwas passiert im Garten. Es kommt jeden Tag etwas Neues", stellt er fest.

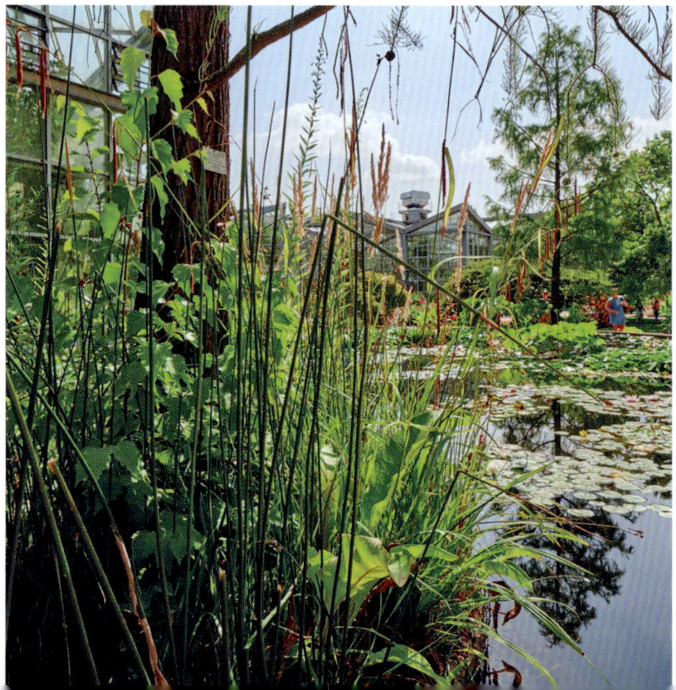

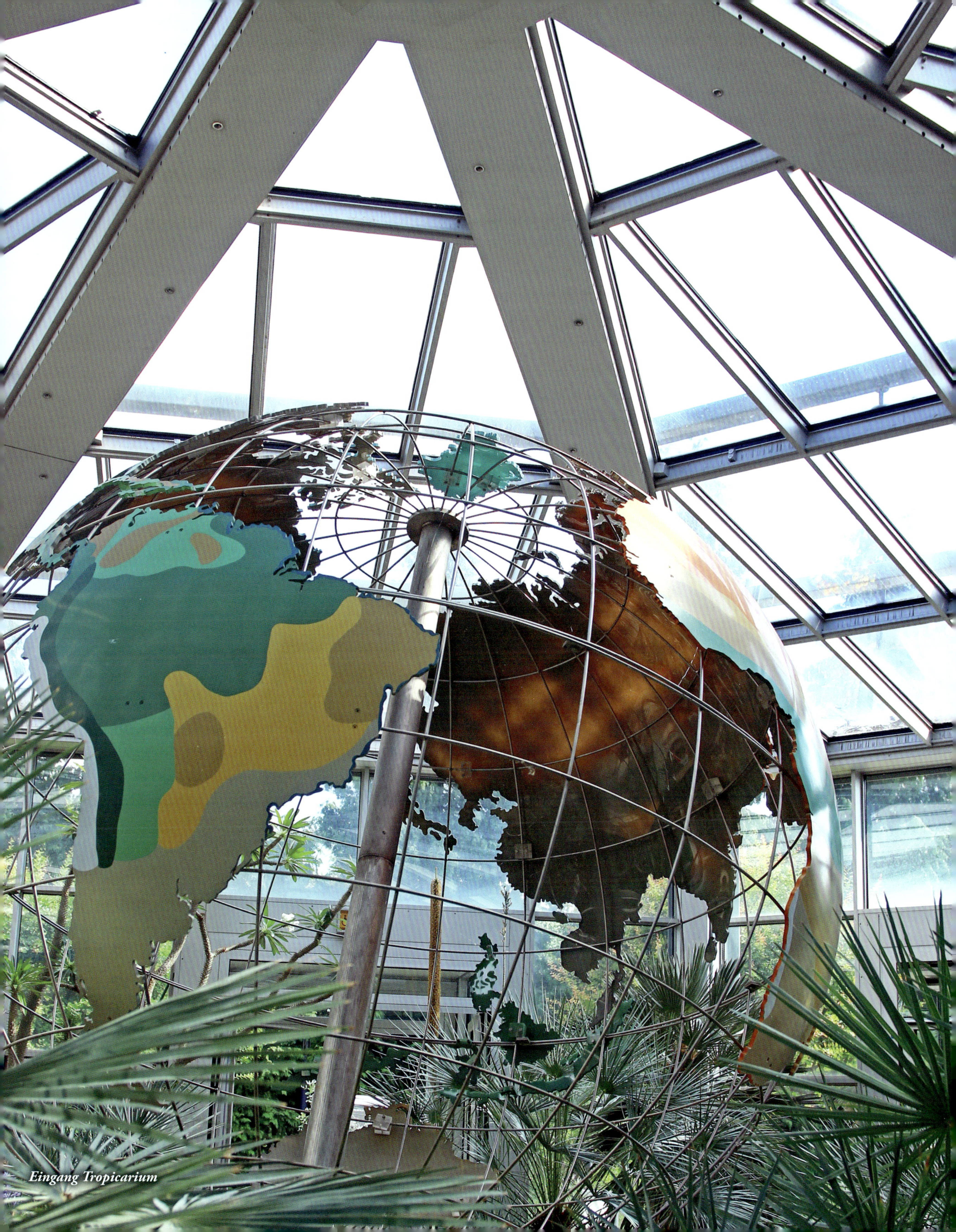

Eingang Tropicarium

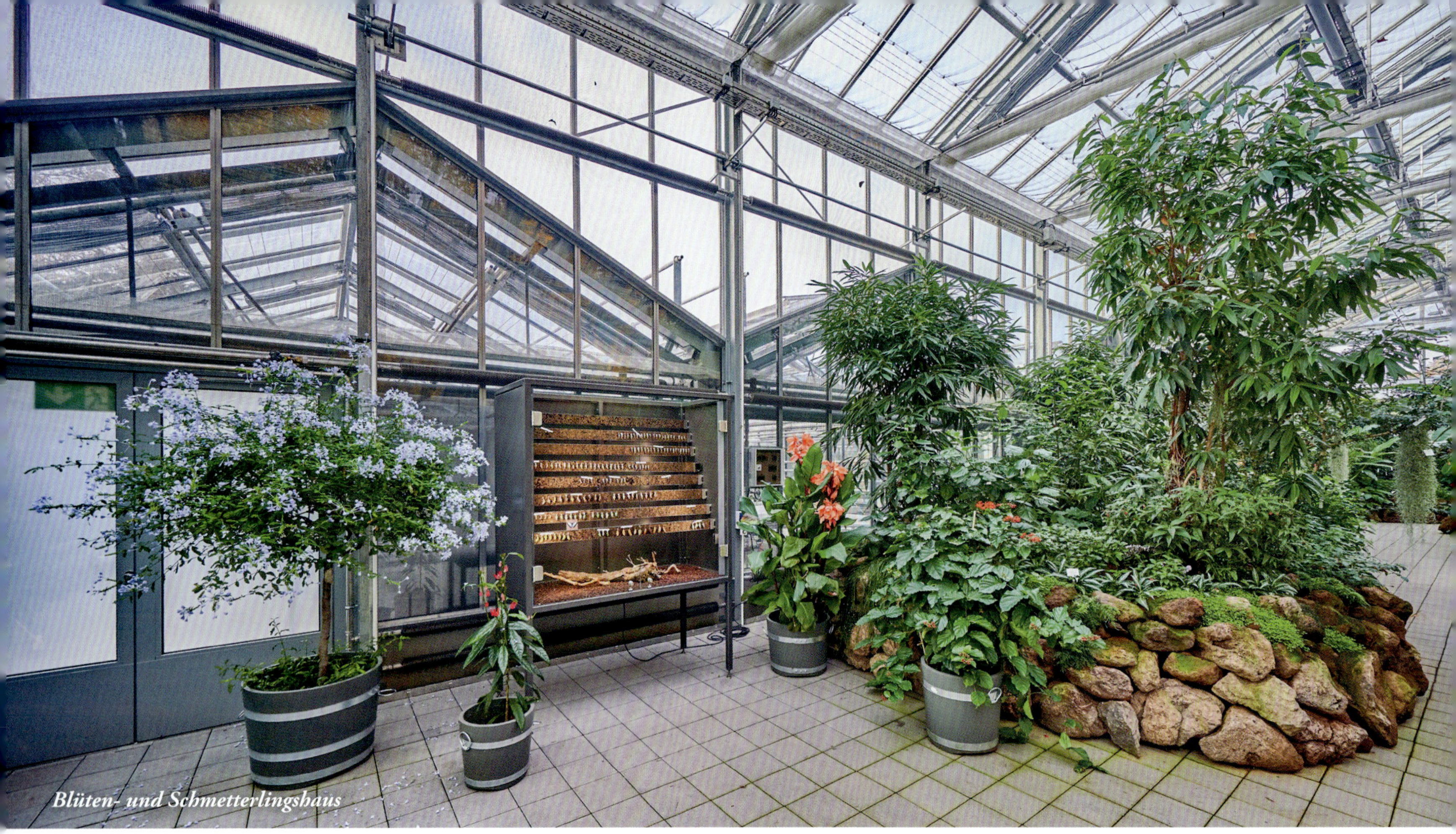
Blüten- und Schmetterlingshaus

Beim Neubau des Blüten- und Schmetterlingshauses gab es für ihn reichlich zu tun. Den Glasschrank, in dem die Puppen vor dem Schlüpfen aufgehängt werden, haben Alexander Becker und Kollegen selbst konzipiert. Bestellt hat ihn Norbert Bergdoll. Becker hat sich dagegen ausgiebig mit den neuen Schauhaus-Bewohnern beschäftigt, war sogar auf der Insel Mainau und in anderen Schmetterlingshäusern, um sich auf sie vorzubereiten. Zugleich hat er die Pflanzen für das Haus zusammengestellt. „Den drei Meter hohen Ficus haben wir zum Beispiel aus einem kleinen Steckling selbst gezogen", erzählt er stolz. Auf dem Weg zurück zu seinem Schreibtisch geht er durch eines der Gewächshäuser der Gärtnerei. Eine Kollegin steht vor den Beeten mit Orchideen. Sie hat eine gelbe klebrige Karte in der Hand und sammelt kleine Tierchen davon ab. Mithilfe dieser Gelbtafeln kontrollieren die Gärtner einmal pro Woche, wie viele Schädlinge und auch Nützlinge auf den Pflanzen unterwegs sind. Diesmal sind es kleine Fliegen, Wespen, Marienkäfer, aber hauptsächlich Thripse, die sich auf der klebrigen Tafel verfangen haben. Alles normal, befinden die Gärtner. Ganz frei von Schädlingen bekomme man ein Haus nie. Sollte eine Art aber zu häufig auftreten, werden die entsprechenden Nützlinge ermittelt und an dieser Stelle eingesetzt. „Gegen Wollläuse nutzen wir zum Beispiel ausschließlich Marienkäfer", erklärt Alexander Becker. Nach ihnen ist auch die Marienkäferrunde benannt, in der sich die Gärtner der unterschiedlichen Gebiete treffen, um sich über die Schädlinge auszutauschen.

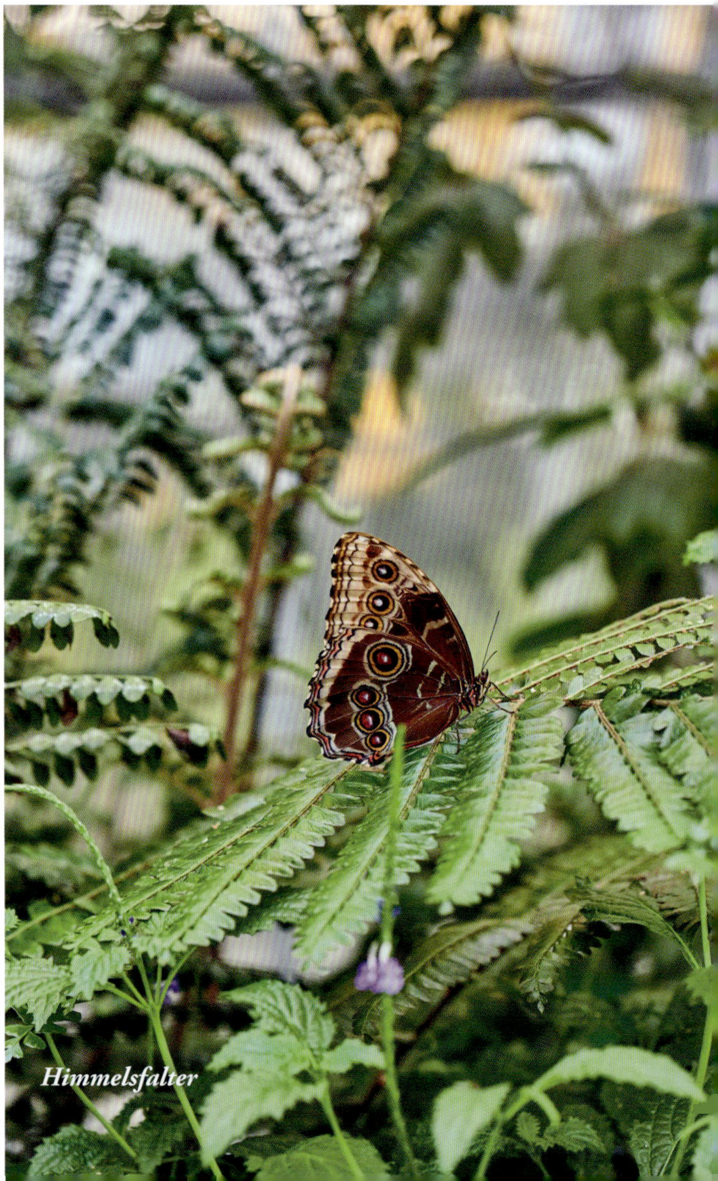
Himmelsfalter

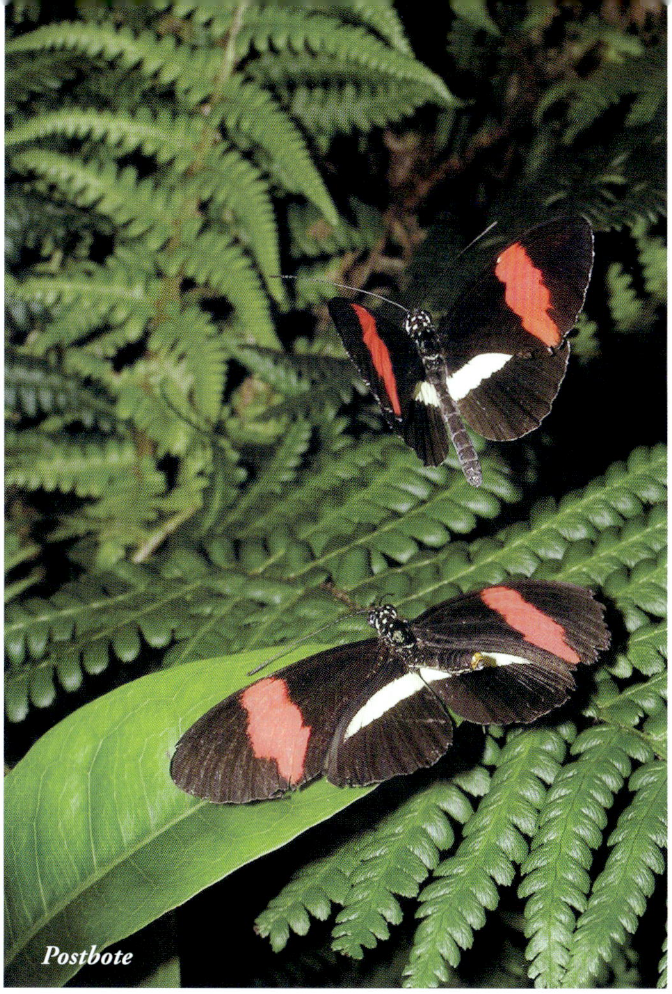

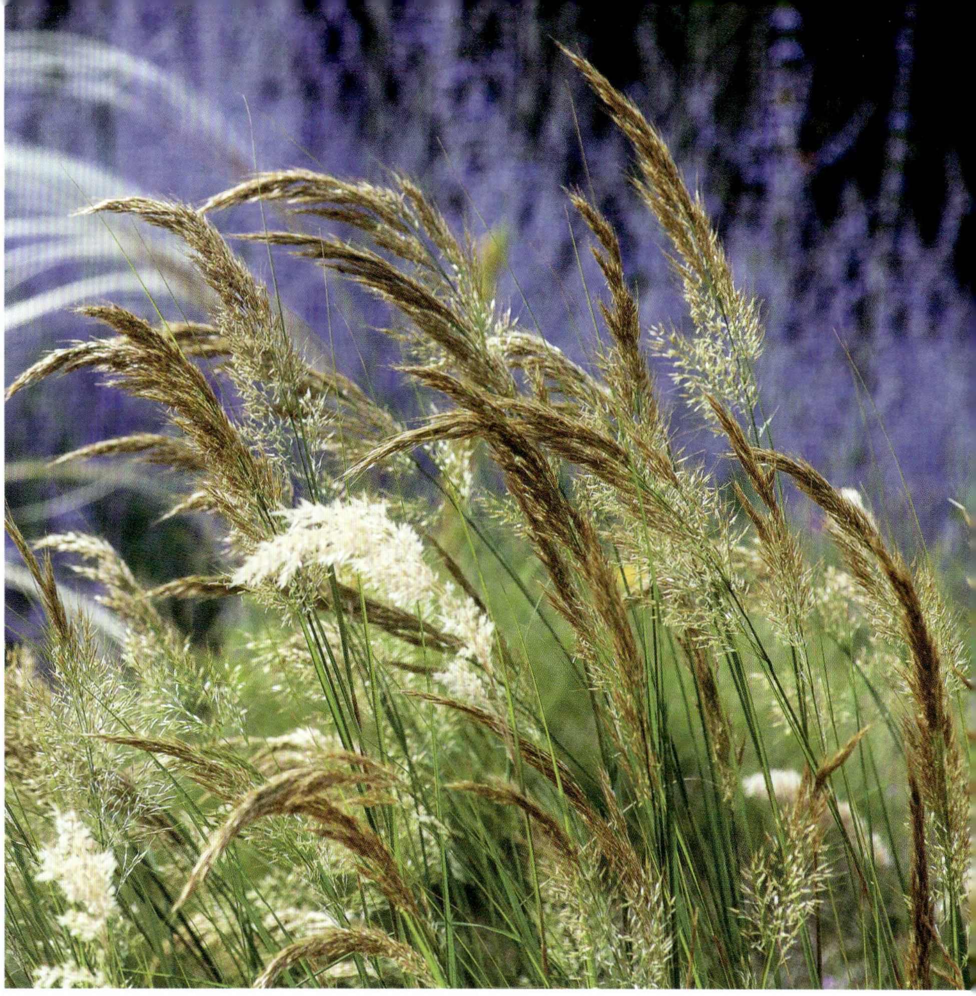

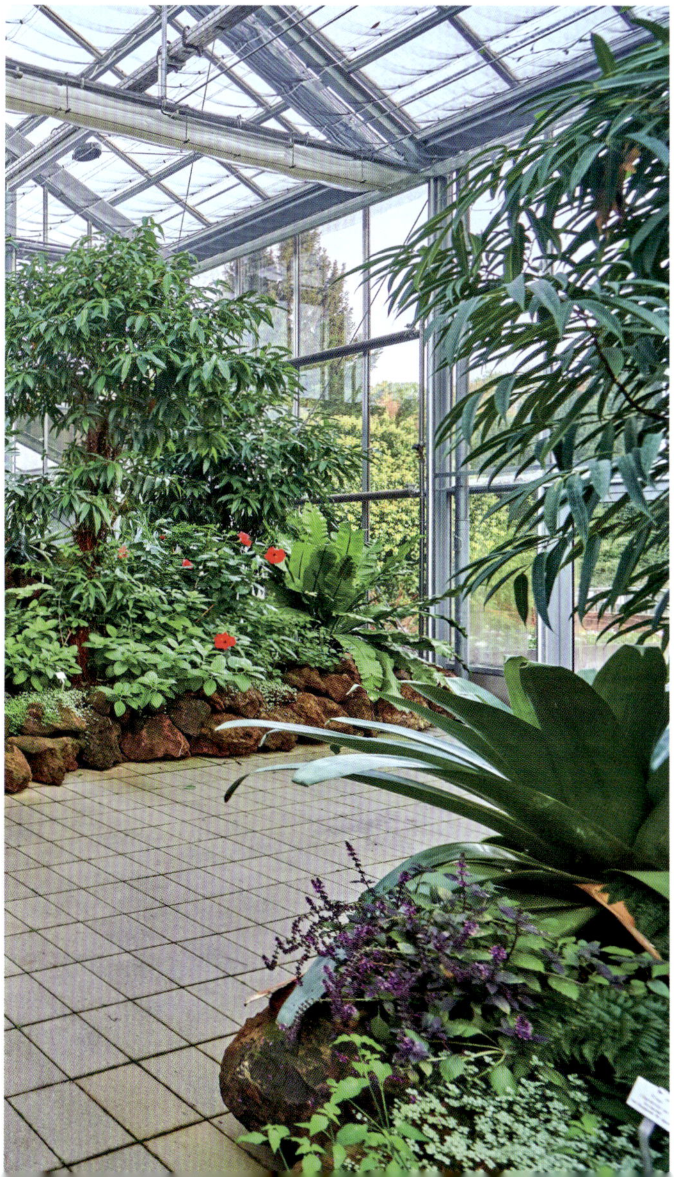

Um 14 Uhr macht Alexander Becker Feierabend. Auch Marlene Schreiner ist auf dem Weg zurück zum Betriebsgebäude. Sie hat gerade noch bei Seifenkraut, Salbei und Hopfen vorbeigeschaut und notiert, wie hoch die jeweiligen Exemplare sind, wann sie Früchte tragen und ob sie Schädlinge haben. Zehn unterschiedliche Pflanzen im Garten dokumentiert sie so einmal in der Woche. „Das ist für ein Projekt der Universität Jena", erzählt sie. Obwohl die junge Gärtnerin jeden Tag mit Pflanzen arbeitet, ist es für sie durchaus etwas Besonderes, einige von ihnen regelmäßig genau zu beobachten und zu schauen, wie sich zum Beispiel höhere Temperaturen auf ihr Wachstum auswirken. Ihre Kollegin Christiane Meffert sammelt derweil Samen von einigen Pflanzen der Steppenwiese. Sie gehen an ihre Kollegin Martina Jacobi, die für den Samentausch mit anderen botanischen Gärten zuständig ist. Dafür sortiert sie die Samen besonderer Pflanzen und gibt diese einmal im Jahr bei Interesse weiter. Im Gegenzug erhält der Palmengarten andere Samen zurück, um seine Sammlung weiter auszubauen. Auch auf andere Weise gelangen manchmal noch exotische Pflanzen in den Palmengarten. Da der Garten offizielle Annahmestelle für beim Zoll beschlagnahmte Arten ist, die illegal ins Land eingeführt wurden, kommt es immer wieder vor, dass diese im Garten verbleiben dürfen. Meist sind es seltene Orchideen, die Marcel Hanselmann, gärtnerischer Leiter der Botanischen Sammlung, dann in seine Obhut nehmen darf. Aber auch Kakteen sind bei Pflanzensammlern, die vor einer illegalen Beschaffung nicht zurückschrecken, beliebt.

So wie der Ariocarpus kotschonbeyanus, ein nur vier Zentimeter großer Kaktus, der gerade zaghaft lila blüht. „Er stammt aus Mexiko und ist so selten, dass er früher mit Gold aufgewogen wurde", erzählt Roland Rudolph, Leiter der Trockenen Tropen. Er ist ebenso beschlagnahmt worden wie die Blossfeldia liliputana, die kleinste bekannte Art der Kakteengewächse. Die gerade mal Daumennagel große Pflanze aus Südamerika ist 30 bis 50 Jahre alt, schätzt der Gärtner. Ein Kollege hat sie sich markiert, um sie demnächst zu bestäuben. Rudolphs Arbeitsplatz dürfte der gefährlichste des Gartens sein. Überall in den Häusern der Trockenen Tropen stehen Kakteen und andere Sukkulenten mit stattlichen Dornen in unterschiedlichen Größen. Manche der Pflanzen schützen sich zusätzlich mit Gift gegen potenzielle Feinde, zu denen für sie eben auch die Palmengärtner zählen. Roland Rudolph geht daher sehr langsam und bedächtig durch die Gänge. Bevor er Feierabend macht, prüft er, ob in seinen Häusern der Botanischen Sammlung auch alle Ventilatoren eingeschaltet sind. Sie laufen Tag und Nacht. „In allen Trockengebieten der Welt ist ständig Wind", sagt er. Würde die künstliche Luftbewegung ausbleiben, könnten seine Pflanzen faulen.

Sein Chef Markus Lölkes, verantwortlich für die Botanischen Sammlungen und Schauhäuser, macht gerne vor seinem Feierabend noch eine Runde durch die Häuser und schaut nach dem Rechten. Im Palmenhaus hat das Gärtnerteam tagsüber die Palmen ausgeputzt, gewässert und die Fische in den Aquarien in der Grotte gefüttert. Jetzt trifft er dort nur noch auf vereinzelte Flaneure, die das feuchttropische Klima der Sommerhitze draußen vorziehen.

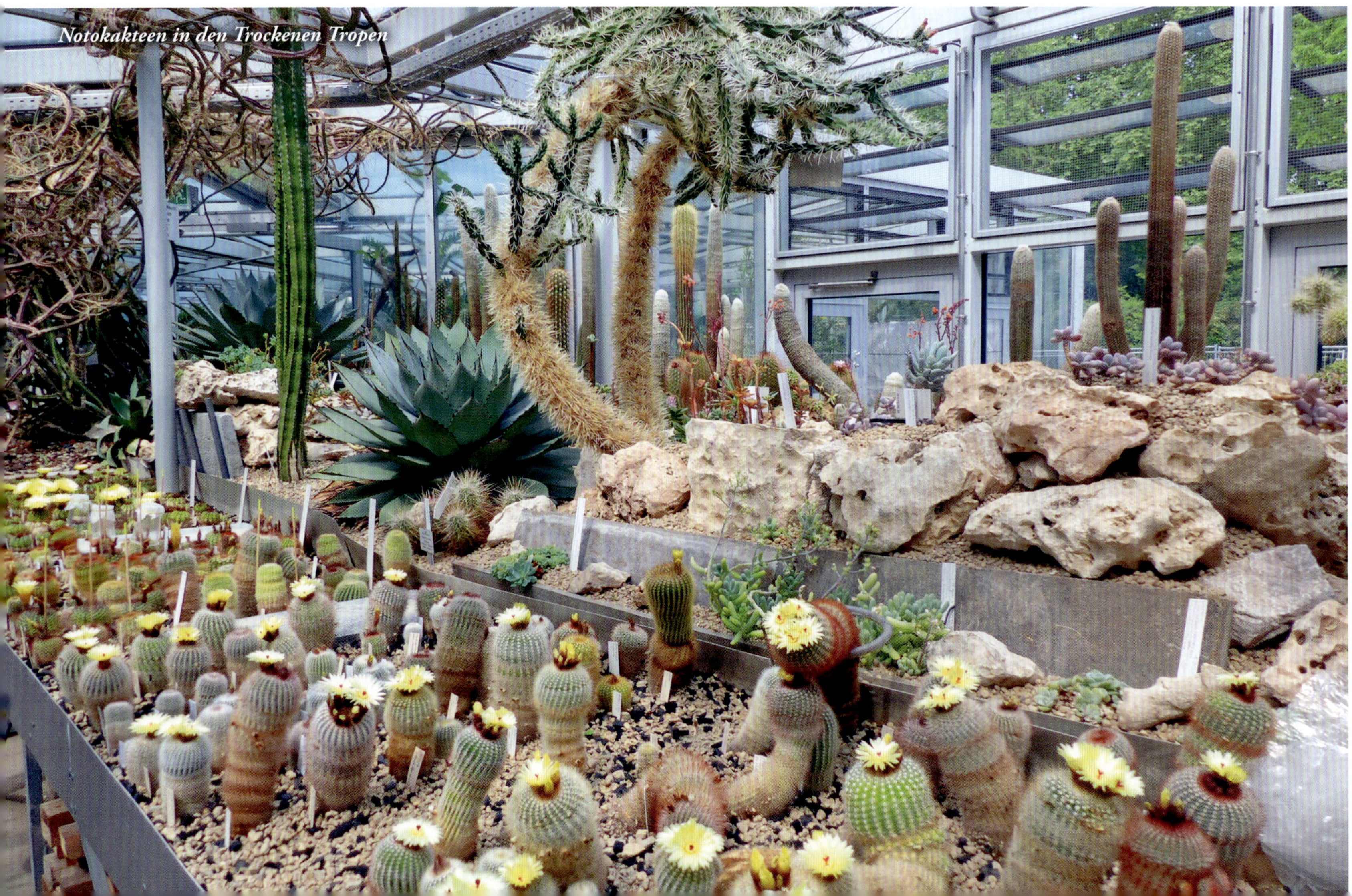

Notokakteen in den Trockenen Tropen

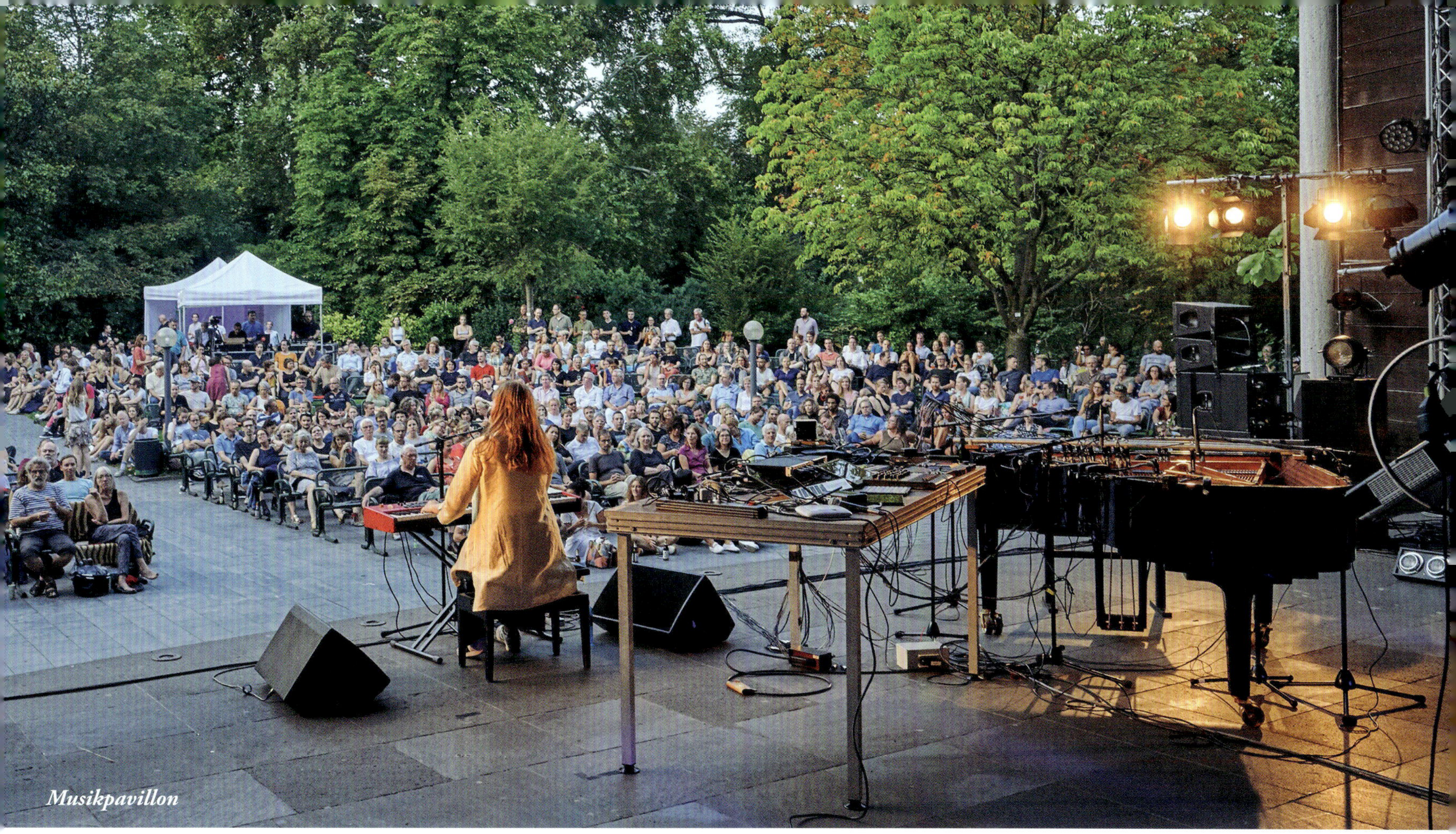

Musikpavillon

Alexander Wuttke schließt um Punkt 18 Uhr seine Kasse und den Eingang. Ein paar Spaziergängerinnen sind noch im Garten unterwegs. Eine Stunde später sperren die Mitarbeiter der Betriebstechnik, die für den Schließdienst zuständig sind, die Türen des Tropicariums ab. Die Gärtnerinnen haben ihr Refugium längst verlassen, nur in den Büros der Verwaltung, der Direktion, der Veranstaltungs- und Presseabteilung oder bei den Botanikern klappert noch vereinzelt eine Tastatur. Langsam senkt sich Stille über den Garten, in dem die Rabenkrähen wieder die Regie übernehmen. Zumindest im nördlichen Teil.

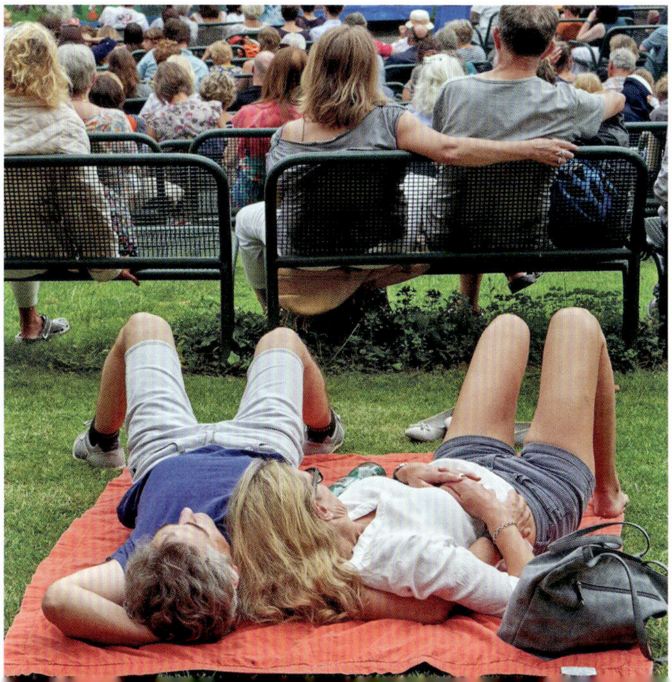

In dem Musikpavillon am südlichen Ende begeistert gerade der bekannte Saxophonist Christof Lauer mit drei befreundeten Musikern das Publikum. Immer wieder brandet Applaus auf, während der Stücke und besonders hinterher.

Es ist mittlerweile fast 21 Uhr. Die Jazzklänge in dem Musikpavillon sind gerade verklungen. Die vier Musiker haben ihre Instrumente eingepackt. Anika Liebert hatte wenig Zeit, sich auf die Musik zu konzentrieren. Die Leiterin des Sachgebietes Veranstaltungen war damit beschäftigt, zu schauen, ob das Publikum das während der Corona-Pandemie 2020 geltende Hygienekonzept einhält und ob die Sicherheitsleute problemlos arbeiten können. Als alle Gäste und auch die Musiker gegangen sind, schließt sie die Türen an beiden Seiten des Musikpavillons ab. Es dämmert schon, als sie alleine die kurze Strecke zu ihrem Büro im Direktionsgebäude zurückgeht. Dort zieht sie sich um, holt ihr Fahrrad und tritt durch das Tor auf die mittlerweile ruhige Siesmayerstraße. Auch die letzten Besucher haben durch die Drehkreuze den Palmengarten verlassen. Der Weiher liegt bewegungslos im letzten Abendlicht, hier und da raschelt etwas in den Büschen. Dann kehrt Ruhe ein. Nicht für lange. Die ersten Gärtner kommen bereits in wenigen Stunden.

05

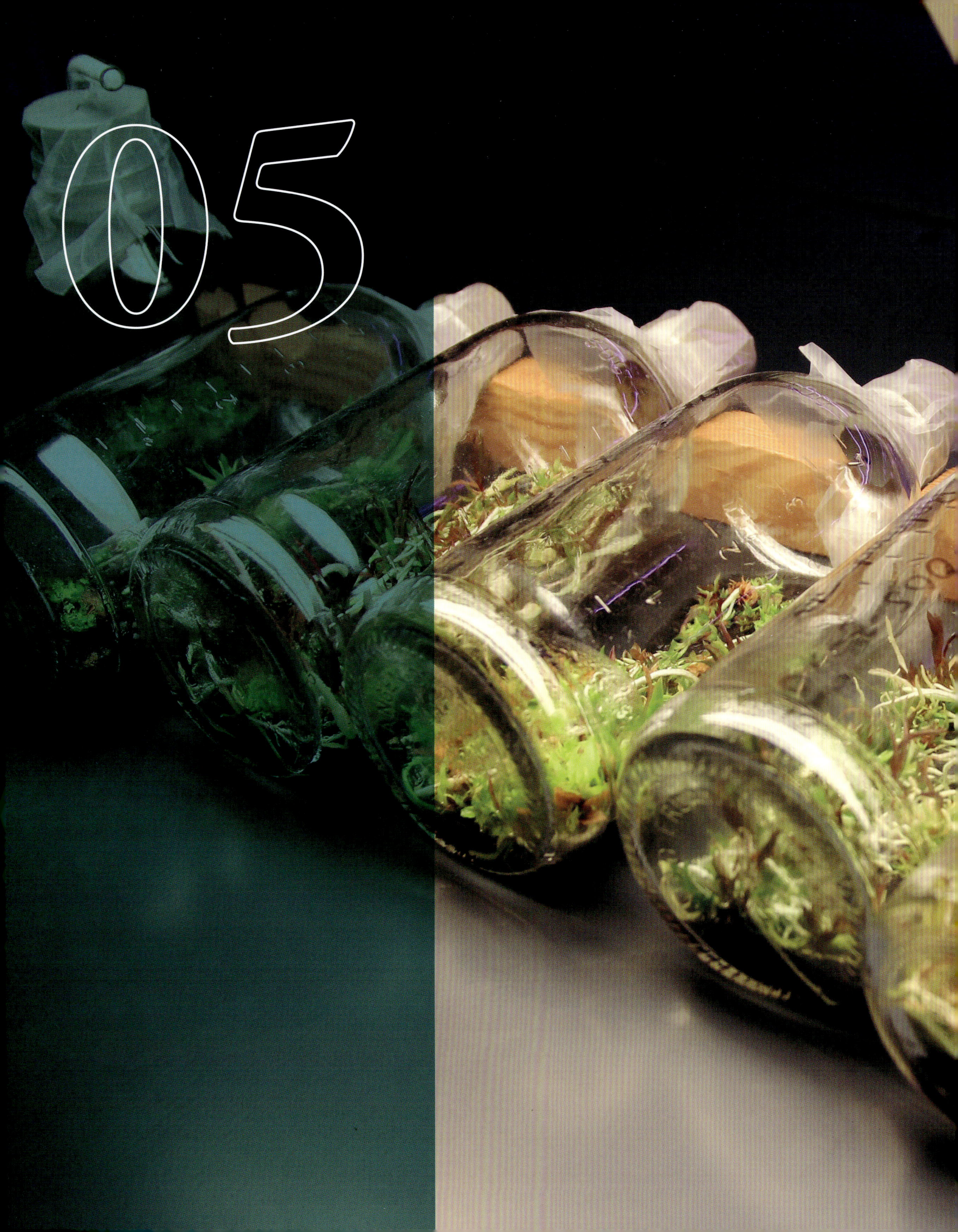

Forschen, lernen und sich engagieren

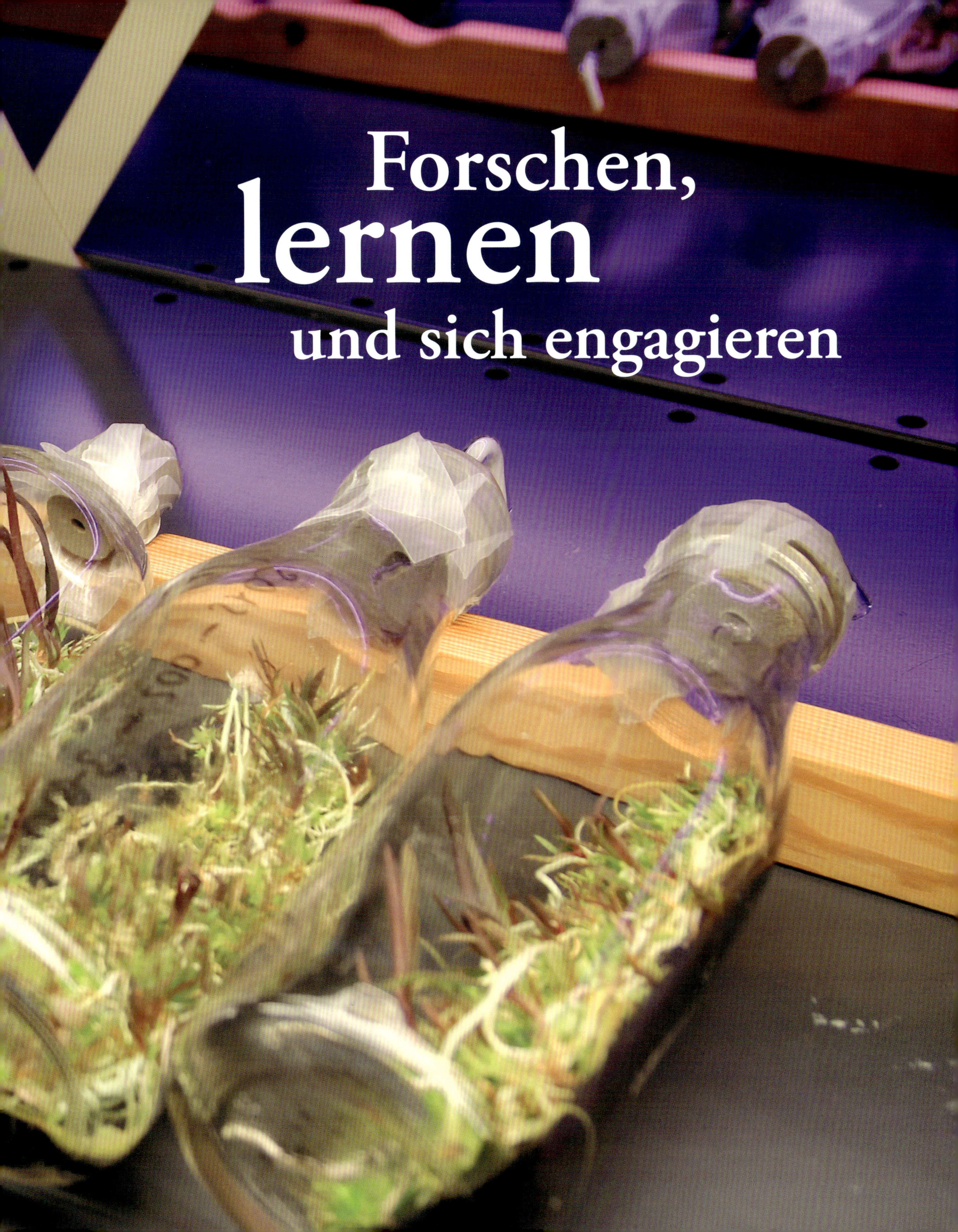

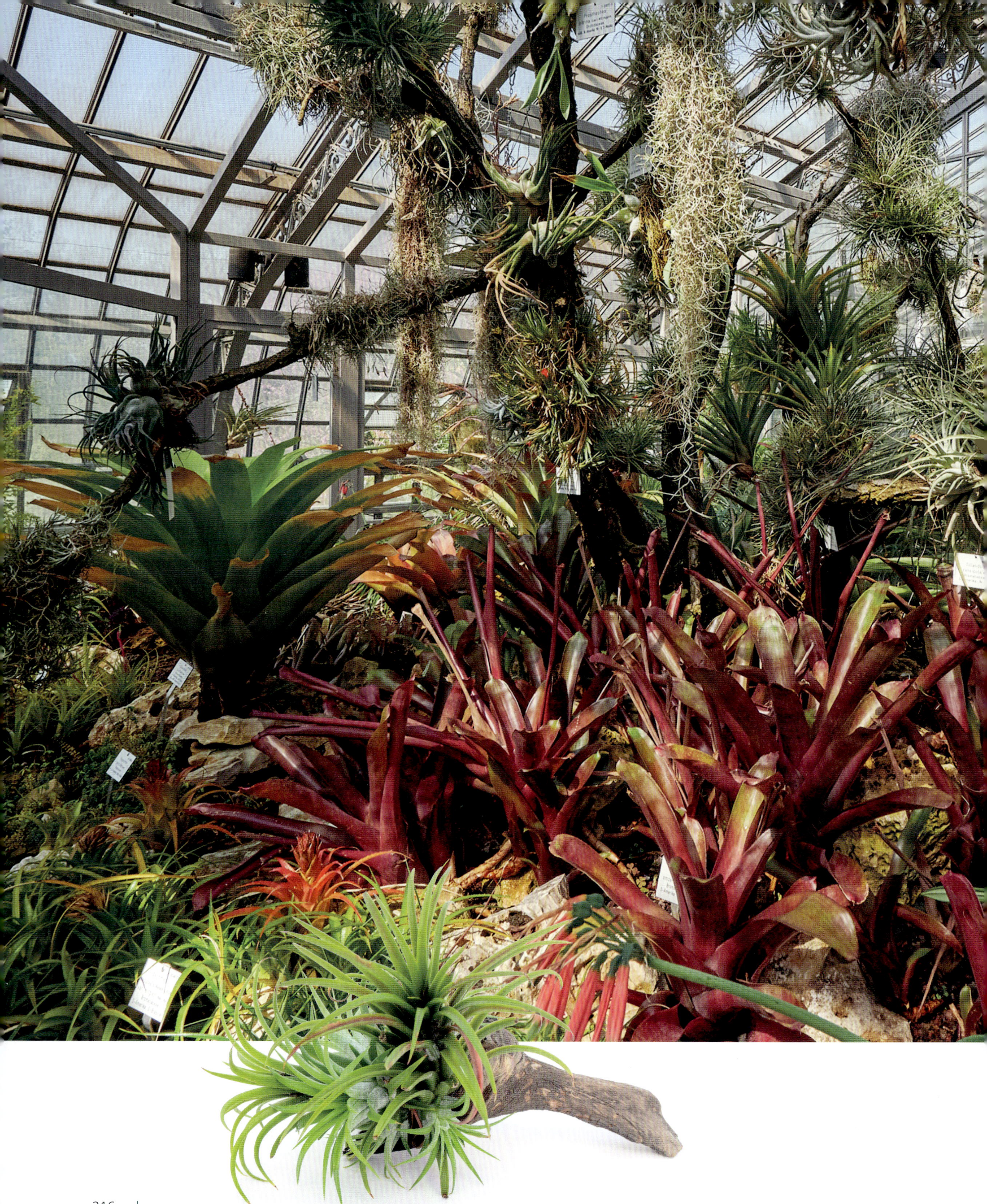

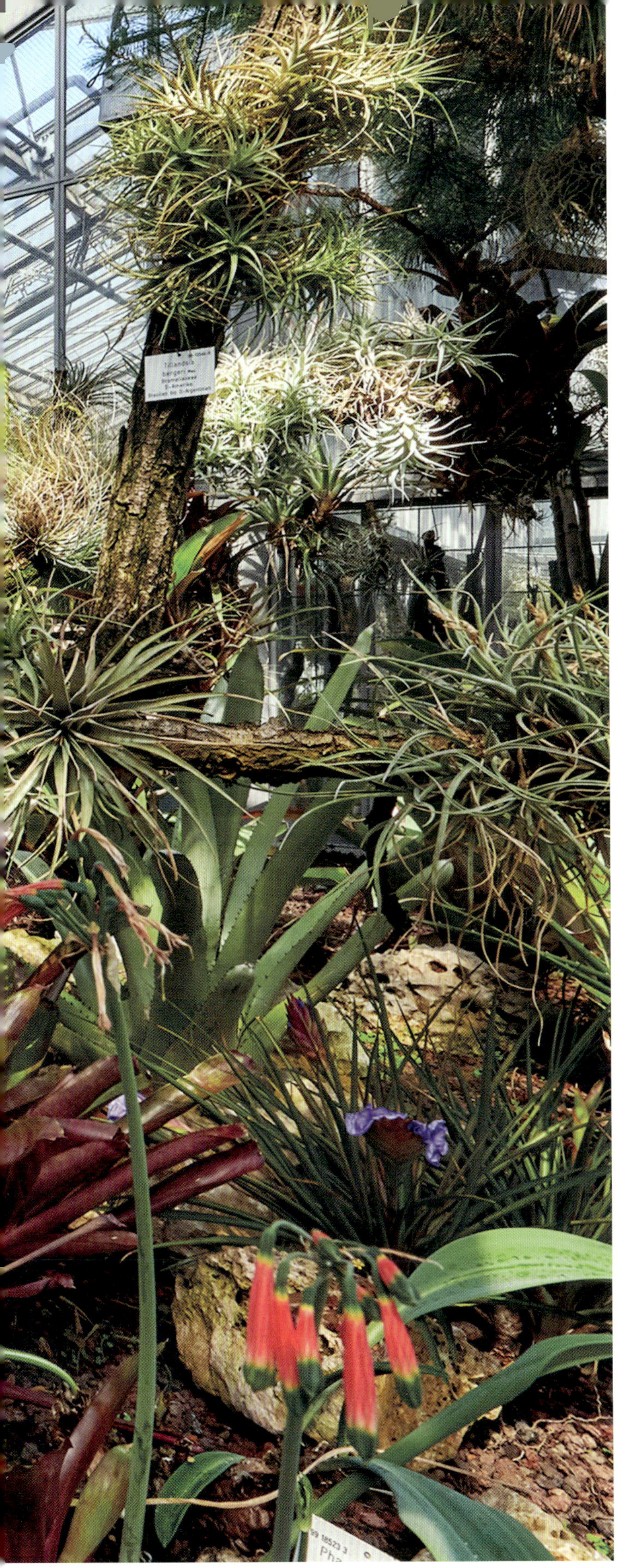

Bromelien, Eingangsschauhaus

Eine bedeutende Sammlung

Wer im historischen Eingangsschauhaus im ersten Stock die Bromelien betrachtet, die dort ausgestellt sind, kann sich nicht nur an der Formenvielfalt erfreuen. Er bekommt auch einen kleinen Einblick in die wissenschaftlich betreute Botanische Sammlung des Palmengartens, der er international sein großes Renommee verdankt. Allerdings sehen die Besucher dort nur einen Bruchteil dessen, was an Pflanzenbestand vorhanden ist. Von den Bromelien besitzt der Garten alleine 700 verschiedene Arten, von denen viele sogar von mehreren Naturstandorten stammen. Es handelt sich dabei um eine der weltweit größten und wichtigsten Sammlungen dieser Pflanzenfamilie. Zahlreiche weitere Exemplare sind im Bromelienhaus im Tropicarium zu sehen, viele sind aber in den Sammlungs-Gewächshäusern hinter dem Tropicarium untergebracht – bestens geschützt, unter Ausschluss der Öffentlichkeit.

In insgesamt 24 Häusern auf knapp 1.500 Quadratmetern wird seit Ende der 1970er Jahre ein großer Teil der kostbaren Botanischen Sammlung verwahrt. Unter Glas und in unterschiedlich temperierten Häusern verteilt, stehen auf dem Boden oder auf großen Pflanztischen dicht an dicht Palmen, tropische Orchideen und Amorphophallus-Pflanzen – zu denen der gerade mal zwei Zentimeter große Blütenstände ausbildende Amorphophallus ongsakulii ebenso zählt wie die Titanenwurz mit der größten Blume des Pflanzenreiches. Die Sammlungen der Pflanzen aus den Trockenen Tropen, wie etwa die Sukkulenten, sind in weiteren drei unterschiedlich klimatisierten Häusern am Tropicarium untergebracht. Sie sind von außen für die Besucherinnen und Besucher einsehbar. Im kühlsten Haus steht die Agavensammlung, die mit rund 180 Pflanzen einen Großteil der bekannten Arten abdeckt. Die im Mittelmeerraum weit verbreitete Agave americana ist ebenso vorhanden wie die Sisal-Agave, die die gleichnamigen Fasern liefert, und die Agave tequilana, aus der der gleichnamige Alkohol hergestellt wird.

Seltenheiten

Eine Besonderheit des Pflanzenbestandes der Trockenen Tropen im Kalthaus ist die Notocactus-Gruppe, die seit 1977 im Palmengarten als Erhaltungssammlung aufgebaut wurde. Rund 230 Exemplare der kleinen halbkugeligen Kakteen stehen dort dicht an dicht auf Pflanztischen. Ihr Alter von 20 bis 30 Jahren sieht man den Pflanzen nicht an. Ihre Seltenheit ebensowenig. „Viele der Arten, die hier stehen, gibt es in ihrer Heimat nicht mehr", stellt Roland Rudolph, Leiter der Trockenen Tropen, fest. Dort seien sie häufig mitten im Grasland gewachsen, das mittlerweile immer stärker landwirtschaftlich genutzt werde. Umso wünschenswerter wäre es, die Arten in ihren Ursprungsgebieten in Paraguay, Uruguay oder Südbrasilien wieder anzusiedeln. „Für uns wäre das möglich, sie im größeren Stil zu vermehren, aber es fehlen die Schutzgebiete und die finanziellen Mittel." Ebenso würde sich Rudolph ein Forschungsvorhaben wünschen, das sich mit den seltenen Kakteen beschäftigt. „Wir müssen die Pflanzen den Menschen mehr ins Bewusstsein bringen. Man kann nur schützen, was man kennt."

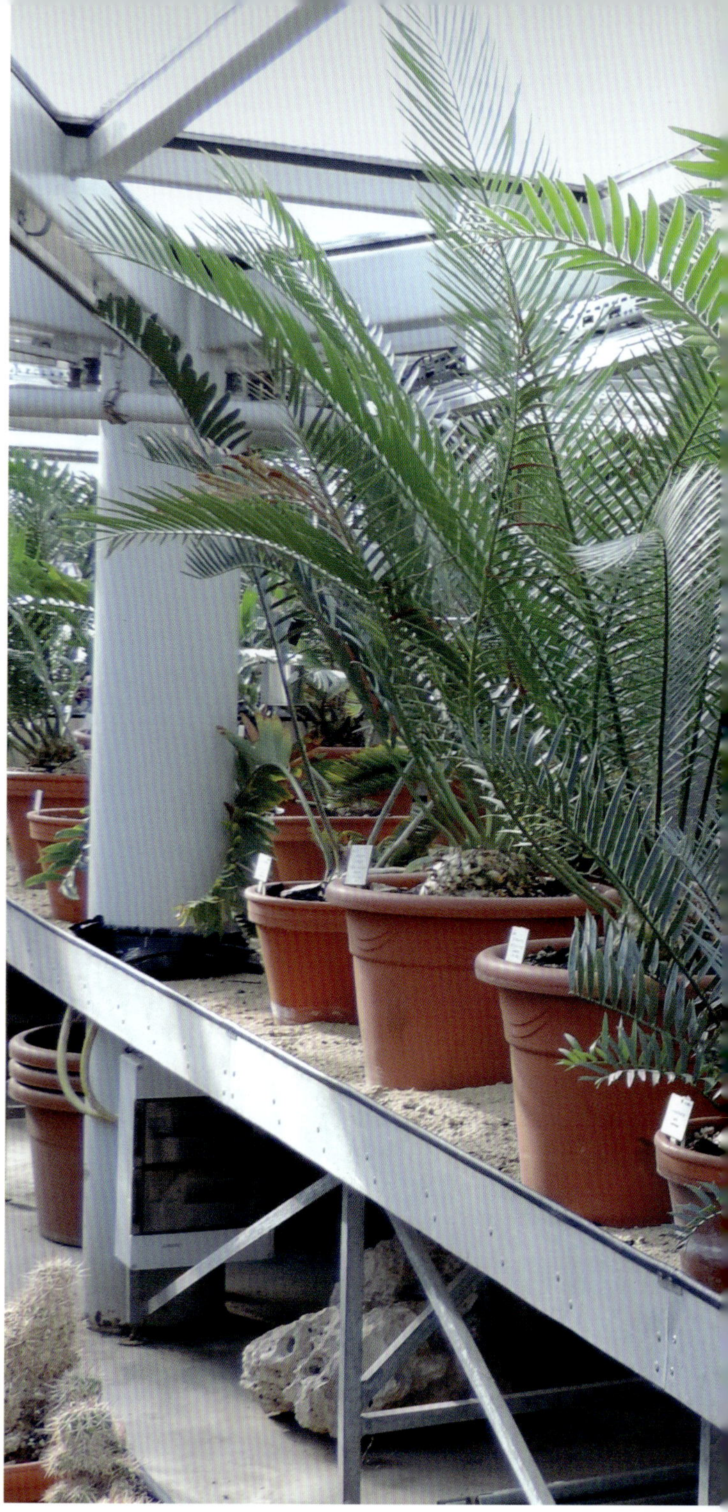

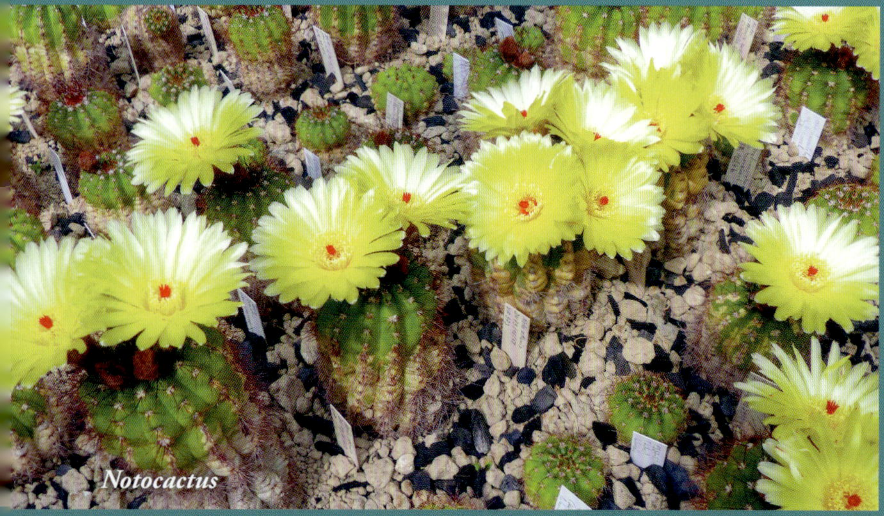

Notocactus

Das sich anschließende temperierte Haus, mit mindestens 14 Grad Celsius in den Wintermonaten, beinhaltet die bedeutende Sammlung der Palmfarne, von denen viele Arten vom Aussterben bedroht sind. Auch ein Teil der Madagaskar-Sammlung, vor allem die Pflanzen aus dem Hochland, sind dort zu finden. Das Warmhaus, das es auch im Winter auf mindestens 18 Grad Celsius bringt, ist Säuglingsstation und Kinderstube der Trockenen Tropen. Kakteennachzuchten, noch kleiner als Glasmurmeln, stehen dort dicht an dicht in den Töpfen. Nebenan ist ein weiterer Teil der Madagaskar-Sammlung zu sehen, etwa eine Vanille-Art, deren unscheinbare braune Triebe kaum sichtbar zwischen anderen Pflanzen liegen, die aber so selten ist, dass die Gärtner es kaum wagen, sie zu teilen, um sie nicht zu gefährden.

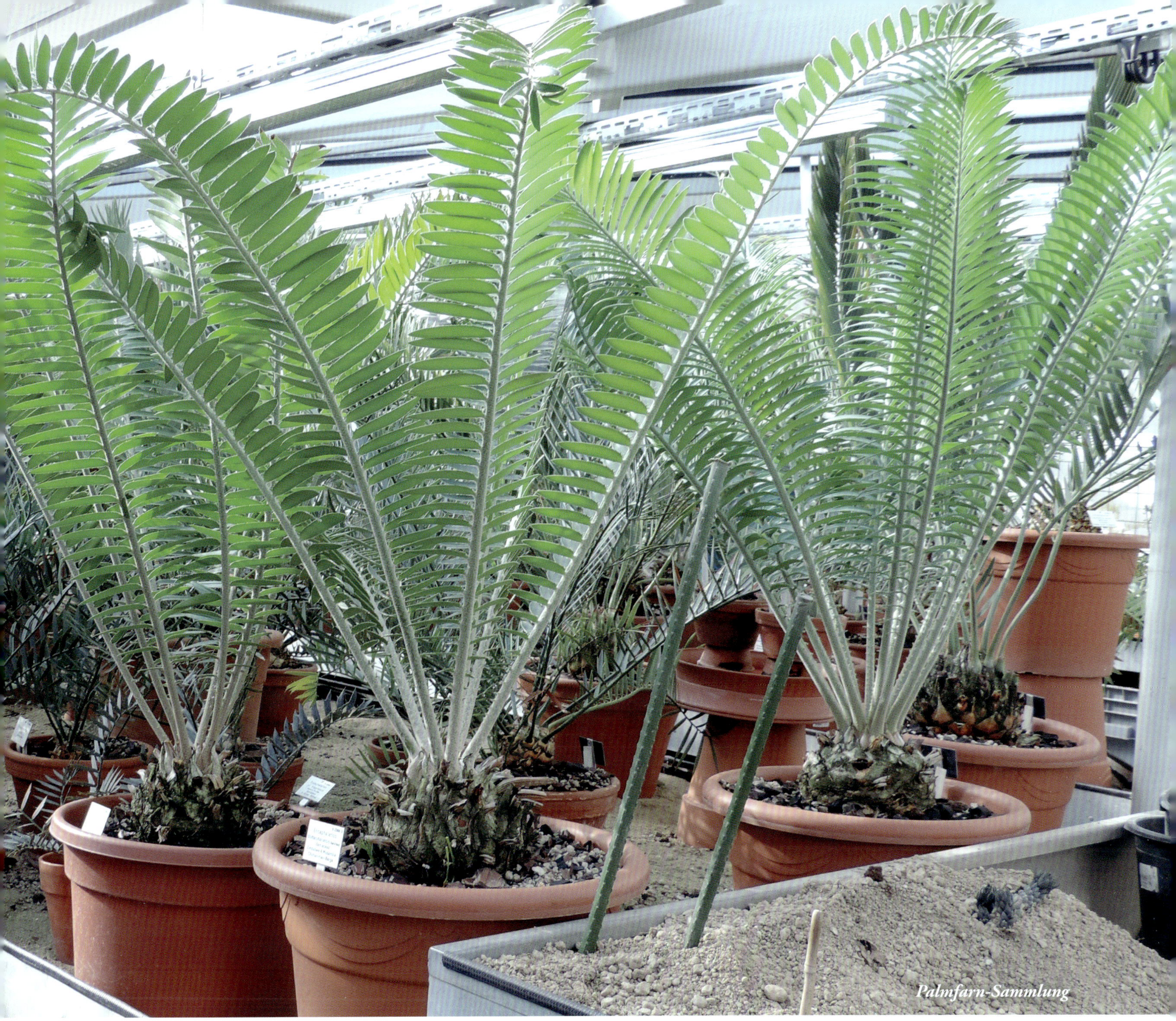

Palmfarn-Sammlung

Insgesamt umfasst die Botanische Sammlung des Palmengartens mehrere tausend dokumentierte Pflanzen-Arten. Auf eine genaue Zahl wollen die Botaniker sich nicht festlegen, da sie derzeit mit einer groß angelegten Inventur die vorhandenen Arten überprüfen. Unter diesen sind aber viele, die sonst selten in Kultur zu finden sind. Wenn auch im Garten selbst kaum wissenschaftlich geforscht wird, stehen sie doch seit vielen Jahren Studierenden und Mitarbeitenden von Universitäten und Forschungsinstituten für Projekte und als Anschauungsmaterial zur Verfügung. Zusammengestellt wurde die Botanische Sammlung nach unterschiedlichen Kriterien: Die wichtigsten Pflanzengruppen des Palmengartens und des Botanischen Gartens umfassen mehr als 20 verschiedene Themen im Freien und unter Glas – vom Ahorn bis zur Uncarina, einem Sesamgewächs. Darunter sind Zusammenstellungen reiner Wildarten, aber auch Sortimente gärtnerischer Kulturformen. Hinzu kommen einerseits die Sammlungen zu ökologischen Themen wie den verschiedenen tropischen Lebensräumen im Tropicarium oder den sukkulenten Pflanzen, andererseits die geografischen Sammlungen, etwa der Subantarktis, die es in botanischen Gärten nur selten gibt, der Nebelwüste Namib oder eben aus Madagaskar.

Ihren Ursprung haben einige dieser Pflanzengruppen bereits vor 150 Jahren. Kamelien, Palmen, Orchideen, Palmfarne und auch Bromelien kamen damals schon mit der Pflanzensammlung des Herzogs von Nassau in den Garten und die Bestände wurden

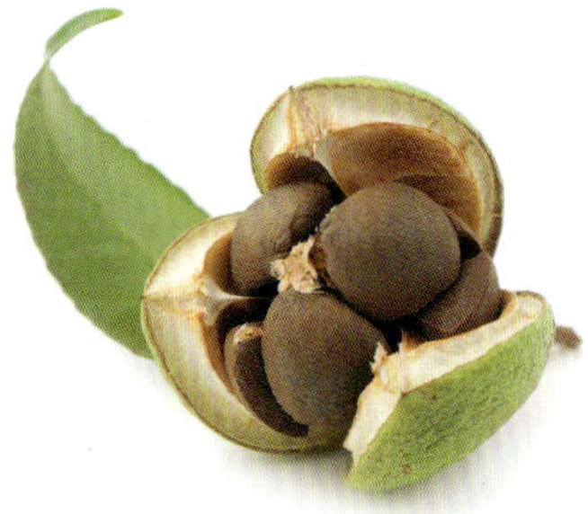

über die Jahre und Jahrzehnte weiter ausgebaut. Schon einer der ersten Palmengartendirektoren, August Siebert, berichtete 1895 davon, dass in den Gewächshäusern damals 350 Kamelien kultiviert und zum Blühen gebracht wurden, damit sie dem Publikum präsentiert werden konnten.[88] Mit dem Bau der neuen Gewächshäuser in den Jahren 1905/06 und kurz zuvor einer neuen Anzuchtgärtnerei stand mehr Platz für die Sammlungen zur Verfügung. Aber auch der Umgang mit den Beständen und das Selbstverständnis des Palmengartens änderten sich. Aus der Stätte der Erholung und Freude sollte nun zugleich ein Institut zur Belehrung und Anregung werden, das auch wissenschaftliche Ziele verfolge, hieß es beim akademischen Festakt zur Eröffnung des Gewächshaus-Komplexes im Juni 1906.[89]

Oberbürgermeister Franz Adickes gab dem Palmengarten bei der Gelegenheit mit auf den Weg, „dass aus dem seitherigen Unterhaltungsinstitut eine wissenschaftliche Stätte erblühen möge in Verbindung mit der in Aussicht stehenden Universität."[90] Mit der Eröffnung der Goethe-Universität im Jahr 1914 gewann die Pflanzensammlung noch einmal an Bedeutung. Die Gartendirektion forderte damals, die Pflanzenbestände wissenschaftlich stärker zu bearbeiten. Im Zuge dessen legte man den Grundstein für eine Fachbibliothek. Sogar eine bessere Ausbildung des gärtnerischen Personals rückte in den Fokus:

„(...) vielmehr bestand die Aufgabe darin, das einzelne Gewächs kulturell bis zur höchsten Entwicklung zu bringen und damit zugleich Gewicht zu legen auf die Ausbildung des bei der Pflege tätigen gärtnerischen Nachwuchses. Und so kann man sagen, dass der Palmengarten eine Lehrtätigkeit für den Gartenbau ausübt und dass eine große Reihe von Fachmännern in allen Weltteilen lebt, die seiner Schule entstammen."[91] Bis heute sind die Ausbildungsplätze im Palmengarten sehr begehrt.

Die Kamelien bilden eine der bedeutenden historisch gärtnerischen Sammlungen des Palmengartens, die wenig Naturformen, dafür aber rund 60 Züchtungen umfasst. Unter ihnen sind Raritäten wie gelbblühende Exemplare oder eine gut 40 Jahre alte Pflanze mit drei Ästen, die unterschiedliche Blütenfarben ausbilden. Auch die Palmen-Sammlung geht auf die Gründung des Gartens zurück. Mit 220 Arten ist sie heute sehr umfangreich, die Pflanzen sind schließlich das Markenzeichen des Gartens. Fast 400 einzelne Palmen stehen in den Schauhäusern, im Freiland und in sechs unterschiedlich klimatisierten Häusern der Sammlung. Dort gelang es den Gärtnerinnen sogar, besondere Samen wie den der Seychellennusspalme, der groß wie ein Medizinball ist, zum Keimen zu bringen. „Es gibt nicht viele Gärten, die solche Bedingungen und großen Gewächshäuser haben, wie wir", begründen sie solche Anzuchterfolge.

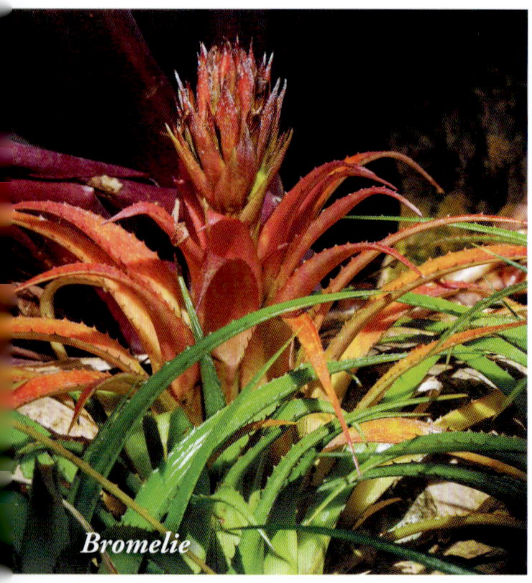

Bromelie

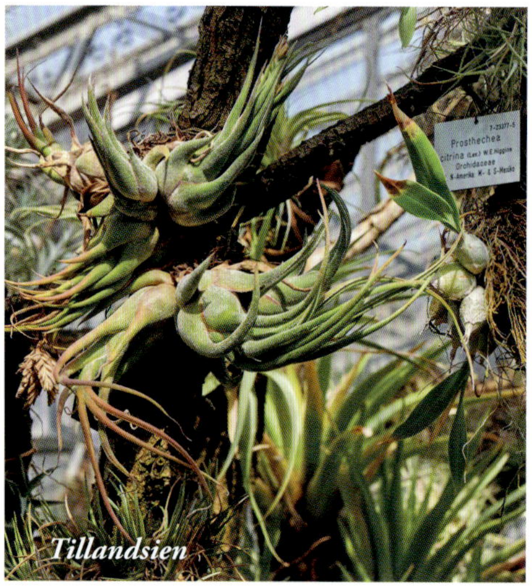

Tillandsien

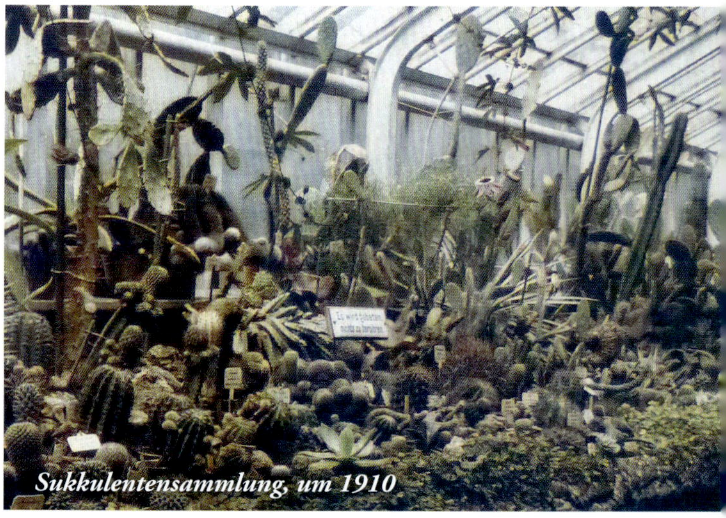

Sukkulentensammlung, um 1910

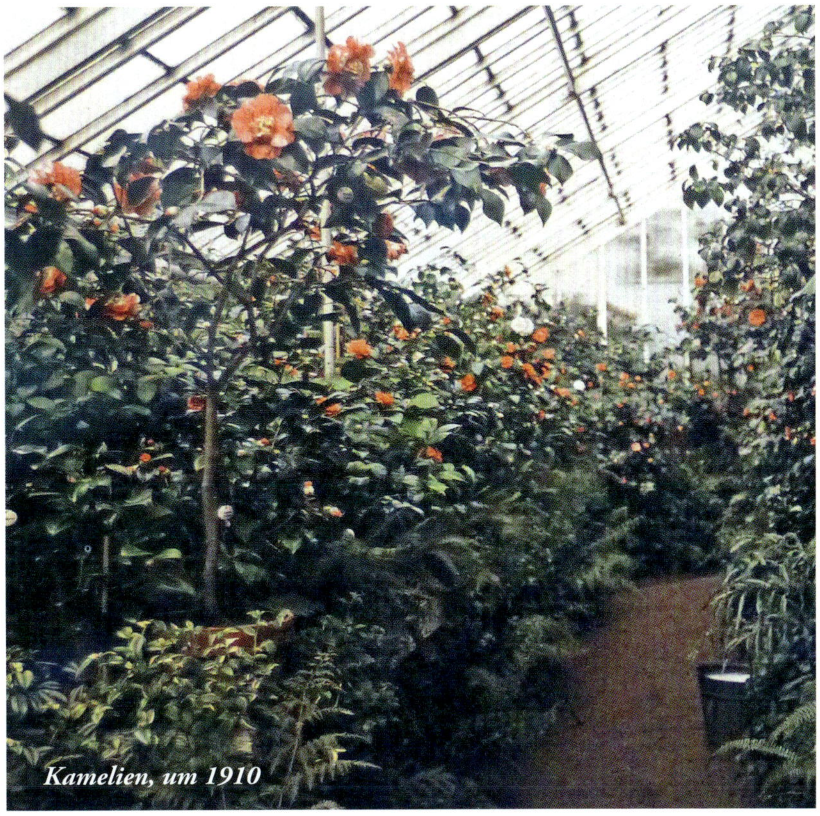

Kamelien, um 1910

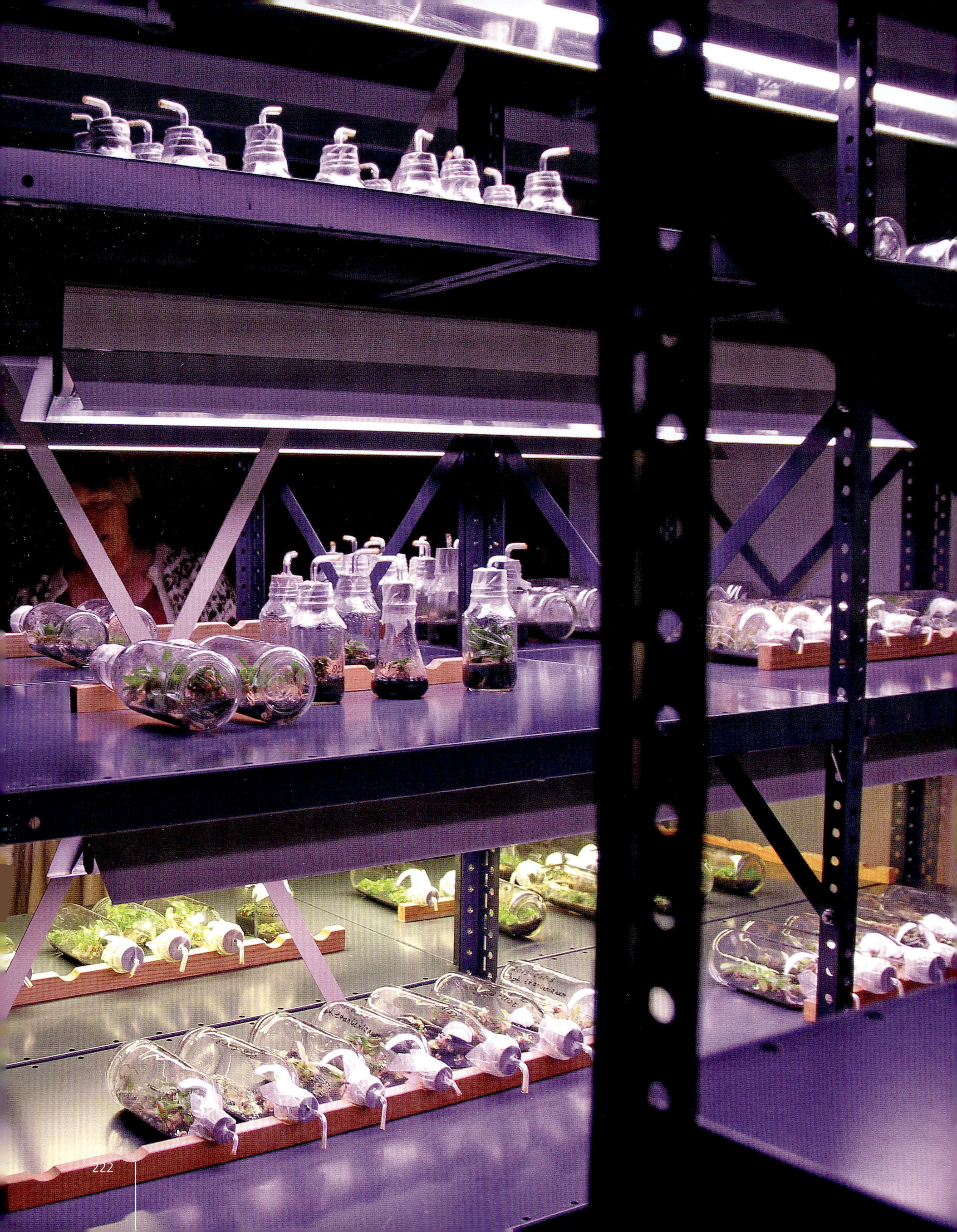

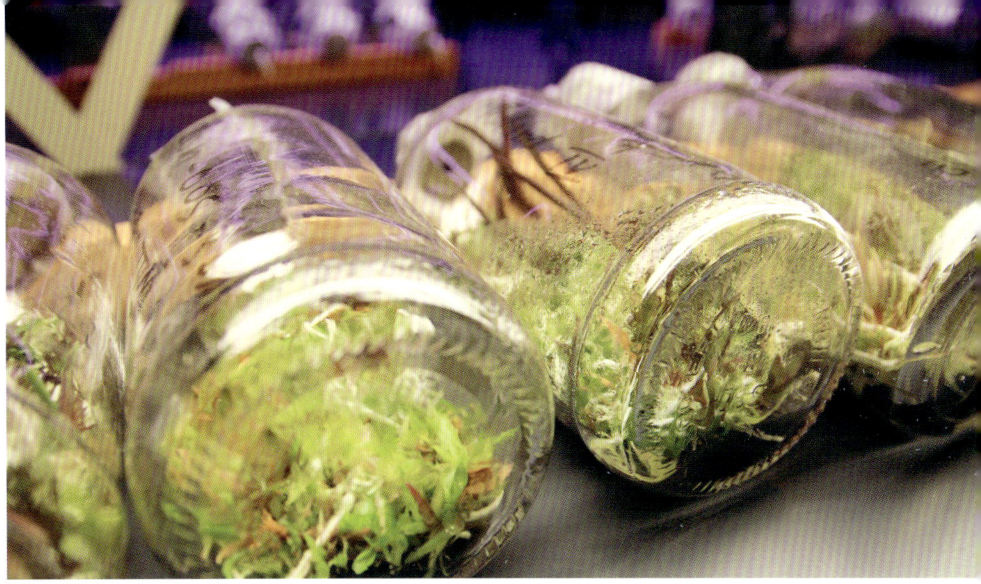

Beim Aufbau der einzelnen Sammlungen werden unterschiedliche Schwerpunkte gesetzt. „Bei einigen versuchen wir, möglichst viele Arten einer Gattung zu bekommen. Bei den Orchideen, die besonders artenreich sind, geht es uns eher um die Formenvielfalt einer Gruppe", erläutert Dr. Clemens Bayer, Leiter der wissenschaftlichen und gärtnerischen Bereiche. Auch im Palmengarten machen die Orchideen mit rund 1.140 Wildarten die artenreichste Sammlung aus. Schon zu Beginn des 20. Jahrhunderts kultivierte der Garten um die 1.000 unterschiedliche Arten und Züchtungen, die in der Schauhausanlage zu sehen waren. Der weitere Ausbau der Sammlung in den 1970er und 1980er Jahren ist vor allem dem früheren Direktor Gustav Schoser, selbst großer Orchideenfreund, zu verdanken. Seit vier Jahren kümmert sich der gärtnerische Leiter der Botanischen Sammlung und Orchideengärtner Marcel Hanselmann um diese Pflanzen. Heute stehen und hängen in insgesamt sieben Gewächshäusern die vielfältigsten Formen und Arten – sowohl Duftorchideen als auch andere mit nur millimetergroßen Blüten, Bulbophyllum-Arten, die bis zu zwei Meter lange Blätter ausbilden, und unzählige Frauenschuhe. Die schönsten Exemplare präsentiert Hanselmann in einem Orchideenfenster, das vom Weg aus zu sehen ist, der östlich an den Gewächshäusern vorbeiführt. Vermehrt werden die Orchideen im hauseigenen Labor. Dort bringt die zuständige Gärtnerin sie in dutzenden kleinen keimfreien Glasflaschen mit Nährlösung und ihrem reichen Erfahrungsschatz zum Wachsen.

„Viele Sammlungen sind entstanden, weil ein Gärtner oder ein Wissenschaftler ein besonderes Interesse für diese Gattung oder Pflanzenfamilie hatte", berichtet Clemens Bayer. Andere, wie etwa die Kamelien, weil sie zu diesen Zeiten besonders in Mode waren. Auch heute spielten die Kenntnisse der Gärtnerinnen und Gärtner eine große Rolle dabei, die Sammlungen zu pflegen. „Es sind oft keine gängigen Zierpflanzen, zu denen man einfach in Gartenbüchern nachschlagen kann. Oft sind es Einzelexemplare, deren Bedürfnisse man genau kennen muss." Das gilt besonders für spezielle Sammlungen wie die der Palmfarne mit ihren seltenen und gefährdeten Arten oder der Amorphophallus-Arten, von denen sich die Titanenwurz dank der Expertinnen im Palmengarten mittlerweile so wohl fühlt, dass um die 40 Exemplare in den Gewächshäusern stehen. Dabei ist das Sammeln der Pflanzenfamilien durchaus kein Selbstzweck, wie Bayer weiter betont. „Wir versuchen immer wieder, dem Publikum besondere Pflanzen zu zeigen. Zudem unterstützen wir viele Forschungsarbeiten mit Material, für das die Wissenschaftler sonst weite Flüge auf sich nehmen müssten."

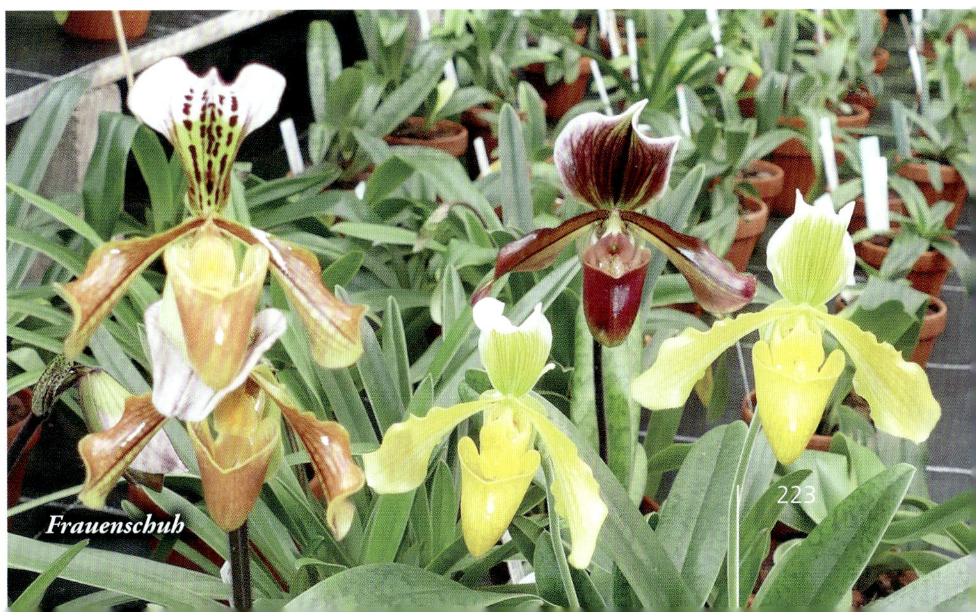

Frauenschuh

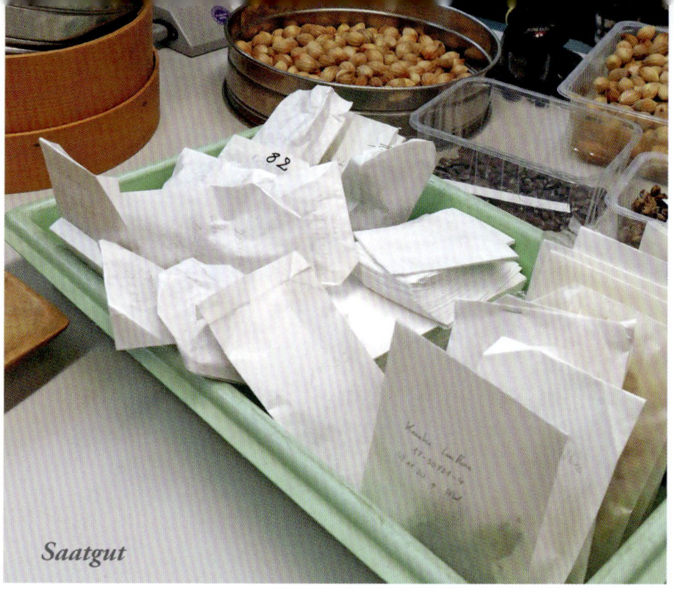

Saatgut

SAMENTAUSCH

Einen Überblick über die Vielfalt der Botanischen Sammlung zu behalten, das gelingt nur dank einer exakten Dokumentation – heute natürlich per Computer. Die Hüter der elektronischen Datenbank des Palmengartens sind die Gärtnermeisterin Martina Jacobi und der Botaniker Dr. Marco Schmidt, die diese regelmäßig füttern. Während es wichtig ist, die Pflanzen zu hegen und zu pflegen, ist es für eine wissenschaftliche Einrichtung ebenso bedeutend, ihre Herkunft zu verzeichnen. „Pflanzen bekannter Wildherkünfte sind wissenschaftlich besonders wertvoll", erläutert Marco Schmidt.

Sobald eine Pflanze in den Bestand des Gartens aufgenommen wird, erhält sie eine sogenannte Akzessionsnummer, die immer mit ihr verbunden bleibt. Sie steht auf dem Etikett, das jede Pflanze im Garten ihr Leben lang begleitet, auch wenn sie mehrfach umgetopft oder umgepflanzt wird. Diese Nummer verweist auf umfangreiche Informationen in der Datenbank, in der die Herkunft der Pflanze, ihre Nachzuchten, aber auch ihr aktueller Standort verzeichnet sind. Da Pflanzen im Garten auch mal den Standort wechseln, unter Umständen noch gar nicht oder fehlerhaft erfasst sind oder trotz guter Pflege sogar mal eingehen, müssen regelmäßig Aktualisierungen und Inventuren vorgenommen werden. In der Datenbank wird außerdem verzeichnet, wenn die Pflanze an einen anderen botanischen Garten abgegeben wird.

Zu manchen Akzessionen führt der Palmengarten seit 1960 zudem ein eigenes Herbarium. Das heißt, es werden Blätter und Blüten gepresst, um beispielsweise bestimmte Formen zu dokumentieren und Vergleiche unterschiedlicher Arten herstellen zu können. Meist wird ein Herbarbeleg angelegt, wenn eine Pflanze im Garten neu bestimmt werden soll. Bislang umfasst das

Botanische Pflanzennamen

Jede bekannte Pflanze auf der Welt besitzt einen wissenschaftlichen Namen, der für alle Botanikerinnen und Gärtner einheitlich und allgemeinverständlich ist. Während botanische Laien eine aus Indonesien stammende Orchidee im Palmengarten unter dem Namen Frauenschuh kennen, lautet ihre exakte botanische Bezeichnung „Paphiopedilum schoseri Braem & H.Mohr". Sie wurde zu Ehren des früheren Palmengarten-Direktors Gustav Schoser benannt, der sie entdeckt hatte. Der Botaniker Carl von Linné entwickelte bereits 1753 eine Systematik, nach der es bis heute gängig ist, einen gültigen und international anerkannten Namen zu vergeben, indem man eine Beschreibung veröffentlicht und sich dabei möglichst auf ein Pflanzenexemplar bezieht, das meist in einem Herbarium aufbewahrt wird und zum Vergleich herangezogen werden kann. Die Person, die diese Beschreibung verfasst, wählt den Namen aus. Dieser besteht aus der Bezeichnung der Pflanzengattung, also Paphiopedilum, und einem Beiwort, das die genaue Art festlegt, sowie dem abgekürzten Namen der Autoren, die die Beschreibung vorgenommen haben, hier also Braem & H. Mohr.

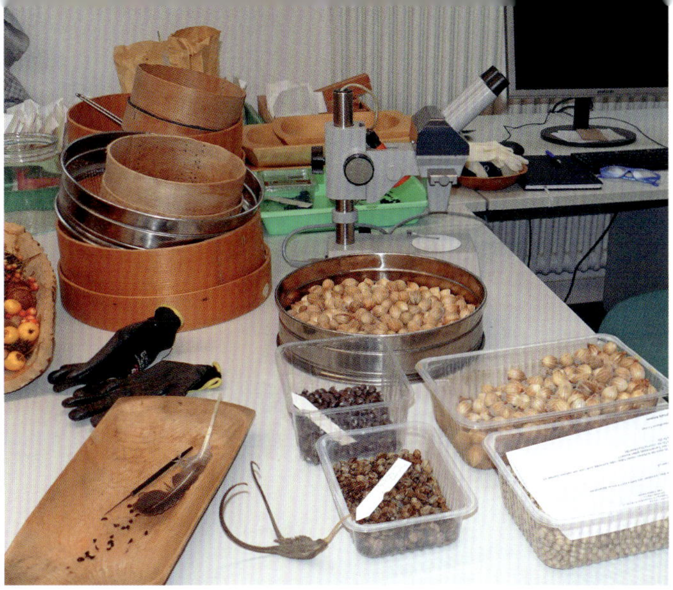

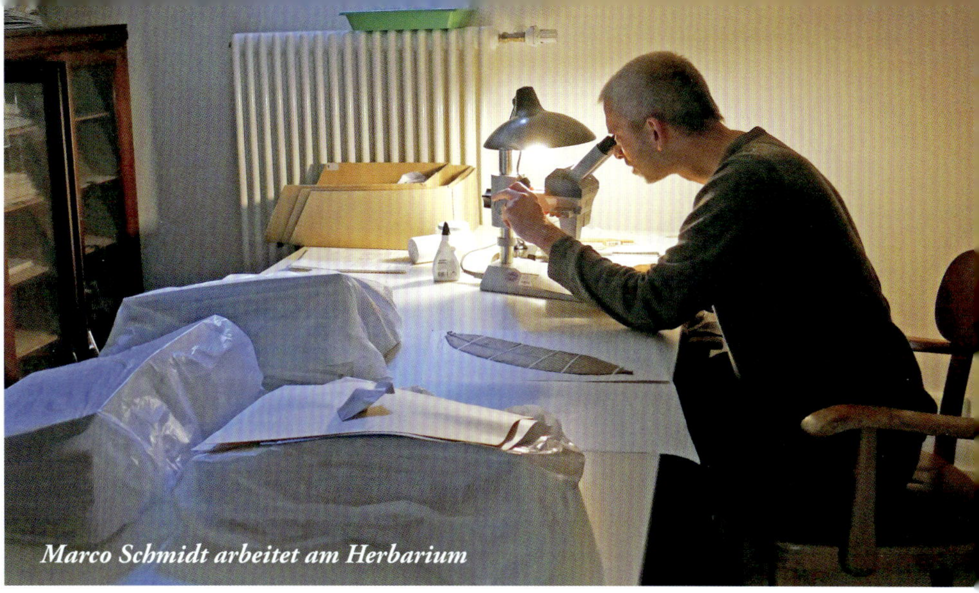

Marco Schmidt arbeitet am Herbarium

Herbarium rund 5.500 solcher Belege. „Für ein Gartenherbar ist das vergleichsweise groß, aber die großen Forschungsherbarien haben andere Dimensionen, das der Senckenberg Gesellschaft für Naturforschung in Frankfurt etwa hat 1,2 Millionen Belege", stellt Marco Schmidt fest.

Wie alle Sammler, sind auch die Botaniker und Botanikerinnen des Palmengartens bestrebt, die Sammlungsschwerpunkte weiter auszubauen. Dazu bemüht sich der Palmengarten, neue Pflanzenarten zu bekommen oder Arten, die etwa durch Schädlingsbefall verlorengegangen sind, zu ersetzen. In früheren Zeiten sei es üblich gewesen, in ferne Länder zu reisen und Pflanzen von ihrem ursprünglichen Standort mitzubringen, erläutert Clemens Bayer. Seit einigen Jahrzehnten ist das anders. Mit der 1993 in Kraft getretenen Biodiversitätskonvention (CBD) hat die internationale Staatengemeinschaft souveräne Rechte der einzelnen Staaten an den genetischen Ressourcen ihrer Hoheitsgebiete anerkannt. Seitdem können Pflanzen, wenn überhaupt, nur mit sehr großem Aufwand aus den Herkunftsländern beschafft werden. Umso wertvoller für wissenschaftliche Zwecke sind die vor Ort verfügbaren Pflanzenbestände des Palmengartens. Ausgebaut werden sie heute deshalb vor allem durch Saatgutaustausch.

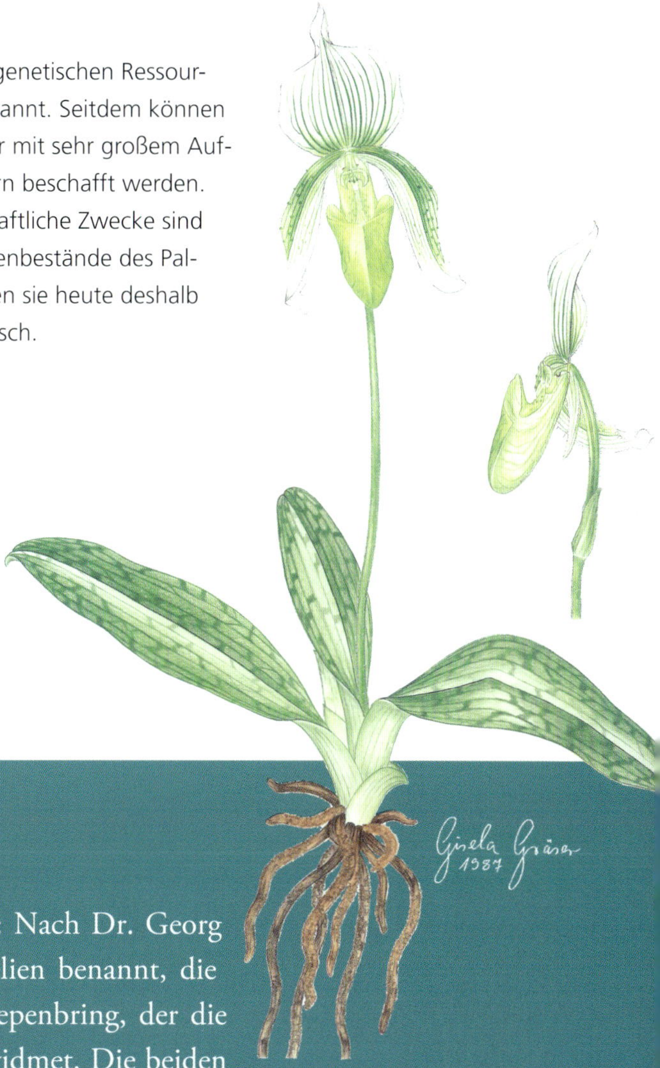

Aus dem Palmengarten wurden noch weitere Vertreter auf diese Weise verewigt: Nach Dr. Georg Zizka, dem früheren Kustos des Gartens, wurde eine neue Gattung der Bromelien benannt, die „Zizkaea tuerckheimii (Mez) W.Till & Barfuss". Dem Gärtnermeister Klaus Piepenbring, der die Bromelien im Garten betreute, wurde etwa die „Vriesea piepenbringii Rauh" gewidmet. Die beiden früheren Direktoren des Palmengartens, Dr. Matthias Jenny und Dr. Isolde Hagemann, beschrieben beide neue Arten. Daran erinnern die Namen „Harmsia lepidota (Vollesen) M.Jenny" und „Hypericum cerastioides (Spach) N.Robson subsp. meuselianum I.Hagemann". In weiteren Namen von Arten, Gattungen und Pflanzenfamilien tauchen frühere und heutige Mitarbeiter des Palmengartens wie Georg Zizka und Clemens Bayer auf: „Pentaplaris huaoranica Dorr & C.Bayer" oder „Forzzaea Leme, S.Heller & Zizka und Muntingiaceae C.Bayer, M.W.Chase & M.F.Fay".

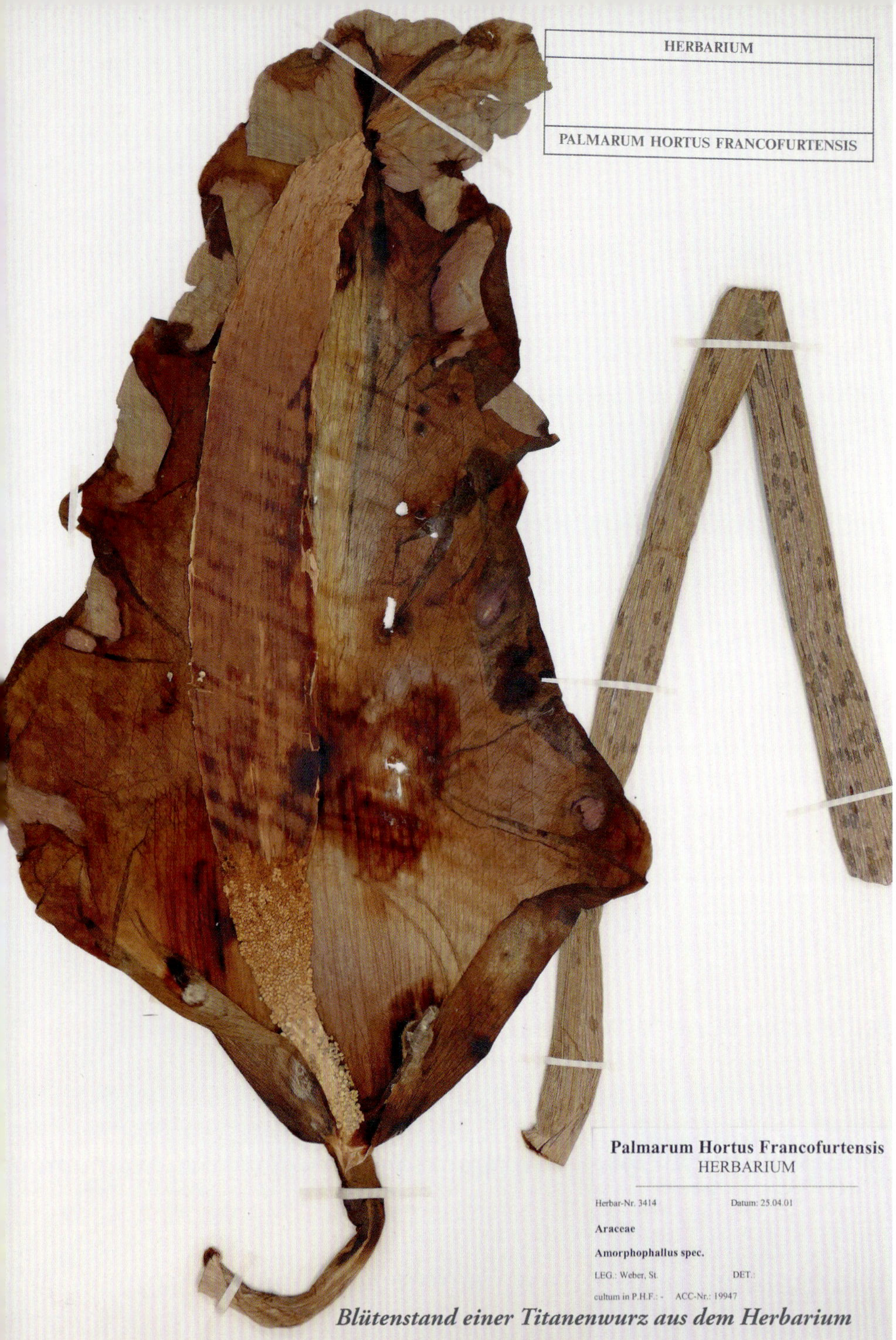

Blütenstand einer Titanenwurz aus dem Herbarium

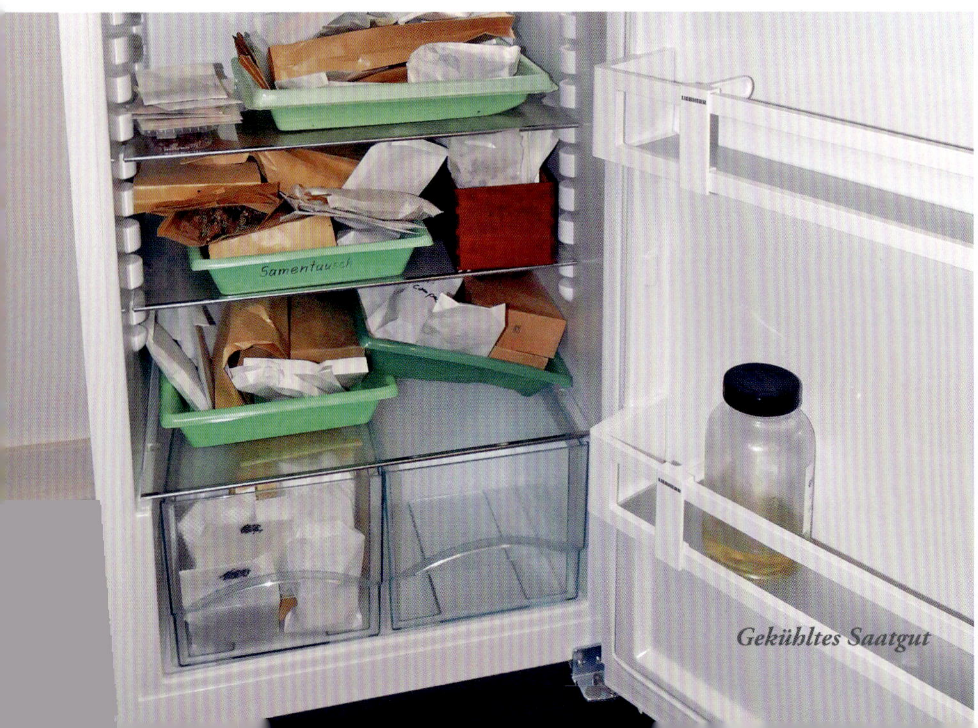

Gekühltes Saatgut

Ein Austauschsystem für Pflanzensamen existiert bereits seit dem 19. Jahrhundert zwischen den botanischen Gärten. Mittlerweile erstreckt sich das Netzwerk über alle Kontinente, von Australien nach Brasilien, in die USA, nach Kanada oder China. Auch im Palmengarten steht ein Kühlschrank, bestückt mit kleinen Tütchen, in denen Martina Jacobi die von ihr und den Kollegen im Garten gesammelten Pflanzensamen archiviert hat. Einmal im Jahr erstellt sie eine Liste mit etwa 200 Positionen und verteilt sie an das Netzwerk von mehr als 600 Institutionen. Diejenigen, die sich zuerst melden, erhalten jeweils ein kleines Tütchen, und das kostenlos. Insgesamt verschickt Martina Jacobi so zwischen 1.200 und 1.800 Samenportionen im Jahr. Besonders beliebt seien Samen von Pflanzen aus den Trockenen Tropen, etwa aus der Madagaskar-Sammlung, berichtet sie. Auch die Palmfarne seien gesucht. „Sie wachsen langsam. Man muss sie außerdem von Hand bestäuben. Deshalb sind Pflanzen dokumentierter Herkunft eher selten." Im Gegenzug erhält der Palmengarten 250 bis 500 Neuzugänge im Jahr, um die eigene Sammlung zu erweitern. Noch bevor die Pflanzen von den Gärtnerinnen und Gärtnern herangezogen werden, erhalten sie ihre Akzessionsnummer auf einem provisorischen Etikett, damit sie später in der Datenbank immer zu finden sind.

DER BOTANISCHE GARTEN

Anfang 2012 bekam der Palmengarten auf einen Schlag rund 20 Angestellte hinzu, aber auch acht Hektar mehr Arbeit. Auf ihnen erstreckt sich der im Norden an den Palmengarten angrenzende Botanische Garten, in dem die Studierenden der Biowissenschaften forschten und lernten. Durch ihren Umzug auf den Riedberg wurde der Garten nicht mehr genutzt und ging schließlich in den Besitz der Stadt über. Der von der Universität rein für wissenschaftliche Zwecke angelegte Garten mit mehr als 5.000 Pflanzenarten bildet vor allem Naturlandschaften wie die Heide oder den Buchenmischwald nach, wie sie in Mitteleuropa oder in klimatisch vergleichbaren Gebieten vorkommen. Unterschiedliche Biotop-Anlagen wie die Glatthaferwiesen, Sandsteppen, das Alpinum mit etwa 800 verschiedenen Farn- und Blütenpflanzen oder der sonnige Kalkhang präsentieren besondere Pflanzengemeinschaften. Freundinnen und Freunde des Gartens warten jedes Jahr ungeduldig darauf, dass dieser nach vier Monaten Winterpause Ende Februar seine Tore wieder öffnet. Im Gegensatz zum selbst während der Woche gut besuchten Palmengarten bleibt der Botanische Garten aber nach wie

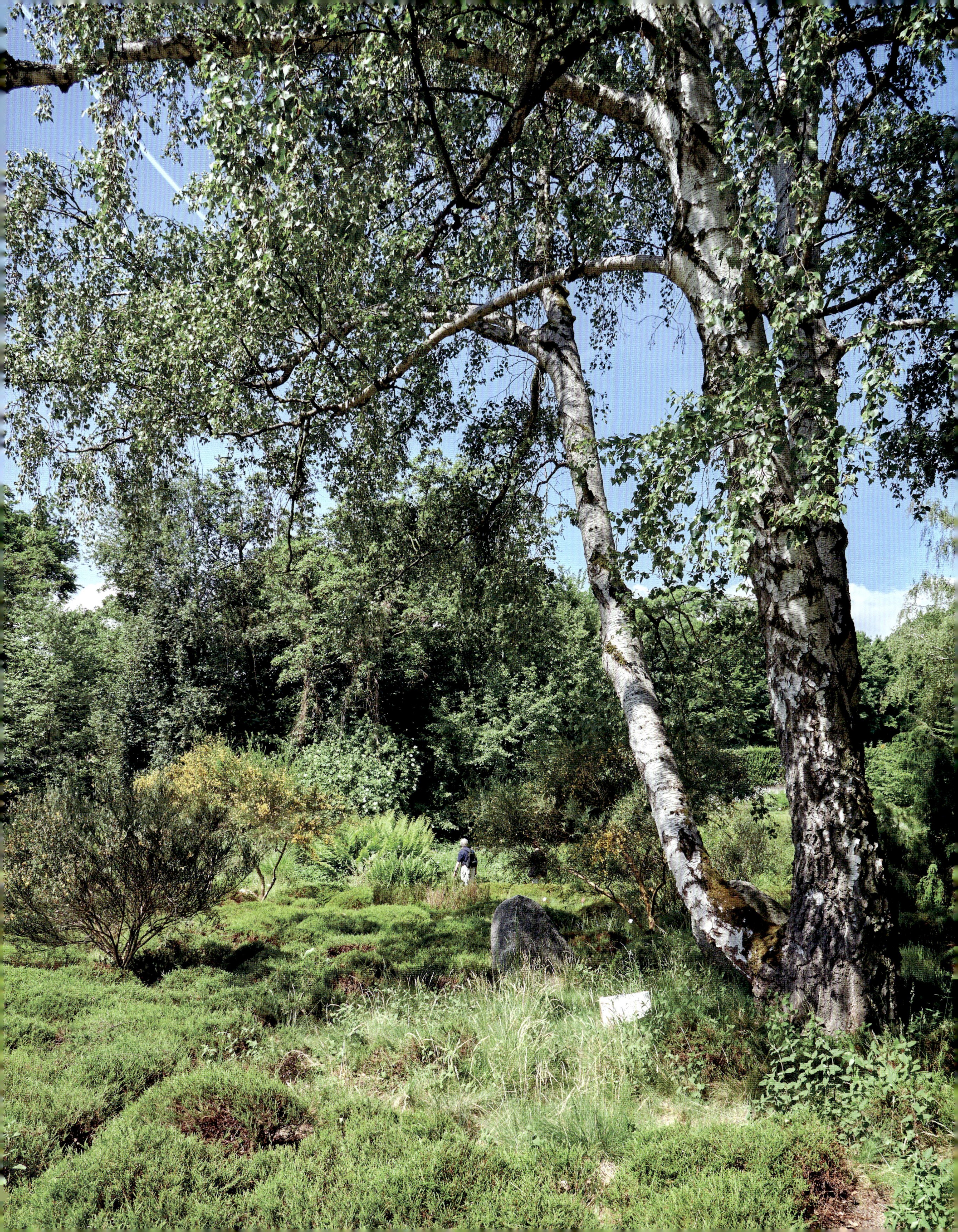

vor ein Geheimtipp. Hier kann der Spaziergänger in Ruhe durch die Wiesen flanieren, die Wasservögel und Frösche am Weiher beobachten, den neu angelegten Basaltbach entlang schlendern oder die bewachsenen Felsen der Miniatur-Alpenlandschaft bestaunen, auch wenn die Ruhebank dort im Sommer zu einem der begehrtesten Plätze zählt. An den Wochenenden bietet der Garten Führungen an, im Sommer gibt es sogar mal ein Konzert und Shakespeare-Theater vor der Gartenkulisse.

Der Botanische Garten in Frankfurt ist gut ein Jahrhundert älter als der Palmengarten. Der Arzt und Naturforscher Johann Christian Senckenberg begründete im Jahr 1763 die Dr. Senckenbergische Stiftung, die den ersten Botanischen Garten in der Stadt errichten ließ und ihn mehr als 150 Jahre lang betreute. Ziel war es, „die Medizinerausbildung und die medizinische Versorgung in Frankfurt zu verbessern und die Naturwissenschaften allgemein zu fördern“ [92]. Dafür stand ein 2,8 Hektar großes Grundstück am Eschenheimer Turm zur Verfügung, auf dem ein Krankenhaus, Einrichtungen für die Medizinerausbildung, etwa ein Anatomie-Hörsaal, eine Bibliothek und eben der „Medizinalgarten“ entstanden, der nach dem Vorbild des Botanischen Gartens im schwedischen Uppsala gestaltet wurde. Kultiviert werden sollten schon damals einheimische Pflanzen, „und solche, die eine gleiche Zonam und Clima zur Geburths-Stätten haben und unsere aeram aquas und locos vertragen können“, wie es im Stiftungsbrief von 1763 heißt. „Die erste gedruckte Artenliste des Gartens von 1782 umfasste bereits beeindruckende 1.430 Arten“ [93], die nicht nur im Freiland, sondern auch in einem Gewächshaus standen. Nachdem der Garten 1850 vergrößert wurde, mangelte es gegen Ende des Jahrhunderts an Platz für Erweiterungen der Senckenbergischen Institute. Der Botanische Garten zog daraufhin 1907/08 auf ein etwa 1,4 Hektar großes Gelände am nordöstlichen Rand des Palmengartens um, das die Stiftung von der Familie Rothschild erwarb. Mit ihm wurde auch die rund 300 Jahre alte und 12 Meter hohe Eibe verpflanzt, die dafür mit großem Aufwand mitten durch die Stadt transportiert wurde.

Als im Jahr 1914 die Frankfurter Universität gegründet wurde, bildeten die Dr. Senckenbergische Stiftung, die Senckenbergische Naturforschende Gesellschaft und der Physikalische Verein den Grundstock der dortigen Naturwissenschaften. Somit wurde der Botanische Garten Teil der Universität. Doch schon nach zwei Jahrzehnten erwies sich der Garten „erneut als zu klein für die Anforderungen von Forschung und Lehre“ [94]. Die mittlerweile von den Nationalsozialisten regierte Stadt brachte daraufhin 1935 einen Teil des Grüneburgpark-Geländes von Albert von Goldschmidt-Rothschild in ihren Besitz. Sie stellte es der Stiftung zur Verfügung, so dass der Garten auf einem angrenzenden Areal auf 7,5 Hektar neu angelegt werden sollte. Im Tausch dafür erhielt sie das alte Gelände, das dem Palmengarten zugeschlagen werden sollte. „Dieser unter den damaligen Umständen erzwungene „Verkauf“ gegen eine wohl geringe Gegenleistung wurde von den Nachkommen

Erster Botanischer Garten am Eschenheimer Turm

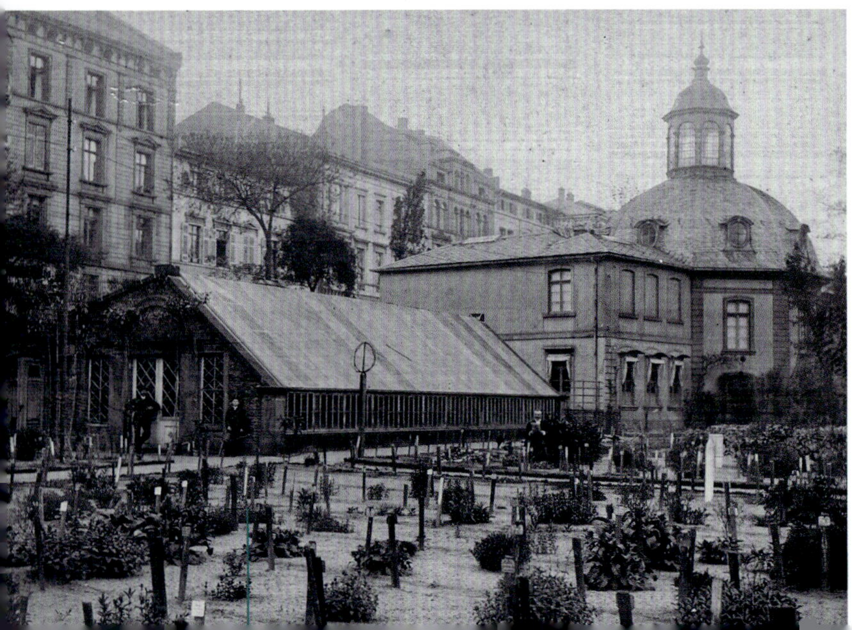

Plan des ersten Gartens mit Standort der alten Eibe (E)

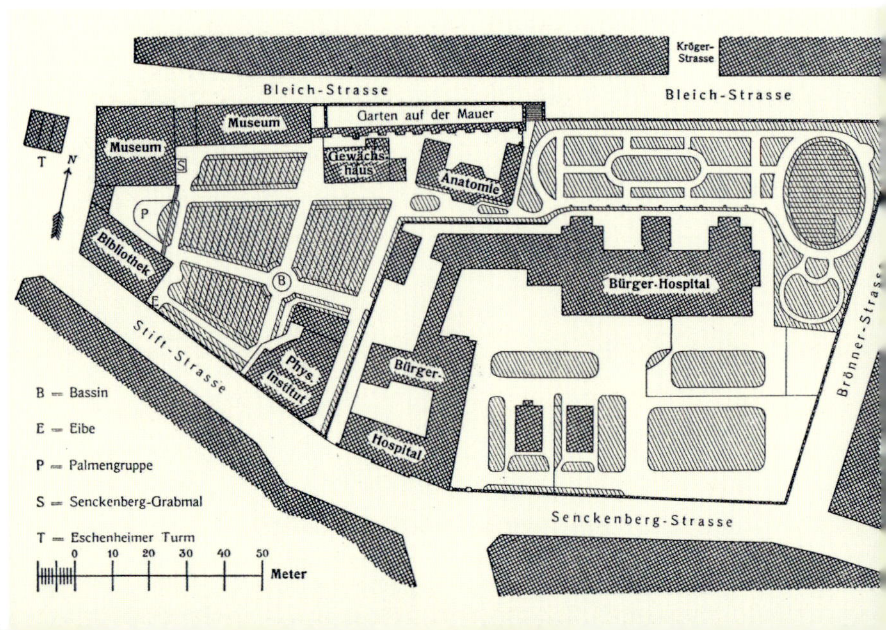

Goldschmidt-Rothschilds nach dem Krieg angefochten und vom Gericht 1951 als unrechtmäßig bestätigt. In einem Vergleich erhielt die Familie als Entschädigung andere Grundstücke in Frankfurt und einen Geldbetrag und erklärte sich mit dem Verbleib des Grüneburgparks und des Gartengeländes im Besitz der Stadt Frankfurt einverstanden." [95]

Zunächst blieb das für den neuen Garten vorgesehene Gelände längere Zeit baumlos. Erst als der Zweite Weltkrieg und die Besatzungszeit der US-amerikanischen Armee, die es in ihren Sperrbezirk mit einbezog, vorüber waren, konnte der dritte Botanische Garten ab 1948 gestaltet werden. So lange wurde der alte Garten weiterhin genutzt, der erst 1964 endgültig vom Palmengarten übernommen wurde. Durch die bis dahin bestehende besondere räumliche Nähe hatte sich ein enges Verhältnis zwischen beiden Institutionen entwickelt.

Der neue Botanische Garten war, anders als seine Vorgänger, nach pflanzengeographisch-ökologischen Gesichtspunkten gestaltet. So entstanden Reviere zum Buchenwald, zu anderen mitteleuropäischen Waldtypen, zu den Pflanzen Ostasiens, Nordamerikas oder dem Mittelmeerraum. Eine systematische Abteilung und Lehrpflanzungen zur Züchtungsgeschichte wichtiger Kulturpflanzen zählten ebenfalls zur Anlage. 1965 kamen Gewächshäuser hinzu, die es erlaubten, auch die Lehr- und Forschungssammlung tropischer Pflanzen auszubauen.
Das Botanische Institut der Goethe-Universität war in dem von Ferdinand Kramer entworfenen Bau seit 1956 direkt neben dem Botanischen Garten untergebracht und bot ideale Arbeitsbedingungen für Forschung und Lehre. Doch aus Platzmangel zogen biologische Arbeitsgruppen Mitte der 1990er Jahre an den Riedberg. 2011 siedelte der Fachbereich komplett dorthin um. Die Universität entschloss sich daher, am Riedberg einen neuen Botanischen Garten anzulegen und den alten nicht weiter zu betreiben.

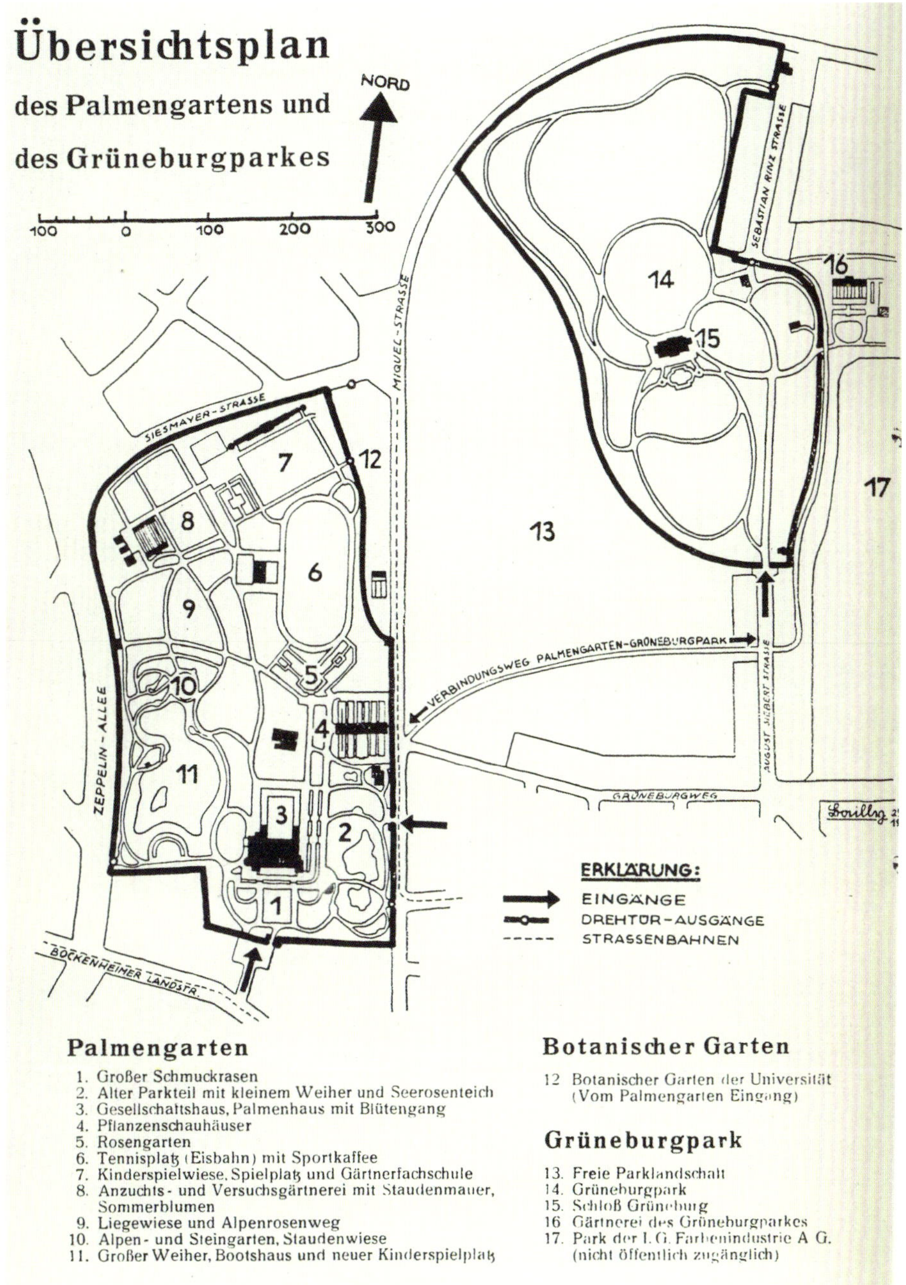

Anlage 1936

Auch wenn der Garten sich erst seit Anfang der 1990er Jahre einer breiten Öffentlichkeit geöffnet hatte und immer noch eher im Verborgenen blühte, setzten sich viele Frankfurterinnen und Frankfurter für den Erhalt der Anlage ein. „In der Jahre dauernden Diskussion um die Zukunft des Botanischen Gartens wurde eine breite Unterstützung in der Stadtgesellschaft für die Erhaltung dieses sowohl botanisch, naturschutzfachlich als auch ästhetisch-städtebaulich einzigartigen Areals deutlich."[96] Bereits 2001 hatte sich ein „Freundeskreis des Botanischen Gartens" gegründet, der sich für den Verbleib des Gartens stark machte. Die Stadt Frankfurt, das Land Hessen und die Universität fanden schließlich eine Lösung. Nur der tropisch-subtropische Pflanzenbestand zog an den Riedberg um, der Garten mit dem größten Teil seiner Mitarbeiter wurde Teil des Palmengartens und damit städtisch. Lediglich ein kleiner, südlicher Teil des früheren Areals mit den Gebäuden des ehemaligen Zoologischen und Botanischen Instituts verblieb im Besitz des Landes Hessen.

Die systematische Abteilung des Gartens wurde seitdem durch neue Anlagen ersetzt. Unter anderem entstand der Senckenbergische Arzneipflanzengarten, der zum 300. Geburtstag des Stifters 2007 eröffnet wurde. Der Wassertrog, der dort heute steht, stammt noch aus dem ersten Botanischen Garten am Eschenheimer Turm. Zudem beschäftigt sich der Garten heute stärker mit der Erhaltung bedrohter hessischer Pflanzenarten, die in der Anlage „Sammlungen und Erhaltungskulturen" im südlichen Bereich des Gartens zu finden sind. So werden 15 hessische Arten, die in ihrem Bestand gefährdet sind, dort in einem von der KfW-Stiftung geförderten Projekt auf unterschiedlichen Substraten kultiviert. Die gesammelten Pflanzensamen der Wiesen-Schwertlilie, der Heide-Wicke, der Sumpf-Fetthenne und anderer Arten werden im Botanischen Garten herangezogen und in Zusammenarbeit mit Naturschutzverbänden und -behörden an Naturstandorten wieder ausgepflanzt. Auf diese Weise wurden etwa rund 200 Exemplare des Sand-Zwerggrases in Rodenbach bei Hanau wieder angesiedelt, wo dieses bis vor rund zehn Jahren heimisch war. Die Heide-Wicke wurde im Spessart ausgepflanzt, viele weitere junge Pflänzchen der gefährdeten Arten an anderen Standorten.

Vielfältig engagiert

Bei seinem Engagement, Wissen zu vermitteln und Forschung zu fördern, schaut der Palmengarten auch über die Grenzen des eigenen Geländes hinaus. So zählt er zu den Gründungsmitgliedern des Vereins BioFrankfurt – des Netzwerks für Biodiversität. Im Jahr 2004 entstanden, ist er ein Zusammenschluss von mittlerweile 14 Institutionen, darunter dem Zoo Frankfurt sowie der Senckenberg Gesellschaft für Naturforschung, die die Bedeutung der biologischen Vielfalt stärker ins öffentliche Bewusstsein rücken wollen. Der Verein bietet Ausstellungen, Vorträge oder Exkursionen, aber auch Unterrichtsmaterial für Schulklassen an, zeigte aber auch mit Informationsangeboten etwa an der „Grünen Börse" im Palmengarten Präsenz. Das Engagement reicht zudem von einer Plakatkampagne zum Artenschutz über eine Aktionswoche „Biologische Vielfalt erleben" bis hin zur „Biozahl", die seit 2006 jährlich veröffentlicht wird und die schwindende biologische Vielfalt auf eine greifbare Zahl herunterbricht. Im Jahr 2020 lautete sie 0,6 für den Prozentanteil von Wildnis an der Fläche Deutschlands – im Vergleich zu den zwei Prozent, die sich die Bundesregierung in dem Jahr zum Ziel gesetzt hatte. Einige Mitglieder von BioFrankfurt haben zudem gemeinsam die Frankfurt Spring School on Conservation Project Management initiiert, die Führungskräfte für Naturschutzprojekte ausbildet.

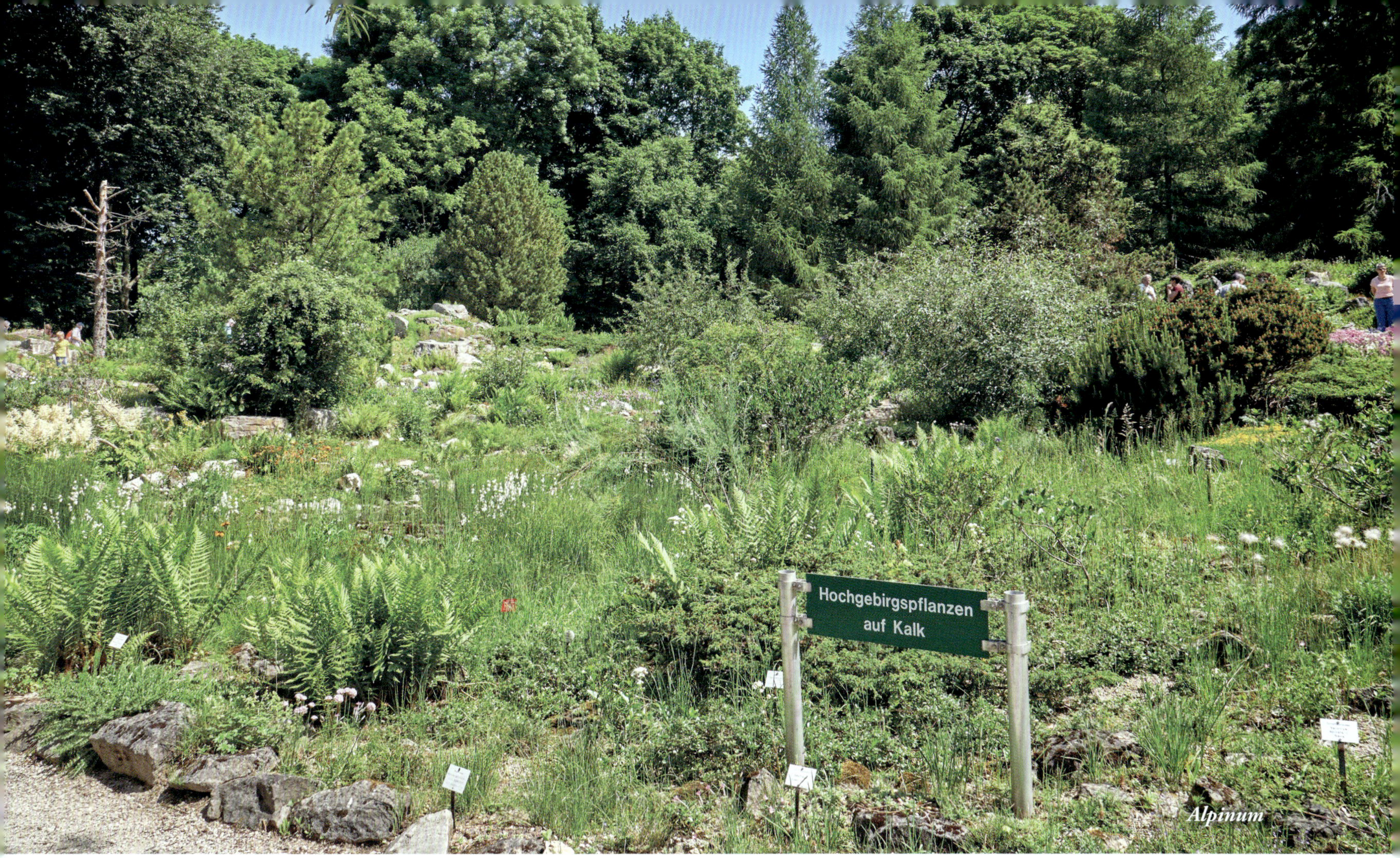

Alpinum

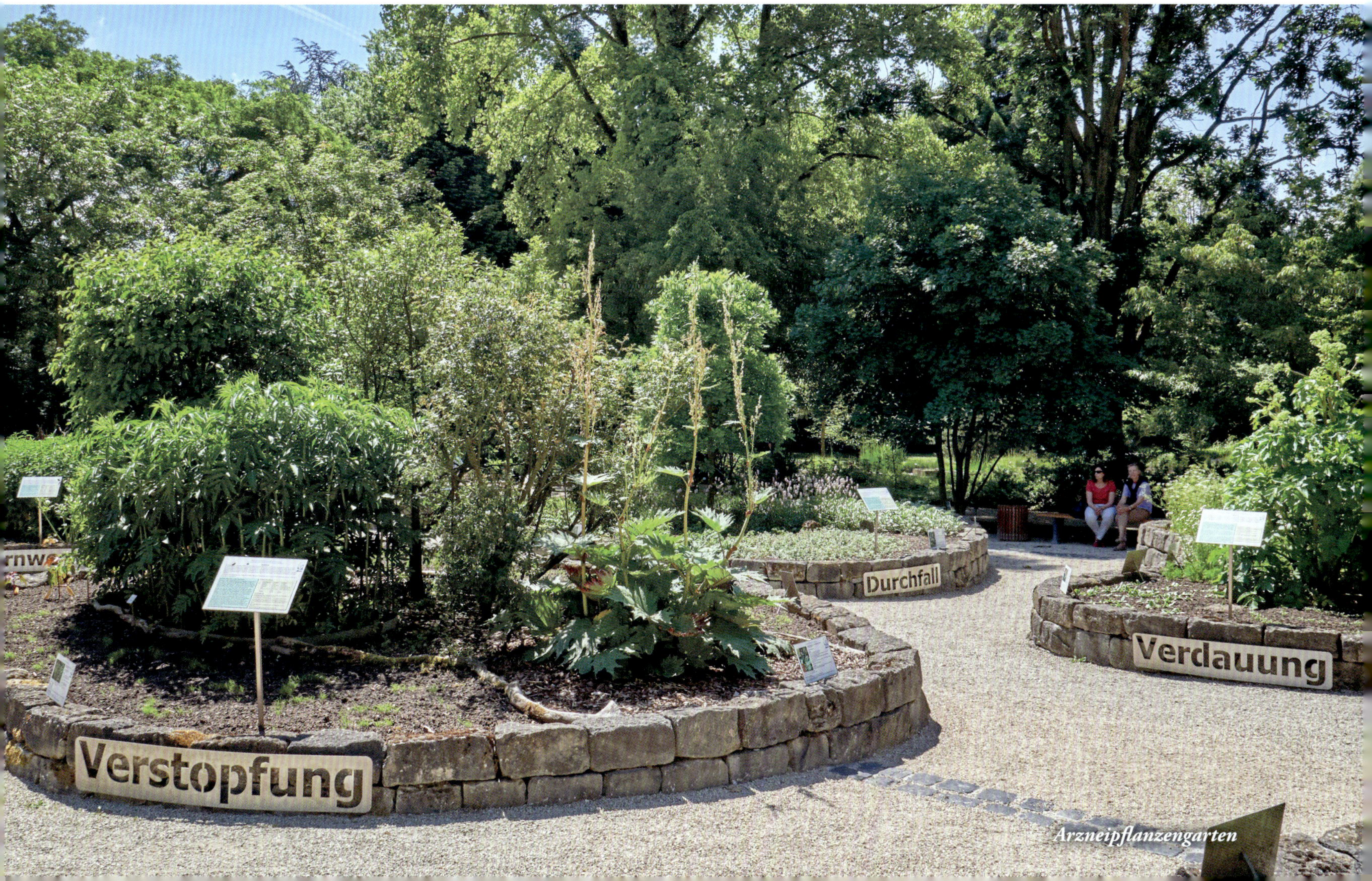

Arzneipflanzengarten

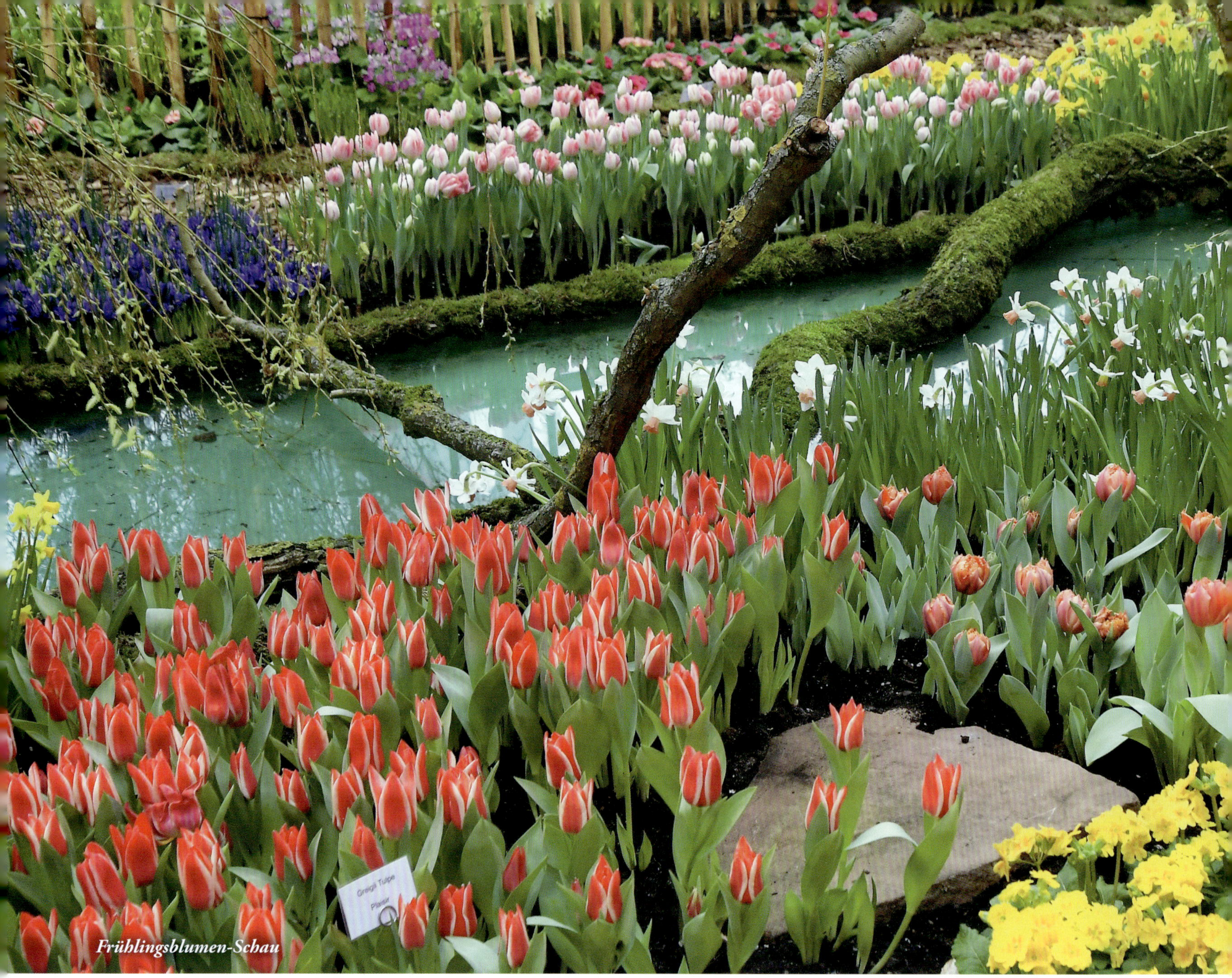

Frühlingsblumen-Schau

ORCHIDEEN, DAHLIEN UND DINOSAURIER

Wer heute den Palmengarten oder auch den Botanischen Garten besucht, kommt zum Abschalten, vielleicht zum Feiern im Gesellschaftshaus. Wie aber gelingt es, dass die Besucherinnen und Besucher nicht nur durch das Grün spazieren, sondern dabei auch einzelne Pflanzen wahrnehmen und etwas mehr über sie erfahren, als dass sie schön sind? „Um die Pflanzen den Menschen näher zu bringen, muss man sie vorzeigen“ [97], das war nicht erst dem Palmengartendirektor Gustav Schoser klar, sondern auch seinen Vorgängern. Anfangs war es der exotische Reiz unbekannter Pflanzen, der die Menschen lockte, in die Gewächshäuser zu gehen. Bereits 1834 veranstalteten die Gärtner Sebastian und Jakob Rinz eine erste Blumen- und Pflanzenausstellung in der Stadt. Die Frankfurter pilgerten aber auch an den Rhein nach Biebrich, um die Ausstellungen mit den damals exotischen Pflanzen des Herzogs von Nassau zu bestaunen.

Der Palmengarten präsentierte seine erste Blumenschau bereits 1870, noch bevor der Garten offiziell eröffnet war. Auch in den Jahren danach nutzte man die Blütengalerien am Palmenhaus in den Sommermonaten für Ausstellungen von Schnittrosen oder Chrysanthemen. In den 1905/06 erneuerten Schauhäusern waren ebenfalls regelmäßig Blumenschauen zu sehen. Einer der besonderen Anziehungspunkte für viele Frankfurterinnen war seitdem das Victoria-regia-Haus, ein Gewächshaus eigens eingerichtet für die mit ihren großen tellerartigen Blättern besondere Pflanze und andere tropische Seerosen.

Lebenswichtig wurden die Schauen im Freiland während des Ersten Weltkrieges, als ein Mustergarten die Frankfurterinnen dazu anregen sollte, den spärlichen Speiseplan mit Gemüse aus dem eigenen Garten anzureichern. Kriegslandwirtschaftliche Ausstel-

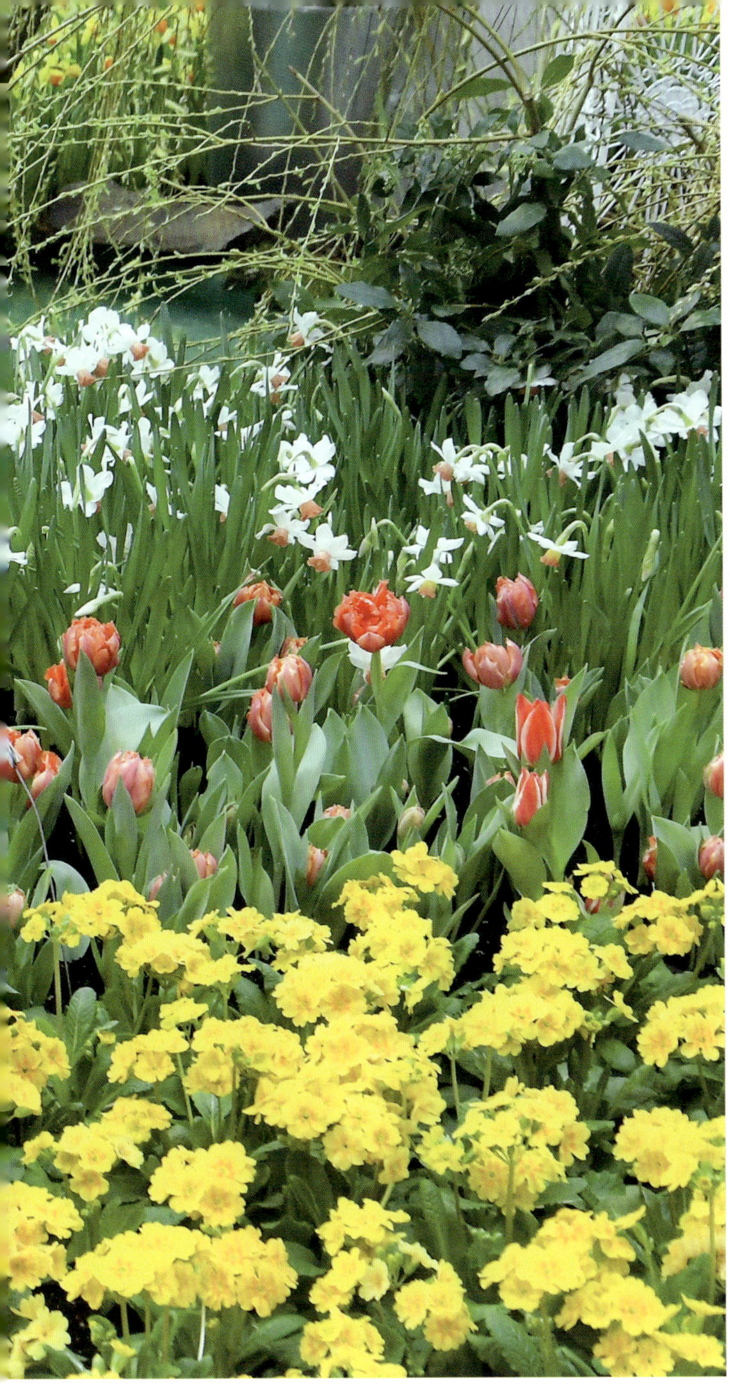

lungen präsentierten unter anderem 100 verschiedene Kartoffel- und zahlreiche Gemüsesorten. In den Zeiten nach den Kriegen waren es erneut Blumenausstellungen, die den Menschen ein wenig farbenfrohe Abwechslung boten. Seit 1950 präsentierte sich der Hessische Gartenbauverband auf Frühjahrs- und Herbstmessen im Garten. Der Direktor Fritz Encke führte in dieser Zeit eine Serie von Ausstellungen zu unterschiedlichen Themen oder Pflanzengruppen des Gartenjahres wie Dahlien, Gladiolen oder Erica ein. Viele davon, wie die Frühlingsblumen, die Azaleen, die Rosen und die Chrysanthemen, haben die Zeiten überdauert. Die Schnittrosenschau lag damals in den Händen der „Freunde des Palmengartens", die im gesamten Rhein-Main-Gebiet und vor allem aus Steinfurth dafür Blumen zusammentrugen. Die Kleingartenschau weitete sich mit der Zeit zur Erntedank-Ausstellung aus.

Lokalpatriotismus

„Hängt's Schild aus?" – „Ja, heut in der Nacht blieht se widder!" „Was denn?" – Ein Dritter ist zu den Sprechenden getreten. „Frag nit so saudumm; was anners kann denn in dieser Zeit in Frankford bliehe, als die Victoria Regia? - „Was's denn das?" „Mer merkt, daß de e Hergeloffener bist, - - - die Victoria Regia ist e Blum, un wannste es ganz genau wisse willst, e Mordswasserros, die wo am Amazonas ihr Heimat hat und, ja, hier im Frankforder Palmengarte!" Das kurze Gespräch an der Hauptwache hat besser als ein Reklameplakat gewirkt. Jeder hat es gehört: die Victoria Regia blüht. Am späten Abend zieht eine Karawane seerosenlüsterner Menschen über die Bockenheimer Landstraße zum Palmengarten."[98]

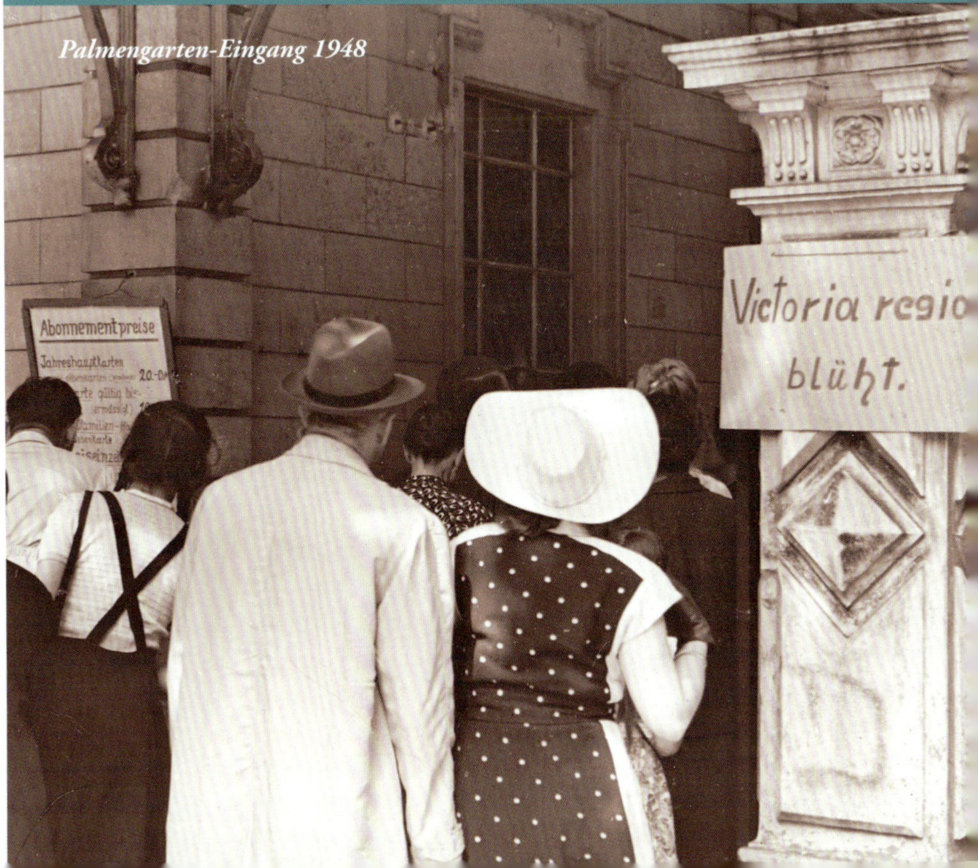

Palmengarten-Eingang 1948

Rosenschauen

Die Ausstellungen in der Blütengalerie rund um das Palmenhaus standen bereits in den Anfangsjahren regelmäßig im Zeichen der Rose. Dafür wurden jährlich tausende Rosen in den Wintermonaten in den Gewächshäusern zum Austreiben gebracht. In Zeiten von Inflation und Weltwirtschaftskrise schlief dieser Brauch jedoch ein. Max Bromme belebte die Tradition der Rosenschauen in den 1930er Jahren neu. Im April 1932 fand nach langer Zeit wieder eine Topfrosenschau im Garten statt. Am 8. Juli 1933 eröffnete er auf der Terrasse des Palmenhauses das Deutsche Rosenfest. Zwei Tage lang war in der neu gestalteten Blütengalerie eine Rosenschau mit 30.000 Exemplaren zu sehen. Bis 1941 fand jährlich eine Ausstellung statt, die 1951, zum 80. Geburtstag des Gartens, neu belebt wurde und bis heute fester Bestandteil des Ausstellungskalenders ist, wie auch das jährliche Rosen- und Lichterfest. Weil die Rosenschau zum samstäglichen Fest ebenfalls geöffnet ist, ist es schon vorgekommen, dass einige Besucher am späten Abend der Meinung waren, nicht nur das Fest, auch die Rosenschau sei beendet und man könne sich ein paar der schönen Blumen mit nach Hause nehmen. Die Gärtner mussten am nächsten Morgen in aller Eile alles nachstecken, damit die Ausstellung auch am Sonntag noch schön aussah.

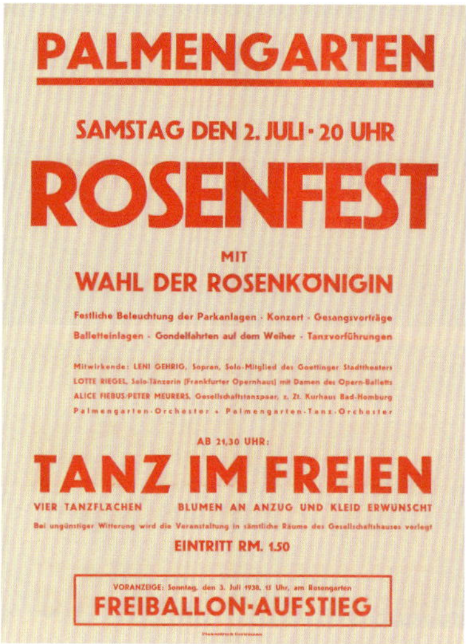

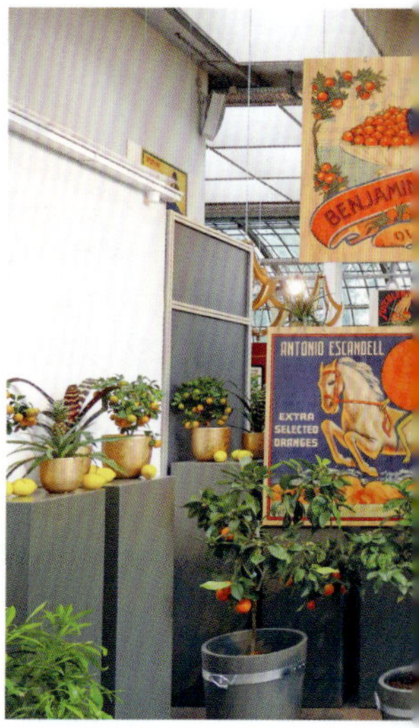

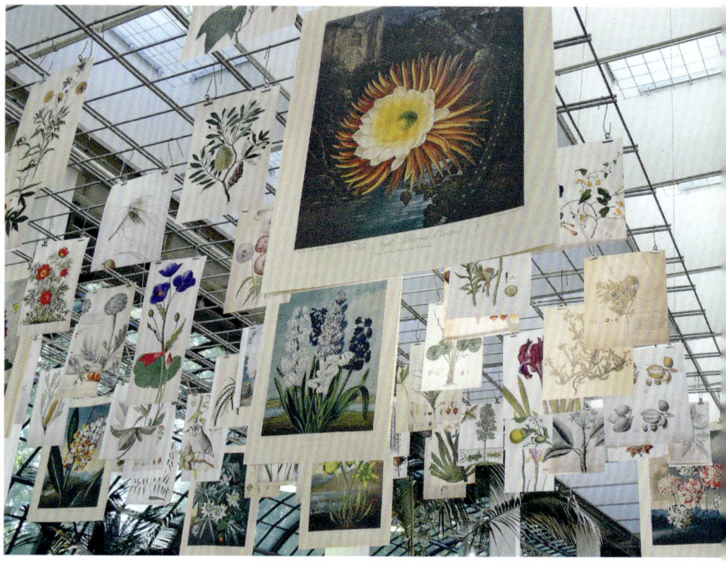

Über die Jahreszeiten-Schauen hinaus gab es immer wieder Themenausstellungen, in denen etwa Ampelpflanzen oder Palmfarne präsentiert wurden oder auch historische Fakten zu 100 Jahren Palmengarten. Vom Ende der 1960er Jahre an gewann der damalige Direktor Gustav Schoser zudem Vereine und Institutionen dafür Ausstellungen zu gestalten, etwa die Bromelien- und Fuchsien-Gesellschaft. Höhepunkt des Ausstellungskalenders in dieser Zeit war die 8. Weltorchideenschau und -Konferenz des Verbandes Deutscher Orchideenbetriebe, die im April 1975 fast 250.000 Besucher und Aussteller aus 68 Ländern in den Garten lockten. Aber auch die 1. Weltkakteenschau fand 1984 im Palmengarten statt. Durch die Schaffung zweier wissenschaftlicher Stellen für die Biologen Dr. Georg Zizka und Dr. Stefan Schneckenburger verschob sich der Schwerpunkt der Themenausstellungen hin zu einem wissenschaftlicheren Blickwinkel. Es wurden etwa Faserpflanzen thematisiert oder Ölpflanzen.

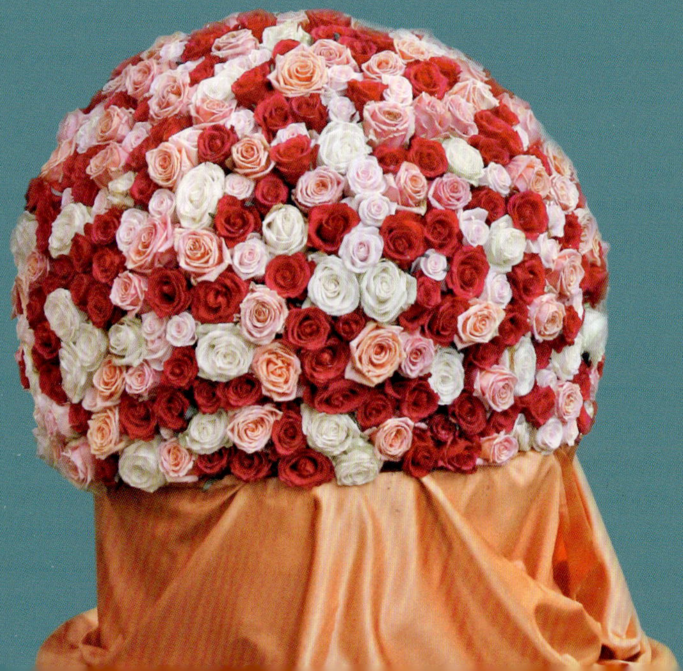

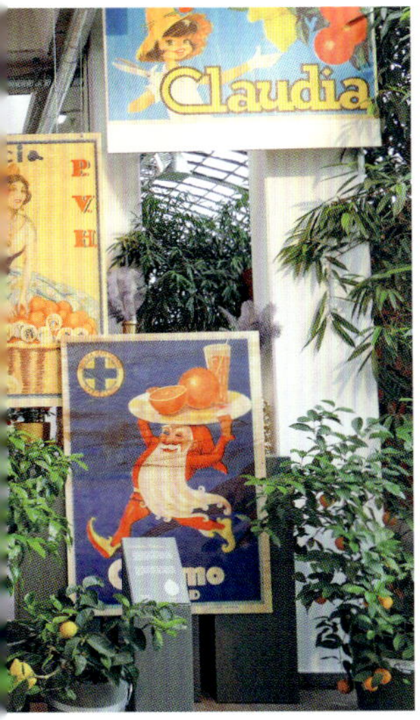

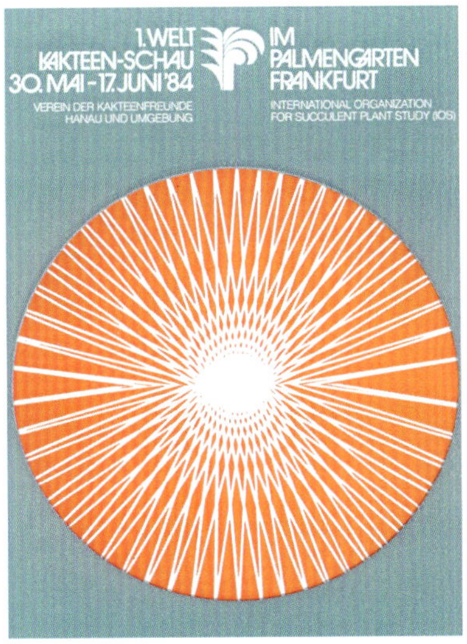

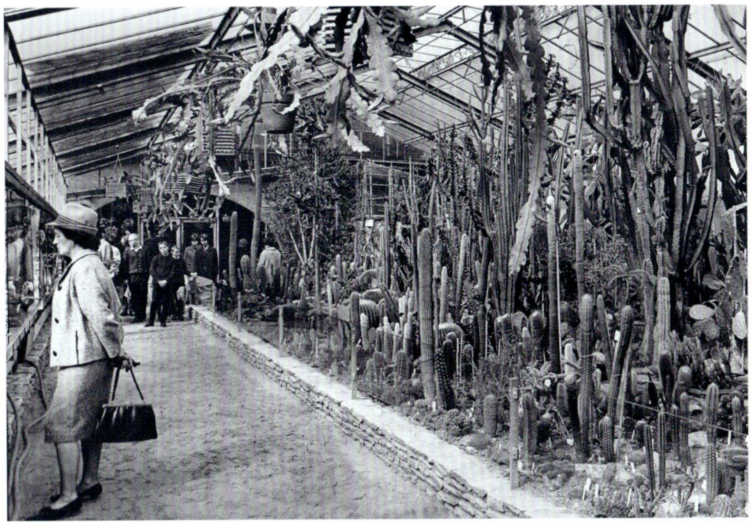

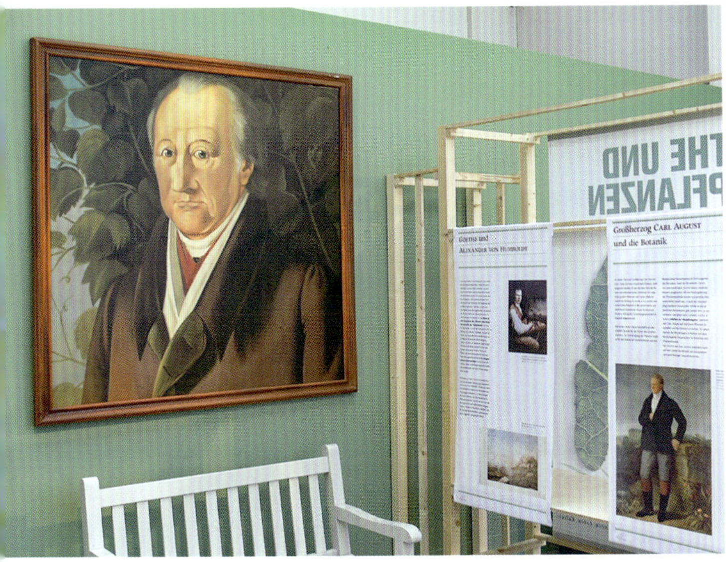

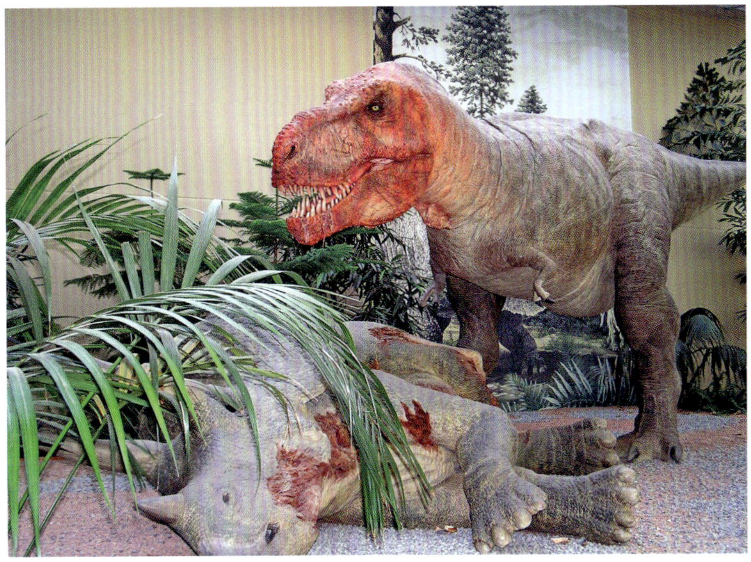

Seit Mitte der 1990er Jahre kuratiert Dr. Hilke Steinecke die regelmäßigen Themenschauen mit vielen liebevoll gesammelten Ausstellungsstücken und zusammengetragenen Details etwa zum Kakao, zur Kulturgeschichte des Holzes, zu „Zauberpflanzen", den Zitruspflanzen, Palmen, Orchideen und vielem mehr. Ein Sonderheft als Ausstellungskatalog trägt das gebündelte Wissen jeweils zusammen. Selbst überregional wahrgenommene Schauen in Kooperation mit dem Frankfurter Naturmuseum Senckenberg oder anderen Institutionen hat der Palmengarten schon präsentiert, sei es unter dem Motto „Grünes Gold" zur Sammelleidenschaft berühmter Pflanzenjäger, zum Thema „Alles was fliegt" oder zu Dinosauriern. Auch die berühmte Terrakotta-Armee aus China machte 2002 im Palmengarten Station. Zum 150. Geburtstag des Palmenhauses war 2020 eine Ausstellung mit historischen Postkarten zu sehen, gefolgt von einer umfangreichen Schau zum Jubiläum des Gartens 2021.

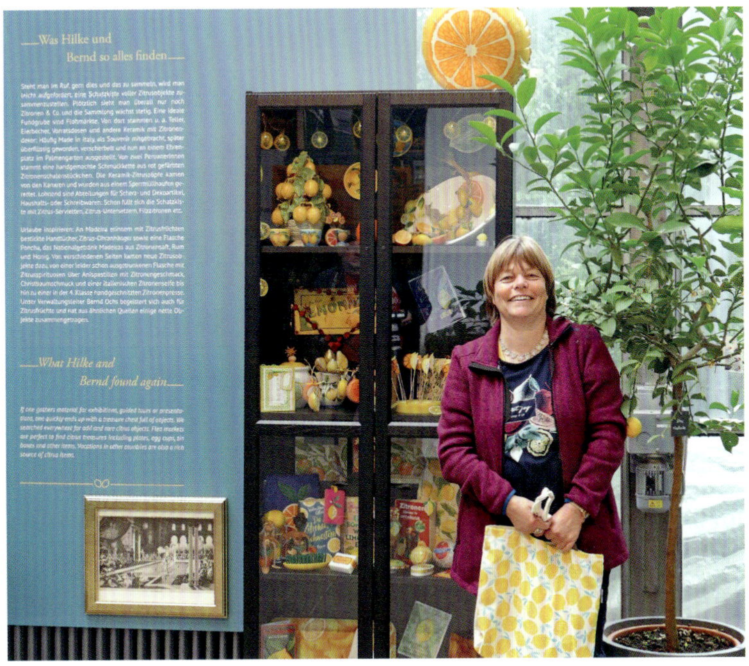

Kustodin Hilke Steinecke in der Zitrus-Ausstellung

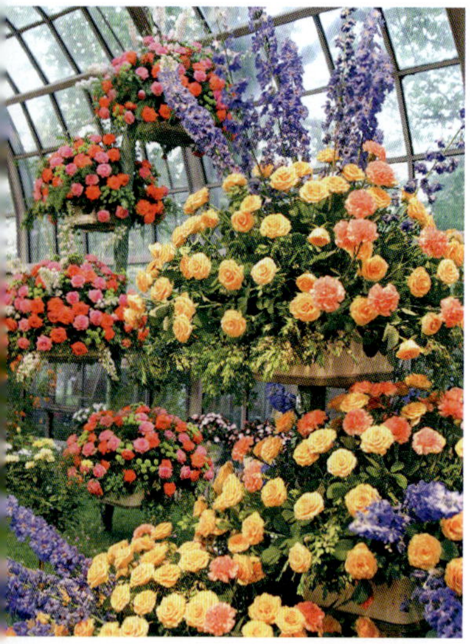

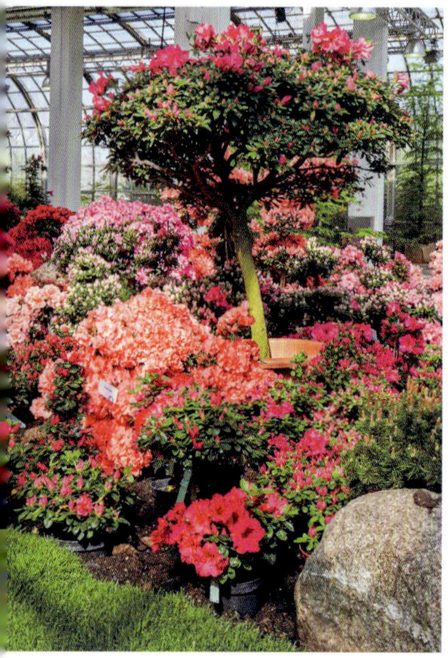

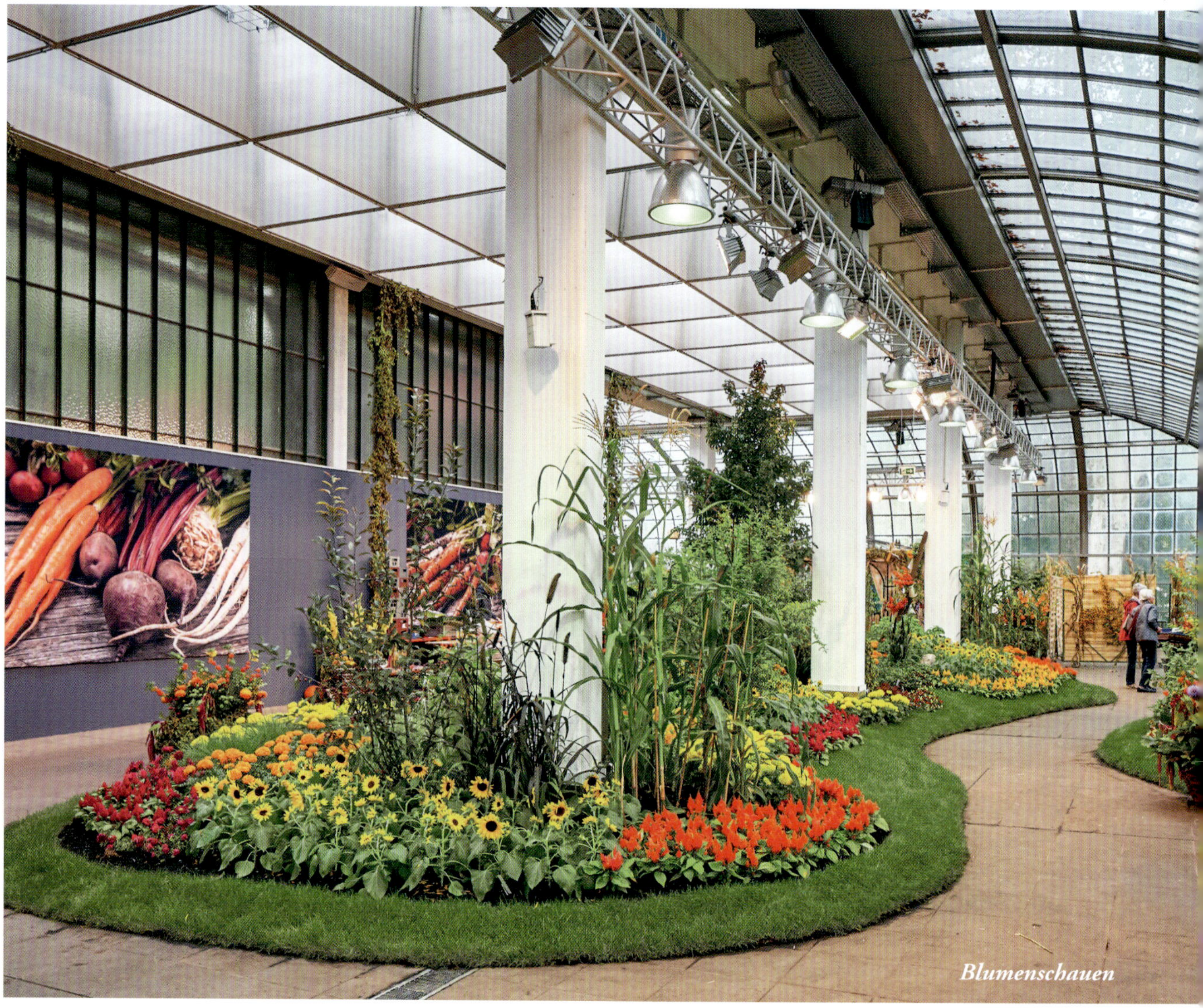

Blumenschauen

Bei den Blumenschauen sind heute die Frühlingsblumen, Kamelien, Azaleen und Blumen des Herbstes die Klassiker in den Galerien, die das Publikum jedes Jahr ungeduldig erwartet. Hinzu kommt das Café für die 2012 gestarteten Winterlichter. Das Galerieteam achtet dabei immer darauf, dass die Schauen sich von Jahr zu Jahr unterscheiden. „Wir wollen die Bandbreite der Gestaltungen zeigen, von streng klassischen bis zu natürlich-wild-verwunschenen Arrangements", stellt Dominik Heukemes fest, der seit 2019 die Galerie leitet. Sind in einem Jahr die Beete klar abgegrenzt und geometrisch, lockt im nächsten Jahr ein Frühlingswald die Besucher. Hinzu kommt, dass sich der Zeitgeschmack auch bei Blumenarrangements geändert hat. „In den 1960er und 1970er Jahren hat man alles sehr üppig zusammengestellt, da gab es ausladende mehrstöckige Gestecke auf Metallständern, die bis an die Decke reichten", erzählt Heukemes. Heute gehe der Trend eher zu natürlicher Gestaltung. Für die Erntedank-Schau 2020 holte er daher auch mal Heuballen in die Galerie, ein Kollege stellte eine alte Holzschubkarre zur Verfügung, in einem historisch anmutenden Schrank standen alte Küchenwaagen und -geräte. Die Kamelien und Azaleen im Jubiläumsjahr sollen ganz im historischen Look präsentiert werden.

Vier Mitarbeitende umfasst das Galerieteam heute. Sie gestalten meist mit etwa drei Wochen Vorlauf die gesamte Schau. Fast immer beginnt die Arbeit mit der Umrandung für die Beete, die gemauert werden muss. Für die Erntedank-Ausstellung etwa wurden 30 bis 35 Kubikmeter Erde in die Galerie gebracht. Bei anderen Ausstellungen sind es auch schon mal 50 bis 60 Kubikmeter. Viele Pflanzen für die Beete hat die Gärtnerei vorgezogen, zum Erntedank etwa sehr dekorativen roten Grünkohl oder Mangold. Die Kollegen bringen sie zum abgesprochenen

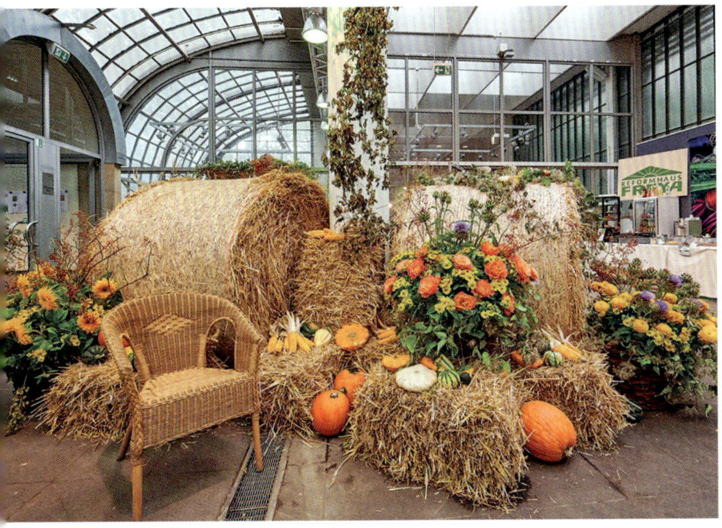

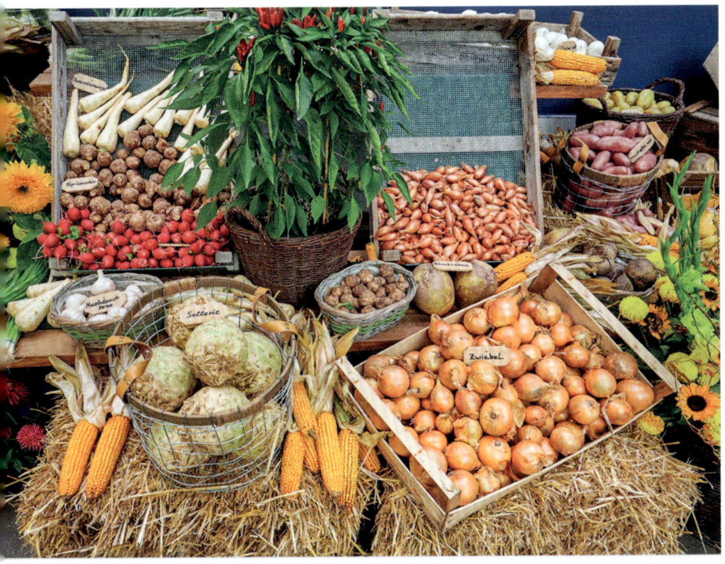

Termin in das Glashaus. Weidenkörbe, Holzkübel und weiteres Material zur Dekoration lagert in den großzügigen Kellerräumen unter der Galerie. Zwei Tage vor der Eröffnung müssen dann die Schnittblumen verarbeitet werden. Für die Erntedank-Ausstellung hat Dominik Heukemes Dahlien, Gladiolen, Sonnenblumen, Hopfen und Amarant auf dem Blumengroßmarkt bestellt. Weil die Zeit drängt, damit die Gestecke frisch bleiben, helfen häufig die Kollegen aus dem Freiland mit. Hinzu kommt frisches, aber haltbares Gemüse wie Zwiebeln, Kartoffeln, Sellerie & Co. Weil auch bei den Ausstellungen auf Nachhaltigkeit geachtet wird, werden viele Ausstellungsstücke anschließend weiter genutzt. „Das Stroh aus den Strohballen verwenden wir als Winterschutz für die Pflanzen im Freiland. Wenn wir Rollrasen haben, stopfen die Freilandgärtner damit Löcher in den Rasenflächen und das haltbare Gemüse aus der Ausstellung wird in der Kantine zu Mittagessen verarbeitet."

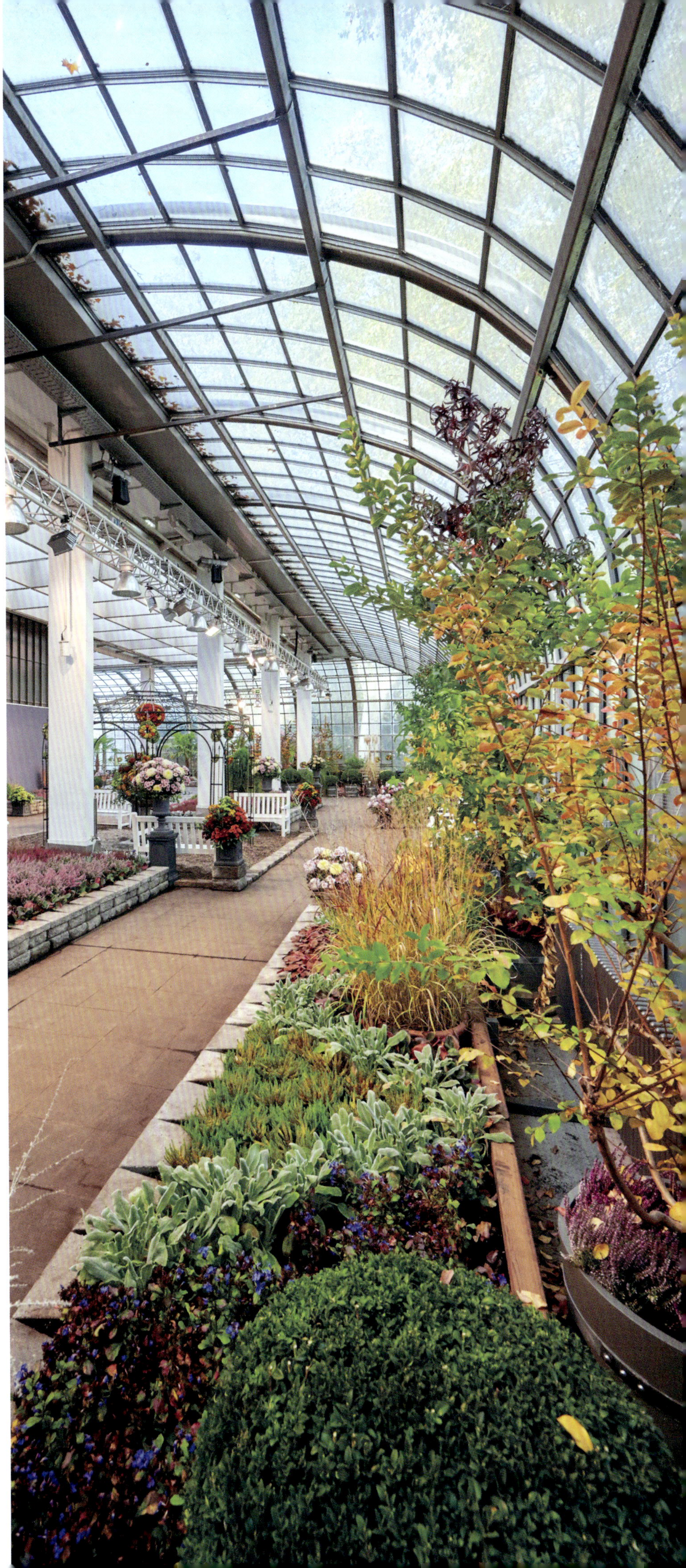

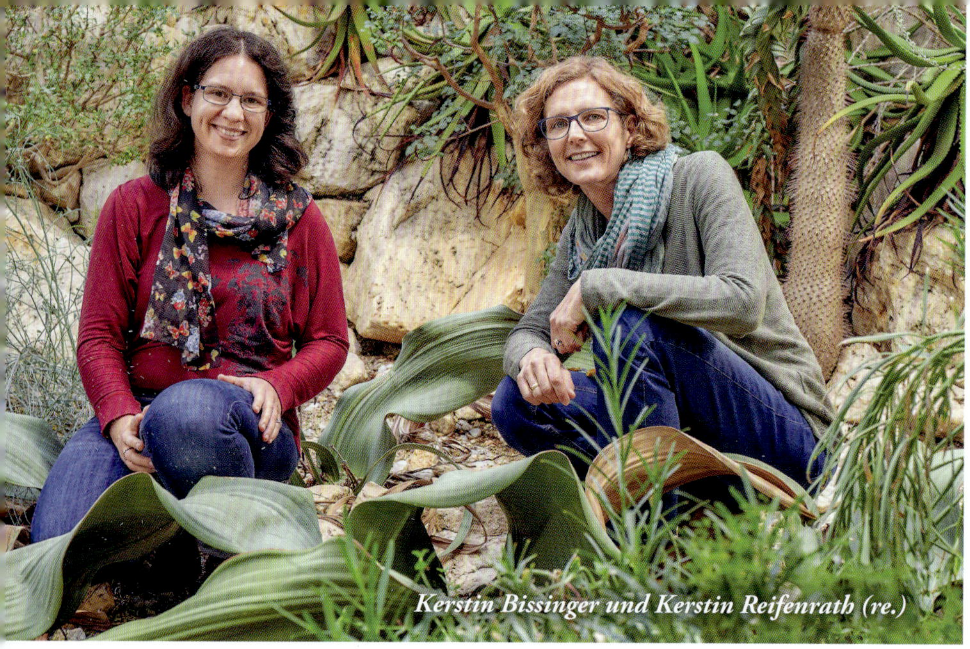

Kerstin Bissinger und Kerstin Reifenrath (re.)

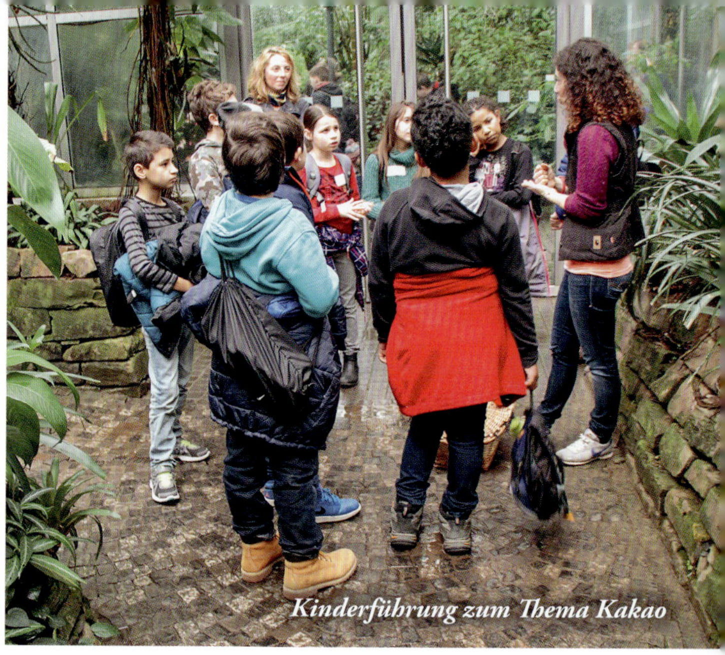

Kinderführung zum Thema Kakao

LERNEN IM GRÜNEN

„Wenn Menschen das Leben der Pflanzen verstehen, haben sie auch Freude daran. Das ist der Schlüssel für den Umgang mit der ganzen Natur." [99] So gesehen war der Palmengarten schon immer ein Lernort. In den vergangenen Jahrzehnten hat er es sich aber immer stärker zur Aufgabe gemacht, seine Besucher zu informieren, zu bilden, ihnen Handlungsoptionen zum Umgang mit der Natur nahezubringen. Gerade in Zeiten des Klimawandels ist dieser Ansatz so aktuell wie nie zuvor. Das neu errichtete Blüten- und Schmetterlingshaus als Ort, der am lebenden Objekt Informationen zum ökologischen, ökonomischen und kulturellen Wert der Insekten und ihrer Bestäubung bietet, ist nur ein Ausdruck davon.

Dass die Pädagogik im Palmengarten, die 1980 mit der Grünen Schule begann, vor kurzem aufgewertet und zu einer eigenen Abteilung hochgestuft wurde, zeigte ebenso die Bedeutung. „Diese Entscheidung ist ziemlich einzigartig, eine gleichwertige Abteilung gibt es kaum in anderen botanischen Gärten", sind sich Dr. Kerstin Reifenrath und Dr. Kerstin Bissinger, die neuen Leiterinnen der Abteilung Pädagogik, einig. Einzigartig war die Grüne Schule bereits bei ihrer Gründung. Im August 1980, als sie eingerichtet wurde, war sie bundesweit der erste Bildungsort dieser Art. Sie wurde zugleich zum Vorreiter ähnlicher Einrichtungen. Bereits damals ging es darum, Lehrer und Schülerinnen wieder mehr an die Pflanzen heranzuführen und theoretischen Unterricht mit praktischer Erfahrung anzureichern. Allein in den ersten 100 Tagen kamen 370 Schüler und 60 Erwachsene in die Grüne Schule, nahmen Sukkulenten oder exotische Nutzpflanzen unter die Lupe oder das Mikroskop und lernten die Stecklingsvermehrung kennen. Auch Führungen durch die Ausstellungen und den Garten wurden von Anfang an angeboten.

Die Grundidee ist geblieben. Bis heute zählen Lernende aller Altersstufen, Pädagoginnen, Erzieher und andere Multiplikatoren, aber auch schulunabhängige Gruppen und interessierte Erwachsene zur Zielgruppe der Grünen Schule. Die beiden biologisch wie didaktisch gleichermaßen sachkundigen neuen Leiterinnen der Abteilung – Kerstin Reifenrath kommt aus dem Botanischen Garten Darmstadt, Kerstin Bissinger war zuvor im Botanischen Garten Würzburg tätig – wollen die Pädagogik im Palmengarten „in die Zukunft schubsen". Dafür sollen die Angebote künftig stärker an den Lehrplan der Schulen angebunden werden. Nicht nur Grundschülerinnen, auch Schüler weiterführender Schulen sollen passend zum Unterricht in Biologie, Geografie oder Chemie im Garten experimentieren und Pflanzen kennenlernen können. „Dabei geht es uns nicht nur um die ökologische Seite. Umweltbildung ist ein Auslaufmodell", sagt Kerstin Bissinger. Vielmehr sollten komplexe Zusammenhänge einer nachhaltigen Entwicklung betrachtet werden.

Grundlage dazu bildeten interdisziplinäres Arbeiten und die Einbeziehung von Geisteswissenschaften, damit gesellschaftsrelevante Themenfelder aus verschiedenen Perspektiven beleuchtet werden. „Im Blüten- und Schmetterlingshaus ist es zum Beispiel ebenso wichtig, über Ernährung und Landwirtschaft zu sprechen und die ökonomische Dimension und sozialen Auswirkungen des Rückgangs der Bestäuber zu berücksichtigen", erläutert Bissinger. Auch der Botanische Garten wird künftig verstärkt in das Programm einbezogen. „Er bietet tolle Möglichkeiten, zum Beispiel, um verschiedene Waldtypen mit dem tropischen Regenwald zu vergleichen", stellt Kerstin Reifenrath fest. Digitale Angebote sollen dazu ergänzend eingesetzt werden, um etwa im Tropicarium den Stockwerkbau eines Regenwaldes zu erläutern oder die Wärmeausstrahlung von Blüten deutlich zu machen.

Auch außerhalb des Unterrichts können jüngere und ältere Besucherinnen und Besucher mit dem Handy auf dem Gelände unterwegs sein und digitale Aufgaben lösen. „Wir wollen sie aber immer vom Smartphone auf die Pflanze zurückführen, es soll ein Mehrwert bestehen, welcher Verborgenes sichtbar macht und zum Begreifen führt", sind sich beide einig. Ihr Programm spricht darüber hinaus Studierende der Biologie ebenso wie verschiedener Fachdidaktiken an den Universitäten an, die sie gerne auch als Mitarbeitende gewinnen möchten. Gut zwei Dutzend freiberuflich Tätige sorgen schon jetzt dafür, dass die Grüne Schule nicht nur Führungen, Vorträge und Workshops anbietet, sondern auch Kindergeburtstage seit Jahren im Garten gefeiert werden und Angebote für die Ferien zur Verfügung stehen. Führungen durch den Garten und zu speziellen Themen sowie Vorträge für Erwachsene, wie sie heute schon in großer Zahl angeboten werden, wird es auch weiterhin geben. Schnell ausgebucht sind dabei meist die Rundgänge besonderer Art wie die abendlichen Taschenlampenführungen, Erlebnisführungen auf den Spuren essbarer Früchte, Zauber- oder Liebespflanzen, ein Einblick in die Betriebstechnik des Gartens oder Vorträge zu botanischen Reisen. Aktuelle und gesellschaftlich relevante Themen, wie der Garten in Zeiten des Klimawandels, sollen ausgebaut werden.

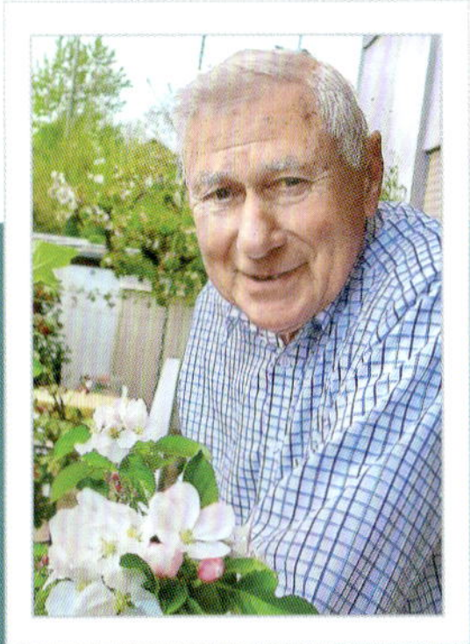

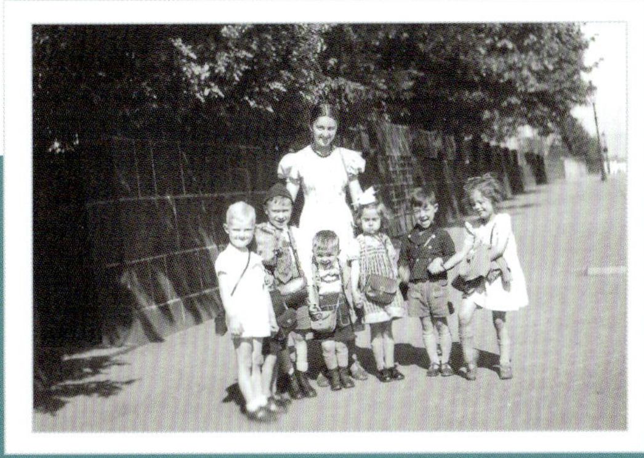

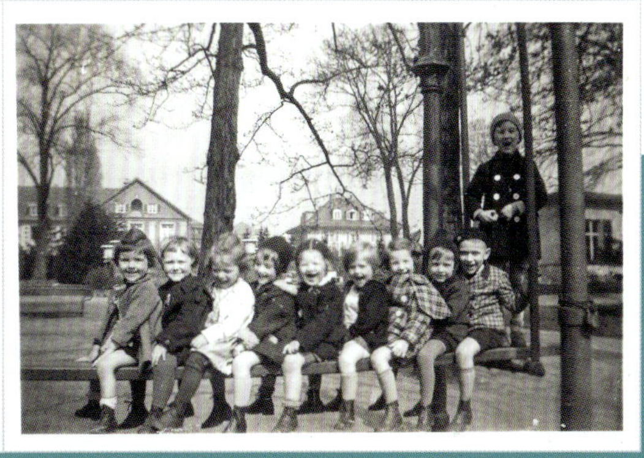

Kindergarten-Zeit

Heute kommen die Frankfurter Kita-Kinder jeweils für drei Tage in das Haus Leonhardsbrunn. Damit sind sie nicht die ersten. Vor gut 80 Jahren war in einem der Seitentrakte ein gesamter Kindergarten untergebracht, wie sich Hans Meisel erinnert, der damals mit seiner Familie in der Leipziger Straße wohnte. „Ich hatte das große Vorrecht, ab 1938 einen Kindergarten-Platz im Palmengarten zu bekommen", erinnert er sich. „Der große Luxus für die Kinder – und hauptsächlich für deren Mütter – bestand darin, dass neben der grünen, wunderschönen Umgebung die Kinder jeden Morgen von der Kindergarten-Tante von zu Hause abgeholt und mittags auch wieder zurückgebracht wurden. Die Kindergarten-Zeit ist mir in sehr guter Erinnerung geblieben." Sie hat seine Verbundenheit mit dem Garten geweckt, denn auch als Jugendlicher und später mit seiner Frau und seinen drei Töchtern verbrachte er viel Zeit dort. Seine zehn Jahre ältere Schwester war allerdings noch stärker mit dem Garten verbunden, denn sie hatte sogar dort gewohnt. „In den Jahren vor meiner Geburt wohnten meine Eltern mit meiner Schwester mehrere Jahre im Haus Leonhardsbrunn, in einer kleinen Wohnung im Dachgeschoss", erzählt Hans Meisel. Sein Vater, Feinmechaniker bei der Firma Hartmann & Braun in Bockenheim, hatte für den Garten damals zusätzlich Hausmeisterdienste zu erbringen. „Meine Schwester schwärmte in späteren Jahren immer noch, dass sie den ganzen Palmengarten als Kind zum Spielen nutzen durfte."

„Kinder im Garten"

Von einem Pilotprojekt zur anerkannten Bildungseinrichtung haben sich zudem die „Kinder im Garten" in den vergangenen zehn Jahren entwickelt. Bundesweit einzigartig, ging die Kooperation des Palmengartens mit den städtischen Kindertagesstätten im Juni 2009 an den Start. Sie entstand aus dem Wunsch der Einrichtungen, den Mädchen und Jungen nicht nur sporadische Besuche im Zoo oder Stadtwaldhaus anzubieten, sondern ein dauerhaftes Angebot. Kinder zwischen drei und sechs Jahren kommen seitdem für drei volle Tage in den Garten, um erste naturwissenschaftliche Experimente zu machen, in einer Kinderküche Erfahrungen mit Früchten, Kräutern und Gewürzen zu sammeln oder auf Forschungsreise durch die Schauhäuser und das Freiland zu gehen. Ein Team aus Biologinnen, Erzieherinnen, Gärtnerinnen und Sozialpädagoginnen bietet, angeleitet von der Biologin Dr. Ulrike Brunken, ein eigens auf die Altersgruppe abgestimmtes Programm. Im Haus Leonhardsbrunn, wo früher die Berufsschule für Floristen und Gärtner untergebracht war und wo mit der Grünen Schule zusammen ein neues pädagogisches Zentrum entstehen soll, haben die Kinder ihr eigenes Reich mit Minilabor. Dort können sie malen, spielen, aber auch mikroskopieren und Pflanzen eintopfen.

Von Anfang an traf das Projekt auf eine hohe Nachfrage. Anderthalb Jahre nach dem Start konnte das Team bereits zwei Gruppen parallel auf Forscherreise mitnehmen. Zum Projekt gehören auch Vor- und Nachbereitungsseminare für die Erzieherinnen. Für die Kinder endet die Entdeckungstour ebenfalls nicht beim Verlassen des Gartens. Etwa zwei Wochen nach dem Programm besuchen die Kinder in der Regel den Zoo und den Botanischen Garten, wo sie das neue Wissen anwenden können. Später gibt es noch einen Eltern-Kind-Nachmittag im Palmengarten, bei dem meistens viele der Erwachsenen davon berichten, wie groß die Begeisterung ihrer Kinder für Pflanzen ist, seit sie im Palmengarten waren.

Die Abteilung Pädagogik bietet ein breites Bildungsangebot für alle Altersgruppen an. „Wir wollen Begeisterung und Wertschätzung für den Umgang mit der Natur fördern und Handlungsoptionen für einen nachhaltigen Alltag aufzeigen", sagen Kerstin Reifenrath und Kerstin Bissinger. Ziel sei es, Menschen über das Begreifen zu motivieren, unsere bunte Welt mitzugestalten.

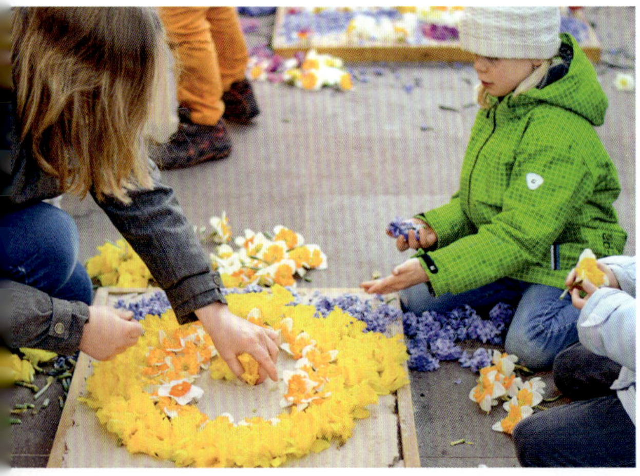

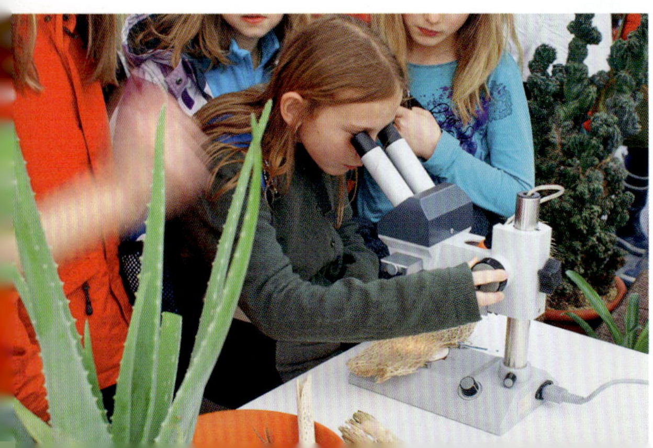

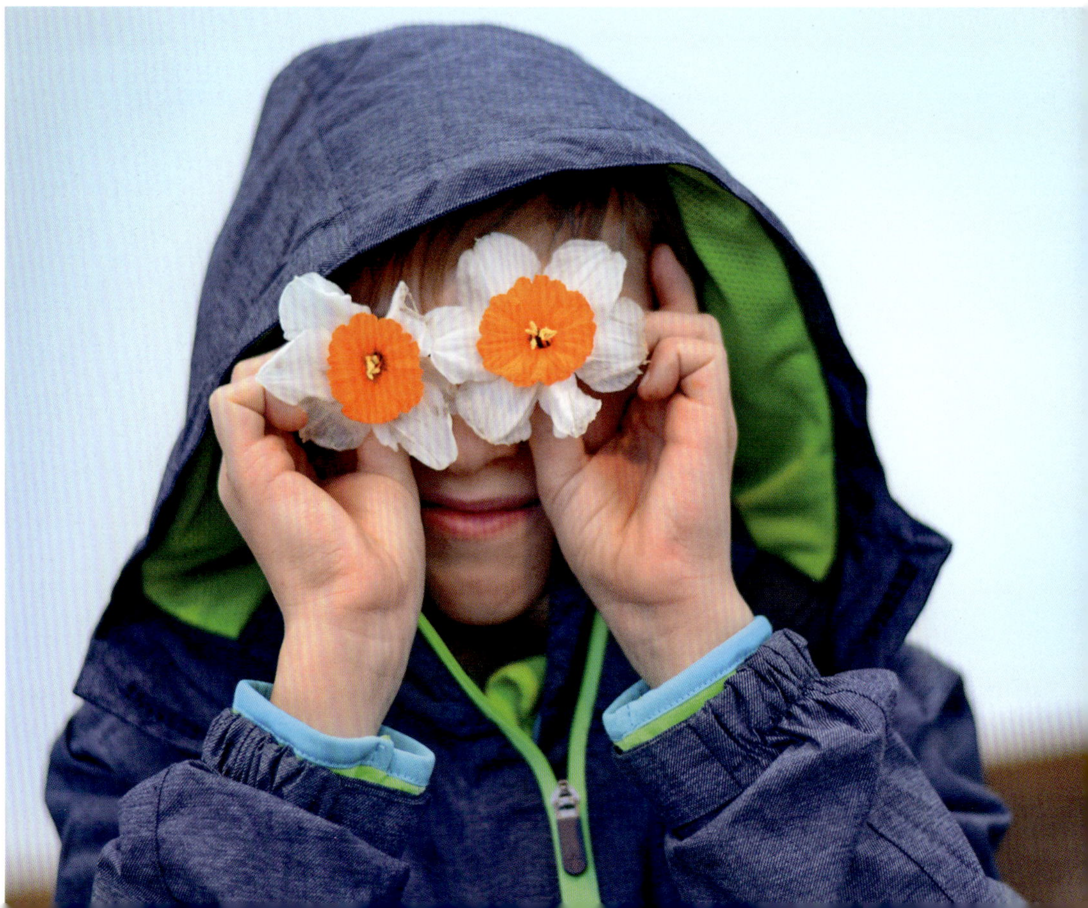

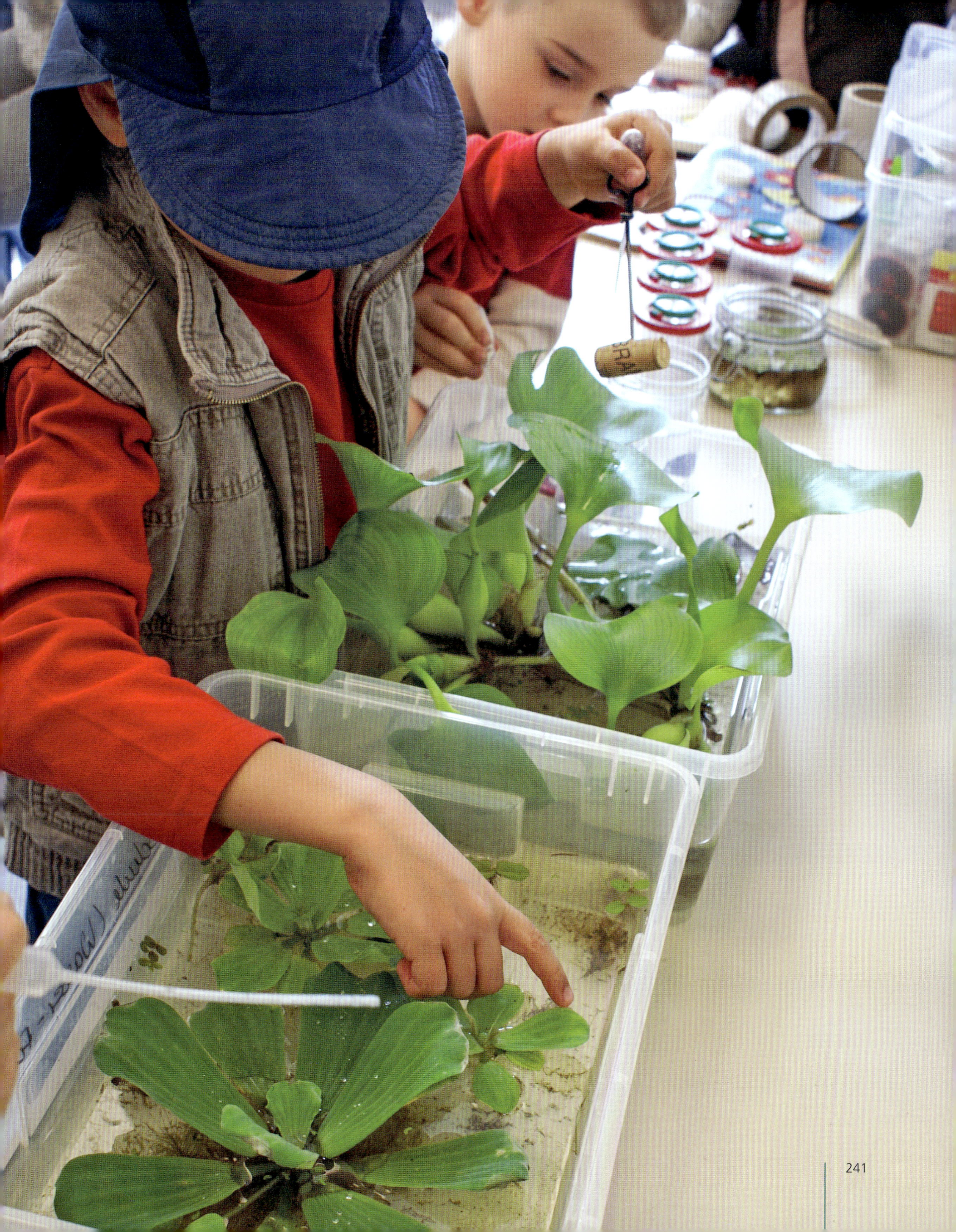

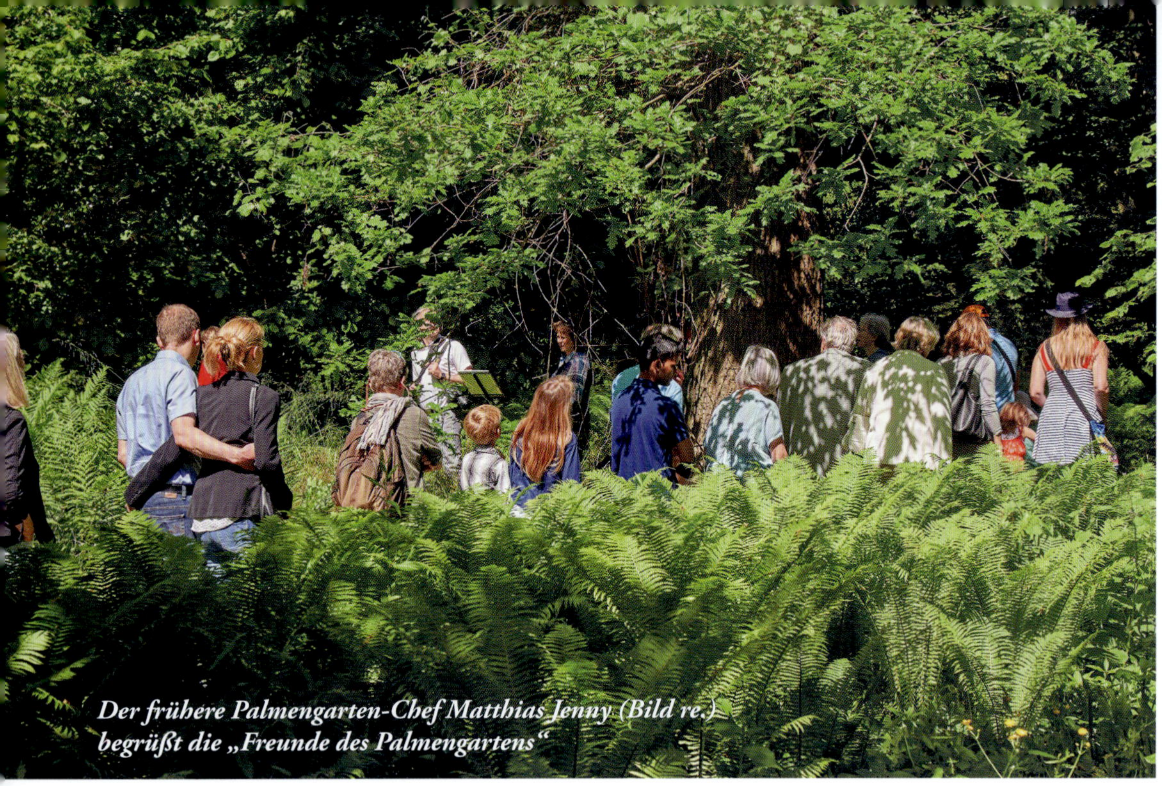

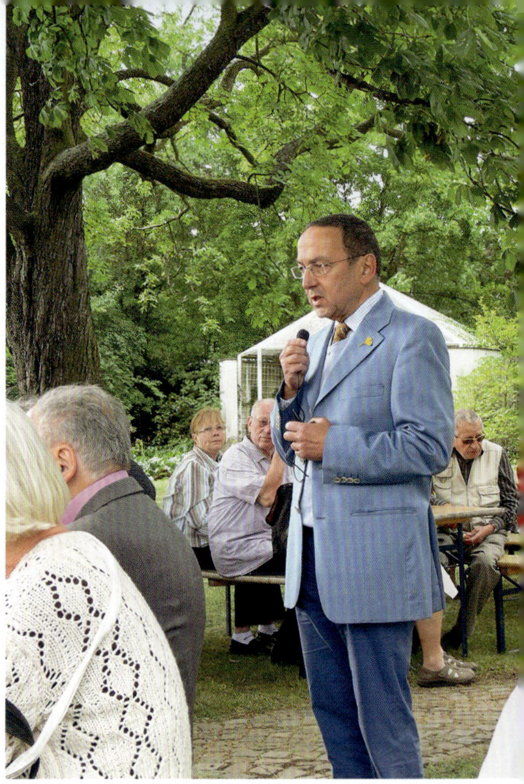

Der frühere Palmengarten-Chef Matthias Jenny (Bild re.) begrüßt die „Freunde des Palmengartens"

FREUNDE & FÖRDERER

Einen Förderverein haben heute viele Institutionen. Die Gesellschaft „Freunde des Palmengartens" jedoch ist wesentlich älter als die meisten davon. Sie gründete sich bereits vor 90 Jahren. Mit der Übernahme des Palmengartens durch die Stadt Frankfurt am 1. Juni 1931 war die einstige Palmengarten-Gesellschaft als Betreiberin der Institution obsolet geworden. Direkt im Anschluss an ihre letzte Generalversammlung konstituierte sich auf Anregung des ersten städtischen Palmengarten-Direktors Max Bromme die Gesellschaft „Freunde des Palmengartens". Bromme wollte die Verbundenheit der früheren Aktionäre und damit auch der vielen Förderer mit dem Garten erhalten. „Die „Freunde des Palmengartens" schließen inhaltlich und auch von ihren Mitgliedern her unmittelbar an die „Palmengarten-Gesellschaft" "[100] an. Nach wie vor ging es darum, die Blumen- und Pflanzenfreunde zusammenzubringen, um den Palmengarten zu fördern und ihre Pflanzenkenntnis zu erweitern. „Geselligkeit und Gedankenaustausch werden gepflegt"[101], heißt es in einer Mitgliederwerbung des Vereins aus dem Jahr 1934. Schon ein halbes Jahr nach seiner Gründung zählte dieser 91 Mitglieder. Sie zahlten damals drei Reichsmark pro Person und erhielten von Anfang an monatliche Mitteilungen über den Garten, es gab für sie aber auch Führungen und Vorträge sowie eine Beratung für Haus- und Gartenpflanzen.

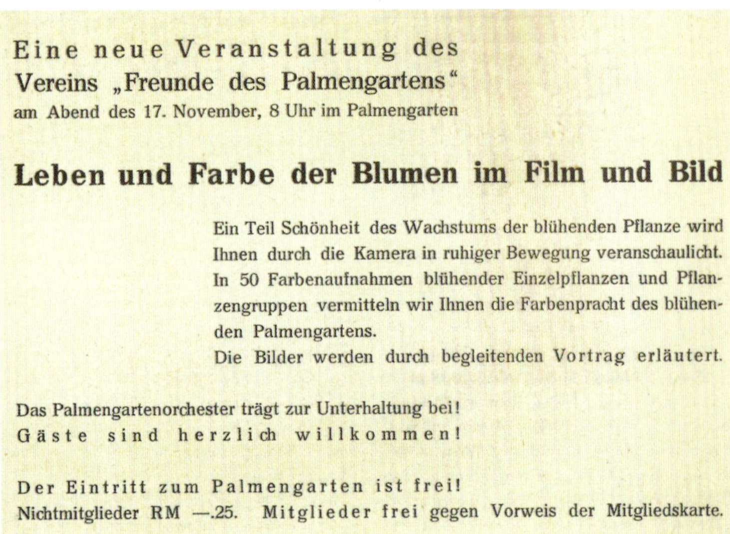

Eine neue Veranstaltung des Vereins „Freunde des Palmengartens"
am Abend des 17. November, 8 Uhr im Palmengarten

Leben und Farbe der Blumen im Film und Bild

Ein Teil Schönheit des Wachstums der blühenden Pflanze wird Ihnen durch die Kamera in ruhiger Bewegung veranschaulicht. In 50 Farbenaufnahmen blühender Einzelpflanzen und Pflanzengruppen vermitteln wir Ihnen die Farbenpracht des blühenden Palmengartens.
Die Bilder werden durch begleitenden Vortrag erläutert.

Das Palmengartenorchester trägt zur Unterhaltung bei!
Gäste sind herzlich willkommen!

Der Eintritt zum Palmengarten ist frei!
Nichtmitglieder RM —.25. Mitglieder frei gegen Vorweis der Mitgliedskarte.

Vortragsankündigung, 1933

Lange blieb die Gesellschaft allerdings nicht bestehen. Zunächst durften ab 1933 nur noch Personen „arischer Abstammung" Mitglied werden, wie es in der Satzung dieses Jahres heißt. Die Nationalsozialisten beriefen sich dabei auf das Gesetz und die Verordnungen zur Wiederherstellung des Berufsbeamtentums, das sie am 7. April 1933 erlassen hatten und mit dem sie missliebige und vor allem jüdische Angestellte und Inhaber wichtiger Positionen aus ihren Ämtern entfernten. Ausdrücklich heißt es weiter in der Satzung, dass der „Führer" des Vereins über das Vorliegen der Voraussetzungen zur Mitgliedschaft entscheide.[102] Offenbar traten rund 20 Mitglieder damals aus der Gesellschaft aus, weil sie mit ihrer Übernahme durch die Nationalsozialisten nicht einverstanden waren. Der Verein existierte aber über die Kriegsjahre weiter. Im Jahr 1945 wurde er, wie alle NS-Organisationen, durch das Kontrollratsgesetz der vier Siegermächte schließlich aufgelöst.

Am 1. September 1947, noch bevor die US-amerikanischen Besatzer den Garten wieder freigegeben hatten, gründete sich die Gesellschaft neu. Amtmann Fritz Acker hatte die Initiative ergriffen und konnte 22 Altmitglieder für die Wiedergründungsversammlung gewinnen, unter ihnen den neuen Direktor Fritz Encke, den Gastronomiepächter Hugo Doetsch und den Kapellmeister Richard Limpert. Bereits im Oktober desselben Jahres fand die erste Feierstunde der Gesellschaft mit Vorträgen und Musik statt, allerdings im Hörsaal des Naturmuseums Senckenberg. Das Veranstaltungsprogramm wurde in den darauffolgenden Jahren vielfältiger, es folgten Vorträge, Führungen, Feste, Ausflüge und Exkursionen auch zu ferner liegenden Zielen. Die Führungen übernahm zunächst meist der Palmengartendirektor Fritz Encke selbst. Als Vortragende wurden auch Fachleute aus Gartenbaubetrieben oder Fachinstitutionen eingeladen. Regelmäßig referierten Wissenschaftler des Botanischen Instituts der Universität, zu dem die Beziehungen von Anfang an eng waren. Auf dem Programm standen häufig Führungen durch den alten und später den neuen Botanischen Garten. Der Winterball „Frohsinn unter Blumen", bereits 1934 ins Leben gerufen, konnte 1953 im gerade freigegebenen Gesellschaftshaus erstmals wieder gefeiert werden. In den Hochzeiten amüsierten sich dort rund 1.000 Gäste. Das traditionelle Fest wurde allerdings wegen des stark nachlassenden Interesses bei den Mitgliedern 1992 eingestellt. Ab dem Jahr 1950 wirkten die Freunde des Palmengartens regelmäßig bei der „Edelrosenschau" mit.

In der garteneigenen Zeitschrift „Der Palmengarten" erhielt der Verein eine Rubrik, in der er über seine Aktivitäten berichten, Mitgliederversammlungen ankündigen und um neue Mitstreiter werben konnte. Zu seinem 40. Geburtstag spendete er 15.000 Mark für den Bau eines Gewächshauses für Sukkulenten im Garten. Damals verzeichnete der Verein bereits mehr als 500 Mitglieder. Gemeinsame Reisen in dieser Zeit führten sogar zu Weltorchideen-Konferenzen nach Kolumbien, Thailand, Südafrika oder Neuseeland. In den folgenden Jahren stagnierten die Mitgliederzahlen. Die tiefgreifende Umgestaltung des Palmengartens durch Gustav Schoser, aber auch eigene Werbemaßnahmen und vielfältige Aktivitäten zahlten sich für den Förderverein jedoch aus. In den 1980er Jahren stiegen die Zahlen stark an, so dass 1984 bereits das 1.000 Mitglied begrüßt werden konnte. Heute zählt der Verein rund 1.850 Mitglieder, die durch ihre Beiträge und Spenden nach wie vor den Garten in vielfältiger Form unterstützen, indem sie Baumaßnahmen oder den Ausbau der Pflanzensammlung mitfinanzieren, bei der Beschaffung von Arbeitsgeräten, Exponaten und Kunstwerken helfen oder Fortbildungs- und Sammelreisen der Mitarbeiter sowie Führungen und Vorträge fördern. Besonders in den 1990er Jahren, als die Stadtkassen zunehmend leerer wurden, gewann die Unterstützung der Freunde des Palmengartens für die Institution an Bedeutung. Auch in den vergangenen zehn Jahren hat der gemeinnützige Verein Projekte des Palmengartens mit insgesamt fast einer Million Euro gefördert, zuletzt in Form einer großzügigen Unterstützung der neuen Dauerausstellung im Blüten- und Schmetterlingshaus. Sein Veranstaltungsprogramm ist nach wie vor umfang- und abwechslungsreich. Darüber hinaus erhalten die Mitglieder eine Jahreskarte für den Garten und das zweimal jährlich erscheinende Heft „Der Palmengarten". Neben der finanziellen Unterstützung helfen die Mitglieder auch mit persönlichem Einsatz, etwa bei der Betreuung von Ausstellungen. Als Multiplikatoren in der Stadt, die unermüdlich für den Palmengarten werben, sind sie ebenfalls nicht wegzudenken.

Die Arbeit des Palmengartens wird darüber hinaus von mehreren Dutzend Ehrenamtlichen unterstützt, die mal täglich, mal sporadisch den Mitarbeitern helfen. Das Programm, in dem sie mit anfassen, gibt es bereits seit Mitte der 1990er Jahre und wurde von der damaligen Direktorin Isolde Hagemann ins Leben gerufen. Seitdem packen die vielen Freiwilligen in der Gärtnerei oder in der Botanischen Sammlung mit an, sie topfen Pflanzen um, fegen Laub, putzen Samen für den Samentausch, geben Buchtitel in die Bibliotheksdatenbank ein, helfen beim Versand von Programmen und Publikationen des Palmengartens oder sammeln Zeitungsartikel über den Garten. Zwei von ihnen haben 2020 sogar die Kuratoren der Palmenhaus-Ausstellung unterstützt und Aufsichten übernommen. Manche sind schon seit 25 Jahren dabei, manche erst seit kurzem. Eines eint sie alle: die langjährige Verbundenheit mit dem Palmengarten.

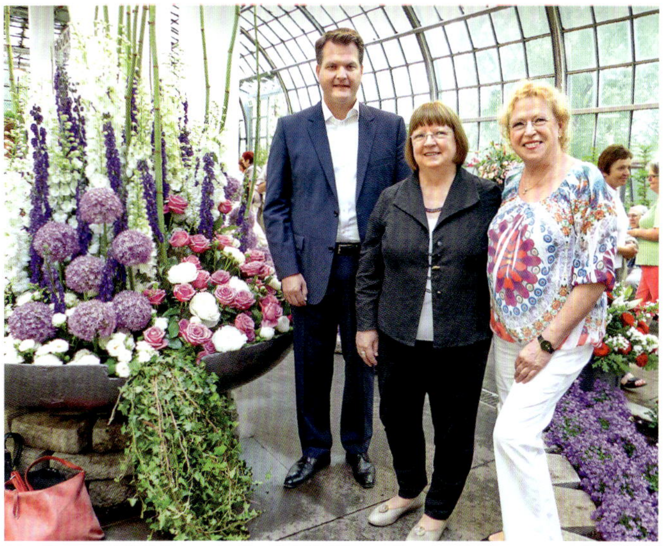

Vorstand der „Freunde", Lars Schmidt, Anna Starzinski-Powitz, Lolita Sebastian (v.li.)

ZWEI GÄRTEN – EINE STIFTUNG

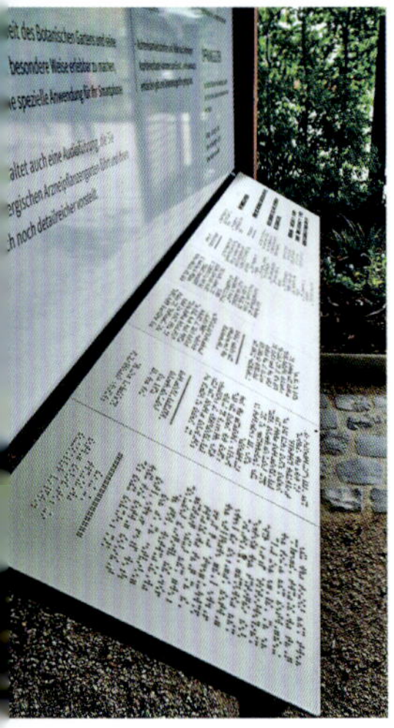

Der Palmengarten und der Botanische Garten wurden einst von Frankfurter Bürgern gegründet. Seit 2010 können beide Institutionen erneut auf eine breite Unterstützung durch die Bürgerschaft der Stadt zählen. Die Idee, den Schöpfungen von Heinrich Siesmayer und Johann Christian Senckenberg eine Stiftung zur Seite zu stellen, verfolgte der damalige Palmengarten-Direktor Matthias Jenny längere Zeit. Bei der Umsetzung half Eleonore Beiser. Die gebürtige Leipzigerin, die in Bad Vilbel wohnte, besuchte und bewunderte den Palmengarten viele Jahre lang und vermachte dem Garten schließlich ihr Vermögen. Ihr Nachlass wurde zum Gründungskapital der „Stiftung Palmengarten und Botanischer Garten". Diese ist eine Stiftung bürgerlichen Rechts und damit unabhängig von der Stadt Frankfurt, dem Träger der Gärten. Sie unterstützt besondere Projekte in beiden Gärten, deren Umsetzung durch den begrenzten Finanzrahmen der Stadt sonst nicht möglich wäre. Dabei sollen besonders Maßnahmen gefördert werden, die der naturkundlichen Bildung aller Bevölkerungsschichten und Altersgruppen dienen oder die Qualität beider Anlagen verbessern.

So hat die Stiftung beispielsweise den Bau des neuen Blüten- und Schmetterlingshauses sowie dessen Ausstellungsgestaltung erheblich gefördert. Im Botanischen Garten konnte dank ihrer Unterstützung ein Projekt zur Barrierefreiheit umgesetzt werden. Es ermöglicht blinden und sehbehinderten Menschen einen Zugang zu den Hochbeeten des Duftgartens im Senckenbergischen Arzneipflanzengarten. Dafür entstand ein Bodenleitsystem aus Basaltsteinen, das mit den Füßen zu spüren ist, sich aber zugleich für Sehende gut in den Garten einpasst. Auf den Schautafeln des Gartens wurden die Texte in Brailleschrift hinzugefügt. Eine für das Handy entwickelte App in zwei Versionen bietet optische und akustische Informationen zu den einzelnen Arzneipflanzen und darüber hinaus Orientierung für alle Besucherinnen und Besucher. Ein weiteres gefördertes Projekt im Botanischen Garten erforscht unter dem Titel „Lebendige Dächer" unterschiedliche Möglichkeiten zur Dachbegrünung. Dabei liegt der Fokus darauf, auf den Dachflächen wertvolle Biotope und Lebensräume für Tier- und Pflanzenarten zu schaffen. Neben der Suche nach geeigneten Pflanzen sollen auch bereits vorhandene Flächen aufgewertet, ein Leitfaden für die artenreiche Dachbegrünung erstellt und in der Öffentlichkeit ein Bewusstsein dafür geschaffen werden.

Geplant sind zudem die Förderung der Neugestaltung des Großen Spielplatzes im Palmengarten sowie der Wiedereröffnung der Grotte am Großen Weiher. Um solche Projekte realisieren zu können, sammelt die Stiftung Spenden, nimmt aber auch Schenkungen und Zustiftungen an. Einmal im Jahr veranstaltete sie von 2014 bis 2019 mit dem Frühlingsball eine Benefiz-Gala, zu der mehr als 1.000 Gäste in das festlich geschmückte Gesellschaftshaus strömten, tanzten, die Spitzengastronomie genossen und im beleuchteten Palmenhaus flanierten. Ab 2021 übernimmt der Betreiber des Gesellschaftshauses die Ausrichtung der Gala, die weiterhin zugunsten der Stiftung stattfinden soll. Bisher kamen pro Ball rund 30.000 Euro Spenden zusammen, so dass insgesamt mit sechs Frühlingsbällen eine Summe von etwa 180.000 Euro zur Verfügung steht, die unmittelbar den Gärten zugute kam und kommt.

Tanzen für den guten Zweck

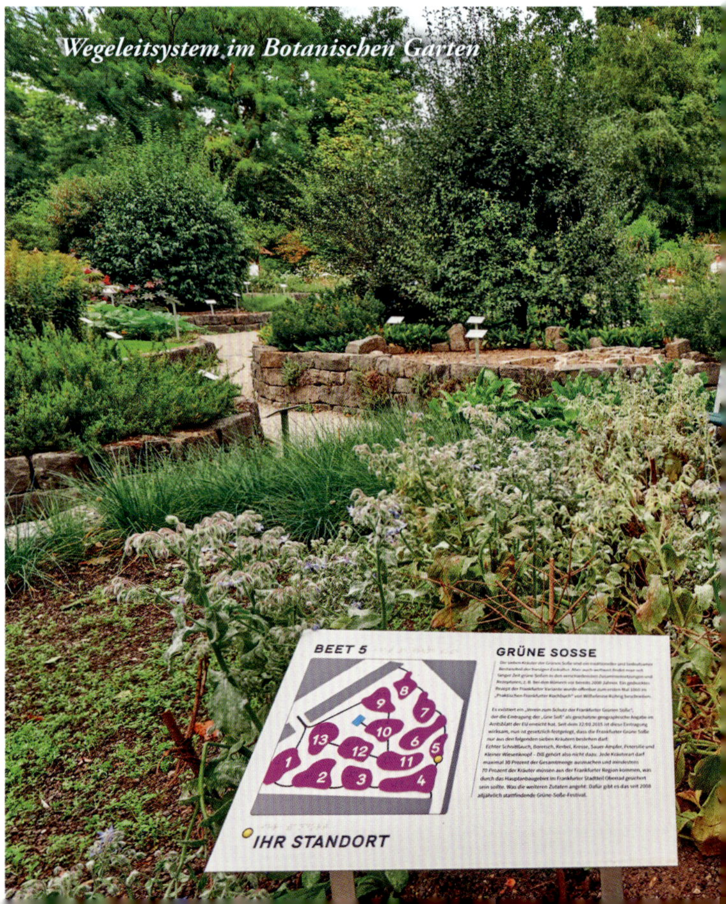

Wegeleitsystem im Botanischen Garten

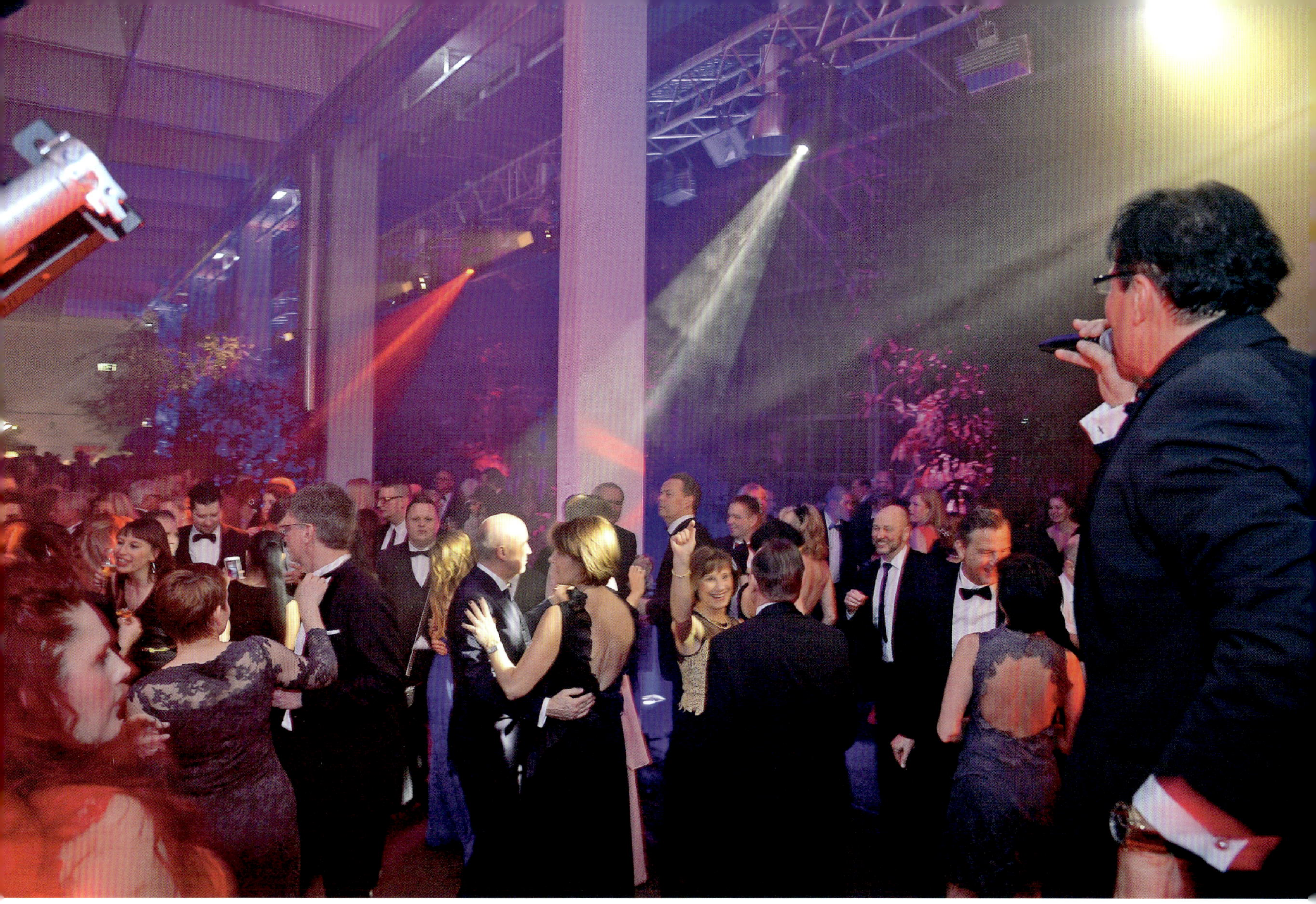

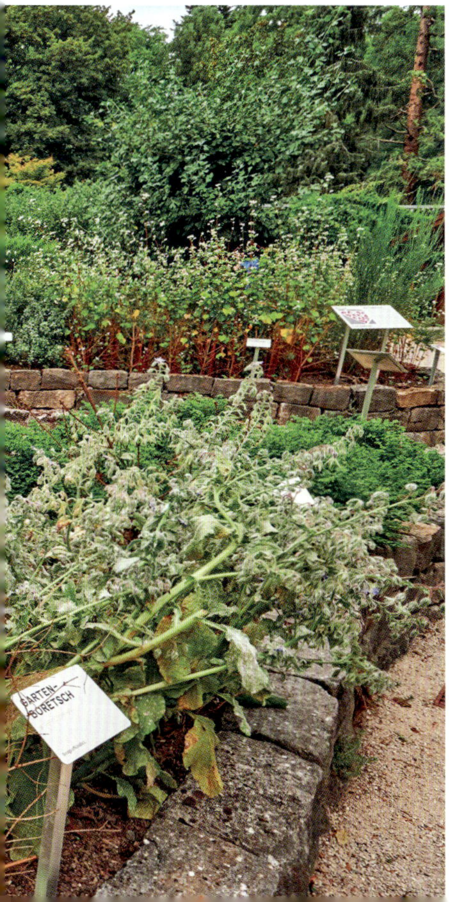

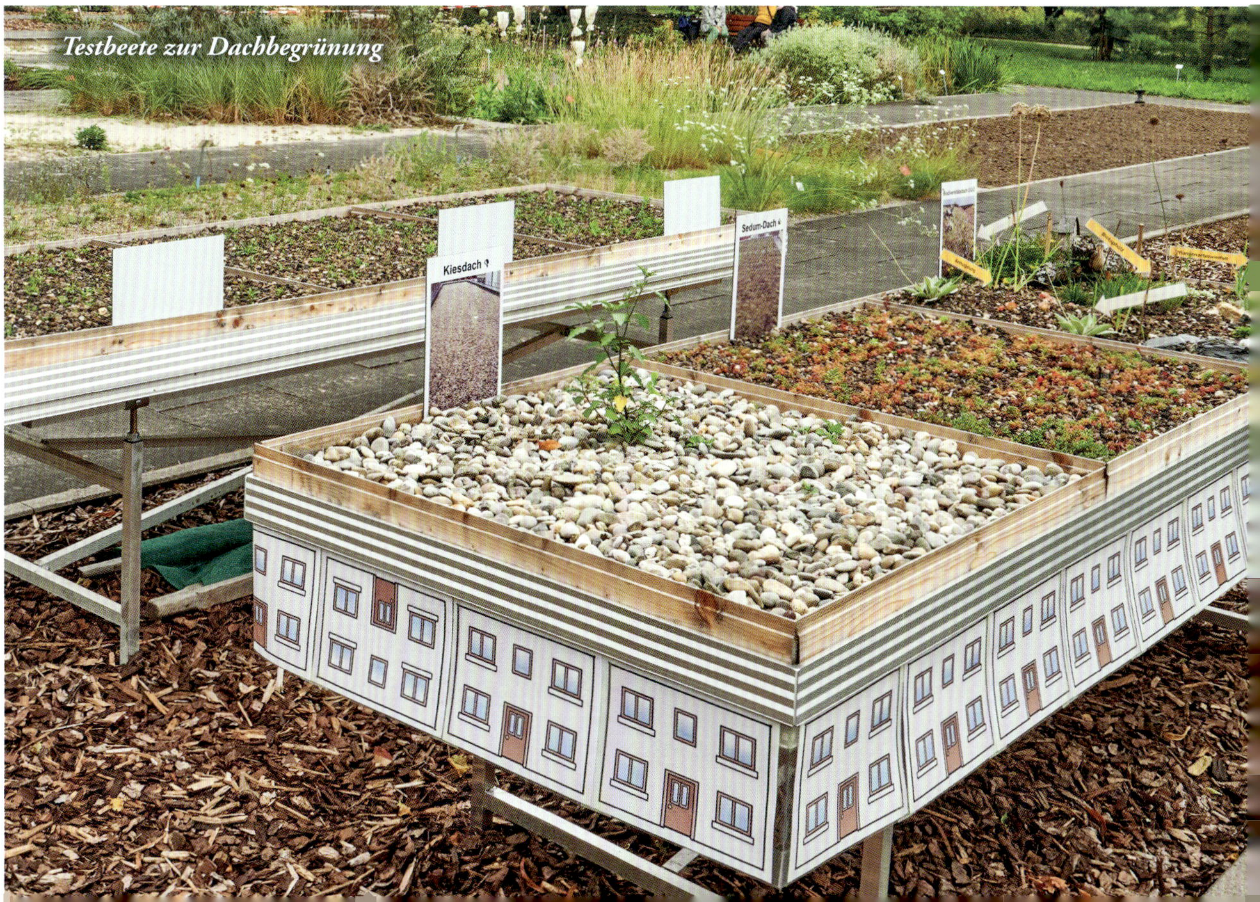

Testbeete zur Dachbegrünung

- Eine der größten Sammlungen lebender Pflanzen in Europa
- Acht Hektar Fläche im Botanischen Garten
- Rund 170 Beschäftigte
- Fast 400 Palmen im Freiland und in den Schauhäusern
- Die Orchideensammlung ist mit 1.140 Arten die artenreichste Sammlung des Gartens
- Samentausch mit mehr als 600 anderen Botanischen Gärten in aller Welt
- Mit mindestens 400 Jahren ist die Eibe, die am großen Spielplatz steht, der älteste Baum des Gartens
- Die Grüne Schule ist bundesweit der älteste Bildungsort dieser Art
- 20 bis 40 Kubikmeter Grünschnitt, Rasen und Laub fallen pro Woche im Garten an und kommen in die Rhein-Main-Biokompostanlage

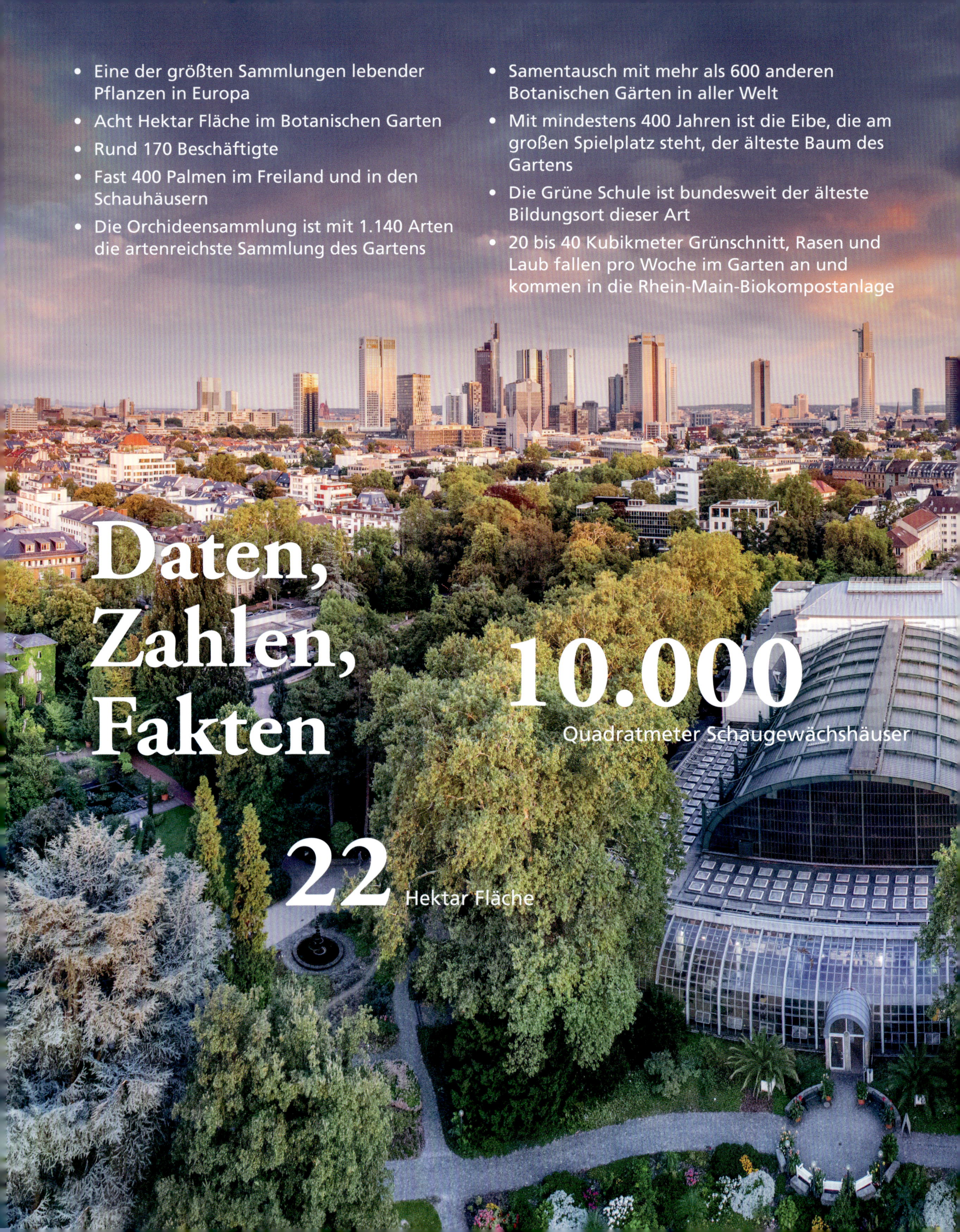

Daten, Zahlen, Fakten

10.000 Quadratmeter Schaugewächshäuser

22 Hektar Fläche

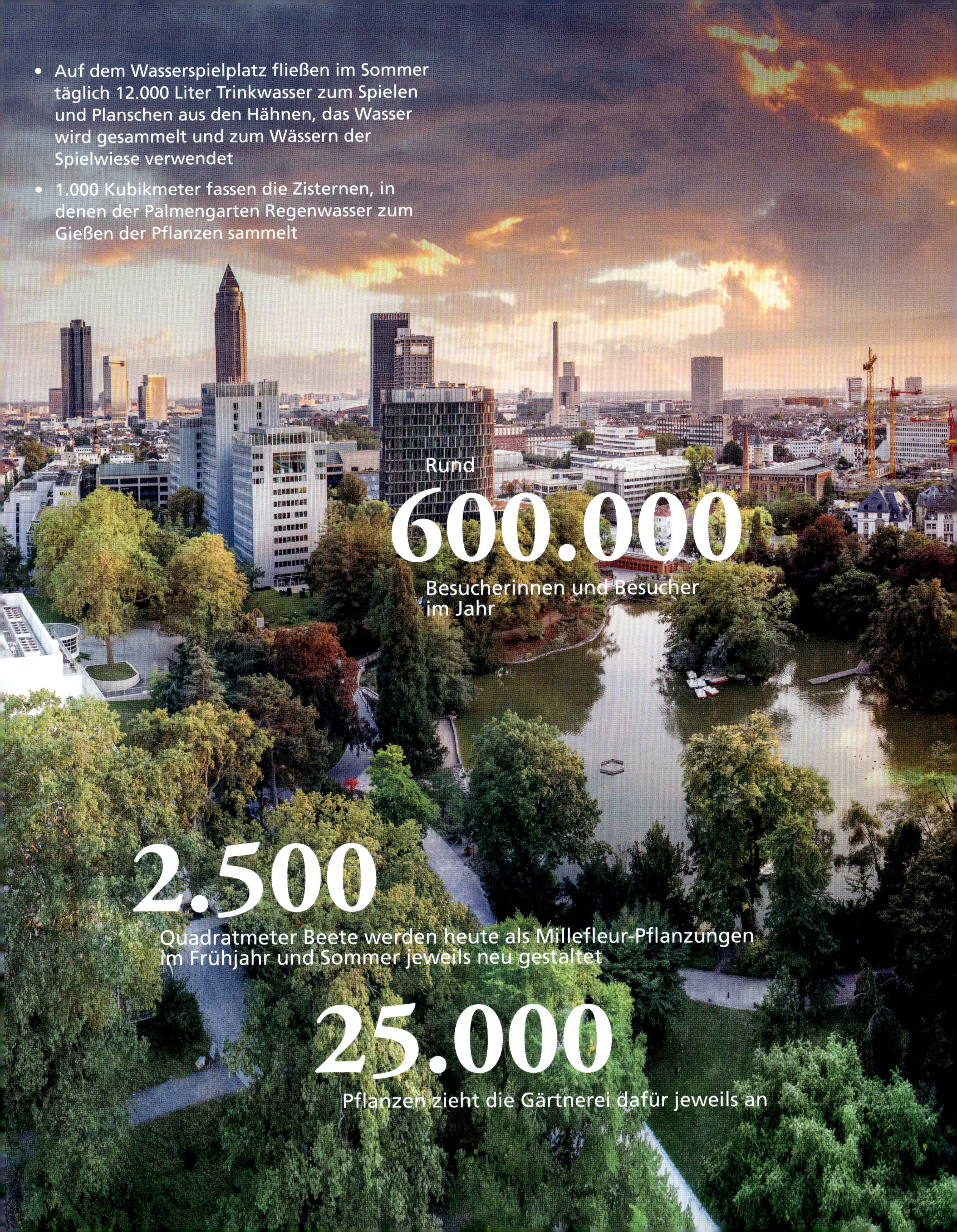

- Auf dem Wasserspielplatz fließen im Sommer täglich 12.000 Liter Trinkwasser zum Spielen und Planschen aus den Hähnen, das Wasser wird gesammelt und zum Wässern der Spielwiese verwendet
- 1.000 Kubikmeter fassen die Zisternen, in denen der Palmengarten Regenwasser zum Gießen der Pflanzen sammelt

Rund

600.000

Besucherinnen und Besucher im Jahr

2.500

Quadratmeter Beete werden heute als Millefleur-Pflanzungen im Frühjahr und Sommer jeweils neu gestaltet

25.000

Pflanzen zieht die Gärtnerei dafür jeweils an

06

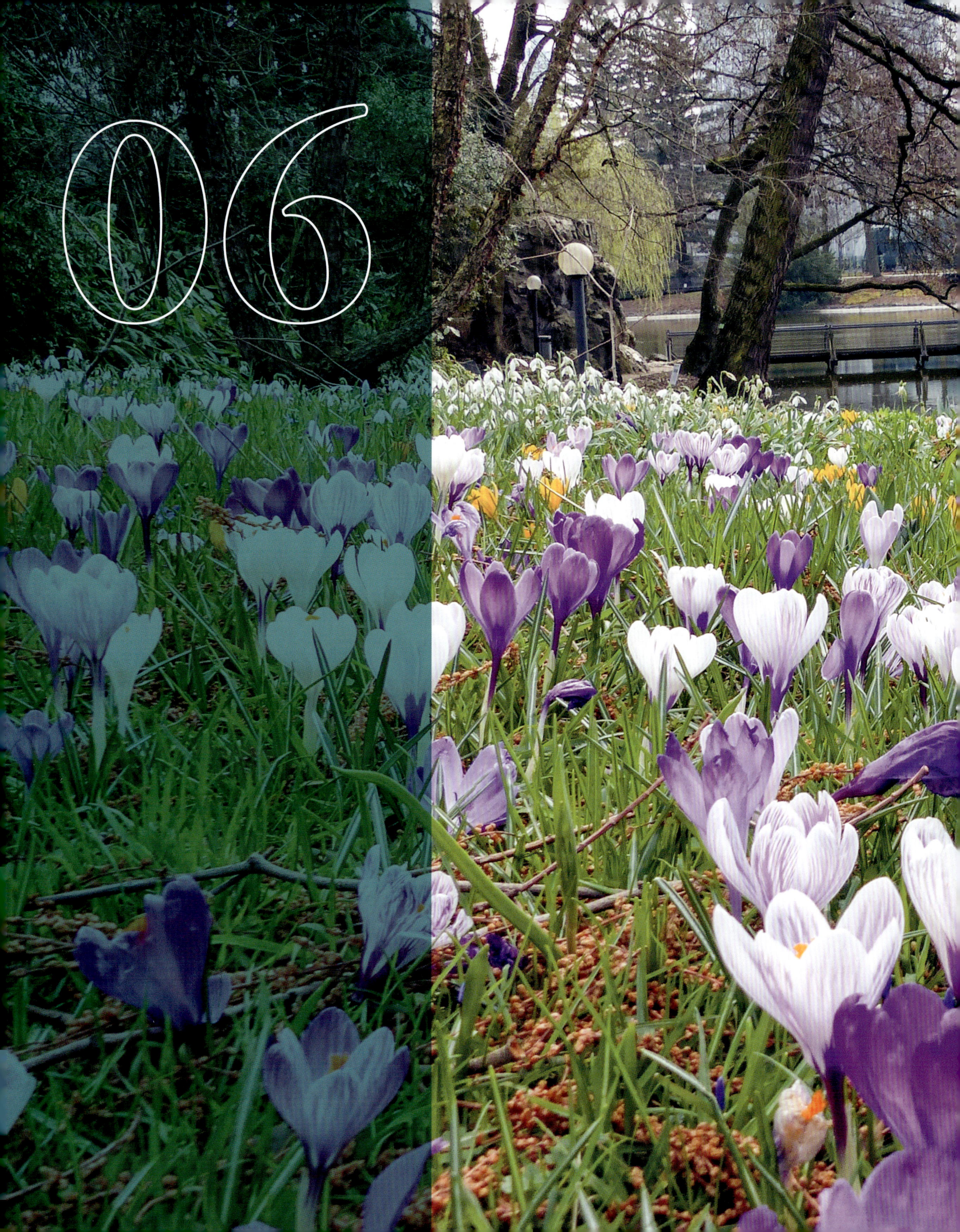

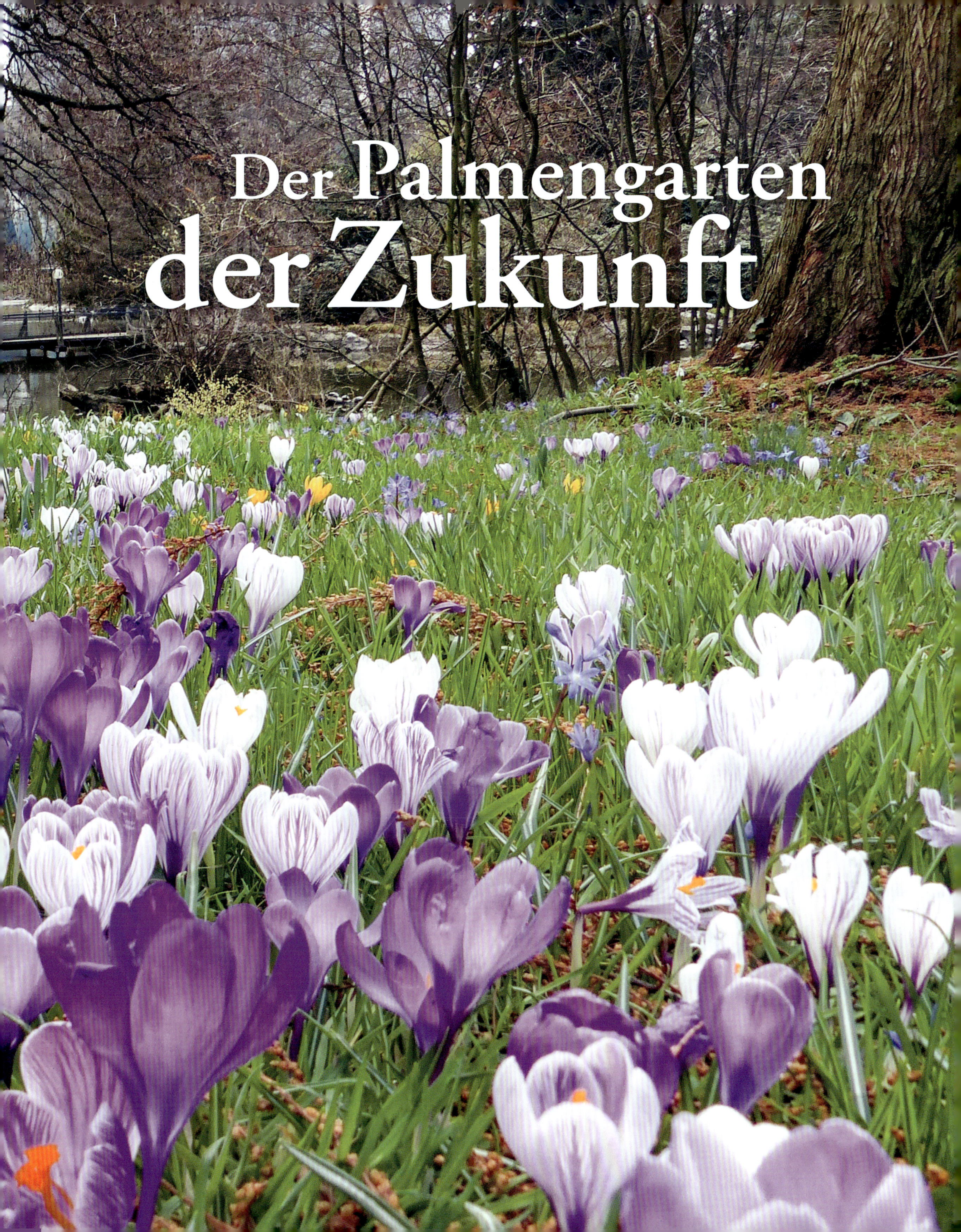
Der Palmengarten
der Zukunft

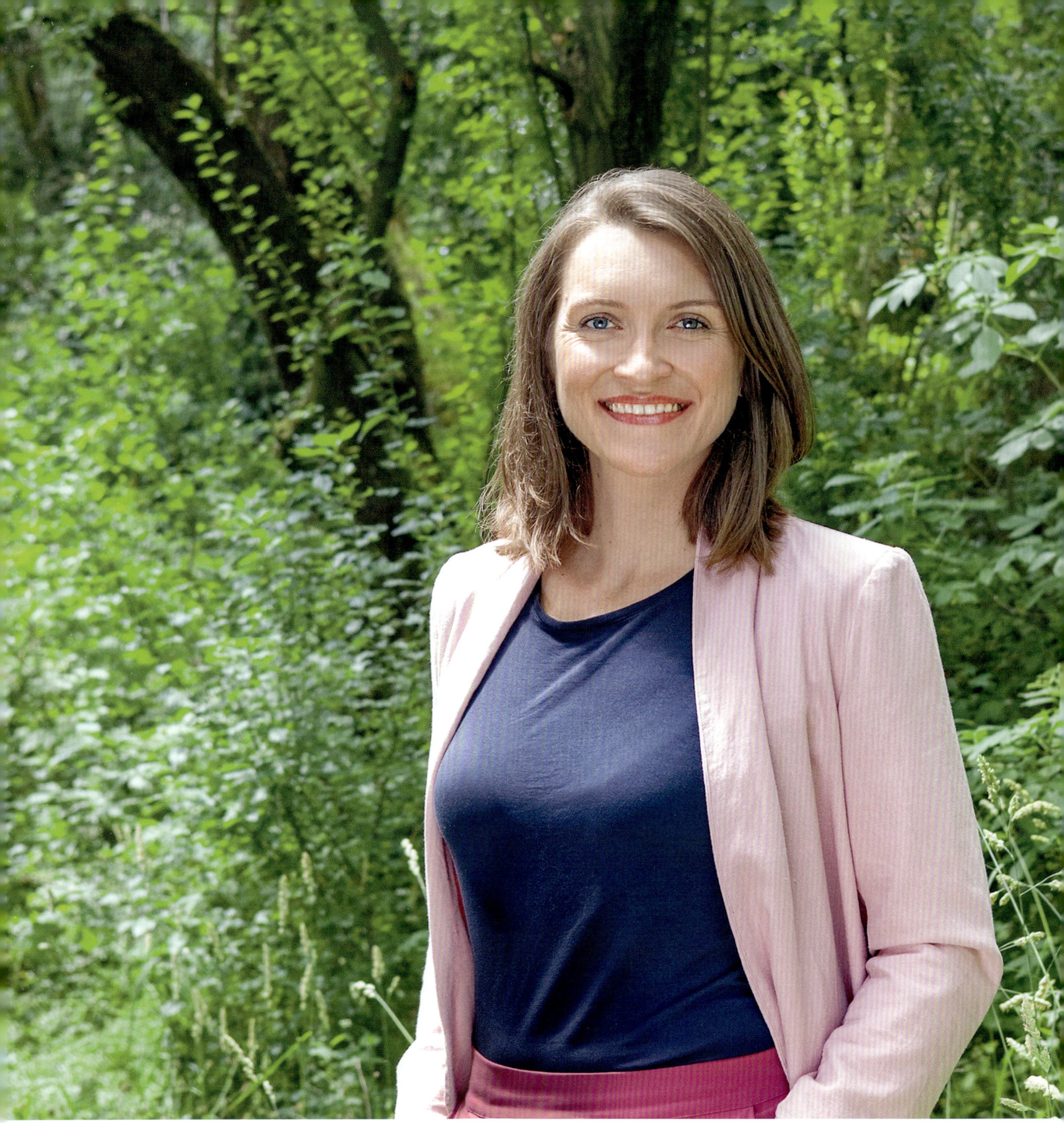

Dr. Katja Heubach, Direktorin des Palmengartens

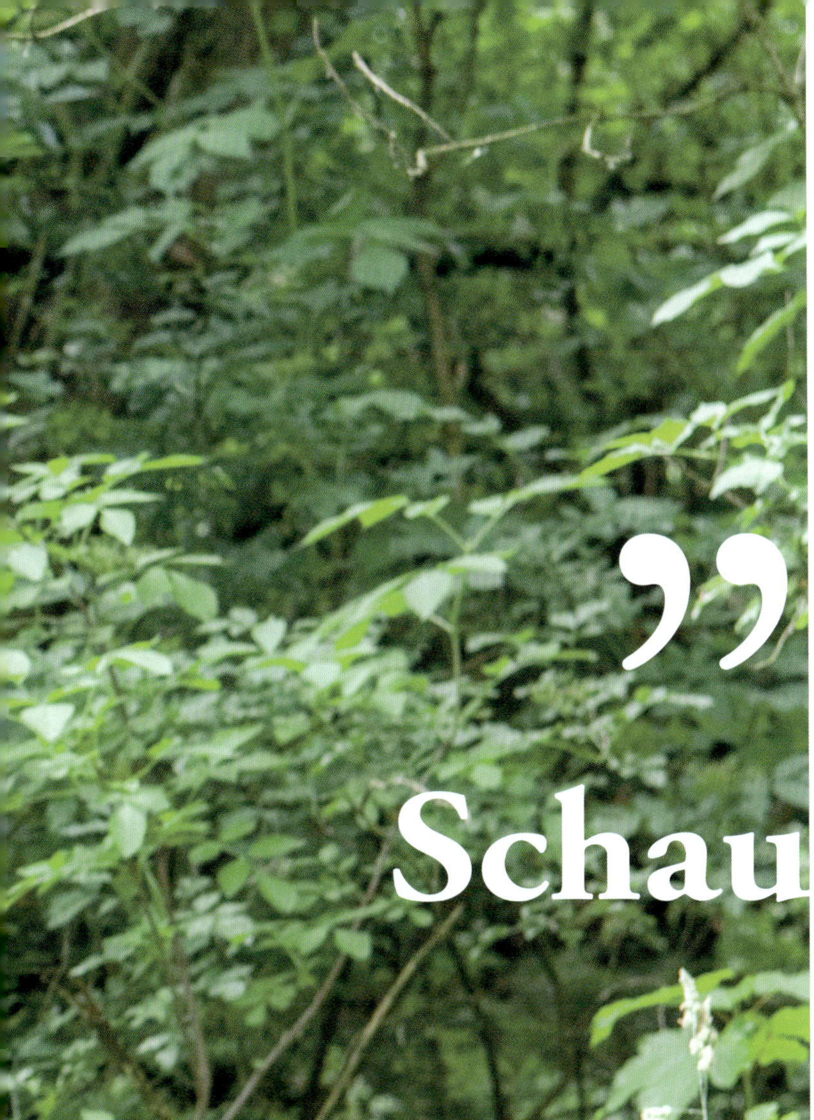

„Ein klares Bekenntnis zum Schaugarten“

In den vergangenen 150 Jahren hat sich der Palmengarten erheblich vergrößert und weiterentwickelt. Dennoch gibt es Konstanten, die auch der aktuellen Direktorin, Dr. Katja Heubach, die vor rund zweieinhalb Jahren ihr Amt angetreten hat, sehr wichtig sind. Gleichzeitig erläutert sie im folgenden Interview, wie sie den Garten zukunftsfähig machen will und welchen vielfältigen Herausforderungen sich die Institution in den kommenden Jahren stellen muss.

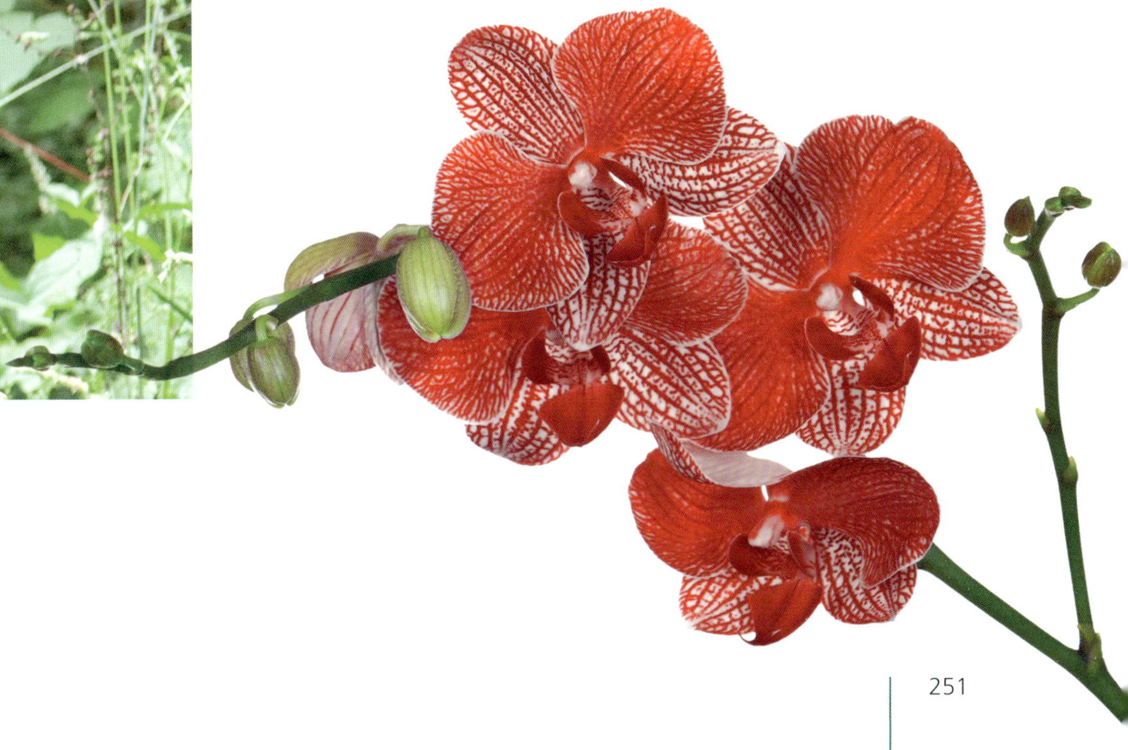

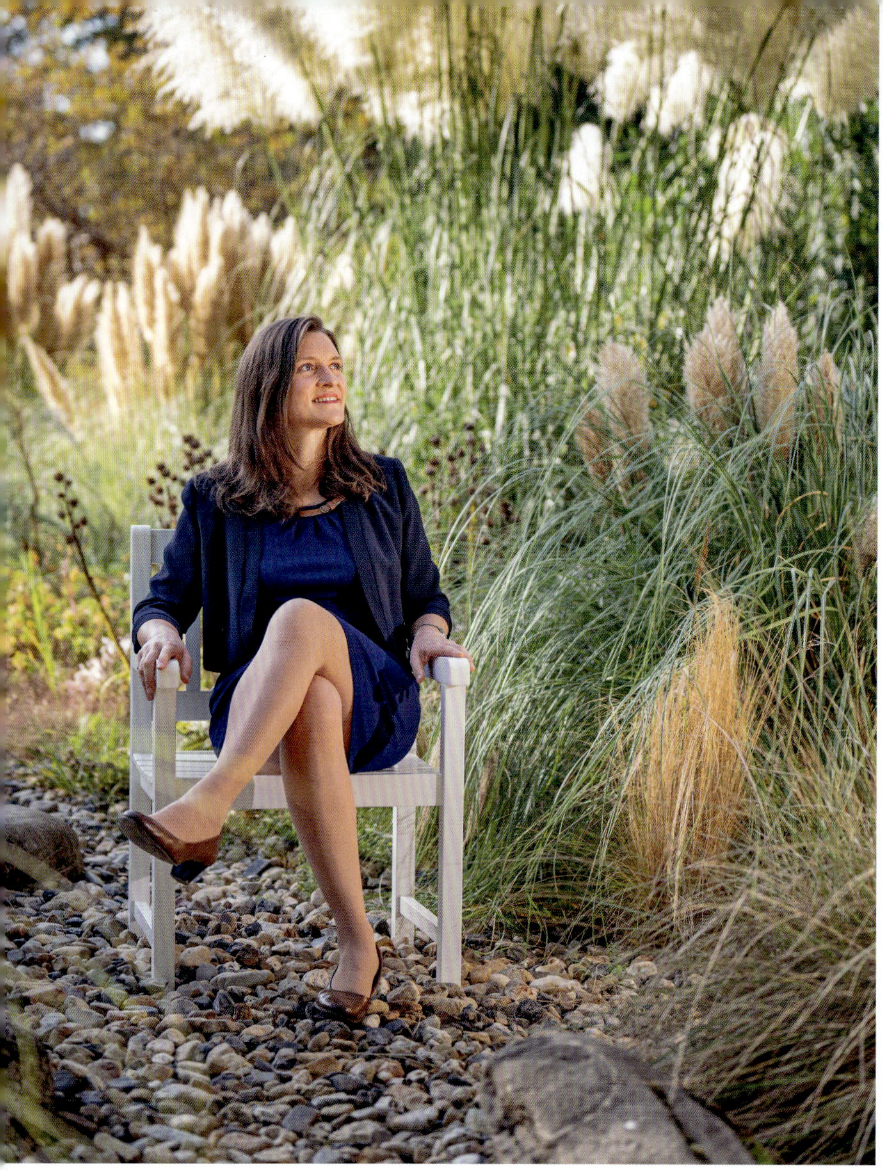

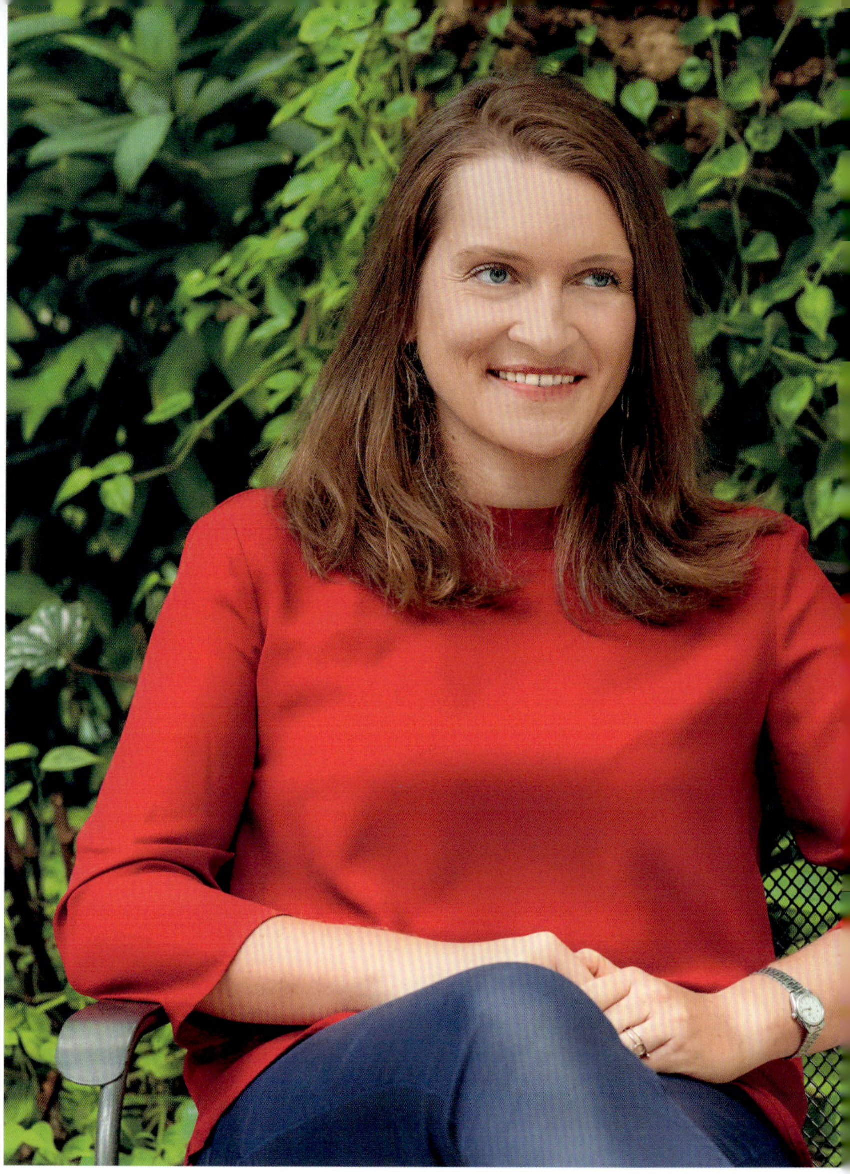

Der Palmengarten feiert seinen 150. Geburtstag, worauf kann er besonders stolz sein?

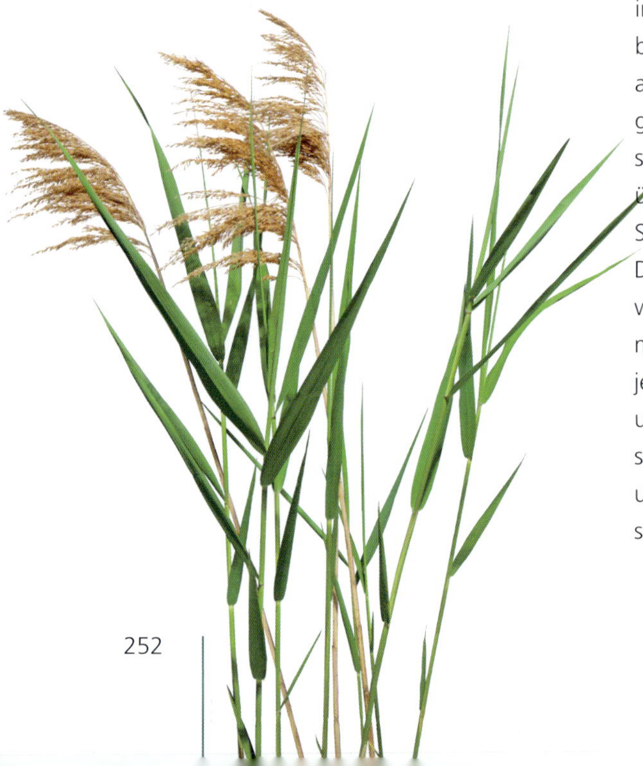

Katja Heubach: Auf die Beständigkeit, die er hat. Dass sich der Garten in einer Stadt, die sehr lebendig ist und für die es in diesem Innenstadtbereich bestimmt viele Pläne gab, erhalten konnte. Er ist entstanden im ausgehenden 19. Jahrhundert, einer Zeit, in der auch der Hauptbahnhof gebaut wurde, der damals noch vor der Stadt lag. Damals dachte man schon: Wir schauen uns die Welt an, wir werden international. Wie überlebt so ein Garten in einer hochdynamischen Stadt mit Blick auf die Skyline, die Wirtschaft, die Börse, alles Dinge, die ständig im Fluss sind? Die Stärke des Palmengartens ist das Analoge. Man nimmt ihn direkt wahr, ohne ein Endgerät. Wir stehen mit dem Smartphone auf und gehen mit ihm schlafen. Das Digitale soll bei uns nur das Anlockmittel sein, damit jemand in den Garten kommt und spürt, was es heißt, ohne Endgerät unterwegs zu sein. Für uns ist im Moment die große Frage, wie wir ganz subtil digitale Möglichkeiten wie Apps oder QR-Codes nutzen können, um mitzuteilen: Jetzt leg das mal weg und schau Dir den Garten an. Er stellt schließlich das Urprinzip des Lebens dar. Ohne Photosynthese gäbe

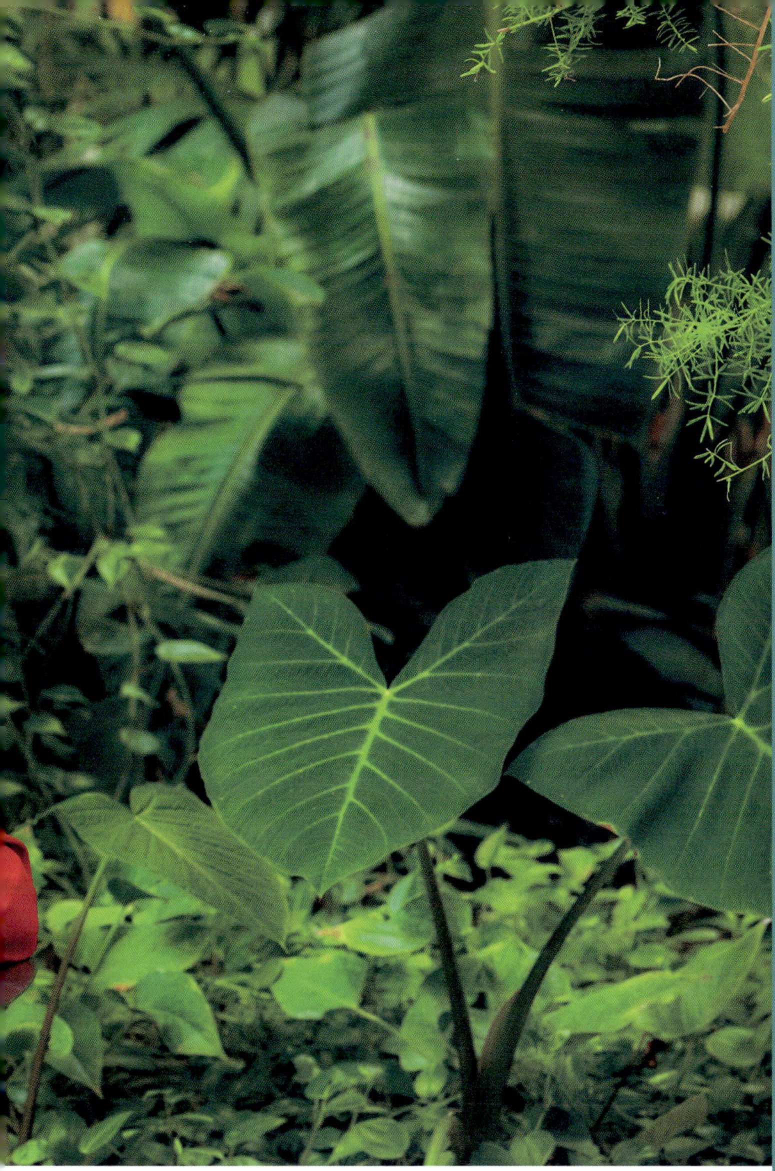

es uns alle nicht. Das wiederzuerkennen, und zu merken, der Garten ist haptisch, ich kann ihn begreifen, die Pflanzen riechen, wackeln und werden von anderen Organismen besucht, ist wichtig. Ich finde es bezeichnend im Hinblick auf die Coronakrise 2020, in der auch wir mehrere Monate lang geschlossen hatten, welch großes Interesse, welch große Sehnsucht bei den Bürgerinnen und Bürgern bestand, wieder in das Analoge zu kommen, das Physische zu erleben. Den physischen Kontakt hat man mit anderen Menschen, aber auch mit anderen Wesen der Natur, seien es Bäume oder Vögel oder Insekten.

Die Netzwerkerin

Den Palmengarten kennt Dr. Katja Heubach, geboren am ersten Weihnachtstag 1981, bereits seit Jahrzehnten. Schon während ihres Studiums der Diplom-Biologie kam sie Anfang der 2000er Jahre immer wieder dorthin, um zu lernen und die Ruhe zu genießen. „Der Palmengarten war für mich damals wie ein praktisches Lehrbuch", stellte sie in einem Interview fest. Viel arbeitete sie auch im benachbarten Botanischen Garten, in dem sie für ihr Studium Messungen vornahm und die Pflanzenphysiologie erforschte. Als die aus Apolda in Thüringen stammende Biologin vor etwa drei Jahren plötzlich hörte, dass sie als Kandidatin für die Stelle der Palmengarten-Direktion infrage käme, war sie selbst überrascht. Andere offenbar weniger, denn ihr breites berufliches Netzwerk und ihre Vita, durch die sie sowohl Forschungserfahrung als auch Leitungskompetenz mitbrachte, hatten sie empfohlen: Nach ihrem Studium mit Schwerpunkt Biodiversität und Ökologie war sie zunächst als Beraterin im Stiftungswesen in den Bereichen Umwelt- und Naturschutz sowie Entwicklungszusammenarbeit tätig und übernahm dann 2009, parallel zu ihrer Promotion, für drei Jahre die Leitung der Geschäftsstelle des Bundes für Umwelt und Naturschutz (BUND) in Frankfurt. Ihr Forschungsschwerpunkt als Doktorandin und spätere Gastwissenschaftlerin am Loewe Biodiversität und Klima Forschungszentrum Frankfurt (BiK-F) befasste sich mit der ökologischen Ökonomie, konkret mit der sozio-ökonomischen Bedeutung der Wildpflanzen-Nutzung in der westafrikanischen Savanne. Dafür betrieb sie unter anderem in Benin und Burkina Faso Feldforschung. Auch die Pflanzen im Savannen-Schauhaus des Tropicariums im Palmengarten dienten ihr dazu als Anschauungsmaterial. Es folgten Tätigkeiten als Wissenschaftliche Beraterin für das Helmholtz Center for Environmental Research UFZ in Leipzig sowie ab 2016 als Beraterin der Deutschen Gesellschaft für Internationale Zusammenarbeit (GIZ) in Eschborn. Mit der Leitung des Palmengartens kehrte Katja Heubach schließlich beruflich – und standörtlich – zu ihren Wurzeln zurück, um den Palmengarten und den Botanischen Garten in die Zukunft zu führen.

Welche Idee, die in den Anfängen des Gartens angelegt wurde, ist heute noch genauso gültig?

Ich glaube, was heute immer noch genauso faszinierend ist wie damals, ist die Idee, das innere Chaos mit der äußeren Ordnung zu bändigen – ursprünglich das Prinzip des Barock, nach dem man versucht hat, die Natur bezähmbar zu machen. Das sieht man etwa an den geometrisch geschnittenen Bäumen im Schlossgarten von Sanssouci in Potsdam. Domestizieren ist vielleicht der passende Ausdruck. Der Palmengarten ist gestaltete Natur und kein reines Stück Wildnis. Eher etwas, auf das man mit einem bestimmten gestalterischen Blick schaut. Was ich selbst als sehr beruhigend empfinde, ist das grüne Band, das wir im Palmengarten haben, die Grünflächen, die sich durchziehen und die Sichtachsen bilden. Das hat viel mit dem sogenannten Goldenen Schnitt zu tun, also der idealen Proportionierung der Flächen. Heinrich Siesmayer hat ihn einst in seinen Plänen für den Garten verwirklicht und er ist heute noch erkennbar, etwa, wenn man vom Haus Leonhardsbrunn aus von Nord nach Süd schaut. Auch im Palmenhaus, das in der Form an ein Kirchenschiff erinnert, ist das umgesetzt und wirkt sehr beruhigend. An dieser gärtnerischen Gestaltung hat sich bis heute nichts Wesentliches verändert. Sicher, einer meiner Vorgänger, Herr Dr. Schoser, hat in den 1980er Jahren ein klares Zeichen gesetzt mit dem Bau des Tropicariums, aber die Hauptwege und die Hauptblickachsen sind bestehen geblieben. Das ist spannend, weil es viele Generationen verbindet.

Wie gelingt es, heute ein solches Erbe zu bewahren?

Man muss sich immer wieder neu erfinden und mit der Zeit gehen. Die Zeit, wer ist das? Das sind die Menschen mit ihren Bedürfnissen. Da ist der Garten immer mitgegangen, ohne die grundlegende Gestaltung und Ausrichtung zu verlieren. Und es gelingt uns jeden Tag, das ist das Spannende – mit größerem und kleinerem Erfolg. Es gelingt insofern, als dass man immer gut hinhört und die Impulse von außen wahrnimmt. Wir sind als Kollegium nicht nur im Garten, wir bewegen uns in vielen verschiedenen Kreisen. Das ist die Stärke eines so diversen Kollegiums wie unserem, bestehend aus Gärtnerinnen und Gärtnern, die zum Teil schon viele Jahre hier tätig sind, aus Technikern und Handwerkern, aus promovierten Wissenschaftlerinnen, Kulturschaffenden, Leuten aus der Öffentlichkeitsarbeit, die die Inspiration aus ihren Kreisen in den Garten tragen. Von ihnen hören wir, welche Themen en vogue sind, aber auch, welche Herausforderungen es gibt. Das eine ist ganz klar der Klimawandel, das andere der soziale Wandel, gerade mit Blick auf die Digitalisierung. Was kommt da auf uns zu, welches sind die Interessen der neuen Generation? Ich glaube, ein Schlüssel liegt darin, zu hören, was gibt es draußen, aber sich dann auch immer zu fragen, können wir das, wenn wir es bedienen wollen, auch wirklich leisten.

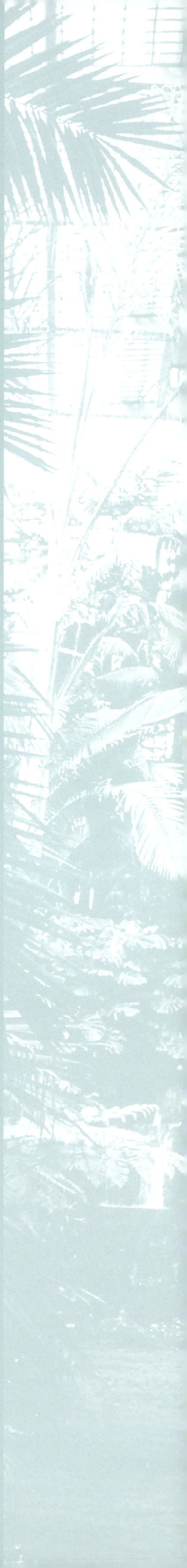

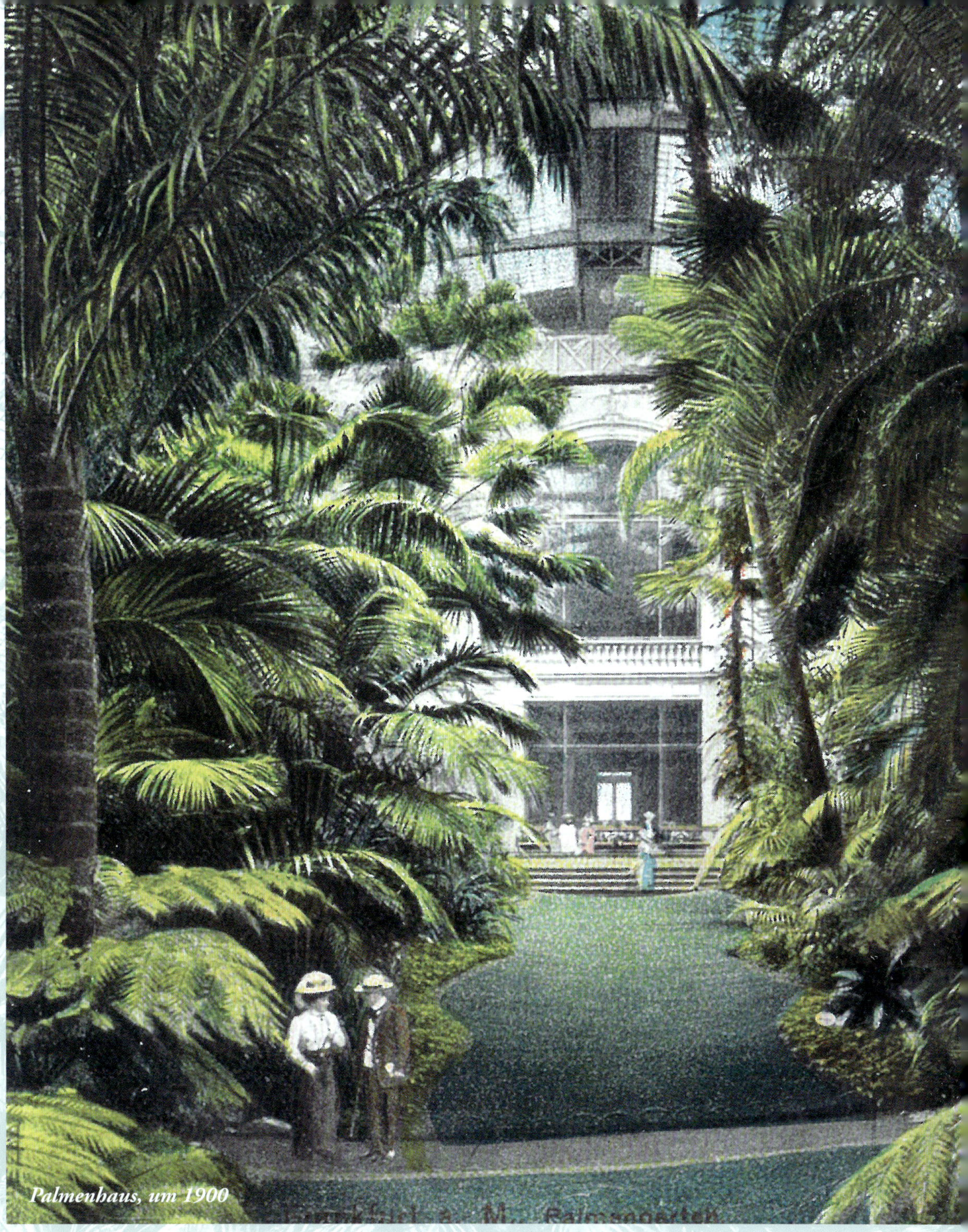

Palmenhaus, um 1900

Und wie sieht es mit der historischen Bausubstanz aus?

Das ist eine besondere Herausforderung. Das Palmenhaus ist mit seinen 150 Jahren das älteste Gebäude des Gartens. So etwas instand zu halten, erfordert viel Fingerspitzengefühl, weil der Denkmalschutz eine Rolle spielt, aber auch die Technik. Dann kommen klimatische Veränderungen hinzu. Unsere Frühlingsblumenschau ist meistens im Februar, also im sehr frühen Frühjahr. Ist es da mit Blick auf eine nachhaltige Bewirtschaftung vertretbar, dass ich das so früh mache? Weil ich die Galerien dann natürlich beheizen und die Frühblüher vortreiben muss, damit wir die Blütenpracht bieten können.

Andererseits sind die Erwartungen der Besucher an den Garten und seine Ausstellungen natürlich hoch. Was würden Sie sagen, welchen Stellenwert hat der Palmengarten heute für die Frankfurter Gesellschaft?

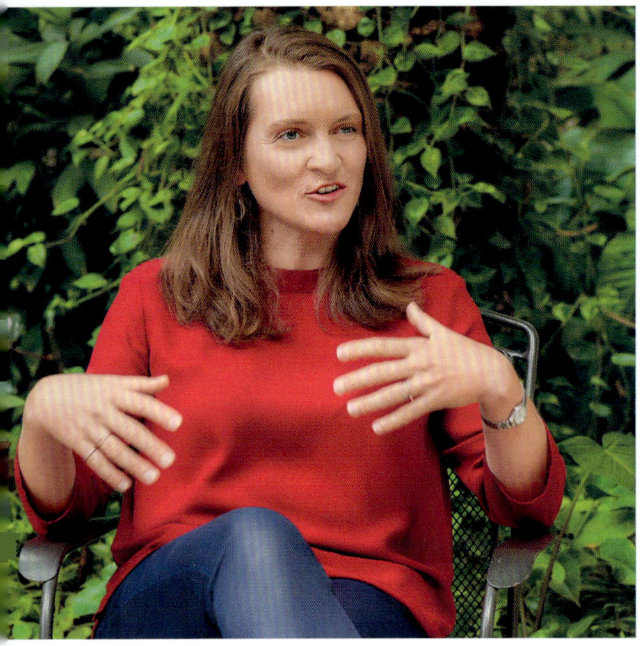

Was ich sehr spannend finde ist, wie unterschiedlich dieser Garten auf unsere Gäste wirkt. Für die Frankfurterinnen und Frankfurter ist er eine zentrale Stätte der Kindheit und ein Identifikationsort, an den man sich gerne zurückerinnert, weil man dort seine erste Liebe geküsst oder andere persönliche Geschichten erlebt hat. Wenn ich auf die Neubürger schaue, zu denen ich mich auch zähle, weil ich nicht hier geboren und aufgewachsen bin, dann hat das eine Faszination, weil er so viele verschiedene Interessen verbindet. Er ist ein Ort der Naherholung. Ich kann in diesen Garten gehen und finde für mich einen Platz. Dadurch, dass der Garten einen Zaun hat, so trivial das klingen mag, ist er ein Ort der Sicherheit. Das ist speziell für Besucherinnen und Besucher mit Kindern wichtig, weil diese frei im Garten herumlaufen können. Dann gibt es das Programm für das kulturbegeisterte Publikum, für das wir sogar im Corona-Sommer im August Konzerte umgesetzt haben, was nicht leicht zu bewerkstelligen war, die Menschen aber begeistert hat.

Darüber hinaus sind da die Interessen der Anwohnerinnen und Anwohner. Wir sind schließlich keine einsame Insel. Wir müssen aber auch sensibel sein, welche Interessen die Stadt hat. Wir verfügen schließlich über eine sehr zentrale und gute Lage. Wir müssen immer wieder vermitteln, welche Rolle wir beim Zusammenleben verschiedener Gruppen spielen. Unsere Bockenheimer Nachbarschaft ist ja eher studentisch geprägt, wobei sich das gerade ein wenig wandelt. Auf der anderen Seite haben wir ein sehr traditionelles, bürgerliches Publikum im Westend und Nordend. Beide bringen wir im Garten zusammen. Wir müssen also deutlich machen, dass wir nicht nur das Mikroklima verbessern, sondern auch sozialen Frieden schaffen.

Apropos Mikroklima, was leistet der Palmengarten in ökologischer Hinsicht?

Wir haben in dieser Stadt eine hohe Versiegelung, ein hohes Verkehrsaufkommen und dadurch eine hohe atmosphärische Belastung. Natürlich ist ein Garten mit entsprechender Fotosynthese nicht nur ein Lieferant von Sauerstoff, von dem wir alle abhängig sind, auch das Mikroklima wird verbessert. Wir haben eine deutliche Erwärmung innerhalb der Stadt, in heißen Sommern ist es im Garten dagegen immer drei bis vier Grad kühler. Je nachdem, an welchem Ort man ist, sind es sogar noch ein paar Grad mehr. Die Luftreinhaltung ist natürlich auch ein großes Thema, im Hinblick auf Atemwegserkrankungen beispielsweise. Wir leisten das, was man als Ökosystemleistungen bezeichnet, nicht nur die Bereitstellung frischer Luft, auch die Leistung der Insekten, Blüten zu bestäuben, wird durch das hohe und diverse Nahrungs- und Lebensraumangebot, das so ein Garten für die Insekten bereitstellt, stark gefördert. Und wir schaffen Biotope und Biotopvernetzungen – in der Biologie nennt man so etwas auch Trittsteine, so dass wandernde Arten durch die Stadt gelangen, etwa die Vögel, die wieder wichtig sind, um die Samen zu verbreiten. Insofern sind wir zwar gestaltete Natur, aber mit vielen ökologischen Nischen.

Spielt der Garten auch eine Rolle bei der Erhaltung bedrohter Pflanzenarten?

Für einen Schaugarten wie den Palmengarten ist das derzeit kein großes Thema. Aber es ist ein Thema, dem wir uns widmen werden. Im Botanischen Garten liegt der Fokus schon jetzt darauf. Da ist es so, dass wir eine völlig andere Gestaltungsgrundlage haben. Dort werden die Pflanzen in Lebensgemeinschaften gezeigt, so wie man sie natürlich finden würde in Südostasien oder Nordamerika. Da spielen solche Pflanzen eher eine Rolle. Es gab in den Jahren 2014 bis 2018 im Botanischen Garten ein durch die KfW-Stiftung gefördertes Projekt zur Erhaltung von heimischen Pflanzen, die auf der Roten Liste stehen. Die Kolleginnen und Kollegen haben das sehr engagiert und mit sehr gutem Erfolg durchgeführt. Dafür wurden für 15 Arten Erhaltungskulturen angelegt und sie schließlich wieder ausgebracht in Gebiete in der Region. Darüber hinaus sind wir die Aufnahmestelle für beschlagnahmte Arten, die illegal aus anderen Ländern eingeführt wurden. Wenn beispielsweise am Flughafen eine Pflanze beschlagnahmt wird, wird sie von uns weiterkultiviert, bis das Bundesamt für Naturschutz entschieden hat, wie damit zu verfahren ist.

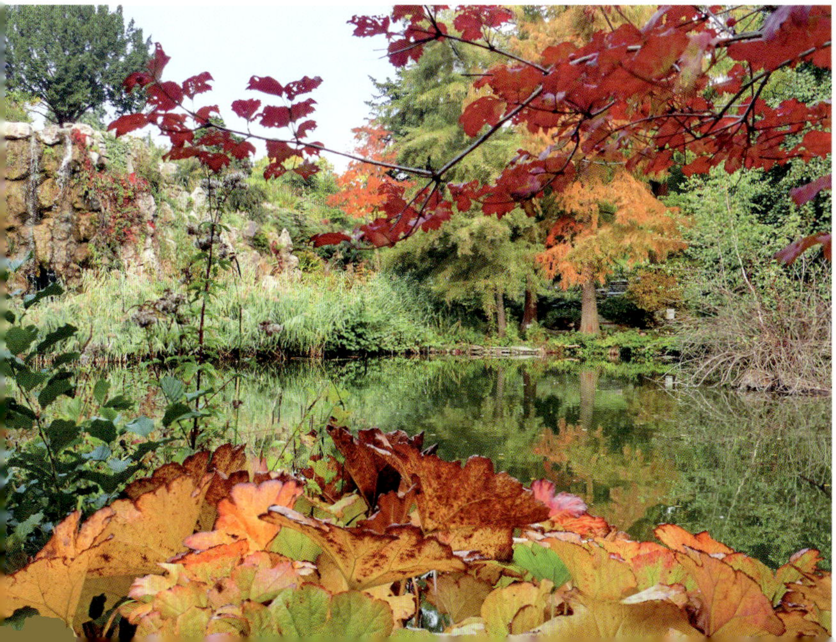

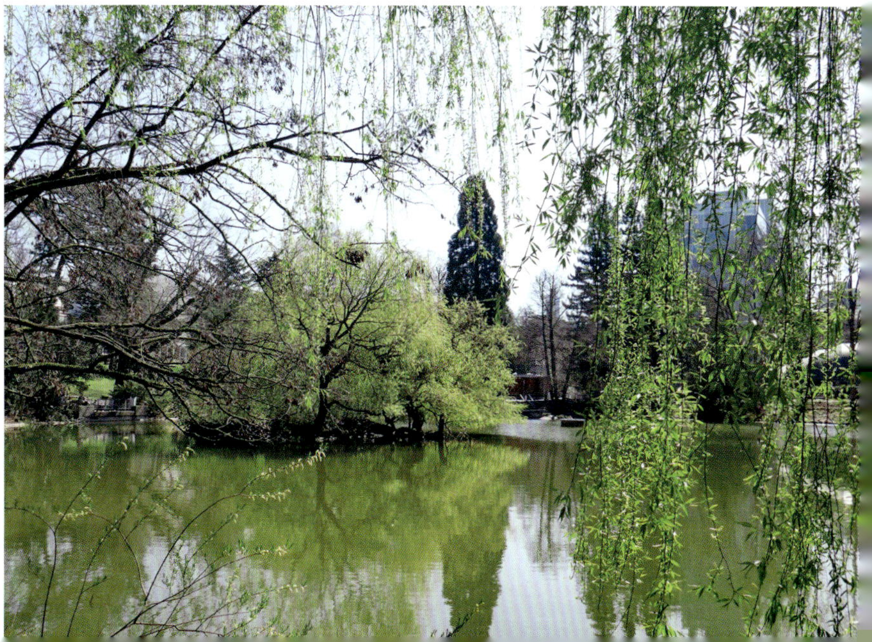

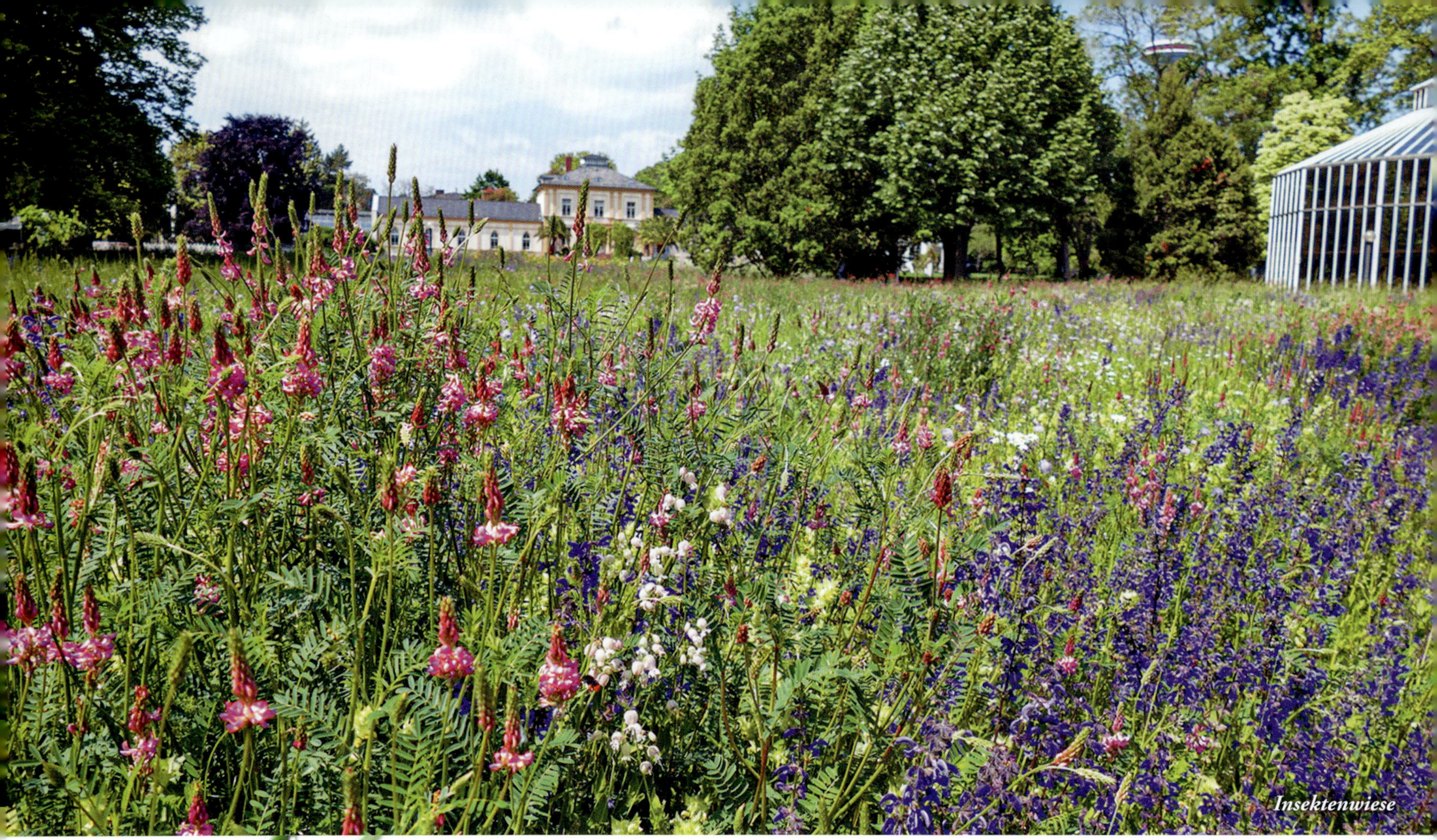

Insektenwiese

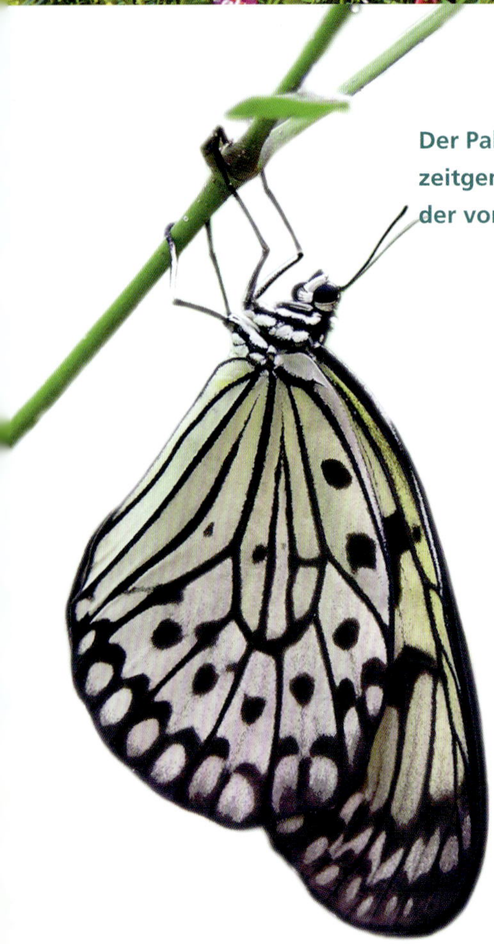

Der Palmengarten ist ein Schaugarten, finden Sie das heute noch zeitgemäß, oder sollte er sich stärker zu einem Garten entwickeln, der vor allem ökologisch nachhaltig ist?

Ich finde beides unheimlich wichtig, es ergänzt sich sehr gut. Ich gebe ein klares Bekenntnis zum Schaugarten ab. Denken Sie nur an den Wechselflor, jedes Jahr eine Pracht. Das ist es, was unsere Gäste lieben. Es hat aber viel mit Sehgewohnheiten zu tun, mit der Frage, was finde ich schön. Mit unserem Leitthema Blüten- und Bestäuberökologie, das wir uns für die kommenden drei bis fünf Jahre als roten Faden für unsere Angebote gesetzt haben, versuchen wir bewusst, diese Sehgewohnheiten ein bisschen zu verändern. Es muss nicht immer englischer Rasen auf unseren Grünflächen sein. Das grüne Band soll erhalten bleiben, aber man kann auch eine wilde Blumenwiese schön finden. Das haben wir geschafft mit unserer Wiese, die besonders für bestäubende Insekten interessant ist. Sie sieht im nicht abgemähten Zustand durchaus wild aus. Da hatten wir anfangs kommunikative Aufgaben mit Blick auf unser Stammpublikum, das eine ganz klare Ordnung wertschätzt. Nachdem wir aber erklärt haben, worum es uns dabei geht, und dass es in Balance mit gestalterischen Elementen bleibt, ist es gelungen, die Menschen mitzunehmen. Und wir glauben, dass wir mit der Eröffnung des Blüten- und Schmetterlingshauses nochmal großes Verständnis dafür generieren und damit die Sehgewohnheiten nach und nach verändern können. Ökologische Gestaltung ist natürlich auch kein Thema, das der Palmengarten erfunden hat. Die Wildnis zuzulassen und den Garten naturnah zu gestalten, sind Dinge, die die breitere Gesellschaft mittlerweile erreicht hat. Da springen wir auf geebnetes Gelände.

Schmetterlinge: schön und zugleich so nützlich

Wenn die Besucher durch den Kettenvorhang in das große Gewächshaus treten, flattern ihnen Himmels- oder Bananenfalter vor die Nase. Im 150. Jubiläumsjahr des Palmengartens öffnet eine neue Attraktion im Garten: das Blüten- und Schmetterlingshaus. Inmitten von Hibiskus, Farnen und bis zu drei Meter hohen Ficus-Pflanzen sollen die Besucher dort nicht nur bunt schillernde tropische Schmetterlinge sehen können, sondern auch viel über den ökologischen, ökonomischen und kulturellen Wert der Insekten und ihrer Bestäubung erfahren.

Das 360 Quadratmeter große Warmhaus für die Schmetterlinge und Falter haben die Gärtner dafür mit tropischen Blüh-, Nektar- und Schaupflanzen gestaltet, die sie größtenteils selbst gezogen und auf die Bedürfnisse der Tiere abgestimmt haben. Dort sollen sich Tagfalterarten, aber auch Nachtfalter wie der Pfauenspinner wohl fühlen. Hinter einer schützenden Glasscheibe können die Besucher die Metamorphose der Schmetterlinge von der Puppe zum Falter beobachten. Bei der Auswahl und Pflege der Schmetterlingspuppen wird auf die artgerechte Haltung der Tiere größten Wert gelegt. Ein großer Teil der Puppen kommt aus speziellen nachhaltig arbeitenden Zuchtfarmen aus tropischen Ländern. Aus ihnen schlüpfen vor Ort die Schmetterlinge. Einige Falterarten vermehren sich aber auch direkt im Blüten- und Schmetterlingshaus an den jeweiligen Futterpflanzen, so dass die Besucher mit etwas Glück den gesamten Lebenszyklus der Arten beobachten können.

Im 290 Quadratmeter großen Kalthaus gleich nebenan gibt es eine Informationsausstellung über die Vielfalt von Blüten und Bestäubern zu sehen. Eine Wand mit Zeichnungen hunderter verschiedener Käfer, Schmetterlinge, Bienen & Co. am Eingang des Glashauses zeigt die Vielfalt und Schönheit der Welt der Insekten. Der erste Abschnitt der dreiteiligen Ausstellung präsentiert Grundlegendes zum Aufbau von Pflanzen und Insekten sowie zur Bestäubung, etwa durch Wind oder durch andere Tiere. Im zweiten Bereich erfahren die Besucher, wie Blüten die Insekten zur Bestäubung anlocken und belohnen. Die vielfältige Insektenwand im Eingang verkehrt sich im dritten Abschnitt der Schau in eine leere Wand. Die Tiere erscheinen erst wieder, wenn die Besucher in einem interaktiven Spiel insektenfreundliche Entscheidungen rund ums Gärtnern und Einkaufen treffen. Sie erfahren darüber hinaus, wie sie selbst Insekten schützen können und welche Auswirkungen ein Rückgang der Bestäubervielfalt auf ihr eigenes alltägliches Leben hat. „Die Ausstellung soll insgesamt bewirken, dass die Gäste des Palmengartens eine stärkere Verbundenheit mit der Natur fühlen, Insekten in ihrer unmittelbaren Umgebung positiver wahrnehmen und schützen", fasst Lisa Köcher, Projektkoordinatorin für die Ausstellung, die Idee des Vorhabens zusammen. Gefördert wurden der Bau des Blüten- und Schmetterlingshauses sowie die Ausstellungsgestaltung von der Stiftung Palmengarten und Botanischer Garten und den Freunden des Palmengartens.

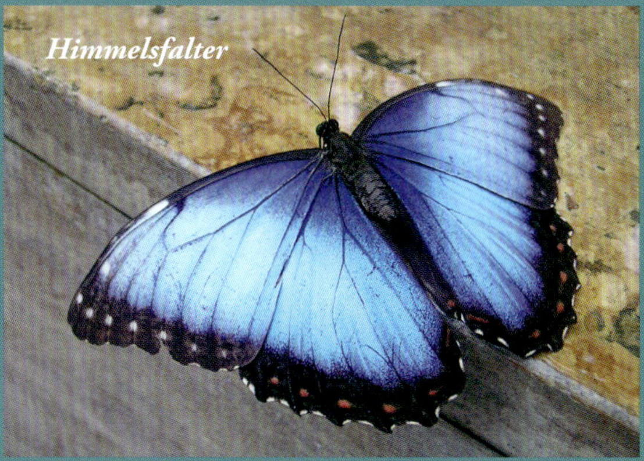

Himmelsfalter

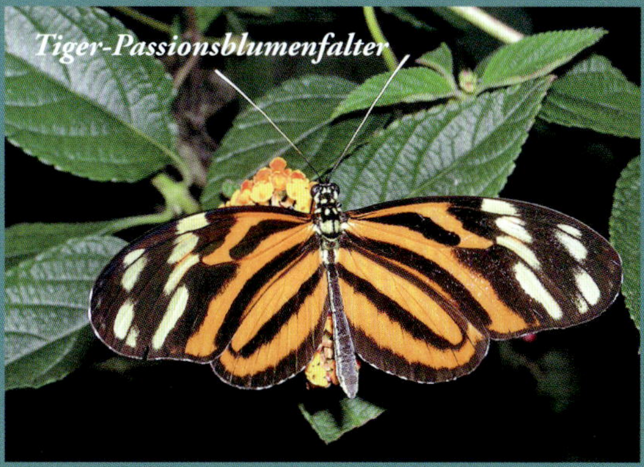

Tiger-Passionsblumenfalter

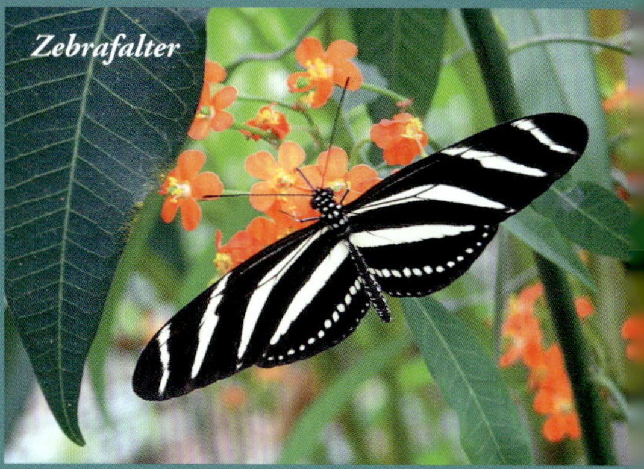

Zebrafalter

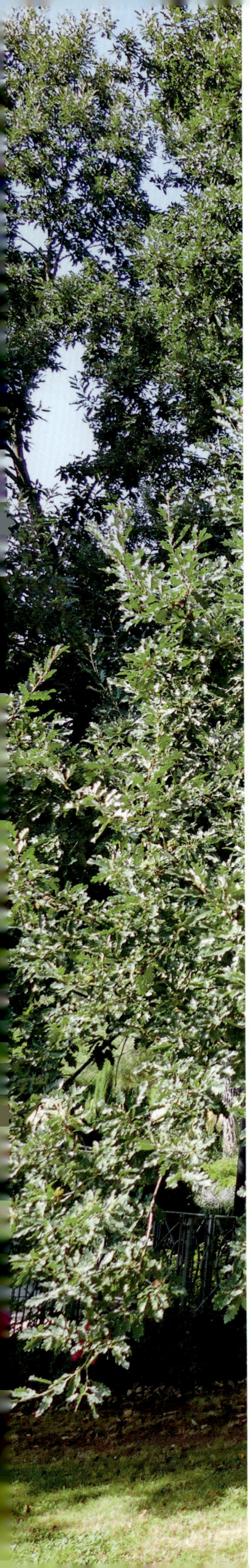

Andererseits ist ganz klar, wir müssen uns mit der Frage beschäftigen, was unter Klimawandel-Bedingungen noch möglich ist zu pflanzen. Sind das dann osteuropäische Gehölze? Was ist mit dem Rhododendron, der es gerne kälter hat? Wie lange überleben die Rosen das alles? Wir gestalten ja heute den Palmengarten von 2040 und darüber hinaus. Überlegungen dazu, was wir jetzt pflanzen müssen, das in 10 bis 30 Jahren noch Bestand hat, haben eine klare ökologische Ausrichtung. Dabei wollen wir aus dem Garten keinen mediterranen Eichenwald machen, das würde unserem Charakter nicht gerecht. Im Grunde ist es ein Ausbalancieren zwischen den ästhetischen und den ökologischen Aspekten. Da gibt es aber gute Schnittmengen. Wir sehen da viele Möglichkeiten, weil wir das eine tun können, ohne das andere lassen zu müssen. Eine große Herausforderung ist nun mal die Bewässerung. Die Erkenntnisse, welcher Baum ist da ideal, können wir verknüpfen mit der Ästhetik.

Wie reagieren Sie ganz konkret auf solche Herausforderungen durch den Klimawandel?

Wir haben 22 Hektar Palmengarten und dazu die acht Hektar Botanischen Garten, etwa zwei Drittel davon sind zu bewässern. Das müssen wir bewerkstelligen und dabei die Ressourcen im Blick haben. Das erfordert, dass wir in landschaftsökologischen und planerischen Kreisen immer wieder nachhaken, wie der Stand des Wissens ist und was wir besser machen können. Wir müssen aber auch schauen, wo wir mit den Gießrhythmen Veränderungen herbeiführen können. Wie bekommen wir überhaupt heraus, wie viel Wasser ein Baum braucht, und wie können wir gezielter die Wassermenge einsetzen? Wir machen das schon mit sehr viel Augenmaß, aber da ist noch viel Luft nach oben. Wir haben zum Beispiel gerade ein Projekt mit der FES begonnen, da geht es darum, wie man mit Bodensensoren den Wasserbedarf eruieren kann. Es ist ein Projekt zum Thema „Smart City“, da sind wir gerne vorne dabei. Der nächste Schritt wäre dann die schon längst überfällige automatisierte Bewässerung. Und beides zu kombinieren, wäre natürlich ideal. Wir müssen uns aber immer fragen, was können wir verantworten unter nachhaltigen Gesichtspunkten.

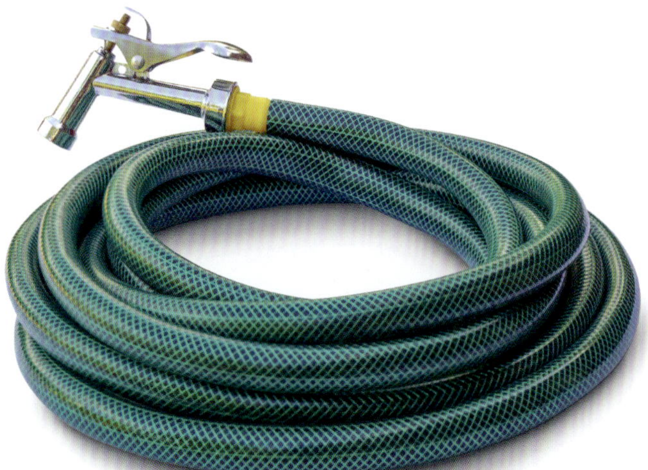

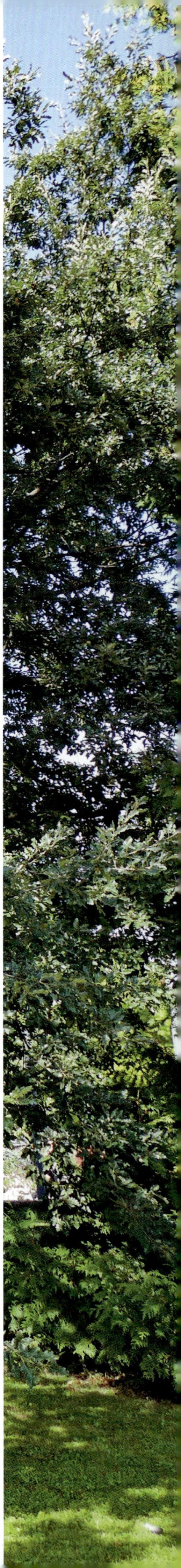

Passgenau bewässern

Frankfurt gilt als eine der wärmsten Großstädte Deutschlands. Die Bäume an den Straßen und im Palmengarten leiden unter der Trockenheit und müssen bereits seit einigen Jahren bewässert werden. Wie aber gelingt es, nicht zu wenig, aber auch nicht zu viel zu gießen? Bisher musste man sich dabei vor allem auf die Erfahrungen der Gärtnerinnen und Gärtner verlassen. In Zeiten von Smart-City-Konzepten, die Städte effizienter, technologisch fortschrittlicher und grüner gestalten wollen, werden immer häufiger zusätzlich digitale Hilfsmittel eingesetzt. Im Palmengarten wird das Zusammenspiel von gärtnerischem Know-How und digitalen Ökosystemen derzeit getestet.

Um besser ermitteln zu können, wie man bedarfsgerecht Wasser ausbringt, ist dort gerade das Pilotprojekt „Smart Botanics/ Smart Urban Rain Usage (SURe)" gestartet. Es wurde von der FES Frankfurter Entsorgungs- und Service GmbH initiiert, die mit der Projektgruppe Wirtschaftsinformatik des Fraunhofer-Instituts für Angewandte Informationstechnik FIT zusammenarbeitet. Die Forscher nutzen Bodensensoren, die dank einer modernen Übertragungstechnologie Daten von überall aus dem Stadtgebiet energieeffizient und kostengünstig übermitteln können. Diese Sensoren wurden nun in Baumnähe im Palmengarten angebracht, wo sie regelmäßig die Feuchtigkeit im Boden messen und an einen Server übertragen. „Die Daten müssen anschließend ausgewertet werden, dann wollen wir sie mit Wetterdaten in Zusammenhang bringen. Am Ende soll daraus ein Algorithmus entwickelt werden, der uns hilft, das Wasser ressourcenschonender zu verwenden", erläutert Florian Hawlitschek, Innovationsmanager bei der FES.

Bei aller modernen Technik ist es den Verantwortlichen wichtig, dabei im direkten Austausch mit den Palmengärtnern zu stehen. „Ein IT-Spezialist beherrscht die Technik, weiß aber womöglich wenig darüber, wie die Sensoren in verschiedenen Tiefen angebracht werden müssen, um zu messen, wie die Wurzeln das Wasser aus unterschiedlichen Tiefen aufnehmen", erläutert Hawlitschek. Gemeinsam müsse zudem erarbeitet werden, welche Parameter nötig sind, um festzustellen, wie viel Wasser von den Wurzeln aufgenommen wird.

Nach einem halben Jahr rechnet die FES mit ersten Ergebnissen aus dem Pilotprojekt. Dann werde besprochen, wie es weitergehen und ob das Projekt über die gesamte Stadt ausgedehnt werden könne. Das erwünschte Ziel: Im besten Falle könnte der Algorithmus mit verfügbaren Wetterprognosen so kombiniert werden, dass er mit wenigen Sensoren in der Stadt Vorhersagen über die Gießmengen für die Bäume erstellt. „So könnten wir das Wasser effektiver einsetzen, weil wir an einigen Stellen nicht mehr zu viel und an anderen zu wenig gießen."

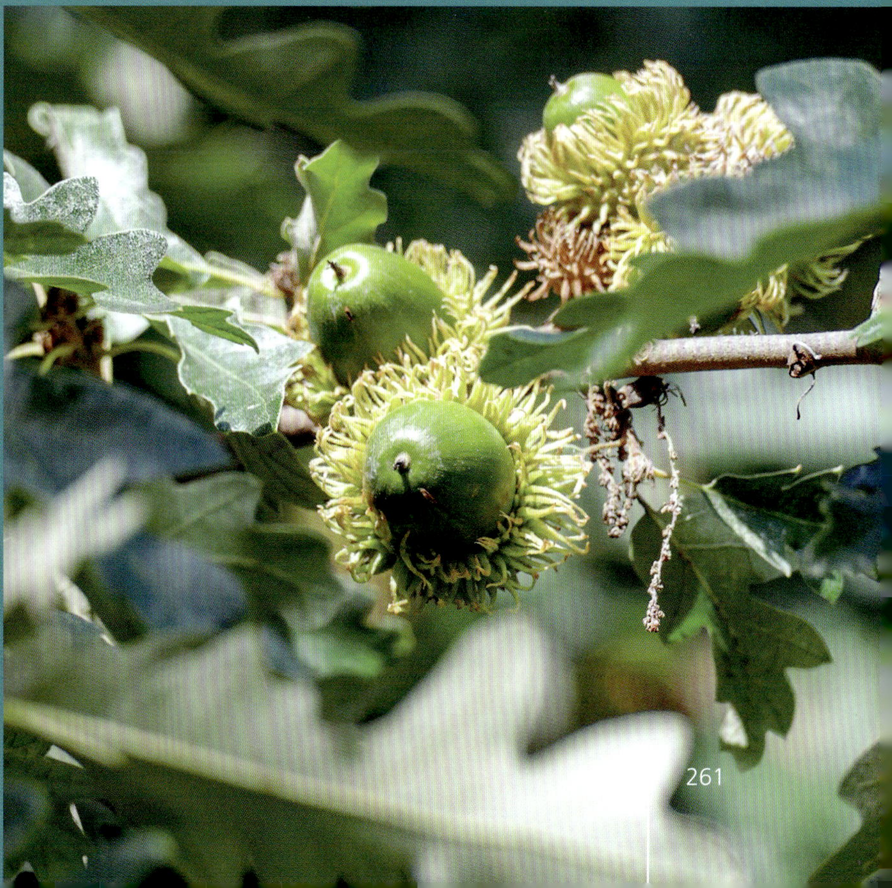

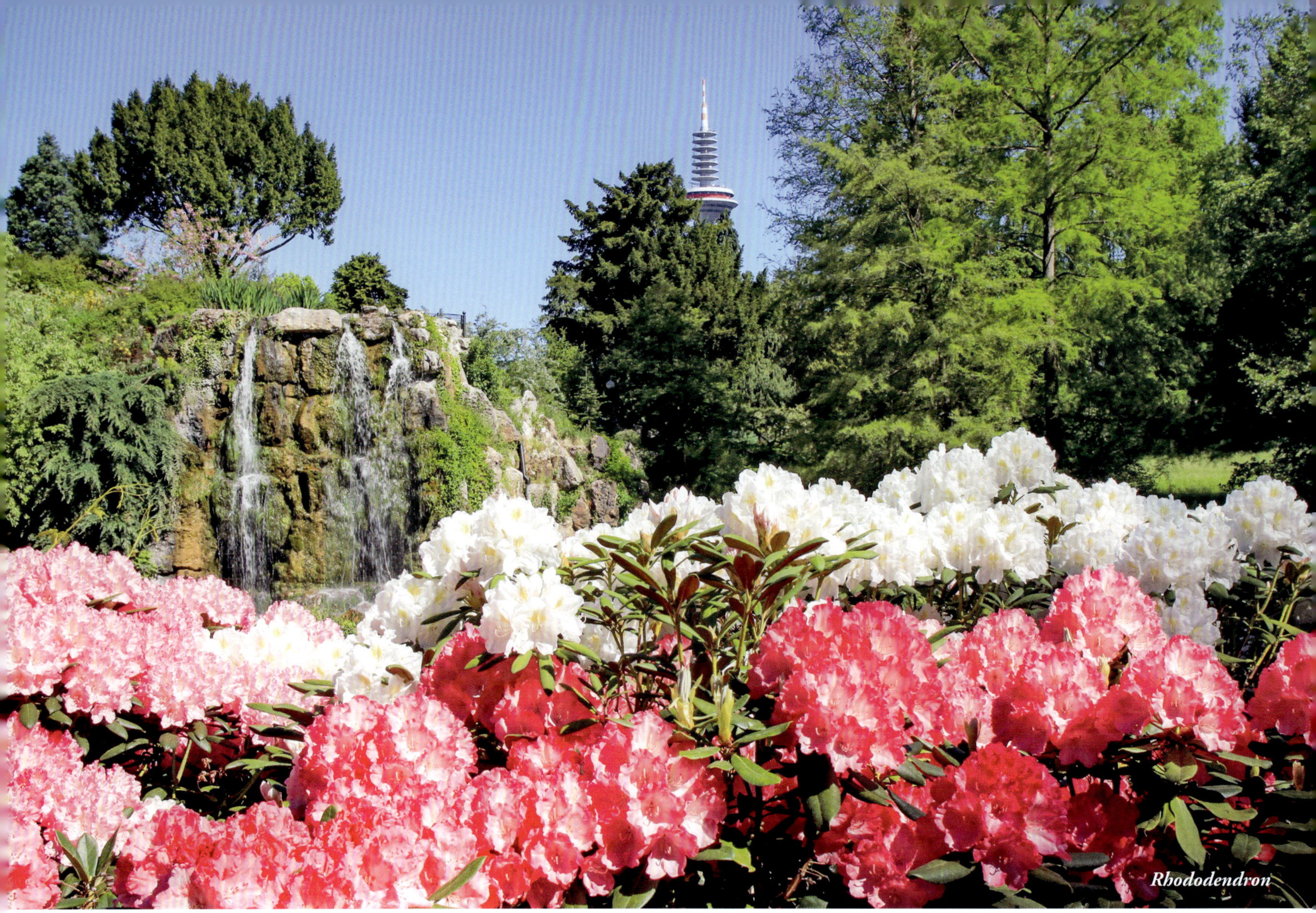

Rhododendron

Was können Sie zur aktuellen Diskussion um den Klimawandel mit dem Garten beitragen?

Was wir beitragen können, ist zumindest, zu beschreiben, wie gut oder schlecht die Gehölze damit klarkommen. Da gibt es ein paar Gewinner und Verlierer. Zu den Gewinnern zählen z.B. Zedern, Thuja und die Mittelmeerpflanzen, zu den Verlierern unsere Azaleen und Rhododendren. Wir sind aber ein künstliches Biotop und erhalten den Garten mit sehr vielen Mitteln, ohne die es viele Pflanzen nicht durch den Sommer schaffen würden. Insofern sind wir nicht repräsentativ. Es gibt aber auch ein paar Blühaspekte, die wir noch nie hatten. Im Tropicarium zum Beispiel haben mir die Gärtner begeistert berichtet, dass einige Aloedendron-Arten aus Chile und Peru geblüht haben, die zuvor noch nie bei uns geblüht hätten. Solche Beobachtungen können wir machen, aber wenn man sie wissenschaftlich auswerten wollte, müsste man sie unter kontrollierten Bedingungen machen. Das tun wir nicht. Eines meiner erklärten Ziele ist aber durchaus, dass wir Wissenschaft und Forschung im Garten stärken und schauen, welche Möglichkeiten haben wir, wissenschaftliche Erkenntnisse zu gewinnen.

Wie stark ist die Wissenschaft denn heute schon im Garten verankert und wo könnte es konkret hingehen?

Unser wissenschaftlicher Dienst betreut in erster Linie unsere botanisch-gärtnerischen Sammlungen und entwickelt sie weiter. Darüber hinaus beteiligen sich unsere Wissenschaftlerinnen und Wissenschaftler auch verschiedentlich an kleineren Forschungsvorhaben, Abschluss- oder Doktorarbeiten befreundeter Universitäten und anderer wissenschaftlicher Institutionen. Kooperationen gibt es vor allem auch im didaktischen Bereich. Und da ist die Frage, welche Schätze kann man heben. Was mir vorschwebt, ist weniger Grundlagenforschung als angewandte, sozialökologische Forschung. Wir beschäftigen uns aktuell beispielsweise gemeinsam mit dem Institut für Sozialökologische Forschung mit einem Projekt, bei dem die Fragestellung grundsätzlich lautet, wie Gesellschaft und Natur zusammenarbeiten, wie Natur genutzt, gelebt, gestaltet wird. Was uns dabei interessiert, ist, wie wir uns den Bedürfnissen unserer Gäste weiter annähern können. Ein plakatives Beispiel dafür ist die Spielwiese im Norden des Gartens. Die heißt Spiel- und Liegewiese, aber da spielt und liegt kaum jemand, weil sie im Sommer nicht beschattet ist. Deshalb stellt sich die Frage, wie würden wir diese Wiese weiterentwickeln. Das können uns natürlich die Nutzerinnen und Nutzer am besten beantworten. Wir machen den Garten ja nicht für uns, sondern für unsere Gäste. Da spinnen wir gerade an ein paar Ideen, wie wir diese am besten dazu befragen können.

Was wollen Sie darüber hinaus in den nächsten Jahren unbedingt anpacken?

Ein Thema, das uns begleiten wird, ist Barrierefreiheit und Inklusion, die Fragestellung, für wen ist der Garten zugänglich. Wir werden nie barrierefrei sein im strengen Sinne, aber wir werden uns bemühen, barriereärmer zu werden. Das betrifft die Zuwegung, die Erreichbarkeit der Standorte, das heißt, die zugrundeliegende Idee, dass möglichst alle teilhaben können. Es wird immer eine Annäherung an ein Ideal sein. Wir können uns aber bemühen, gerade was die Informationspolitik angeht, mehr zu tun, zum Beispiel eine barrierefreie Webseite gestalten, Texte in einfacher Sprache formulieren, damit Menschen mit unterschiedlichem Sprachvermögen sie lesen können. Möglich sind auch Mobilitätsangebote. Wir überlegen gerade eine Kooperation mit der Firma Velotaxi, die Touren durch den Garten anbieten könnte für Menschen, die nicht so gut zu Fuß sind. Das wäre auch eine Möglichkeit, die räumliche Verbindung zum Botanischen Garten zu schlagen. Und es sind klassische Dinge wie Bodenleitsysteme oder taktile Tafeln für Menschen mit Sehbehinderung.

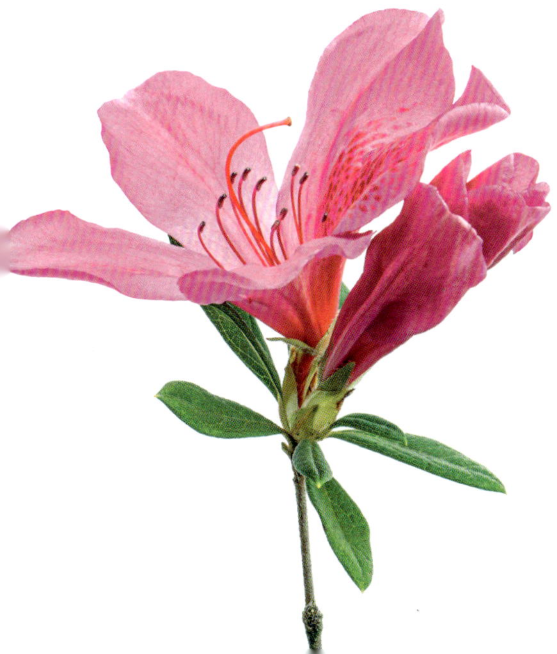

Das andere Thema ist die große Frage nach den Ressourcen, sowohl die zeitlichen, finanziellen, personellen als auch die ökologischen Ressourcen, also die Corporate Social Responsability. Wenn wir uns als Garten legitimieren wollen, müssen wir auch vertretbar mit den natürlichen Ressourcen umgehen. Das fängt beim Wasserverbrauch an, beim Abfallmanagement, und geht über den Energieverbrauch unserer Bauwerke, wobei wir

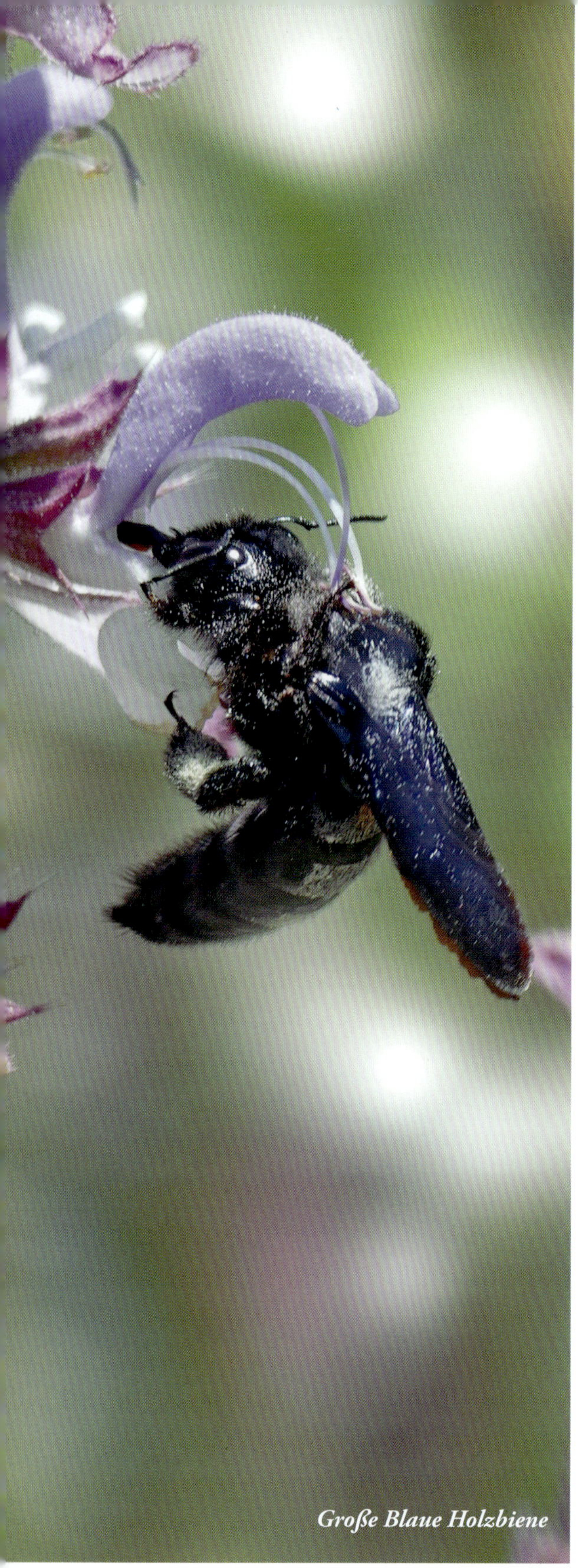

Große Blaue Holzbiene

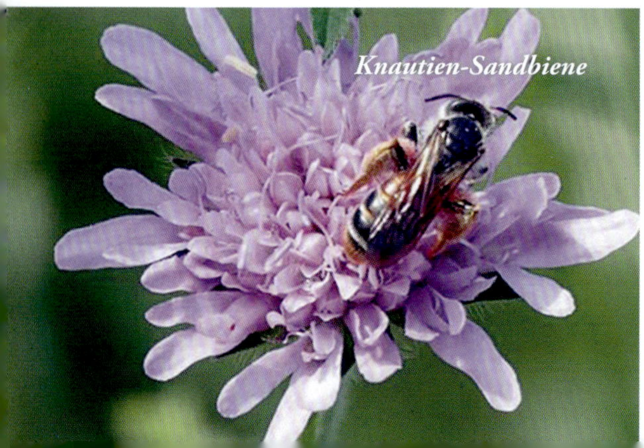

Knautien-Sandbiene

da begrenzt sind, weil ein Gewächshaus nun mal kein Passivhaus ist. Wir werden nicht auf eine Energieneutralität kommen, das ist uns bewusst, aber wir müssen mit dem Thema offen umgehen und uns entwickeln. Wir verantworten ein Stück Natur, etwa auch bei der Schädlingsbekämpfung. Wir haben die sogenannte Marienkäferrunde, in der regelmäßig die biologische Schädlingsbekämpfung besprochen wird. Was das angeht, sind wir schon sehr weit. Aber auch dem sind Grenzen gesetzt. Bestimmte Kulturschädlinge kann man nur chemisch bekämpfen. Oder das Thema Torfersatz: Wir haben da riesige Fortschritte gemacht. In unserer Gärtnerei und in der Botanischen Sammlung wird dank des großen Engagements der Gärtnerinnen und Gärtner zunehmend mit torffreien Substraten gearbeitet. Für den Hobbybereich hat man das mittlerweile umgesetzt, aber für den Erwerbsgartenbau konnte man das im großen Stil noch nicht realisieren. Da freuen wir uns, dass wir schon so weit sind.

Dann ist mir die Internationalisierung ein extrem wichtiges Gut. Das eine sind die Gäste, für die wir vermehrt Angebote in Englisch bieten wollen. Das andere ist aber, wie wir uns international darstellen im Reigen anderer botanischer und Schaugärten. Wir haben ein großes deutschsprachiges, europäisches und internationales Netzwerk, aber wir sind da leider zu selten in Erscheinung getreten in den vergangenen Jahren. Auf diesen Ebenen wollen wir uns stärker präsentieren und uns international austauschen, auch zu Fragen des Klimawandels.

Sie haben auch eine neue pädagogische Abteilung geschaffen?

Der ehemalige Leiter der Grünen Schule, der jetzt ausgeschieden ist, hat in 30 Jahren ein sehr spannendes Programm auf die Beine gestellt. Jetzt wollen wir dieses Programm zeitgemäß weiterentwickeln. Deshalb haben wir uns entschieden, aus dem kleinen Sachgebiet eine größere Abteilung zu machen, für die wir zwei neue Kolleginnen gewinnen konnten, die sich die Leitung teilen. Dort ist die große Aufgabe, die pädagogischen Angebote des Palmengartens und des Botanischen Gartens zusammenzuführen und die erfolgreiche Bildungseinrichtung „Kinder im Garten", die wir mit der KITA Frankfurt seit 11 Jahren umsetzen, damit zu verbinden und unter neuen Themenstellungen wie Klimawandel und Biodiversität zu erweitern, neue Formate aufzustellen und vor allem die digitalen Möglichkeiten zu nutzen und auch verschiedene Zielgruppen anzusprechen.

Um auch das Publikum des Palmengartens zu verjüngen?

Erstaunlicherweise hat unsere Besucherumfrage von 2019 ergeben, dass wir sehr viele junge Leute im Garten haben, im Alter von Mitte 30 bis Mitte 40. Darüber waren wir selber überrascht. Aber es betrifft vor allem diejenigen, die jetzt nachwachsen, die andere Sehgewohnheiten haben, andere Medien nutzen und mit Natur vielleicht gar nicht mehr so vertraut sind.

Bürger zählen Bienen

Die Honigbiene steht ganz oben. Sie wurde am häufigsten in den botanischen Gärten Frankfurts beobachtet. Aber auch Hummeln und die europäische Streifenwanze scheinen dort weit verbreitet zu sein. „In unseren Gärten tummeln sich aber auch überraschend viele und oftmals seltene Insekten wie die Knautien-Sandbiene, der Trauer-Rosenkäfer oder der Kleine Schillerfalter", stellt Marco Schmidt, Botaniker aus dem Palmengarten, fest. Nachzuvollziehen ist das auf der in den USA entwickelten und weltweit genutzten Plattform iNaturalist. Seit November 2018 betreiben der Palmengarten, der Botanische Garten sowie der Wissenschaftsgarten auf dem Campus Riedberg ein gemeinsames Projekt auf dieser Bürgerwissenschaftsplattform. Dort sammeln sie Beobachtungen von Tieren und Pilzen in ihren Institutionen – meist gemacht von Laien. „Botanische Gärten sind in der Stadt als besonders vielfältige Lebensräume anzusehen, und so war unser Interesse, Beobachtungen von Mitarbeitern und Besuchern an einem Ort zusammenzuführen", erläutern die Projektverantwortlichen der drei Gärten. Ziel war es, sich einen Überblick über die Artenvielfalt zu verschaffen und sich über die Bestimmung der Organismen auszutauschen.

Jeder kann Fotos von Tieren und Pilzen, die er in einem der drei Gärten gemacht hat, auf der Internetseite https://www.inaturalist.org/projects/tiere-und-pilze-in-frankfurts-botanischen-garten hochladen. „Er oder sie muss dabei gar nichts über das Lebewesen wissen. Wenn die Fotos ausreichend Details zeigen, können andere Nutzer die Art bestimmen", erläutert Marco Schmidt, einer der Initiatoren. Die Plattform ist übersichtlich und leicht zu handhaben. Nutzer können sich gegenseitig austauschen, gemeinsam nehmen sie die Bestimmung der fotografierten Tiere und Pilze vor. Innerhalb von zwei Jahren kamen so bereits mehr als 6.500 Beobachtungen zusammen. Mehr als 650 Besucher und Mitarbeiter aus den Gärten beteiligten sich und identifizierten bereits mehr als 760 Arten auf den Arealen. „Wir haben uns bewusst dafür entschieden, nur Pilz- und Tierbeobachtungen in diesem Projekt zusammenzufassen", betonen die Initiatoren. Da die allermeisten Pflanzen in botanischen Gärten nicht spontan auftreten, sondern angepflanzt würden, seien diese bereits bekannt und gut dokumentiert.

Die ersten Erkenntnisse konnten sie dank der Bürgerwissenschaftsplattform bereits gewinnen: Die meisten der beobachteten Arten waren Insekten, viele davon heimische, aber auch andere aus der Ferne zugezogene, nicht wenige von ihnen selten. Zudem ließ sich feststellen, welche Pflanzen die Insekten am häufigsten anfliegen, so dass sich ein paar Grundsätze zur Gartengestaltung schon jetzt herauskristallisierten: Bienen, Hummeln, Falter und mehr landen bevorzugt auf heimischen Pflanzen und Gewürzpflanzen wie Lavendel, Thymian und Salbei. Dabei verschmähen sie gefüllte Blüten. Mit dem Anpflanzen von Wiesen-Salbei, Margeriten und Witwenblumen auf der Blühwiese, die nur ein- bis zweimal im Jahr gemäht wird, damit die Insekten stets ein Angebot an Nahrung und Wohnraum finden, hat sich der Palmengarten darauf schon eingestellt. „So können wir die Vielfalt der Insekten sogar noch fördern", betont die Direktorin Katja Heubach.

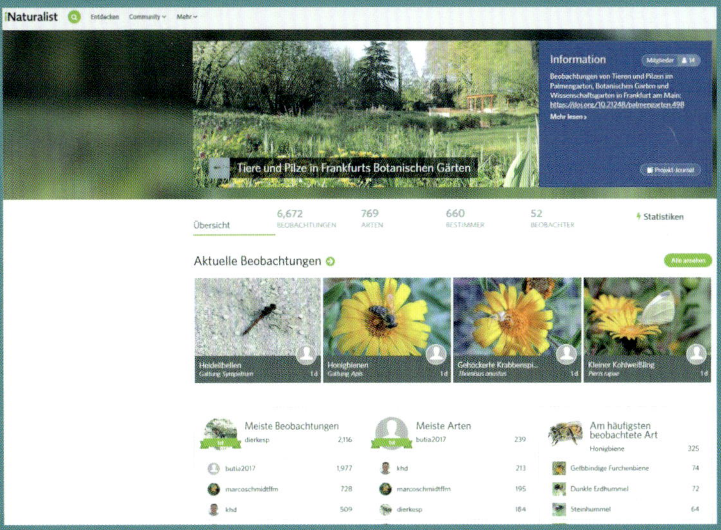

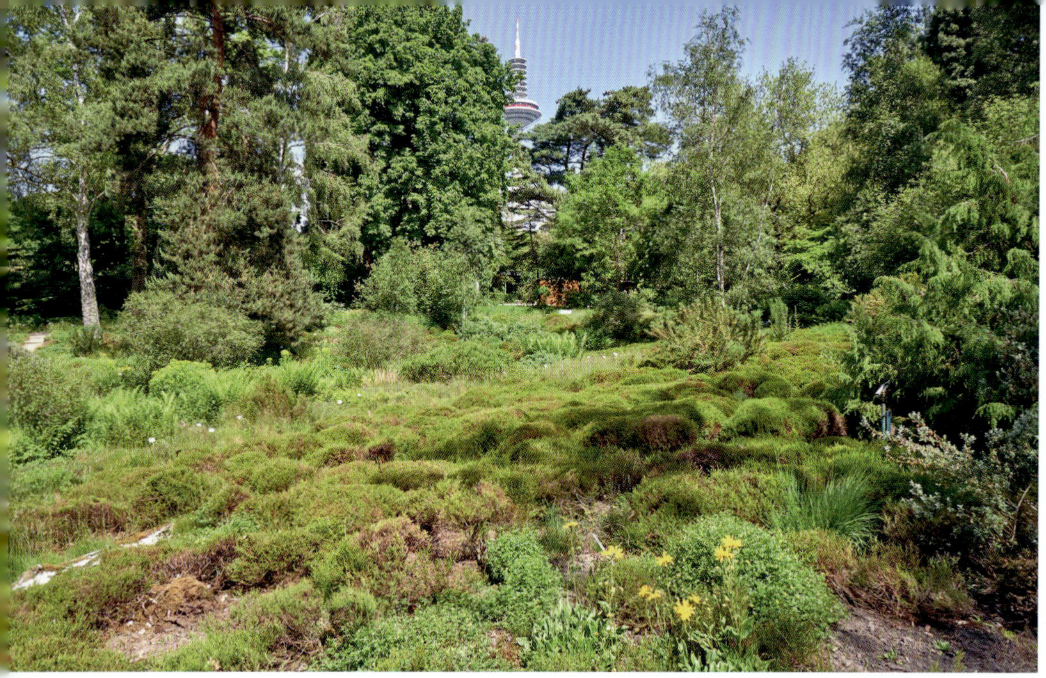

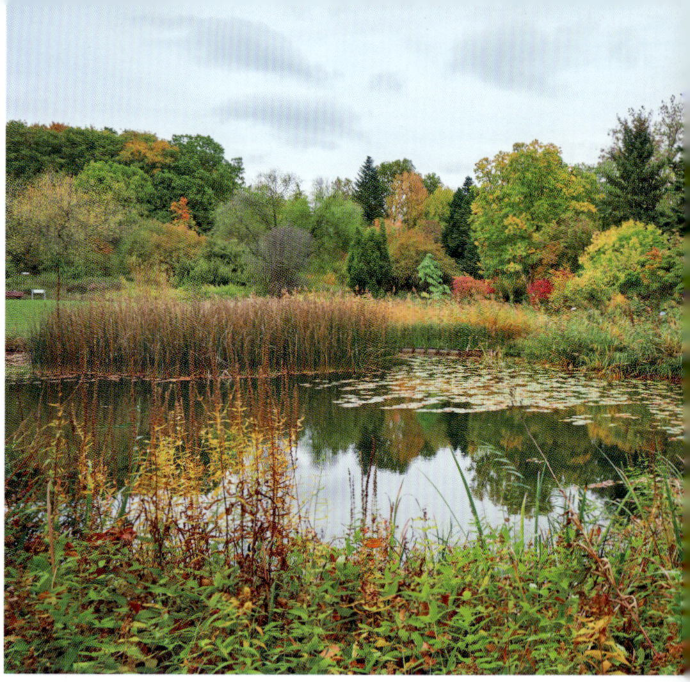

Im Jahr 2012 wurde der Botanische Garten dem Palmengarten angegliedert, um ihn nach dem Umzug der Universität auf den Riedberg zu retten. Bis heute sind beide Gärten getrennt, soll sich daran etwas ändern?

Der Botanische Garten ist ein unglaublicher Gewinn für uns, weil er eine andere Systematik hat. Weil die Gestaltung wirklich darauf fußt, was man in Japan sehen würde oder in der Prärie Nordamerikas oder im mediterranen Kalkhang. Das ist das Spannende, dass es so einen manifesten Unterschied zwischen beiden Gärten gibt. Wir haben dazu eine räumliche Trennung, die wir auch in absehbarer Zeit nicht ändern werden. Aber wir können die beiden inhaltlich verbinden, in den Führungen, in gemeinsamen öffentlichen Auftritten in der Kommunikation, damit aus dem Botanischen Garten als ein Teil des Palmengartens berichtet wird. Als der Palmengarten nach der Schließung wegen der Corona-Pandemie wiedereröffnet wurde, blieb das Eingangsschauhaus in der Siesmayerstraße noch eine Weile zu. Es war interessant zu sehen, dass viele angestammte Besucher stattdessen nicht etwa zum Eingang Palmengartenstraße kamen, sondern in den Botanischen Garten gingen und dabei überhaupt feststellten, dass es ihn gibt. Was sicher damit zu tun hat, dass er immer Teil der Universität und damit nicht in der öffentlichen Wahrnehmung verankert war. Die Kollegen dort haben mir erzählt, dass es noch nie so viele Besucher im Botanischen Garten gegeben habe, wie zu jener Zeit. Ich selbst kenne den Garten noch aus meinem Studium und bin deshalb mit ihm verbunden. Ich hospitiere dort auch jetzt seit meinem ersten Jahr als Palmengarten-Direktorin und versuche aktuell alle zwei Wochen für zwei Stunden dort zu sein und den Garten noch besser kennenzulernen. Ich durfte letztens im Südostasien-Bereich mitarbeiten und habe dort die Gewöhnliche Hundszunge und die Primula japonica eingepflanzt. Es herrscht dort einfach eine andere Stimmung. Eva Demski, Schriftstellerin und Mitglied des Kuratoriums der Stiftung Palmengarten und Botanischer Garten, sagt immer, der Palmengarten sei etwas fürs Laute, der Botanische Garten etwas fürs Leise. Diese beiden Qualitäten gewinnbringend zusammenzuführen, ohne sie zu vermischen, ist eine spannende Aufgabe.

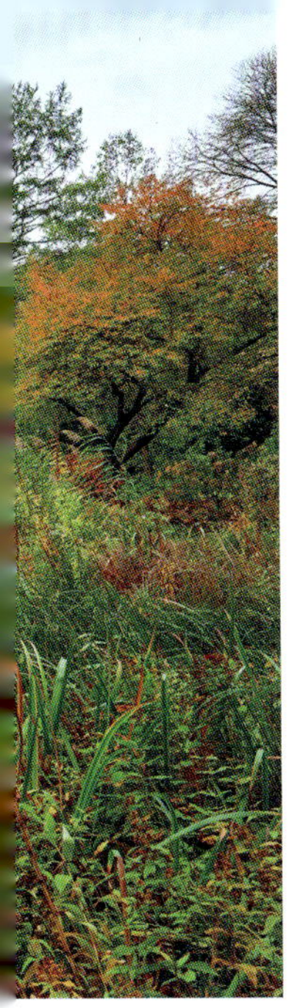

Wenn Sie dort hospitieren, fassen Sie richtig mit an und pflanzen mit?

Für mich ist der Austausch mit den Kolleginnen und Kollegen im Garten sehr wichtig und auch das Zupacken. Beim Pflanzen im Botanischen Garten habe ich an einem Tag richtig Masse gemacht. Ich hatte zwar mal einen Schrebergarten, aber das ist Freizeit und Ausgleich an ein oder zwei Tagen in der Woche und nicht mein täglich Brot. Wir haben die Herausforderung des demographischen Wandels ja auch bei den Gärtnerinnen und Gärtnern. Das Renteneintrittsalter wird sich eher nach oben als nach unten korrigieren, das heißt auch, dass man in einem physisch sehr anspruchsvollen Beruf wie diesem fit bleiben muss. Zudem stellt sich die Frage, wenn immer mehr junge Leute studieren, wie hält man das Interesse an diesem Beruf aufrecht und wie muss man die Leute ausbilden, damit sie nicht über viele Jahre körperlich gleich belastet werden, sondern unterschiedliche Tätigkeiten machen können, sie also auch weiter qualifizieren. Solange wir nicht 50 Roboter „Charlie" haben, die uns die Arbeit abnehmen beim Pflanzen und beim Heben schwerer Sachen, ist das keine kleine Herausforderung.

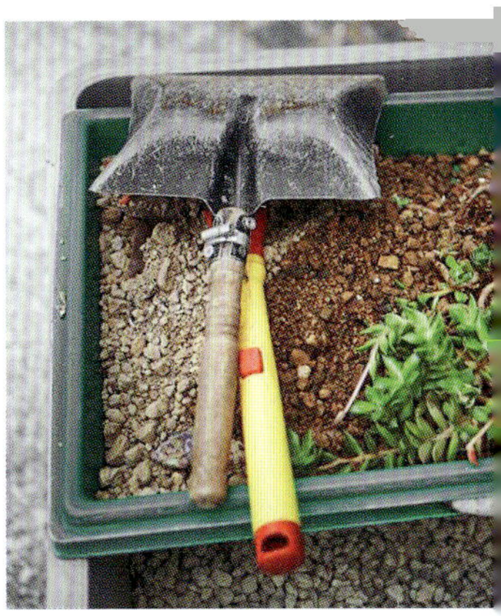

Was denken Sie, wie sieht der Palmengarten in 150 Jahren aus?

Das ist eine gute Frage. Ich wünsche mir, dass er nach wie vor ein Garten ist und keine „Virtual Reality". Im schlechtesten Szenario dampft man den Garten auf wenige Hektar ein und setzt eine Virtual-Reality-Brille auf, oder vielleicht gibt es dann schon implantierte Chips, die einem auf Knopfdruck ein Gartengefühl vermitteln. Ich hoffe sehr, dass es nicht so weit kommt, sondern dass der Mensch sich darauf besinnt, dass er das Physische und das Analoge braucht. Dann gehe ich davon aus, dass sich grundsätzlich an der Gartengestaltung nicht viel verändert haben wird, dass der Garten bis dahin aber klimaneutral ist, weil man die Schaugewächshäuser so bewirtschaften kann, dass sie keinerlei Emissionen freisetzen. Da gibt es ja viele Entwicklungsansätze. Wir haben schon mal herumgesponnen, ob es nicht möglich ist, die Hauptwege des Gartens beweglich zu lagern und aus den Stoßimpulsen der Gäste Energie zu erzeugen. Es gibt verschiedene Forschungsprojekte, die mit so etwas bereits arbeiten.

Sie sind jetzt seit rund zweieinhalb Jahren Direktorin des Gartens, was hat Sie persönlich überrascht, als Sie herkamen?

Ich kannte den Garten als Nutzerin. Es war für mich ein großer Perspektivwechsel, plötzlich als Gestalterin da sein zu dürfen. Ich empfinde das als riesiges Geschenk. Aber ich habe auch die Vielfältigkeit unterschätzt. Am Anfang dachte ich, es geht vor allem um Gartengestaltung. Aber es ist so viel mehr. Ich bin hergekommen und habe aus biologisch-ökologischer Perspektive gedacht. Mit so einem Thema wie Barrierefreiheit hätte ich nicht gerechnet. Oder mit dem Thema Bauunterhaltung. Oder auch der Frage, was wir jetzt in den städtischen Haushalt einbringen müssen, um etwas in x Jahren umsetzen zu können. Diese Planungshorizonte haben mich überrascht. Mich hat auch das Ausmaß der gesellschaftlichen Verankerung des Gartens überrascht. Das, was ich vorhin meinte damit, dass man hinhören muss. Dann hört man natürlich auch mal etwas, das man eigentlich nicht hören will. Damit muss man umgehen und sich behaupten, wenn man eine Entscheidung getroffen hat, wie etwa die Schließung des Eingangsschauhauses Siesmayerstraße wegen der Corona-Pandemie. Und als Amtsleiterin habe ich Arbeitsschwerpunkte, mit denen ich vorher nicht gerechnet hätte, wie etwa den Arbeitsschutz. Ich kenne mich jetzt mit der Brandschutzordnung A-C bestens aus. Und natürlich habe ich auch nicht mit den verschiedenen Akteuren gerechnet. Es sind ja nicht allein die 170 Kolleginnen und Kollegen, es sind auch die Pächter auf dem Gelände, die ja alle eine Historie haben und Wünsche und Bedürfnisse. Dann gibt es die Anwohner, die politischen Größen, der Palmengarten ist nun mal kein privatwirtschaftlicher Garten. Was ich aber immer wieder großartig finde, ist die Energie, die die Kolleginnen und Kollegen mitbringen, die sich sehr stark mit dem Garten identifizieren. Wenn man die aktiviert, Fragen stellt und sie bittet, sich einzubringen, dann kommen da viele Antworten, die man nicht erwartet hätte, weil sie oft eine klare Perspektive auf die Dinge haben. Das finde ich einfach gut und wichtig, diese Energie zu nutzen.

Und was ist Ihr schönstes Privileg als Palmengartendirektorin?

Das schönste Privileg ist tatsächlich diese Gestaltungsmöglichkeit, gepaart mit der Möglichkeit einer Mittagspause im Grünen ohne Autos. Für mich ist es ein wirkliches Geschenk. Wenn ich darüber nachdenke, was ich vorher gemacht habe, das war alles hochspannend, keine Frage, aber diese Möglichkeit, diese Vielgestaltigkeit, ist schon unglaublich. Dabei gilt es immer wieder, sich reinzulesen, sich beraten zu lassen, Entscheidungen zu treffen, die nicht unbedingt komplizierter, aber viel komplexer sind. Das ist schon fantastisch und mit den super engagierten Kolleginnen und Kollegen macht es viel Spaß.

Haben Sie einen Lieblingsplatz im Garten?

Ja, tatsächlich. Vor dem Blüten- und Schmetterlingshaus gibt es eine runde Sitzgruppe, von der aus man auf den Steingarten blickt, und man kann zugleich auf den Messeturm gucken. Ich finde immer, das ruft so ein Big-Apple-Gefühl hervor. Man schaut aus dem Dschungel hoch auf die Skyline, das erinnert an New York. Und der kleine Weiher mit der Higan-Kirsche ist natürlich auch immer wieder schön, da sitze ich gerne, wenn schönes Wetter ist, und esse mein Butterbrot.

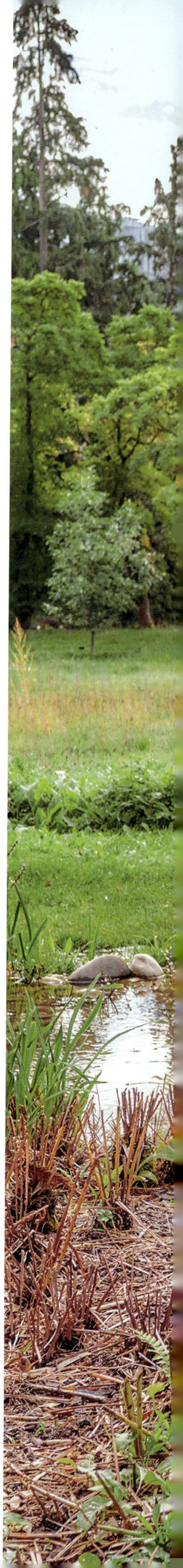

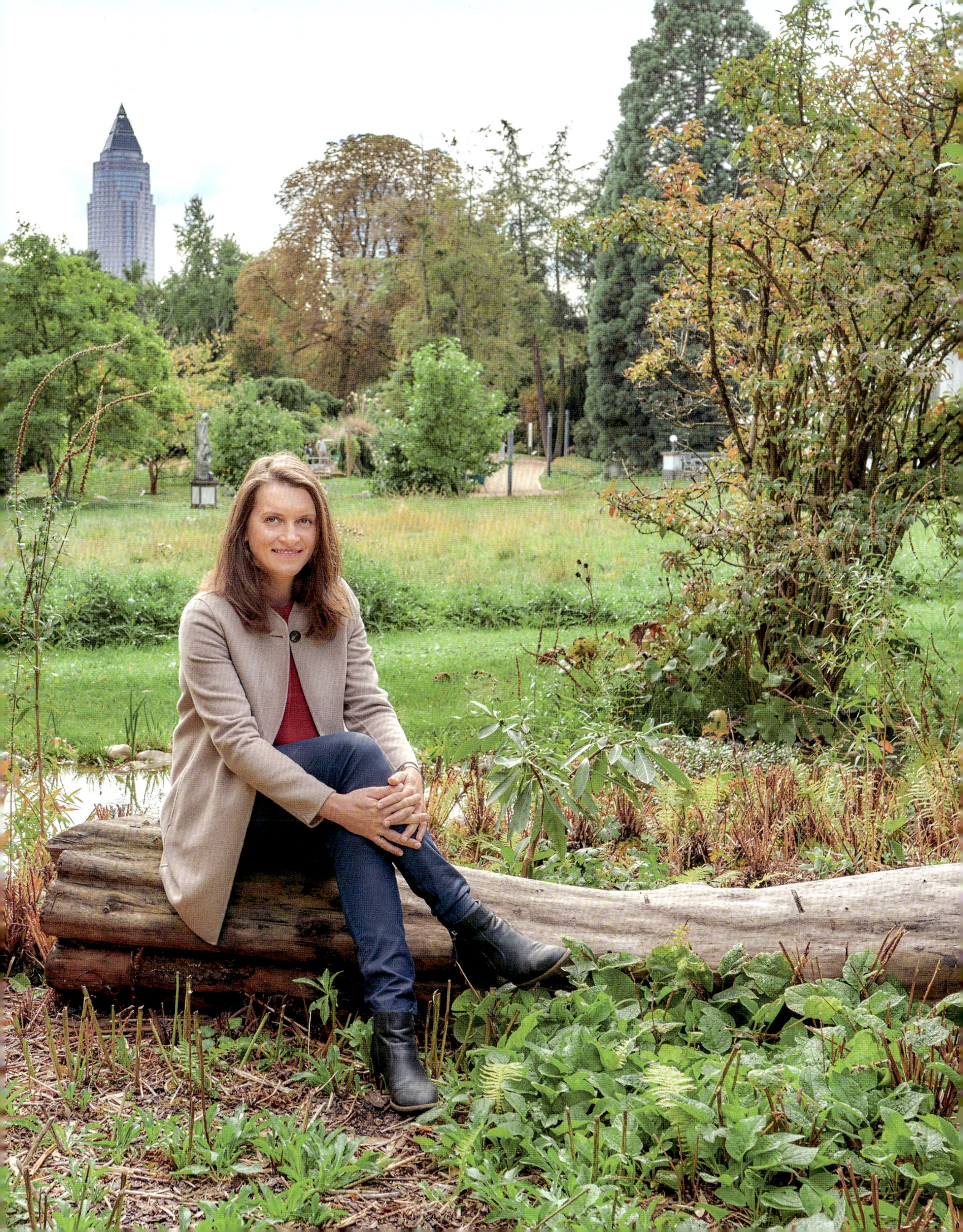

Anmerkungen

Kapitel 1

1 I Siebert, S. 46.
2 I Victor Tissot: „Les Prussiens en Allemagne" (Die Preußen in Deutschland), Paris 1877, S. 72.
3 I Kleine Presse, 24. Mai 1907.
4 I Generalanzeiger Nr. 126, Samstag, 1. Juni 1907.
5 I Ausschnitt aus versch. Ausgaben der Kleinen Presse, Juli und August 1907.
6 I Das Heiratsgärtchen, aus einem Manuskript von Stadtamtmann Kroth, „Aufbauarbeit im Palmengarten", 1948 – 1950.
7 I August Siebert, Der Palmengarten zu Frankfurt a. Main, Berlin 1895, S. 62.
8 I Marie Luise Kaschnitz, Tage, Tage, Jahre, Frankfurt 1968, S. 62 f.
9 I Elsemarie Maltzke, Der Palmengarten, in: Frankfurt Grün. 14 literarische Streifzüge durch Gärten und Parks, Brigitte Heinrich/Birgit Bielefeld (Hg), Frankfurt 2005, S. 9.
10 I Elsemarie Maletzke, Magnolienmord, Frankfurt 2020, S. 35.
11 I Palmengarten-Zeitschrift 4/71, S.122.

Kapitel 2

12 I Frankfurter Zeitung, Nr. 77, Erstes Blatt, 18.3.1871.
13 I Ebd.
14 I Bereits der Palmengartendirektor August Siebert suggerierte in seinem Buch von 1895, dass der Kronprinz zur Eröffnung anwesend gewesen sei, so dass sich dieser Irrglaube in der Literatur über den Garten und unter den Palmengartenfreunden weit verbreitete. Ein Blick in die Frankfurter Zeitung von 1871 zeigt, wie es wirklich war.
15 I Siebert, S.17 f.
16 I Kaiser Wilhelm I. besuchte Frankfurt. Der Auftakt zu den Feiern am Riedwald, in: Frankfurter Nachrichten, 29. September 1883.
17 I Siebert, S. 14.
18 I Ernst Keil „Im Palmengarten eines Depossedirten", Die Gartenlaube, 1872, Heft 1, S. 15, 16.
19 I Siebert, S. 4.
20 I Siebert, S. 8.
21 I Keil, S. 15 f.
22 I Thorsten Reuter und Peter Althainz: Heinrich Siesmayer, Lebenserinnerungen. Laubuseschbach 2006, S. 63.
23 I Hamburger, Eduard Otto (Hrsg.) Garten- und Blumenzeitung: Zeitschrift für Garten- und Blumenfreunde, Kunst- und Handelsgärtner, 26. Jg., Hamburg, 1870, S. 236 f.
24 I Frankfurter Zeitung, Nr. 100, Erstes Blatt, 10. April 1870.
25 I Hamburger, S. 236 f.
26 I Theodor Winckler in der Zeitschrift „Didaskalia", zitiert nach Siebert, S. 8 f.
27 I Reuter / Althainz, S. 66.
28 I Seit der Gründung des Deutschen Reiches 1871 galt statt Gulden nun die Mark als Reichswährung.
29 I Siebert, S. 64.
30 I Lili von Baumgarten: So war es vor 50 Jahren. Erinnerungen an den alten Palmengarten, FNP vom 7. September 1957.
31 I Morgenblatt und Abendblatt der Frankfurter Zeitung vom 12. August 1878.
32 I Reuter / Althainz, S. 68.
33 I August Siebert: 50 Jahre Frankfurter Palmengarten, in: Beiblatt der Frankfurter Nachrichten und Intelligenz-Blatt, Nr. 220, 10. August 1918, S. 5.
34 I Die neuen Pflanzenschauhäuser im Palmengarten, Städtische Nachrichten, 10. Juni 1906.
35 I Otto Krauss „Königlicher Gartenbaudirektor August Siebert und sein Wirken im Palmengarten zu Frankfurt a. M.", in: Die Gartenwelt. Illustriertes Wochenblatt für den gesamten Gartenbau, Nr. 51, 19. September 1903, S. 608.
36 I 50 Jahre Frankfurter Palmengarten-Gesellschaft, 10.08.1918, zeitgenössicher Pressebericht, Quelle unbekannt, Palmengarten-Archiv.
37 I Frankfurter Zeitung, 5. März 1927.
38 I Madlen Lorei, Richard Kirn: Frankfurt und die drei wilden Jahre. 1945 – 1948, S. 24.
39 I Werner Reis: Heimliches Tennismatch, FNP vom 8. Dezember 2001.
40 I Gustav Schoser: Palmengarten Frankfurt. Eine Welt der Pflanzen, Frankfurt 1995, S. 32.
41 I Ebd., S. 37.
42 I Der Palmengarten 64/1, 2000, S. 9.
43 I Matthias Jenny: Tempora mutantur, nos et mutamur in illis – Die Zeiten ändern sich, und wir uns mit ihnen, in: Der Palmengarten 65/2, 2001, S. 90.
44 I Sabine Börchers: Jedermanns Garten, in: Top Magazin Frankfurt, 02/2015, S. 157.

Kapitel 3

45 I Volker Rödel, Ingenieursbaukunst in Frankfurt am Main 1806 – 1914, Frankfurt 1983, S. 320.
46 I Pressemappe zum 100. Geburtstag des Palmengartens.
47 I Führer durch den Palmengarten in Frankfurt am Main, 1881.
48 I Siebert, S. 45.
49 I Siebert, S. 59.
50 I Lili von Baumgarten: So war es vor 50 Jahren. Erinnerungen an den alten Palmengarten, FNP vom 7. September 1957.
51 I Siebert, S. 58.
52 I Siebert, S. 46 f.
53 I Siebert, S. 29.
54 I Victor Tissot: „Les Prussiens en Allemagne" (Die Preußen in Deutschland), Paris 1877, S. 81.
55 I Siebert, S. 81.

Kapitel 4

56 I Siebert, S. 22.
57 I „Garten-Gestaltung. Vom Frankfurter Palmengarten", aus: Gartenkunst von November 1909, 42. Jahrgang, Nr. 11, S. 16, zitiert nach der Frankfurter Zeitung vom 29.09.1929.
58 I Siebert, S. 22.
59 I Siebert, S. 23 f.
60 I Städtisches Anzeigenblatt vom 4. Dezember 1936.
61 I Der Spiegel, 4/19149 vom 22. Januar 1949, S. 23.
62 I Aenne Zimmermann: Ein Zentrum nicht nur zur Erholung, FNP vom 28. Dezember 2001.
63 I Stadtamtmann Kroth berichtet an die Abonnenten des Palmengartens, Entwurf, 1957.
64 I Siebert, S. 17 f.
65 I Richard Skowronnek: Der Palmengarten in Frankfurt am Main, in: Zur guten Stunde, Berlin 1892, S. 141. Der goldene Tafelaufsatz steht heute im Rijksmuseum Amsterdam.
66 I Frankfurter Zeitungs-Archäologie, www.fws-ffm.de, Kaiserbesuch in Frankfurt 1889, abgerufen am 19. Juni 2020.
67 I Heinz Seebold, Sohn des damaligen Pächters des Palmengarten-Restaurants, in: Manuskript für die Palmengarten-Zeitung von Main 1986.

68 | Sabine Börchers: Wo Frankfurts Bürger feiern. Das Gesellschaftshaus im Palmengarten, Frankfurt 2012, S. 112.
69 | Konzertkritik „Queen Frankfurt" aus New Musical Express, 14. Dezember 1974, S. 38, Übersetzung SB.
70 | Siebert, S. 26.
71 | Buffalo Bills's Wild West-Journal, Frankfurt am Main, Dienstag, 30. September 1890.
72 | Ebd.
73 | Alexander Ruhe, Frankfurt und der Wilde Westen, Frankfurter Zeitungs-Archäologie, Februar 2012, www.fws-ffm.de/Wilderwesten, abgerufen am 6. April 2020.
74 | Kopie Palmengarten-Archiv, Herkunft und Alter unbekannt.
75 | Peter Schermer: Radrennen im Palmengarten, in: Sport in Hessen, Zeitschrift des Landessportbundes Hessen e.V., Nr. 10, 19.05.2018, S. 41.
76 | Ebd.
77 | David Lindenfeld: Rasport-Ikone aus dem Palmengarten, FAZ, 10.06.2018.
78 | Volker Rödel, Ingenieursbaukunst in Frankfurt am Main 1806–1914, Frankfurt 1983, S. 321.
79 | Erich Pfeiffer-Belli, Autobiografie, zitiert nach Peter Schermer: Eissport im Palmengarten, in: Sport in Hessen, Zeitschrift des Landessportbundes Hessen e.V., Nr. 20, 06.10.2018, S. 24.
80 | Lili von Baumgarten: So war es vor 50 Jahren. Erinnerungen an den alten Palmengarten, FNP vom 7. September 1957.
81 | Peter Schermer: Eissport im Palmengarten, in: Sport in Hessen, Zeitschrift des Landessportbundes Hessen e.V., Nr. 20, 06.10.2018, S. 24.
82 | Peter Schermer: „Olympische Spiele" im Frankfurter Palmengarten, in: Sport in Hessen, Zeitschrift des Landessportbundes Hessen e.V., Nr. 20, 01.10.2016, S. 17.
83 | Ueber Land und Meer. Allgemeine Illustrirte Zeitung, Band 54, 27. Jahrgang, 1884–1885, S. 819.
84 | Gustav Funke: Musik im Palmengarten – einst und jetzt, in: Der Palmengarten. Vierteljahresschrift des Palmengartens der Stadt Frankfurt am Main, 35. Jahrgang / 1971, Heft 2, S. 35.
85 | Funke, S. 38.
86 | Lili von Baumgarten: So war es vor 50 Jahren. Erinnerungen an den alten Palmengarten, FNP vom 7. September 1957.
87 | Victor Tissot: Les Prussiens en Allemagne (Die Preußen in Deutschland), Paris 1877, S. 81.

Kapitel 5

88 | Siebert, S. 56.
89 | Städtische Nachrichten, Frankfurt, 10. Juni 1906.
90 | Ebd.
91 | August Siebert „50 Jahre Frankfurter Palmengarten" in: Beiblatt der Frankfurter Nachrichten und Intelligenz-Blatt, 10. August 1918, Nr. 220, Seite 5.
92 | Georg Zizka, Stefan Dressler, Manfred Wessel, Geschichte des Botanischen Gartens an der Siesmayerstraße, in: Der Palmengarten Nr. 84/2, 2020, S.26.
93 | Ebd.
94 | Ebd., S. 2.
95 | Ebd.
96 | Ebd., S. 4.
97 | Schoser, S. 146.
98 | Palmengarten-Mitteilungen, Oktober 1934, S. 11.
99 | Schoser, S. 146.
100 | Georg Zizka, Herbert Billensteiner, Herta Menk: Siebzig Jahre „Gesellschaft der Freunde des Palmengartens e.V." in: Der Palmengarten, 65/2, 2001, S. 106.
101 | Palmengarten-Mitteilungen, Heft 1/1934, S. 9.
102 | Auszug aus der Satzung des Vereins „Freunde des Palmengarten e.V., Ffm, 1933, aus: Der Palmengarten, Heft 2/1981, S. 46.

Quellen

Diverse Akten und Unterlagen sowie Publikationen aus dem Archiv des Frankfurter Palmengartens, dem Institut für Stadtgeschichte Frankfurt am Main und dem Historischen Museum Frankfurt.

Literatur

Börchers, Sabine: Wo Frankfurts Bürger feiern. Das Gesellschaftshaus im Palmengarten, Frankfurt, 2012

Dreesbach, Anne: Kolonialausstellungen, Völkerschauen und die Zurschaustellung des Fremden. In: Europäische Geschichte Online, hg. vom Leibniz-Institut für Europäische Geschichte, Mainz 2012-02-17. URL: http://www.ieg-ego.eu/dreesbacha-2012-de URN: urn:nbn:de:0159-2012021707 [2019-12-17], Abschnit 11ff.

Franz Heinrich Siesmayer. Lebenserinnerungen. Neu herausgegeben von Thorsten Reuter und Peter Althainz, Laubuseschbach 2006

Nürnberger, Sven; Steinecke, Hilke; Cole, Theodor C.H.: Palmengarten Frankfurt am Main, Stuttgart 2019

Palmengarten. Villa Leonhardi. Frankfurt am Main. Schriftenreihe des Hochbauamtes zu Bauaufgaben der Stadt Frankfurt am Main, Der Magistrat der Stadt Frankfurt am Main, Dezernat Bau, Hochbauamt (Hg), Frankfurt 1990

Rödel, Volker: Ingenieursbaukunst in Frankfurt am Main 1806-1914, Frankfurt 1983

Schermer, Peter: Eissport im Palmengarten. In: Sport in Hessen, Zeitschrift des Landessportbundes Hessen e.V., Nr. 20, 72. Jahrgang, 6. Oktober 2018, S. 24

Schermer, Peter: „Olympische Spiele" im Frankfurter Palmengarten. In: Sport in Hessen, Nr. 20, 70. Jahrgang, 1. Oktober 2016, S. 17

Schermer, Peter: Radrennen im Palmengarten. In: Sport in Hessen, Nr. 10, 72. Jahrgang, 19. Mai 2018, S. 41

Schoser, Gustav: Palmengarten Frankfurt. Eine Welt der Pflanzen. Frankfurt 1995

Schoser, Gustav: Der Palmengarten in Frankfurt am Main. Ein Tor zur Welt der Pflanzen. Frankfurt 1981

Siebert, August: Führer durch den Palmengarten in Frankfurt a. M., Frankfurt um 1880

Siebert, August: Führer durch den Palmengarten in Frankfurt a. M., Frankfurt 1881

Siebert, August: Der Palmengarten zu Frankfurt a. M., Berlin 1895

Steinecke, Hilke: Der Palmengarten – Das Tor zur Welt der Pflanzen. In: Heidrun Merk u.a., Pinien, Palmen Pomeranzen. Exotische Gartenwelten in Frankfurt Rhein Main. Frankfurt 2012, S. 66 ff.

Vogt, Barbara: Siesmayers Gärten, Frankfurt 2009

Weyel, Birgit; Vogt, Barbara: Siesmayer, Heinrich. In: Frankfurter Personenlexikon (Onlineausgabe), http://frankfurter-personenlexikon.de/node/1245

Wimmer, Clemens Alexander: Die Kunst der Teppichgärtnerei. In: Die Gartenkunst 3 (1/1991), S. 1–16

Zizka, Georg; Dressler, Stefan; Wessel, Manfred: Geschichte des Botanischen Gartens an der Siesmayerstraße. In: Der Palmengarten Nr. 84/2, 2020, S. 24-36

100 Jahre Frankfurter Tennisclub 1914 Palmengarten e.V. Eine Tennisgeschichte, Frankfurt 2014

Abbildungsnachweis

Alle nicht ausdrücklich aufgeführten Fotos stammen aus dem Bildarchiv des Palmengartens Frankfurt.

Hilke Steinecke, Palmengarten Frankfurt: S. 24/25, 26/27, 30, 32, 33, 34, 35, 39, 40, 43, 46, 47, 52, 53 (li.), 55, 98, 99 (o. und li.), 100/101, 105, 106, 114/115, 116 (u.), 117 (o.), 120/121, 133 (u.), 135 (o.), 136, 137 (re.), 142, 148, 202 (u.), 209, 211 (o.li.), 212, 218, 219, 223 (u.), 235 (o.li.), 235 (Mitte und u.re.), 258, 259, 260, 261, 262, 264

Hilke Steinecke, privat, Postkartensammlung: S. 67, 69, 70, 71 (o.), 105 (li.), 111 (u.), 131, 156, 168 (u.), 174 (u.), 180 (li.), 191 (u.), 255

Hilke Steinecke/Marco Schmidt, Palmengarten Frankfurt: S. 224, 225, 226

Sven Nürnberger, Palmengarten Frankfurt: S. 119 (u.li.)

Tom Wolf, Palmengarten Frankfurt: S. 18, 20, 23 (oben), 27 (o.), 31, 34 (o.), 45(o.), 50 (o.), 97, 99 (re.), 100 (o.), 102, 103 (re.), 118, 119 (u.re.), 124, 128/129, 130, 132 (o.), 134 (o.), 139 (o.), 140, 141, 145, 146, 149, 151, 196/197, 198, 199, 200, 201, 203 (u.re.), 204/205 (u.), 206 (o.), 207, 208, 210, 211 (u.), 213, 216/217, 227, 231, 236 (re.), 237 (li.), 238 (li.), 244, 245 (u.), 252 (re.), 256, 266, 269

Salome Roessler, Palmengarten Frankfurt: S. 252 (li.)

cameraflights.com: S. 90/91, 119, 246/247

Denkmalamt Frankfurt: S. 60, S. 78/79, 94/95

Historisches Museum Frankfurt am Main/Fotograf: Horst Ziegenfusz: S. 58, 68, 71, 92/93, 116 (o.), 125, 175, 176/177, 184, 190/191, 194

Institut für Stadtgeschichte Frankfurt: S. 37(o.), 73, 79, 81, 123, 126 (re.), 147 (o.), 155, 157 (u.), 158, 159, 161, 163 (u.), 165, 166 (o.), 167 (u.), 170 (re.), 172, 179 (re.), 180 (re.), 183 (u.), 185 (re.), 188, 188/189, 191 (Mitte), 192, 234 (o.li.)

Papageno-Theater, Frankfurt: S. 193

Rijksmuseum, Amsterdam: S. 169

Universitätsbibliothek Johann Christian Senckenberg, Frankfurt, M. Möbius, 1893: S. 228 (re.)

Whitney Gallery of Western Art Collection, Cody, Wyoming: S. 178

Alex Habermehl, Frankfurt: S. 131 (u.li. und Mitte), 135 (u.), 202 (o.), 203 (u.li.), 206 (u.), 267

Andreas Flender, Frankfurt, Postkarte privat: S. 111 (o.)

August Siebert, Der Palmengarten zu Frankfurt a.M., 1895: S. 122, 143

Bernd Kammerer, Frankfurt: S. 167 (o.)

Foto Wachendörfer, Frankfurt: 152/153, 154, 157, 245 (o.)

Frank Widmann, Frankfurt: S. 10

Franz Rittweger, 1905: Die ehemaligen Gebäulichkeiten der Dr. Senckenbergischen Stiftung gegr. den 18. August 1763. – Frankfurt am Main: S. 228 (li.)

Gisela Gruber, Frankfurt: S. 170 (li.), 174 (re.)

Günter Andersohn, Frankfurt: S. 84, 85, 134 (u.)

Hans Meisel, privat: S. 239

John Provan, Kelkheim: S. 82, 171

Kai Oliver Pfaffenbach, Reuters News Pictures: S. 173 (re.)

Matthias Jenny, privat: S. 87

Peter Petri, Reichelsheim, Postkarten: S. 182/183, 183 (o.), 185 (li.)

Roebild Kurt Röhrig / Florian Mansard®: S. 233

Sabine Börchers, privat: S. 164, 173 (li.)

Sandra Mann, Frankfurt: S. 11, 13, 250

Thomas Etzold, Berlin: S. 162, 166 (u.), 168 (o.)

Thorsten Willig, Frankfurt: S. 86 (re.), 174 (li.), 204/205 (o.), 205 (o.), 211 (o.re), 236 (o.li.)

Wilhelm Kuntzemüller: S. 20

https://www.inaturalist.org/projects/tiere-und-pilze-in-frankfurts-botanischen-garten, Screenshot vom 24.9.2020: S. 265